Em 1926
VIVENDO NO LIMITE DO TEMPO

Hans Ulrich Gumbrecht

Em 1926
VIVENDO NO LIMITE DO TEMPO

Tradução de
LUCIANO TRIGO

EDITORA RECORD
RIO DE JANEIRO • SÃO PAULO
1999

CIP-Brasil. Catalogação-na-fonte
Sindicato Nacional dos Editores de Livros, RJ.

G934e
Gumbrecht, Hans Ulrich
Em 1926: vivendo no limite do tempo / Hans Ulrich Grumbrecht; tradução de Luciano Trigo. – Rio de Janeiro: Record, 1999.

Tradução de: In 1926: Living at the edge of time
ISBN 85-01-05464-X

1. Civilização moderna – Século XX. 2. Cultura popular – História – Século XX. 3. Civilização ocidental – Século XX. I. Título.

99-1221

CDD – 909.822
CDU – 93"1926"

Título original em inglês:
IN 1926: LIVING AT THE EDGE OF TIME

Copyright © 1997 by the President and Fellows of Harvard College
Publicado em acordo com Harvard University Press

Todos os direitos reservados. Proibida a reprodução, armazenamento ou transmissão de partes deste livro, através de quaisquer meios, sem prévia autorização por escrito. Proibida a venda desta edição em Portugal e resto da Europa.

Direitos exclusivos de publicação em língua portuguesa para o Brasil adquiridos pela
DISTRIBUIDORA RECORD DE SERVIÇOS DE IMPRENSA S.A.
Rua Argentina 171 – Rio de Janeiro, RJ – 20921-380 –Tel.: 585-2000
que se reserva a propriedade literária desta tradução

Impresso no Brasil

ISBN 85-01-05464-X

PEDIDOS PELO REEMBOLSO POSTAL
Caixa Postal 23.052
Rio de Janeiro, RJ – 20922-970

Para Ricky

SUMÁRIO

Manual do Usuário   9

Dispositivos

Americanos em Paris • 17, Artistas da Fome • 29, Assassinato • 35, Automóveis • 45, Aviões • 53, Bares• 63, Boxe • 71, Cinemas de luxo • 83, Comunicação sem Fios • 91, Corridas de seis dias • 101, Cremação • 107, Dança • 111, Elevadores • 121, Empregados • 127, Engenheiros • 135, Estrelas • 145, Ferrovias • 155, Gomina • 163, Gramofones • 169, Greves • 177, Jardins suspensos • 185, Jazz • 191, Liga das Nações • 197, Linhas de montagem • 203, Montanhismo • 209, Múmias • 219, Polaridades • 227, Relógios • 233, Repórteres • 241, Resistência • 247, Revistas • 255, Telefones • 263, Tourada • 271 • Transatlânticos • 279

Códigos

Ação versus Impotência • 291, Autenticidade versus Artificialidade • 301, Centro versus Periferia • 311, Imanência versus Transcendência • 321, Incerteza versus Realidade • 333, Individualidade versus Coletividade • 347, Macho versus Fêmea • 357, Presente versus Passado • 367, Silêncio versus Barulho • 375, Sobriedade versus Exuberância • 385

Códigos em Colapso

Ação = Impotência (Tragédia) • 395, Autenticidade = Artificialidade (Vida) • 403, Centro = Periferia (Infinitude) • 411, Imanência = Transcendência (Morte) • 419, Individualidade = Coletividade (Líder) • 431, Macho = Fêmea (Questão de Gênero) • 439, Presente = Passado (Eternidade) • 449

Estruturas
Depois de aprender com a História • 459,
Estar-nos-Mundos de 1926: Martin Heidegger, Hans Friedrich Blunck,
Carl Van Vechten • 487

Notas 529
Agradecimentos 549
Índice 551

Manual do usuário

Onde começar

Não tente "começar do começo", pois este livro não tem começo, no sentido em que têm as narrativas ou discussões. Comece por qualquer um dos 51 verbetes em qualquer das três seções intituladas "Dispositivos", "Códigos" e "Códigos em colapso" (a ordem alfabética dos subtítulos indica que não existe uma hierarquia entre eles). Simplesmente comece por um verbete que lhe interesse em particular. De cada verbete, uma rede de referências cruzadas o levará a outros verbetes relacionados. Leia no ritmo que o seu interesse determinar (e na medida em que sua agenda permitir). Você estabelecerá então a sua própria trilha de leitura. Da mesma forma que não existe um começo obrigatório, tampouco existe um final obrigatório ou definitivo para o processo de leitura. Independente de onde você entrar ou sair, qualquer seqüência de leitura com uma certa extensão deve produzir o efeito ao qual alude o título deste livro: você deve se sentir "em 1926". Quanto mais imediata e sensual esta ilusão se tornar, mais a sua leitura atenderá à principal meta do livro. Note: você pode, se quiser, experimentar este efeito sem ler os dois últimos capítulos: "Depois de aprender com a História" e "Estar-nos-Mundos de 1926".

Modo(s)

Nas seções "Dispositivos", "Códigos" e "Códigos em colapso", o texto pretende ser estritamente descritivo. O discurso é feito para revelar percepções de superfície dominantes, tais como elas eram proporcionadas por determinados fenômenos materiais, e visões de mundo dominantes, tais como elas eram produzidas por determinados conceitos, durante o ano de 1926. Cada verbete abstém-se tanto quanto possível de "expressar" a voz individual do autor, de interpretações profundas e de contextualizações diacrônicas através da evocação de fenômenos e visões de mundo que ocorreram "antes" e "depois" de 1926. Espera-se, portanto, que cada verbete atinja o máximo de superficialidade e concretude. Quando possível, o estilo e a estrutura dos verbetes serão determinados pelos fenômenos individuais que cada um deles tematiza. Em sua convergência e divergência, por fim, os verbetes não buscam produzir qualquer "humor" (ou *Stimmung*) específico. Se alguns leitores descobrirem, por exemplo, um certo "tom heideggeriano" neste livro, esta impressão deve ser explicada como um sintoma do impacto que o ano de 1926 teve sobre Heidegger, mais do que um sintoma da ambição do autor de imitar o estilo de Heidegger. Contrastando com os 51 verbetes, "Depois de aprender com a História" e "Estar-nos-Mundos de 1926" foram escritos na prosa acadêmica corrente do autor (o que ele não considera ser uma licença para tentar frustrar leitores não-especializados).

Apostas

Fazer pelo menos alguns leitores esquecerem, durante o processo de leitura, que eles não estão vivendo em 1926. Em outras palavras: evocar alguns dos mundos de 1926, re-presentá-los, no sentido de torná-los novamente presentes. Fazer isso com o maior imediatismo possível ao alcance de um texto historiográfico (como algo oposto a, digamos, fotografias, documentos sonoros e objetos materiais). Embora o autor tenha inventado uma forma textual específica para cada verbete, o sucesso deste livro como um todo depende da afirmação de que ele *não* foi "inventado" (isto é, da afirmação de que o seu conteúdo é totalmente referencial). O efeito de evocar o passado se baseia nesta implicação mais ou menos "ontológica". Um romance histórico (se o autor fosse capaz de escrever ficção) não teria feito o mesmo trabalho. E o que não está em jogo? O domínio do autor, ele espera; sua situação financeira, ele teme; e também qualquer tentativa de interpretar ou compreender os mundos de 1926 (seja intrinsecamente ou a partir daquilo que os precedeu ou sucedeu). Por fim, o autor não ficaria desapontado se descobrisse que os mundos de 1925 ou 1927 (e assim por diante) não eram muito diferentes daqueles mundos de 1926 que ele reconstruiu. Este livro não se preocupa em produzir uma descrição individual do ano de 1926; ele quer fazer presente um ambiente histórico, do qual (só) sabemos que existiu em alguns lugares durante o ano de 1926.

Questão

Esta não é necessariamente e "hermeneuticamente" a única questão de que o leitor precisa para entender o livro; trata-se, antes, da idéia que o autor julga que o levou a escrever: O que podemos fazer com o nosso conhecimento sobre o passado quando abandonamos a esperança de "aprender com a História", independente de meios e custos? Esta — hoje perdida — função didática da História (pelo menos um certo conceito desta função didática) parece estar intimamente ligada ao hábito de pensar e representar a História como uma narrativa. Se isto é verdade, então uma atitude pós-didática em relação ao nosso conhecimento sobre o passado deve implicar a busca por formas não-narrativas de representação historiográfica. Mas o argumento que começa com estes passos já é por demais "indutor". A verdadeira questão por trás da questão de saber o que fazer com o nosso conhecimento sobre o passado não é a questão — mais ou menos técnica — de saber como escrever ou representar a História. É sobretudo a questão de saber o que nós imaginamos que o passado "seja" (a questão sobre o passado como "matéria crua"), antes mesmo de começarmos a pensar sobre formas possíveis de sua representação.

Teses

Como nós não sabemos o que fazer com o nosso conhecimento vasto e rapidamente cumulativo sobre o passado (já que a História não tem mais qualquer função pragmática evidente), devemos examinar os impulsos mais ou menos pré-conscientes que podem motivar a nossa fascinação pela História. Este livro pressupõe que um desejo específico está agindo aqui: um desejo de "falar aos mortos" — em outras palavras, o desejo por uma experiência de primeira mão dos mundos que existiram antes do nosso nascimento. Servindo de instrumento a este desejo, o livro produz — mais implícita que explicitamente — determinados aspectos daquilo que "nós" (pessoas educadas dentro da cultura ocidental de 1997) imaginamos que a "História" seja. Todos parecemos concordar que não vemos mais a História como uma dinâmica "ilinear" e "totalizante" de "desenvolvimento". Além desta negação, porém, não existe uma única forma dominante de imaginar e representar a História. Se a imaginarmos e representarmos sincronicamente, como faz este livro, percebemos que os elementos desta sincronia não convergem num quadro coerente e homogêneo. Todavia, e talvez paradoxalmente, este livro sugere a existência de uma "rede" ou um "campo" de realidades (não apenas discursivas) que moldaram fortemente o comportamento e as interações de 1926. Tão forte, de fato, é esta impressão que, pelo menos implicitamente, este livro nega qualquer pretensão de representação subjetiva ou coletiva. E como um livro preocupado com a simultaneidade histórica poderia não chegar a esta conclusão? Afinal de contas, não existem conceitos de ação e representação que não exijam a seqüencialidade como sua moldura de referência. Mesmo assim, esta é precisamente a única forma de pensar a História com a qual a idéia de simultaneidade histórica é incompatível.

Contexto

Não podemos evitar a impressão de que a corrente situação intelectual nas humanidades — pelo menos quando vista do presente — marca um momento comparativamente fraco. (É claro que esta impressão pode mudar em retrospecto; ela também pode sofrer dos problemas usuais das avaliações auto-reflexivas.) De qualquer forma, o presente parece ser um momento de grande sofisticação quando chega a afirmar que determinadas certezas e premissas "não funcionam mais" — e de uma relutância ainda maior quando se trata de preencher os vazios deixados pelas certezas e premissas desaparecidas. O momento presente parece corresponder ao "fim da metafísica", tal como Derrida o descreve em *Of Grammatology*: nós estamos além da metafísica, mas nunca realmente deixaremos a metafísica para trás. Também carecemos de alternativas fortes para opções que não parecem mais viáveis. O marxismo não é mais que uma lembrança nostálgica ou embaraçosa, especialmente nas suas ressurreições e reencarnações mais recentes (boas intenções não consertarão uma epistemologia ultrapassada!). A desconstrução se tornou azeda e sectária (existe um ar de mórmons em alguns desconstrutores de hoje, com suas roupas pretas), ou foi absorvida pelo clima interpretativo e hermenêutico geral. O charme (e a força) do Novo Historicismo murchou muito rapidamente. E assim por diante. Para piorar as coisas, o autor sente que uma forte pressão está sendo feita sobre a sua geração para que ela apresente algo novo, algo não exclusivamente cético; mas ele não se acha particularmente bom em textos programáticos

— isto é, no gênero de texto que certamente é exigido aqui. Mesmo assim, o autor sente que ele e os acadêmicos da sua geração deveriam se tornar para os acadêmicos da próxima geração o que Reinhardt Koselleck, Niklas Luhmann, Jean-François Lyotard, Richard Rorty, Hayden White e Paul Zumthor (um círculo puramente masculino, ele admite contrito) representaram para ele. Não obstante a possibilidade de fracasso, este livro é, por ora, o melhor que ele pode oferecer como uma resposta a esta expectativa auto-imposta.

"Ajuda"

"Ajuda", no sentido em que a palavra aparece nas nossas telas de computadores, pode ser encontrada nos capítulos "Depois de aprender com a História" e "Estar-nos-Mundos de 1926". Especialmente para os leitores com um interesse profissional, estes capítulos oferecem uma dupla contextualização do livro como pertencendo a uma situação acadêmica e intelectual específica. "Depois de aprender com a História", por um lado, descreve conceitos contemporâneos e usos contemporâneos da "História" — e pretende mostrar como tanto o experimento que constitui este livro quanto a estrutura na qual ele se realizou são reações ao status específico da "História" no nosso presente. O capítulo também explica por que o autor escolheu um ano aleatório como tema de seu livro — embora ele não chegue a afirmar, no final, que este ano tem uma importância particular (mas até agora oculta). "Estar-nos-Mundos de 1926", por outro lado, sugere formas como este livro pode ser usado para outras coisas, além de tornar presentes os mundos de 1926. Os casos apresentados são leituras fortemente históricas de três textos — leituras realizadas no contexto dos "mundos de 1926", tais como eles são apresentados nos 51 verbetes. Os textos de referência são *Sein und Zeit*, de Martin Heidegger, *Kampf des Gestirne*, de Friedrich Blunck, e *Nigger heaven*, de Carl Van Vechten.

Propósito

O autor nunca pretendeu que este livro contivesse algo edificante, moral ou politicamente. Mas algumas vezes, como todos sabemos, as nossas melhores intenções falham em nos proteger contra as nossas necessidades mais embaraçosas. Da mesma forma, o autor não investiu muito em ser original, em ser espirituoso, em produzir beleza estilística, e assim por diante. A principal intenção do livro é bem captada na frase que era o seu subtítulo original: "um ensaio sobre a simultaneidade histórica". O livro pergunta em que medida e a que custo é possível fazer presentes novamente, em um texto, mundos que existiram antes de o autor nascer — e o autor está perfeitamente consciente de que esta tarefa é impossível. Embora o livro compartilhe alguns dos *leitmotifs* do que pode ser chamado de "filosofia pós-moderna" (intenção de não pensar a História como um movimento homogêneo e totalizante, a argumentação a favor de uma concepção "fraca" da subjetividade, o fascínio por superfícies materiais), só existe uma razão, o autor acredita, para classificá-lo como "pós-moderno", e esta é uma razão negativa. O autor acredita que a batalha acadêmico-ideológica pela preservação dos valores "modernos" e "modernistas" (isto é, "não-pós-modernos") é uma causa perdida. Mas quem está interessado numa resposta do autor a uma pergunta que ninguém lhe fez? Se o livro não tem uma mensagem política ou ética, deveriam os leitores, talvez, considerar a sua forma "a mensagem"? Isto implicaria que o autor espera que muitos acadêmicos irão aprovar, imitar e desenvolver o discurso que ele "inventou". A verdade, porém, é que ele se sentiria quase culpado se este livro criasse um modismo (o que, de qualquer maneira, não parece ser uma ameaça muito séria). Porque, desnecessário dizer, não há uma carência de correntes ou escolas acadêmicas. Talvez o problema seja que, do jeito que as coisas estão, tudo esteja condenado a permanecer um experimento.

DISPOSITIVOS

AMERICANOS EM PARIS

"Seis dias deliciosos no mar. (...) E então Paris. O luxo da incomparável *cuisine* e do serviço a bordo dos navios *Paris* e *France* acrescenta seis dias de Paris às suas viagens! Estes suntuosos navios franceses vão até Plymouth, na Inglaterra, (...) então a Le Havre, onde um trem especial o está esperando para transportá-lo a Paris em apenas três horas. Os navios com cabine de classe única vão diretamente para Le Havre, o Porto de Paris. As distâncias são curtas na França: a Riviera está a apenas uma noite de Paris, (...) enquanto basta um dia de viagem através do Mediterrâneo para alcançar o norte da África. O serviço Nova York-Bordeaux-Vigo lhe mostrará a beleza incomum do sul da França e da Espanha." Como que para provar como estão na moda as viagens transatlânticas [ver **Navios Oceânicos**] as "Notas Sociais" da edição de 21 de setembro do *New York Times* fazem eco a este anúncio da linha francesa, com referências abundantes a membros da alta sociedade que estão partindo para a Europa ou voltando de lá: "A sra. S. Stanwood Menken e Arthur Menken devem chegar hoje, depois de passarem dois meses na Europa." "O sr. e a sra. Harold Irving Pratt e a srta. Eleanor Pratt, de Welwyn, Glen Cove, L.I., embarcarão hoje para a Europa." Num artigo de 25 de julho, o correspondente em Paris do *Berliner Morgenpost* tem certamente razão ao interpretar este "fluxo" de americanos que chegam à capital da França como "uma conseqüência da inflação". Ao lado do contínuo fortalecimento da economia americana, a crise do franco torna a Europa acessível até para aqueles cujos nomes jamais aparecerão nas colunas sociais de algum jornal.

Mas por que se tornou uma autêntica obrigação social, ou mesmo uma obsessão, fazer viagens tão longas e dispendiosas? [ver **Centro = Periferia (Infinitude)**] O que os viajantes americanos esperam encontrar em Paris? Muito poucos entre eles vão para (ou passam por) Paris com um propósito específico — como é o caso dos milhares de soldados americanos que, no começo do outono, começam a se retirar da Renânia, na Alemanha ocupada, juntamente com as tropas francesas e inglesas (*New York Times*, 22 de setembro). As estratégias de venda da indústria do turismo sugerem que, para a maioria dos prósperos viajantes americanos, a França e Paris são a última palavra em refinamento em matéria de cultura e estilo de vida. Agora que o progresso tecnológico tornou as viagens transatlânticas relativamente seguras, a experiência de primeira mão da cultura européia está se tornando um componente básico na educação de adolescentes nas famílias de classe média alta.

Em *O sol também se levanta*, o primeiro e muito bem-sucedido romance de Ernest Hemingway, o narrador Jake e seu amigo Bill encontram uma família de turistas americanos durante uma viagem de trem da França para a Espanha: [ver **Ferrovias**]

> No nosso compartimento estavam um homem, sua mulher e seu filho. — Suponho que vocês são americanos, não? — perguntou o homem. — Estão fazendo uma boa viagem? — Maravilhosa — disse Bill. — É o que vocês devem fazer. Viajar enquanto são jovens. A mãe e eu sempre quisemos passear, mas tivemos que esperar um pouco. (...) — Sabe? Há um bocado de americanos neste trem — disse o marido. — Eles reservaram sete vagões em Daytona, Ohio, fizeram uma peregrinação até Roma e agora estão descendo para Biarritz e Lourdes. — Então é isso que eles são, malditos puritanos. — De que parte dos Estados Unidos vocês são, rapazes? — Kansas — eu disse. — Ele é de Chicago. — Vocês dois estão indo para Biarritz? — Não. Estamos indo pescar na Espanha. (87ss.)

Ter que compartilhar o compartimento com esses conterrâneos americanos é uma interferência desagradável na experiência que Jake e Bill têm da Europa. Embora a família de Dayton esteja numa peregrinação cultural, mais do que religiosa, e embora até mesmo Jake e Bill estejam seguindo as instruções das indústria do turismo ao viajarem para o sul de Paris ("as distâncias são curtas na França"), os protagonistas de Hemingway agrupam todos os outros americanos na categoria de "malditos puritanos". Porque o puritanismo, a Lei Seca e a admiração incondicional pelo refinamento europeu são exatamente aquilo de que os personagens de *O sol também se levanta* e seus modelos da vida real (os amigos americanos de Hemingway em Paris) estão tentando escapar. Jake Barnes, o alter ego do autor, é um jornalista que ficou impotente por causa de um ferimento de guerra e está tentando encontrar um novo significado para a sua vida. Brett, cujo retrato é inspirado em uma amiga parisiense de Hemingway, Lady Duff Twysden, não consegue superar o trauma da morte de seu noivo na guerra. Ela busca satisfação (e naturalmente só encontra frustração) em excessos alcoólicos e eróticos praticados regularmente — depois dos quais ela sempre volta para Jake, cuja impotência torna essa intimidade intermitente parte de um círculo vicioso. Robert Cohn, o personagem baseado em Harold Loeb, um próspero judeu *émigré*, que no passado ganhou o campeonato de boxe categoria pesos-médios na Universidade de Princeton [ver **Boxe**], está apaixonado por Brett — uma paixão que espelha o caso de Loeb com Lady Duff, da mesma forma que o desprezo de Brett e do narrador por Cohn espelha a condescendência de Lady Duff e Hemingway em relação a Loeb. O amigo de Jake, Bill, um escritor de Chicago que fez sucesso em Nova York, é baseado em Bill Smith, companheiro de juventude de Hemingway em Oak Park, Illinois (Burgess, 48ss.). Em vez do refinamento da cultura européia, esses representantes da "geração perdida" americana estão buscando em Paris aquilo que não têm em casa: uma atitude mais liberal no que diz respeito às relações extraconjugais e homossexuais (Benstock, 99ss.; Prost e Vincent, 536ss.), um ambiente simpático às suas afirmações de talento artístico e, acima de tudo, bebidas fortes [ver **Bares**]. A sua celebração da vitória de Gene Tunney sobre Jack Dempsey no campeonato mundial de pesos-pesados, tal como descrita pelo *New York Times* no dia 24 de setembro, se transforma numa orgia nacional longe de casa: "Uma massa de americanos típicos se reuniu num bem conhecido bar americano no coração de Paris, numa festa regada a champanhe e outras bebidas; eles escutavam atentamente a leitura dos boletins, que eram trazidos a cada minuto da sucursal de um jornal americano."

Às vezes o motivo imediato para a partida de um americano rumo à Europa é um caso de amor infeliz ou um divórcio, como é o caso do altamente aclamado (e ainda mais altamente pago) designer Ralph Barton, que desembarca em Paris em março. Se existem americanos com mais do que motivações puramente negativas para viajar, eles certamente ficarão desapontados. Os intelectuais parisienses estimulam os sentimentos de crise e os rituais de autoflagelação em que costumam mergulhar os estrangeiros perdidos de amor, como Barton, que sofre uma depressão cada vez mais profunda: "Paris é uma bagunça. Confesso que nunca me senti assim antes em relação à cidade. (...) Até mesmo os franceses se sentem desolados a respeito disso, e o suicídio é um assunto freqüente. Faz frio e todos os dias são úmidos. E, para terminar, estou impotente" (Kellner, 135; Willet, 168). Assim, ironicamente, o título do romance de Hemingway aponta precisamente para aquilo que os viajantes existencialistas não podem mais encontrar em Paris. O título é tirado de um trecho do Livro de Salomão: "Uma geração parte, e outra geração chega; mas a Terra permanece sempre no mesmo lugar. (...) O sol também se levanta, e o sol se põe, no mesmo lugar de sempre." Os eternos ritmos da natureza inspiram os intelectuais americanos a buscar um padrão básico da vida, que seja de alguma maneira imune à experiência que eles têm da frustrante e sempre cambiável superficialidade do mundo em seus lares. [ver **Autenticidade versus Artificialidade**] A Espanha, a África e a América Latina, ainda mais do que Paris, se tornaram os espaços onde a imaginação intelectual projeta este desejo. Um entusiasmo geralmente frenético pela corrida e seus rituais simboliza a convergência entre o conceito do corpo como a base elementar da experiência humana e a busca do viajante por uma esfera transcendente. [ver **Tourada**] É por isso que os personagens de *O sol também se levanta* acompanham Hemingway e seus amigos numa viagem que eles fizeram em 1925 à *fiesta* de Pamplona, onde a tradição local permite que os espectadores se juntem aos toureiros, experimentando a presença da extraordinária força física dos animais como um sinal da presença da morte. [ver **Imanência = Transcendência (Morte)**] É por isso que, em vez de simplesmente imaginar as terras do sul, é preciso estar lá.

Na verdade, a publicidade da indústria de turismo não se concentra mais exclusivamente em Paris. Seus clientes prósperos são convidados a conhecer a "Espanha pitoresca, terra do romance e da beleza", e é difícil estabelecer qualquer distinção social entre turistas de classe média e turistas intelectuais no conjunto de americanos na Europa. Referindo-se a um viajante de classe média alta com ambições intelectuais, é provável que D.H. Lawrence esteja sendo ao mesmo tempo sério e irônico quando, no primeiro capítulo de *A serpente emplumada* (20), ele comenta a fascinação do seu personagem pelas touradas no México: "Ele estava vendo a VIDA, e o que mais um americano pode fazer!" [ver **Autenticidade versus Artificialidade (Vida)**] Estas parecem ser as emoções com as quais a sra. Walker — esposa do prefeito de Nova York, que está em Berlim a trabalho — reage ao seu encontro com o recentemente indicado presidente alemão (e herói de guerra) von Hindenburg, cuja imagem pública, pelo menos entre os intelectuais alemães, é basicamente a de um militar conservador cada vez mais senil. Para a sra. Walker, porém, von Hindenburg é como a Europa — ele é velho, e ele é a vida: "A maior experiência que tive em minha estada na Alemanha foi a recepção de ontem ao *Reichspräsident* von Hindenburg. Eu esperava encontrar um senhor frágil de 80 anos mas, pelo contrário, deparei-me com um homem enorme diante de mim, que de forma alguma parecia abalado pelo peso dos anos. Ele me cumprimentou com um frescor juvenil, com vivacidade e uma extraordinária flexibilidade. Entabulamos em seguida uma conversa muito carinhosa" (*8 Uhr-Abendblatt*, 19 de outubro).

Os americanos de Nova York ou do Meio-Oeste não são particularmente interessantes. Os europeus se impressionam muito mais com os latino-americanos, que, seja pelo talento, seja pelo dinheiro, conquistam o Velho Mundo. Enquanto Carlos Gardel, uma estrela ascendente entre os cantores de tango argentinos na incipiente indústria do disco [ver **Gramofones**], faz a sua primeira e triunfante turnê na Espanha logo no começo do ano (Collier, 85ss.), rancheiros e fazendeiros do Rio de la Plata ficam famosos por lotarem os cabarés parisienses, em noitadas longas e freqüentemente tumultuadas. Coronel Bigua, o herói do romance de Jules Supervielle *Le voleur d'enfants* (O ladrão de crianças) vive um exílio político voluntário em Paris, mas se sente perfeitamente à vontade ao desempenhar este papel — ele mantém, contudo, uma distância orgulhosa da sociedade francesa, onde "a esterilidade voluntária de tantas famílias francesas" o enoja (Supervielle, 61). Como o seu casamento é igualmente estéril, Bigua cria sua própria família seqüestrando crianças nas populosas ruas de Paris. Em seu apartamento suntuoso, essas crianças recebem todo o cuidado e a atenção dignos de futuros herdeiros; seus brinquedos são projetados para prepará-los para o "retorno" da família para a América do Sul: "Numa caixa enorme está uma fazenda sul-americana em miniatura, com um rebanho de vacas pastando no campo. Elas respiram um ar que vem de longe e, se estão em Paris, é por acidente. Esses eucaliptos, se você os colocar no tapete, veja como eles fazem o espaço à sua volta parecer maior!" (14). Então, "com uma força (...) trágica", o destino intervém. [ver **Ação = Impotência (Tragédia)**] Bigua se apaixona por sua última aquisição, uma adolescente que, para variar um pouco de método, ele simplesmente tinha comprado do pai. Mas Marcella cede às investidas sexuais impetuosas de Joseph, outra das "crianças" de Bigua, e fica grávida. Sem hesitação, o ciumento coronel expulsa o verdadeiro futuro pai da "família". Em seguida, ele começa a abandonar sua obsessão pela esterilidade: "Este apartamento, cuja esterilidade eu julgava imutável, está prestes a trazer ao mundo um novo ser!" (186). Tendo quebrado o feitiço da sua obsessão, Bigua embarca num navio para a América do Sul com sua mulher e todos os seus "filhos" — descobrindo em seguida que Joseph seguiu Marcella, como um companheiro de viagem que não precisa mais de seu "pai" para comprar uma passagem. Nenhuma outra saída parece restar ao coronel além de se jogar no oceano — entre um continente que ele nunca chegou a conquistar e outro para o qual aqueles que deixaram seu coração na Europa nunca podem voltar.

Nascido na América Latina, Supervielle, o autor dessa estranha narrativa sobre um desejo transatlântico que atravessa "Paris, o oceano Atlântico e o Uruguai", é considerado um escritor francês pela maioria dos leitores. Os cidadãos americanos em Paris, ao contrário, parecem fazer amigos franceses somente à margem da sociedade. Elogiando Barbette, um artista americano que trabalha para as casas noturnas de Paris, Jean Cocteau se permite — com certa hesitação — imaginar Nova York como o espaço ideal para o seu desejo: "Após anos de americanismo, durante os quais a capital americana nos hipnotizou como uma arma, fazendo-nos levar as mãos ao alto, pelo menos o desempenho de Barbette me mostra a Nova York real, recriando o seu mar com penas de avestruz, suas fábricas e arranha-céus com tule, a sua precisão, a sua voz de sereia, as suas jóias, as suas plumas de luz." Não sem muitos pedidos de desculpa, implícitos e explícitos, Walter Benjamin admite, na resenha de um romance americano, que aquilo que os intelectuais europeus tendem a ridicularizar como "*naiveté* americana" conserva um charme e uma pureza que há muito desapareceram de seu próprio continente: "O fato de este romance ter sido um best-seller durante meses coloca o público americano, que tem sido tão duramente criticado, sob uma luz mais favorável. Isso demonstra não apenas o afeto infantil que os *yankees* têm pelas crianças (...) mas uma real *naiveté*, que se alegra com uma história de amor que só é bonita porque o poeta a narra com uma pureza tão incomum" (Benjamin, 43).

Percebidos como pessoas diferentes pelos intelectuais, pelo excesso ou pela falta de sofisticação, os americanos são, na melhor das hipóteses, tolerados pelos europeus na condição de clientes. Assim, embora admitindo que o exemplo do turismo americano incentivou as viagens no continente, o líder da Associação de Hoteleiros, num artigo para o *Berliner Tageblatt* de 25 de julho, mantém um discurso estritamente descritivo: "Hoje os hóspedes dos hotéis viajam mais do que nos velhos tempos. Ser cosmopolita significa ser americanizado. Também significa se interessar por esportes e ter cuidados com a saúde. Isso revolucionou a cozinha dos hotéis. Quem ainda toma sopas gordurosas hoje em dia?" No parágrafo final, contudo, ele não resiste à tentação de ridicularizar o que geralmente é visto como uma falta de maturidade intelectual dos americanos: "Além disso, o hóspede dos hotéis se tornou mais politizado. Na Alemanha, nós não podemos seguir a prática americana de fornecer a cada hóspede um jornal no café da manhã. Hóspedes americanos teriam interesse em ler no café da manhã seja o *Chicago Tribune* ou o *New York Herald*, mas o viajante alemão manifestaria imediatamente sua irritação com o hotel se o jornal oferecido não correspondesse exatamente à sua inclinação política."

Para os europeus, a simplicidade da visão de mundo americana é proverbial. Como uma doença contagiosa, isso é visto como um elemento imutável até mesmo na personalidade daqueles emigrantes que, depois de fazerem fortuna no Novo Mundo, terminam voltando ao seu país natal. Ao contar a saga de sua respeitável família burguesa, o romancista alsaciano René Schickele se recusa a levar a sério um ancestral repatriado: "Ao longo do ano, Rheinweller fazia reuniões em que chamava todos os camponeses da região para se sentarem perto dele. Bebendo numa hospedaria, ele tentava lhes explicar como era um caubói ou um fazendeiro. Era seu sonho transformá-los todos em americanos, pelo menos externamente" (Schikele, 90). Como num fenômeno de massa, os turistas americanos inspiram sentimentos — e até ações — de ódio entre os europeus. Especialmente na França, o dinheiro que eles gastam evoca ressentimento, mais do que oportunismo ou mesmo gratidão. O autor de um artigo no *Berliner Morgenpost* de 25 de julho claramente compartilha desta opinião: "Por volta da meia-noite, esses ônibus 'Vejam-Paris-à-noite' se aproximam. Seu primeiro destino é Montmartre. Até a igreja branca e iluminada de Sacré Coeur não há problemas. Mais acima, porém, onde pintores e boêmios debatem como os últimos remanescentes da cultura francesa, as coisas se tornam mais difíceis. Centenas de franceses cercam o ônibus com gestos ameaçadores: 'Fiquem em casa, seus vendedores de porcos de Chicago! Nós odiamos vocês! Já estamos fartos! Vão para casa contar a história da nossa Babel pecaminosa, da qual vocês, puritanos, têm tanto medo, e pela qual sequer querem pagar!' Depois de um ligeiro tumulto, a polícia conseguiu liberar o caminho para o ônibus e restaurar a ordem."

Regularmente, os europeus afirmam que nada na América do Norte os atrai, exceto o dinheiro. O jornalista parisiense Jacques Laval considera Nova York "uma massa de banalidade, uma cidade de abstinência e desolação, entediante sem ser nobre, uma cidade da qual é impossível sentir saudades" (Heimer, 55). As viagens que os europeus fazem à América Latina são basicamente ligadas a negócios, como a visita do chanceler alemão Hans Luther à Argentina em novembro; esta parte do Novo Mundo é vista entusiasticamente como o futuro: "Estou convencido de que, por mais brilhante que seja a situação atual deste país, num futuro próximo ele será ainda mais glorioso" (*Caras y Caretas*, dezembro). Em contrapartida, quando o tema é a América do Norte, somente os pobres vêem alguma esperança no mundo do capitalismo. É o caso do protagonista do drama *Dorothea Angermann*, de Gerhart Hauptmann. Filha de um pastor protestante de uma província alemã, Dorothea engravida e é forçada pelo pai a se casar com o homem dissoluto que a corrompeu. O casal recebe dinheiro suficiente para comprar passagens e atravessar o Atlântico. Mas as esperanças de Dorothea são dramaticamente frustradas. Ela sofre um aborto, seu casamento fracassa, como era previsível, e tudo o que ela encontra na sociedade americana é humilhação: "Eles batem em você, eles abusam de você. Você tem que fazer dinheiro nas ruas. Um dia eles a vestem como uma boneca, no dia seguinte eles a deixam nua, no frio. Oh, que prostituição eterna! (...) Seu sangue e seus nervos mudam, algo inconsciente acontece com você — porque se fosse consciente, você se atiraria no chão de vergonha" (Hauptmann, 75). No dia 8 de agosto, o *Berliner Tageblatt* publica um artigo sobre o destino de garçonetes alemãs que foram trabalhar na Exposição do Sesquicentenário na Filadélfia [ver **Boxe**] — um artigo que parece uma versão não-ficcional e maliciosa da peça de Hauptmann:

> A bancarrota de um restaurante bávaro na Filadélfia deixou 150 garçonetes alemãs (entre elas 75 da Baviera) sem nenhum recurso financeiro. (...) O

destino das garçonetes alemãs ainda é incerto, porque o proprietário não fez os depósitos do seguro. Está sendo aguardada a autorização para a sua deportação para a Alemanha. Mas as garotas se recusam a deixar o país, porque elas ainda têm o primeiro salário a receber. As garçonetes que vieram, apesar dos avisos da Embaixada Alemã, agora dependem inteiramente da caridade pública. (...) Foi uma idéia bizarra abrir um restaurante bávaro no país da Lei Seca. Provavelmente Resl, Mirzl e Fanny ofereciam aos seus clientes um copo gelado de — água mineral!

Sem querer admiti-lo, os europeus sentem uma mistura de fascinação e ressentimento. A única condição sob a qual fascinação e desejo podem ser mencionados explicitamente parece ser quando eles são classificados como patológicos. No *Almanach für das Jahr 1926*, publicado pela Internationaler Psycoanalytischer Verlag, Otto Rank apresenta o relato da cura analítica de uma jovem profundamente perturbada (diagnosticada como "histérica"). A passagem-chave de sua ansiosa fantasia do futuro, que o analista apresenta em detalhes para os leitores do almanaque, contém paralelos impressionantes com o destino de Dorothea Angermann e das garçonetes bávaras da Filadélfia: "Ela começa sua vida americana lavando pratos (...), mas termina fazendo fortuna e voltando para casa coroada pelo sucesso. Embora esta versão avançada do romance familiar comprometa a sua identificação com o pai bem-sucedido, ela admite que na sua fantasia original ela começava como garçonete numa sala pequena e imunda — e então um próspero americano surgia: 'um desses que já são ricos e não precisam fazer mais dinheiro', como o seu pai" (*Almanach*, 183). O único problema para o analista é a superabundância de interpretações possíveis para esta metanarrativa edipiana, mas ele nunca pensa em perguntar por que, entre todos os lugares, é a América o cenário de realização deste romance familiar, ou por que o equivalente-ao-pai idealizado de sua paciente precisa ser americano.

No final de seu relato de viagem *Rien que la terre*, o romancista francês Paul Morand, um amigo íntimo de Ralph Barton, o designer de Nova York que não conseguiu encontrar consolo em Paris para o fim de seu casamento, se pergunta por que os americanos que voltam para o seu país saúdam com tanto entusiasmo a Estátua da Liberdade, enquanto os viajantes franceses voltam para a sua terra irritados e cansados: "Aqui, nesta tarde de novembro, neste navio frio e triste, colonos cansados e trêmulos, prostitutas de classe baixa usando perfumes baratos, funcionários amargos e mal pagos, chefes de família ansiosos e com medo de correr perigo, gente que viu suas fortunas se reduzirem à metade desde que deixaram a França, fumadores de ópio com a língua manchada — todos retornam silenciosos, virando as costas (...) Teremos nos tornado os filhos mais amargos da raça européia, a raça que os tigres se recusam a comer por causa de sua carne ruim?" (Morand, 254-255). Seria o ódio por si mesmos a razão que leva os europeus a odiarem os americanos — e a desejarem a América?

Verbetes relacionados

Bares, Boxe, Ferrovias, Gramofones, Navios, Tourada, Autenticidade versus Artificialidade, Ação = Impotência (Tragédia), Centro = Periferia (Infinitude), Imanência = Transcendência (Morte)

Referências

8 Uhr-Abendblatt.
Walter Benjamin, "Review of Margareth Kennedy, *Die Treue Nymphe*". In *Gesammelte Schriften*, vol. 1. Frankfurt, 1972.
Shari Benstock, *Women of the left bank: Paris, 1900-1940*. Austin, 1986.
Berliner Morgenpost.
Berliner Tageblatt.
Anthony Burgess, *Ernest Hemingway*. Hamburgo, 1980.
Caras y Caretas.
Jean Cocteau, "The Barbette act". In Man Ray e Jean Cocteau, *Barbette*. Berlim, 1988
Simon Collier, *Carlos Gardel: Su vida, su música, su época*. Buenos Aires, 1986.
Gerhart Hauptmann, *Dorothea Angermann: Schauspiel*. Munique, 1926.
Mel Heimer, *The long count*. Nova York, 1969.
Ernest Hemingway, *The sun also rises*, Nova York, 1926.
Internationaler Psycoanalytischer Verlag, *Almanach für das Jahr 1926*. Viena, 1926.
Bruce Kellner, *The last dandy: Ralph Barton — American artist, 1891, 1931*. Columbia, Mo., 1991
Paul Morand, *Rien que la terre: Voyage*. Paris, 1926.
New York Times.
Antoine Prost e Gérard Vincent, org., *Histoire de la vie privée*, vol. 5: *De la Première Guerre Mondiale à nos jours*. Paris, 1987.

René Shickele, *Maria Capponi*. Munique, 1926.
Jules Supervielle, *Le voleur d'enfants*, Paris, 1926.
John Willert, *Art and politics in the Weimar period: The new sobriety, 1917-1933*. Nova York, 1978.

ARTISTAS DA FOME

No seu poema *Der Hungerkünstler* (O artista da fome), o escritor comunista Johannes Becher usa a profissão de artista da fome como uma metáfora para determinados aspectos da exploração capitalista. Prometendo uma cura dos problemas de saúde, um alegórico "dragão da usura" atrai o "homem" para dentro de uma daquelas caixas transparentes (*Hugerkästen*) onde os artistas da fome se exibem, jejuando diante de uma multidão de espectadores pagantes. Então o dragão olha fascinado para o "nada" da caixa: "Eu o tranco, homem, numa caixa a fome:/ lá você fica faminto e saudável! Com os olhos tortos e atravessados,/ Brilhando em direção ao nada. É hora de jejuar" (Becher, 147). O poema descreve a forma pela qual tais "pessoas de fome" são cercadas de bilionários que gostam de apreciar a pobreza e a fome extrema, mais ou menos da mesma maneira como gostam das representações artísticas da crucificação de Cristo: "Vocês, nação da fome: no distrito dos bilionários/ As pedras suam ouro resplandecente;/ O padre fica tomando conta de um novo Cristo em bronze/ pendurado na cruz. Títulos e ações voam em torno dele como pequenos anjos" (136). As metáforas de Becher são oblíquas — já que os artistas da fome optam deliberadamente por exibir seu sofrimento como um espetáculo atraente ao público (e portanto lucrativo), enquanto normalmente a fome é uma condição involuntária da vida proletária. Mas o poeta parece aceitar esta assimetria — provavelmente porque ela lhe permite revelar um importante elemento sadomasoquista da exploração capitalista: os operários aceitam o seu sofrimento de boa vontade, enquanto, para os capitalistas, exibir esse tormento ao olhar do público pode trazer um retorno financeiro.

Uma dinâmica sadomasoquista semelhante atrai milhares de espectadores pagantes para as jaulas dos artistas da fome — embora isto seja freqüentemente camuflado sob vários discursos filosóficos e até teológicos. As massas que ficam diante das jaulas admiram o paradoxo de uma existência humana que, isolada de seu alimento terreno, adquire uma aura quase transcendental: "Nós bebemos o vento, provamos os gases/ fumamos gordura com óleo vermelho-flamejante/ nós saboreamos, e quando neva revolvemos o solo. A boca apaziguada" (Becher, 134). [ver **Imanência versus Transcendência**] Com um prazer erótico, os espectadores observam os sinais de putrefação aparecerem na superfície dos corpos, que parecem próximos da fronteira entre a vida e a morte: "Neste corpo faminto florescem úlceras/ Veja, elas saltam em torno de minha garganta em diversas cores" (135). Acima de tudo, os artistas da fome impressionam a sua platéia porque parecem enfrentar a morte de olhos abertos: "Ainda posso senti-la nas articulações:/ Ainda sou carne e ossos. Você, Luz,/ mas lentamente alimenta minha morte" (136). [ver **Boxe, Tourada, Resistência, Montanhismo, Múmias, Corridas de seis dias, Imanência = Transcendência (Morte)**] Como muitos atletas profissionais, os artistas da fome levam os seus corpos até o limite entre a vida e a morte — mas, diferentemente dos, digamos, boxeadores e toureiros, eles são livres para escolher o momento que encerra a ameaça fatal auto-infligida. Como os campeões das corridas de longa distância, os melhores artistas da fome se esforçam para quebrar recordes — mas em vez de forçarem o limite até tão longe quanto possível, eles normalmente concluem o seu jejum assim que conseguem quebrar a marca anterior. No final de março, em Berlim, o artista da fome Jolly estabelece um novo recorde mundial, ao passar 44 dias sem comida. No dia 21 de abril, também em Berlim, a equipe da fome "Harry e Fastello" supera esta proeza em apenas um dia. Quase exatamente um mês depois, no sábado, 22 de maio, Fred Ellern, em Viena, conclui um jejum público de 46 dias e seis horas (*Chronik*, 98).

Como ninguém sabe com precisão onde fica a fronteira entre o definhamento e a morte nos corpos individuais, apenas a morte pode provar que os artistas da fome chegaram ao limite final, e que, como os melhores boxeadores ou alpinistas, eles abandonaram completamente o princípio de autopreservação. Este problema de obter evidências de que os artistas da fome querem verdadeiramente enfrentar um perigo mortal pode ser medido pelo fato de que o mercado para os seus espetáculos se tornou bastante instável, embora o entusiasmo pelos esportes profissionais em geral esteja crescendo rapidamente. Se Jolly recebe mais de cem mil marcos com a venda de ingressos, Harry e Fastello atraem pouca gente — nem mesmo o bastante para cobrir as suas despesas. Para contrabalançar essa queda, os artistas da fome começam a condimentar os seus espetáculos com acessos de comportamento ostensivamente agressivo e exaltado. Isto, porém, parece apenas criar a impressão de que o controle que eles têm sobre o risco de morte lhes permite manipular à vontade os espectadores. O tom de uma breve notícia publicada pelo *Berliner Volks-Zeitung*, no dia 14 de maio, revela uma suspeita geral de fraude associada aos artistas da fome: "Nelson, o artista da fome de Leipzig que, como foi recentemente noticiado, era um trapaceiro e foi levado ao hospital, não manteve a sua promessa de se colocar à disposição do promotor público depois de deixar o hospital. Segundo o *Leipziger Tageszeitung*, Nelson, ao lado de seu empresário, Schutzendübel, desapareceu de Leipzig."

O que falta ao espetáculo do definhamento é um grau de contingência que possa relativizar ou autocontrole profissional dos artistas da fome. Alpinistas, nadadores do Canal e aviadores se expõem aos extraordinários poderes dos elementos, enquanto os corredores e ciclistas atingem velocidades que excedem o tempo de reação do cérebro. A velocidade, a natureza e a tecnologia autenticam a seriedade da sua confrontação com a morte, enquanto os colapsos psicológicos dos artistas da fome não podem deixar de parecer artificiais. [ver **Autenticidade versus Artificialidade**] Proporcionando apenas uma excitação visual mínima, seja qual for o período de tempo que o espectador pagar para ficar diante das jaulas, os artistas da fome executam proezas que já não correspondem mais às últimas modas na representação do drama da existência humana. O seu nível de controle pessoal permanece alto demais para que o definhamento seja percebido como uma confrontação com a morte; os seus corpos frágeis sublinham, mais do que questionam, a força da vontade humana. [ver **Ação versus Impotência**]

Desde 1924, uma reunião de quatro pequenos textos em prosa de Franz Kafka sob o título *Ein Hungerkünstler* está no mercado, numa edição da Die Schmiede, que também publica os poemas de Johannes Becher (Wagenbach, 189). O terceiro dos textos de Kafka, que explora a psique de um artista da fome, começa afirmando que a grande era desta profissão está chegando ao fim: "Nas últimas décadas, o interesse pelo jejum profissional vem decaindo sensivelmente" (175). O protagonista pensa com nostalgia nos dias em que o definhamento era uma verdadeira sensação internacional: "De qualquer maneira, um belo dia o mimado artista da fome se viu repentinamente abandonado pelos caçadores de diversões, que escoaram dele para outros entretenimentos, para outras atrações mais populares. Pela última vez, o seu empresário o enviou numa rápida turnê atravessando metade da Europa, para checar se o antigo interesse não poderia ainda sobreviver aqui e ali. Tudo em vão: em toda parte, como que por um acordo secreto, as pessoas demonstravam uma rejeição definitiva em relação ao jejum profissional" (181). Por estar consciente demais das razões desta crise, o artista da fome de Kafka mergulha numa depressão que às vezes se transforma em acessos de raiva (que seu empresário tenta comercializar como um espetáculo psicologicamente interessante). O círculo estreito e auto-reflexivo dentro do qual ele monitora o seu próprio desempenho não pode evitar que surjam suspeitas de fraude: "Ninguém seria capaz de vigiar o artista da fome todos os minutos, noite e dia, e portanto ninguém pode apresentar testemunhos de primeira mão de que o seu jejum foi realmente rigoroso e contínuo; somente o próprio artista pode saber isso. Inevitavelmente, portanto, ele era o único espectador de seu próprio jejum que poderia ficar inteiramente satisfeito com o seu desempenho" (177). Ainda mais importante, o artista da fome criado por Kafka fica frustrado pelo fato de nunca ter jejuado por mais de 40 dias. Ele tem consciência de que este limite é arbitrário e nada dramático:

> O mais longo período de jejum foi fixado em 40 dias pelo seu empresário (...) A experiência mostrava que o interesse do público podia ser mantido por cerca de 40 dias, com a ajuda de uma cada vez mais vigorosa campanha publicitária, mas que, após esse período, a população urbana começaria a perder o interesse, e o seu apoio começaria a declinar. (...) Então, no quadragésimo dia, a jaula florida era aberta, os espectadores entusiasmados enchiam o salão, uma banda militar tocava, e dois médicos entravam na jaula para declarar os efeitos do jejum através de um megafone. (...) E neste ponto o artista sempre se mostrava teimoso. (...) Por que interromper o jejum precisamente naquele momento, depois de 40 dias? Ele o tinha suportado por muito tempo, um tempo incomensuravelmente longo. Por que parar agora, quando ele estava no auge da forma, ou talvez sequer ainda tivesse atingido este auge? (178 ss.)

Sistematicamente privado de qualquer proximidade perigosa da morte, o artista da fome entra num período de decadência profissional e emocional. Ele acaba num circo, como parte do espetáculo dos animais. Mas mesmo lá ninguém se importa com ele. Quando, dias ou semanas após a sua morte, os funcionários do circo descobrem o seu corpo, ele finalmente conseguiu demonstrar o seu desejo de enfrentar a morte — mas cruzou a fronteira entre a vida e a morte da forma menos espetacular possível.

O artista da fome morto é substituído por uma pantera. Diferentemente dele, o animal é tão cheio de vida que, confinado na jaula da fome, proporciona um excitante espetáculo para a multidão de pagantes: "O seu corpo nobre, cheio de energia, quase a ponto de explodir, parecia levar consigo a liberdade. Esta parecia esconder-se em alguma parte de suas mandíbulas. E a alegria da vida fluía da sua garganta com uma paixão tão ardente que era difícil para os espectadores suportar o choque. Mas eles se esticavam, se comprimiam em volta da jaula e relutavam em partir" (185).

Verbetes relacionados

Boxe, Corridas de seis dias, Montanhismo, Múmias, Resistência, Tourada, Ação versus Impotência, Autenticidade versus Artificialidade, Imanência versus Transcendência, Individualidade versus Coletividade, Imanência = Transcendência (Morte)

Referências

Johannes R. Becher, *Maschinenrhythmen*. Berlim, 1926.
Berliner Volks-Zeitung.
Chronik, 1926: Tag für Tag in Wort und Bild. Dortmund, 1985.
Franz Kafka, *Ein Hungerkünstler* (1924). In Kafka, *Die Erzählungen*. Frankfurt, 1961.
Klaus Wagenbach, *Franz Kafka: Bilder aus seinem Leben*. Berlim, 1983.

ASSASSINATO

❦

No domingo, 8 de agosto, o *Berliner Tageblatt* publica uma reportagem detalhada sobre o julgamento de um crime cometido em Frankfurt. O que torna este caso tão fascinante é, paradoxalmente, a clareza dos fatos. A ré é uma certa *Fräulein* Flessa. O seu nome completo, sua idade e sua situação de vida não são mencionados pelo jornal, mas os leitores sabem que ela não é "nem bonita nem jovem". Flessa nunca negou ter cometido o ato de que é acusada: com três tiros de revólver, ela assassinou o dr. Seitz, um homem de aproximadamente 40 anos, que o artigo descreve como "um cavalheiro simples, de boa índole, tranqüilo e corpulento". O processo não conseguiu produzir evidências definitivas sobre o relacionamento entre Flessa e Seitz. A acusada afirma que Seitz a deflorou, mas a corte parece pensar que ela ainda é virgem, e não foi realizada nenhuma investigação médica sobre este ponto. Porque, apesar do fato de que o ato de Flessa não admite controvérsia e que, portanto, a pena de morte estaria legalmente justificada, os jurados sentem que uma avaliação moralmente responsável do caso precisa se basear num tipo diferente de prova. Esta prova, que eles se esforçam muito para encontrar, responderia à questão: "O que se passava na alma dela (...) antes e durante o assassinato?" Esta pergunta tem o poder de transformar uma questão legal numa questão de interpretação psicológica, e de mudar o status da acusada de uma malfeitora deliberada para um indivíduo mentalmente desequilibrado. Quanto menos acesso a acusada oferece àquilo "que se passava na sua alma", mais ela ganha o direito de ser tratada como um caso clínico: "O que podemos aprender sobre as raízes do crime se a própria acusada não as conhece? E certamente ela é a menos qualificada para conhecê-las. (...) Era bastante que os seus pensamentos e desejos estivessem centrados nele [dr. Seitz], e que a sua sexualidade também estivesse fixada nele. Ele pode ter dado poucos motivos para isso, mas o que quer que tenha feito lhe custou a vida. Daqui a 20 anos afirma a defesa, provavelmente será impensável um julgamento como este — provavelmente haverá sanatórios para pessoas assim."

Relatos incontáveis de homicídios e julgamentos semelhantes enchem as primeiras páginas dos jornais regionais e internacionais. Mas, embora todos eles lidem com o tema da morte, dizem pouco ou nada sobre os debates em curso a respeito da morte como um aspecto da condição humana. [ver **Aviões, Boxe, Cremação, Gramofones, Montanhismo, Múmias, Tourada**] As discussões sobre a dimensão existencial da morte freqüentemente sublinham a necessidade de "confrontar-se com a própria morte" como uma forma específica de reflexão. Mas é precisamente a ausência de tal auto-reflexão que se torna decisiva no caso Flessa (e em muitos outros processos de assassinato). A vítima não tinha como prever — e muito menos "confrontar" — o seu destino, e a acusada recusa-se quase apaixonadamente a se engajar em qualquer espécie de auto-análise: "O fato de ela resistir tão violentamente a falar sobre o crime e seus motivos deixa claro que ela não quer enfrentá-los." Se "confrontar-se com a própria morte" é uma forma de ação heróica (ou trágica), o sistema legal fracassa ao tentar atribuir algum papel ativo a Flessa. [ver **Ação = Impotência (Tragédia)**] Assim, através de um estranho deslocamento metonímico, o espaço da ação é ocupado pela sexualidade da acusada: "a sua sexualidade estava fixada nele". Mas como a sexualidade da acusada não é algo passível de ação, no sentido legal da palavra, e como a mente da acusada renuncia à reflexão que poderia constituí-la como uma agente, torna-se impossível dizer que Flessa é responsável pelo "seu" crime.

Sempre que esses problemas de atribuição de responsabilidade surgem em casos de assassinato, as discussões públicas sobre o assunto se tornam uma parte e um sintoma de uma profunda mudança na relação entre o indivíduo e a sociedade. [ver **Individualidade versus Coletividade**] Porque se, ao renunciarem a uma posição de controle, os indivíduos se tornam inacessíveis à lei, assim a ação, a responsabilidade e a culpa perdem o seu ponto de referência — e se tornam categorias flutuantes. Uma solução possível para este dilema, uma solução que muitos intelectuais defendem com convicção, é atribuir a responsabilidade à sociedade como um sujeito coletivo. Se esta abordagem for aceita, porém, ela confere ao criminoso, agora redefinido como alguém que apresenta uma condição patológica, o direito de acusar a sociedade pelo crime que cometeu, e de requisitar terapia clínica. Mas proporcionar terapia em vez de punição é apenas uma das muitas opções que nascem de uma crise mais ampla na relação entre a individualidade e a coletividade. No caso Flessa, a corte de Frankfurt estabelece uma solução de compromisso. A acusada nem é absolvida nem recebe a pena de morte. Ela é condenada a sete anos de prisão (*Zuchthaus*), e seu ato é definido como "uma tentativa de homicídio em conjunção com homicídio culposo involuntário". Não se pode atribuir a alguém que admite ter tirado a vida de outra pessoa menor grau de responsabilidade.

Um vasto leque de modelos de renegociação da relação do indivíduo com a sociedade nasce da cobertura jornalística desses casos. A sociedade parece particularmente perversa sempre que o sistema legal fracassa em identificar o perpetrador de um crime. Com três páginas inteiras de fotografias, a edição de 18 de setembro de *Caras y Caretas* oferece aos leitores a ilusão de participar do julgamento do "misterioso assassinato do dr. Carlos A. Ray em sua *vila* em Vicente López". Médico, consultor municipal e membro da alta sociedade de Buenos Aires, Carlos A. Ray foi encontrado morto na sua cama, em sua bela casa, onde estava vivendo com sua amante, a viúva María Poey de Canelo, cercado por um número impressionante de empregados. *Caras y Caretas* apresenta imagens detalhadas do interior e do exterior da casa, bem como os perfis de todos os suspeitos, orientando fortemente as especulações dos leitores para a figura da amante de Ray e para a possibilidade de um crime passional. Duas semanas depois, o estilo da cobertura mudou consideravelmente. Ela agora mostra as fotografias dos 14 jurados, promotores públicos e especialistas em medicina forense, e descreve a abordagem que cada um deve adotar rumo à solução do "sensacional assassinato do dr. Carlos A. Ray".

Raramente provas decisivas são desenterradas após um período tão longo de incertezas. Em agosto, a imprensa francesa relata a solução tardia de outro "misterioso" caso de assassinato. O corpo de Marie-Louise Beulagnet é exumado e — ainda no túmulo — submetido a uma segunda autópsia, que revela que ela foi estrangulada. Isto provoca a confissão de seu amante, Charles Guyot (*Années-mémoire*, 47). Muito mais freqüentemente, porém, a fraqueza do sistema legal é implicitamente — às vezes, até explícita e provocativamente — acentuada por criminosos que confessam seus crimes sem estarem sob nenhum tipo de pressão. Depois de se converterem ao cristianismo, dois "garotos esquimós" que, mais de 17 anos antes, tinham assassinado o explorador americano Ross G. Marvin na paisagem gelada da Groenlândia, revelam a verdade, embora o público tivesse aceitado inteiramente a história que eles tinham inventado sobre o afogamento de Marvin (*New York Times*, 25 de setembro). [ver **Polaridades**] Johannes Spruch, que roubou pedras preciosas no valor de um milhão de dólares de um joalheiro de Berlim, se apresenta voluntariamente à polícia com um ar quase frívolo — apenas para lamentar sua decisão, chamando a si mesmo de "cabeça-dura e idiota" na manhã seguinte (*8 Uhr-Abendblatt*, 2 de outubro). Este ruidoso desprezo por parte de ladrões e assassinos solapa a autoridade da polícia e do sistema legal — duplamente, se a situação se revela uma farsa: "Um jovem que admitiu sua culpa ontem num bar, e que repetiu sua 'confissão' diante das autoridades, precisou ser libertado porque se descobriu que, sob a influência do álcool, o 'assassino' tinha 'confessado' o crime simplesmente para tentar parecer alguém mais interessante" (*Berliner Volkszeitung*, 14 de maio).

Casos como este evocam um medo existencial amplamente difundido de que qualquer solo estável para a certeza cognitiva se perdeu. [ver **Incerteza versus Realidade**] Em seu primeiro filme de sucesso, *O inquilino*, Alfred Hitchcock leva o público a acreditar que o seu protagonista deve ser um novo Jack, o Estripador. Quando uma quadrilha está prestes a linchá-lo, chega a informação de que o verdadeiro assassino foi localizado — e assim a vida do inquilino é poupada no último momento. Usando uma estratégia narrativa similar, Agatha Christie, em *O assassinato de Roger Ackroyd*, faz o detetive Hercule Poirot solucionar o crime com base em evidências que não estão disponíveis ao leitor — já que o assassino acaba sendo o narrador em primeira pessoa. Uma conclusão destes exemplos ficcionais e não-ficcionais é óbvia: se a existência de uma verdade final não pode mais ser garantida, a lei e o Estado correm o risco de perder a sua autoridade sobre o indivíduo — porque a sua autoridade está baseada na afirmação da verdade.

A crise da verdade converge com o deslocamento em direção a uma visão clínica do comportamento criminoso: ambas problematizam a autoridade legal e governamental. Logo no começo do ano, a atenção de todos na França se volta para um processo no qual a questão da ação nunca chegou a ser um objeto de dúvida. Em Bombon, uma cidadezinha perto de Melun, membros de uma seita conhecida como "Nossa Senhora das Lágrimas" chicoteiam — e quase matam — o padre da paróquia. Já fazia três anos que eles estavam convencidos de que o padre tinha enfeitiçado Marie Mesmin, a fundadora da comunidade. Como um caso legal, o incidente não apresenta ambigüidades. A acusação da seita é absurda — até porque ela está baseada numa única visita do padre à casa de Marie Mesmin em Bordeaux, durante a qual ele lhe ofereceu alguns presentes de seus paroquianos. Mas o que sem dúvida intriga os leitores são as insinuações de que a vítima simpatiza com a heterodoxia de seus inimigos (afinal de contas, ele reuniu e ofereceu presentes para Marie Mesmin), uma estranha intensidade nos olhares do padre e dos acusados, as imagens dos chicotes que foram usados e, finalmente, uma fotografia na qual os acusados, todos vestidos de preto, tentam esconder seus rostos das lentes da câmera do repórter (*Années-mémoire*, 184-185). O aspecto gótico destas imagens coloca em questão a tese de que a sociedade francesa é baseada em princípios racionais.

Enquanto isso, um caso ainda mais bizarro ocupa a atenção do público na Alemanha. No dia 19 de janeiro, um júri em Hannover condena Hans Grans, amante e cúmplice de Friedrich Haarmann, a 12 anos de prisão (Lessing, 304). Grans tinha vendido as roupas de mais de 50 meninos e rapazes, muitos deles prostitutos, que Haarmann assassinava enquanto fazia sexo com eles, desmembrando-os em seguida. O próprio Haarmann "estima" que matou "cerca de 30 pessoas" (Lessing, 278). O que mais atrai a imaginação popular é a obsessão de Haarmann por perfurar suas vítimas no clímax da sua excitação sexual, deixando-as sangrar até a morte. Como é impossível atribuir responsabilidade legal a réus cujas patologias são tão evidentes, o público desloca sua atenção do criminoso para o ambiente social no qual o crime ocorreu, ou para a horrorosa morfologia dos corpos desmembrados das vítimas. Provavelmente inspirado pelo caso Haarmann, o poema *Der Würger* (O estrangulador), de Johannes Becher, extrai o seu impacto de detalhes e imagens horripilantes:

> Parada dos assassinados no
> necrotério. A primeira procissão: torsos
> sem cabeça e cadáveres atravessados por facas
> entre as coxas, uma
> lanterna como uma bola de fogo sobrenatural. A segunda
> procissão: as gerações enforcadas. Corpos deformados e
> contundidos, em espiral; suas línguas penduradas,
> torcidas como trapos, entre os dentes. Terceira

> procissão: baldes cheios de frutas podres. Orelhas
> brilhantes, narizes, arranhando um ao outro, envolvidos
> em folhas de jornal: lençóis impressos.
>
> (Becher, 35)

Theodor Lessing, filósofo da Universidade Técnica de Hannover e jornalista de meio expediente que cobre o caso Haarmann para diversos jornais e revistas, foi expulso repetidas vezes do tribunal por criticar os procedimentos da corte. Fazendo referência explícita ao trabalho de Sigmund Freud, Lessing pede que os crimes de Haarmann sejam analisados numa base psicanalítica. Ele se junta assim ao número crescente de escritores e ativistas políticos que chamam a atenção para a falta de autoridade do sistema judicial. *Vorwärts*, o jornal diário do partido social-democrata alemão, chega ao ponto de questionar a legitimidade moral das investigações do promotor: "Mesmo sendo o promotor um homem honrado, toda a sua atitude precisa se dirigir contra o acusado, e assim, instintiva e automaticamente, ele vira as costas para qualquer possibilidade de isentá-lo de culpa" (*Vorwärts*, 25 de julho). Certamente, Lessing tem motivos mais específicos para protestar. Ele se irrita com o fato de que a corte de Hannover, no processo contra Grans, se recusa a reconhecer provas da submissão psicológica de Haarmann ao seu amante: Haarmann estava ansioso para satisfazer Grans oferecendo-lhe as roupas de suas vítimas, mas os assassinatos não foram instigados por Grans, como o promotor parece acreditar (Lessing, 304ss.). Além disso, Lessing revela que, até o dia em que os crimes foram descobertos, a polícia usava Haarmann como um espião na zona de prostituição de Hannover. Esses protestos e críticas implacáveis fazem a polícia, a corte e o Estado da Baixa Saxônia aparecerem, paradoxalmente, como agentes da progressiva confusão entre o crime e a lei, entre o indivíduo e a sociedade. Mas o Estado se vinga de Lessing. Depois do boicote a seus cursos por organizações estudantis fascistas na Universidade de Hannover — um boicote provocado por outra série de artigos de jornal nos quais Lessing, um judeu, ousou satirizar o presidente alemão, Paul von Hindenburg—, Lessing perde a sua cátedra (*Chronik*, 111).

O caso Haarmann sintetiza a fascinação do público pelo assassinato como um fenômeno ao qual diversas crises da cultura ocidental estão ligados. É por isso que o processo Haarmann gera imagens, incidentes e histórias tão diferentes. E ele apresenta ramificações adicionais sobre o enfraquecimento da autoridade do Estado: a agitação dos estudantes fascistas faz parte de uma tensão mais ampla entre o sistema judicial e os grupos de extrema-direita em relação aos assassinatos (*Chronik*, 17, 33). Desde o fim da guerra, o governo alemão fracassou em desmobilizar e dispersar os *Freikorps* (corpos voluntários) paramilitares, embora eles tenham infringido repetidamente direitos constitucionais e a sua própria existência viole o Tratado de Versalhes, que reduziu o exército alemão a cem mil homens. Ainda mais perigosas que estas infrações da lei nacional e do acordo internacional são as execuções internas de antigos membros que se acredita serem traidores ou dissidentes. Suspeita-se fortemente que os agentes destes crimes escapam da Justiça porque gozam da proteção secreta de juízes e altos funcionários do governo. Na verdade, porém, estes assassinos não podem ser identificados dentro de suas próprias organizações porque eles espelham — e amplificam radicalmente — a confusão interna das instituições públicas. Na sexta-feira, 4 de fevereiro, o *8 Uhr-Abendblatt* publica trechos do julgamento do sargento Göbel, um membro do *Schwarze Reichswehr* (Exército Nacional Negro). O testemunho de Göbel torna evidente que até aqueles grupos dos *Freikorps* que acreditam ter o controle de seus membros podem ser continuamente surpreendidos e intimidados por outros subgrupos, que interferem com suas ações e assim expõem os membros individuais ao perigo de serem responsabilizados por crimes cometidos em nome da organização. Nenhum outro autor descreve de forma mais perspicaz as formas burocráticas que nascem deste caos na interação entre o indivíduo, a sociedade e o Estado do que Franz Kafka. A breve carta que o personagem K. recebe do castelo oscila entre diversos padrões estruturais e pressupostos que dizem respeito à relação entre as autoridades e o destinatário: "Meu caro senhor, como sabe, foi integrado ao serviço do conde. O seu superior imediato é o prefeito da aldeia, que lhe fornecerá todos os detalhes relativos ao seu emprego e aos termos de sua contratação, e que também supervisionará o seu trabalho. De minha parte, porém, tentarei não tirar os olhos de você. Barnabás, o portador desta carta, se dirigirá a você de tempos em tempos para anotar seus pedidos e comunicá-los a mim. Você sempre me encontrará disposto a servi-lo, na medida do possível. Gosto que meus empregados fiquem contentes" (Kafka, 23). K. sofre com esta confusão de níveis hierárquicos. Como que acometido por uma súbita doença ele se deita aflito, depois de ler a carta. E embora esta não contenha nenhuma ameaça, K. começa a desenvolver fortes sintomas de paranóia:

K. (...) começou a ler novamente a carta, à luz de uma vela. Não era uma carta coerente. Em parte, ela o tratava como um homem livre, cuja independência era reconhecida — na forma como se dirigia a ele, por exemplo, e na referência aos seus pedidos. Mas em outros trechos ele, era direta ou indiretamente tratado como um empregado menor, que mal podia ser visto pelos chefes do departamento; o autor se esforçaria para "não tirar os olhos" dele; seu superior era apenas o prefeito, a quem ele de fato deveria se reportar; provavelmente seu único colega seria o policial da aldeia. Havia incoerências, sem dúvida. Estas eram tão óbvias que saltavam à vista. Provavelmente não ocorreu a K. que elas poderiam ser fruto de uma indecisão (23-24).

Com perspicácia semelhante, Adolf Hitler analisa a crise nas relações entre o Estado, o sistema judicial e o indivíduo. O seu principal interesse é identificar as estratégias através das quais o Estado, por sua fraqueza, pode ser subvertido. Desta perspectiva, Hitler critica fortemente os julgamentos internos e a execução dos "traidores", já que esta prática põe em perigo, em nome de metas políticas relativamente insignificantes, partidários fiéis da extrema-direita, ao expô-los ao julgamento do Estado. Separando tanto quanto possível o seu próprio partido de toda confusão hierárquica, ele opta por mostrá-lo visivelmente diferente das unidades militares e paramilitares. Segundo Hitler, é para a arena pública que devem se voltar o controle coletivo e a força de seu partido:

> Para evitar que o movimento assuma um caráter secreto no início, a própria amplitude de seu quadro de associados — além dos uniformes, que devem ser imediatamente reconhecidos por qualquer um — seria um fator de sua eficácia e o tornaria conhecido de um público mais amplo. (...) [É preciso haver um] treinamento tão completo a ponto de incorporar esta idéia de que desde o princípio o seu horizonte deve se expandir, e o indivíduo veria que a sua missão não seria simplesmente eliminar algum canalha grande ou pequeno, mas sim se dedicar a estabelecer um novo Estado Popular Nacional-Socialista. Através desse método, porém, a luta contra o atual governo saiu da esfera das vinganças e conspirações triviais e se elevou ao nível de uma grande guerra de destruição, nascida de uma inimizade declarada ao marxismo e suas criaturas (Hitler, 612).

Anunciar e liderar uma "guerra de extermínio" na esfera pública, cometer assassinato em nome da nação — estas são opções que nascem do colapso da relação entre o indivíduo e a sociedade. Se o fascínio pelo assassinato é o sintoma mais óbvio da desintegração da ordem, o papel do líder político carismático como promotor da síntese entre a individualidade e a coletividade se torna a solução mais amplamente aceita para essa crise. [ver **Individualidade = Coletividade (Líder)**] Líderes assim têm o poder de declarar o assassinato legítimo.

Verbetes relacionados

Aviões, Boxe, Cremação, Gramofones, Montanhismo, Múmias, Polaridades, Tourada, Individualidade versus Coletividade, Incerteza versus Realidade, Ação = Impotência (Tragédia), Individualidade = Coletividade (Líder)

Referências

8 Uhr-Abendblatt.
Les années-mémoire: 1926. Paris, 1988.
Johannes R. Becher, *Maschinenrhythmen.* Berlim, 1926.
Berliner Tageszeitung.
Berliner Volks-Zeitung.
Caras y Caretas.
Agatha Christie, *The murder of Roger Ackroyd.* Londres, 1926.
Chronik, 1926: Tag für Tag in Wort und Bild. Dortmund, 1985.
Adolf Hitler, *Mein Kampf* (1926). Munich, 1941
Franz Kafka, *Das Schloss* (1926). Frankfurt, 1968.
Theodor Lessing, "Der Fall Grans" (1926). In *Wortmeldungen eines Unerschrockenen: Publizistik aus drei Jahrzehten.* Leipzig, 1987.
New York Times.
Vorwärts: Berliner Volksblatt — Zentralorgan der Sozialdemokratischen Partei Deutschlands.

AUTOMÓVEIS

Embora os pára-lamas ligados ao estribo comecem a cobrir os pneus altos e esguios, os automóveis costumam exibir sua anatomia tecnológica. Os eixos são visíveis, os faróis saem do chassi, e muitos carros têm uma manivela para dar a partida. Martin Heidegger escolhe uma outra parte isolada do automóvel, a seta, como uma referência paradigmática numa discussão sobre o uso e a interpretação dos signos: "Alguns carros a motor são equipados com uma seta vermelha ajustável, cuja posição indica a direção que o veículo vai tomar — por exemplo, num cruzamento. A posição da seta é controlada pelo motorista. Este sinal é um recurso que está à disposição do motorista enquanto ele manobra o carro, e não serve apenas a ele: aqueles que estão fora do carro — e estes particularmente — também fazem uso dele" (Heidegger, 78). Como que para simbolizar a separação de seus elementos individuais, a maioria dos automóveis exibe majestosos estepes bem diante da porta do motorista. Apenas alguns modelos, normalmente fabricados por firmas privadas, têm uma forma mais compacta (*Années-mémoire*, 173; Römer, 24). Como regra geral, o motor, o compartimento do passageiro e o porta-malas ocupam caixas retangulares contíguas de tamanhos diferentes: eles não são elementos uniformemente projetados.

Nos carros grandes — quando as condições climáticas permitem — os passageiros costumam se sentar na parte aberta, atrás do chofer, cujo uniforme lembra o de um condutor de trem. Freqüentemente, eles usam bonés de couro esportivos. Neste caso, o automóvel pode servir como um símbolo de status, porque ele se parece com uma versão levemente modificada de uma carruagem a cavalo particular — isto é, com uma relíquia de dias menos igualitários. Parece ser justamente esta conotação aristocrática que convence Thomas Mann a adquirir um automóvel: "Então comprei um carro, um belo sedã Fiat de seis lugares. Nosso querido Ludwig já se autonomeou chofer. Eu costumo sair para passear sobre 33 cavalos de força, percorrendo a cidade, cumprimentando afavelmente as pessoas por toda parte" (Kolbe, 377-378). Para aqueles membros da alta sociedade internacional que cultivam ambições vanguardistas (entre eles o rei espanhol Alfonso XII), "motorizar-se", ou mesmo participar de corridas, ganha o status de um passatempo particularmente moderno. Uma fábrica de carros, pequena mas exclusiva, figura entre as diversas propriedades da família do narrador do romance *Maria Capponi* (427), de René Schickele; o pai da amante italiana do narrador, Maria, está constantemente na estrada, inaugurando salões internacionais do automóvel (242; *Années-mémoire*, 175). Alguns nomes dos novos automóveis de luxo são um sinal desta distinção social: Alfa Romeo, Austro-Daimler, Bentley, Bugatti, Chénard-Walker, Hispano Cease, Lorraine-Dietrich. Semelhante neste aspecto ao vôo, pilotar carros como um esporte ganha uma nova organização, principalmente na forma de corridas com várias etapas, ou testes de resistência para os automóveis de modelo padrão. [ver **Aviões**] Como os fabricantes estão apenas começando a descobrir o valor destas competições para a promoção de suas vendas (um pioneiro neste aspecto é Mercedes-Benz A.G., que, no *Berliner Tageblatt* de 5 de agosto, anuncia orgulhosamente o seu "recorde de vitórias em competições nacionais e internacionais"), é difícil distinguir as carrocerias dos automóveis produzidos em massa [ver **Linhas de Montagem**] daquelas dos carros de corrida.

Embora a tração continue sendo um grande problema (devido aos métodos de fabricação, à má qualidade dos pneus e às estradas ruins), os automóveis alcançam níveis respeitáveis de velocidade. O novo Mercedes de seis cilindros e 180 cavalos de força pode atingir 62 quilômetros por hora (*Chronik*, 197), e o vencedor da clássica corrida de 24 horas de Le Mans quebra um recorde mundial percorrendo 2.533,5 quilômetros durante a competição (*Années-mémoire*, 85, 172ss.). Esta desproporção entre a tração e o desempenho do motor torna os automóveis perigosos para os motoristas e os passageiros. Os jornais e revistas estão repletos de relatos detalhados de acidentes, freqüentemente acompanhados de fotografias dramáticas de batidas e vítimas. Na edição de 6 de novembro, *Caras y Caretas* descreve um acidente ocorrido em Buenos Aires: "Um ônibus na rua San Eduardo estava atravessando a rua Gualeguaychú quando foi abalroado por um automóvel com placa de Morón. A colisão foi tão forte que o ônibus se partiu em dois e o carro sofreu graves avarias. O serviço de resgate público foi chamado, e se verificou que o motorista do carro e sete passageiros do ônibus estavam feridos. Testemunhas afirmaram que o culpado do acidente foi Manuel Sánchez, o homem que estava dirigindo o automóvel. A polícia o prendeu, colocando-o sob custódia." Não fica claro com que base as testemunhas podem atribuir tão claramente a responsabilidade do acidente ao motorista do carro. Sua prisão imediata pela polícia parece sugerir que dirigir um carro é considerado um ato potencialmente criminoso. Para um taxista de Berlim, que mata duas pessoas e fere três ao ultrapassar um grupo de andarilhos que voltava à cidade na noite da Ascensão do Senhor, a prisão pela polícia se mostra uma intervenção no sentido de salvar uma vida: "O motorista culpado foi arrancado do carro pela massa nervosa e certamente teria sido linchado ali mesmo, se os guardas não o tivessem levado imediatamente sob custódia. Ele foi levado para o hospital, onde foi preso pela polícia" (*Berliner Volks-Zeitung*, 14 de maio). Diferentemente dos acidentes aéreos, que os jornalistas apresentam como exemplos de heroísmo e tragédia [ver **Aviões**], o cenário recorrente na cobertura de acidentes automobilísticos envolve agressores e vítimas. Porque, pelo menos na Europa, os automóveis evocam fortes sinais de ressentimento social. Se Freder, o herói do filme *Metrópolis*, de Fritz Lang, usa "um carro grande e branco, com chofer" (Lang, 34), para ir ao escritório de seu pai, John Fredersen, o "Mestre de Metrópolis", os trabalhadores parecem se engajar num ato de compensação quando, mais tarde, celebram a revolta do proletariado "sobre os tetos dos carros" (120). Aos olhos de Theodor Lessing, um filósofo judeu desprezado por seus colegas e perseguido por hordas de estudantes anti-semitas [ver **Assassinato**], os automóveis simbolizam os perigos do mundo moderno: "Eu odeio os gritos dos mercadores nas ruas e dos jornaleiros. Eu odeio o badalar dos sinos das igrejas, eu odeio o ruído sem sentido das sirenes nas fábricas, mas o que eu mais odeio são os automóveis fedorentos. O homem moderno vem agindo com total descaso, cara-de-pau e hipocrisia. Nós estamos completamente indefesos contra os todo-poderosos proprietários de carros. (...) Em algumas cidades — Colônia, por exemplo, com suas muitas ruas antigas e estreitas — o tráfego é uma ameaça pública permanente" (Lessing, 400ss.). Até mesmo aqueles que podem comprar automóveis freqüentemente se referem a eles como uma metáfora negativa que estabelece uma distância entre a sua própria e respeitável riqueza e aquilo que eles consideram o *demimonde*. Aludindo à atual crise do franco francês [ver **Americanos em Paris**], o *8 Uhr-Abendblatt* de 19 de maio apresenta uma charge com contrabandistas viajando num enorme automóvel com chofer. Na novela de Thomas Mann *Unordnung und frühes Leid*, o único dono de carro é, previsivelmente, um corretor da Bolsa.

Mas essas tensões entre orgulho e ressentimento, entre o prazer físico e o medo da morte [ver **Ação = Impotência (Tragédia)**] ocupa apenas uma parte da complexa rede de emoções produzida pelos automóveis. Antes de Bigua, um rico latifundiário argentino no exílio, conseguir atrair o menino Antoine, de 7 anos, para a sua "magnífica limusine, tão nova que parecia ainda estar na vitrine de uma concessionária nos Champs-Elysées" (Supervielle, 13), a criança tinha perdido completamente o senso de direção em meio "aos carros e pneus e cavalos passando" nas movimentadas ruas de Paris (12). Contrastando com os veículos a cavalo, os carros se tornaram os elementos básicos de um novo mundo cotidiano, sendo agora indispensáveis em vários contextos. O *Berliner Morgenpost* impressiona os seus leitores ao publicar, na edição de 25 de julho, um grande mapa, explicando em detalhe como os jornais são distribuídos diariamente pelo "serviço aéreo" e pelo "serviço expresso automobilístico". Mas se este mapa documenta uma orgulhosa afirmação da logística moderna, também é verdade que o *Morgenpost* não poderia ser nacionalmente competitivo sem usar aviões e carros para chegar até seus assinantes. Nos Estados Unidos, onde estão 19 milhões dos 25 milhões de automóveis do mundo (a Alemanha, em contrapartida, só tem 93 mil), a sua integração na vida cotidiana é muito mais avançada (*Chronik*, 100). Como conseqüência, a aura aristocrática do automóvel começa a se dissipar, e o halo de medo quase mítico que cerca o carro é gradualmente eliminado pela solução dos problemas práticos. Com conotações mais pragmáticas, o automóvel faz parte do ambiente técnico normal da jovem geração. Peugeot tenta acelerar este desenvolvimento premiando com 21 carros os mais brilhantes estudantes franceses do segundo grau e das universidades (*Années-mémoire*, 31). Com diversos anúncios de postos de gasolina da cidade vizinha de Palo Alto, o catálogo dos estudantes da Universidade de Stanford mostra que o automóvel se tornou um elemento normal da vida cotidiana, pelo menos entre os estudantes de famílias ricas (*1926 Quad*, 397, 405). Da mesma forma, o *Manual de Infor-*

mações da Faculdade Mount Holyoke, que contém uma enorme lista de leis que regulam a vida das suas estudantes, dedica boa parte da lista ao problema específico da "motorização". Essas leis são resultado do isolamento da escola, na Massachusetts rural, e dos perigos morais (nunca mencionados explicitamente) associados ao transporte em automóveis: "(1) Uma estudante pode andar de carro com uma mulher durante o dia. (2) Durante o dia e à noite, antes das 22h, uma estudante pode andar de carro acompanhada de parentes próximos (exceto aquelas da M.A.C. e do Amherst College), alunos com suas famílias e membros do corpo docente da faculdade. Outras estudantes também podem acompanhá-la. Com exceção destes casos, todas as estudantes devem solicitar permissão e dispor de uma acompanhante para andar de carro à noite" (*Handbook*, 31).

Na Espanha, a Ford Motor Company tenta conquistar o emergente mercado automobilístico apelando à auto-imagem da "mulher moderna": "Para a mulher de hoje, que tem entre seus passatempos dar passeios dirigindo sozinha, oferecemos este modelo Ford Torpedo de dois lugares" (*Blanco y Negro*, contracapa). Para os passageiros homens, em contrapartida, os passeios de automóvel sem objetivos práticos são vistos como absurdos. Pelo menos era o que um taxista de Madri, inteiramente concentrado no trabalho, parecia sentir, como disse um de seus passageiros mais ociosos: "A moda de dar voltas de carro sem outro objetivo além de aproveitar o sol e o ar fresco era incompreensível para o meu motorista; ela aumentou a irritação que ele certamente já sentia cada vez que eu aparecia" (*Blanco y Negro*, 49). Em relação às funções cotidianas do automóvel, os intelectuais — particularmente os intelectuais dos países tecnologicamente menos desenvolvidos — admiram com distanciamento emocional a qualidade técnica, mais do que recordes de velocidade ou acessórios de luxo. Viajando pelo Brasil, Filippo Marinetti agrada a um jovem jornalista local ao descrever a sua experiência no tráfego nas ruas do Rio de Janeiro: "O Rio de Janeiro me impressiona por uma combinação de fenômenos que é única no mundo. Contra o pano de fundo de sua exuberância tropical, ele mostra todo o magnífico dinamismo da vida contemporânea. Para alguém que adora o movimento e a velocidade como eu, o ruído intenso e contínuo do tráfego e das massas incansavelmente em trânsito é uma alegria incomparável (Buarque de Holanda, 80). Em termos igualmente vibrantes, Walter Benjamin dedica o seu livro *Einbahnstrasse* à mulher soviética que ele admira: "Esta rua se chama/rua Asja Lacis,/em homenagem àquela que,/ na qualidade de engenharia, a rasgou dentro do autor." [ver *Engenheiros*]. Sob o cabeçalho "Tankstelle" ("Posto de gasolina"), ele usa o funcionamento dos motores como uma metáfora do papel das opiniões na vida cotidiana: "As opiniões são, para o enorme aparato da vida social, o que o óleo é para as máquinas. Ninguém encharca uma turbina de óleo. É necessário saber como colocar só uma pequena quantidade nos parafusos e porcas" (Benjamin, 85).

Os automóveis sintetizam uma nova sensibilidade, que valoriza o factual e o cotidiano. [ver **Incerteza versus Realidade**] Esta função simbólica explica por que, apesar da sua predisposição antitecnológica, Heidegger tematiza um novo elemento estrutural do carro em sua análise da "durchschnittliche Alltäglichkeit" (Heidegger, 43; também Gumbrecht). Mas é igualmente interessante que esta referência à seta como um paradigma do uso dos sinais seja imediatamente seguida por uma reflexão sobre a dimensão existencial do espaço. Porque os automóveis e a ainda pouco conhecida velocidade com que eles podem cobrir longas distâncias contribuem para a nossa experiência coletiva do infinito. [ver **Centro = Periferia (Infinitude)**] Mais precisamente, o medo inspirado pela velocidade e pela mera presença do automóvel se torna uma metonímia do medo gerado por um espaço cujas estruturas e funções não são mais predeterminadas. O movimento dos automóveis é ameaçador porque ele não é regulado por leis que sejam de conhecimento geral. Ao acusar os motoristas de arrogância, agressividade e arbitrariedade, e ao criminalizar as suas ações, o público transforma esta situação de contingência num problema ético. Ao mesmo tempo, a necessidade prática de uma regulamentação do tráfego, que seja capaz de estruturar o espaço ocupado pelos automóveis, se torna um tema muito debatido. Voltando da luta de boxe entre Jack Dempsey e Gene Tunney [ver **Boxe**], um jornalista do *New York Times* elogia o fluxo do tráfego na Filadélfia: "A maioria das ruas da Filadélfia é de mão única. Mas uma regra do tráfego que parece ser aplicada com mais rigor é a que obriga os táxis a pararem sempre que um bonde pára ao lado dele. De comum acordo, táxis e bondes andam praticamente na mesma velocidade, e a Via Expressa da Filadélfia faz por merecer este nome, o que é raro no tráfego de superfície" (24 de setembro). Em Berlim, os sinais de trânsito — inicialmente criticados como um fracasso quase grotesco — começam a funcionar no dia 1º de outubro. Poucas semanas antes, no dia 29 de agosto, o *Berliner Tageblatt* tenta relativizar o discurso firmemente estabelecido que acusa os motoristas de automóveis de agressividade imoral. Com toda a cautela necessária, o jornal lembra certas práticas da polícia, que, usando como desculpa ausência de regras claras no tráfego, preparam armadilhas para quem abusa da velocidade: "É desnecessário dizer que os motoristas e choferes que abusam da velocidade não devem ser protegidos. Aqueles que não respeitam os limites de velocidade devem, evidentemente, ser punidos. Mas também existem aqueles que querem transformar esta punição num negócio, o que acontece quando funcionários públicos se limitam a ficar sentados com uma caneta na mão à espera de um automóvel que cometa uma infração. Isto beira o escândalo."

Verbetes relacionados

Aviões, Americanos em Paris, Assassinato, Boxe, Engenheiros, Linhas de Montagem, Ação = Impotência (Tragédia), Centro = Periferia (Infinitude), Incerteza versus Realidade

Referências

Les Années-mémoire: 1926. Paris, 1988.
Antología de Blanco y Negro, 1891-1936, vol. 9. Madri, 1986.
Associated Students of Stanford University, orgs., *The 1926 Quad*. Stanford, 1926.
Walter Benjamin, *EinbahnstraBe* (1926). In *Gesammelte Schriften*, vol. 4, parte 1. Frankfurt, 1972.
Berliner Morgenpost.
Berliner Tageblatt.
Berliner Volks-Zeitung.
Sérgio Buarque de Holanda, "Marinetti novamente no Rio: As suas impressões do continente sul-americano relatadas durante uma visita a *O Jornal* (1926). In Francisco de Assis Barbosa, ed., *Raízes de Sérgio Buarque de Holanda*. Rio de Janeiro, 1989.
Caras y Caretas.
Chronik 1926: Tag für Tag in Wort und Bild. Dortmund, 1985.
Hans Ulrich Gumbrecht, "'Everyday-World' and 'Life-World' as philosophical concepts: A genealogical approach". In *New Literary History* 24 (outono de 1993): 745-761.
Martin Heidegger, *Sein und Zeit* (escrito em 1926, publicado em 1927). Tübingen, 1984.
Jürgen Kolbe, org., *Heller Zauber: Thomas Mann in Munich, 1894-1933*. Berlim, 1987.
Fritz Lang, *Metropolis* (1926). Nova York, 1973.
Theodor Lessing, "Die blauschwartze Rose" (1926). *In Ich warfe eine Flaschenpost ins Eismeer der Geschichte: Essays und Feuillettons, 1923-1933*". Darmstadt, 1986.

Thomas Mann, "Unordnung und frühes Leid" (1926). In *Sämtliche Erzählungen*. Frankfurt, 1963.
Mount Holyoke College, *Students' Handbook of Information*, South Hadley, Mass., 1926.
New York Times.
Willy Römer, *Vom Pferd zum Auto: Verkehr in Berlin, 1903-1932*. Berlim, 1984.
René Schickele, *Maria Capponi*. Munique, 1926.
Jules Supervielle, *Le voleur d'enfants*. Paris, 1926.

AVIÕES
. . . .

❧

Os aviões parecem sólidos, e não frágeis ou elegantes. Alguns deles atingem dimensões impressionantes, como o Dornier Superwal, ou hidroplano com dois motores Rolls Royce de 700 cavalos de força cada um e envergadura de 28 metros. Suas hélices de madeira são imponentes e geralmente ficam conectadas ao nariz do avião, e não às asas. Muitos deles são biplanos. Nos monoplanos, as asas ficam acima da fuselagem. As asas costumam cobrir os pilotos, que ficam em estreitas cabines de vidro, ou atrás de pára-brisas transparentes. Neste último caso, a cabeça e os ombros do piloto se tornam uma parte da silhueta do aeroplano; mas mesmo quando a nave envolve o corpo do piloto, ele continua visível. Juntos, o avião e o piloto parecem um centauro, com uma cabeça minúscula e um corpo imenso. Esta imagem pode evocar duas diferentes cadeias de associações. Uma leva a pensar no corpo humano sendo reduzido a um busto — processo no qual algumas de suas partes se perdem, sendo substituídas pelo corpo do avião. O que resta do corpo do piloto se integra ao corpo da máquina, e a vida do piloto depende justamente da capacidade do avião de aderir a ele como numa engrenagem de peças mecânicas. A outra cadeia de associações leva a pensar que o corpo humano se desintegrou por completo. Mas a mente humana, simbolizada pela cabeça do piloto, continua controlando o corpo mecânico do avião, muito mais poderoso.

Numa entrevista ao *Berliner Tageblatt* de 8 de abril, o tenente John A. Macready, identificado como professor de economia na Leland Stanford University, afirma ter atingido a maior altitude da história da aviação (12.069 metros) e descreve a incapacidade do corpo e da mente humanos para perceber a velocidade de um avião (que geralmente atinge cerca de 160 quilômetros por hora), ao olhar para fora da nave: "Você não tem a dimensão clara da velocidade com que o avião está se movendo, a menos que dê uma olhada no velocímetro. Não há referências a partir das quais medir a velocidade, porque você não está atravessando nada além de ar." A experiência privilegiada do piloto não é a velocidade, mas a visão que um pássaro tem da terra e do mar: "Seria possível mapear totalmente os Estados Unidos numa série de vôos de grande altitude. Sobrevoando Daytona a uma altitude de 900 metros ou mais, se um piloto olhar para os lados verá: 60 quilômetros a oeste fica Indianápolis, 45 quilômetros ao norte fica Columbus, e 40 quilômetros ao sul fica Cincinatti. Mas, a esta distância, as cidades parecem nuvens de fumaça." [ver **Jardins Suspensos, Centro = Periferia (Infinitude)**] Com palavras apaixonadas, os pilotos, muitos dos quais são ases da Grande Guerra, freqüentemente interpretam a altitude que eles conseguem alcançar como um sinal da sua potencial superioridade militar: "O homem que acupa a posição mais alta e força o seu inimigo para baixo tem a vantagem."

Aviões intensificam o efeito de qualquer tipo de ação ou acontecimento, e portanto eles aparecem como elementos recorrentes em diferentes gêneros narrativos. Em 18 de setembro, *Caras y Caretas* publica uma reportagem, com fotos, sobre o seqüestro de dois garotos numa escola de Buenos Aires. Por quatro mil pesos, eles teriam sido levados, num avião Junkers, ao Rio Grande, no Brasil, onde seu pai está morando. O narrador demonstra certa simpatia pela mentalidade tecnológica do seqüestrador, Federico Ernesto Meier, "o pai que decidiu atropelar o processo judiciário movido contra sua esposa, arrancando seus dois filhos da escola onde estudavam e levando-os para fora do país". Sem motivo aparente, as luvas de boxe para a luta pelo campeonato mundial de pesos-pesados entre Jack Dempsey e Gene Tunney [ver **Boxe**], foram levadas para a Filadélfia de avião ("Luvas para a grande luta chegam pelo correio aéreo" (*New York Times*, 21 de setembro). Também sem necessidade alguma, Gene Tunney, o desafiante, viaja por ar desde seu centro de treinamento em Stroudsburg, na Pensilvânia, até a Filadélfia, onde acontecerá a luta, percorrendo a distância em menos de 90 minutos (*New York Times*, 23 de setembro). Esse ingrediente acrescentado ao épico de uma luta de boxe contém detalhes ainda mais coloridos: "Gene viajou num avião Curtiss Oriole vermelho, conduzido pelas mãos hábeis de Casey Jones, um piloto conhecido por suas ousadas façanhas. Só havia mais um passageiro, Wade Morton, piloto de carros de corrida, que chegou em quarto lugar na última edição das clássicas 500 Milhas de Indianápolis." [ver **Automóveis**] Assim, Tunney não apenas quebra um recorde antes mesmo da cerimônia de pesagem ("Pela primeira vez na história do campeonato de pesos-pesados, o desafiante chegou ao campo de batalha voando"); o que é ainda mais impressionante: "não satisfeito com a perspectiva de enfrentar Dempsey e o destino, [Tunney] tinha também que desafiar a morte". Como o ato de voar é associado ao risco de morrer, ele confere uma aura de transcendência aos episódios que o envolvem. Depois de chegar à Filadélfia, Tunney, o "Fuzileiro lutador", faz uma de suas famosas "explanações filosóficas". "Se eu cair, não tem importância", declara o desafiante à multidão de jornalistas que o espera num campo de pouso da Marinha. "No fim das contas, mesmo a vida mais longa é muito curta. O espetáculo, é claro, é do [empresário] Rickard, mas a vida é minha, não se esqueçam disso." [ver **Ação = Impotência (Tragédia), Imanência = Transcendência (Morte)**] A direção de cena da tragédia *Orphée*, de Jean Cocteau, parece inverter esta associação entre os aviões e a morte. Já que o mito de Orfeu lida com a morte, Cocteau quer que o interior da casa de Orfeu faça os espectadores se lembrarem de aviões: "O cenário evocará os aviões através das imagens *trompe-l'oeil* que são feitas por fotógrafos nas feiras" (Cocteau, 17).

Todo vôo é uma disputa com a morte, e os pilotos podem perder esta disputa mesmo se não caírem. Segundo a revista francesa *Mon Ciné*, Rodolfo Valentino morre de endocardite e septicemia num hospital de Nova York na segunda-feira, 23 de agosto, às 12h10 (exatamente um mês antes da luta Dempsey-Tunney), porque um avião com os medicamentos necessários para salvar a sua vida não conseguiu chegar a tempo: o tempo ruim o forçou a pousar em Boston quando voava de Detroit para Nova York. Em *Feuer und Blutt*, de Ernst Jünger, os aviões são um elemento recorrente nas situações existenciais mais extremas da Grande Guerra. O narrador em primeira pessoa vê, "no topo de um pequeno morro à distância, a silhueta sombria de um avião abatido e uma casa destruída" (142), e a sua vida é constantemente ameaçada por aviões inimigos que controlam de cima o campo de batalha: "Aviões caçam acima de nós; um deles cai no campo, em chamas, e é consumido por imensas bolas de fogo" (156-157). Quando as máquinas voadoras são alemãs, a mistura ambígua de perigo e beleza se transforma na impressão mais homogênea de uma paisagem dramática: "A noite está caindo. O sol já desapareceu no oeste, por trás de uma cortina vermelho-sangue. Um esquadrão de aviões alemães, que ruge sobre o campo de batalha, cintila sob os últimos raios do sol" (197).

Se, em cenas de guerra como esta, as vidas dos homens dependem do funcionamento suave do aeroplano — do qual o corpo humano se tornou uma parte subordinada — voar por esporte transforma o avião num "corpo substituto", cuja eficiência pode ser controlada quase inteiramente pela mente humana (e, com base neste controle, ser continuamente aprimorada). No final das contas, a competição esportiva está subordinada à massa em testes e documentações tecnológicas — a tal ponto que o processo de se identificar o vencedor de uma competição pode levar muito tempo: "A ordem na qual os aviões completam suas rotas não é necessariamente decisiva para a classificação final, já que também é preciso avaliar o desempenho técnico. O resultado definitivo depende de uma equação de seis componentes individuais, que consistem de testes de desempenho específicos. Estes só serão avaliados no final da semana" (*Der Tag*, 10 de junho). Tais competições e as quebras de recordes que elas promovem desenham um futuro no qual a vida cotidiana será dominada pela tecnologia. O fabricante de carros Renault oferece um troféu, a "Coupe Renault", para vôos de longa distância, sem escala para abastecimento. Nos dias 28 e 29 de outubro, o troféu é conquistado pelos pilotos franceses Costes e Rignot, que atravessam os 5.400 quilômetros entre Paris e Jask, no Golfo de Oman, em 32 horas (*Années-mémoire*, 179). Vôos divididos em várias sessões, chamadas *raids*, inauguram novas rotas de longa distância, como Paris—Teerã, Paris—Pequim, Londres—Sidney, Londres—Kapstadt, Berlin—Lake Baikal e Espanha—Argentina. É no contexto desta última que ocorre o primeiro vôo transatlântico: Ramón Franco, irmão do mais jovem general do exército espanhol, acompanhado por dois mecânicos, atravessa o oceano num hidroplano, partindo de Porto Praia e pousando numa ilha na costa brasileira. O estilo do diário de Franco, publicado vários meses após o final do empreendimento, não é nada heróico. Terminando com um breve sumário dos "resultados técnicos do vôo", trata-se da narrativa de um engenheiro [ver **Engenheiros, Comunicação sem fios**] que apresenta sua experiência para um leitor não profissional: "Dentro de muito poucos anos, o que hoje é uma conquista se tornará uma navegação padrão, graças ao grande progresso feito pelas aeronaves num curto espaço de tempo. Neste vôo, demonstramos com sucesso que o avião pode suportar qualquer condição climática, incluindo as tempestades tropicais. A comunicação telegráfica sem fios nos ajudou tanto que no futuro ela será indispensável para vôos sobre os oceanos e desertos (Franco, 286). Como Franco foge de qualquer tipo de publicidade comercial — a ponto de excluir o famoso fotógrafo Alonso da tripulação após as primeiras escalas da travessia (108ss.) —, ele parece estar sinceramente surpreso com seu novo *status* de celebridade. [ver **Estrelas**] Ao pedirem o seu autógrafo, seus admiradores querem ficar com um vestígio daquele corpo que enfrentou bravamente um perigo moral: "Existe neste país [Brasil] uma mania que não tínhamos visto nem conhecíamos quando partimos. Esta mania certamente vem da Inglaterra ou dos Estados Unidos, porque nós latinos não fazemos isso. Ela consiste no fato de que todo mundo quer um autógrafo de qualquer pessoa que tenha se destacado de alguma maneira. Nós fomos as vítimas desta mania" (202).

Duas formas diferentes mas complementares de exploração econômica acompanham esses empreendimentos pioneiros. No nível pragmático, as descobertas técnicas mais recentes encontram uma oportunidade para aplicação imediata nas agendas das novas linhas comerciais. A Lufthansa, da Alemanha, é fundada no dia 6 de janeiro; em dezembro, ela já faz vôos para 57 capitais européias, inaugurou um serviço noturno regular entre Berlim e Königsberg e vende passagens relativamente baratas, por 20 marcos. Essa política torna as viagens aéreas acessíveis aos profissionais abastados. O *Berliner Zeitung am Mittag* é distribuído em parte por via aérea, e na semana de Pentecostes são postos à venda pela primeira vez pacotes promocionais de viagem nas rotas Berlim—Dresden e Berlim—Copenhagen, incluindo hotel e passeios pela cidade, por 260 e 435 marcos, respectivamente (*Berliner Volks-Zeitung*, 14 de maio). Ao mesmo tempo, os avanços técnicos sensacionais na aviação e a sua rápida institucionalização produzem mais orgulho e entusiasmo coletivos do que qualquer outro tipo de acontecimento. A aviação, assim, se torna uma arena para a competição entre as nações. No dia 9 de maio, o oficial da Marinha americana Richard Evelyn Byrd faz, num Fokker, o primeiro vôo sobre o Pólo Norte, vencendo por três dias um dirigível pilotado por uma equipe italiana-norueguesa sob o comando de Roald Amundsen e Umberto Nobile e patrocinada pelo governo italiano (*Années-mémoire*, 116-117; *Chronik*, 95). [ver **Polaridades**] Ramón Franco parece determinado a organizar seu vôo como um empreendimento puramente espanhol. Cuidadosamente, ele evita entrar em negociações com uma equipe italiana que também planeja um vôo transatlântico. O sucesso de seu próprio vôo independente provoca celebrações nacionais tanto em Buenos Aires quanto em Madri, bem como uma onda de entusiasmo renovado pelos laços fraternais que supostamente unem as sociedades hispânicas no mundo — apesar da intensa rivalidade entre a Argentina, uma estrela em ascensão entre as nações não-européias, e a ressentida pátria natal (Gumbrecht, 171ss.) As empresas de Buenos Aires competem na publicação de anúncios de congratulações nos jornais e revistas locais: "Franco! (...) Mensageiros da paz de nossa amada Espanha. A todos vocês, águias douradas da raça hispânica, a empresa de M. Zabala presta a mais calorosa homenagem. Longa vida à Argentina! Longa vida à Espanha!" (*Plus Ultra*, 118). A celebração do vôo de Franco sugere o renascimento e a continuação de uma gloriosa tradição nacional, mas também provoca, paradoxalmente, um deslocamento dos símbolos do progresso para metáforas de um tempo histórico congelado [ver **Presente = Passado (Eternidade)**]. O nome da aeronave de Franco, Plus Ultra, aponta para esforços incessantes no sentido de superar as fronteiras do mundo conhecido, e também evoca o lema do rei espanhol Carlos I, "em cujo território o sol nunca se põe":

> É a Espanha — ela que um dia
> brandindo a sua espada,
> transcendeu todos os limites e
> superou toda a ousadia humana;
> e tanto na paz quanto na guerra
> capturou o oceano em correntes de servidão
> e envolveu o mundo com as algemas da escravidão
> (...) Ela dominou o tempo com seu braço nu;
> nada era insuperável para seus passos largos,
> de forma que o Plus Ultra gravado em seu brasão
> é o lema glorioso de um sol que nunca se põe!

Com a aviação se tornando uma referência passional para manifestações de orgulho nacional e, subseqüentemente, para sentimentos de depressão nacional, a notícia de que os Aliados retiraram suas restrições do pós-guerra à indústria aeronáutica alemã é interpretada de forma otimista como o sinal de uma virada no destino da nação. Até então voar em planadores tinha se tornado um ritual compensatório para o ressentido povo alemão (Fritzsche, 103ss.)

O vôo motorizado integra todas as visões, coletivas e individuais, do futuro. Silvio Astier, o herói adolescente do romance de Roberto Arlt *El juguete rabioso* (O brinquedo furioso), sonha em se tornar um engenheiro de aviação. Mas no final de seu primeiro — que acaba sendo o único — dia no emprego no exército argentino, percebe que não há lugar para ele, porque o julgam qualificado demais para um serviço meramente auxiliar: "Veja, meu amigo (...) Seu lugar é numa escola técnica. Nós não precisamos de pessoas inteligentes aqui — precisamos de brutamontes estúpidos para este trabalho" (178). No ensaio de Bonamy Dobrée *Timóteo o el teatro del porvenir* (Timóteo ou o teatro do futuro), publicado na *Revista de Occidente*, de Ortega y Gasset, o público de uma peça chega de táxi aéreo ao arranha-céu onde está instalado o futurístico teatro nacional: "Nosso táxi aéreo nos deixou no que parecia ser o décimo nono andar de um edifício, e imediatamente entramos num enorme funil em forma de hipérbole, cujas paredes consistiam em fileiras de poltronas. A sala era capaz de abrigar 20 mil espectadores e lembrava um anfiteatro romano, embora se diferenciasse pela curva incomum das paredes e pelo fato de que as poltronas continuavam até o fundo do funil" (171). Iso poderia facilmente ser um cenário do filme *Metrópolis*, de Fritz Lang, onde "blocos de muros em forma de desfiladeiro se elevam muito acima do nível da rua. Carros e trens atravessam velozmente trilhos suspensos; aeronaves circulam como mariposas" (Lang, 34). De fato, o movimento dos aviões em *Metrópolis* é tão suave e às vezes tão estúpido quanto o das mariposas. Eles percorrem febrilmente longos corredores em itinerários complexos demais para a compreensão do espectador.

Mas aquilo que os cineastas e escritores vêem como um modelo fortemente automatizado de futuro não pode escapar completamente da sombra existencial da morte. No dia 5 de fevereiro, o piloto francês Ménard, com o corpo gravemente queimado envolvido em grandes ataduras, recebe do vice-ministro da Aeronáutica a cruz da Légion d'Honneur, por ter resgatado vários pacotes de correspondência quando seu avião caiu (*Années-mémoire*, 29). No dia 22 de setembro, um trimotor Sikorsky tripulado por quatro franceses e americanos comandados pelo capitão Fonck não consegue decolar do aeroporto Roosevelt, em Nova York, naquele que seria o primeiro vôo transatlântico no sentido oeste-leste. O Sikorsky é destruído em meio a uma "bola de fogo e uma imensa cortina de fumaça". Dois membros da tripulação morrem. Na cobertura da imprensa sobre o acidente, a linguagem passa da normalidade *high-tech* para o existencialismo melodramático. Depois de se despedirem acenando, "tão despreocupadamente como se estivessem vendo um amigo embarcar num navio", os admiradores do capitão Fonck "[viram] com olhos ansiosos a nave avançar lentamente na pista. Sikorsky, com as mãos contraídas e o rosto tenso, acompanhava o avião como se este fosse capaz de decolar pela mera força de suas esperanças". Após o acidente, os dois sobreviventes se esforçavam para manter a calma. O tenente americano Curtin, segundo em comando, tenta "desesperadamente manter seus nervos sob controle. Por fora, ele estava calmo, mas podia-se perceber que ele se esforçava para não perder o autocontrole. Seu espírito, porém, continuava forte como sempre". O francês é o primeiro a recuperar a compostura: "Já passei por experiências muito mais perigosas", afirma ele com desdém (*New York Times*, 22 de setembro).

Num novo livro infantil chamado *Winnie Ora-Bolas*, uma coletânea de histórias sobre um ursinho e seu amigo humano Christopher Robin, a primeira história ironicamente reproduz os sentimentos e palavras ambíguos dos heróis da aviação. Como um piloto que tenta quebrar um recorde mundial de altitude, Ora-Bolas flutua "graciosamente, rumo ao céu", segurando o grande balão verde de Christopher Robin. Embora não consiga alcançar o mel na colmeia que ele espreitava no topo de uma árvore, o urso imagina com orgulho como seus amigos o devem estar vendo, do chão. "Não é bacana?", grita Ora-Bolas para Christopher Robin. "Como estou parecendo?" "Está parecendo um urso segurando um balão", diz Christopher Robin. "Não estou parecendo...", diz Ora-Bolas, ansioso, "Não estou parecendo uma pequena nuvem negra no céu azul?" Quando as abelhas percebem a presença de Pooh, é claro que ele deseja concluir o seu vôo na maior velocidade possível. Como ele não tem coragem de pular, Christopher Robin atira no balão com seu revólver de brinquedo — mas o primeiro tiro acerta Ora-Bolas, por engano. "O balão se esvaziou lentamente, e Winnie Ora-Bolas flutuou até o chão" (*World of Pooh*, 17ss.).

Verbetes relacionados

Automóveis, Boxe, Comunicação sem fios, Engenheiros, Estrelas, Jardins Suspensos, Polaridades, Ação = Impotência (Tragédia), Centro = Periferia (Infinitude), Imanência = Transcendência (Morte), Presente = Passado (Eternidade)

Referências

Les années-mémoire: 1926. Paris, 1988.
Roberto Arlt, *El juguete rabioso* (1926). Madri, 1985.
Berliner Tageblatt.
Caras y Caretas.
Jean Cocteau, *Orphée: Tragédie en un acte et un intervalle* (1926). Paris, 1927.
Chronik, 1926: Tag für Tag in Wort und Bild. Dortmund, 1985.
Ramón Franco, *De Palos al Plata*. Madri, 1926.
Peter Fritzsche, *A nation of flyers: German aviation and the popular imagination*, Mass., 1992.
Hans Ulrich Gumbrecht, "Proyecciones argentino-hispanas, 1926". In *III Congreso argentino de hispanistas: España en América y América en España, Actas I*. Buenos Aires, 1993.
Ernst Jünger, *Feuer und Blut: Ein kleiner Ausschnitt aus einer grossen Sclacht* (1926). Hamburgo, 1941.
Fritz Lang, *Metropolis* (1926). Nova York, 1973.
A.A. Milne, *The world of Pooh* (1926). Nova York, 1957.
Mon Ciné.
New York Times.
Plus Ultra (Buenos Aires).
Revista de Occidente.
Der Tag.

BARES

Talvez mais do que sua média de rebatidas de 0,372, do que seus 47 *home runs* e seus 145 RBIs, os fãs de Babe Ruth admiram a forma como ele ostenta o seu gosto pelo lado sensual da vida. [ver **Estrelas**] Ele é uma exceção àquela regra que obriga os grandes atletas a pagarem o preço do ascetismo em troca de um desempenho extraordinário. Uma *stanza* cantada em homenagem a Babe num jantar da Associação de Jornalistas de Baseball de Nova York sequer se dá ao trabalho de mencionar seus recordes como jogador: [ver **Boxe**, **Dança**]

> Imagino onde meu Babe Ruth estará esta noite?
> Ele vestiu o seu chapéu e o seu casaco e sumiu de vista
> Imagino onde ele estará
> Às duas e meia ou às três e meia
> Ele pode estar dançando ou brigando.
> Ele pode estar numa espelunca agradável na beira da estrada.
> Ele pode estar bebendo chá — ou talvez gim.
> Eu sei que ele está com uma dama,
> Eu imagino, qual é o seu nome?
> Imagino onde meu Babe Ruth estará esta noite?
>
> (Ritter e Rucker, 135)

Todo mundo gosta de ver Babe Ruth quebrando todas as regras, especialmente as regras da Lei Seca. Todos sabem que ele freqüenta "espeluncas de estrada", e que ele prefere de longe um copo de gim a uma xícara de chá. Mas se Babe Ruth é uma enorme exceção — uma celebridade cujo gosto pela bebida é aceito pelos jornalistas — os seus admiradores seguem um padrão bastante generalizado quando listam os bares e a bebida ao lado dos outros prazeres que ele se permite, como brigar, dançar e seduzir as mulheres. Porque, no discurso popular, a bebida e os bares pertencem a uma série paradigmática de atividades e, portanto, são imediatamente associados a outras situações equivalentes.

Neste sentido, o corretor de seguros hiperativo Kückelmann, de Bertolt Brecht, é um primo próximo do Babe Ruth retratado pelos jornalistas: "Ele tinha estimulado o seu cérebro com fortes drinques americanos, tinha se acalmado bebendo um café absolutamente horroroso, tinha aliviado sua alma cansada com jazz, tinha mergulhado nos cabarés e tinha confundido os espetáculos de revista do Metropole com enriquecimento espiritual. (...) Ele tinha ido parar na espelunca de Aschinger" (Brecht, 170). [ver **Jazz**, **Revistas**] Dia após dia, a contracapa do *8 Uhr-Abendblatt* traz anúncios de bares de Berlim, botequins (*Bierquellen*), cabarés, salões de dança e as peças do teatro de revista às quais Brecht se refere. E os bares de Berlim estão sempre ligados a outra forma de diversão: "A Parisienne: o maior clube noturno de Berlim. Venha dançar com a música da Banda Formiggini" (4 de fevereiro). Ou, no dia 2 de outubro, no mesmo jornal: "Assista à revista de dança do Bar Rokoko"; "Venha ao Ballet des Plastiques, no Moulins [*sic*] Rouge Paris, onde dançam as mulheres mais bonitas".

É um dos paradoxos desses anos da Lei Seca que, fora dos Estados Unidos, os bares que servem bebidas sejam chamados de "American Bars". A imaginação coletiva constantemente associa drinques fortes a uma das poucas nações onde o consumo público de álcool foi oficialmente proibido. Bares e coquetéis sintetizam assim aquilo que os intelectuais europeus denigrem — ou desejam — como "americanismo". Beber é uma atividade que tem a ver com leveza, velocidade e superficialidade, e tudo isso é percebido como algo essencial no estilo de vida moderno. [ver **Autenticidade versus Artificialidade**] Algumas das metáforas que os próprios americanos usam para o mundo do consumo ilegal de bebida têm este sentido: "*speak-easies*", "*bootleggers*", "*rumrunners*".* Uma visão satírica dos "teatros do futuro" publicada pela *Revista de Occidente* analisa esta associação dos bares e bebidas com estilos de vida desprovidos de qualquer objetivo ou significado "sério": "Acabei passan-

---
*Gírias para bares clandestinos durante a Lei Seca. (*N. do T.*)

do a gostar bastante daqueles teatros. Certamente eles se tornaram um vício para pessoas predispostas a se emocionar, porque o vício de mergulhar em dramas profundos com a mesma facilidade com que pedimos coquetéis é algo difícil de se resistir" (197). Ao mesmo tempo, considera-se que os bares servem a necessidades humanas tão básicas que a sua satisfação equivale quase a uma regressão física. Isso pode explicar por que a "espelunca" de beira de estrada no poema sobre Babe Ruth é "agradável", e por que os clientes dos bares clandestinos são chamados de "mamados". Por fim — ao lado destas associações com desejos elementares — os bares seduzem os clientes com as suas luzes sofisticadas e com as cores artificiais dos coquetéis. O herói virtuoso e perverso do romance *Monsieur Godeau Intime*, de Marcel Jouhandeau, identifica alegremente a atmosfera do seu bar favorito com as tentações do inferno:

> No meio da noite, ele se viu numa atmosfera mais brilhante que o meio-dia de um dia de verão na Provence. Frutos e flores pendiam do teto, e até o seu cabelo curto brilhava. As luvas pretas, que ele nunca tirava, faziam com que todas as mãos nuas dos homens e mulheres à sua volta se destacassem, segurando as finas taças de creme de menta ou absinto azul. (...) Sentado numa mesinha no fundo do salão, entre uma taça fumegante de ponche e um candelabro, o sr. Godeau lia? Ele parecia ler? Ele entrava mais profundamente dentro de si mesmo? Exaltava, naquela luz artificial, a sua diferença? Ele apertava Deus em seus braços? (32-33)

Da mesma forma que os bares costumam combinar uma diversidade de prazeres, os coquetéis, por definição, consistem numa combinação de bebidas. Até os habitantes da extremamente corrupta república sul-americana inventada por Ramón del Valle-Inclán em *Tirano Banderas* vêem nos coquetéis um sinal de sofisticação: "O editor de *El Criterio Español*, numa mesa próxima, sorveu o drinque gelado de abacaxi, soda e kir que havia tornado famoso o bar do salão do Metropol" (54). Esta sofisticação implícita enfatiza a individualidade, já que as bebidas integram todo um complexo sistema de drinques. As bandejas dos garçons estão sempre cheias: "calçada brilhante, o burburinho dos vendedores de rua, o ziguezague dos garotos engraxates. As bandejas, levadas pelos garçons dos bares americanos acima da cabeça, tiniam" (58). Da mesma forma, as prateleiras dos bares americanos estão repletas de garrafas de cores diferentes. A arte do balconista é criar uma lista potencialmente infinita de bebidas, combinando o número finito de bebidas diferentes que essas garrafas contêm. O mundo dos prazeres, em geral, e o mundo dos bares americanos, em particular, funcionam como gramáticas. É como se os bares e os prazeres fossem linguagens, e eles se baseassem no princípio de selecionar um número finito de elementos básicos. Estes elementos são então transformados numa multiplicidade de produtos compostos — bebidas, ou longas noites preenchidas por diferentes formas de entretenimento sensual. As séries de produtos compostos que podem ser criadas de acordo com este princípio é interminável, e a individualidade de cada um destes produtos se destaca contra um fundo de variações infinitas.

Descrevendo o Shangai Club como "o melhor bar do mundo", Paul Morand combina a gramática das bebidas com a gramática dos prazeres: "O coquetel libertino 'Beije-me Depressa'; o sentimental 'Sonho de Amor'; o poético 'Manhã de Setembro'; o 'Sensação' (76). De forma ainda mais obsessiva, Morand projeta a gramática dos coquetéis no mapa geográfico do mundo:

> Bebidas de ingredientes concentrados, que se tornam ainda mais concentrados quando resfriados — numa súbita união de forças que se perdia quando cada um estava na sua própria garrafa, uma destilação de felicidade feita num ponche (onde está a carícia suave dos vinhos?), supremo bálsamo dos trópicos. Sem pretendermos falar de todos os nossos coquetéis, observe apenas o "Coquetel Bambu", dos anglo-indianos, o "Blenton", da Marinha Real, o "Hula-Hula", das ilhas havaianas, o "Gin-Fizz", dos navios P. e O. Às vezes, também os coquetéis doces das ilhas do sul: o "Sol y Sombra", de San Sebastián (como o "sol" e a "sombra" das arenas); os "coquetéis de chocolate" dos brasileiros — licor chartreuse, porto, e chocolate em pó fresco; e o "Gibson", de Yokohama, único com sua cebola branca; para não mencionar o "H.P.W. Vanderbilt" e o "Bennett", batizados com os nomes de grandes bilionários por um garçom obsequioso; por fim, a "minnenoaba" ou "água sorridente" dos indianos. (74s.)

Como os coquetéis sugerem leveza, e a leveza sugere viagens, bares e mapas freqüentemente são associados nas mentes das pessoas. Walter Benjamin, no texto *Stehbierhalle* (Balcão de cerveja), de seu *EinbahnstraBe* (Rua de mão única), sublinha esta associação entre viagem e bebida como a característica mais marcante do marinheiro: "O marinheiro odeia o mar, e para ele as nuances mais sutis são eloqüentes. (...) Ele habita em mar aberto uma cidade em que, no Cannebière de Marselha, um bar de Port Said fica diante de um prostíbulo de Hamburgo, e o Castell dell'Ovo napolitano fica na Plaza Cataluña, na Espanha" (145). Como as prateleiras atrás dos balconistas e as mentes dos marinheiros, o peito de um velho misterioso parado à porta de um bar serve como superfície para a inscrição de um mapa parecido em *Monsieur Godeau Intime*: "Na entrada, um velho, um Atlas gigante, ficava sentado num banquinho de pedra, da manhã até o entardecer, e às vezes até a noite. As crianças que passavam por ali rumo à escola se encantavam com aquele panorama de um mundo — o seu peito, coberto de sinais cintilantes, que representavam todas as partes do globo: a Indochina, o Congo, o Saara, a Tunísia, o México, a Alemanha" (33).

O efeito mais paradoxal da Lei Seca é a proliferação dos bares nas cidades americanas durante os "anos secos": "Dois anos depois, Corradini foi capaz de encontrar 463 bares [i.e., em 1924], e Izzy Einstein, o agente da Lei Seca mais famoso, estimava que havia cem mil bares clandestinos [em Nova York] (...) O dr. Charles Norris, médico e secretário de Saúde, afirmou em seu relatório ao prefeito, referente a 1925-1926, que os 'bares clandestinos superam enormemente os bares licenciados de dias passados'" (Ashbury, 210). Com o fracasso das estratégias de repressão, os agentes da Lei Seca intensificam os seus esforços — tornando-se assim parte de um crescimento potencialmente infinito do tráfico e do consumo ilegal de bebidas: "O próprio fato de que a lei é de difícil aplicação (...) é a prova mais clara da necessidade de sua existência" (Merz, 185). No romance *Das Totenschiff* (O navio da morte), de B. Traven, um oficial da Marinha americana aconselha o herói a se abster de prazeres ilícitos, e o próprio alerta basta para mergulhar o marinheiro numa seqüência de bares e bordéis do porto — e, conseqüentemente, num futuro de viagens infinitas: "'Não beba. Este é um lugar ruim', disse o oficial. (...) 'Não', eu respondi. 'Nunca bebo uma gota deste veneno. Eu sei o que devo ao meu país, mesmo estando tão longe. Sim, senhor. Pode confiar em mim, juro por Deus, estou absolutamente limpo. Você pode acreditar em mim.' Eu estava fora do navio" (9-10). Como os bares clandestinos constantemente se mudam para "mais um lugar", para que não sejam descobertos pelos agentes da lei, os seus clientes seguem o princípio de "mais um drinque" [Kobler, 228]. Da mesma forma, a vida metropolitana dos protagonistas de *O sol também se levanta* consiste de uma migração constante através do "maravilhoso refinamento" (255) dos incontáveis bares americanos, e até mesmo a atmosfera rústica de um bar de beira de estrada mostra a estrutura específica do ritual de beber: "Dois dos nossos bascos entraram e insistiram em comprar bebidas. Então eles compraram uma bebida, e então nós compramos uma bebida, e então eles nos deram tapas nas costas e compraram outra bebida. Então nós compramos, e então todos saímos e voltamos à luz do sol e ao calor" (109). Não existe limite cultural ou geográfico para esta regra. Num dos números de seu espetáculo, um humorista de Munique, Karl Valentin, está sentado numa mesa ao ar livre de um bar local, esperando o frenesi começar, quando decide cortejar uma enfermeira, mas esta bebe tão depressa que ele e a garçonete mal conseguem acompanhá-la: "Só um gole. Beba um pouco, antes que chegue o próximo" (Valentin, 242).

A leveza só é um atributo da bebida enquanto o movimento constante evita que os bebedores se tornem alcoólatras. Conseqüentemente, o vício é associado a espaços que excluem o movimento. Se uma sentença como "Ele sempre ia dar uma olhada na beira do abismo" (Kessler, 447) se torna uma metáfora da condição do viciado, viajar é o estilo de vida que sempre ajuda uma pessoa a atravessar o abismo, sem evitá-lo. Em prisões (Valle-Inclán, 179), porões (Becher, 61ss.) ou vizinhanças que eles nunca abandonam (Borges, 30), os bebedores se tornam dependentes do álcool — e ainda mais freqüentemente de drogas "pesadas", como morfina e cocaína. [ver **Imanência = Transcendência (Morte)**] A fumante de ópio evocada num dos sonetos de Brecht "dorme sozinha", esquece o mundo ao seu redor e permite que seu corpo se destrua, transformando-se em nada: "De alguém que fuma o fumo negro/ já se sabe: ela agora está ávida por nada" (161). Em contrapartida, o bebedor que Brecht descreve em outro soneto prepara o seu corpo para uma intensidade maior de prazer, eliminando toda a vontade: "Quando alguém pesa a carne e a tempera para comer/ Assim deveria fazer, para celebrar o próprio corpo:/ preparar-se para o consumo/ (Bebe genebra, que lhe acaricia suavemente o palato)/ (...) Porque a falta de vontade é o que faz a vida valer a pena" (162).

Um aspecto dessa "descaptação", como Brecht chama isso, é uma forma de abandono que resulta num relaxamento. É o que o malvado cozinheiro Mario, em *Dorothea Angermann*, de Gerhart Hauptmann, procura num bar, antes de tentar chantagear os dois filhos de seu patrão: Hubert, ele próprio um bebedor, cuja saúde debilitada o confina em seu apartamento miserável, e Herbert, um professor universitário moralmente correto que quer resgatar a mulher de Mario, Dorothea, de uma vida nas ruas. Não por acaso, o cenário da ação é uma cidade da Costa Leste dos Estados Unidos: "Mario: (...) Desculpe a minha tagarelice — para matar o tempo eu tinha uma garrafa de *whisky* no Union Bar. Hubert: Esta é a segunda vez que você aparece. Poderia me dizer tão precisamente quanto possível por que você está aqui? Mario: Era para lhe dizer por que eu precisava me fortalecer no bar" (Hauptmann, 104). O relaxamento obtido através da bebida, porém, não é uma condição exclusiva para o crime. A leveza e a velocidade também podem despertar um espírito de reconciliação, até mesmo nos piores criminosos. Numa ocasião, a bebedeira impediu que Al Capone se envolvesse numa briga possivelmente fatal: "Eu tive um contato rápido e íntimo com Al Capone em 1926. Ele urinou sem querer nos meus sapatos. Aconteceu no banheiro masculino do Hotel Croydon. Ele estava bêbado, eu estava bêbado. Ele não sabia quem eu era, mas eu o conhecia. Eu tinha a reputação de ser o bandido mais vicioso de Chicago, e Deus sabe que isso é verdade. Estávamos prestes a resolver aquilo no braço quando Al pensou melhor a respeito. Não chegou a pedir desculpas, mas admitiu que tinha cometido um erro social. Decidi deixar passar. Tomamos uma rodada, e depois disso, sempre que ele me via na cidade, dizia 'Olá, garoto, como vão as coisas?'"(Kobler, 335).

Verbetes relacionados

Boxe, Dança, Estrelas, Jazz, Revistas, Transatlânticos, Autenticidade versus Artificialidade, Imanência = Transcendência (Morte)

Referências

8 Uhr-Abendblatt
Herbert Ashbury, *The great illusion: An informal history of Prohibition*. Nova York, 1968.
Johannes R. Becher, *Maschinenrhythmen*. Berlim, 1926.
Walter Benjamin, *EinbahnstraBe* (1926). In *Gesammelte Schriften*, vol. 4, parte 1. Frankfurt, 1972.
Jorge Luis Borges, *El tamaño de mi esperanza* (1926). Buenos Aires, 1993.
Bertolt Brecht, "Die Opiumraucherin (1926) e Sonnet für Trinker" (1926). In *Gesammelte Werke*, vol. 8. Frankfurt, 1967.
Bertolt Brecht, *Eine kleine Versicherungsgeschichte* (1926). In *Gesammelte Werke*, vol. 11. Frankfurt, 1967.

Gerhart Hauptmann, *Dorothea Angermann: Schauspiel*. Munique, 1926.
Ernest Hemingway, *The sun also rises*. Nova York, 1926.
Marcel Jouhandeau, *Monsieur Godeau Intime*. Paris, 1926.
Harry Graf Kessler, *Tagebücher, 1918-1937*. Frankfurt, 1961.
John Kobler, *Ardent spirits: The rise and fall of Prohibition*. Nova York, 1973.
Charles Merz, *The dry decade*. Garden City, N.Y., 1932.
Paul Morand, *Rien que la terre: Voyage*. Paris, 1926.
Revista de Occidente
Lawrence S. Ritter e Mark Ruter, *The Babe: A life in pictures*. Nova York, 1988.
B. Traven, *Das Totenschiff* (1926). Hamburgo, 1954.
Karl Valentin, *Das Brillantfeuerwerk oder ein Sonntag in der Rosenau* (1926). In Michael Schulte, org., *Das Valentin-Buch: Von und über Karl Valentin in texten und Bildern*. Munique, 1985.
Ramón del Valle-Inclán, *Tirano Banderas* (1926). Madri, 1978.

BOXE
. . . . .

❦

Uma das figuras literárias abordadas em *El tamaño de mi esperanza* (O tamanho de minha esperança), a primeira coletânea de ensaios críticos de Jorge Luis Borges, um jovem autor que começa a ganhar renome nos círculos literários de Buenos Aires, é Georges Bernard Shaw. No final do ano, Shaw a princípio recusa, mas depois aceita, o prêmio Nobel de Literatura (*Chronik*, 184, 194). Borges caracteriza a obra de Shaw com uma paradoxal metáfora do tempo, definindo-a ao mesmo tempo como "uma reinvenção da Idade Média" [ver **Presente = Passado (Eternidade)**] e comparando-a, em relação ao estilo, ao boxe moderno: "Shaw, sem janelas de cristal nem relíquias, e num inglês que é contemporâneo de Dempsey, inventa a Idade Média" (95). Como a obra de Shaw pode ser comparada ao boxe? De fato é difícil entender o que motiva exatamente os incontáveis intelectuais que, como Borges, usam o boxe como metáfora. Essa tendência se torna ainda mais intrigante se pensarmos que eles dificilmente tiveram alguma experiência significativa com o boxe, uma experiência que o torne representativo de alguma coisa para eles. À primeira vista, o único traço relevante é a associação predominante (mas não exclusiva, certamente) com o que quer ou quem quer que pareça forte e invencível. É precisamente neste sentido que um jornalista austríaco chama Robert Musil de "campeão dos boxeadores espirituais" (Fontana, 383). O pintor catalão Joan Miró deve ter em mente um significado semelhante quando declara, numa entrevista: "Eu só entro no ringue para disputar um campeonato. Não quero uma luta de treinamento — agora [é] a hora de ir atrás do título" (*New York Review of Books*, 16 de dezembro de 1993, 45). Na União Soviética, Victor

Shklovsky usa outra metáfora do boxe para descrever uma condição necessária para o sucesso: "Da mesma forma que um lutador precisa de espaço livre para aplicar o seu golpe, um escritor precisa ter a ilusão da escolha" (Shklovsky, 45).

São acima de tudo a concentração, a sensatez e o profissionalismo (ninguém constrói metáforas sobre amadores) do lutador que tornam o boxe um emblema da modernidade. [ver **Sobriedade versus Exuberância**] Desta forma, tentando levar ao palco a alegoria tradicional da Morte através de técnicas de estranhamento na sua peça *Orphée*, Jean Cocteau faz Azrael, o "assistente" da Morte, gesticular como se estivesse lutando boxe (Cocteau, 62). Para o filósofo Theodor Lessing, o boxeador pertence a um grupo de figuras modernas cujo hábito de fumar mostra que eles se encontram num estado permanente de tensão física: "Quando é necessário mostrar compostura, eles sempre acendem um cigarro. Em peças e filmes, esta situação bem conhecida sempre ocorre. Uma dupla de políticos que pode influenciar a ascensão e a queda de seus países, uma dupla de executivos de bancos que discutem investimentos de milhões — cada um deles acende o seu cigarro. O alpinista que contempla o abismo, o boxeador que se prepara para a decisão do título — eles sempre fumam um cigarro" (Lessing, 142). Por outro lado, a imaginação dos intelectuais também presume que a sobriedade, a tensão e a concentração são estados mentais que o boxeador compartilha com seus espectadores. É por isso que as platéias do boxe se tornaram um ideal normativo para as platéias do teatro moderno (Mittenzwei, 219). É uma provocação quase trivial dizer que os eventos esportivos, especialmente as lutas de boxe, acabarão substituindo o teatro: "Há cada vez mais vozes anunciando que o drama em sua forma atual está em declínio, (...) que o drama está superado como uma forma artística. Aqueles que anunciam a sua morte o estão enterrando, para proclamar o cinema, o rádio, as operetas, a revista e o boxe como seus herdeiros" (*Vossische Zeitung*, 4 de abril).

Mas ainda mais importante que qualquer uso particular da metáfora do boxe é a ubiqüidade deste setor da imaginação em todos os tipos de discurso. Ele aparece, por exemplo, num best-seller que apresenta a astronomia contemporânea, *A constituição interna das estrelas*, no qual o autor, A.S. Eddington, o físico de renome internacional, compara o método de suas análises ao recurso cinematográfico da câmera lenta. A câmera lenta transforma a violência de determinados movimentos em beleza e harmonia: "Os movimentos dos elétrons são tão harmoniosos quanto os das estrelas, mas numa escala diferente de espaço e tempo, e a música das esferas está sendo tocada num teclado 50 oitavas acima. Para percebermos essa elegância devemos retardar a ação, ou então acelerar nossa própria percepção, da mesma forma que um filme em câmera lenta transforma os golpes duros do boxeador em movimentos de extrema graça e leveza" (Eddington, 20). [ver **Incerteza versus Realidade**] Nenhum intelectual parece conseguir escapar à fascinação do boxe. Aqueles que se sentem obrigados a rejeitar o esporte por uma questão de gosto, como Thomas Mann, ainda assim admitem com relutância que ele é um emblema-chave do presente: "Nós vivemos numa época em que a fidelidade intransigente algumas vezes nos irrita: uma verdadeira época de bandas de jazz, cujos heróis são o campeão de boxe e a estrela de cinema, e estes revelam todos os detalhes de suas grandes orgias. Orgias espetaculares e divertidas, admito. Certamente seria filistino e pequeno-burguês esbravejar contra os novos tempos" (Kolbe, 378).

Este poder do boxe como um símbolo multifuncional aparece numa miríade de aspectos do mundo cotidiano. Se essas manifestações vão além da realidade de uma luta pelo título, elas se refletem nela, incorporando o seu status econômico, social e legal. Como afirma laconicamente o *New York Times* de 22 de setembro, "O jogo da luta é hoje mais respeitável, e também mais lucrativo". O navio de luxo alemão *Hamburgo*, partindo em sua viagem inaugural para Nova York no dia 8 de abril, tem um ringue de boxe, no qual os passageiros podem treinar (*Chronik*, 73). [ver **Transatlânticos**] Celebridades masculinas, especialmente escritores, artistas e atores, gostam de ser fotografados enquanto praticam boxe — preferencialmente com o peito nu, usando calções elegantes e tênis da moda (*Die wilden Zwanziger*, 84; Burgess, 33). Duas das raras reportagens fotográficas de *Caras y Caretas*, em 12 de outubro, falam do boxe profissional, uma apresentando a disputa pelo campeonato mundial entre Gene Tunney e Jack Dempsey, e a outra anunciando uma luta entre o campeão europeu Paulino Uzcudún e o campeão argentino Angel Firpo, o "touro indomável do Pampa". Apesar da "falta de material especializado" (*1926 Quad*, 223) — ou, em outras palavras (menos adequadas ao boxe), apesar da falta de uma tradição universitária — o departamento Atlético da Universidade de Stanford está tentando montar uma equipe de boxe, porque, sem algo assim, o leque de atividades extracurriculares oferecido aos estudantes homens careceria de um grande atrativo. O boxe é visto como uma das poucas atividades capazes de reafirmar a identidade masculina num ambiente que problematiza cada vez mais as distinções tradicionais entre os sexos. [ver **Macho = Fêmea (Questão de Gênero)**] Quando um artigo anônimo no *Chicago Tribune* de 18 de julho agride a estrela de cinema Rodolfo Valentino, chamando-o de "almofadinha e pó-de-arroz" e acusando-o de promover "a feminização dos machos americanos", a única reação "masculina" que ele consegue imaginar é desafiar o autor do artigo para uma luta de boxe. Como o desafio fica sem resposta, o seu amigo Jack Dempsey organiza uma luta entre Valentino e o jornalista esportivo de Nova York Buck O'Neill, no terraço do Hotel Ambassador. [ver **Jardins suspensos**] No terceiro assalto desta luta, Valentino nocauteia o seu oponente — mas o feito só recupera em parte a sua imagem pública. É por isso que, segundo Dempsey, o seu amigo se torna vítima de outro (e desta vez fatal) gesto movido pela obsessão com a masculinidade. Sofrendo de peritonite menos de um mês depois, Valentino reluta tempo demais antes de finalmente consultar um médico (Morris, 181; Dempsey e Dempsey; 195 ss.). [ver **Aviões**]

Em toda a Europa e nas Américas, nada parece ter mais importância do que o boxe. No dia 15 de maio, uma luta — o campeão europeu Paulino Uzcudún defende seu título — se torna a segunda transmissão ao vivo na história do rádio na Espanha (a primeira foi uma tourada; Díaz, 114). [ver **Tourada**] Mas, apesar do entusiasmo que eles se permitem com evidente autoindulgência, os intelectuais acham difícil explicar a fascinação de toda a sociedade pelo boxe. É sintomático desta desproporção entre o sentimento e a reflexão que, no começo do ano, Bertolt Brecht inicie a publicação de uma história em capítulos intitulada *Lebenslauf des Boxers Samson Körner* (Vida do boxeador Samson Körner), na *Scherls Magazin* (Mittenzwei, 234-235) — que nunca termina. O fragmento desta biografia ficcional contém muitos motivos que sempre aparecem quando o boxe é assunto dos jornais ou de textos literários — temas como a metrópole moderna, o crime, os navios, as bebidas, camaradas negros desleais e espancamentos nas primeiras lutas. Mas Brecht parece perdido quando precisa encontrar uma trama para a sua história (Brecht, 121ss.). Ele se mostra mais convincente na parábola *Der Kinnhaken* (O gancho), que descreve a virada na outrora promissora carreira do lutador Freddy Meinkes. Freddy é invencível enquanto não pensa no assunto, enquanto ele tem a sensação de que "não está batendo num homem, mas abrindo caminho através dele, a sensação de que seu punho não pode ser detido por algo como um queixo" (Brecht, 117). Então, poucas horas antes de uma disputa pelo título, o empresário de Freddy o convence — aparentemente com a melhor das intenções — a resistir à necessidade súbita de tomar uma cerveja. [ver **Bares**] Freddy começa a pensar, e quando começa a pensar — e a controlar conscientemente seu corpo — ele já não pode mais ser um bom boxeador. Ele é nocauteado no segundo assalto. Seguindo as regras genéricas da parábola, a narrativa de Brecht termina com uma conclusão geral: "Um homem sempre deve fazer o que quer. Na minha opinião, sabe, a cautela é a mãe do nocaute" (120).

Mas se o espetáculo do boxe faz todas essas complexas reflexões psicológicas, sociológicas e até filosóficas parecerem muito vagas, ele provoca o surgimento de um estilo jornalístico renovador e vigoroso. Este novo discurso pretende refletir os movimentos rápidos e os golpes fortes dos lutadores — e atinge o seu clímax nas longas reportagens que descrevem o rico mundo do boxe. Ele está repleto de termos técnicos, mas ao mesmo tempo usa gírias que nunca tinham aparecido antes na imprensa. Eis aqui um trecho da cobertura da decisão de uma disputa do título europeu de pesos meio-médios em Milão, feita por um correspondente especial do *Berliner Tageblatt*:

> O Velodrome estava completamente lotado, como sempre acontece quando o evento é organizado por Carpegna. Deve-se dar a ele o crédito pela ascensão do boxe na Itália, já que ele consegue atrair as multidões de forma brilhante, organizando programas formidáveis (...) Logo no segundo assalto, [Bosisio] ficou em vantagem, evitando os golpes de seu oponente e soltando alguns ganchos no seu queixo, e no sexto assalto esta vantagem já era enorme. Nos dois assaltos seguintes, Romerio foi seriamente ameaçado repetidas vezes; ele gastou algum tempo se familiarizando com a lona, já que não conseguiu se esquivar de três ou quatro diretos. Mas a partir do décimo assalto, as conseqüências do excesso de treinamento de Bosisio ficaram evidentes. Ele estava cansado, golpeava descoordenadamente e precisava se esforçar muito para evitar os ataques-surpresa. Sua vitória por pontos se deveu inteiramente ao seu desempenho nos primeiros assaltos. (25 de julho)

Se a cobertura da mídia internacional pode servir como um indicador, um dos grandes momentos do ano foi a disputa pelo título mundial de pesospesados entre Jack Dempsey e o desafiante Gene Tunney, no dia 23 de setembro. Nunca antes uma multidão tão grande tinha se reunido para assistir a uma luta de boxe; na verdade, trata-se de uma das maiores platéias já conquistadas por um evento esportivo. O local da luta é a Exposição do Sesquicentenário Americano, na Filadélfia, mas as razões para esta escolha têm mais a ver com a política interna e a imagem pública do boxe do que com a agenda de eventos desta feira pública sem grande brilho. [ver **Americanos em Paris**] Levando-se em conta o volume financeiro que o agente Tex Rickard planejou envolver na luta, Nova York parece ser a escolha mais lógica. Mas a Comissão Atlética do estado de Nova York avalia que Harry Wills, o "Pantera Marrom", "um peso-pesado negro com um estilo forte e combativo, mas com movimentos lentos", deve ser o desafiante e, portanto, não aceita que Dempsey lute em Nova York, a não ser que ele enfrente Wills (Heimer, 11; André e Fleischer, 106ss.). Insistindo, com base na sua experiência profissional, que "lutas [racialmente] mistas não dão certo", Rickard opta por uma disputa entre brancos e pelo Sesquicentenário, embora, ironicamente, a promoção da cultura afro-americana seja um dos temas da agenda oficial da exposição (Rydell, 157). Apesar do nível surpreendentemente baixo de apostas antes da luta, que o *New York Times* descreve como "o mais baixo da história das disputas do título de peso-pesado" (e supondo-se que os cálculos que influenciaram sua escolha são na verdade financeiros), a estratégia de Rickard tem resultados estupendos. Numa época em que Babe Ruth joga para os Yankees recebendo um salário anual pouco superior a 50 mil dólares, o que muitos observadores do beisebol ainda consideram escandalosamente alto (Ritter e Rucker, 135), o *New York Times* de 24 de setembro publica os seguintes números oficiais relativos à luta da Filadélfia: "Estima-se que os agentes tiveram um lucro de aproximadamente 500 mil dólares. O público pagante foi de 118.736 pessoas. Além destas, 25.732 entraram com passes [do Sesquicentenário], o que resulta numa audiência de 144.468 pessoas. Os pagantes se distribuíram da seguinte maneira: 28.903 ingressos de US$27,50; 12.805 de US$22; 23.014 de US$16,50; 19.589 de US$11; 15.747 de US$7,70; 18.678 de US$5,50. Também foi divulgado que Dempsey recebeu aproximadamente 700 mil dólares, e que Tunney recebeu aproximadamente 200 mil dólares." "Seis governadores e dois mil milionários (*New York Times*, 23 de setembro) estão na platéia, entre eles celebridades como William Randolph Hearst, Joseph Pulitzer, Florenz Ziegfeld, [ver **Revistas**] Charlie Chaplin, a nadadora do Canal, Gertrud Ederle [ver **Resistência**] e a família Roosevelt (Heimer, 15).

A multidão representa um duro teste para os sistemas de transporte e de tráfego, [ver **Aviões, Automóveis**] o que parece interessar aos jornalistas tanto quanto a própria luta: "A ênfase agora não está nos lutadores, mas nos espectadores." Em trens especiais e carros particulares (para os quais só existem 1.500 vagas no estacionamento), cerca de 50 mil pessoas vêm de Nova York, e pacotes incluindo a passagem e o ingresso foram vendidos no Meio-Oeste (especialmente em Chicago) e na Califórnia. Seguindo o lema "Onde há uma multidão, é provável que haja um avião sobrevoando em círculos", os agentes proporcionaram aos espectadores, durante as longas horas de espera pela luta, um espetáculo visual: "Aviões com faixas coloridas, nas quais estavam escritos slogans dos anunciantes, davam mergulhos e rodopiavam perto da multidão, mas, com a sorte típica dos aviadores sobre as platéias de boxe, não caíam" (*New York Times*, 24 de setembro). Os jornalistas — em meio à excitação geral que os une à multidão — anunciam um "número recorde de recordes quebrados" por sua própria cobertura jornalística. Pela primeira vez, os lutadores "falarão diretamente do ringue". A cobertura ao vivo do rádio, para o qual Rickard tinha vendido os direitos após uma intensa guerra de nervos, é transcrita no *New York Times* por três especialistas em estenografia da Companhia de Redação de Leis do Estado, trabalhando em turnos. Cerca de 15 milhões de ouvintes em todos os Estados Unidos acompanham a transmissão em seus apartamentos ou em festas, como fazem fãs na Argentina, no México e na Europa (incluindo o príncipe da Bélgica, que é um torcedor declarado de Gene Tunney). De fato, "o rádio substituiu o ingresso". Isso é verdade até mesmo para alguns daqueles que não podem ouvir: "A diretoria da Escola para os Surdos de Illinois fez um acordo com o "Jacksonville Journal e a Associated Press para informar os detalhes de cada assalto aos surdos-mudos, que aguardavam na rua notícias da sucursal do jornal" (*New York Times*, 22 de setembro).

Então "são acesas as luzes, enchendo o estádio de um brilho suave. Os alto-falantes instalados em volta do ringue [começam] a tocar músicas dançantes de sucessos da Broadway, e fazem as pessoas baterem os pés no chão poeirento, acompanhando o ritmo das últimas canções". Quando Dempsey e Tunney entram, usando "os mais modernos roupões já vistos na história dos ringues", uma chuva pesada começa a cair na arena ao ar livre e sobre o público, e continua ao longo da luta. A imagem pública dos lutadores os transformou em alegorias de dois grupos sociais distintos, ou melhor, de duas versões diferentes do sonho americano. Jack Dempsey, o atual campeão, que se autodenomina o "Lutador de Manassa", vem de uma família de fazendeiros do Colorado, conseguiu evitar o serviço militar na Grande Guerra e fez fortuna desde que ganhou o título mundial dos pesos-pesados, em 1919. Neste meio-tempo, ele dedicou uma boa parte de seu tempo à produção de filmes em Hollywood e viagens pelo mundo na companhia de sua mulher, uma atriz ambiciosa. Ele está preso ao seu empresário por um contrato, o que pôs em risco a possibilidade da luta na Filadélfia. Por sua vez, Gene Tunney, o "Fuzileiro Lutador", tem (e faz alarde disso) uma ficha exemplar como soldado. Sua família é de católicos irlandeses, ele cresceu em Nova York e encarna com muito estilo as ambições culturais que costumam acompanhar o processo de ascensão social. Algumas vezes, porém, os jornalistas perdem a paciência com ele: "Receio que Tunney um dia acorde e se dê conta de que estava lendo um poema de Shakespeare, ou Kipling, ou de um desses medalhões escritores, e penso que o título do poema será 'Era uma vez um tolo'" (*New York Times*, 22 de setembro).

Essas personas públicas radicalmente diferentes correspondem a estilos de luta contrastantes. O adjetivo usado com mais freqüência em relação a Tunney, mesmo pelo seu oponente, é "científico" (Dempsey e Dempsey, 179ss.). "Ele é um boxeador frio e tranqüilo" (*New York Times*, 24 de setembro); seus olhos e sua mente sempre controlam o seu corpo. "Tunney é um bom lutador, no sentido da técnica do boxe, enquanto Dempsey nunca pretendeu ser um boxeador. Ele é o tipo de lutador que não precisa do boxe, seja qual for a ocasião" (*New York Times*, 23 de setembro). Os fãs de Dempsey elogiam sua "fúria de lutar" e seus "movimentos selvagens de tigre". Esta imagem reflete precisamente o ímpeto físico espontâneo e inconsciente que Brecht considera ser a proteção mais forte contra o nocaute.

A grande maioria do público parece torcer pelo sóbrio Tunney. Nos últimos sete anos, "o sentimento popular sempre foi contra [Dempsey], em quase todas as lutas importantes", mesmo quando ele defendeu o título contra o desafiante francês Charpentier. "Que ninguém tenha mudado de posição [é] demonstrado pelas manifestações a favor de Tunney, e contra Dempsey, quando os lutadores entram no ringue" (*New York Times*, 24 de setembro). Já no primeiro assalto, não resta dúvida de que Tunney irá vencer. Mas apesar da torcida explícita do locutor de rádio por Tunney, é impossível não ouvir a nostalgia em sua voz quando ele lembra os desempenhos de um Dempsey mais jovem e mais forte:

Tunney acerta um direto de direita na mandíbula de Jack, mas isso não parece abalar Jack. Eles estão no centro do ringue. Jack se esquiva de mais uma investida de Tunney e acerta um golpe leve bem no rosto. Ele é empurrado até as cordas. Jack não está demonstrando a sua velocidade habitual. Não é absolutamente o mesmo Jack que todos estamos acostumados a ver. (...) Todo mundo está gritando "Dempsey está grogue!", mas eu não penso assim. Este não é o Jack Dempsey que estamos acostumados a ver (...) Tunney acerta nele pelo menos seis vezes, com a direita e a esquerda, na face, e Jack leva outro golpe no olho quando toca o gongo. O primeiro assalto é de Tunney, disparado.

Nove assaltos depois, quando Tunney, envolto em toalhas brancas sob a chuva fina (André e Fleischer, 108), é declarado oficialmente vencedor por pontos, "uma explosão de aplausos [celebra] o novo campeão" — mas nada além de aplausos. Dempsey parece "digno de pena. (...) Sua boca e seu nariz estão [pingando] sangue, seu olho esquerdo, roxo e ferido, está fechado e sangrando. [Há] um corte de dois centímetros sob o seu olho esquerdo". Enquanto isso, ocorreu algo quase extraordinário. Após esta derrota humilhante, Jack Dempsey se tornou o herói da multidão. "A platéia estava silenciosa em sua maioria, e era evidentemente pró-Dempsey, já que pouca gente rompia o silêncio de pedra à medida que Tunney ia perseguindo Dempsey no ringue, e os únicos gritos altos foram quando Dempsey conseguiu aplicar alguns bons golpes. Era uma platéia estranhamente silenciosa e sem entusiasmo" (*New York Times*, 24 de setembro). [ver **Silêncio versus Barulho**] Então "eles começaram a berrar. Pareciam esquecer sua própria frustração e gritavam o nome [de Dempsey]" (Heimer, 23). O próprio Dempsey não está menos perplexo com esta reação do que os jornalistas. Como ele lembra em sua autobiografia, "Para minha surpresa, eu fui celebrado entusiasticamente enquanto deixava o ringue, mais do que em qualquer outra luta. As pessoas gritavam 'Campeão! Campeão!' A derrota teria sido na verdade uma vitória?" (Dempsey e Dempsey, 201ss.).

Apesar de suas virtudes cívicas e de seu admirável talento para o boxe, Tunney não é um campeão popular. Mas por que a derrota do dia 23 de setembro transformou Dempsey num herói popular? Uma resposta possível a esta pergunta está num trecho do romance de Hemingway *O sol também se levanta*. Durante a festa em Pamplona, Brett, que é o objeto central do desejo de todos os protagonistas masculinos do romance, inicia uma relação erótica apaixonada com um jovem toureiro. Ninguém sente mais ciúmes que Robert Cohn, antigo "campeão peso-médio de Princeton" (Hemingway, 4). Embora, para ele, o boxe nunca tenha sido nada além de, ou nada mais que, uma chance de superar o seu complexo de inferioridade e o seu ressentimento por ser judeu num mundo social predominantemente WASP, Cohn é um boxeador habilidoso — e portanto é fácil para ele derrubar o seu rival no quarto de hotel de Brett. Mas esta "vitória" não o ajuda a vencer o seu ciúme, e a derrota, mais do que seus triunfos na tourada, torna o toureiro ainda mais atraente para Brett:

> Parece que o camarada toureiro estava sentado na cama. Ele foi nocauteado cerca de 15 vezes, mas queria lutar mais. Brett o segurou e não o deixou se levantar. Ele era fraco, mas Brett não conseguia segurá-lo, e ele se levantou. Então Cohn disse que não iria golpeá-lo de novo, porque isso seria desagradável. Então o toureiro tentou partir para cima dele. Cohn andou para trás, até a parede. "Então você não vai me bater?" "Não", disse Cohn, "eu ficaria envergonhado." Então o toureiro o acertou no rosto com toda a sua força, e em seguida se sentou no chão. Ele não podia levantar, disse Brett. Cohn quis carregá-lo até a cama. Ele disse que, se Cohn o ajudasse, ele o mataria, e que ele o mataria de qualquer jeito naquela manhã se Cohn não saísse da cidade. Cohn estava chorando, e Brett lhe disse para sair, e ele queria apertar as mãos. (Hemingway, 210)

No ritual da tourada, não existe vitória nem derrota. E embora elas existam no campeonato mundial de boxe, não são a vitória e a derrota o motivo da fascinação do boxe. Mais do que isso, o boxe lida com "Sein zum Tode" ("estar à beira da morte") e "Vorlaufen zum Tode" ("antecipação da morte"; Heidegger, par. 7ss.). [ver **Imanência = Transcendência (Morte)**] O boxe tem o poder de trazer a morte para perto dos espectadores e, se Heidegger estiver certo, ele pode ajudá-los a se libertarem de diversos medos que os fazem evitar inconscientemente a presença da morte em suas vidas cotidianas (par. 51, 53). A morte é uma parte integral da vida física do homem, já que conduz esta vida ao fim, e portanto a antecipação da morte não pode ser exclusivamente um assunto da mente. Este é um aspecto da análise existencial da morte que Heidegger não discute. Para imaginar a morte, uma pessoa deve ter a experiência de expor seu corpo à ameaça de destruição. Seria por isso que os espectadores se empolgam com os lutadores, cujos corpos mostram sinais de uma violência quase fatal? Isso explicaria por que os jornalistas expressam abertamente o seu desapontamento com uma decisão de título que não termina em nocaute? "De certa forma, foi uma transferência de título frustrante. A batalha não terminou com um nocaute. Na verdade, em seus dez assaltos, não ocorreu sequer um *knockdown*. Isto se deve ao fato de que Tunney não é um matador, um lutador de conclusão" (*New York Times*, 24 de setembro). A simpatia dos espectadores nunca está com aqueles cuja sobriedade e cujo talento lhes permitem vencer um combate sem enfrentar a morte. No dia 23 de setembro, 144.468 espectadores na Filadélfia e 15 milhões de ouvintes de rádio vêem o sonho luminoso de controlar seus corpos se transformar no pesadelo utópico de consumi-los.

Verbetes relacionados

Americanos em Paris, Automóveis, Aviões, Bares, Cinemas de luxo, Comunicação sem Fios, Jardins suspensos, Montanhismo, Transatlânticos, Resistência, Revistas, Tourada, Incerteza versus Realidade, Silêncio versus Barulho, Sobriedade versus Exuberância, Imanência = Transcendência (Morte), Macho = Fêmea (Questão de Gênero), Presente = Passado (Eternidade)

Referências

Sam André e Nat Fleischer, *A pictorial History of boxing*. Nova York, 1981.
Associated Students of Stanford University, orgs., *The 1926 Quad*. Stanford, 1926.
Berliner Tageblatt.
Jorge Luis Borges, *El tamaño de mi esperanza* (1926). Buenos Aires, 1993.
Bertolt Brecht, "Der Kinnhaken" e *Der Lebenslauf des Boxers Sansom Körner*. In *Gesammelte Werke*, vol. 11. Frankfurt, 1967.
Anthony Burgess, *Ernest Hemingway*. Hamburgo, 1980.
Caras y Caretas.
Chronik, 1926: Tag für Tag in Wort und Bild. Dortmund, 1985.
Jean Cocteau, *Orphée: Tragédie en un acte* (1926). Paris, 1927.
Jack Dempsey e Barbara Piatelli Dempsey, *Dempsey and Dempsey*. Nova York, 1977.
Lorenzo Díaz, *La radio en España, 1923-1993*. Madri, 1992.
A.S. Eddington, *The internal constitution of the stars*. Cambridge, 926.
Oskar Maurus Fontana, "Was arbeiten Sie? Gespräch mit Robert Musil" (1926). In Anton Kaes, org., *Weimarer Republik: Manifeste und Dokumente zur deutschen Literatur, 1918-1933*. Stuttgart, 1983.

Martin Heidegger, *Sein und Zeit* (escrito em 1926, publicado em 1927). Tübingen, 1984.
Mel Heimer, *The long count*. Nova York, 1969.
Ernest Hemingway, *The sun also rises*. Nova York, 1926.
Jürgen Kolbe, *Heller Zauber: Thomas Mann in Munich, 1894, 1933*. Hamburgo, 1987.
Theodor Lessing, "Psychologie des Rauchens" (1926). In *Ich warf eine Flaschenpost ins Eismeer der Geschichte: Essays und feuilletons, 1923-1933*. Neuwied, 1986.
Werner Mittenzwei, *Das Leben des Bertolt Brecht oder: der Umgang mit den Weltraetseln*, vol. 1. Berlim, 1986.
Michael Morris: *Madame Valentino: The many lives of Natasha Rambova*. Nova York, 1991.
New York Review of Books.
New York Times.
Lawrence S. Ritter e Mark Ruter, *The Babe: A life in pictures*. Nova York, 1988.
Robert W. Rydell, *World of fairs: The Century-of-Progress expositions*. Chicago, 1993.
Victor Shklovsky, *Third factory* (1926). Trad. Richard Sheldon. Ann Arbor, 1977.
Die wilden Zwanziger: Weimar und die Welt, 1919-1933. Berlim, 1986.

CINEMAS DE LUXO

❧

No centro de Buenos Aires, bem na esquina da rua da livraria onde Silvio Astier, o herói do romance *El juguete rabioso* (O brinquedo furioso) de Roberto Arlt, trabalha como balconista, as pessoas se aglomeram em frente a um cinema: "Como numa colmeia, as pessoas atravessavam o pátio do cinema, cuja sineta repicava sem parar" (Arlt, 131). A palavra *cinematógrafo* (que Arlt usa para "cinema" e que enfatiza o ato da projeção do filme), bem como a sineta que "repicava sem parar", convocando as pessoas ao espetáculo, indica o agudo contraste entre este cinema na capital da Argentina e as salas de cinema na badalada Kurfürstendamm, em Berlim. O Gloria-Filmpalast é inaugurado na segunda-feira, 25 de janeiro, com uma versão de *Tartufo*, de Molière, estrelando Emil Jannings. Tanto o Gloria-Filmpalast quanto o Capitol-Filmpalast, que é inaugurado na Nollendorfplatz no dia 6 de janeiro, podem acomodar mais de 1.500 espectadores cada um, em suas duas ou três sessões diárias, num espaço suntuosamente decorado (*Chronik*, 24). Este espaço constitui um mundo à parte [ver **Elevadores**] — um mundo que existe sob a luz artificial e ganha vida apenas para alimentar as fantasias das massas de espectadores. As portas para a sala de exibição são cobertas por cortinas de veludo. A curva graciosa de seu enorme balcão e seus ricos acessórios fazem os espectadores se sentirem como se estivessem entrando num — moderno — palácio barroco. Um fosso de orquestra e um palco amplo separam a tela das poltronas. Muitos cinemas de luxo têm camarotes elegantes ao longo dos corredores, com teto abobadado e um sofisticado controle de luz. Quando as luzes começam a diminuir, a ação na tela envolve as mentes dos espectadores num jogo de imagens que é sempre diferente daquele de suas vidas cotidianas. Mas, se a imaginação dos espectadores pode vagar longe do cotidiano, os seus corpos permanecem envoltos numa esfera que preenche o intervalo entre o cotidiano e a trama do filme. Esta esfera intermediária se concretiza na artificialidade magnífica do cinema de luxo.

O filme em si se tornou uma parte de uma "entidade fulgurante, como a do teatro de revista (...); a arte total (*Gesamtkunstwerk*) dos efeitos" (Kracauer, *Kult*, 312). [ver **Revistas**] Sinfonias do repertório clássico — e às vezes até mesmo peças orquestrais compostas especificamente para determinados filmes — acompanham a ação na tela. Mas o que realmente transforma os espetáculos dos cinemas de luxo numa *Gesamtkunstwerk* são os desempenhos artísticos no palco, que precedem os filmes em cartaz: "A arte total dos efeitos assalta cada um dos sentidos, usando todos os meios possíveis. Holofotes dirigem a sua luz para o auditório, destacando as cortinas festivas ou fazendo brilhar os ornamentos de vidro colorido. A orquestra se afirma como um poder independente, e sua produção acústica é realçada pela coordenação das luzes. A cada emoção corresponde uma expressão acústica, um valor no espectro das cores — um caleidoscópio ótico e acústico que oferece o cenário ideal para a atividade física no palco, a pantomima e o balé. Até que finalmente a tela branca é baixada, e os acontecimentos do palco tridimensional se transformam imperceptivelmente em ilusões de duas dimensões (Kracauer, *Kult*, 312).

A necessidade de reduzir o custo envolvido na produção do acompanhamento musical (que os espectadores já não dispensam), bem como o desejo de torná-lo disponível em cinemas menores, leva ao passo final do desenvolvimento técnico do filme sonoro. Em abril, a Warner Brothers, com o apoio financeiro do Goldman Sachs, um complexo de bancos de Wall Street, estabelece a Vitaphone Corporation e contrata um novo sistema de som da Western Electric — garantindo, por 800 mil dólares, direitos exclusivos sobre ele, saindo na frente dos outros estúdios. Inicialmente, não se trata de produzir "filmes falados", mas apenas de substituir a orquestra por um dispositivo técnico (Cook, 257ss.). A estréia mundial desse sistema acontece no Warner Theater, "refrigerado", na esquina da Broadway com a rua 52, em Nova York, na sexta-feira, 6 de agosto: o drama de costumes *Don Juan*, com John Barrymore, é exibido com números orquestrais gravados pela Filarmônica de Nova York. O filme principal é precedido de um programa de curtas-metragens sonoros com uma hora de duração, que custaram um milhão de dólares, e um breve discurso gravado de Will Hays, presidente da Associação de Produtores e Distribuidores de Cinema da América. Ele anuncia "o início de uma nova era da música e do cinema" (258). Quando as produções da Vitaphone chegam a Hollywood, são recebidas com entusiasmo numa edição especial da *Variety*:

> A Vitaphone iniciou o seu percurso em direção à costa do Pacífico esta noite, na mais brilhante estréia já realizada no cinema Grauman's Egyptian. (...) Uma multidão começou a fluir para dentro do Egyptian já às 7h45, e quando as celebridades chegavam, elas eram anunciadas uma a uma pelo alto-falante. As luzes de holofotes poderosos recortavam o céu em arcos magníficos, iluminando o lado de fora do foyer. (...) É verdade, o público que passava pela entrada, por volta das 8h15, parecia levemente incrédulo. Tanta coisa havia sido dita e escrita sobre o som e as imagens que muitos se mostravam decididamente céticos. Mas foram justamente aqueles que mais estavam em dúvida que mais tarde se manifestaram com mais entusiasmo ao elogiarem a nova arte. (Cook, 259)

Mais do que construir um "mundo alternativo", a ação nas telas dos cinemas de luxo contribui para uma reprise sofisticada dos principais motivos de fascínio e preocupação presentes na vida cotidiana: proezas heróicas, individuais e coletivas, do passado remoto ou recente, como em *Ben Hur* ou *O encouraçado Potemkin* [ver **Ação versus Impotência, Individualidade versus Coletividade**]; a luta entre a natureza e a tecnologia, como em *O mundo perdido*, que descreve a invasão de Londres por uma horda de dinossauros [ver **Autenticidade versus Artificialidade**]; as complexidades da existência humana e a confrontação com a morte, como no drama de montanha *Der Heilige Berg* (A montanha sagrada), ou em *Fausto*, de F.W. Murnau [ver **Montanhismo, Imanência = Transcendência (Morte)**]; o tratamento psicanalítico, como é mostrado no filme *Geheimnisse einer Seele* (Segredos de uma alma); as tragédias da existência cotidiana, como em *A corrida do ouro*, de Charlie Chaplin, que estréia em Berlim no dia 23 de fevereiro, ou em *K. 13513*, de Berthold Viertel, que retrata "as aventuras de uma nota de dez marcos" (*Chronik*, 220). [ver **Sobriedade versus Exuberância, Ação = Impotência (Tragédia)**] Estes dois últimos filmes, em particular, dão uma impressão da vida como um movimento contínuo e sugerem que viajar pode ajudar o indivíduo a não se tornar uma presa dos vícios e dependências. [ver **Bares**] A formulação de Siegfried Kracauer para este efeito dos filmes é adequada e elegante: "A atenção dos espectadores se concentra no periférico, de forma que eles não mergulham no abismo" (*Kult*, 314). Em *K. 13513*, que, como uma manifestação programática da "Nova Sobriedade", inaugura o gênero do *Querschnittsfilm* ("filme de corte transversal"), o protagonista é uma cédula de dinheiro que viaja numa seqüência aleatória de transações e situações existenciais.

Apesar dos — ou talvez por causa dos — projetos ambiciosos como esses, a indústria de cinema alemã está ingressando num período de extrema pressão econômica. Em troca de um empréstimo urgente de US$ 4 milhões, a companhia Ufa assumiu a obrigação contratual de exibir 20 produções da Paramount e da Metro-Goldwyin por ano: ela precisa reservar 75% do tempo de tela em seus próprios cinemas para esses filmes americanos (Jacobsen, 526). Surpreendentemente, os atores e diretores europeus parecem buscar esta dependência do mundo do cinema americano — mesmo quando ela não lhes é imposta pelo mercado. Alguns dos mais importantes artistas do cinema alemão, entre eles Fritz Lang e F.W. Murnau, aceitam ofertas de Hollywood [ver **Americanos em Paris**], e o crítico fascista Anton Giuglio Bragaglia recomenda como solução para a atual crise artística da indústria do cinema italiana enviar cineastas iniciantes para trabalharem como aprendizes em Hollywood: "Há muito falatório inútil. Mas onde estão os cineastas italianos que sabem fazer filmes como os americanos? (...) Está claro que um punhado de gente, representando vários ramos desta complexa arte, deveria ser enviado à América para estudar as novas técnicas do filme, da fotografia aos processos químicos de revelação. Só depois de dois anos de estudos eles poderiam se aventurar a fazer filmes" (Bragaglia, 253ss.). Através de reflexões como esta, o mundo do cinema se torna um meio proeminente para a auto-referência da sociedade contemporânea. Na visão de Siegfried Kracauer, os espectadores sintetizam "a *audiência cosmopolita* homogênea, na qual todos têm as mesmas respostas, do diretor de banco ao balconista de loja, da diva à estenógrafa" (*Kult*, 313). [ver **Empregados**] A vida cotidiana desta população urbana, segundo Kracauer, é uma vida repleta de tensão e desintegração. [ver **Presente versus Passado**] O filme, em vez de oferecer uma compensação, apenas aumenta este sentimento de pressão. O meio não pode evitar surgimento de tais efeitos, explica Kracauer, porque a sua própria técnica se baseia no princípio da reconfiguração de um mundo desintegrado: "Em vez de deixar o mundo em seu estado fragmentado, o espectador é empurrado de volta a ele. No filme, estes fragmentos são reunidos de uma forma nova, erradicando o seu isolamento e afastando os seus problemas. Eles se levantam do túmulo para se assemelharem à vida" (Kaliko-Welt, 277ss.). Como "mosaicos" (277), tanto o mundo bidimensional do filme quanto, por contigüidade, o interior dos cinemas de luxo cultivam um tipo específico de *glamour* de superfície (311, 315). [ver **Dança, Gomina, Estrelas**] Já que Kracauer acredita que o ritmo desta superfície em contínuo movimento ajuda os espectadores a evitarem as armadilhas da existência moderna, ele tende a deplorar qualquer sinal de um retorno às formas mais tradicionais de representação, incluindo os espetáculos ao vivo, que se tornaram costumeiros nos programas dos cinemas de luxo: "A integração do filme num programa homogêneo o priva de seus efeitos potenciais. Ele não apenas vale por si só, pois se torna o evento final de um tipo de teatro de revista que não leva em consideração as características específicas do cinema. A bidimensionalidade do filme cria uma ilusão do mundo físico sem qualquer necessidade de suplementação. Mas se corpos reais aparecem ao lado do filme, este regride à superfície plana, e a sua fraude fica exposta. Isso destrói o espaço específico do filme"(316).

À medida que os filmes se tornam uma condensação do cotidiano do mundo contemporâneo, as duas esferas começam a estabelecer uma relação de impressionante permeabilidade. Por um lado, a realidade da vida política invade os cinemas de luxo. Cinejornais são produzidos semanalmente por equipes especializadas, entre as quais a companhia francesa Pathé-Journal, que ocupa um lugar privilegiado (*Années-mémoire*, 58ss.). Eventos festivos do cinema proporcionam oportunidades importantes para os protagonistas do teatro político e econômico cultivarem a sua imagem pública. A estréia de *Fausto*, de Murnau, no Ufa-Palast am Zoo, no dia 14 de outubro, é assistida pelo chanceler alemão Wilhelm Marx, pelo secretário de Relações Exteriores Gustav Stresemann e por Hjalmar Schacht, presidente do Banco Nacional (Jacobsen, 526). Por outro lado, o mundo do cinema freqüentemente exerce uma forte influência na cena política. Ao longo da primavera e até a metade do verão, a censura de *O encouraçado Potemkin*, de Eisenstein, pelo governo alemão deflagra um animado debate, no qual os defensores de cada posição se identificam quase imediatamente com os diferentes partidos políticos e seus programas (Schrader e Schebera, 199ss.; Willet, 48, 143). Como resultado, os cinemas de luxo já não publicam anúncios centrados exclusivamente nos enredos e nos atores, começando também a divulgar o seu próprio sucesso econômico e suas conquistas técnicas. No *8 Uhr-Abendblatt* de 18 de agosto, o

Ufa-Theater da Nollendorfplatz informa aos leitores que "os preparativos para a estréia européia de *Ben Hur"* deixarão a casa fechada até o dia 6 de setembro. Sob a manchete "Die ganze Kolonne zum *Ritt in die Sonne*" ("A turma toda vai ver *Ride into the sun*"), o Primus Palast, na PotsdamerstraBe (conhecido como "PPP"), exibe o desenho de uma enorme multidão pressionando a sua entrada, enquanto a polícia montada tenta controlá-la (*8 Uhr-Abendblatt*, 4 de fevereiro).

Ir ao cinema aumenta e intensifica a experiência que os espectadores têm de sua própria vida. Logo no início, o filme *Metrópolis* mostra "palácios da imagem", ao lado de teatros, salas de leitura, uma biblioteca e um estádio [ver Resistência] como a principal atração do "Clube dos Filhos", onde os adolescentes ricos desfrutam uma exuberante vida de luxúria e dissipação (Lang, 22). Em *Unordnung und frühes Leid* (Desordem e tristeza precoce), Thomas Mann apresenta um exemplo do extremo oposto da hierarquia social. Xaver Kleinsgütl, um jovem e bonito camponês que trabalha como empregado de uma família burguesa empobrecida, gosta de sonhar com o mundo do cinema, da mesma forma que os herdeiros de *Metrópolis*. Os filmes que Xaver vê evocam um sentimento de melancolia agradável, e ele tem muitas esperanças de se tornar um astro de cinema: "Ele ama o cinema com toda a sua alma; depois de passar uma tarde ali, ele freqüentemente se sente melancólico e ansioso e costuma falar sozinho. Esperanças vagas revolvem dentro dele, e ele acredita que de alguma maneira conseguirá fazer fortuna naquele mundo maravilhoso e conquistar o direito de pertencer a ele — esperanças baseadas no seu corte de cabelo, em sua ousadia e na sua agilidade física. Ele gosta de subir na árvore morta no jardim em frente, (...) procurando enxergar um diretor de cinema que por acaso esteja passando por ali e possa contratá-lo" (Mann, 513).

Alguns intelectuais sérios criticam a combinação da realidade do cinema com aquilo que eles chamam de realidade "real". Eles aproveitam a oportunidade de construir uma imagem de alta responsabilidade moral na distinção ontológica entre as duas. Desta forma, Miguel de Unamuno acusa os oficiais do governo espanhol de confundir a realidade histórica com a realidade do cinema: "O julgamento da História — que para eles é um filme — lhes importa pouco. Como um ator trágico vaidoso, sem um sentido moral ou histórico, o ator de cinema aceita o seu destino e procura a fama mesmo que ele seja infame" (Unamuno, 193, 13 de maio). Se Xaver Kleinsgütl, o jovem bávaro sonhador inventado por Thomas Mann, fosse uma pessoa real, ele poderia usufruir de um obsessivo programa de resgate de sua geração criado pelo político bávaro Adolf Hitler: [ver **Assassinato**]

> Toda a nossa vida pública se parece hoje com uma estufa de estímulos e imagens sexuais. Basta olhar os programas dos nossos cinemas, salões de dança e teatros; dificilmente alguém poderá negar que é isso o que se está oferecendo às pessoas, especialmente aos jovens. Cartazes e vitrines de lojas usam os meios mais primários para atrair a atenção das massas. (...) Essa atmosfera abafada e sensual provoca idéias e estímulos numa idade em que o jovem ainda não tem discernimento para entendê-los. (...) Quem ficará surpreso, então, com o fato de que a sífilis está começando a fazer vítimas mesmo entre os jovens? E não é preocupante observar quantos jovens fisicamente fracos e mentalmente corrompidos fazem sua iniciação sexual com uma prostituta da metrópole? Não — aquele que quer atacar a prostituição precisa antes de tudo esforçar-se para abolir a predisposição mental que existe em relação a ela. Ele precisa limpar a imundície da contaminação moral que emana da "cultura" de nossas grandes cidades, e precisa fazê-lo de forma implacável, e sem hesitação (Hitler, 278-279).

Verbetes relacionados

Americanos em Paris, Assassinato, Bares, Dança, Elevadores, Empregados, Estrelas, Gomina, Montanhismo, Revistas, Resistência, Ação versus Impotência, Autenticidade versus Artificialidade, Individualidade versus Coletividade, Presente versus Passado, Sobriedade versus Exuberância, Ação = Impotência (Tragédia), Imanência = Transcendência (Morte)

Referências

8 Uhr-Abendblatt.
Les années-mémoire: 1926. Paris, 1988.
Roberto Arlt, *El juguete rabioso.* Madri, 1985.
Anton Giulio Bragaglia, "Text from *Critica Fascista*" (1926). *Stanford Italian Review* (1990): 251-254.
Chronik, 1926: Tag für Tag in Wort und Bild. Dortmund, 1985.
David A. Cook, *A history of narrative film.* Nova York, 1990.
Adolf Hitler, *Mein Kampf* (1926). Munique, 1941.

Jacobsen, Anton Kaes e Hans Helmut Prinzler, orgs., *Geschichte des deutschen Films*. Stuttgart, 1993.

Siegfried Kracauer, Kaliko-Welt: Die Ufa-Stadt zu Neubabelsberg (1926). In Kracauer, *Das Ornament der Masse: Essays*. Frankfurt, 1977.

Fritz Lang, *Metropolis* (1926). Nova York, 1973.

Thomas Mann, "Unordnung und frühes Leid" (1926). In *Sämtliche Erzählungen*. Frankfurt, 1963.

Bärbel Schrader e Jürgen Schebera, orgs., *Kunstmetropole Berlin, 1918-1933: Die Kunststadt in der Novemberrevolution/ Die "goldenen" Zwanziger" / "Die Kunststadt in der Krise*. Berlim, 1987.

Miguel de Unamuno, *Epistolario inédito* (1926). Madri, 1991.

Die wilden Zwanziger: Weimar und die Welt, 1919-1933. Berlim, 1986.

John Willet, *Art and politics in the Weimar Period: The new sobriety, 1917-1933*. Nova York, 1978.

COMUNICAÇÃO SEM FIOS

❦

Uma ilustração de um livro alemão sobre "transmissão de imagens" (*Fernbildtechnik und Elektrisches Fernsehen*) mostra a utopia tecnológica da televisão num contexto militar (Lertes, 7). A metade inferior da figura mostra um homem de uniforme (mas não um uniforme alemão) sentado em frente ao painel de controle de um receptor de rádio e uma grande tela, que reapresenta aquilo que a parte superior da imagem mostra como "realidade": um avião militar não tripulado atravessando uma região montanhosa perto do mar, com uma cidade no centro da paisagem. Seguindo quatro outros aviões do mesmo tipo, o avião não tripulado em primeiro plano parece fazer parte de um esquadrão que está sendo atacado por um biplano que voa acima deles. O que atrai a atenção do leitor ao avião não tripulado são cinco "olhos eletrônicos" na forma de lentes que apontam para a esquerda e para a direita, para cima e para baixo, para frente e para trás. Os objetos registrados por estes olhos eletrônicos aparecem nos seis segmentos da tela em frente ao oficial. Enquanto ele os olha atentamente, manipulando uma manivela com a mão direita, três outros soldados que estão atrás dele acompanham a transmissão do combate aéreo com evidente excitação.

A imagem como um todo parece sugerir que o oficial no painel de controle está pilotando o avião não tripulado (e talvez o esquadrão inteiro). Mas mesmo se isso não fosse parte do significado pretendido, a imagem mostra claramente que a "televisão eletrônica" não é exclusivamente (e talvez nem sequer primariamente) uma extensão dos sentidos humanos ou da percepção humana. Nesta utopia em particular, a televisão torna possível interferir numa guerra sem risco físico. [ver **Relógios**] O que importa é a presença de um oficial na cena da batalha — presença como um agente, mas não necessariamente como um corpo. Embora não exista nenhum recurso técnico ou militar assim, espera-se que se desenvolva alguma coisa parecida. Na quarta-feira, 27 de janeiro, o engenheiro britânico John Logie Baird apresenta ao público seu "televisor", que torna possível (num nível muito rudimentar) a transmissão sem fios de imagens em movimento (*Chronik*, 21). Baird enfatiza que este ato de "ver por telefone" não é mais do que a conseqüência lógica de "ouvir por telefone", uma proeza que se tornou um lugar-comum no governo e nos negócios nos últimos 50 anos (Elsner, Müller e Spangenberg, 195). Enquanto isso, a transmissão sem fios de imagens paradas está sendo integrada ao repertório tecnológico da imprensa na França, orientado pela velocidade (*Années-mémoire*, 121) [ver **Repórteres**]. O mesmo ocorre na Alemanha (*Chronik*, 75), e nos Estados Unidos, onde o *New York Times* publica uma cobertura telefotográfica da disputa do título mundial de boxe entre Dempsey e Tunney na manhã seguinte à luta, no dia 23 de setembro. [ver **Boxe**] Um serviço de telefonia sem fios, que funciona 15 horas por dia, é estabelecido entre Long Island (Estados Unidos) e Rugby (Reino Unido) em fevereiro, ao custo mínimo de 75 dólares por três minutos de conversação (*Chronik*, 39).

Todas essas inovações rapidamente difundidas na tecnologia das comunicações e as novas formas de experiência que elas proporcionam geram uma atmosfera de fascinação e otimismo quase sem fronteiras. Remetendo a esta atmosfera, o título de um ensaio bastante árido sobre a física elementar da comunicação sem fios, publicado na edição de 2 de outubro da revista de Buenos Aires *Caras y Caretas*, ignora deliberadamente todos os problemas de realização prática que os engenheiros enfrentam. Ele oferece a utopia definitiva: "Telefonia sem fio conecta as estrelas à Terra." O texto em si dá uma visão muito mais prosaica desta excitante promessa. Em vez de descrever fenômenos de comunicação intergaláctica, como alguns leitores poderiam esperar, ele explica a nova prática científica de identificar as propriedades físicas dos corpos celestiais através da análise das ondas de luz que eles emitem. Como se o autor se sentisse na obrigação de pedir desculpas por ter enganado a imaginação do público, ele tenta passar desta pesquisa altamente especializada para versões mais populares do pensamento utópico: "É verdade que o homem na Lua não usará o telefone, porque o Sol não fala e o telefone não é absolutamente necessário para transmissões de rádio. Hoje a espectroscopia permite afirmar que o Sol contém todos os elementos cuja existência é conhecida em nosso planeta." Embora o possível impacto destas inovações tecnológicas na vida cotidiana ainda não esteja claro, a sua multiplicação e a velocidade com que elas se desenvolvem sugerem que o momento presente marca uma transição particularmente importante na História — o momento no qual a exploração sistemática dos sentidos humanos e da percepção humana finalmente começou: "Os nossos olhos são instrumentos delicados de recepção, que podem registrar dados de quatro mil a oito mil angstrons."

Um tom semelhante de congratulação permeia uma reportagem na edição de 25 de julho do *Vossische Zeitung* — "Zwiesprache mit Südamerika" (Diálogo com a América Latina) — sobre uma estação receptora de rádio que estabelece conexões de ondas longas entre a Alemanha e a Argentina. O texto não aborda apenas os fatos científicos, mas enfatiza também o lado estético da tecnologia, tornando-se assim uma ilustração de conceitos como a "Nova Sobriedade" e o "funcionalismo". Se os prédios da estação de rádio (a Trans-Radio-Gesellschaft) parecem surpreendentemente miseráveis em seu exterior, o seu interior corresponde à nova norma da beleza sobriamente funcional: "Em meio à pradaria da ilha frísia de Sylt, cercado por ovelhas pastando e cavalos selvagens, e completamente isolado do ritmo frenético das cidades, vê-se um conjunto de pequenos blocos. Prédios aparentemente comuns, marrom-escuros, cobertos de alcatrão, cheios de fios de arame que balançam entre dois moinhos de vento. (...) Mas, quando se entra na pequena ante-sala (...), muda-se completamente de impressão. Uma longa fila de portas se estende por um estreito corredor, sala após sala, sistematicamente decoradas no estilo limpo dos escritórios modernos." [ver **Sobriedade versus Exuberância**] Este espaço é permeado por um som muito específico que, mesmo ao telefone, sempre antecede a comunicação de longa distância: "Por todo o edifício ouve-se um ruído curioso — um som agudo, sempre na mesma freqüência, partido em pequenos segmentos, de forma intermitente". [ver **Telefones**] Por fim, o jornalista entra na sala de transmissão — e fica surpreso com a aparência sublime deste santuário tecnológico: "Mesmo o menos sofisticado dos leigos ficaria impressionado com aqueles painéis iluminados de porcelana e metal, por toda aquela maquinaria. O mesmo aparato foi exportado para Buenos Aires, aumentando bastante a reputação da tecnologia alemã por sua inigualável precisão e qualidade."

A utilidade futura deste impressionante aparato ainda não está clara, e ninguém sabe dizer quanto tempo vai levar até que a comunicação sem fios entre a Argentina e a Alemanha se torne mais do que apenas uma maravilha tecnológica. Por ora, o "diálogo com Buenos Aires" é freqüentemente interrompido por longos silêncios, especialmente durante o dia. [ver **Silêncio versus Barulho**] Esta assimetria entre a admiração sem limites pelas novas tecnologias e idéias vagas sobre os seus usos possíveis pode provocar reações irônicas. Abordando a telefotografia, a seção de anúncios do anuário dos estudantes de Stanford leva a um nível absurdo a ambição jornalística de minimizar o lapso temporal entre os acontecimentos que são notícia e a reportagem publicada: "A marcha da ciência proporcionou aos editores desta seção a oportunidade de mostrar pela primeira vez as maravilhas da telefotografia: a imagem acima, mostrando um dos editores olhando com orgulho a sua seção no *Quad* no *mesmo dia em que ela saiu*, foi tirada no campus esta manhã, quando o anuário estava sendo distribuído. Provas da fotografia foram enviadas (...) para a tipografia em San Francisco, que telegrafou de volta uma imagem em meio-tom a tempo de ela entrar na última seção deste livro. Desta forma a nova invenção nos permite, por assim dizer, chegarmos na frente de nós mesmos. A ciência não é maravilhosa?" (*1926 Quad*, 423).

Embora a transmissão de telegramas já estivesse parcialmente integrada à nova tecnologia da comunicação sem fios há algum tempo, o telegrama como um meio traz invariavelmente conotações de uma coisa passada. Se a comunicação sem fios freqüentemente oferece uma visão do futuro prematuramente aclamada, o telegrama se tornou História antes mesmo de ser amplamente institucionalizado. [ver **Presente = Passado (Eternidade)**] Apenas na república pré-industrial da América do Sul, cujo atraso Ramón del Valle-Inclán descreve em seu romance *Tirano Banderas* — e apenas para um representante do antiquado estilo burocrático que predomina no serviço diplomático espanhol —, o telegrama ainda pode parecer um signo de modernidade. Mas mesmo neste romance não fica claro se o embaixador espanhol não está falando com uma certa dose de ironia quando ele diz a um colono ambicioso que mande um telegrama urgente ao governo em Madri: "Muito honrado don Celestino, você é uma das figuras mais notáveis na colônia, em termos financeiros, intelectuais e sociais. (...) Suas opiniões são altamente respeitadas. (...) mas você ainda não é embaixador espanhol. Uma verdadeira desgraça! Mas existe uma maneira de você se tornar embaixador: mande um telegrama requisitando a minha transferência para a Europa. Eu apoiarei sua requisição" (Valle-Inclán, 33).

Mais do que um recurso para ganhar tempo, o telegrama se tornou uma estratégia retórica. Simplesmente em virtude de seu custo e da linguagem condensada que ele impõe (Kittler, 358-370), o telegrama enfatiza a urgência e a irreversibilidade de certas decisões e ações. Gerhart Hauptmann faz uso deste efeito em sua peça *Dorothea Angermann*. Quando Herbert Pfannschmidt, um jovem professor universitário com padrões morais particularmente elevados, quer sair de uma reunião de família sem deixar a impressão de que não gosta de seus parentes, ele faz sua mulher lhe mandar um telegrama: "Infelizmente eu preciso pegar o trem noturno para Breslau esta noite pois minha mulher me mandou um telegrama avisando que eu tenho um compromisso no escritório do diretor da universidade amanhã à tarde" (Hauptmann, 139). A forma específica e pessoal de entrega do telegrama acrescenta um elemento de privacidade. No romance *Monsieur Godeau intime*, de Marcel Jouhandeau, Véronique convida por telegrama o herói — que ela adora — a visitar sua casa: "Véronique telegrafou a M. Godeau, pedindo-lhe que fosse vê-la ainda naquela tarde na Rue du Sentier" (Jouhandeau, 45-46). Paradoxalmente, esta mistura de urgência e privacidade freqüentemente faz os destinatários dos telegramas hesitarem antes de lê-los. Quando criança, o narrador de *Maria Capponi*, de René Schickele, passa férias em Veneza com sua excêntrica, bonita e solteira tia Sidonia. Sempre que lhe entregam um telegrama na recepção do hotel, Sidonia apresenta um número infinito de razões para fazer o seu sobrinho, em vez de ela própria, abrir o envelope: "O recepcionista entregou um telegrama a tia Sidonia. Ai de mim! A tarja vermelha indicava urgência. (...) 'Abra você!', ela ordenou. (...) Eu abri o envelope como meu pai costumava fazer: lentamente, dobra a dobra, com uma expressão taciturna, procurando o endereço do remetente" (Schickele, 100). Horas depois, o telegrama aberto sobre a mesa ainda não fora lido, e cada vez que o seu sobrinho se oferece para lê-lo em voz alta para ela, Sidonia faz esforços desesperados para impedir que ele faça isso: "'Claus, trata-se certamente de uma mensagem muito, muito ruim. Por que você não o lê primeiro — assim ela não me machucará. Claus, você precisa ler', ela implorou. Mas quando eu estendi a minha mão para pegar o telegrama, ela se atirou sobre a mesa com os braços abertos e o escondeu atrás de si." (101).

Freqüentemente, a privacidade, a urgência e o medo que cercam os telegramas são projetados pelo rádio. A West Germany Broadcasting Company (WDR) não pode estabelecer um estúdio em Colônia até o final da ocupação da Renânia, porque as autoridades militares francesas estão convencidas de que o rádio encoraja a espionagem (*Chronik*, 182). Tão logo as circunstâncias econômicas e políticas permitem que o rádio desenvolva o seu potencial, ele assume, porém, o comando daquelas funções de imediatez que outras formas de comunicação sem fios falharam em assumir. [ver **Individualidade versus Coletividade, Centro = Periferia (Infinitude)**] As estações radiodifusoras se tornam um ponto de convergência e de síntese entre a pesquisa de ponta, a produção industrial e a participação dos consumidores. Em janeiro, o número de ouvintes regulares de rádio na Alemanha cresceu de 1.500 (em 1924) para mais de um milhão. Em fevereiro, nove estações de rádio originalmente independentes, com uma média de programação diária de nove horas cada uma, se fundem na Reichs-Rundfunk-Gesselschaft (Associação de Rádio Nacional), sob o controle — e com o apoio — do Ministério dos Correios (*Chronik*, 20). O número de estações de rádio em Buenos Aires já atingiu o nível de saturação (Gallo, 9). As páginas de *Caras y Caretas* estão repletas de anúncios de programas e aparelhos de rádio — anúncios que freqüentemente falam com mais entusiasmo de detalhes técnicos do que da utilidade do produto: "Compre o perfeito vácuo!" Poucos anos atrás, uma lâmpada incandescente contendo um vácuo de um milionésimo da densidade do ar era considerada algo extraordinário. Mas isto ainda não era bom o bastante para a nossa Radiotrons. Nos laboratórios que fazem o trabalho de ponta para a RCA, os cientistas usam um processo de rarefação para produzir tubos eletrônicos com uma pressão interna equivalente à décima milionésima parte daquela das lâmpadas elétricas. "Para assegurar que você adquiriu um aparelho digno de confiança e que lhe trará satisfação total, você deve comprar tubos com o melhor vácuo possível" (15 de setembro).

Em Berlim, a Funkturm (Torre Radiodifusora), com 138 metros de altura, é inaugurada na cerimônia de abertura da terceira Feira Alemã de Estações Radiodifusoras, na sexta-feira, 3 de setembro. Com seu restaurante e sua plataforma panorâmica [ver **Jardins Suspensos**] a Funkturm atrai um grande número de visitantes, aproximando-os do novo e popular meio de comunicação. Mas a estrutura é acima de tudo aclamada como uma expressão monumental das conquistas contemporâneas na tecnologia e na cultura: "Toda época tem seus problemas sérios, mas também suas alegrias, e, se alguém se esforçar o bastante, pode-se dar uma forma bonita à expressão tecnológica de uma nova época" (Schrader e Schebera, 182). Se notícias, debates literários, cursos de línguas e todos os tipos de música dominaram até aqui a programação das estações de rádio, os engenheiros estão agora trabalhando duro para facilitar a transmissão ao vivo de eventos ao ar livre. As estações de rádio espanholas fazem transmissões de uma tourada promovida pela Cruz Vermelha no dia 16 de março, de uma luta de boxe do campeão europeu Paulino Uzcudún em Barcelona, no dia 15 de maio, e da missa de abertura do Terceiro Congresso Eucarístico, em Toledo, no dia 20 de outubro (Lorenzo, 114-115). As estações francesas se especializam em emissões ao vivo "das ruas de Paris" e cobrem parte da popular Volta da França (*Années-mémoire*, 156ss.) [ver **Resistência**] Nenhum outro empresário usa o novo meio com mais sucesso do que Tex Rickard, o agente de Jack Dempsey. Uma audiência estimada em 15 milhões de ouvintes de rádio ao longo dos Estados Unidos, América Latina e Europa, acompanha a luta pelo título entre Dempsey e Gene Tunney na noite de 23 de setembro, enquanto a chuva forte compromete seriamente a qualidade dos relatos jornalísticos transmitidos por telégrafo. Não sem surpresa, o *New York Times* registra um dia depois que, embora a luta tenha reunido o maior número de espectadores da história do boxe, a multidão que ficou do lado de fora do estádio [foi] provavelmente a menor de todas. A imediatez tecnologicamente produzida da transmissão radiofônica ao vivo se tornou grandemente aceita como um substituto para a presença física no, ou perto do, local da ação: "Mas o rádio foi a maior contra-atração. Tão logo os desafortunados sem ingresso ou sem dinheiro para comprá-lo se deram conta de que seria impossível passar pelos portões, e que eles não estariam sequer perto o suficiente para ouvir os gritos de quem estava dentro do estádio, muitos deles voltaram para casa, ou tomaram a condução para lugares públicos onde pudessem ouvir a luta pelo rádio."

Como a "revolução do rádio" muda visivelmente muitos hábitos cotidianos, ela acaba gerando alguma preocupação sobre os seus possíveis efeitos na percepção e nas emoções humanas (*Chronik*, 20). Em meio ao entusiasmo geral com a comunicação sem fios, inicia-se um debate sobre a possibilidade de transferir pensamentos de uma mente para outra sem qualquer espécie de sinais ou manifestações externas. Esta discussão logo provoca uma reação de Sigmund Freud, que se manifesta sobre a relação entre a telepatia e a psicanálise. Freud, é claro, não pode apoiar o que outros apresentam (e alegam dominar) como sendo técnicas de telepatia, porque isto enfraqueceria a reputação da psicanálise como o método mais poderoso de descobrir e manipular os mecanismos ocultos da mente humana. Por outro lado, a psicanálise não sobreviveria, com a importância crescente que teve, se o seu inventor não tivesse respostas aos desafios propostos pela telepatia. Previsivelmente, Freud adota uma atitude de afirmação cética: "Mesmo se esses relatos de ocorrências telepáticas (imprecisamente chamadas de transmissão de pensamento) fossem submetidos à mesma crítica que opusemos a outras teses ocultas, ainda assim permaneceria um material considerável, que não poderia ser facilmente descartado. Algumas observações e experimentos nos levam a ter uma visão simpática da telepatia, embora ela ainda não tenha passado por uma comprovação definitiva" (Freud, 29). Chegando neste ponto, Freud relata diversos casos clínicos em que, segundo ele postula, a teoria psicanalítica pode identificar a convergência de algumas predisposições pré-conscientes entre duas pessoas como uma condição-chave para a ocorrência da telepatia: "Com base em alguns experimentos ralizados num círculo privado, eu tive muitas vezes a impressão de que a transferência de lembranças com grande carga emocional pode ser alcançada sem muita dificuldade. Pode-se mesmo aventurar a dizer que as idéias, que supostamente são transferidas durante o tratamento analítico, podem estar em harmonia com as idéias de uma outra pessoa, nas quais, contudo, elas permanecem irreconhecíveis. Baseado em algumas dessas observações, eu estou disposto a concluir que tais transferências acontecem quase com facilidade no momento em que uma idéia aflora do inconsciente, em que ela passa do 'processo primário' para o 'processo secundário'" (31).

O comentário de Freud integra uma tendência mais ampla de redefinir, como partes do mundo empírico, fenômenos que tradicionalmente foram classificados como transcendentais. [ver **Imanência versus Transcendência**] Se a telepatia transforma o privilégio divino de enxergar a alma humana num processo psicológico, recursos técnicos baseados na comunicação sem fios começam a transformar o igualmente divino privilégio da onipresença numa igualmente divina realidade cotidiana. Os dois desenvolvimentos parecem se caracterizar por um desejo de imediatez ilimitada na esfera das interações humanas. Mas, apesar da idéia subliminar à visão militarmente utópica da televisão, não se trata apenas do desejo de estar presente como um agente, mas corporalmente ausente. É também um desejo de companhia e intimidade. Um pôster de uma emissora de rádio francesa chamada Radiola mostra um palhaço atrás de um ouvinte sentado numa confortável poltrona, ao lado de um aparelho de rádio (*Années-mémoire*, 159). Não fica claro se a presença física do palhaço pode ser percebida: ele envolve a cabeça do ouvinte com as mãos, sem tocá-lo. A imediatez do meio eletrônico não poderia ir mais longe.

Verbetes relacionados

Aviões, Boxe, Jardins Suspensos, Resistência, Repórteres, Telefones, Relógios, Imanência versus Transcendência, Individualidade versus Coletividade, Silêncio versus Barulho, Sobriedade versus Exuberância, Centro = Periferia (Infinitude), Presente = Passado (Eternidade)

Referências

Les années-mémoire: 1926. Paris, 1988.
Associated Students of Stanford University, orgs., *The 1926 Quad*, Stanford, 1926.
Caras y Caretas.
Chronik, 1926: Tag für Tag in Wort und Bild. Dortmund, 1985.
Lorenzo Díaz, *La radio en España, 1923-1993.* Madri, 1992.
Monika Elsner, Thomas Müller e Peter M. Sprangenberg, "The early History of German television: the slow development of a fast medium". In *Historical Journal of Film, Radio and Television* 10 (1990): 193-218.
Sigmund Freud, "Die Okkulte Bedeutung des Traumes". In *Internationaler Psychoanaytischer Verlag, Almanach für das Jahr 1926.* Viena, 1926.
Ricardo Gallo, *La radio: Ese mundo tan sonoro.* Vol. 1: *Los años olvidados.* Buenos Aires, 1991.
Gerhart Hauptmann, *Dorothea Angermann: Schauspiel.* Munique, 1926.
Mel Heimer, *The long count.* Nova York, 1969.
Marcel Jouhandeau, *Monsieur Godeau intime.* Paris, 1926.
Friedrich Kittler, "Im Telegrammstil". In Hans Ulrich Gumbrecht e K. Ludwig Pfeiffer, orgs.: *Stil: Geschichten und Funktionen eines Kultorwissenschaftlichen Diskurselements.* Frankfurt, 1986.
P. Lertes, *Fernbildtechnik und elektrisches Fernsehen.* Frankfurt, 1926.
New York Times.
René Schikelle, *Maria Capponi.* Munique, 1926.
Bärbel Schrader e Jürgen Schebera, orgs., *Kunstmetropole Berlin, 1918-1933: Die Kunststadt in der Novemberrevolution/ Die "goldenen" Zwanziger / Die Kunststadt in der Krise.* Berlim, 1987.
Ramón del Valle-Inclán, *Tirano Banderas* (1926). Madri, 1978.
Vossische Zeitung.

CORRIDAS DE SEIS DIAS

❦

No *Berliner Volks-Zeitung* de sábado, 6 de novembro, a cobertura da corrida de bicicleta de seis dias que se realiza no Sportpalast descreve um incidente particularmente dramático. Embora alguns participantes já tenham sido eliminados após 36 horas de competição ("a competição está se reduzindo"), é o desempenho do atleta americano Horder que inicialmente atrai um grande interesse: "O americano, ficando para trás dos outros competidores, teve um colapso súbito e caiu imóvel na pista. O médico ordenou um intervalo de uma hora. Então Horder reapareceu, para o entusiasmo geral da platéia, com curativos na cabeça e no braço. Ele correu mais uma volta e caiu novamente, com os olhos esbugalhados, como se estivesse morto. A situação era clara: ele estava extremamente dopado. Mesmo assim, Horder não tinha desistido. Ao contrário, ele começou a correr cada vez melhor, ganhando diversos prêmios em grande estilo, provando a si mesmo que era um verdadeiro corredor de seis dias." Por um momento, os espectadores viram a morte nos olhos de Horder, e esta circunstância extrema, ao lado de sua capacidade de enfrentá-la e superá-la, lhe rende o título honorário de "verdadeiro homem dos seis dias". [ver **Boxe, Dança, Montanhismo, Múmias, Imanência = Transcendência (Morte)**] As corridas de bicicleta de seis dias, como as maratonas de dança, foram inventadas nos Estados Unidos (*Chronik*, 26), e da mesma maneira que a competição, em curso, para se quebrar o recorde de travessia a nado do Canal da Mancha, [ver **Resistência**] os americanos se sobressaem em pressionar os seus corpos até o limite absoluto — o momento em que os espectadores podem ver os atletas enfrentarem a morte. O uso de drogas que melhoram o desempenho, aumentando tanto a energia física quanto o risco de morte, é geralmente aceito como um elemento que aumenta a emoção do espetáculo.

Mais, talvez, do que qualquer outro tipo de competição baseado na resistência física, as corridas de bicicleta de seis dias fascinam com seu movimento puro — movimento que não pode mais ser visto ou funcionalizado como meramente percorrendo a distância entre dois lugares. [ver **Polaridades**] Mesmo que, durante as 144 horas da competição, os melhores ciclistas tenham percorrido cerca de cinco mil quilômetros, eles permanecem no mesmo lugar, dando voltas numa pista de madeira com perigosas curvas inclinadas. Além de serem confinados a este espaço, os ciclistas destas provas, como os das populares corridas de revezamento [ver **Resistência**] são desindividualizados. Eles costumam se dividir em 13 equipes, cada uma formada por dois atletas que se revezam regularmente. Mais do que o movimento de corpos individuais, o movimento contínuo de uma corrida de seis dias é portanto o movimento de pequenos sistemas. Um terceiro nível de desnaturalização, além daqueles da pista e da desindividualização, está na arbitrariedade das regras que ditam o ritmo da competição. Embora o repórter Egon Erwin Kisch, com uma ponta de ironia, associe os seis dias da corrida aos seis dias em que Deus criou o mundo (Kisch, 229), o contraste entre os sete dias da semana, como um padrão "natural" de tempo, e os seis dias da corrida sublinha esta arbitrariedade. [ver **Incerteza versus Realidade**] As horas matinais da corrida, quando pouquíssimos espectadores vêm à arena, são descontadas como "tempo de neutralização". As equipes precisam continuar dando voltas pela pista, mas não podem ultrapassar seus oponentes, nem serem ultrapassadas por eles. Do começo da tarde até o início da madrugada, porém, a corrida é freqüentemente acelerada por "pegas". [ver **Presente versus Passado**] Espectadores ou empresas oferecem prêmios em dinheiro ou brindes com seus produtos para os vencedores de diferentes minicorridas, cujas regras são estabelecidas livremente pelos patrocinadores. Estes prêmios podem ir para a equipe que "ganhar as próximas cinco voltas", fizer a volta mais rápida da noite, ou cobrir a maior distância num determinado período de tempo. Este procedimento permite que os espectadores influenciem na velocidade da prova, e como cada prêmio é anunciado publicamente, eles também podem disputar a atenção da multidão.

Nas arenas esportivas de Chicago, Nova York, Paris, Bruxelas e Berlim (*Années-mémoire*, 100ss.), as corridas de seis dias viram de pernas para o ar a estruturas do mundo exterior. Eles absorvem energia e atenção tão intensamente que os atletas e espectadores ficam cegos para os acontecimentos do dia-a-dia (Kisch, 228-229). [ver **Elevadores, Jardins Suspensos**] Segundo suas regras intrínsecas, o mundo destas corridas fica mais animado à noite e de madrugada, enquanto o "tempo de neutralização" coincide com aquela parte do dia em que o trabalho e a produção nas fábricas e escritórios são mais intensos. Da mesma forma, a distribuição dos lugares nas arenas, que, salvo para as manhãs, geralmente estão esgotados, repete e dramatiza as estruturas sociais do mundo cotidiano. As arquibancadas, distantes da pista de corrida, são ocupadas por uma massa proletária que se interessa pela competição sobretudo como um desempenho atlético. As primeiras fileiras, porém, são o ponto de encontro favorito para o *demimonde*. Além desta hierarquização elementar, uma ponte sobre os ciclistas conecta a platéia a um espaço no centro da pista — mas ele só é acessível àqueles que se dispõem a pagar uma taxa adicional no ingresso. Neste "palco" interior, cercado pelos ciclistas, é encenada uma espécie de espetáculo de revista: bandas populares tocam músicas, coristas balançam as pernas, balconistas oferecem drinques com nomes exóticos, e prostitutas de luxo abordam seus clientes potenciais na frente de milhares de espectadores. [ver **Bares, Revistas**] No meio desta exibição de profissionais e prósperos *parvenus*, um homem com um megafone faz a orquestração do mundo dos seis dias. Ele mantém a platéia informada sobre o progresso da competição, anuncia os patrocinadores e prêmios das disputas e apresenta bandas, cantores e celebridades. Nesta função, convergem o fascínio pelo movimento e pelo ritmo, o interesse pelos limites do desempenho físico e uma participação voyeurística no mercado do sexo. Através da voz do anunciante, a diversificada platéia das corridas de seis dias se intoxica com o eco de sua própria excitação.

Espremido entre a pista de corrida e o espaço central reservado para as bandas, os bares e o *demimonde* fica uma fileira de 13 cabines que, durante os seis dias, são as residências dos atletas em competição. Aqui eles comem e dormem, tomam banhos quentes e são massageados por seus treinadores. Todas as suas atividades podem ser observadas da platéia, e os espectadores privilegiados do centro podem até conversar com eles e apertar suas mãos. Fascinado com esta proximidade, o escritor francês Edgar Morand registra cada detalhe da vida dos heróis dessas corridas: "A área reservada aos ciclistas fica espremida no fim da pista, perto da curva. Cada homem dispõe de uma pequena cabine de madeira, fechada por cortinas. Letras de fôrma indicam: 'Estação Velox', 'Equipe Petitmathieu', 'Van den Hoven'. Um refletor ilumina as cabines, permitindo que a platéia veja cada gesto de seus ciclistas favoritos, mesmo quando eles estão descansando. Os treinadores chegavam e saíam com jalecos brancos de hospital, com um tilintar de pratos, manchas de óleo e graxa, preparando misturas de ovo e cânfora em cadeiras de jardim" (*Années-mémoire*, 103). Preocupações e gestos que, fora da arena, pertencem à esfera privada se tornam parte de um espetáculo público dentro da rotina artificial da corrida dos seis dias. Nenhum outro evento satisfaz tão intensamente aquele desejo que transforma os atores e atletas em estrelas: o desejo que a platéia tem de assistir à sua vida privada tão intimamente quanto acompanhar suas atuações. Isso se torna possível para os espectadores porque eles compartilham com os seus heróis um espaço no qual se apaga a fronteira entre o público e o privado. Não é surpreendente que alguns fãs permaneçam neste mundo, perto das estrelas, por 144 horas seguidas — até que, no sétimo dia, eles voltam aos seus empregos e às suas famílias.

Verbetes relacionados

Bares, Boxe, Dança, Elevadores, Estrelas, Jardins Suspensos, Montanhismo, Múmias, Polaridades, Revistas, Resistência, Presente versus Passado, Incerteza versus Realidade, Imanência = Transcendência (Morte)

Referências

Les années-mémoire: 1926. Paris, 1988.
Berliner Volks-Zeitung.
Chronik, 1926: Tag für Tag in Wort und Bild. Dortmund, 1985.
Egon Erwin Kisch, "Elliptische Tretmühle" (1926). In Kisch, *Der rasende Reporter, Hetzjagd durch die Zeit; Kriminalistisches Reisebuch.* Berlim, 1983.
Leo Lania, "Reportage als soziale Funktion" (1926). In Anton Kaes, org., *Weimarer Republik: Manifeste und Dokumente zur deutschen Literatur, 1918-1933.* Stuttgart, 1983.

Sling, "Sechstagerennen". In Sling, *Die Nase der Sphinx, oder Wie wir Berliner so sind: Feuilletons aus den Jahren 1921-1925*. Berlim, 1987.

John Willet, *Art and politics in the Weimar Period: The new sobriety, 1917-1933*. Nova York, 1978.

CREMAÇÃO

∙ ∙ ∙ ∙ ∙ ∙ ∙ ∙ ∙ ∙

❦

Cerca de um quinto dos obituários publicados nos jornais de Berlim anunciam que os corpos dos falecidos serão cremados. A grande maioria destes corpos é do sexo masculino, [ver **Macho versus Fêmea**], e entre estes a maioria morreu na plenitude da vida. Embora não sigam um padrão estilístico específico, o texto dos obituários tende a ser sóbrio: "Súbita e inesperadamente, meu querido esposo partiu na tarde de domingo. Pai devotado, o gerente de hotel Max John tinha acabado de completar 47 anos. Parentes mais próximos: Anni John, nascida Hirning, e sua filha Carola John. A cremação ocorrerá na sexta-feira, 11 de junho de 1926, às 20h, no Crematório GerichstraBe" (*Der Tag*, 10 de junho). Apenas em alguns dos obituários que se referem à cremação pede-se aos amigos e antigos colegas do falecido para se absterem de visitas de condolência, uma solicitação que costuma ser uma regra geral em Berlim. Enquanto os obituários de algumas pessoas importantes incluem este pedido de distância, a maioria dos parentes parece temer que a decisão do falecido de ser cremado tenha o efeito de afastar as pessoas. Talvez seja por isso que eles querem receber visitas de condolência — como manifestações de uma amizade continuada.

Os obituários publicados nos jornais de Berlim se referem quase exclusivamente a membros da classe média alta e funcionários públicos de alto escalão. Se dentro destes limites nenhum grupo social específico nem uma única profissão sobressaem entre aqueles que optam pela cremação, os anúncios de suas mortes criam a impressão de que eles viveram em situações que enfatizavam a individualidade. Lá estão o "pintor artístico" de 54 anos Max Fabain (*Berliner*

Tageblatt, 28 de março) e o economista dr. Ernst Lichtenstein, cuja morte é lamentada pelos seus colegas da "diretoria da Hartwig Kantorowicz A.G.", e por sua mãe, "Julie Lichtenstein, nascida Zadek": "Depois de um longo período de sofrimento, meu querido e amado filho, dr. Ernst Lichtenstein, devotado e atencioso pai de dois meninos, faleceu serenamente" (*Berliner Tageblatt*, 8 de outubro). Um dos homens que será cremado faleceu quando tentava desafiar a morte: "No dia 19 de agosto, às duas da tarde, meu querido marido, nosso devotado pai e avô, o gravador William Hartwig, de 50 anos, morreu em um acidente enquanto escalava uma montanha. (...) A cremação ocorrerá no dia 30 de agosto de 1926, às 16h30, no Crematório GerichstraBe" (*Berliner Tageblatt*, 29 de agosto). [ver **Boxe, Tourada, Resistência, Montanhismo, Imanência = Transcendência (Morte)**]

Ser cremado é um ato de sobriedade e mundanismo. [ver **Sobriedade versus Exuberância**] As razões mais citadas para essa decisão são o custo consideravelmente mais baixo desse método em comparação com o enterro tradicional, a preocupação com a higiene pública e, ao lado do argumento da higiene, um argumento demográfico, baseado no fato de que a expansão dos cemitérios acabará reduzindo o espaço para os vivos. Com uma forte dose de sarcasmo em relação àqueles que querem preservar seus cadáveres, George Bernard Shaw reúne todos estes motivos: "Os corpos mortos podem ser cremados. Todos deveriam ser; porque o sepultamento, uma prática horrível, algum dia será proibido pela lei, não apenas porque é esteticamente revoltante, mas porque os mortos acabariam expulsando os vivos da Terra se for realizado o objetivo de se preservarem os corpos para a sua ressurreição num imaginário dia do juízo final" (Mitford, 162-163). A reação de Shaw sugere que, entre aqueles que optam pela cremação, um motivo ainda mais forte do que o desejo de afirmar a racionalidade e a sobriedade pode ser o desejo de negar implicitamente determinados conceitos da transcendência que são tradicionalmente dominantes nas culturas ocidentais. [ver **Múmias, Imanência versus Transcendência**]

Apesar das batalhas verdadeiramente apaixonadas travadas — e algumas vezes vencidas — pelos pró-cremacionistas durante a segunda metade do século XIX (Mitford, 162ss.), a Igreja Católica e a maioria das comunidades judaicas continuam a condenar esta prática. Se o dr. Ernst Lichtenstein e sua mãe, Julie Lichtenstein, nascida Zadek, são judeus, como seus nomes parecem indicar, a cremação, para eles, poderia ser a conclusão lógica final de sua emancipação das raízes culturais e um sinal de sua integração à sociedade laica. Mas se a renúncia à religião é um direito civil que apenas uma minoria de cidadãos decide exercer, o ato da cremação conota um apelo à individualidade em nome dos falecidos. [ver **Individualidade versus Coletividade**] Quem apóia a cremação parece ser um pensador independente e uma pessoa eticamente responsável, que está tentando viver de acordo com as exigências do imperativo categórico kantiano. Optar pela cremação também significa fazer uma distinção entre as funções exercidas pelo corpo durante a vida e o fardo ecológico que o mesmo corpo, como cadáver, irá representar para a comunidade. [ver **Autenticidade = Artificialidade (Vida)**] Mas não é fácil separar esta racionalidade em relação ao lado material da vida humana de um agressivo espírito de ascetismo em relação ao corpo. Assim, paradoxalmente, a sobriedade dos pró-cremacionistas tem implicações fortemente religiosas. [ver **Artistas da Fome**] É num sentido religioso — isto é, o Holocausto representando a certeza da redenção final — que o poeta comunista Johannes Becher descreve o capitalismo e a guerra como um crematório de proletários: "O inferno de chamas engole você. Caixões de carne/ Rolando como se fossem um só. Estômagos fatiados/ Oh, quebrem seus ossos! Eles já ardem em bloco/ Como fina poeira eles saem das chaminés" (Becher, 27-28).

O mais importante, talvez, é que optar pela cremação pressupõe a coragem de enfrentar o fato de sua própria morte antes que ela ocorra. Nada é mais reconhecido, pelo menos na Europa, do que o fato de que esta coragem é um sinal de compostura (Heidegger, 235ss.) — e nada representa mais intensamente uma atitude de subjetividade heróica. Mas, embora na Europa (e especialmente na Inglaterra) a cremação se torne uma forma de enfrentar a morte como uma parte da vida humana, nos Estados Unidos a indústria dos funerais, desde o começo do século, vem promovendo com sucesso o embalsamamento, o caminho oposto para se chegar perto de uma simultaneidade entre a morte e a vida. Se com a cremação alguém opta, ainda em vida, por ter seu cadáver transformado em nada, o embalsamamento preserva os corpos dos falecidos "com uma aparência de normalidade", (...) "inatingidos pela devastação da doença, da dor ou da mutilação" (Mitford, 71; Editors of Consumer Reports, 88ss.).

Verbetes relacionados

Artistas da Fome, Boxe, Montanhismo, Múmias, Resistência, Tourada, Autenticidade versus Artificialidade, Imanência versus Transcendência, Individualidade versus Coletividade, Macho versus Fêmea, Autenticidade = Artificialidade (Vida), Imanência = Transcendência (Morte)

Referências

Johannes R. Becher, *Machinenrhythmen*. Berlim, 1926.
Berliner Tageblatt.
Editors of Consumer Reports, *Funerals: Consumers' last rights*. Nova York, 1977.
Martin Heidegger, *Sein und Zeit* (escrito em 1926, publicado em 1927). Tübingen, 1984.
Jessica Mitford, *The american way of death*. Nova York, 1978.
Der Tag.

DANÇA

⚜

Sendo a única artista do espetáculo americano de música e dança *La Révue Nègre*, Josephine Baker, de 19 anos, se transforma em poucas semanas na estrela favorita do público francês — e assina um contrato para atuar no Folies Bergères. Durante os meses de inverno, porém, ela atua em Berlim, onde faz duas apresentações diárias (às 20h30 e às 23h15) no Nelson Theater. É em Berlim que a sua dança começa a fascinar os intelectuais do Velho Mundo. Max Reinhardt, que domina a cena do teatro de língua alemã com as suas produções em Berlim, Viena e Salzburg, tenta convencer Baker a fazer uma carreira "séria" no palco: "O controle expressivo do corpo inteiro, a espontaneidade do movimento, o ritmo, o tom intensamente emocionado: estes são os seus tesouros — não, não apenas seus — estes são os tesouros americanos. Com este controle corporal, esta pantomima, acredito ser possível retratar a emoção como nunca foi retratada antes" (Rose, 85).

Existe uma certa ambigüidade na reação de Reinhardt à dança de Josephine Baker. Por um lado, ele está impressionado com o seu estilo simples e a sua presença sensual ("a espontaneidade do movimento, o ritmo, o tom intensamente emocionado"). Mas, por outro lado, ele quer ver isso como uma "expressão", ou como um "retrato" — i.e., significando algo "profundo" (Reinhardt fala de "emoções") que vem à superfície. [ver **Autenticidade versus Artificialidade**] Cheio de entusiasmo, Reinhardt telefona para o seu influente amigo Harry Graf Kessler, tarde da noite do sábado, 13 de fevereiro, e o convida a encontrar Baker no apartamento do teatrólogo Karl Gustav Vollmüller. A anotação no diário de Kessler referente a esta ocasião revela uma ambigüidade semelhante à de Reinhardt: "O estilo de Baker era extremamente puro, mas ao mesmo tempo grotesco, como uma egípcia, ou como uma figura arcaica que faz acrobacias sem jamais perder seu estilo. Os dançarinos de Salomão e Tutankâmon deviam dançar desta maneira. Ela faz isso por horas a fio, aparentemente sem se cansar, sempre encontrando novas formas, como se fosse uma criança levada e estivesse brincando. Seu corpo não se aquece; ao contrário, sua pele se mantém seca, fresca e suave. É uma criatura encantadora, mas quase completamente anti-erótica" (Kessler, 455). [ver **Múmias**] Não fica claro o que exatamente Kessler e Reinhardt vêem Baker expressar. O significado daquilo que eles "leram" no seu corpo é algo vagamente arcaico, algo autêntico, algo talvez mais real que a realidade do mundo contemporâneo. Ao mesmo tempo, porém, Kessler descreve a dança de Baker como um fenômeno puramente de superfície, consistindo em variações infinitas da forma. Isso através do movimento de um corpo que não tem um apelo erótico maior do que o corpo de uma criança, um corpo cuja pele permanece fria e impenetrável. [ver **Gomina**]

Ou seria esta visão simplesmente uma reação por parte da masculinidade ofendida de Kessler? Ele fica chocado ao ver Baker nua abraçando fortemente uma jovem num smoking: "Entre Reinhardt, Vollmüller e eu, estão Baker e Landshoff, enroladas uma na outra como um par de lindas e jovens amantes" (Kessler, 456). [ver **Macho = Fêmea (Questão de Gênero)**] Como não existe uma maneira simples de sair da sua confusão, Kessler vai ver o espetáculo de Baker no Nelson Theater na semana seguinte. Mas a única certeza que ele tem é o sentimento de estar diante de algo mais forte que a sua própria cultura. Este "algo", ele escreve em seu diário, é ao mesmo tempo "ultraprimitivo e ultramoderno": "Fui novamente ao espetáculo de revista no Nelson, à noite (Josephine Baker). Eles estão em algum ponto entre a selva e o arranha-céu. O mesmo é verdade em relação à sua música, o jazz, com suas cores e seu ritmo. Ele é ultraprimitivo e ultramoderno. Esta tensão gera o seu estilo poderoso; o mesmo acontece com os russos. Em comparação, a nossa própria cultura parece insípida — sem tensão interior e portanto sem estilo, como a corda frouxa de um arco" (458, 17 de fevereiro). [ver **Jardins Suspensos, Autenticidade = Artificialidade (Vida)**]

Em seu primeiro encontro com Baker, Kessler, Reinhardt e Vollmüller criam o projeto de escrever um balé para ela, "tirado metade do jazz, metade da música oriental, talvez de Richard Strauss" (Kessler, 456). [ver **Jazz**] O roteiro que eles acabam escrevendo é irremediavelmente banal. Baker deve interpretar uma dançarina cujo corpo nu desperta o desejo do jovem rei Salomão. Mas, quanto mais presentes ela ganha do rei, menos ela se dispõe a ceder às suas investidas. Então, no movimento final, seu jovem amante aparece, vestindo num smoking preto (460ss.) Baker ainda ignora este texto, mas se sente fortemente inspirada por uma escultura "expressionista" da coleção de arte de Kessler: "Então ela começou a se mexer, intensamente e com expressões grotescas, diante da grande escultura de Maillot. Obviamente ela estava estabelecendo um diálogo com a obra. Ela a olhava e imitava a sua posição, encantada com a rigidez misteriosa e com a força da sua expressão. Uma sacerdotisa infantil transmitindo movimento ao seu corpo e à sua deusa. Podia-se perceber que Maillot era muito mais vivo e interessante para ela do que para homens como Max Reinhardt, Vollmüller e eu mesmo" (461, 24 de fevereiro). Durante várias semanas, Baker fica em dúvida se deve voltar para Paris e cumprir o seu contrato com a Folies Bergères ou aceitar a oferta de Reinhardt e ficar na Alemanha. O que finalmente a convence de que o mundo dos cabarés cria um ambiente mais apropriado à sua dança do que o universo sério do teatro alemão é a notícia de que o compositor Irving Berlin foi contratado para o seu espetáculo em Paris: "Herr Reinhardt não tinha mencionado Irving Berlin" (Rose, 89). O projeto de integrar o corpo de Josephine Baker ao espaço da representação teatral fracassou.

A dança é a sincronização do ritmo da música com o ritmo do movimento do corpo. Ritmo é o movimento como forma, uma forma reconciliada com a dimensão da temporalidade, que por sua vez é inerente a qualquer tipo de movimento. À primeira vista, a temporalidade do movimento parece resistir à estabilidade da forma (Gumbrecht, 717ss.). [ver **Presente versus Passado**] Mas o movimento pode se tornar forma através da repetição de padrões seqüenciais básicos. A repetição torna previsível a recorrência desses padrões seqüenciais e é assim que a forma de determinados padrões seqüenciais é associada ao movimento que eles constituem. A sua forma torna este movimento reconhecível entre outros movimentos, que são baseados em padrões diferentes, bem como entre movimentos sem forma alguma. Como o ritmo cria a forma através da recorrência, um determinado ritmo não pode produzir nada de novo (embora ele possa permitir variações dentro de certos padrões básicos). Assim que os padrões seqüenciais que determinam um ritmo começam a mudar, ele deixa de existir. É por isso que o ritmo existe inevitavelmente em estado de tensão com a natureza dual de significante e significado, onde formas diferentes podem apresentar o mesmo conteúdo (Gumbrecht, 720ss.). A fascinação pelo ritmo sugere uma fascinação pela separação entre o corpo humano, que é capaz de encarnar (isto é, de se tornar e de ser) um ritmo, e a mente humana, que, como fonte da relação dual entre significantes e significados, jamais é totalmente compatível com o ritmo, porque ela não pode associar "tornar-se" e "ser" com sentidos (Golston). Assim, submeter um corpo ao controle de um ritmo musical é como separar este corpo da mente. Em *A vision*, William Butler Yeats faz um dos participantes de uma conversa sobre poesia reclamar da perda de uma "fala rítmica", que (ele acredita) resulta da fixação do realismo na representação: "Vocês se lembrarão de que, poucos anos antes da Grande Guerra, os realistas colocaram para fora do teatro os últimos remanescentes da fala rítmica" (33). Um conceito de arte focado exclusivamente na "constituição do sentido" e na "referência ao mundo" negligencia as qualidades sensuais de suas superfícies materiais: "Os realistas transformam o nosso mundo em cascalho, mas os músicos e os cantores o transformam em mel e azeite" (34). Para Michael Robartes, outro protagonista do colóquio ficcional de Yeats, esta revelação nasce da paradoxal relação de amor com uma bailarina: "Fui a Roma e lá me apaixonei perdidamente por uma bailarina que não tinha uma só idéia na cabeça. Tudo teria corrido bem, se eu me satisfizesse com o que tinha nas mãos; se eu compreendesse que a sua frieza e a sua crueldade lhe atribuíam, na transfiguração do seu corpo, uma majestade inumana; mas eu amava em seu corpo o que eu odiava em sua vontade" (37).

"Transfiguração", e não "expressão", é o conceito-chave nas reflexões de Yeats. A relação que ele vê entre o "corpo" e a "vontade" da dançarina não é uma relação que acompanhe a lógica binária do significante e do significado. É a transfiguração de uma substância em outra substância diferente. Nos diversos níveis sociais das culturas de Yeats, Baker e Reinhardt, e numa ampla variedade de formas, a dança responde a esta diferenciação entre um modo de convergência e um modo de divergência ao se pensar a relação entre a mente e o corpo. Esta diferenciação também domina o debate sobre *Ausdruckstanz*, ou "dança expressiva", na Alemanha de Weimar (von Soden e Schmidt, 152ss.). Para um público intelectual seleto, Mary Wigman, que está no centro deste movimento, dança a "expressão" de emoções elementares (como a paixão, o remorso, o luto) e de situações existenciais elementares (como a idolatria, as orações, a feitiçaria). Freqüentemente ela combina a sua dança com a recitação de textos clássicos — e é provável que a insistência de Max Reinhardt em "ler" os movimentos do corpo de Josephine Baker como expressões remeta ao estilo muito admirado de Wigman. Em contrapartida, Valeska Gert, a principal rival de Wigman no panorama da dança de Berlim, é uma estrela dos palcos dos cabarés. Em vez de expressar significados que supostamente vêm de uma "profundeza arcaica", ela se esforça para se tornar uma parte da "realidade concreta" do mundo contemporâneo, retratando prostitutas, alcoviteiras e garotas do circo. [ver **Incerteza versus Realidade**] Portanto não é por acidente que a imprensa associa a dança de Waleska Gert com a de Josephine Baker (von Soden e Schmidt, 158).

O contraste entre a dança como expressão e a dança como ritmo do corpo espelha a antinomia central do mundo político. O romancista italiano Mario Puccini vê o fox-trot, bem como diversas outras danças americanas importadas (freqüentemente chamadas de "danças do jazz") como um obstáculo ao desenvolvimento da arte fascista como uma arte da expressão: "A chegada de uma arte fascista (isto é, uma arte que aprimora a raça e ao mesmo tempo a expressa) será inviável enquanto milhares e milhares de jovens lerem contos e romances — vocês sabem a quais eu me refiro — que são encenados em clubes noturnos ou teatros, enquanto eles freqüentarem operetas indecorosas e dançarem fox-trots ainda mais indecorosos" (Puccini, 258). Na ponta oposta do espectro político, o poeta comunista Johannes R. Becher, ao mesmo tempo em que critica zelosamente a decadência moral dos clubes noturnos e a prostituição (Becher, 93, 99), usa de forma consistente a dança como metáfora da emancipação social e individual: "Oh, dance e movimento/ as suas pernas paradas,/ Tuschka!" (61ss.) Pode-se diferenciar as gerações com base na sua preferência por diferentes estilos de dança, ainda mais do que por suas diferentes preferências políticas ou por seus diferentes grupos sociais. [ver **Presente versus Passado**] No conto de Thomas Mann "Unordnung und frühes Leid" (Desordem e tristeza precoce), o professor Cornelius não consegue superar o abismo entre o seu próprio gosto e o de seus filhos adolescentes — e sua reação a uma festa dançante que eles organizam na casa dele se torna ainda mais negativa quando ele percebe o forte impacto emocional que os ritmos modernos têm sobre sua amada filha de 4 anos: [ver **Gramofones**]

> Os jovens dançam com sofreguidão — se é que podemos chamar de dança o movimento que eles executam com tanta devoção. De fato, eles se movem

em estranhos abraços e num estilo novo, impelindo os seus corpos com movimentos dos ombros e balançando seus quadris. Eles dançam lentamente sobre o salão, obedecendo a regras obscuras, jamais ficando cansados, porque não se fica cansado daquela maneira. Não há respiração ofegante nem rubor. Aqui e ali duas garotas dançam juntas, às vezes até dois rapazes; para eles é tudo igual. Assim eles acompanham os ruídos exóticos do gramofone, que gira sob uma agulha vigorosa para gerar o som dos shimmies, fox-trots e one-steps tão alto quanto possível. O duplo fox, o shimmy africano, as danças de Java e as polcas *creolas* — passos selvagens e exóticos, ora lânguidos, ora num estilo militar, com ritmos estrangeiros, monótonos na ornamentação orquestral, a percussão martelando e estalando, despejando um divertimento negro (Mann, 514).

A geração mais jovem anseia pela assimilação dos novos ritmos do fox-trot e do shimmy, o charleston e o blackbottom. O que muitos deles aprenderam em suas profissões se manifesta na sua dança: eles deixam seus corpos serem levados por ritmos que vêm de fora. [ver **Linhas de Montagem, Empregados**] Os abraços são tão apertados que os dançarinos abandonam seus corpos e continuam se movimentando até o ponto de exaustão total. [ver **Resistência**] A conexão dos seus corpos ao ritmo da música é tão imediato que eles não precisam mais ser guiados por um parceiro. Alguns observadores contemporâneos exaltam esta mudança como um novo marco na emancipação dos gêneros. [ver **Macho = Fêmea (Questão de Gênero)**] Assim, enquanto as novas danças têm certamente o efeito de neutralizar os gêneros, elas não promovem realmente a escolha ou a liberdade individual; elas promovem, antes de tudo, um deslocamento da dependência de um parceiro para a dependência de um ritmo externo. Em vez de um local de domínio e rendição, o corpo do parceiro de dança se torna um lugar — ou melhor, um ponto de referência — para a associação e a coordenação. É este o princípio da "desindividualização" (Jelavich, 179ss.), da tendência que invade os palcos dos espetáculos de revista, transformando os corpos das "garotas" em complexos sistemas de membros bem coordenados. [ver **Revistas**] É também por isso que o papel do gigolô não se torna um papel inferior, e portanto dificilmente chega a humilhar o orgulho do gênero masculino. Por fim, é por isso que os novos corpos dançantes são freqüentemente percebidos como superfícies puras e não-eróticas.

A excitação erótica da interação com um parceiro de dança é substituída pela excitação decorrente de se mudar continuamente os ritmos da moda. Desta forma, as escolas de dança enfatizam e diversidade e a novidade das danças que eles ensinam: "Para se tornar um dançarino *excepcional* — não meramente um diletante — esta é a sua oportunidade para aprender todas as novidades sobre os passos de valencia, fox trot, valsa, tango e charleston, praticamente sem custo! Enquanto se torna o melhor dançarino da sua turma, você adorará aprender tudo em poucas aulas particulares ou numa classe de pessoas agradáveis" (*New York Times*, 22 de setembro). Entre as danças citadas neste anúncio, o tango tem um status específico, por duas razões. Ao lado da valencia, e diferentemente do charleston, ele conota, em primeiro lugar, a "autenticidade" da cultura espanhola e latino-americana, que é a única corrente alternativa à "autenticidade" geralmente atribuída aos mundos africano e afro-americano. [ver **Tourada, Centro versus Periferia**] Em segundo lugar, entre as danças executadas por um casal, o tango é a única que não exige uma complementariedade entre os movimentos do homem e da mulher. Os dançarinos de tango parecem agir como se não vissem um ao outro, e seus corpos devem seguir o ritmo da música, independentes um do outro. Diferentemente da harmonia preestabelecida das danças tradicionais de casais, a harmonia do casal do tango é encenada como se nascesse da livre cooperação ou da resolução — muitas vezes violenta — de um conflito potencial: "Não arredondada, mas quebrada, a rotação não produz um centro de gravidade entre os parceiros, mas oscila de um para o outro. Se eles ficam à distância, perdem um ao outro, e parece que nunca se reunirão" (Elsner e Müller, 318).

Com esta proliferação de antigos e novos passos, a dança é assimilada por todas as outras formas de entretenimento. [ver **Bares**] Mais da metade dos anunciantes da contracapa do jornal de Berlim *8 Uhr-Abendblatt* convidam os leitores a eventos de dança. Com um lema que parece inspirado pela moda da poesia *nonsense*, o Weidenhof, "o mais espetacular salão de dança de Berlim", enfatiza o contraste entre a chatice da vida diária e o prazer de mexer o corpo ao ritmo da música: "Quando as coisas ficarem muito ruins, venha ao Weidenhof" (19 de outubro). Além da "dança do chá das cinco", com duas orquestras, o Weidenhof oferece, às 20h, para um público mais de espectadores que de dançarinos, um espetáculo de "Madame Salomé e seu belo balé. Vinte moças de beleza e graça estonteantes". O Tanz-Cabaret Valencia oferece "dança do chá das cinco, restaurante, bar, atrações", e um "piso iluminado" que faz os dançarinos sentirem que encontraram um terreno diferente do chão duro da realidade cotidiana. [ver **Incerteza versus Realidade**]

Essas formas de diversão leve, porém, convivem lado a lado com a seriedade da *Ausdruckstanz*. A première de terça-feira, 14 de dezembro, do filme de Arnold Franck *Der Heitlige Berg* (A montanha sagrada), que marca a estréia na tela de Leni Riefenstahl, é aberta com uma jovem atriz dançando ao som da Sinfonia Inacabada, de Schubert (Riefenstahl, 59). [ver **Montanhismo**] Próximo do anúncio diário do Nelson Theatre, onde começou a carreira alemã de Josephine Baker, o *8 Uhr-Abendblatt* anuncia, no dia 19 de outubro, uma apresentação de Katjana Barbakoff, evocando vários mundos antigos e exóticos: "Entre os novos estilos de dança estão as majeftas asiatika, celebrando a volta à natureza, um tesouro preservado intacto" (19 de outubro). Os organizadores de um baile tentam atrair a geração mais velha anunciando, em letras góticas, o "Concurso Sênior do Berlin Blue Orange Club, seguido de um espetáculo sob os auspícios da Associação Nacional de Bailes de Dança"; eles também viam as crianças como clientes potenciais dos salões de dança: "Pais que amam seus filhos os levam ao melhor espetáculo de revista infantil do mundo: 'All Puppets Dance'. Um conto de fadas encenado em 30 cenas. Admiral Palace Theater" (22 de outubro). A diluição de fronteiras entre os gêneros e entre as várias formas de participação é sintetizada no anúncio de um estabelecimento chamado Steinmeier am Banhof, na FriedrichstraBe 96, no coração do bairro lésbico de Berlim (von Soden e Schmidt, 160). Sob o título "Täglich Tanz der schönen Frauen" ("Dança diária de mulheres bonitas") ele mostra duas mulheres com corte de cabelo à *la garçonne* dançando num abraço apertado — com dois homens sorridentes olhando para elas da platéia (2 de outubro). [ver **Macho = Fêmea (Questão de Gênero)**]

Verbetes relacionados

Bares, Linhas de Montagem, Empregados, Gomina, Gramofones, Jardins Suspensos, Jazz, Montanhismo, Múmias, Resistência, Revistas, Tourada, Autenticidade versus Artificialidade, Centro versus Periferia, Presente versus Passado, Incerteza versus Realidade, Autenticidade = Artificialidade (Vida), Macho = Fêmea (Questão de Gênero)

Referências

8 Uhr-Abendblatt.

Johannes R. Becher, *Maschinenrhythmen*, Berlim, 1926.

Monika Elsner e Thomas Müller, "Das Ich und sein Körper: Europa im Tango-Fieber". In Manfred Pfister, org. *Die Modernisierung des Ich*. Passau, 1989.

Michael, Golston, "Im Anfang war der Rhythmus': Rhythmic Incubations in discourses of mind, body and race from 1850 to 1944". *Stanford Humanities Review* 5, supplement (1996): 1-24.

Hans Ulrich Gumbrecht, "Rhythmus und Sinn". In Hans Ulrich Gumbrecht e K. Ludwig Pfeiffer, orgs., *Materialität der Kommunikation*. Frankfurt, 1988.

Peter Jelavich, *Berlin Cabaret*. Cambridge, Mass., 1993.

Harry Graf Kessler, *Tagebücher, 1918-1937*. Frankfurt, 1961.

Thomas Mann, "Unordnung und frühes Leid" (1926). In Mann, *Sämtliche Erzählungen*. Frankfurt, 1961.

New York Times.

Mario Puccini, "Text from *Critica Fascista* (1926). In *Stanford Italian Review* (1990), 257-260.

Phyllis Rose, *Jazz Cleopatra: Josephine Baker in her time*. Nova York, 1989.

Leni Riefenstahl, *A memoir*. Nova York, 1992.

Kristine von Soden e Maruta Schmidt, org., *Neue Frauen: Die zwanziger Jahre*. Berlim, 1988.

W.B. Yeats, *A vision* (1926). Nova York, 1961.

ELEVADORES

⋄

Três dias antes da luta pelo título mundial dos pesos pesados entre Jack Dempsey e Gene Tunney, e prevendo a chegada de "uma horda de batedores de carteira e outros tipos do submundo" à Filadélfia, [ver **Boxe**] uma agência de detetives lança "um folheto 'Não faça isso' para alertar os fãs de fora da cidade". Alguns dos conselhos são publicados no *New York Times* de 21 de setembro. Se não chega a surpreender que a agência aconselhe os visitantes a "não fazer amizade com estranhos", e a não deixar objetos de valor no carro ou no quarto do hotel, pelo menos uma dessas regras causa certa estranheza: "Fique particularmente atento em elevadores, já que são lugares onde é comum a ação de batedores de carteira." Por proibir uma fuga imediata após o furto, o elevador não ofereceria uma situação estrategicamente difícil para o batedor de carteiras? Quais são as chances de um ladrão permanecer invisível, se existe alguma, num elevador? Na imaginação coletiva, os elevadores regulam o movimento dentro dos prédios modernos, cujas dimensões gigantescas os definem como mundos complexos e autônomos. Anunciando a sua reabertura após passar por uma reforma completa, o Hotel Excelsior de Berlim, "o maior hotel do continente", exibe com orgulho um verdadeiro sistema de elevadores: "Seis elevadores regulam o tráfego aos diferentes andares, dia e noite" (*8 Uhr-Abendblatt*, 2 de outubro). O que talvez possa oferecer refúgio a um ladrão em fuga, com uma bolsa roubada, nestes seis elevadores é o anonimato e o ritmo incessante do movimento no hotel. Ele poderia ser rapidamente engolido em meio a esta complexidade. Não apenas os elevadores funcionam "dia e noite": o espírito de racionalidade e sistematização que governa o hotel [ver **Sobriedade versus Exuberância**] também faz dele um local impessoal e anônimo: "Uma recomendação implícita para o meu estabelecimento é que ele continue a ser o único hotel alemão que funciona sem porteiros, resolvendo assim o cansativo problema das gorjetas." Como um prédio que contém o seu próprio e intricado mundo, o hotel é fascinante — "Um dos marcos de Berlim!" — porque ele radicaliza ao extremo o princípio da autarquia: "Ele gera a sua própria eletricidade e energia, equivalentes a 920 cavalos-vapor. Tem um sistema hidráulico próprio, com a capacidade de bombear 75 mil litros de água por hora. E é auto-suficiente em todos os setores de operação. Há um jornal diário próprio do hotel, que já é publicado há cinco anos (...) E os hóspedes dispõem de uma biblioteca de cinco mil volumes." Complexidade e autarquia tornam o hotel um sistema voltado para dentro de si mesmo — e como um sistema voltado para dentro de si ele não parece estar muito preocupado com o ambiente à sua volta. Mas como os hotéis e lojas de departamentos são também emblemas da nova sobriedade, Adolf Hitler pode apontar para eles quando reclama da falta de prédios monumentais em Berlim: "Se Berlim tivesse o mesmo destino da Roma antiga, um dia nossos descendentes não teriam nada para admirar além de algumas lojas de departamentos de judeus e alguns hotéis, como as obras mais colossais da nossa época e como expressões típicas da nossa cultura atual" (Hitler, 291).

Em vez de transmitir um sentido ao mundo exterior (como costumam fazer os grandes prédios), os hotéis e arranha-céus estabelecem ligações estruturais com sistemas ainda maiores: "Os meus valiosos hóspedes desfrutam do conforto e da conveniência de um túnel subterrâneo que conecta a estação de trem Anhalter ao hotel." O paradoxo sistêmico de sistemas totalmente fechados que se abrem em direção ao meio ambiente (Luhmann e De Giorgi, 30ss.) pode acabar transformando os próprios prédios em meio ambiente. O movimento interno dos hotéis, que os elevadores promovem e regulam, é tão dessubjetivador quanto os movimentos característicos das danças modernas e dos novos sistemas de produção. [ver **Linhas de Montagem, Dança, Empregados**] Isso pode explicar por que os passageiros de elevadores de hotéis se tornam vítimas fáceis para os ladrões e outros criminosos. Raramente os elevadores são controlados pelos seus passageiros. Eles dependem de ascensoristas (cujos gestos, por sua vez, dependem das instruções dos passageiros), ou, mais freqüentemente, do movimento automático contínuo dos elevadores, que são puxados por um motor ao longo de um circuito quadrangular que consiste em dois cabos verticais e dois pequenos trilhos horizontais. O nome destes elevadores em movimento contínuo — "pater nosters" — tem várias conotações: o ritmo incessante da prece coletiva; a confiança numa fonte de movimento invisível e independente (i.e., transcendental); [ver **Imanência versus Transcendência**] e o medo causado por estes elevadores. Com um *pater noster*, o passageiro só tem um instante para entrar ou sair do elevador em movimento. Entre a saída de um elevador e a chegada do outro, só existe um abismo negro.

A "Cidade dos Operários" no filme *Metrópolis*, de Fritz Lang, é um enorme espaço fechado subterrâneo, sob a cidade ao ar livre. Ela só é conectada à superfície da Terra por um *pater noster*, que sobe e desce ao longo da "Nova Torre de Babel, o centro das máquinas de Metrópolis". No começo do filme, este elevador funciona como um símbolo da submissão dos operários a um sistema brutal e anônimo: "E todos tinham a mesma face. E todos pareciam ter mil anos de idade. (...) Eles davam um passo para frente, mas não andavam. (...) O *pater noster* — o elevador contínuo que, como uma série infinita de baldes de um poço, seccionando a Nova Torre de Babel — apanhava os homens no chão e os despejava novamente" (Lang, 20). A dessubjetivação, contudo, não apenas reduz os indivíduos a uma massa de corpos; ela também produz a ausência de comando, a perda do controle sobre o próprio destino. Torna-se óbvio, assim, que o contínuo movimento de sobe-e-desce do elevador, em particular o movimento pendular para cima e para baixo do *pater noster*, espelha o movimento da Roda da Fortuna, o emblema tradicional mais difundido da casualidade da vida. Transformando o elevador numa "máquina de decapitação", o poeta Johannes Becher também evoca essa implicação metafórica quando imagina uma incursão para baixo do mundo capitalista através de uma estrutura de muitos andares, repletos de cenas de miséria:

> Elétrica, brilhante, lubrificada e roncando, a guilhotina passa voando.
> No quinto andar: uma mulher numa cama, hipnotizada e de joelhos.
> No quarto andar: máscaras deslumbrantes, atrás de cortinas voadoras.
> No segundo andar: alguém limpando a garganta no toalete (...)
> Primeiro andar: um acrobata fazendo malabarismos.
> No porão: eles dormem no lixo.
>
> (Becher, 145)

Quando os elevadores sobem, em contrapartida, eles se tornam agentes da redenção das misérias da vida corporal. Os seis elevadores contêm, portanto, uma promessa: "O máximo em perfeição na moderna tecnologia dos hotéis! (...) Sem escadas!" Se subir acima do solo é inevitavelmente acompanhado pelo medo de perder a firmeza sob os pés, [ver **Aviões, Incerteza versus Realidade**] este movimento conquista, por outro lado, uma dimensão espacial que elimina a claustrofobia — da qual sofrem os trabalhadores de Metrópolis — causada pelo fato de viver numa superfície superpovoada. [ver **Centro = Periferia (Infinitude)**] É por isso que os terraços se tornam o cenário do paraíso terrestre. [ver **Jardins Suspensos**] Se, porém, subir num elevador pode libertar os passageiros das limitações do corpo humano determinadas pela inércia e pela gravidade, um preço tem que ser pago por esta redenção. Aqueles que são redimidos devem abdicar de seu direito à subjetividade — e, em alguns casos, devem mesmo transferi-la para outro sujeito. Quem recebe esta transferência se torna um sujeito mais agenciado, um sujeito que controla todo o sistema cujos movimentos intrínsecos o elevador incorpora. O sujeito é personificado no proprietário, que calcula os lucros, e no homem de negócios. Previsivelmente, portanto, o anúncio da reabertura do Hotel Excelsior está escrito na primeira pessoa e vem assinado: "Curt Elschner, Proprietário."

Ao reconhecer o status dos elevadores como emblemas centrais da autodescrição do mundo contemporâneo, o jornalista Friedrich Sieburg, num ensaio intitulado "Adoração dos elevadores", lança uma luz irônica sobre a tendência dos intelectuais a romantizar os homens de negócios e admirar as formas como eles concretizam o seu poder: "Enquanto isso, poetas europeus de todas as idades escrevem sobre o ritmo americano, e sobre como ele encontra sua expressão máxima nos elevadores. Eles pagam um tributo hilariante ao espírito americano — à sua determinação e ao seu estilo franco de fazer negócios. Eles elogiam a eficiência dos hotéis de Nova York (as calças de um hóspede são passadas com extrema rapidez!) e falam com lágrimas nos olhos sobre a regulamentação do tráfego — enquanto, subindo e descendo o Hudson em seus barcos, eles jogam na água o velho Deus alemão" (Sieburg, 274). [ver **Ação versus Impotência, Imanência versus Transcendência**]

Verbetes relacionados

Aviões, Boxe, Dança, Empregados, Jardins Suspensos, Linhas de Montagem, Ação versus Impotência, Imanência versus Transcendência, Sobriedade versus Exuberância, Incerteza versus Realidade, Centro versus Periferia (Infinitude)

Referências

8 Uhr-Abendblatt.
Johannes R. Becher, *Maschinenrhythmen*. Berlim, 1926.
Adolf Hitler, *Mein Kampf* (1926). Munique, 1941.
Fritz Lang, *Metropolis* (1926). Nova York, 1973.
Niklas Luhmann e Raffaele De Giorgi, *Teoria della società*. Milão, 1992.
New York Times
Friedrich Sieburg, "Anbetung von Fahrstuehlen" (1926). In Anton Kaes, org., *Weimarer Republik: Manifeste und Dokumente zur deutschen Literatur, 1918-1933*. Stuttgart, 1983.

EMPREGADOS

Claus, o narrador do romance *Maria Capponi*, de René Schickele, pertence a uma daquelas famílias burguesas da Europa do pré-guerra que assimilaram perfeitamente algumas características do passado feudal. Veneza é o lugar onde Claus aproveita as suas primeiras aventuras eróticas com Maria Capponi, filha de uma família de industriais de Milão. Mas o tempestuoso romance de Claus e Maria não termina em casamento. Apenas poucos dias depois de seu noivado com Doris, uma jovem séria da Alemanha [ver **Montanhismo**], Claus recebe a notícia do casamento de Maria com o "general X". Mesmo assim, a atmosfera fica carregada de tensão erótica quando, depois disso, os dois antigos amantes se encontram rapidamente, durante um feriado, na Riviera Francesa. Maria tem todos os motivos para lembrar Claus de sua nova situação: "Precisamos nos acostumar ao fato de que eu agora estou casada. (...) Ou você pensava, Claus, que eu ficaria solteira até morrer, vagando através de seus sonhos como uma empregada, por assim dizer?" (306ss.) Um tom de ressentimento é evidente na imagem de Maria freqüentando os sonhos de Claus como uma "empregada". Mas não fica imediatamente claro por que ela usa esta palavra. Cem páginas adiante, no romance, vem a explicação, quando os parentes alsacianos de Claus se perguntam se os seus empregados poderiam partir, deixando desprotegidas as propriedades da família nos dias que se seguiram ao final da guerra: "Eu os tranqüilizei, garantindo que nenhum empregado responsável iria embora, mesmo que houvesse uma explosão no depósito dos fundos" (404).

O romance de Schickele é apenas um exemplo do forte fascínio — ou mesmo da obsessão — pelo conceito de empregado. Este fascínio provavelmente resulta de uma série de ambigüidades relativas ao papel do empregado. Por um lado, os empregados podem assumir uma posição de controle, já que eles são contratados para executar determinadas tarefas e devem portanto ser responsáveis (os empregados, segundo o código feudal, não devem deixar seus postos mesmo que o prédio onde trabalham esteja pegando fogo). Por outro lado, nega-se poder aos empregados (ou eles próprios se negam este poder), porque eles não devem ter iniciativa (os empregados nunca devem "trocar de lado", mesmo numa situação particularmente oportuna como o fim da guerra na Alsácia). As instruções que K. dá aos seus dois "ajudantes" em *O castelo*, de Franz Kafka, sintetizam a dinâmica deste papel. K. ignora a diferença entre os seus nomes (e portanto as suas respectivas individualidades como "Artur" e "Jeremias") porque, ao fundi-los, ele torna os dois responsáveis por qualquer erro que um ou outro vier a cometer (e assim eles se transformam num único sujeito, em qualquer situação em que "ser responsável por algum controle" significa "estar habilitado a ser acusado"): "Vou chamar vocês dois de Artur. Se eu disser a Artur para ir a algum lugar, os dois devem ir; se eu passar alguma tarefa a Artur, os dois devem realizá-la. Isto apresenta a grande desvantagem de tornar impossível para mim usá-los em trabalhos diferentes, mas apresenta a vantagem de fazer os dois igualmente responsáveis por tudo que eu disser para fazerem" (Kafka, 20). Em vista dos muito difundidos estereótipos de gênero, não é surpreendente que o papel do empregado traga consigo uma forte conotação de feminilidade, e que, portanto, desempenhar esta função possa fazer alguns personagens masculinos parecerem andróginos. [ver **Macho = Fêmea (Questão de Gênero)**] Jeremias se refere a Artur como "queridinho", e fala de sua "alma terna" (195). Barnabás — que, embora não seja empregado de K., sempre que pode lhe obedece deliberadamente — realmente parece uma mulher: "Ele lembrava um pouco a K. a moça com uma criança que ele tinha visto no curtume. Ele estava quase todo vestido de branco; não era seda, é claro — ele usava roupas de inverno, como todos os demais — mas o tecido que ele usava tinha a suavidade e a dignidade da seda. Seu rosto era franco e claro, seus olhos maiores do que o normal" (22).

Recusando-se a vagar pelos sonhos de Claus como uma "empregada", Maria Capponi assume uma atitude masculina que, independente do ressentimento com o seu casamento, a torna responsável pela realização deste casamento e, ao mesmo tempo, lhe tira o direito de agir como um sujeito independente.

Uma assimetria semelhante caracteriza o papel da secretária. Homens poderosos como John Fredersen, o Mestre de Metrópolis, vivem cercados de secretárias: "Numa mesa perto da grande escrivaninha sentam-se três secretárias. Com um solavanco, elas despertam em uníssono e anotam em cadernos enormes tudo o que o Mestre diz. Embora elas fiquem paradas como estátuas e mexam apenas os dedos da mão direita, cada uma, com a testa molhada de suor e os lábios contraídos, parece ser a personificação da aflição" (Lang, 36). A posição de controle que é negada às secretárias é preenchida por um comando dado por uma voz masculina. Registrar as palavras do Mestre deixa as secretárias "ofegantes" e as faz suarem na testa, porque elas podem ser responsabilizadas por qualquer erro. Os corpos das secretárias reagem tão intensamente às pressões das suas tarefas que a sua integração com o Mestre dificilmente chega a exibir uma conotação erótica. Só nas relações de comércio exterior aparece o apelo sexual da secretária — mas, neste caso, ele é usado para defender os interesses de seu patrão: "A secretária entra. Ela é muito atraente. E, como o seu chefe está imune ao seu apelo, ou então sente por ela uma admiração puramente platônica, [o visitante] olhará para ela mais de uma vez; e ela sabe como converter isso em vantagem para o seu chefe" (Benjamin, 133).

Além dessas assimetrias de controle e gênero, as secretárias encarnam uma ambivalência que é característica do papel dos empregados em geral. Diferente, neste aspecto, do trabalho do proletário, o trabalho da secretária pode ser visto como uma atividade "mental" ou "espiritual" por estar ligado à palavra. Ao mesmo tempo, porém, o corpo da secretária, como o corpo do proletário [ver **Linhas de Montagem**] está normalmente ligado a uma máquina — mais especificamente, uma máquina de escrever. Embora a máquina de escrever em si não determine o ritmo dos movimentos da secretária (como as máquinas industriais fazem com os operários das linhas de montagem), o ritmo do ditado serve como um determinante externo da sua atividade. Mesmo o documento textual que ela compõe é o produto impessoal de uma máquina de escrever. É um texto sem a qualidade da expressão subjetiva que faz da escrita à mão inevitavelmente um objeto de interpretação (Kittler, 355ss.). Como o operário de uma linha de montagem, que é apenas uma parte minúscula de um complexo processo de produção, a secretária não detém nem o controle nem a propriedade dos seus instrumentos e do seu produto. Ela não possui sequer a sua máquina de escrever. Ao contrário, freqüentemente o corpo da secretária está subordinado à máquina de escrever num grau tal que é a unidade dual — e não o aparato técnico isoladamente — que é considerado a "máquina de escrever". É por isso que um anúncio em *Caras y Caretas* (18 de setembro) pode mostrar uma jovem abraçando uma máquina de escrever, sob o título "Esta é a máquina de escrever perfeita!" Sempre que protagonistas masculinos exercem papéis de secretários, como no caso de "Pequeno Nicomedes, o datilógrafo" (um cartum de *Caras y Caretas*, 6 de novembro), atribuem-se a estes personagens as características mais negativas normalmente associadas às mulheres. Abrindo a correspondência de seu chefe, o Pequeno Nicomedes rouba um ingresso de teatro. Previsivelmente, a peça a que ele assiste fala sobre um crime e a punição de um ladrão, e esta trama faz Nicomedes perder todos os vestígios de sua "compostura masculina". Ele sai do teatro e dá de cara com o chefe, que, sem ingresso, está parado na entrada do teatro.

Só na Alemanha existem agora 3,5 milhões de empregados não-industriais, dos quais mais de 40% são mulheres (pouco mais de 20% das mulheres alemãs trabalham na indústria). Ao mesmo tempo, a máquina de escrever e a calculadora se difundiram na administração dos negócios, e houve um deslocamento das roupas feitas em alfaiates para as roupas compradas prontas. Decorre daí que as funções mais freqüentemente ocupadas por mulheres são as de secretária e vendedora (*Chronik*, 36; von Soden e Schmidt, 25ss.). Alguns símbolos de status que acompanham estes empregos levam o público a superestimar enormemente a distância que separa os trabalhadores industriais dos não-industriais. Desta perspectiva, a situação do pessoal de escritório e de vendas nos Estados Unidos surge como um exemplo muito admirado. Eles são pagos mensalmente (e não semanalmente, como ocorre com os operários das fábricas); seu dia de trabalho é de apenas oito horas; e, em seu tempo livre, eles podem fazer, cada vez mais, aquisições típicas da classe média, o que significa que eles também podem pagar pelo trabalho de outros empregados. Como eles são devotados e gentis, os empregados tendem a se adaptar aos gostos de seus patrões e são fortemente predispostos a fazer vista grossa para as freqüentes e flagrantes formas de exploração a que estão expostos. As mulheres, em vez de reclamarem dos salários em média 15% mais baixos que o dos equivalentes masculinos (*Chronik*, 36), mostram aquela "vontade de felicidade" que D.H. Lawrence considera uma característica da "maioria das pessoas modernas" — e que ele atribui especialmente a Kate, a protagonista de seu romance *A serpente emplumada* (Lawrence, 8). Como conseqüência deste compromisso com a felicidade, secretárias e vendedoras acabam devolvendo os seus modestos salários à sua fonte. Elas compram roupas da moda, ou, pelo menos, revistas de moda que as ajudam a sonhar com uma mudança no seu status social. A mídia, em troca, proporciona a essas mulheres uma imagem exuberantemente positiva: "Ninguém deve achar estranho que as vendedoras sejam as leitoras mais assíduas das revistas de moda, e que elas se esforcem para achar os meios mais eficazes de prevenção contra o seu pior inimigo: a idade. Elas são os modelos de beleza dos trabalhadores da indústria; elas são, mais que qualquer outra categoria, dignas do nosso interesse e estima. Devemos cumprimentá-las, porque elas representam o melhor de nossa sociedade" (*Caras y Caretas*, 12 de outubro).

Essa visão positiva da secretária ou da vendedora empenhada, bem vestida e invariavelmente mulher contrasta radicalmente com a imagem do operário de fábrica que — sem rosto, sem poder algum e invariavelmente homem — se torna uma metonímia daquilo que a classe média mais teme no mundo: o anonimato dos sistemas e instituições que absorvem toda individualidade. [ver **Individualidade versus Coletividade**] Os personagens de *O castelo*, de Kafka, ilustram isso claramente. Assim que os "ajudantes" de K., Artur e Jeremias, vão embora, K. percebe que o seu poder sobre eles era apenas relativo e que tem motivos para temer que eles façam relatórios negativos sobre ele aos poderosos no castelo, que domina tanto o mestre quanto os seus criados: "Onde está Artur?", K. pergunta. "Artur, o queridinho?", retruca Jeremias. "Ele partiu. Você foi muito rude conosco, você sabe, e a alma delicada de Artur não conseguiu suportar isso. Ele voltou ao castelo, para registrar uma queixa" (195). Se as secretárias assumem o lado sorridente do papel dos empregados, os servidores públicos encarnam os seus aspectos ameaçadores — já que o seu empregador, o Estado, é o maior e o mais anônimo de todos os sistemas. O que torna as funcionárias atraentes para alguns homens — ou seja, a sua falta de poder individual — é visto como uma ameaça quando é associado aos trabalhadores homens. A desindividualização dos homens evoca o poder ilimitado do Estado.

Inversamente, um representante do Estado, como o ditador espanhol Miguel Primo de Rivera, pode facilmente pôr a culpa dos defeitos de seu governo tirânico no comportamento dos servidores públicos. Ele promete "um Estado não centralizador, nem burocrático nem repressor, mas um Estado que estimula, supervisiona e dá assistência. (...) Os empregados do Estado devem parar com seu comportamento tirânico e, no lugar dele, devem aprender como ser úteis" (Primo de Rivera, 149-150). Como todos se sentem ameaçados pelo Estado e por sua burocracia, ninguém aceita de bom grado trabalhar para o governo — apesar da segurança finaceira que vem com o emprego. Aos 25 anos, o físico Werner Heisenberg é convidado a aceitar uma cátedra na Universidade de Leipzig. Resistindo tanto aos pedidos da família para que aceitasse o cargo quanto às tentações de todos os privilégios acadêmicos da posição, Heisenberg opta pela alternativa menos prestigiosa e menos recompensadora financeiramente — mas intelectualmente mais excitante — de trabalhar como assistente de pesquisa de Niels Bohr em Copenhague (Cassidy, 216ss.) Enquanto ditadores como Miguel Primo de Rivera enfatizam continuamente a distância entre eles e seus subordinados anônimos, jovens com carreiras altamente promissoras (e, portanto, com grandes chances de acumular poder) simplesmente afastam-se, assustados, de qualquer função dentro da burocracia do Estado.

Em *Minha luta*, Adolf Hitler afirma ter rejeitado, ainda muito jovem, uma carreira como servidor público, que seu pai, ele próprio um servidor público, havia vislumbrado para ele:

> Pela primeira vez em minha vida, mal tinha completado 11 anos, eu me senti compelido à oposição. Por mais firme e resoluto que estivesse meu pai em levar adiante as suas metas e projetos de longo prazo, o seu filho estava igualmente determinado e obstinado em sua recusa a seguir estes planos. Eu não queria ser um servidor público. Nenhum encorajamento nem discussões "sérias" seriam capazes de alterar minimamente a minha resistência. Eu não queria ser um servidor público, e repetia isso a todo momento. Todas as tentativas de meu pai de inspirar em mim algum amor ou desejo pela profissão me levavam à direção oposta. Para mim aquele trabalho parecia tedioso, e eu achava assustadora a idéia de ficar preso perpetuamente num escritório, incapaz de fazer o que eu queria e passando a vida inteira preenchendo formulários. (Hitler, 6)

Quem quer que deseje se tornar um líder precisa resistir firmemente à idéia de se associar ao anonimato do Estado e à falta de poder que é característica de seus funcionários. Em vez de encarnar a face ameaçadora da sociedade, ele deve aparecer como o salvador natural desta sociedade. [ver **Ação versus Impotência, Individualidade = Coletividade (Líder)**]

Verbetes relacionados

Linhas de Montagem, Montanhismo, Ação versus Impotência, Individualidade versus Coletividade (Líder), Macho = Fêmea (Questão de Gênero)

Referências

Walter Benjamin, *Einbahnstrasse* (1926). In *Gesammelte Schriften*, vol. 4, parte 1. Frankfurt, 1972.
Berliner Tageblatt.
Caras y Caretas.
David C. Cassidy, *Uncertainty: The life and science of Werner Heisenberg*. Nova York, 1992.
Chronik 1926: Tag für Tag in Wort und Bild. Dortmund, 1985.
Adolf Hitler, *Mein Kampf* (1926). Munique, 1941.
Franz Kafka, *Das Schloss* (1926). Frankfurt, 1968.
Friedrich Kittler, *Aufschreibesysteme: 1800-1900*. Munique, 1985.
Fritz Lang, *Metropolis* (1926). Nova York, 1973.
D.H. Lawrence, *The plumed serpent*. Londres, 1926.
Miguel Primo de Rivera, "Balance de tres años de Gobierno" (5 de setembro de 1926). In María Carmen García-Nieto, Javier M. Donézar e Luis Lopez Puerta, orgs., *La dictadura, 1923-1930: Bases documentales de la España contemporánea*, vol. 7. Madri, 1973.
René Schickele, *Maria Capponi*. Munique, 1926.
Kristine von Soden e Maruta Schmidt, orgs., *Neue Frauen: Die Zwanziger Jahre*. Berlim, 1988.

ENGENHEIROS

⚜

A primeira página do livro de Walter Benjamin *Einbahnstrasse* (rua de mão única) apresenta ao leitor uma dedicatória enigmática: "Esta rua se chama/ rua Asja Lacis,/ em homenagem àquela que,/ na qualidade de engenheira,/ a rasgou dentro do autor." Trata-se, é claro, de uma variação da sentença clássica "Dedicado a ela/ele, que inspirou o autor", uma variação adaptada especificamente ao sentido não-metafórico do título metafórico de Benjamin. Asja Lacis aparece como uma engenheira de pavimentação porque Benjamin quer lhe agradecer por ter inspirado o livro que ele intitula Einbahnstrasse. Contudo, a violência inerente à imagem de rasgar uma estrada dentro do autor é um substituto intrigante para a influência etérea da inspiração intelectual e artística. O gesto de um engenheiro que domina um motor ou um espaço não parece combinar com a aceitação livre — e freqüentemente apaixonada — desta inspiração por parte do artista. Um jogo de palavras implícito no texto de Benjamin, porém, torna plausível uma conotação tão violenta. Embora o texto diga que Asja Lacis "rasgou a rua dentro do autor" ("im Autor"), a subtração de apenas uma letra ("im Auto") torna o automóvel — emblema da habilidade do engenheiro — o veículo da ruptura. [ver **Automóveis**] Esta leitura também explica a escolha de Benjamin para o título do livro. Ele quer enfatizar que, após certa hesitação e resistência iniciais (que tornaram inevitável uma determinada dose de violência), o seu compromisso com a forma de pensar que Asja Lacis lhe inspirou é agora incondicional. Ele se tornou uma Einbahnstrasse, uma rua de mão única — uma rua sem retorno possível.

Mas será que Asja Lacis, que foi o grande e infeliz amor da vida de Walter

Benjamin, pode gostar de ser chamada de "engenheira"? Surpreendentemente, talvez, a forma como ela concebe o seu trabalho como diretora de um "teatro para crianças proletárias" na União Soviética (von Soden e Schmidt, 81ss.) permite uma associação entre o seu trabalho e o de um engenheiro. Diferentemente daquilo que ela chamaria de "tradição burguesa" na educação e na arte, o seu trabalho com as crianças proletárias é direcionado para uma meta e uma função explícitas — a meta da politização ativa. Professando o credo do materialismo, os pedagogos "revolucionários", além disso, baseiam o seu trabalho num conceito mecanicista da psique humana. É este o caso de Ivan Petrovich Pavlov: "Presumivelmente, os estudos de Pavlov terão uma importância decisiva para os filósofos. E, da mesma forma, para os professores, políticos, juízes e artistas. (...) Na base do estudo dos reflexos condicionados e incondicionados, uma técnica pedagógica fundamentalmente nova terá nascido" (Toller, 182). Atribuir a uma "camarada" a competência técnica e a sensatez "violenta" de um engenheiro pode portanto ser uma forma aceitável de interação entre os marxistas revolucionários [ver **Sobriedade versus Exuberância**] — ao menos enquanto este estilo for justificado por uma meta comum.

Na segunda-feira, 6 de dezembro, Benjamin chega a Moscou, onde Asja Lacis está sendo tratada num sanatório depois de sofrer um colapso nervoso (Benjamin, *Tagebuch*, 177). Durante os dois meses que ele passa na União Soviética, os encontros com sua amada representarão uma longa série de frustrações, que culminarão num Ano-Novo solitário: "Mais no espírito de uma exploração do que de uma genuína emoção, pedi a ela para sair e me dar um último beijo, para marcar a passagem do ano. Mas ela não veio. Eu saí e passei sozinho o Ano-Novo, mas não estava triste" (86). Apesar de seus esforços desesperados, a exploração da mente de Asja Lacis se torna uma expressão do amor irrealizado de Benjamin. É por isso que ele tenta convencer a si mesmo de que a recusa de Asja em beijá-lo não é um episódio "triste", e também deve ser por isso que ele tende a descrever o seu relacionamento com aquelas metáforas da engenharia revolucionária que ele sente que irão agradar a ela. Suas reações mais espontâneas à popularidade desta linguagem na União Soviética, porém, são de um ceticismo quase extraordinário: "Aqui, tudo o que é técnico é sacrossanto; nada é levado mais a sério do que a tecnologia. (...) É sabido que a banalização do amor e do sexo faz parte do credo comunista" (82, 30 de dezembro). Apesar da angustiada ambivalência de Benjamin, ele escreve *Einbahnstrasse* à moda estilística e intelectual de um engenheiro. Títulos como "Posto de gasolina", "Relógio de ponto" [ver **Relógios**], "Lugar de construção", "Obras subterrâneas", "Decoração interior" e "Alarme contra incêndio" enfatizam esta intenção, e a primeira reflexão de Benjamin pode mesmo ser lida como uma definição da mente do engenheiro: "Neste momento, a construção da vida está muito mais no poder dos fatos do que das convicções — de fatos que quase nunca, e em parte alguma, se tornaram o fundamento das convicções. Nestas circunstâncias, a verdadeira atividade literária não pode ter a pretensão de desenrolar-se dentro de molduras literárias — isto, pelo contrário, é a expressão usual da sua esterilidade. A atuação literária significativa só pode instituir-se em rigorosa alternância de agir e escrever; ela deve cultivar as formas modestas, que correspondem melhor à sua influência em comunidades ativas que o pretensioso gesto universal do livro — em panfletos, brochuras, artigos de jornal e cartazes. Só esta linguagem da imediatez está verdadeiramente à altura das tarefas do momento" (85). O engenheiro confia em "fatos", não em "convicções" vagas. Ele quer ser eficiente, mais do que inspirado. Considerando suas metas dentro da "sociedade ativa", ele escolhe cuidadosamente instrumentos e "gestos" específicos. Do ponto de vista da eficiência social do engenheiro, tanto os atos de análise quanto os atos de conservação se tornam funcionalmente equivalentes a atos de invenção. Assim, ele deixa de prestar uma homenagem ao culto individualista da criatividade (Gumbrecht, "Fichier"). O que quer que o engenheiro invente ou analise — um motor ou uma modificação no comportamento humano, uma casa ou uma sociedade inteira — apresenta-se como um sistema técnico. Em última instância, o engenheiro concebe a si mesmo como uma parte dos sistemas técnicos que ele constrói, nos quais o seu trabalho é complementado tanto por motores quanto por operários. [ver **Linhas de Montagem, Elevadores**]

A imagem do marinheiro americano no romance de B. Traven *Das Totenschiff* (O barco da morte) pressupõe essa visão do mundo: "Eu era um simples taifeiro. Você vê, senhor, quase já não existem marinheiros — já não se precisa mais deles. Um navio de carga moderno não é um barco de verdade. É uma máquina flutuante. E você nunca acreditaria que uma máquina precisa de marinheiros para cuidar dela, mesmo que não entenda nada de barcos. O que está máquina precisa é de engenheiros" (Traven, 7). Mas, se o engenheiro pode chocar as mentes conservadoras ao se definir como parte de um motor e, portanto, buscar uma distância máxima do papel de sujeito heróico do gênio e do artista criador, ele encarna, ao mesmo tempo, uma variação dentro da tradição da individualidade. *Homo faber* é um nome antigo para o novo tipo de identidade que mantém o elemento central de uma "mente inspirada", mas isso, no lugar da inspiração reflexiva do gênio, substitui a inspiração que vem do contato com sistemas técnicos. Num programa para a Escola Bauhaus, que inaugura os seus novos prédios em Dessau no sábado, 4 de dezembro (*Chronik*, 198-199), o arquiteto Walter Gropius explica esta mudança: "Só através do contato constante com a tecnologia avançada, com a variedade dos novos materiais e como os novos métodos de construção o indivíduo criativo pode estabelecer uma relação vital dos objetos com o passado, desenvolvendo a partir daí uma nova atitude no design — isto é, 'Aceitação determinada do meio ambiente de máquinas e veículos" (Galison, 717). Melhor que qualquer outro produto do trabalho do engenheiro, os grandes edifícios concretizam a complexidade desta conquista, a responsabilidade social que ela envolve e o movimento paradoxal que acaba tornando o engenheiro um elemento do "motor" que ele constrói. É por isso que o arquiteto surge como a encarnação mais paradigmática do *homo faber*: "O arquiteto? Ele era um artista, e está se tornando um especialista em organização. (...) Construção é só organização: organização social, técnica, econômica e mental" (Galison, 717).

Depois de largar, no dia 28 de abril, o seu emprego como professor de uma escola primária na cidade de Ottertal, onde aplicava castigos corporais como um instrumento no exercício de seu papel como engenheiro social (Nedo e Ranchetti, 198ss.; Wuensche, 274ss.), Ludwig Wittgenstein decide participar da construção de uma casa para a sua próspera irmã, Margarette Stonborough. O que ele procura é um "desafio autêntico para a sua própria clareza de pensamento e para o seu senso de utilidade" (Janik e Toulmin, 207). Tanto a forma da casa quanto as manifestações de Adolf Loos, o arquiteto com quem Wittgenstein colabora, deixam claro que o "senso de utilidade", para ele, implica as mesmas idéias normativas severas — e mesmo agressivas — sobre o comportamento social que fizeram de Wittgenstein um fracasso dramático como professor. Loos escreve: "Nem todo operário tem o direito de possuir uma casa com jardim, mas só aqueles que sentem vontade de fazer um jardim. Talvez você possa objetar que não existe razão para ser tão rigoroso; por que os operários não possuiriam um pequeno jardim, com um gramado e rosas? A meu ver, eu estaria pecando contra o espírito moderno se não fosse tão rigoroso" (Nedo e Ranchetti, 204). Apesar das severas restrições econômicas com que os governos continuam a operar na Europa, o planejamento urbano e projetos de complexos residenciais são os campos nos quais os sonhos do arquiteto como "engenheiro social" podem se tornar realidade (*Chronik*, 127, 171). Se o "funcionalismo", como princípio regulador desses projetos, produz formas altamente provocativas de "modernidade", ele também promove técnicas sensatas de otimização que evitam quaisquer soluções extremas. As teorias de um amigo britânico de Wittgenstein, o economista John Maynard Keynes, seguem as mesmas diretrizes. Suas publicações articulam dúvidas crescentes em relação à capacidade de o capitalismo, "a melhor opção de maquinaria social (...) à disposição", poder garantir o seu sucesso (Skidelsky, 221). [ver **Greves**] Ao mesmo tempo, contudo, e apesar de sua simpatia pelos trabalhadores em greve na Inglaterra, Keynes se mostra cético em relação à crença comunista na necessidade de uma ação revolucionária: "Ninguém tem um evangelho nas mãos. O próximo movimento é da cabeça, e os punhos devem esperar" (233).

Entre os políticos, a interpretação da sua tarefa como "engenheiros sociais" parece gerar a convicção de que as tarefas concretas de engenharia devem ser prioritárias na agenda do Estado. O governo espanhol de Miguel Primo de Rivera prioriza problemas como "interrupções no serviço ferroviário e as condições deploráveis de nossas estradas" (García-Nieto, 147). O protagonista de 16 anos do romance de Roberto Arlt *El juguete rabioso* (O brinquedo furioso) ordena os seus sonhos profissionais de acordo com isso: "Com mais firmeza do que nunca, eu acreditava que um destino magnífico estava diante de mim. Eu podia ser um engenheiro como Edson, um general como Napoleão, um poeta como Baudelaire" (Arlt, 171). A aura da profissão de engenheiro brilha tanto que os poetas freqüentemente a associam com o apelo erótico da amada (a dedicatória de Benjamin em *Einbahnstrasse* não é de forma alguma um caso excepcional). A ode que Federico García Lorca escreve para o seu amigo Salvador Dalí, após meses de um desejo irrealizado, passados perto de Dalí na casa de veraneio da família do artista em Cadaqués (Etherington-Smith, 72ss.), descreve "pintores modernos" com conotações matemáticas:

> Pintores modernos, em seus estúdios brancos,
> Arrancam a flor asséptica da raiz quadrada;

Nas águas do Sena, um iceberg de mármore
Congela as janelas e faz murchar a hera.

O homem pisa corajosamente ruas lajeadas.
Cristais evitam a magia da reflexão.
O governo fechou as perfumarias.
A máquina imortaliza os seus compassos musicais.
(García Lorca, 618)

O que une o "eu" lírico à sua destinatária é um "desejo por formas e limites", que encontra uma resposta na "chegada de um homem com uma fita métrica amarela" (619). A última paixão intelectual e artística de Dalí, porém, é a arquitetura: "Você ama um assunto definido e preciso/ Onde os cogumelos não podem ficar/ Você ama a arquitetura, que constrói no espaço vazio" (620).

Thomas Mann é sensível ao mesmo gosto erótico — mas suas reações são muito mais ambíguas que as de García Lorca. Na sua história "Unordnung und frühes Leid" (Desordem e tristeza precoce), um estudante de engenharia, Max Hergesell, cuja forma de dançar atrai a atenção do professor Cornelius, se torna um objeto de inveja por causa das ambições paternas frustradas do professor. É Hergesell novamente, com seu coquetismo ao brincar com a filhinha do professor, quem provoca a "desordem" emocional a que o título alude. Na cena final, quando o estudante de engenharia fica ao lado da cama da menina, tentando acalmá-la com sua voz suave, Cornelius fica dividido entre a admiração e o ódio: "O jovem Hergesell se apóia nas barras da pequena cama e fala sem parar, mais para os ouvidos do pai que para os da criança. Mas Ellie não sabe disso — e os sentimentos do pai em relação a ele são uma mistura singular de gratidão, embaraço e ódio" (521).

O lado escuro da ambivalência do professor Cornelius — e de Thomas Mann — em relação ao engenheiro remete ao preconceito tradicional contra a industrialização e as suas conseqüências — um preconceito que o secretário de Relações Exteriores alemão, Gustav Stresemann [ver **Liga das Nações**], evoca num discurso proferido no dia 6 de julho na Verein Deutscher Studenten (Associação dos Estudantes Alemães): "A época (...) do início do desenvolvimento industrial é considerada um período de acentuado declínio espiritual na literatura e em outras áreas do intelecto. O que as cidades alemãs um dia tiveram para oferecer na arquitetura de seus mercados e feiras foi varrido por forças poderosas e impessoais" (Stresemann, 276). Se o argumento de Stresemann se refere ao passado, um tipo diferente de crítica vê a tecnologia da perspectiva do futuro — um futuro no qual os sonhos utópicos de "engenharia social" podem se transformar num pesadelo. Isso fica evidente numa entrevista de Bertolt Brecht sobre a recente estréia de seu drama *Mann ist Mann* (Homem é homem), mais especificamente na explicação que o autor faz da trama e de seu significado político. Brecht: "A peça é sobre um homem que é feito em pedaços e é reconstruído como outra pessoa para um propósito particular." Entrevistador: "E quem realiza essa reconstrução?" Brecht: "Três engenheiros dos sentimentos" (Willet, 153). [ver **Individualidade versus Coletividade**] Contudo, os gestos e a técnica do "teatro épico" de Brecht, que ele apresenta pela primeira vez em *Mann ist Mann*, constituem eles próprios um tipo de "engenharia dos sentimentos". A manipulação das emoções no palco assume a sua forma mais condensada e hiperbólica no papel do modulador, que é descrito num artigo satírico sobre o "teatro do futuro", publicado na *Revista de Occidente*: "Tudo obedecia ao controle do homem chamado de *modulador*, que prescrevia os movimentos, os processos emocionais, as vozes e tudo o mais. (...) O propósito de um drama (...) era sugerir um estado existencial simples ou complexo, e uma vez que o *modulador* tivesse sido informado do grau desejado de intensidade, era sua incumbência produzir a emoção necessária" (*Revista de Occidente*, 172).

Críticas semelhantes sobre as idéias futuristas, em geral atribuídas ao engenheiro (mais do que as idéias propostas pelos engenheiros reais), muitas vezes se transformavam numa defesa do indivíduo criativo. O jornalista Friedrich Sieburg, portanto, se mostra ansioso para descrever o culto ao engenheiro como uma versão contemporânea — legítima, mas não muito inovadora — da admiração romântica pelo homem de gênio: "O mundanismo está presente neste 'romantismo da engenharia', que não entende como funciona um carburador e é incapaz de distinguir a respiração da nossa época do ritmo de um motor de seis cilindros. Aqueles que costumavam se vestir com veludo e gravatas esdrúxulas usam hoje jaquetas de couro" (Sieburg, 275). [ver **Gomina**] É José Ortega y Gasset, o melhor jornalista entre os filósofos de seu tempo, quem encontra uma forma moderna para expressar esses sentimentos conservadores. A verdadeira aventura intelectual, segundo ele, não está na aplicação do conhecimento para se atingir propósitos específicos, nas na produção ilimitada de conhecimento. Visto desta perspectiva, o engenheiro pragmático está destinado a permanecer uma figura secundária: "Por um lado, o espírito analítico ajuda a viver; ele cria recursos práticos; ele é útil. Por outro lado, ele constrói os edifícios mais abstratos e supérfluos. Assim, do enorme bloco de conhecimento que constitui a ciência moderna, só uma pequena parte produz algo útil. A ciência aplicada e a tecnologia são simplesmente um apêndice do enorme volume representado pela ciência pura, a ciência que acredita não ter propósitos nem metas utilitárias" (*Revista de Occidente*, 122).

Verbetes relacionados

Automóveis, Elevadores, Gomina, Greves, Liga das Nações, Linhas de Montagem, Relógios, Individualidade versus Coletividade, Sobriedade versus Exuberância

Referências

Roberto Arlt, *El juguete rabioso*. Madri, 1985.
Walter Benjamin, *Einbahnstrasse* (1926). In *Gesammelte Schriften*, vol. 4, parte 1. Frankfurt, 1972.
Walter Benjamin, *Moskauer Tagebuch (1926)*. Frankfurt, 1980.
Chronik 1926: Tag für Tag in Wort und Bild. Dortmund, 1985.
Meredith Etherington-Smith, *The persistence of memory: A biography of Dalí*. Nova York, 1993.
Peter Galison, "Aufbau/Bauhaus: Logical positivism and architectural modernism". *Critical Inquiry 16* (1990): 709-752.
Federico García Lorca: "Oda a Salvador Dalí". In García Lorca, *Obras completas*. Madri, 1971.
María Carmen García-Nieto, Javier M. Donézar e Luis Lopez Puerta, orgs., *La dictadura, 1923-1930: Bases documentales de la España contemporánea*, vol. 7. Madri, 1973.
Hans Ulrich Gumbrecht, "Fichier/Creativité". In *Théologiques 2*, no. 1 (1994): 61-80.
Allan Janik e Stephen Toulmin, *Wittgenstein's Vienna*. Nova York, 1973.
Thomas Mann, "Unordnung und frühes Leid" (1926). In *Sämtliche Erzählungen*. Frankfurt, 1963.
Michael Nedo e Michele Ranchetti, orgs., *Wittgenstein: Sein Leben in Bildern und Texten*. Frankfurt, 1983.
Revista de Occidente.
Friedrich Sieburg, Anbetung von Fahrstuehlen (1926). In Anton Kaes, org., *Weimarer Republik: Manifeste und Dokumente zur deutschen Literatur, 1918-1933*. Stuttgart, 1983.

Robert Skidelsky, *John Maynard Keynes, II: The economist as savior, 1920-1937*. Nova York, 1994.

Gustav Stresemann, "Student und Staat: Rede vor dem Verein Deutscher Studenten" (Berlim, 7 de julho de 1926). In Stresemann, *Reden und Schriften: Politik, Geschichte, Literatur, 1897-1926*, vol. 2. Dresden, 1926.

Ernst Toller, "Russische Reisebilder" (1926). In Toller, *Quer Durch*. Munique, 1978.

B. Traven, "Das Totenschiff" (1926). Hamburgo, 1954.

Kristine von Soden e Maruta Schmidt, orgs., *Neue Frauen: Die zwanziger Jahre*. Berlim, 1988.

John Willet, *Art and politics in the Weimar Period: The new sobriety, 1917-1933*". Nova York, 1978.

Konrad Wuensche, *Der Volksschullehrer Ludwig Wittgenstein: Mit neuen Dokumenten und Briefen ais den Jahren 1919-1926*. Frankfurt, 1985.

ESTRELAS

❦

O folheto promocional de Christy Walsh, empresário de Babe Ruth, exibe os nomes de atletas nacionalmente famosos de 11 países, entre eles Lou Gehrig, o próprio Babe Ruth e Pop Warner, o treinador do bem-sucedido time de futebol de Stanford. Dispostos num semicírculo, cada nome é impresso na perna de uma estrela, e o texto de Walsh faz uma referência explícita a este desenho: "Estrelas disponíveis para promover eventos comerciais, aparições pessoais, jogos de beisebol de exibição, espetáculos de variedades, filmes, programas de rádio e todas as formas de contratos comerciais, sob a administração de Christy Walsh, empresário, Sétima Avenida, 570, Nova York" (Ritter e Rucker, 158). Estrelas são negociáveis, e não apenas porque elas têm habilidades específicas que são admiradas por grandes massas de espectadores — por exemplo, no caso de "jogos de beisebol de exibição". As estrelas também satisfazem um desejo mais difuso de verem suas "aparições pessoais" e poderem imitá-las.

Semanas antes da temporada de cabarés e revistas de Paris, onde Josephine Baker galgou novos degraus do estrelato, "bonecas, roupas, perfumes [e] cremes de Josephine Baker" enchem as vitrines, ao lado de um produto chamado "Bakerfix", que ajuda as mulheres a alisarem os cabelos, para ficarem mais parecidas com a admirada dançarina negra (Rose, 100). [ver **Gomina**] O ator de cinema Rodolfo Valentino usa um estilo de penteado que "causou uma explosão mundial na venda de vaselina". Ele também lançou a moda de usar cavanhaque e, quebrando tabus tradicionais de gênero, tornou os relógios de pulso e braceletes muito populares entre os homens (Orbanz, 20ss.). Consumidores compram estes produtos porque não conseguem resistir ao desejo de imitar as características físicas das estrelas que admiram. Entre os fabricantes, este comportamento mimético por parte do consumidor dispara uma estratégia de duas frentes: eles tentam associar a sua mercadoria a nomes famosos, e assim investem na marca, mais do que no produto. Especialmente na indústria do filme, esta estratégia acaba gerando a "fidelidade a um nome, seja o de um ator, o de um estúdio ou o de uma sala de cinema" (Valentine, 37). Mas, embora o desejo mimético associado aos corpos das estrelas possa ser transferido para nomes (de, digamos, estúdios ou cinemas de luxo), não está claro se o suicídio de alguns fãs de Valentino quando souberam de sua morte, na segunda-feira, 23 de agosto, é uma reação emocional de desespero ou uma forma de imitação inteiramente automática: "Ao ouvirem a notícia da morte de Valentino, duas mulheres tentaram se suicidar em frente ao Hospital Policlínico; em Londres, uma moça tomou veneno diante de uma foto de Rodolfo com uma dedicatória; um jovem ascensorista do Ritz, em Paris, foi encontrado morto na cama, coberto de fotografias de Valentino" (Orbanz, 107). Em todo caso, as estrelas inspiram seguidores, e como os seguidores são persuadidos com sucesso de que podem dar feitio aos seus próprios corpos de acordo com o modelo de seus heróis, as estrelas se tornam ícones de individualidade, bem como encarnações de uma identidade coletiva. [ver **Individualidade = Coletividade (Líder)**] Mas, embora o status das estrelas oscile, ao longo da vida, entre a extrema proximidade e a extrema distância em relação ao cotidiano dos fãs, a sua morte os torna parte de uma esfera celestial, que explica a referência inicial à palavra "estrela". [ver **Imanência = Transcendência**] Poucas semanas após a morte de Valentino, chega ao mercado uma gravação com o título *There's a new star in heaven tonight* (Há uma nova estrela no céu esta noite) (Orbanz, 137). [ver **Gramofones**] Algumas das pessoas que tiraram as próprias vidas por causa de Valentino podem tê-lo feito na esperança de se unirem a ele nesta esfera estranhamente secular de eternidade. [ver **Imanência = Transcendência (Morte)**]

Quem pode se tornar uma estrela? Certamente não o intelectual típico, como observa Heinrich Mann, com mais frustração do que ironia, ao analisar a situação atual do escritor. Um autor assim "não tem entre seus leitores intelectuais sofisticados que considerariam o esforço literário muito mais valoroso que o boxe. Certamente nenhum deles o considera uma grande figura. Ele deseja seguir o seu próprio caminho sozinho ou com apenas alguns poucos seguidores? Freqüentemente, ele não pode fazê-lo, por razões puramente financeiras" (320). Com um tom de protesto ainda mais forte, Thomas, irmão de Heinrich, aponta uma hierarquia de papéis públicos que ele identifica como sendo um sintoma de decadência cultural: "Nós vivemos uma (...) verdadeira idade das bandas de jazz, cujos heróis são lutadores de boxe e estrelas de cinemas, e que revelam todos os detalhes de suas imensas orgias" (Kolbe, 378). Ainda que Thomas Mann se ressinta fortemente deste cenário, ele está, sem dúvida, certo em apontar os nossos atletas, estrelas de cinema e músicos populares como as verdadeiras estrelas do momento (Willet, 102). Pois o estrelato depende do desempenho. Só um corpo em desempenho pode ser uma presença que estimule o desejo do espectador por emulação e proximidade física. Só um corpo em desempenho pode ser visto pela coletividade como a encarnação de um tipo específico de individualidade. [ver **Individualidade = Coletividade (Líder)**]

Mas nem todo corpo em desempenho se torna o corpo de uma estrela. Proezas físicas excepcionais são apenas um critério para o estrelato. Os *noms de guerre* de Babe Ruth mostram que, mesmo neste caso, quando se trata de constituir uma aura de estrelato, as façanhas atléticas e uma aparência física particular se unem a determinadas fantasias coletivas e a algo tão incidental quanto o simples prazer da aliteração. Ele é conhecido como o "Beemonte dos Murros, o Colosso do Sopapo, o Califa do Sopapo, o Marajá Triturador, o Rajá das Pancadas, o Sultão dos Tapas, o Vizir dos Tabefes, o Bambino" (Ritter e Rucker, 101). Antes de outros setores do mundo do entretenimento, a indústria do filme entendeu que, para fabricar verdadeiras estrelas, é necessário fabricar suas vidas privadas como parte de suas personas públicas. As estrelas podem defender explicitamente o seu direito de manterem em particular as suas vidas privadas, mas a própria natureza de sua profissão faz com que se dissolva a distinção entre público e privado. Porque apenas um corpo privado tornado público (ou um corpo público representado como um corpo privado) estimulará um desejo coletivo pela intimidade. Desde os primeiros dias de sua carreira hollywoodiana, Greta Garbo observa com que ansiedade os seus parceiros de tela tentam transformar as suas histórias de amor ficcionais em verdadeiras histórias de amor — e ela fica furiosa ao ver que eles fazem isso fortemente encorajados e apoiados pelos estúdios (Gronowicz, 189ss.). Logo, porém, ela dá um passo importante na sua carreira, ao sucumbir aos encantos do ator Jack Gilbert. Seu amante anterior, o cineasta sueco Mauritz Stiller, faz uma análise cáustica da situação: "Na opinião da maioria dos críticos, Gilbert é emocionalmente raso, e seus interesses não estão no cinema, mas nas mulheres. As escapadas que ele dá são retocadas nos departamentos de publicidade e enviadas à imprensa. Suas aventuras fizeram com que ele se tornasse um ídolo para a mulher americana solitária, e sua fraca interpretação é camuflada por sua assim chamada boa aparência" (212).

Este amálgama das vidas ficcionais e das vidas privadas das estrelas de cinema encontra um correspondente funcional entre as estrelas do atletismo, que freqüentemente encenam para o público vidas ficcionais mais ou menos paralelas às suas biografias privadas, tais como aquelas representadas em peças ou filmes. Diferentemente das competições em estádios ou ginásios, estas formas de arte são capazes de encenar temas privados (Ritter e Rucker, 84-85). Jack Dempsey combina os dois aspectos desta estratégia promocional numa produção da Broadway intitulada *A grande luta: Um drama da vida em Nova York*. Representando "um campeão que é tentado por uma quadrilha de apostadores a perder a grande luta em troca de um milhão de pratas" (e que ele, é claro, não aceita), o campeão mundial dos pesos pesados contracena com sua mulher, Estelle Taylor, uma atriz hollywoodiana medianamente popular. Neste caso particular, porém, a fabricação pública da identidade particular acaba trabalhando contra a estrela. O desempenho ao vivo revela uma discrepância grotesca entre o impressionante corpo do campeão e sua voz aguda, quase feminina (Dempsey e Dempsey, 182ss.).

Embora seja impossível identificar proezas ou talentos extraordinários como o único critério para todas as formas de estrelato, dificilmente existirá uma estrela cuja biografia não caia no padrão narrativo de uma ascensão meteórica que sucede uma infância infeliz, rumo à celebridade nacional ou internacional. Babe Ruth "nunca teve uma infância de verdade, no sentido habitual da palavra", já que seus pais o enviaram para um reformatório antes de ele completar 7 anos (Riter e Rucker, 8). Criado por uma família muito pobre de Utah, Jack Dempsey começou a sua carreira como lutador aos 15 anos, por pura necessidade financeira. Como Ruth e Dempsey, Valentino nasceu em 1895; ele perdeu o pai aos 10 anos, emigrou para os Estados Unidos aos 18, trabalhou como jardineiro e gigolô e tentou durante muito tempo ser escalado num filme de Hollywood, sem sucesso — antes que desse a grande virada, por volta de 1920. A maior de todas as estrelas, Charlie Chaplin, teve talvez a infância mais infeliz: sua mãe, uma atriz, era mentalmente desequilibrada, e eles viviam na miséria nos bairros pobres de Londres. Através dos papéis que eles representam como atores ou como atletas, os corpos das estrelas muitas vezes mantêm vivas, como cicatrizes abertas, as lembranças de seu passado traumático. Se estas cicatrizes podem realçar o triunfo final da estrela como um milagre, elas também encorajam os fãs a sonharem com um destino pessoal igualmente glorioso — por mais desesperadora que seja a situação real de suas vidas.

Mas, mesmo depois de as estrelas cruzarem o típico limiar entre a pobreza e a glória, os aspectos privados de suas personas públicas freqüentemente são perturbados por nuvens de infelicidade. Babe Ruth, que goza da admiração de milhões de garotos americanos (Ritter e Rucker, 162-163), jamais será pai. Rodolfo Valentino, "que deseja desesperadamente ter um filho", é acusado por sua esposa de ser responsável por um "aborto provocado por direção imprudente" (Morris, 178). Valentino entra em depressão depois de se divorciar de Natasha Rambova em janeiro, e a mulher de Babe sofre um colapso nervoso, que a imprensa logo interpreta como uma reação às notórias conquistas amorosas de seu marido (Ritter e Rucker, 128-129). A mulher de Charlie Chaplin, Lita Grey, o abandona no dia 30 de novembro, levando com ela seus filhos pequenos, Charles e Sidney (Robinson, 662-663). Uma breve reconciliação entre Jack Dempsey e sua mulher, depois de ele perder o título mundial, é apenas um prelúdio para a sua separação definitiva. Esses vazios emocionais e desgraças familiares na vida da estrela apenas intensificam o desejo dos fãs de ocupar um papel ao lado do corpo admirado. No caso de Chaplin, a vida socialmente marginalizada que ele evoca repetidas vezes em seus filmes torna essas fantasias particularmente concretas:

> Uma noite (...), saindo do Grauman's Egyptian [uma sala de cinema], eu estava andando pelo curto caminho entre o cinema e o nosso restaurante favorito quando reconheci, poucos passos à minha frente, o perfil familiar de Charlie. Instintivamente diminuí o passo, e não posso expressar a melancolia que me invadiu quando me dei conta da total solidão do homem mais popular do planeta. (...) Na esquina da rua Cherokee aconteceu algo importante — pelo menos importante para Charlie. (...) Ele encontrou um cão. Um vira-lata gordo e comum, que estava sentado, esperando sabe-se lá o quê. E Charlie parou, abruptamente. Ele tinha encontrado alguém a quem

falar. E ele começou a interrogar o cachorro, que provavelmente reconheceu nele um camarada, já que lhe ofereceu uma pata. (Robinson, 372).

As estrelas nunca parecem ser totalmente inocentes de sua pública infelicidade privada. Mas, embora, pelo menos no caso dos atores e atletas homens, esta responsabilidade não comprometa o seu apelo popular, comportamento imprudente e crises familiares podem afetar a qualidade de seu desempenho profissional — a ponto de estragar completamente suas carreiras. Logo depois de seu divórcio, Valentino se envolveu em diversos acidentes de carro (Orbanz, 136). Desde que Babe Ruth marcou apenas 25 *home runs* numa temporada, a imprensa começa a perguntar "se é a comida, a bebida ou o sexo que o estão afastando do beisebol", e ele é "quase universalmente considerado alguém que já passou" (Ritter e Rucker, 135) — até que o Sultão das Pancadas desperte para aquela que será a sua melhor temporada nos Yankees até então. Antecipando enormes exigências financeiras por parte dos advogados de sua mulher e deparando-se com uma dívida de impostos de mais de 1,1 milhão de dólares, Chaplin interrompe temporariamente a filmagem de *O circo* no domingo, 5 de dezembro (Robinson, 371). Três dias antes da sua luta pelo título mundial com Gene Tunney, Dempsey recebe "uma intimação judicial que solicita a sua presença [na corte] para se defender de um processo movido pelo ex-juiz James Mercer Davis, de Candem, em nome de Jack Kearns, ex-empresário do campeão". A reação imediata de Dempsey numa entrevista à imprensa mostra como as estrelas conseguem tirar proveito de problemas assim ao transformá-los em provas de sua força e coragem: "Esses processos, intimações e mandados são incômodos quando eles surgem de todos os lados, mas se as pessoas por trás de tudo isso acham que vão me prejudicar na luta pelo título, elas logo verão que estavam redondamente enganadas" (*New York Times*, 21 de setembro).

Individualmente, é a necessidade de amor e apoio do público que muita vezes ajuda os campeões e atores a se tornarem estrelas ainda maiores. Assistindo a uma luta de boxe menos de um mês depois de sua derrota humilhante nas mãos de Tunney, Dempsey recebe uma ovação impressionante da platéia, "um alvoroço que durou vários minutos, com papel picado sendo jogado do segundo balcão, enquanto para Tunney só havia aplausos minguados e vaias" (Heimer, 60). [ver **Boxe, Ação = Impotência (Tragédia)**] Suzanne Lenglen, que praticamente sozinha atrai tantos espectadores para o tênis feminino que pode iniciar uma carreira profissional, é considerada há tempos arredia e arrogante. Somente um fracasso na sua carreira como atleta modificará os sentimentos do público em relação a ela. Descontente com a agenda de jogos estabelecida para ela na competição em Wimbledon, Lenglen não comparece à recepção que a Família Real oferece aos melhores jogadores. Ela é atacada tão violentamente pela imprensa britânica que nunca mais voltará a competir neste torneio-chave (*Années-mémoire*, 161). Se este incidente não tivesse ocorrido, contudo, um intelectual como Heinrich Mann provavelmente não teria sido condescendente em notar em Lenglen um modelo de comportamento moral: "No mundo em que sofremos, ela é um exemplo de determinação — e por isso é bela" (Heinrich Mann, 304).

Um poder quase ilimitado sobre milhões de fãs e uma incapacidade igualmente impressionante de viver uma vida feliz com seus parceiros e parentes caminham juntos na persona pública das estrelas. É por isso que Charlie Chaplin, aludindo às frustrações íntimas que podem ter contribuído para a morte de Valentino no auge de sua carreira, fala deste acontecimento como "uma das maiores tragédias que já aconteceram na história da indústria do cinema" (Robinson, 369). [ver **Ação =Impotência (Tragédia)**] A maioria das estrelas está agudamente consciente da natureza dual da sua existência, e, até certo ponto surpreendentemente, isto não parece trabalhar contra elas, se elas falarem publicamente sobre os seus problemas. Dempsey descreve seu "chapa" Valentino como "um indivíduo inteligente e supersensível que se deixou empacotar por Hollywood e não gostou do resultado" (Dempsey e Dempsey, 195). Já no seu primeiro filme em Hollywood, Greta Garbo insiste na separação entre a sua própria apreciação artística de seus filmes e a consciência simultânea de que, "como um produto, [ela] era muito preciosa para a MGM" (Gronowicz, 187). Não faz mais diferença para o status das estrelas já estabelecidas se elas decidem se juntar ativamente à esfera do glamour artificial ou se manter à distância dela. [ver **Autenticidade versus Artificialidade**] Em todo caso, elas não podem evitar que suas vidas privadas sejam expostas em público. Em vez de resistirem a esta exposição, a estrelas podem igualmente se render às exigências de seus fãs — e apertar as mãos de Albert Einstein e Mahatma Gandhi, como faz Chaplin (Chaplin, 320ss., 340ss.); posar para fotografias usando roupões de banho na mesa do café da manhã, como Babe Ruth e Jack Dempsey (Ritter e Rucker, 118); ou aparecer nas fabulosas festas organizadas pelo magnata da mídia William Randolph Hearst e sua amante

Marion Davies, onde se encerra simbolicamente o curto-circuito entre a esfera privada e a pública (Chaplin, 308ss.; Dempsey e Dempsey, 191).

Enquanto isso, empresários altamente habilidosos exploram cada oportunidade que surge no mercado para atrair o olhar do público para as estrelas. Os atores hollywoodianos costumam assistir às pré-estréias de seus filmes na Costa Leste (Orbanz, 136). Aparecendo nos palcos dos teatros de variedade e em jogos de exibição diários fora da temporada, Babe Ruth visita diversas cidades entre Minneapolis e a Califórnia que não possuem grandes times, e as autoridades do beisebol já deram a sua bênção a estas "aventuras" (Ritter e Rucker, 148). [ver **Centro = Periferia (Infinitude)**] Mesmo a organização altamente conservadora que regulamenta o tênis parece disposta a suspender temporariamente a separação formal entre esportes amadores e profissionais quando sérios interesses comerciais estiverem em jogo: "Segundo uma reportagem de Nova York, a Associação Americana de Tênis decidiu que Suzanne Lenglen, apesar de seu status de jogadora profissional, pode continuar jogando contra amadoras americanas. Com base nesta reportagem, é possível vislumbrar no horizonte uma nova partida entre Suzanne Lenglen e Helen Willis" (*Berliner Tageblatt*, 5 de agosto; *Années-mémoire*, 160-161). Por fim, "com os progressos na fabricação artificial de gelo e a construção de rinques capazes de receber um grande público", os meses de verão estão repletos de atividades de preparação para a nova temporada da recém-criada Liga Nacional de Hóquei. Enquanto os executivos do hóquei estabelecem regras detalhadas para a compra, empréstimo ou troca de jogadores e criam um sistema de registro dos recordes de assistência, surgem não menos que quatro novas equipes: os Chicago Blackhawks, os Detroit Falcons, os New York Rangers e os Toronto Maple Leafs (Diamond, 31ss.).

Levando mais eventos esportivos e mais filmes hollywoodianos para um maior número de cidades, estádios e cinemas, a indústria do entretenimento aprimora cada vez mais os seus serviços para um público que quer chegar mais perto de suas estrelas. Mas, quanto mais este desejo de proximidade é atendido, mais ele atinge novos níveis de intensidade: no fim, os fãs chegam a sonhar em ver os seus próprios corpos transfigurados nos corpos, admirados e únicos, das estrelas. Isto preenche a sua existência com um desejo eterno por um momento eternamente adiado de reconhecimento. Xaver Kleinsgütl, o jovem e bonito empregado da família do professor Cornelius na novela *Unordnung und frühes Leid* (Desordem e tristeza precoce), de Thomas Mann, passa boa parte do tempo esperando este momento: "Ele ama o cinema com toda a sua alma. Depois de passar a tarde vendo um filme, ele tende a se sentir melancólico — mas também cheio de ansiedade e disposição para falar a respeito. Ele alimenta esperanças vagas de que um dia fará fortuna naquele mundo esplêndido, tornando-se um de seus membros — baseando estas esperanças no seu cabelo volumoso, na sua agilidade física e na sua coragem. Ele se orgulha de escalar a árvore do jardim em frente à casa, subindo de galho em galho até o topo e brincando com qualquer um que o reconheça. Nessa espécie de poleiro ele acende um cigarro e solta baforadas enquanto se balança para frente e para trás, atento a qualquer cineasta que passe por ali e possa contratá-lo" (513).

É claro que o cineasta que o jovem Kleinsgütl espera no topo da árvore nunca aparece — pelo menos não até o final da história de Mann. Se ele de fato aparecesse, seria melhor que fosse de Hollywood que de Berlim. Porque somente através da promoção do mercado americano os jovens belos e talentosos podem se tornar estrelas internacionais. O mercado americano domina diversas indústrias nacionais de entretenimento, porque ele sistematicamente subordina as qualidades intrínsecas do desempenho teatral, musical ou atlético ao desejo coletivo do público de estar na presença de adorados corpos. É este desejo que cria as estrelas.

Verbetes relacionados

Boxe, Cinemas de Luxo, Gomina, Gramofones, Autenticidade versus Artificialidade, Imanência versus Transcendência, Silêncio versus Barulho, Ação = Impotência (Tragédia), Centro = Periferia (Infinitude), Imanência = Transcendência (Morte), Individualidade = Coletividade (Líder)

Referências

Les années-mémoire: 1926. Paris, 1988.
Charles Chaplin, *My autobiography*. Nova York, 1964.
Jack Dempsey e Barbara Piatelli Dempsey, *Dempsey*. Nova York, 1977.
Dan Diamond, org., *The official national hockey league — 75th Anniversary commemorative book*. Toronto, 1991.
Antoni Gronowicz, *Garbo: Her story*. Nova York, 1990.

Mel Heimer, *The long count*. Nova York, 1969.

Jürgen Kolbe, org., *Heller Zauber: Thomas Mann in Munich, 1894-1933*. Berlim, 1987.

Heinrich Mann, *Sieben Jahre: Chronik der Gedanken und Vorgänge*. Berlim, 1929.

Thomas Mann, "Unordnung und frühes Leid" (1926). In *SämtlicheErzählungen*. Frankfurt, 1963.

Michael Morris: *Madame Valentino: The many lives of Natasha Rambova*. Nova York, 1991.

New York Times.

Eva Orbanz, org., *There's a new star in heaven — Valentino: Biographie, Filmographie, Essays*. Berlim, 1979.

Lawrence S. Ritter e Mark Ruter, *The Babe: A life in pictures*. Nova York, 1988.

David Robinson, *Chaplin: His life and art*. Londres, 1985.

Phyllis Rose, *Jazz Cleopatra: Josephine Baker in her time*. Nova York, 1989.

Maggie Valentine, *The show starts on the sidewalk: An architectural history of the movie theatre*. New Haven, 1994.

John Willet, *Art and politics in the Weimar Period: The new sobriety, 1917-1933*. Nova York, 1978.

FERROVIAS
. . . .

❦

O mundo das estradas de ferro é um mundo de encontros aleatórios. Esta é a premissa de um conto escrito por Azorín, um dos mais populares autores espanhóis, e publicado na revista de Madri *Blanco y Negro*. Durante uma parada de dez minutos numa viagem de trem, um homem chamado Adolfo deixa a sua cabine para comprar um refresco no restaurante da estação. O serviço é lento, ele começa a se atrasar e então inicia uma discussão com o garçom. Uma jovem, a filha do dono do restaurante, intervém; e sua aparição representa uma virada decisiva na vida de Adolfo. Atraído por sua beleza, ele ignora as vozes de seus amigos que o chamam de volta à plataforma — e o trem deixa a estação com toda a sua bagagem. Mas, em pouco tempo, Adolfo estará celebrando o seu casamento, e ele se tornará o dono do restaurante até a morte de sua mulher, 20 anos depois.

Na segunda parte da narrativa de Azorín, os leitores se dão conta de que a história que acompanharam até ali está sendo contada por Adolfo a Antonio e Pepe, dois jovens viajantes, enquanto eles se aproximam exatamente da mesma estação que ele deixou seguindo um impulso momentâneo, pouco tempo antes: "Com a morte da minha mulher, tudo parecia acabado para mim. Até mesmo o restaurante na estação me era insuportável. (...) Um dia, quando o trem expresso estava parando, subi num vagão para cumprimentar um amigo. (...) E não saltei. (...) O trem partiu e eu continuei a bordo" (*Blanco y Negro*, 131). Segue-se um minuto de silenciosa reflexão, e então Adolfo coloca a história em perspectiva com uma observação filosófica ainda mais profunda: "Como disse Heráclito, 'O tempo é um menino brincando com dados'. O que podemos fazer? Assim é a vida: acidentes, coincidências..." Surpreendentemente, este não é o final da história de Azorín. Na terceira e última parte, Adolfo e Antonio chamam Pepe de volta ao trem — ele tinha descido numa estação para comprar um refresco. Ele perde o trem e se torna o marido da bela filha do novo dono do restaurante. Embora o texto termine com uma reiteração do aforisma de Heráclito, a trama nega, mais do que confirma, qualquer interpretação dos acontecimentos como um fruto do puro acaso. Pode ser fortuito que um evento casual e as circunstâncias que o envolvem se repitam num intervalo de mais de 20 anos? [ver **Incerteza versus Realidade**]

Outra história de ferrovia de Azorín, publicada na mesma edição de *Blanco y Negro*, atrai igualmente a atenção dos leitores para padrões de recorrência sob a aparente casualidade do mundo das ferrovias. No corredor estreito de um vagão-dormitório, Manolo reencontra Clarita, uma amiga da adolescência. Ele a viu pela última vez há muitos anos, numa festa movimentada; eles brigaram, e ele a procurou por horas. Ainda solteiro, Manolo faz todo o esforço possível para reviver a atração erótica que existia entre ele e Clarita. Clarita, em contrapartida, conduz deliberadamente a conversa para as belezas da paisagem castelhana, que eles vêem pela janela à luz do amanhecer. Finalmente, Clarita explica a Manolo que está em lua-de-mel: na véspera ela tinha se casado com um antigo conhecido dele. Sem pronunciar mais nenhuma palavra, ela desaparece numa cabine do vagão-dormitório. Quando, mais tarde, Manolo encontra Rafael, marido de Clarita, a reunião não chega a ser uma surpresa; mesmo assim, ele desempenha perfeitamente o seu papel neste encontro "casual". Enquanto Rafael exalta os encantos eróticos de sua jovem mulher, Manolo repete o papel de Clarita na conversa anterior e desvia o assunto para os atrativos puramente estéticos do campo. Assim, exatamente como na história sobre Adolfo, Pepe e as belas filhas dos donos de restaurante da estação, observa-se aqui um padrão repetitivo na relação entre Manolo e o casal em lua-de-mel. Na cena final, os três protagonistas adotaram formas de comportamento que os ajudam a superar sentimentos de ciúme e frustração. Rafael apresenta sua noiva a Manolo, e tanto Clarita quanto Manolo agem como se nunca se tivessem visto antes: "Lá vem minha mulher. Vou apresentá-la a você. (...) Clarita, meu amigo Manolo Bazán." "Prazer em conhecê-lo, senhor." "Madame, o prazer é meu" (*Blanco y Negro*, 119).

Como pode o sistema ferroviário, com sua complexa sincronização, funcionar como um emblema do acaso? Trens, trilhos, horários, estações, restaurantes de estação e famílias de donos de restaurante constituem um mundo de contingência em relação às necessidades e expectativas individuais, pois a complexidade interna do sistema ferroviário não pode se adaptar a elas. [ver **Elevadores**] Nenhum viajante jamais será capaz de prever os encontros que terá num vagão ou num restaurante de plataforma, e os trens jamais esperarão pelos passageiros que desejarem conduzir suas conversas, iniciadas de modo casual, a uma conclusão feliz. Esta independência do sistema ferroviário em relação ao mundo das interações aleatórias também é ilustrada pela novela *Unordnung und frühes Leid* (Desordem e tristeza precoce), de Thomas Mann, em que a babá das crianças do professor Cornelius lhes ensina um poema pequeno e simples:

> Trem, trem,
> Locomotiva orgulhosa,
> Vai embora, ou talvez fica,
> Toca alto o seu apito.
> (Mann, 500)

Relatos de acidentes ferroviários fatais apresentam os trens como agentes do destino e atribuem às vítimas a inteira responsabilidade por suas mortes: "A administração da Ferrovia de Altona informa que às 6h10 da manhã quatro operários morreram e dois ficaram gravemente feridos, atropelados por um trem de carga que chegava à estação Berkenthin, em Hamburgo. Aparentemente, as vítimas acharam que o apito de alerta que ouviram se referia ao trem 70122, que vinha na direção oposta, e assim não perceberam a aproximação do trem 7599, nos trilhos do lado em que eles estavam" (*Berliner Volks-Zeitung*, 6 de novembro). No romance *Le voleur d'enfants* (O ladrão de crianças), de Jules Supervielle, o retrato de um burguês rico que morreu num acidente de trem lembra à sua família a impotência do homem em face do destino, e assim, como os leitores logo entendem, prenuncia o seqüestro iminente de seu filho: "Para onde quer que a viúva caminhe na sala, o marido morto a acompanha com seu frio olhar de papel. Aquele queixo enérgico não poderia se separar da vida sem alguma dificuldade. Ele é o pai da criança, ainda que reduzido a um papel passivo. (...) Ele morreu com uma saúde perfeita, num acidente de trem, e parece afirmar noite e dia que isto é injusto, porque ele não viveu o suficiente, já que pouco tempo atrás ele era autoritário e ciumento" (Supervielle, 44-45). [ver **Ação = Impotência (Tragédia)**]

Freqüentemente, condutores impiedosos encarnam a arbitrariedade do sistema ferroviário. [ver **Empregados**] No romance *O sol também se levanta*, de Ernest Hemingway, o narrador e seu amigo Bill, viajando de trem de Paris até a Espanha, dão uma gorjeta generosa ao condutor na esperança de conseguirem uma mesa num já lotado vagão-restaurante. Mas, embora o empregado embolse o dinheiro, ele não tem como mudar a ordem das reservas — e mantém uma polida serenidade diante da furiosa reação dos passageiros: "'Dê dez francos a ele.' 'Aqui', eu disse. 'Queremos comer na primeira classe.' 'Obrigado', disse [o condutor]. 'Eu aconselho os cavalheiros a comerem uns sanduíches. Todos os lugares das quatro primeiras classes foram reservados no escritório da companhia'. 'Você foi longe demais, irmão', Bill disse a ele, em inglês. 'Suponho que se lhe tivéssemos dado cinco francos, você nos aconselharia a saltar do trem.' 'Comment?' 'Vá para o inferno!', disse Bill" (Hemingway, 87). Para o marinheiro americano que viaja sem passaporte pela Europa no romance *Das Totenschiff* (O barco da morte), de B. Traven, um mal-entendido numa conversa com o condutor numa viagem de trem de Paris a Limoges prenuncia os problemas que o protagonista terá com uma burocracia que jamais começará sequer a admitir as circunstâncias específicas de sua precária situação:

> De repente o condutor percorreu o corredor e abriu a porta da cabine em que eu estava sentado. Eu estava sem tempo para resolver um problema urgente de negócios. Então eu o olhei diretamente nos olhos. (...) Ele abriu a porta, me dirigiu um olhar ambíguo, fez um gesto como se fosse fechar a porta novamente e então disse: "Desculpe, senhor, mas onde mesmo o senhor disse que queria saltar para trocar de trens?" Ele disse isso em francês. Pude perceber o significado, mas não as palavras exatas. Então eu não tinha uma resposta pronta. (...) O condutor não me deu tempo para explicar. "Por favor, deixe-me ver seu bilhete novamente?", ele perguntou. (Traven, 50)

Todos esses aspectos da ferrovia como um sistema autônomo, inflexível e ameaçador se reúnem num pesadelo horrível do filme "psicanalítico" *Geheimnisse einer Seele* (Segredos de uma alma), de G.W. Pabst. Um telegrama, no qual o primo atraente do protagonista, que está viajando por terras exóticas [ver **Comunicação Sem Fios, Centro versus Periferia**], anuncia a sua intenção de passar alguns dias na casa dele e de sua mulher transforma as frustrações e autocríticas do destinatário (por causa de seu casamento sem filhos) no impulso de assassinar sua amada — e bela — mulher. Mais e mais vezes, o primo aparece no sonho como uma enorme figura sentada sobre os vagões de um trem expresso, que o pobre marido não pode parar porque está atrás de uma grade da ferrovia, e tudo o que ele faz é gesticular desesperadamente. O tratamento psicanalítico traz a compreensão e a redenção desta tortura. A impotência do marido e os medos resultantes dela remetem a uma véspera de Natal de sua infância, quando ele recebeu um trenzinho elétrico de presente — e quando a menininha que viria a se tornar sua mulher, ofereceu um baby doll de presente de Natal a seu primo.

Tabelas de horários de trens e o sistema ferroviário em geral são associados a um destino inalterável, mas quem tiver vontade (e paciência) para explorar sua estrutura interna será capaz de fazer uso dela com grande proveito pessoal. Com este espírito, a edição nova-iorquina do "Reise und Bäder-Beilage" (Suplemento de Turismo e Lazer) do *Berliner Börsen-Zeitung* (3 de janeiro) oferece aos leitores informações detalhadas sobre as regras oficiais para a ocupação dos assentos de um vagão de trem: "Muitos passageiros se enganam com os bilhetes das cabines de trem. Nossas pesquisas nos levaram às principais autoridades dos transportes, que nos forneceram as seguintes informações: segundo a regulamentação oficial, um lugar é considerado ocupado por um passageiro somente quando houver sobre ele uma pasta de mão ou uma peça de roupa. Os pouco assentos numerados que se localizam perto das portas das cabines só são reservados até o momento em que o trem deixa a estação." Um artigo no mesmo "Reise und Bäder-Beilage" parece anunciar uma descrição dos famosos vagões americanos Pullman, que serão incorporados à Companhia Ferroviária Nacional Francesa na sexta-feira, 10 de setembro (*Années-mémoire*, 48), mas acaba fazendo uma detalhada análise sistêmica do Expresso Século XX, que liga Nova York a Chicago: "Este trem é tão solicitado que precisa operar com dois segmentos. Em cada um trabalham 32 funcionários. Na viagem de Nova York a Chicago, o motor é trocado em Harmon (a 51 quilômetros de Nova York), e então em Buffalo, Niagara e Toledo. O mais longo trecho sem que haja troca de motor são os aproximadamente 480 quilômetros entre Buffalo e Toledo. Para a viagem inteira, são necessárias 38 toneladas de carvão". [ver **Presente versus Passado**]

Essa imensa (embora transparente) complexidade é o resultado de um longo processo de inovação tecnológica, cujas novidades mais recentes, os telefones a bordo e um sistema de engate automático entre os vagões, são inauguradas em janeiro (*Chronik*, 17; *Années-mémoire*, 139). [ver **Telefones**] A simultaneidade destas duas inovações sintetiza a regra paradoxal segundo a qual a crescente autonomia interna de um sistema (engate automático) ocorre ao lado de um maior grau de abertura em relação ao exterior (telefones a bordo). Enquanto isso, o sistema ferroviário alcançou um ponto tal de complexidade interna que se tornou uma metonímia de todo o mundo civilizado. O poeta alemão Johannes Becher vê os ambientes urbanos como já inteiramente dominados pelos trens: "Trens rugem acima de você;/ e o devoram em fatias invisíveis de trilhos/ Ziguezague!" (90). O pintor Edward Hopper, em contrapartida, está fascinado pela suave integração dos trilhos de trem na paisagem rural (Levin, 265-266). Tendo se tornado independente do mundo social e sendo quase co-extensivo a ele, o sistema ferroviário chega a promover o surgimento de quadrilhas de criminosos especializadas ao seu redor. Um grupo de ladrões organizado por um fabricante de cigarros de Hockenheim abarrotou um armazém inteiro com mercadorias roubadas do trem de carga Berlim-Babel (*Berliner Volks-Zeitung*, 6 de novembro). Na outra ponta do espectro social, proprietários de mansões no subúrbio procuram desesperadamente formas de proteger sua vizinhança daquilo que eles vêem como uma praga que se expande rapidamente: o uso, por famílias pobres, de vagões de trem abandonados como casas (Kisch, 264). Independente do status social ou legal, quem quer que não tenha contato com o sistema ferroviário parece destinado à vida de um proscrito — ou abençoado com uma vida que não é controlada pela burocracia estatal. O herói do romance inacabado de Bertolt Brecht *Der Lebenslauf des Boxers Samson-Körner* (Vida do boxeador Samson-Körner) inventa para si um lugar de nascimento "distante dos trilhos de trem", porque isto lhe permite sustentar a mentira de que ele é um cidadão americano. Ninguém viajaria o longo percurso até uma cidadezinha em Utah só para provar que ele estava mentindo: "Então deixe-me logo dizer que nasci em Beaver, Utah, Estados Unidos da América, na zona Mórmon, perto do lago Great Salt. Também posso sugerir por que nasci ali: porque Beaver, Utah, está longe da linha de trem. É um lugar onde um homem pode ter 12 mulheres. Mas se vocês quiserem ver a casa onde nasci, só dá para chegar lá a pé. Este é um aspecto do problema. Isso é muito importante, porque foi a razão pela qual eu me tornei um ianque respeitável. (...) Vendo as coisas de outra maneira: eu nasci em Zwickau, na Saxônia, porque foi onde eu vi a luz do dia primeiro" (Brecht, 121).

As leis e estruturas internas das ferrovias não podem ser negociadas por indivíduos — e por isso elas são vistas como um emblema do acaso existencial que nos é imposto. Mas elas também se desenvolveram dentro de sistemas que, sendo co-extensivos ao mundo, excluem a possibilidade de uma observação externa. É por isso que as ferrovias se tornam uma metáfora favorita dos discursos que tentam explicar a leitores leigos as descobertas mais revolucionárias da filosofia e da ciência modernas. Nesses textos, os trens servem para exemplificar determinadas condições da existência humana que são tão gerais que tendem a passar desapercebidas. Theodor Lessing, por exemplo, usa o Expresso do Oriente para ilustrar esta concepção da consciência humana:

> No Expresso do Oriente, que está em contínuo movimento em torno da Terra, nasceu um ser pensante. Este ser pensante ignorava o fato de ter nascido no Expresso do Oriente. Passear pelo trem se tornou sua maneira pessoal de experimentar o mundo. Como um ser pensante, a pessoa começou a filosofar anos mais tarde: "Aqui estou eu, o centro natural do universo. O único fato do qual posso ter certeza é a minha consciência. A Terra, em contrapartida, se move. As árvores, ruas, pessoas, postes telegráficos — tudo passa por mim incansavelmente. Tudo muda, tudo flui". (...) Eu me sento numa pedra, num lugar remoto, e falo ao meu coração: "Que pobre idiota é este ser pensante. Ele sequer suspeita de que tudo permanece como era, perpetuamente. Ele nasceu no Expresso do Oriente. Este trem expresso que se move continuamente num círculo é chamado 'consciência'." (Lessing, 348-349)

A parábola de Lessing não chega a ser original. Ela já tinha sido usada nas publicações de Albert Einstein sobre a relatividade: "Estou na janela de um vagão de trem que se move numa velocidade uniforme e solto uma pedra do lado de fora, sem jogá-la. Apesar do efeito da resistência do ar, vejo a pedra cair numa linha reta. Mas um pedestre que observa o evento da plataforma vê a pedra caindo numa trajetória parabólica. Agora eu pergunto: os "pontos" percorridos pela pedra "na realidade" formam uma linha reta ou uma parábola?" (Einstein, 9). O uso desta imagem por Einstein é tão freqüente que, apenas algumas páginas adiante, ele convida seus leitores a voltarem com ele "ao nosso velho amigo, o vagão de trem (...) viajando ao longo dos trilhos" (16).

Verbetes relacionados

Comunicação Sem Fios, Elevadores, Empregados, Telefones, Centro versus Periferia, Presente versus Passado, Ação = Impotência (Tragédia)

Referências

Les années-mémoire: 1926. Paris, 1988.
Antología de Blanco y Negro, 1891-1936, vol. 9. Madri, 1986.
Johannes R. Becher, *Maschinenrhythmen.* Berlim, 1926.
Berliner Börsen-Zeitung.
Berliner Volks-Zeitung.
Bertolt Brecht, *Der Kinnhaken* e *Der Lebenslauf des Boxers Sansom-Körner.* In *Gesammelte Werke,* vol. 11. Frankfurt, 1967.
Chronik, 1926: Tag für Tag in Wort und Bild. Dortmund, 1985.
Albert Einstein: *Relativity: The special and general theory* (1916). Nova York, 1961).
Ernest Hemingway, *The sun also rises.* Nova York, 1926.
Egon Erwin Kisch, "Der Herr der Waggonvilla". *In Hetzjagd durch die Zeit.* Berlim, 1926.
Theodor Lessing, "Es ist nur ein Übergang" (1926). In *"Ich warfe eine Flaschenpost ins Eismeer der Geschichte": Essays und Feuillettons, 1923-1933.* Darmstadt, 1986.
Gail Levin, *Edward Hopper: The art and the artist.* Nova York, 1980.
Thomas Mann, "Unordnung und frühes Leid" (1926). In *Sämtliche Erzählungen.* Frankfurt, 1963.
Wolfgang Schivelbusch, *Geschichte der Eisenbahnreise: Zur Industrialisierung von Raum und Zeit im 19, Jahrundert.* Frankfurt, 1979.
Jules Supervielle, *Le voleur d'enfants.* Paris, 1926.
B. Traven, *Das Totenschiff* (1926). Hamburgo, 1954.

GOMINA

❦

"Tiempos viejos", um tango gravado por Carlos Gardel, a estrela ascendente do cenário da música popular argentina, tem como tema um dos aspectos mais característicos das letras de tango, uma emoção ao mesmo tempo vaga e definida. Evocando os subúrbios de Buenos Aires do fim do século XIX como um mundo de autenticidade, a canção inspira um sentimento de desejo nostálgico, ao estabelecer uma série de contrastes entre um passado que desapareceu e os modismos artificiais do presente: [ver **Autenticidade versus Artificialidade**]

> Você lembra, irmão? Aqueles eram os dias!
> Nossos homens eram diferentes, mais masculinos,
> Ninguém sabia nada sobre coca ou morfina,
> Os rapazes não usavam gel no cabelo.
> Você lembra, irmão, que tempos eram aqueles!
> (Reichardt, 370)

Entre as três substâncias que encarnam o presente nesta canção — coca (cocaína), morfina e gomina (gel para o cabelo), a *gomina* tem um significado especial. "Tiempos viejos" era o número final de uma peça intitulada *Os garotos da gomina*, antes de ser escolhida para o disco de Gardel (Reichardt, 448). *Gomina* é a palavra espanhola para uma substância feita de borracha (goma), que os homens usam para alisar o cabelo, fixar o penteado ou lhe dar um brilho especial. Embora, como significante, *gomina* nunca perca a sua forte associação com a América Latina, ela se torna uma palavra emprestada na França, onde acaba criando o verbo *gominer* (Robert, 751). Mas a canção de Gardel sobre a *gomina* não é a única evidência de que se trata de um emblema da moda atual. Existem diversos penteados e toucas que têm um laço simbólico forte com o que quer que pareça ser "tipicamente moderno".

Uma das primeiras imagens do filme *Metrópolis* mostra o "Clube dos Filhos", no qual uma rica e elegante *jeunesse dorée* diverte-se em prazeres mundanos. A atmosfera dos "Jardins Eternos", o teatro de variedades do clube, é simbolizada pelas "costas nuas" de uma garota de revista, coberta de "exóticos desenhos feitos de lantejoula", e por uma outra garota, usando uma longa saia de babados, seus seios nus envoltos num xale diáfano. Mas apenas a aparição de uma terceira garota de revista, usando um arranjo de cabeça suntuoso, é realçada no roteiro do filme como simbolizando o presente: "Outra garota, usando roupas mais contemporâneas e um arranjo elaborado, faz uma cortesia para a câmera" (Lang, 24). No filme, a atriz está usando na verdade um turbante, semelhante àqueles que se tornaram a marca registrada de Natasha Rambova, a mulher de quem Rodolfo Valentino se divorciou (Morris, 174), e isso embeleza a imagem pública da estrela do tênis francesa Suzanne Lenglen. Charles Pelissier, um ciclista que causa sensação no mundo dos esportes ao vencer, ainda muito jovem, o campeonato francês [ver **Resistência**], é apelidado de "Valentino dos esportes", porque — graças à *gomina* — ele consegue deixar seu cabelo tão liso e lustroso quanto o da estrela do cinema, mesmo nas mais extenuantes competições (*Années-mémoire*, 178). No final da primeira temporada de Josephine Baker no Folies Bergères, tornou-se obrigatório entre as mulheres preocupadas com a moda, em Paris, imitar o seu cabelo escorrido, e antes do fim do ano, a nova tendência conquista o mercado com um produto chamado "Bakerfix" (Rose, 100). Bakerfix, *gomina* e uma pomada de vaselina muito popular, cujo rótulo exibe o rosto de Valentino (Orbanz, 20) dão ao cabelo aquele aspecto brilhoso que as pessoas na moda querem agora estender ao corpo inteiro. As mulheres brancas passam óleo de amêndoas na pele, porque elas invejam a cor do corpo brilhante de Josephine Baker sob os holofotes dos teatros de revista (Rose, 101). Mais do que destacar os matizes naturais da pele, a maquiagem é usada para inscrever algo na superfície do corpo — uma inscrição que enfatiza a sua própria artificialidade. Os calções e roupões dos boxeadores profissionais brilham como o cabelo escorrido dos gigolôs e estrelas de cinema. [ver **Boxe**] O apelo dos nadadores do Canal é intensificado pela camada de graxa que eles passam na pele, para proteger seus corpos do frio. [ver **Resistência**] Jovens intelectuais, como o dramaturgo Bertolt Brecht, revelam sua preferência por jaquetas de couro pretas e apertadas (Lepp, "Ledermythen").

Mostrar o corpo com uma superfície brilhante ou em roupas apertadas é uma forma de auto-apresentação, que relega a todos aqueles que o olham o papel de meros espectadores. Uma pessoa pode se sentir atraída eroticamente por um corpo exibido desta maneira, sem necessariamente desejar penetrá-lo. Como ele reflete a luz, o corpo brilhante oferece resistência ao olhar exterior — e se fecha a interpretações que buscam significados profundos e a satisfação do desejo erótico. Não é surpreendente que muitos homens fiquem confusos por se sentir atraídos por Josephine Baker sem sentirem nenhum desejo erótico. [ver **Dança**] Acima de tudo, dar uma forma ao cabelo e ao corpo de uma pessoa — com vaselina e gomina, bem como todas as outras técnicas que transformam os corpos em superfícies que atraem a atenção — é um ato que objetifica o corpo e, portanto, estabelece uma distância entre o corpo e a mente. Corpos superficiais não podem ser corpos expressivos; eles não são significantes que articulam o que está se passando na mente da pessoa. Antes, como artefatos, eles apelam a juízos de gosto e à ambição artística, e não se espera que eles escapem ao controle da mente que os criou. Nem mesmo uma corrida de bicicletas nas montanhas pode alterar o contorno do cabelo escorrido do campeão. Totalmente destacados das mentes de seus criadores humanos e ao mesmo tempo inteiramente à sua disposição, os corpos estilizados se transformam em objetos tanto do prazer puramente estético quanto do prazer puramente sensual.

Depois que Rodolfo Valentino se separou de sua segunda mulher, Natasha Rambova, ele entrou num estado de profunda depressão, envolvendo-se em incontáveis relacionamentos sexuais com atrizes e admiradoras. Para alguns, é o cabelo de Rodolfo que, mais do que qualquer outra parte de seu corpo-artefato, contém e irradia um apelo mágico. Mont Westmore, o maquiador de Valentino, freqüentemente ouvia por acaso palavras de elogio dos *amours* do ator, entre eles Nita Naldi. Num navio, em frente à cabine de Valentino, com os olhos voltados para os recifes traiçoeiros, "ele consegue ouvir a sua voz melodiosa exaltando os talentos de Rudy. Mont se divertia particularmente quando ela fazia algum comentário sobre o seu cabelo cheiroso e macio" (Morris, 177). Um cabelo assim é freqüentemente associado a drogas — como no tango de Gardel "Tiempos viejos" — e outras substâncias proibidas. Durante os anos da Lei Seca nos Estados Unidos, tônicos capilares servem como alguns dos líqüidos que as indústrias clandestinas transformam em bebidas alcoólicas: "Até certo ponto, a Companhia Cosmo de tônicos capilares era legal. Eles anunciavam muito. Chegavam a pagar cachês a celebridades para que elas elogiassem o produto. (...) A transformação do tônico em bebida era feita no porão de uma floricultura, sob a direção de um químico que todos chamávamos de Karl, o Holandês, oficialmente empregado como um fabricante de pasta de dente. (...) Para falsificar scotch, bourbon, uísque de centeio ou outra coisa qualquer, Karl deixava o álcool refinado repousar durante semanas em barris nos quais uísque autêntico tinha sido envelhecido" (Kobler, 307). Aqueles indivíduos que usam penteados altamente estilizados e arranjos elaborados tendem a viver num ritmo e numa intensidade que os ajudam a evitar a depressão e a melancolia. [ver **Bares**] Nenhum outro cenário encarna de forma mais impressionante esta interação complexa entre a auto-estilização, o risco constante e a velocidade incessante que o mundo do corretor financeiro — sempre jovem e quase sempre bem-sucedido. Ele é continuamente pressionado a tomar decisões rápidas e dispõe das mais avançadas técnicas de comunicação às suas mãos [ver **Empregados, Telefones, Comunicação sem Fios**]: "Naquele momento chegou o gerente, todo limpo e arrumado, o cabelo brilhando, o rosto perfeitamente barbeado. (...) Ele tinha 32 anos, e seus olhos eram castanho-claros. 'Liguem-me com Amsterdã', ele disse, e após alguns minutos ele ouvia os ruídos feitos na casa do gerente do Banco Netherlands, em Amsterdã" (*Revista de Occidente*, 2). [ver **Centro = Periferia (Infinitude)**]

Na novela de Thomas Mann *Unordnung und frühes Leid* (Desordem e tristeza precoce), um jovem corretor da Bolsa dança numa festa organizada pelos filhos adolescentes do professor Cornelius: "Há um jovem alto, pálido, espigado, o filho de um dentista, que vive de jogar na Bolsa. De todos, o professor ouve que se trata de um verdadeiro Aladim. Ele tem um carro, convida os amigos para jantares regados a champanhe e os cobre de presentes, bugigangas caras feitas de madrepérola e ouro" (Mann, 513). O autor fica igualmente fascinado por estes presentinhos reluzentes e pela compleição pálida do corretor — bem como pela de um outro convidado, o jovem ator Herzl, que representa papéis principais nos mais renomados palcos alemães. Cornelius está tentando entender o que parece ser uma contradição flagrante na aparência de Herzl. Embora ele esconda a sua expressão natural atrás de uma máscara de maquiagem habilidosamente aplicada, o professor não consegue deixar de pensar que esta maquiagem corresponde a um certo estado de ânimo na mente do ator: "O ator Herzl é pequeno e frágil, mas ele poderia deixar crescer uma barba negra e escura, como você pode deduzir da pesada camada de pó em suas bochechas. Seus olhos são maiores do que a vida, com uma intensidade profunda e melancólica. Ele passou batom, além do pó — aqueles tolos realces carmins só podem ser maquiagem. 'Estranho', reflete o professor. 'O normal seria pensar que um homem pode ser uma coisa ou outra — mas não um melancólico e um usuário de cosméticos ao mesmo tempo'" (506). Apenas um dos convidados da festa de Cornelius, um colega chamado Möller, não segue o código predominante da extrema estilização do corpo. Em contrapartida com a rigidez disciplinada daqueles que desejam que seus corpos pareçam pálidas superfícies refletoras, a roupa de Möller é deliberadamente folgada, e seu corpo é pesado e natural. Ao mesmo tempo, ele é o único convidado que prefere a música folclórica tradicional da Alemanha às "danças de jazz" da moda [ver **Dança**], e o único que toca seu próprio violão em vez de entregar seu corpo aos ritmos do gramofone. Möller é descrito como "um típico *Wandervogel*" — isto é, um membro de um movimento jovem protofascista. "Seus cabelos são selvagemente emaranhados, ele usa óculos com aros de chifre, tem um longo pescoço, usa meias até os joelhos e uma camisa com suspensórios. Sua ocupação regular (...) é o banco, mas ele também é uma espécie de estudioso amador do folclore e coleciona canções típicas de todas as cidades, e em todas as línguas. Ele também as canta e, a pedido de Ingrid, trouxe seu violão" (506). A preferência de Möller por calções combina com as visões de Hitler. Hitler manifestou preocupação ao pensar que calças justas poderiam ser excessivamente limitadoras para os jovens — e isso poderia pôr em risco o futuro da Alemanha: "Especialmente entre os nossos jovens, a roupa precisa ser vista no contexto da educação. O garoto que passa o verão usando calças compridas (...) perde um importante estímulo para o fortalecimento de seu corpo" (Hitler, 457).

Verbetes relacionados

Bares, Boxe, Comunicação Sem Fios, Dança, Empregados, Estrelas, Resistência, Telefones, Autenticidade versus Artificialidade, Centro = Periferia (Infinitude)

Referências

Les années-mémoire: 1926. Paris, 1988.
Adolf Hitler, *Mein Kampf* (1926). Munique, 1941.
John Kobler, *Ardent spirits: The rise and fall of Prohibition*. Nova York, 1973.
Fritz Lang, *Metropolis* (1926). Nova York, 1973.
Nicola Lepp, "Ledermythen: Materialien zu einer Ikonographie der schwarzen Lederjacke". *Österreichische Zeitschrift für Wolkstunde 5*, no. 47. 1963.
Thomas Mann, "Unordnung und frühes Leid" (1926). In *Sämtliche Erzählungen*. Frankfurt, 1963.
Michael Morris: *Madame Valentino: The many lives of Natacha Rambova*. Nova York, 1991.
Eva Orbanz, org., *Valentino: Biographie/Filmographie/Essays*. Berlim, 1979.
Dieter Reichardt, org., *Tango: Verweigerung und Trauer, Kontexte und Texte*. Frankfurt, 1984.
Revista de Occidente.
Paul Robert, org., *Dictionnaire alphabétique et analogique de la langue française*. Paris, 1967.
Phyllis Rose, *Jazz Cleopatra: Josephine Baker in her time*. Nova York, 1989.

GRAMOFONES

❦

Como um "pequeno fragmento de uma grande batalha", o livro de memórias de guerra de Ernst Jünger *Feuer und Blutt* (Fogo e sangue) descreve um assalto alemão às trincheiras ocupadas por soldados britânicos. Depois de um dia de combate selvagem, o narrador e alguns de seus companheiros fazem uma descoberta surpreendente ao explorarem os abrigos no recém-conquistado território inimigo: "No fundo da trincheira, nós descobrimos um segundo abrigo, escavado na encosta. Ele fica no nível da superfície e tem até janelas. Antes de entrarmos, demos alguns gritos, segurando granadas nas mãos e ameaçando atirá-las pela janela. Ninguém se mexe; o abrigo parece estar abandonado. Se os soldados ficavam na parte de cima, ali era certamente onde viviam os oficiais. O lugar está confortavelmente mobiliado — de certa forma, de maneira até luxuosa — e, comparado com os nossos próprios padrões, chega a parecer inacreditável. (...) Mas o que é aquilo, num canto? Um gramofone. H. rapidamente o põe para funcionar, e uma melodia alegre começa a tocar. Não, brincadeiras assim vão longe demais. Não pertencemos a este lugar, e estamos correndo um grave risco — um inglês poderia aparecer na janela a qualquer momento. Joguei o aparelho no chão. Um ruído arranhado, e então o silêncio" (Jünger, 172ss.). A atmosfera de serena sociabilidade evocada por este gramofone cria um contraste grotesco com a paisagem de morte que cerca o abrigo britânico. Mas os soldados estão realmente correndo um "risco" ao tocarem aquela "melodia alegre"? O narrador está certo ao temer que os sons atraiam o inimigo? Independente de questões sobre o que seria adequado do ponto de vista da estratégia militar, essa reação aponta uma promessa — e uma ameaça — inerentes ao próprio gramofone: o gramofone torna presentes aqueles que estão ausentes ou mortos. [ver **Imanência** = **Transcendência (Morte)**] É por isso que ele combina tanto com a paisagem de morte, e é por isso que o narrador, ao destruir e portanto silenciar o gramofone, exorciza o medo de que os inimigos voltem — como fantasmas.

Muito antes dos dias das trincheiras da Grande Guerra, os gramofones desempenharam uma importante função para os serviços secretos internacionais. [ver **Repórteres**] Em *Die Hetzjagd* (A caçada), de Egon Erwin Kisch, o diretor do serviço de inteligência austro-húngaro, coronel Umanitzky, explica com orgulho este moderno instrumento ao arquiduque Viktor Salvator, que está inspecionando as tropas: "Este aparelho é um gramofone, que será usado durante conversas importantes. Aqui está o bocal. (...) Aquilo que dissermos será transmitido por uma agulha ao disco do gramofone, onde será registrado" (Kisch, 48). Para a frustração do coronel Umanitzky, Sua Alteza Imperial não fica nem um pouco impressionada pelas vantagens práticas do gramofone. Antes, Salvator vê ali um instrumento para realizar seu desejo de, consciente de seu status, imortalizar-se como um protetor das artes e das ciências: "Instalarei um aparelho assim em casa e gravarei o que eu disser ao longo do dia. Toda tarde eu enviarei a gravação para a turma de filosofia na Academia de Ciências. Como você sabe, (...) sou um patrono da Academia de Ciências" (48). Antes de reagir às explicações de Umanitzky com esta proposta, o arquiduque se deixa levar por uma sucessão de fantasias eróticas e imagina que o armário onde fica escondido o gramofone está cheio de garrafas de champanhe. Essa associação entre música gravada, de um lado, e champanhe e mulheres chamadas para darem prazer aos oficiais, de outro, é ao mesmo tempo mais absurda e mais adequada dentro da trama tragicômica de Kisch do que a idéia do príncipe de usar o gramofone para se dirigir à Academia de Ciências. Porque o escândalo inenarrável que se oculta atrás dessas cenas é a vida privada do coronel Redl, que foi o responsável por apresentar a tecnologia contemporânea — incluindo o gramofone — ao serviço de inteligência imperial, e que, como homossexual, está agora sendo chantageado por agentes estrangeiros para vender segredos sobre o exército austríaco. [ver **Macho** = **Fêmea (Questão de Gêneros)**] A peça termina com o suicídio de Redl.

Oito anos depois do final da guerra que Kisch transformou em cenário de seu livro, uma inovação técnica importante intensifica o laço do gramofone com o sexo e a morte. Os microfones e alto-falantes estão substituindo os enormes amplificadores em forma de chifre que a incipiente indústria do disco vinha usando para gravar e reproduzir sons. O primeiro artista argentino a usar a nova tecnologia é a estrela do tango Carlos Gardel: a partir da terça-feira, 30 de novembro, todas as suas gravações serão produzidas com o uso do microfone. Ao mesmo tempo, a imprensa de Buenos Aires comenta uma mudança nas aparições públicas de Gardel: "Já faz bastante tempo desde que o *señor* Gardel se apresentou em público pela última vez. Ele vem dedicando o seu tempo exclusivamente à gravação para gramofones, que o tornou o nome mais amplamente difundido entre os fãs da música popular, não somente aqui como também na Europa (Collier, 86ss.). A introdução do microfone é a única explicação possível para o fato de que Jorge Luis Borges rotula 1926 como o ano da "degeneração do tango" (Borges, 96). Mas por que Borges veria a mais importante inovação tecnológica na história da gravação dos sons como um catalisador da decadência? Aquilo de que ele sente falta nas gravações mais recentes deve ser a sonoridade arranhada que é inevitável nas formas tradicionais de reprodução sonora. Talvez, para ele, esse rangido seja a concretização de uma perspectiva específica do gênero, na qual cada apresentação de um tango se apresenta da distância nostálgica de um mundo passado e mais autêntico. [ver **Gomina**] A maioria dos artistas que se apresentam no rádio e fazem gravações percebe que o microfone revolucionou a sua profissão. Só agora eles se tornam perfeitamente conscientes do fato de que a sua audiência não está fisicamente presente quando eles estão gravando em estúdio. Como disse um cantor, "Minha primeira experiência diante do microfone teria sido horrível, se eu não tivesse (...) trazido minha mulher para que ela ficasse perto de mim, num banquinho, onde ela substituiu a platéia da forma mais encantadora possível. Após cantar as primeiras palavras, eu esqueci que estava me dirigindo a um aparato inanimado [embora misteriosamente vivo], e imaginei que a audiência era tão amigável e calorosa como minha mulher sempre foi" (Schrader e Schebera, 185).

Concomitantemente, acontece uma mudança nas estratégias de publicidade das companhias que fabricam gramofones. Na edição de 18 de setembro da revista de Buenos Aires *Caras y Caretas*, diversos fabricantes apresentam as suas "caixas falantes", sem nenhuma variação na perspectiva ou no contexto. Os gramofones são exibidos ao lado de câmeras e projetores de uso doméstico e, surpreendentemente, as descrições dos aparelhos geralmente omitem qualquer menção à qualidade do som: "NIRONA é o gramofone ideal/ Por sua fabricação/ Por sua confiabilidade/ Por suas dimensões/ Por seu preço." Em vez de dados técnicos relacionados com a reprodução do som, nomes e rostos de artistas populares — tais como "O dueto nacionalmente celebrado GARDEL-RAZZANO" — aparecem ao lado de desenhos ou fotografias dos gramofones. Mas, menos de uma semana depois, no dia 23 de setembro, a Companhia Fonográfica Columbia publica um anúncio enorme no *New York Times* centrado exclusivamente na "maravilhosa" qualidade de som proporcionada pela nova técnica de gravação elétrica:

> A gravação elétrica é o maior avanço na arte da gravação em 20 anos. Os discos do Novo Processo de gravação da Columbia, com Gravação Viva-tonal, são absolutamente iguais às vozes e instrumentos originais. Eles têm toda a beleza, o brilho e a claridade da execução original, e também todo o volume. A voz humana é humana — natural, sem distorções. Os instrumentos são todos reais. O violino é real. O violão é um violão, e nada mais. Cada um dos instrumentos de sopro é impecável, cada um dos baixos genuíno. Até mesmo o difícil piano é mesmo um piano — e nada menos. E, além de tudo isso, a superfície maravilhosamente suave do disco foi possibilitada pelo Novo Processo da Columbia — nenhum ruído da agulha, nenhum rangido. Você não ouve nada além da música.

No mundo da música, como nos mundos da moda e da dança, os gestos corporais e seus efeitos (isto é, tocar e cantar) são associados a uma superfície suave. [ver **Dança, Gomina**] O que é ainda mais importante, o anúncio da Companhia Fonográfica Columbia prende a atenção do leitor com múltiplas tautologias que tentam negar qualquer diferença entre o som original e a reprodução tecnologicamente avançada. Considerados em conjunto, este elogio da "gravação elétrica" e a nova consciência que os intérpretes têm da distância que os separa de seu público formam um estranho paradoxo: quanto mais os artistas se tornam visualmente conscientes da distância entre eles e seu público, menos os ouvintes se dão conta de que a ausência dos intérpretes tem conseqüências acústicas. Em outras palavras, quanto mais ausentes estão os corpos dos músicos, mas presente está a sua música. É este o efeito que a pianola vinha prenunciando há anos. O movimento misterioso de suas teclas aponta para um corpo que está simultaneamente ausente e presente.

Regularmente, o gramofone é associado à morte — e, algumas vezes, até ao assassinato. Esta associação pode ser feita intuitivamente, como nas imagens radicais evocadas pela poesia de Johannes Becher: [ver **Montanhismo, Assassinato**]

> Oh,
> Amor ambíguo! (...) Coros de gramofone
> Lamuriando-se nos ventos da quimera! Oh,
> Canção sagrada, uma vez entre eles, que
> Ecoa além das montanhas através da neve brilhante (...)
> E os companheiros da vítima do assassinato
> Sobem a montanha agora, com os chapéus pretos da taverna,
> Até o abrigo da sepultura, à meia-noite
> Como um barril de bebida (...)
>
> (Becher, 90, 93)

Em contrapartida, para Thomas Mann, preocupado com o tempo que ele gasta ouvindo música clássica na vitrola, a relação entre a morte e o gramofone (que ele chama de "pequeno caixão feito com madeira de violino") se torna um objeto de reflexão explícita, nos primeiros manuscritos de seu romance *Der Zauberberg*, ou *A montanha mágica* (Kolbe, 379). E, na sua novela *Unordnung und frühes Leid*, é o som — e o silêncio — do gramofone que movimenta a festa dançante dos jovens na casa do professor Cornelius. O gramofone toca todo tipo de música — com a exceção explícita de melodias folclóricas espanholas. [ver **Tourada, Jazz, Autenticidade versus Artificialidade**] Portanto, pode não ser por acidente que o cineasta espanhol Luis Buñuel só se torne um colecionador de discos ao se mudar de Madri para Paris: "Foi em Paris que eu realmente aprendi a dançar corretamente. Tive aulas de dança e aprendi tudo. (...) Eu gostava acima de tudo de jazz, e tocava o meu banjo sem parar. Eu tinha pelo menos 60 discos, um número considerável naquela época" (Buñuel, 75).

Estabelecendo o ritmo dos estilos de dança e de socialização que não são mais baseados na expressão de emoções e pensamentos, o gramofone é um elemento indispensável da vida moderna. [ver **Dança**] Mas como um emblema da modernidade estética, ele também desperta uma resistência que, por sua vez, define as desavenças entre gerações e culturas. [ver **Presente versus Passado**] "Somente nós ainda estávamos dançando, e continuamos a dançar até que *Herr* Roux e o Corso Anglo-Saxão (...) não apenas se recusaram a dar corda no gramofone como insistiram que nós devíamos parar de incomodar com a nossa música os convidados que estavam dormindo" (Schickele, 331). Para o filósofo Theodor Lessing, comprometido com as agendas políticas mais progressistas e com os valores culturais mais conservadores de seu tempo, não existe nada pior que o barulho da vida moderna: "Num determinado momento, decidi roubar um relógio de bolso — com a esperança de ser preso. Na prisão, terei pelo menos algum descanso dos tapetes sendo batidos, dos pianos, das buzinas dos automóveis, dos gramofones e dos telefones" (Lessing, 401). [ver **Automóveis, Telefones, Silêncio versus Barulho**] Aqueles que compartilham da aversão de Lessing à cacofonia da vida moderna ficam ainda mais desgostosos com a forma como a música reproduzida "eletricamente" e poemas produzidos em massa estão substituindo o que eles consideram ser as formas autênticas da literatura e da cultura.

> A cada duas semanas, alguém faz uma enquete: "Quem é o poeta mais popular deste ano?" A resposta a esta pergunta é sempre inadequada. Os poetas com os quais estamos familiarizados não devem sequer ser levados em consideração. Nem Rilke nem Cäsar Flaischlen, nem Goethe nem Gottfried Benn, e sim Fritz Grünbaum ("Se você não consegue fazer isso, deixe-me tentar!"), Schanzer e Welisch ("Se você vir minha tia"), Beda ("Bananas, entre todas as coisas!"), dr. Robert Katscher ("Madonna, você é mais bela que o pôr-do-sol") — e quem mais? Ainda alguns poucos, antes que Flaischlen, Rilke e Benn entrem na lista. *Os 222 sucessos mais recentes* — é esta a antologia poética mais difundida. A cada dois meses, o seu conteúdo é revisto e atualizado. A coisa toda custa cerca de 10 pfennigs. (Siemsen, 256; Kittler, 127)

Por que ninguém se opõe às orquestras clássicas ou às canções folclóricas? Por que apenas o gramofone provoca emoções fortes e polêmicas sem fim? O entusiasmo e a irritação que ele gera originam-se de uma mesma e única causa. Ao produzir sons humanos na ausência de corpos humanos, o gramofone inspira ao mesmo tempo o medo dos fantasmas e a esperança da vida eterna.

Verbetes relacionados

Automóveis, Assassinato, Dança, Gomina, Jazz, Montanhismo, Repórteres, Telefones, Tourada, Autenticidade versus Artificialidade, Presente versus Passado, Silêncio versus Barulho, Macho = Fêmea (Questão de gêneros), Imanência = Transcendência (Morte)

Referências

Johannes R. Becher, *Maschinenrhythmen*. Berlim, 1926.
Jorge Luis Borges, "Historia del tango". In Borges, *Prosa completa*, vol. 1. Madri, 1985
Luis Buñuel, *Mein Letzter Seufzer*. Frankfurt, 1985).
Caras y Caretas.
Simon Collier, *Carlos Gardel: Su vida, su música, su época*. Buenos Aires, 1986.
Ernst Jünger, *Feuer und Blut: Ein kleiner Ausschnitt aus einer grossen Schlacht* (1926). Hamburgo, 1941.
Egon Erwin Kisch, *Die Hetzjagd: Eine Tragikomödie in fünf Akten des K.u.K. Generalstabs*. In Kisch, *Hetzjagd durch die Zeit*. Berlim, 1926.
Friedrich Kittler, *Grammophon, Film, typewriter*. Berlim, 1986.
Jürgen Kolbe, org., *Heller Zauber: Thomas Mann in Munich, 1894, 1933*. Berlim, 1987.
Theodor Lessing, "Die blauschwartze Rose" (1926). In *Ich warfe eine Flaschenpost ins Eismeer der Geschichte: Essays und Feuillettons, 1923-1933*. Neuwied, 1986.
Thomas Mann, "Unordnung und frühes Leid" (1926). In *Sämtliche Erzählungen*. Frankfurt, 1963.
New York Times.
René Shickele, *Maria Capponi*. Munique, 1926.
Bärbel Schrader e Jürgen Schebera, orgs., *Kunstmetropole Berlin, 1918-1933: Die Kunststadt in der Novemberrevolution/ Die 'goldenen' Zwanziger / Die Kunststadt in der Krise*. Berlim, 1987.
Hans Siemsen, "Die Literatur der Nichtleser" (1926). In Anton Kaes, org., *Weimarer Republik: Manifeste und Dokumente zur deutschen Literatur, 1918-1933*. Stuttgart, 1983.

GREVES

....

❦

O Congresso de Sindicatos Britânicos anuncia que à meia-noite os trabalhadores das indústrias da tipografia, do ferro, do aço, da química, do gás, da eletricidade, da construção civil, da ferrovia e dos transportes vão aderir à greve dos mineiros de carvão, iniciada no dia 1º de maio. Como uma "greve geral" com mais de dois milhões de participantes, esta parece ser a realização de um antigo sonho para os teóricos da esquerda: o sonho de paralisar a sociedade, retirando o suporte daquelas classes de trabalhadores que são as menos admiradas e as mais miseravelmente remuneradas.

Por muitos meses a cena política da Grã-Bretanha foi dominada pela ameaça deste acontecimento. No ano anterior, os proprietários das minas de carvão anunciaram sua intenção de aumentar a duração da jornada de trabalho (atualmente de sete horas e meia) e, simultaneamente, diminuir salários. [ver **Relógios**] Os sindicatos dos mineiros não apenas manifestaram sua disposição de sequer discutir estas propostas; eles também substituíram acordos regionais, que mantinham os salários baixos, por um pacto nacional unificado. Nesta situação de conflito irreconciliável, o governo teve que intervir como árbitro. Ele ofereceu subsídios para manter o nível salarial dos mineiros e formou uma comissão de especialistas para conduzir um estudo aprofundado da indústria do carvão britânica. No dia 10 de março esta comissão elabora uma recomendação que ganha o caráter de um compromisso, o que não é surpreendente. Ela sugere, como uma obrigação a ser imposta aos proprietários, uma reorganização radical dos locais de produção e traz argumentos contra o aumento da jornada de trabalho. Por outro lado, a comissão considera inevitáveis os cortes salariais e não reconhece a necessidade de um acordo nacional unificado. Como nenhuma das partes em conflito está disposta a fazer um acordo nestas bases, e como o relatório também acaba convencendo o governo a cortar os subsídios no dia 1 de maio, os trabalhadores acabam sendo prejudicados e, portanto, começam a greve. Representando os mineiros do carvão, o Congresso dos Sindicatos agora assume as negociações com o governo — ameaçando aderir, com todas as suas subseções, a uma greve geral. No dia 3 de maio, o governo cancela as negociações: alguns funcionários do *Daily Mail* se recusaram a imprimir um artigo contendo críticas aos sindicatos, e os representantes do governo interpretaram este gesto como o início de uma greve geral. Poucas horas depois, o primeiro-ministro Stanley Baldwin declara num discurso parlamentar que, desde a Revolução Gloriosa, a Inglaterra nunca esteve tão perto de uma guerra civil (*Chronik*, 90; Parker, 121ss.).

Apesar dessas palavras solenemente ameaçadoras, nenhuma das três partes envolvidas parece acreditar que uma dramatização do conflito será capaz de produzir resultados novos. Por vários meses, o governo vinha fazendo estoques de comida e carvão. Como chanceler do Tesouro, Winston Churchill preparou um detalhado plano de emergência que inclui a formação de um comitê de fura-greves, a manutenção dos principais serviços de transporte e a produção e a distribuição nacional, através de aviões, de um panfleto intitulado *British Gazette* (Gilbert, 474ss.). O tom da *British Gazette* é tão conciliatório, e suas reportagens sobre a disposição dos trabalhadores a voltarem à mesa de negociações são tão otimistas, que a opinião pública logo começa a se deslocar do apoio ao governo para o apoio aos mineiros. No dia 12 de maio, o Congresso dos Sindicatos suspende a greve geral. Mas isto apenas complica a situação: "Hoje, depois da interrupção da greve geral, as dificuldades são provavelmente ainda maiores do que no primeiro dia da greve. Os proprietários, ou pelo menos certos círculos de proprietários, transformaram o fracasso da greve geral numa oportunidade de contra-ataque. Eles afirmam que a greve geral foi uma violação da lei, já que os trabalhadores romperam seus contratos. Agora os industriais afirmam terem a lei a seu lado, quando se trata de elaborar novos contratos e de deixar de fora quem eles quiserem. (...) Esta tática criou um estado de tremenda agitação entre os trabalhadores" (*Berliner Volks-Zeitung*, 14 de maio).

A luta entre mineiros e proprietários continua por mais seis meses; e, a partir de setembro, ambas as partes rejeitam qualquer mediação por parte do governo, cuja frustração é expressada por Churchill em termos incomumente duros: "Essa gente se acha mais forte do que o Estado, mas isto é um erro" (Gilbert, 479). No dia 19 de novembro, o sindicato dos mineiros de carvão acaba aceitando um acordo que beira a capitulação. Se os mineiros conseguem manter a jornada de trabalho em sete horas e meia, por outro lado eles concordam com um corte salarial de cerca de 10% e desistem das reivindicações por um acordo nacional unificado (*Chronik*, 181). Mas, embora os proprietários tenham vencido a batalha, eles podem ter perdido a guerra. Essa luta trabalhista na Grã-Bretanha, que durou mais da metade do ano, enfraqueceu a indústria do carvão britânica em relação a seus concorrentes no continente, e a experiência da greve geral convenceu até mesmo alguns dos políticos mais conservadores de que eles não podem prestar apoio incondicional ao capital (Parker, 121-122).

Os acontecimentos na Grã-Bretanha, que são vistos como um teste de laboratório para o futuro sociopolítico do planeta, atraem a atenção internacional. Leon Trotski, cuja perda de influência e poder culmina com a sua exclusão do Politburo soviético em outubro (*Chronik*, 166), interpreta a greve geral na Grã-Bretanha como a confirmação definitiva do seu conceito de revolução permanente, reforçando a sua crença de que o Partido Soviético deveria apoiar esses episódios onde quer que eles aconteçam. Mas, em vez de tentar compreender o fracasso dos trabalhadores e seus sindicatos na batalha, em vez de fazer um esforço intelectual que provavelmente o obrigaria a rever a sua posição política e teórica, Trotski cede à tentação de atribuir o resultado da greve geral ao seu rival Stalin. Ele o critica por ter apoiado os representantes errados dentro do movimento comunista britânico: "Se a greve geral deu razão aos prognósticos marxistas, derrotando as avaliações domésticas dos reformistas britânicos, o comportamento do Conselho Geral durante a greve geral significou o colapso das esperanças de Stalin" (Trotski, 525-526). Esta é uma visão limitada, que revela como o ressentimento pessoal de Trotski prevalece sobre suas visões políticas; mais ainda, ele omite uma óbvia questão-chave — qual seja, saber se as condições socioeconômicas que possibilitaram a ascensão da teoria marxista da luta de classes ainda vigoram e podem ser dadas como certas.

Por mais de cinco anos, a taxa de desemprego na Grã-Bretanha oscilou entre um mínimo de 11% e um máximo de 16%. As exportações de matérias-primas e produtos de absolutamente todos os setores da indústria caíram drasticamente, especialmente em comparação àquelas dos Estados Unidos e dos principais países da Europa continental. Particularmente na indústria do carvão, o número de trabalhadores está em queda constante. Este complexo quadro negativo se deve sobretudo aos efeitos de longo prazo da Grande Guerra no mercado internacional, e, como sugerem alguns economistas, ao fato de o Tratado de Versalhes ter complicado a economia mundial. A crise é especialmente severa na Grã-Bretanha, porque o seu parque industrial está tecnologicamente ultrapassado, e porque os proprietários britânicos oferecem uma enorme resistência às grandes inovações (Parker, 111ss.). [ver **Linhas de Montagem**] Carecendo de formas legalmente aceitáveis de intervir na economia nacional, o governo britânico se esforça para revitalizar o mercado internacional, retornando ao padrão-ouro e à taxa cambial entre a libra e o dólar que vigorava antes da guerra. Mas se essas medidas desviam um crescente fluxo de capital para os bancos britânicos, elas também diminuem as exportações, que sofrem com a supervalorização da moeda britânica.

Nestas circunstâncias, parece preferível para os proprietários enfrentar uma completa paralisação de um setor industrial do que constantemente regular e diminuir o nível de produtividade sem poder diminuir os salários. A menos que tentem fazer uma revolução proletária, os trabalhadores têm que confiar mais nos apelos à responsabilidade ética e social de seus governantes [ver **Assassinato**] do que no poder ameaçador das greves — que na realidade já não ameaçam mais. Dos dois lados do conflito político, certos conceitos da ideologia da luta de classes começam a parecer relíquias de um passado remoto. [ver **Liga das Nações**] Numa palestra na Verein Deutscher Studenten (Associação dos Estudantes Alemães) no dia 6 de julho, o secretário de Relações Exteriores Gustav Stresemann declara que tomar uma atitude superior e arrogante em relação à classe trabalhadora é um legado perigoso do período pré-guerra: "E existe um outro fenômeno, que eu considero em grande medida responsável pela alienação entre o operário socialista e o burguês — isto é, a atitude totalmente equivocada das classes sociais elevadas, que se distanciam de tudo o que diga respeito ao movimento operário, que se baseia num ressentimento de classe, mais do que em dogmas. [Podemos lembrar cenas nas quais] um estudante, ainda com conceitos acadêmicos sublimes e canções da escola em seu ouvido, vai para a guerra e encontra um operário. Ele sente: 'Você e eu somos estranhos; nós não pertencemos ao mesmo grupo'" (Stresemann, 277-278). Embora, naturalmente, Stresemann conheça a luta em curso entre os trabalhadores e os proprietários na indústria do carvão, ele parece sentir inveja da Grã-Bretanha, onde, em contraste com a Alemanha, a mediação política entre grupos antagônicos é possível "porque, apesar da oposição e dos conflitos de opiniões entre Baldwin e Chamberlain, de um lado, e MacDonald do outro, a fratura entre a classe dominante e a classe subordinada é muito menos drástica do que na Alemanha do pré-guerra" (278-279).

O mais alto valor em nome do qual Stresemann defende um novo espírito de reconciliação — e através do qual os políticos britânicos justificam as suas intervenções durante os dias da greve geral — é aquele do bem-estar de toda a nação. É exatamente do mesmo ângulo que Adolf Hitler sugere uma redefinição radical do conceito de "greve". Ele já não vê as greves como uma arma dos proletários na luta de classes, mas considera que elas são um dispositivo para aprimorar a economia nacional: "Para o sindicato nacional-socialista, (...) a greve não é um meio de atacar e destruir a produção nacional, mas uma estratégia de se fazer dinheiro lutando contra as más condições que, por causa de seu caráter anti-social, reduzem o desempenho da economia e assim comprometem a existência de toda a comunidade. (...) O empregado nacional-socialista precisa se dar conta de que uma economia nacional florescente leva à sua própria felicidade material. (...) O empregado e o empregador nacional-socialista são ambos representantes e porta-vozes de uma mesma unidade nacional" (Hitler, 676). [ver **Empregados, Individualidade versus Coletividade**] Embora Hitler tome o cuidado de anunciar que as greves serão desnecessárias — e portanto ilegítimas — no futuro Estado nacional-socialista, e embora ele admita abertamente que a sua simpatia pela situação difícil dos trabalhadores seja motivada por seu desejo de conquistar o seu apoio para o Partido Nacional Socialista, as suas reações à nova situação trabalhista são muito mais analíticas do que as de Stresemann, que parece interessado exclusivamente em minimizar qualquer tipo de conflito, sem se dar conta do impacto potencialmente revitalizador desses confrontos para a economia nacional. Hitler, em contrapartida, não apenas é capaz de identificar os aspectos positivos das greves, como também propõe uma distinção entre o "valor material" e o "valor ideal" do trabalho. Com base nesta dicotomia, ele tenta combinar o fortalecimento da motivação individual através de uma hierarquia de níveis de renda com a criação de um espírito coletivo de solidariedade: "A compensação material será dada àqueles cujo trabalho for produtivo para a comunidade; a compensação espiritual, porém, precisa se basear na alta estima que cada pessoa merece, ao devotar os seus talentos individuais à coletividade da nação. Não é uma desgraça ser um operário, mas certamente é uma desgraça ser um servidor público que rouba o seu trabalho de Deus e o seu pão diário do povo" (484).

Stresemann, Hitler e o governo britânico reagem às profundas transformações que estão ocorrendo nos sistemas social e econômico. Mas, ao fazê-lo, eles continuam confiando no padrão clássico de um antagonismo "natural" entre trabalho e capital. O economista britânico John Maynard Keynes, em contrapartida, publica um pequeno livro intitulado *O fim do laissez-faire*, que esboça uma distribuição de papéis e funções muito diferente e mais complexa, dentro das economias nacionais (Skidelsky, 225ss.). Keynes parte da tese de que a crença do capitalismo na motivação individual e nas forças auto-reguladoras do mercado, bem como a confiança do socialismo na eficiência política das greves e na possibilidade definitiva de uma revolução proletária nasceram de uma situação particular da economia mundial — uma situação que era caracterizada por três formas diferentes de equilíbrio: um balanço entre capital e trabalho, um balanço entre poupança e consumo e um balanço no comércio entre os Estados Unidos e a Europa. Com o desaparecimento deste cenário, ele vê os "corpos semi-autônomos" das grandes companhias ganharem os contornos de agentes decisivos entre o corpo coletivo abrangente do Estado, de um lado, e os trabalhadores e proprietários, do outro (227). Como Keynes está convencido de que os economistas responsáveis por estes corpos semi-autônomos estão se distanciando cada vez mais da participação no processo político e se especializando cada vez mais na ciência e na tecnologia, ele defende a tese de que eles merecem assumir a liderança da sociedade. Se a sua proposta parece, em parte, apenas uma variação da idéia familiar de que a liderança se associa ao ponto no qual convergem a individualidade e a coletividade [ver **Engenheiros, Estrelas, Individualidade = Coletividade (Líder)**], o modelo de Keynes é na verdade muito diferente do tradicional: mais do que identificar este ponto de convergência com o Estado ou com um político, ele acredita que os partidos políticos e o Estado deveriam abster-se de intervir na economia. "Com as questões técnicas removidas da guerra dos partidos, o debate político (...) se daria muito mais fortemente em torno da natureza da sociedade ideal do futuro" (228). [ver **Liga das Nações**]

Como as análise de Keynes deixam para trás o modelo ainda geralmente aceito da luta de classes, ele parece altamente confuso para os seus leitores.

Uma resenha da tradução alemã do seu livro, publicada pelo jornal social-democrata *Vorwärts* no dia 1º de agosto, começa pressupondo, com base na crítica de Keynes ao socialismo, que ele deve ser um partidário do capitalismo. Como se isto fosse contrário às intenções de Keynes, o texto passa em seguida a argumentar que o seu conceito de capitalismo, em vez de acompanhar o modelo do século XIX, se aproxima de um novo tipo de socialismo, que já está sendo praticado pelo Partido Social-Democrata alemão: "Abordando vários tipos de capitalismo, Keynes, como o cavalheiro burguês de Molière, aparentemente não sabe que está falando uma prosa quase socialista, ou então ele finge ignorar isso para evitar críticas." No final, *Vorwärts* se sente tão fortemente obrigado a descobrir uma diferença entre a política social-democrata e o novo estilo de pensamento econômico de Keynes que acaba voltando ao discurso mais tradicional da luta de classes: "Na realidade, o capitalismo dócil de Keynes não é nada mais do que o socialismo desprovido de grandes ideais ou perspectivas — em outras palavras, sem a essência do socialismo proletário. (...) O socialismo não é meramente uma questão econômica, um problema de 'distribuição material mais eqüitativa'. Ele é igualmente uma questão sobre a ascensão das massas rumo à autodeterminação e à liberdade de escolha, mesmo no setor econômico. As massas anseiam não apenas por uma maior satisfação de suas necessidades materiais, mas também por uma nova ordem social cuja harmonia consistirá na ausência de distinções de classe. A autêntica meta do socialismo é a abolição das classes, a sociedade sem classes." Enquanto isso, os mineiros de carvão britânicos estão aprendendo que a realidade econômica não tem lugar para estas esperanças utópicas.

Verbetes relacionados

Aviões, Assassinato, Empregados, Engenheiros, Estrelas, Liga das Nações, Linhas de Montagem, Relógios, Individualidade versus Coletividade, Individualidade = Coletividade (Líder)

Referências

Berliner Volks-Zeitung.
Chronik, 1926: Tag für Tag in Wort und Bild. Dortmund, 1985.
Martin Gilber, *Churchill: A life*. Nova York, 1991.

Adolf Hitler, *Mein Kampf* (1926). Munique, 1941.
R.A.C. Parker, *Das zwanzigste Jahrhundert, I: 1918-1945*. Frankfurt, 1967.
Robert Skidelsky, *John Maynard Keynes: The economist as savior, 1920-1937*. Nova York, 1994.
Gustav Stresemann, "Student und Staat: Rede vor dem Verein Deutscher Studenten" (Berlim, 7 de julho de 1926). In Stresemann, *Reden und Schriften: Politik, Geschichte, Literatur, 1897-1926*, vol. 2. Dresden, 1926.
Leon Trotski, *My life: An attempt at an autobiography*. Nova York, 1970.
Vorwärts: Berliner Volksblatt — Zentralorgan der Sozialdemokratischen Partei Deutschlands.

JARDINS SUSPENSOS

❦

Só existem poucos intelectuais franceses que, como Paul Morand, admitem estar interessados nos fenômenos culturais associados ao capitalismo americano. Entre as muitas coisas que fascinam Morand nos Estados Unidos e no Canadá, estão os grandes edifícios, que têm um lugar de destaque no seu livro de viagens *Rien que la terre*. Esforçando-se para encontrar uma linguagem que corresponda ao status destes edifícios como emblemas da vida moderna e da glamourosa Nova Sobriedade, ele descreve os arranha-céus do centro de Manhattan como "elevando 50 histórias mágicas, como torres astrológicas dos Caldeus, para acompanharem mais de perto a estrela do dólar" (Morand, 16). [ver **Sobriedade versus Exuberância**] Esta comparação entre os arranha-céus de Nova York e as estruturas da antiga Mesopotâmia, construídas para observações astrológicas, pode ser tecnicamente inadequada, mas é coerente com um padrão popular de experiência dual. Morand atribui funções econômicas modernas àquelas maravilhas arquitetônicas e à sua enorme complexidade interna [ver **Elevadores**], mas ele extrai o modelo de sua analogia do conhecimento que tem do mundo antigo.

Depois de atravessar a América do Norte num trem expresso [ver **Ferrovias**], Morand chega a Vancouver, onde faz o primeiro gesto que se tornou obrigatório para os turistas europeus: "Subo até o décimo sexto andar e vou até o topo do Hotel Vancouver. Lá existe um terraço, onde, limitadas por uma faixa de fuligem, crescem flores, que encontram o caminho para um coração inglês mais rapidamente do que qualquer palavra. O anfiteatro azul das Rochosas sempre apresenta o mesmo espetáculo, que é a própria cidade. O círculo só é quebrado por um gargalo de garrafa torcido, que dá acesso ao Pacífico" (21). Por diversas razões, Morand experimenta o terraço de seu hotel em Vancouver como um espaço ambivalente. Ele pertence ao arranha-céu e, portanto, faz parte das conquistas admiráveis do *homo faber*. [ver **Engenheiros**] Mas também oferece uma visão da natureza circundante. Esta "natureza" é ela própria ambígua porque, embora seja a natureza sublime da costa do Pacífico, ela também funciona como um cenário para a paisagem urbana de Vancouver. E esta dupla ambigüidade ainda é reforçada por um terceiro elemento, que decorre da localização geográfica da cidade, no limite da civilização ocidental, entre o continente norte-americano e o Pacífico: "Esta é a 'Terra Final' do Ocidente" (23). Reunindo estes diversos contrastes entre a civilização e a natureza num espaço de simultaneidade, os terraços dos aranha-céus são o espaço ideal para um paradoxo. Eles são freqüentemente transformados em jardins suspensos, e enquanto jardins suspensos eles ostensivamente exibem a natureza como um artifício. [ver **Centro = Periferia (Infinitude)**]

Embora a cidade do filme *Metrópolis*, de Fritz Lang, não contenha um jardim suspenso, o seu espaço vertical é estruturado de acordo com os mesmos princípios organizacionais evocados por Morand. Dos andares superiores dos arranha-céus da Metrópolis, o trabalho industrial e a produção do capital são constantemente monitorados. Aqui reside John Fendersen, o Mestre de Metrópolis, ele próprio um elemento funcional dentro da extraordinária complexidade interna dos edifícios e do espaço urbano: [ver **Empregados**] "Damos mais uma olhada nas ruas, que pareciam desfiladeiros. Muito acima de qualquer outro prédio, pavimento após pavimento, brilha o edifício conhecido como a 'Nova Torre de Babel'. No centro cognitivo desta Nova Torre de Babel vive o homem que é, ele próprio, o cérebro de Metrópolis. (...) A cena se desloca para um imenso escritório. Através de uma enorme janela, pode-se ver a cidade ao fundo, enquanto no primeiro plano aparece uma espaçosa escrivaninha em forma de semicírculo, com relógios e material de escritório, e um par de confortáveis poltronas com uma mesa entre elas. Um homem magro e de aspecto macilento (...) atravessa a sala, balançando um dedo como se estivesse ditando algo para a secretária, que não aparece na tela" (Lang, 35). Ainda mais alto que este escritório, na verdade mais alto que a cidade inteira, surgem duas estruturas gigantescas: o Estádio Masterman, construído pelos ricos pais de Metrópolis para os seus filhos, e o Eternal Gardens ("Jardins Eternos"), clube onde os jovens buscam diversão. Consistindo em estalactites e samambaias, a natureza artificialmente produzida do Eternal Gardens traz a mesma conotação de coisa arcaica que os arranha-céus do texto de Morand ("torres astrológicas dos Caldeus") e o prédio onde fica o escritório de Fredersen ("Nova Torre de Babel"). A ambigüidade intrínseca do Eternal Gardens como um espaço fronteiriço entre a natureza e a civilização tecnológica da cidade é sublinhada pelo seu teto, que, embora cubra por inteiro o elegante clube, é transparente e brilhante como uma membrana: "Banhado pela luz do sol, o teto de vidro leitoso sobre Eternal Gardens parecia uma opala. (...) Estranhas estalactites sobem até o teto em espirais. Há samambaias e plantas por toda parte" (23-24).

Enquanto os jardins suspensos constituem uma esfera de luxúria, e os andares superiores dos arranha-céus são reservados para a observação dos sistemas, os terraços sem natureza artificial são os espaços onde a cultura se depara com o céu como seu ambiente infinito. É por isso que os grandes terraços exercem uma atração magnética nos arquitetos. Os arquitetos pertencem ao meio ambiente dos prédios, já que os constroem, mas eles também cumprem tarefas específicas relativas ao funcionamento interno do edifício. [ver **Engenheiros**] Durante uma visita a Nova York, Le Corbusier freqüentemente sobe à noite ao terraço do edifício onde mora um amigo, deixando-se hipnotizar pelas impressionantes silhuetas de Manhattan (Hawes, 219). A versão diurna deste panorama nova-iorquino aparece em duas aquarelas de Edward Hopper, nas quais o arranjo aleatório de parapeitos, chaminés, cartazes e enormes caixas d'água da paisagem urbana parece mimetizar a natureza. A convergência e as tensões entre a tecnologia e a natureza são um elemento comum na obra de Hopper, que reúne terraços, trilhos de trem cruzando o campo e navios a vapor lutando contra as ondas do oceano (Levin, 239-240, 265-266, 176ss.). Enquanto isso, os jornais alemães noticiam a construção dos primeiros arranha-céus em centros históricos do país. Entre estes, o prédio de 17 andares Wilhelm-Marx-Haus, em Düsseldorf, destaca o seu terraço, cercando-o com uma galeria semitransparente, de dois andares (*Chronik*, 56).

Como regra geral, porém, o exterior desses novos edifícios é "neutro". Quando Rosario Canela, uma estrela entre os arquitetos de Nova York, projeta o prédio do número 101 Leste da rua 72 como um "*palazzo* de 13 andares, cor de limão e tijolo", a sua intenção é preencher o interior do edifício com combinações de "apartamentos simples, duplexes e maisonettes com entradas privativas, coberturas e apartamentos no terraço (incluindo um triplex com 15 quartos e um elevador privativo)" (Hawes, 225ss.). O desenvolvimento arquitetônico desses enormes edifícios alcançou o estágio de terem apartamentos com o tamanho e o modelo de casas. Os arranha-céus se tornam assim parte do meio ambiente de outras construções, ocupando uma esfera e preenchendo uma função tradicionalmente reservada à natureza. Esta é uma perspectiva que torna mais coerente as flores, plantas e árvores que crescem nos terraços dos arranha-céus. Os apartamentos com mais de um andar são tão elegantes, como verdadeiras casas dentro de casas, que "o arquiteto de apartamentos é o homem da hora". Em seu segundo ano de existência, a revista *New Yorker* traz "uma coluna regular, chamada ora de 'Duplex' ora de 'Penthouse', que [analisa] profundamente os novos prédios da cidade" (Hawes, 221). A publicidade de empresas administradoras de bens imobiliários confirma o status deste modismo como uma realidade cotidiana concreta. No *New York Times* de 21 de setembro, a firma de Pease e Elliman oferece "Apartamentos duplex com terraço e jardim" na avenida Madison, 210, com "salões enormes e tetos altos", e incluindo "serviços domésticos completos". Slawson e Hobbs anunciam um "Duplex de nove quartos no décimo quinto andar" e um "Bangalô com terraço, 11 quartos e quatro banheiros, na avenida West End, 227, "com vista para a mansão Schwab". Esta ostentação de espaço — dentro do espaço circunscrito de um grande apartamento e na zona fronteiriça de seu encontro com a natureza — merece o termo "excepcionalmente refinado".

Nenhum outro espaço sintetiza as tensões entre a natureza e a civilização, entre o exterior e o interior, entre a autenticidade e a artificialidade com a mesma intensidade que o jardim suspenso. Assim, quando Jack Dempsey organiza uma luta de boxe em julho, entre o seu amigo Rodolfo Valentino e um jornalista esportivo [ver **Boxe, Repórteres**], provocada por artigos sobre as "inclinações homossexuais" de Valentino, este ato público de negociação entre uma sexualidade vista como "não-natural" e uma virilidade desejada como "natural" [ver **Macho = Fêmea (Questão de Gênero)**] só pode ser encenado num jardim suspenso. O escolhido é o do terraço do Hotel Ambassador, em Nova York (Orbanz, 128).

Verbetes relacionados

Americanos em Paris, Boxe, Elevadores, Empregados, Engenheiros, Ferrovias, Repórteres, Autenticidade versus Artificialidade, Sobriedade versus Exuberância, Macho = Fêmea (Questão de Gênero)

Referências

Chronik, 1926: Tag für Tag in Wort und Bild. Dortmund, 1985.
Elizabeth Hawes, *New York, New York: How the apartment house transformed the life of the city, 1869-1930.* Nova York, 1993.
Fritz Lang, *Metropolis* (1926). Nova York, 1973.
Gail Levin, *Edward Hopper: The art and the artist.* Nova York, 1980.
Paul Morand, *Rien que la terre: Voyage.* Paris, 1926.
New York Times.
B. Orbanz, org., *There's a new star in heaven — Valentino: Biographie, Filmographie, Essays.* Berlim, 1979.

JAZZ

· · · · ·

❦

Durante a última entrevista coletiva de Jack Dempsey em sua academia de treinamento em Atlantic City, N.J., na quarta-feira, 22 de setembro, 24 horas antes da luta pelo título mundial com Gene Tunney [ver **Boxe**], o campeão mundial dos pesos-pesados está ansioso para mostrar que tem os gostos refinados de um cavalheiro desocupado:

> Dempsey estava vestindo um paletó cinza, um jaquetão trespassado, uma calça branca e uma gravata azul. Enquanto a entrevista prosseguia, uma caminhonete estacionou, e dois homens entraram na casa para retirar os artigos que não faziam parte da casa mobiliada que o campeão alugou, pois Dempsey já tinha encerrado a temporada no seu domicílio de Atlantic City. A primeira coisa que os operários retiraram foi um rádio de armário com alguns discos Victoria dentro. "Estes discos ficam, rapazes", o campeão exclamou quando os homens começavam a apanhá-los. "Deixem-nos sobre a mesa, por enquanto." Dempsey explicou que continuava um aficionado dos discos de jazz e, de vez em quando, de uma valsa. "Às vezes eles são um grande consolo" (*New York Times*, 23 de setembro)

É claro que o entusiasmo de Dempsey pelo jazz faz parte de uma bem calculada imagem de mídia. Por um lado, esta imagem precisa combinar com a sua reputação de "Martelo de Manassa" como a encarnação de uma força física elementar. Por outro lado, existe um esforço para se apresentar o campeão como uma alternativa a Tunney, que é famoso por gabar-se de seus gostos sofisticados: "Depois do jantar (...), ele se retirou para o seu quarto e a sua literatura" (*New York Times*, 23 de setembro). O jazz é talvez a única forma da cultura que combina os atributos do gosto sofisticado e da força física bruta. Mas pode-se realmente acreditar na declaração de amor de Dempsey ao jazz se ele admite, ao mesmo tempo, que às vezes substitui o jazz pela valsa?

Seja qual for a verdade, o branco campeão mundial dos pesos-pesados não é a única figura pública a alardear a sua admiração pelo jazz, que agora é recebido em geral como uma expressão da cultura afro-americana (Fordham, 20). Muitos escritores — especialmente na Europa — prefeririam declarar publicamente ter o mesmo gosto de Jack Dempsey que o de Gene Tunney. O herói de "Eine kleine Versicherungsgeschichte" (Uma pequena história sobre seguros) acha que ouvir jazz, ao lado de atividades como consumir bebidas fortes e café em grandes quantidades e freqüentar os teatros de revista da metrópole, é uma forma de aumentar o seu nível de energia [ver **Bares, Revistas**]: "Ele vinha estimulando a sua pequena vitalidade com todos os tipos de jazz" (Brecht, 170). O poeta Johannes Becher dá um passo adiante neste tema da conexão entre a música e a energia corporal, quando, num texto sobre prostitutas ("Dirnen"), ele escreve que a música cigana e o jazz estabelecem ritmos diferentes para o intercurso sexual:

> Carne
> amassando-nos até virarmos alimento: nós,
> abraçando-nos, estávamos nos dissolvendo um no outro,
> pastosos (...), exalando
> sons: violinos ciganos! E batendo as articulações
> num remoinho de ossos: a banda de jazz.
> (Becher, p. 75)

O sexo fisicamente realizador é o sexo que foi "estimulado" pelo ritmo de outras culturas, e enquanto os ritmos da música cigana são associados à lascívia ("exalando sons"), o jazz sugere destruição ("batendo as articulações").

Embora o jazz como conceito e metáfora invariavelmente evoque cenas nas quais o corpo humano se une a ritmos fortes [ver **Linhas de Montagem, Dança, Empregados**], ele certamente não pertence àquela série de formas culturais que regularmente opõem a superfície à profundidade, e o movimento puro à expressão. [ver **Autenticidade versus Artificialidade, Gomina, Cinemas de Luxo**] Os intelectuais brancos querem encontrar no jazz a essência de uma força misteriosa, para a qual não dispõem de palavras adequadas, mas que confunde a sua hierarquia de valores e exalta cada vez mais a cultura negra e os corpos negros como objetos de desejo:

> Os negros estão aqui. Toda a Europa dança ao som de seus banjos. Não podemos fazer nada para impedir isso. Alguns dizem que são os ritmos de Sodoma e Gomorra. (...) Por que não seriam os ritmos do paraíso? Aqui a origem e a decadência se fundem (...), e aqui vemos a fusão entre a "melhor" e a "pior" arte. Esses negros vêm das zonas mais sombrias de Nova York. Lá eles eram desprezados e marginalizados. Essas lindas mulheres podem ter sido salvas de um gueto esquálido, onde lavariam seus membros esplêndidos em água suja. Definitivamente, eles não são da selva — não zombemos de nós mesmos. Eles são, porém, uma raça nova e intocada. A sua dança vem do seu sangue, da sua vida. (...) O principal é o sangue negro. Gotas deste sangue estão caindo na Europa — uma terra que, por muito tempo seca, quase parou de respirar. É esta a nuvem que parece tão negra no horizonte? Uma corrente reluzente de fertilidade? (...) Os negros precisam de nós, ou somos nós que precisamos deles? (Goll, 257-258)

O que provoca essa reflexão é a impossibilidade de atribuir o jazz — com todas as suas conotações de autenticidade — ao continente africano, que, no mapa mental de muitos intelectuais europeus, é um reino de autenticidade e desejo. [ver **Centro versus Periferia**] Como o jazz nasce nos subúrbios miseráveis da América, ele pertence justamente ao *milieu* contra o qual a cultura branca se esforça para preservar a sua afirmada superioridade.

Aqueles escritores que aceitam o desafio do jazz costumam tentar redefinir a cultura como um todo. A cultura do presente é vista como sendo centrada num "amor" apaixonado pela autenticidade e pela realidade: "A música é a arte mais autêntica de hoje — uma música para os anônimos, escrita para as massas. Não interessa saber se o bom jazz tem valor para durar, ou se ele será imediatamente substituído; de qualquer forma, o seu tempo chegou. Fulgurante e agitado, brincalhão e ligeiramente sentimental, o jazz não tem começo nem fim, com seu caráter rítmico e impiedoso" (von Wedderkop, 253). Como uma parte e uma síntese da cultura contemporânea, o jazz se baseia na matéria, nas características físicas básicas do som, mais do que na expressão ou na forma. Assim ele acaba se tornando a esperança de uma cultura obcecada pela perda de seu solo estável. [ver **Incerteza versus Realidade**] "A nossa época é da matéria, e não da forma, é uma época de quantidade, uma época para a qual nada parece tão ridículo e superficial quanto a mera (e sublime) forma — a arte pela arte. A nossa época busca a arte não na expressão, nem na forma, mas na matéria permeada de ritmo" (ibid.).

Com uma vistosa despretensão e conotações fortemente sexuais, os títulos de muitos discos de jazz [ver **Gramofones**] enfatizam a matéria — especialmente a comida, que deve ser condimentada: *Fat meat and greens, Droppin'shucks, Mr. Jellylord, Clarinet marmelade, Hot Mustard, Cornet Chop Suey*. Esses títulos, bem como o nome de um dos músicos de jazz mais famosos, Jelly Roll Morton ("Rocambole de Gelatina" Morton), indicam uma preferência pelas variedades pastosas de comida, apenas timidamente estruturadas. Isto espelha a percepção predominante do jazz como uma música "sem começo nem fim", como uma forma dinâmica que dissolve todas as formas tradicionais da cultura. Ao mesmo tempo, esses títulos e nomes se referem aos pratos ricos e condimentados do sul da América, onde o jazz se origina — embora os músicos e compositores mais ativos tenham se mudado para o norte, principalmente para Chicago (Fordham, 188ss.). Em Chicago, o jazz ocupa o palco central dos mais populares centros de entretenimento da cidade, como o Lincoln Gardens, e o seu som vem sendo suavizado e polido por jovens músicos brancos, como Benny Goodman, Bix Beiderbecke e Gene Krupa. Mas, acima de tudo, o jazz se tornou a música dos bares clandestinos, onde a bebida é vendida e consumida ilegalmente durante os anos da Lei Seca. [ver **Bares**]

Os admiradores e críticos culturais geralmente percebem o jazz como o produto coletivo de uma banda atrás da qual os músicos tendem a desaparecer: "O jazz [é] basicamente uma música de conjunto, e as improvisações são sobretudo uma questão de textura e ornamento, mais do que um fluxo de melodias novas e espontâneas" (Fordham, 21). Uma decisão corajosa do líder de banda de Chicago Joe "King" Oliver quebra as regras segundo as quais tais conjuntos devem ser constituídos. Ele acompanha o jovem Louis Armstrong como um segundo trompetista na sua Creole Band, e isto desencadeia uma evolução que faz o jazz deixar de ser um produto de grupo para se transformar num suporte de improvisações e individualidades imprevisíveis: "Armstrong estava (...) dobrando o número de notas que ele conseguia espremer num compasso, dando a elas uma extensão incomum, com ênfases imprevisíveis. A música começou a se tornar uma onda intensa e irresistível, com um tempo e um balanço diferentes dos anteriores. Ele também parecia construir suas improvisações em períodos mais longos, como se fossem narrativas em miniatura." [ver **Individualidade versus Coletividade, Individualidade = Coletividade (Líder)**] Alguns músicos que trabalham dentro da tradição de concertos sérios, como Igor Stravinsky e Paul Hindemith, admitem orgulhosamente que incorporaram "elementos do jazz" em suas composições (*Chronik*, 186). Mas muitos intelectuais europeus continuam resistindo ao jazz, por ser uma forma predominantemente afro-americana de música. Para Thomas Mann, o jazz, o boxe e o cinema não trazem nada além de "crueza e monotonia" (Kolbe, 378). O filósofo e jornalista Theodor Lessing reclama ruidosamente dos ruídos da cultura moderna [ver **Gramofones**] — embora não sem uma certa ambivalência: "Só recentemente a nossa cultura adotou o costume de acrescentar o estranho efeito da voz humana à impressionante panóplia de sons que inclui os agressivos tilintar de vidros, papel sendo amassado, sons metálicos de ferro, tinidos, tons tétricos de madeira, estalos e rangidos. Chamamos o lugar de origem deste nonsense e desta diversão de uma banda de jazz. The Jays é uma destas bandas" (Lessing, 232). Os julgamentos de valor de Lessing estão situados entre os pólos de "nonsense e diversão" ao longo do texto. É como se ele não quisesse se arriscar a chegar a uma conclusão inteiramente negativa sobre o assunto. No final de seu ensaio, ele elogia tanto o jazz quanto os Jays ("Tagarelas"). Mas o que ele nega ver neles são as faculdades, pelos padrões ocidentais mais nobres da existência humana — isto é, a capacidade de ser criativo e a capacidade de ser trágico: "O vôo livre lhes é negado. E, quando esses exibicionistas e bufões entrarem no espaço aberto do paraíso, eles se tornarão indefesos e subjugados. Eles serão privados de sua própria música. Não existe canção que eles sejam forçados a cantar, mas tampouco existe alguma que eles não possam simplesmente imitar e repetir. Eles são genuinamente belos e estéreis. Mas este vôo é desprovido de tragédia" (233). [ver **Ação = Impotência (Tragédia)**] Evidentemente, é difícil apreciar a força das formas culturais antes de se familiarizar com elas.

Verbetes relacionados

Bares, Boxe, Cinemas de Luxo, Dança, Empregados, Gomina, Gramofones, Linhas de Montagem, Revistas, Autenticidade versus Artificialidade, Centro versus periferia, Individualidade versus Coletividade, Incerteza versus Realidade, Ação = Impotência (Tragédia), Individualidade = Coletividade (Líder)

Referências

Johannes R. Becher, *Maschinenrhythmen*. Berlim, 1926.
Bertolt Brecht, "Eine kleine Versicherungsgeschichte" (1926). In *Gesammelte Werke*, vol. 11. Frankfurt, 1967.
Chronik 1926: Tag für Tag in Wort und Bild. Dortmund, 1985.
John Fordham, *Jazz: History, Instruments, Musicians, Recordings*. Londres, 1993.
Yvan Goll, "Die Neger erobern Europa" (1926). In Anton Kaes, org., *Weimarer Republik: Manifeste und Dokumente zur deutschen Literatur, 1918-1933*. Stuttgart, 1983.
Yasushi Ishii, "Recordings of 1926". Manuscrito não publicado. San Francisco, 1994.
Jürgen Kolbe, org., *Heller Zauber: Thomas Mann in Munich, 1894-1933*. Berlim, 1987.
Theodor Lessing, "Die Häher" (1926). In *Ich warfe eine Flaschenpost ins Eismeer der Geschichte: Essays und Feuillettons, 1923-1933*. Neuwied, 1986.
New York Times.
Hermann von Wedderkop, "Wandlungen des Geschmacks" (1926). In Anton Kaes, org., *Weimarer Republik: Manifeste und Dokumente zur deutschen Literatur, 1918-1933*. Stuttgart, 1983.

LIGA DAS NAÇÕES

❦

No sábado, 20 de março, o filólogo, filósofo, romancista e ex-reitor da Universidade de Salamanca, Miguel de Unamuno, escreve uma carta ao seu amigo Jean Cassou, do lado basco da fronteira de Hendaye, onde ele vive, tendo sido exilado pelo governo militar espanhol de Miguel Primo de Rivera. Unamuno está com um humor triunfante, embora ele expresse os seus sentimentos com palavras de tristeza e preocupação: "Ah, meu caro Cassou, como a tragédia da minha pobre Espanha e do meu pobre coração se aprofunda! Estou começando a perder a esperança de que estarei vivo para ver o sol da justiça iluminar a Espanha. Genebra nos ensinou uma boa lição, e o governo tirânico de Dom Alfonso (...) deve ter compreendido que para ganhar voz e um voto na Liga das Nações é necessário ser uma nação" (Unamuno, 188-189). [ver **Ação = Impotência (Tragédia)**] A "boa lição" de Genebra que Unamuno menciona é uma grande derrota sofrida pela política externa espanhola, apenas três dias antes, na Liga das Nações. Durante a sua sessão anual, em março, esperava-se que esta assembléia internacional aprovasse a entrada da Alemanha como um novo membro. O ideal de se estabelecer uma família de nações, unidas pelas metas comuns de paz e estabilidade territorial parece finalmente ter prevalecido sobre os interesses econômicos e os ressentimentos internacionais que moldaram o Tratado de Versalhes em 1919. Uma das condições preestabelecidas para o retorno da Alemanha ao palco da política internacional era a sua participação, como um membro permanente, no Conselho das Nações, o equivalente da Liga para o corpo executivo de um Estado. Mas o Brasil, a China, a Polônia e a Espanha perturbam este cenário de harmonia ao condicionarem a aprovação da admissão da Alemanha à sua própria representação no Conselho das Nações. Individualmente, nenhum destes quatro países era suficientemente forte para impor a sua vontade. Mas uma decisão positiva sobre o ingresso da Alemanha não poderia ser alcançada sem eles, porque requeria uma votação unânime. Então o plenário da assembléia suspendeu o trabalho em 17 de março (*Chronik*, 52ss.). Esta é a humilhação nacional à qual Unamuno se refere, e à qual o governo espanhol reage renunciando à Liga das Nações no dia 10 de junho (Langer, 992). Para Unamuno, a dignidade de uma nação, que ele crê faltar à Espanha, se encarna nos valores éticos e no comportamento público de seus representantes. Embora ao chamar os membros do governo de Primo de Rivera de "pequenos tiranos de aluguel" ele esteja explicitamente apontando para a sua despreocupação com a opinião pública (Unamuno, 193), Unamuno pressupõe, de certa forma paradoxalmente, que a dignidade da nação e de cada espanhol — incluindo a dignidade daqueles que, como ele, são perseguidos pelo seu governo — fica comprometida com o fracasso dos políticos espanhóis. Desta perspectiva, pertencer a uma nação é de fato algo análogo a ser membro de uma família. [ver **Coletividade versus Individualidade**]

No contexto das inadequadas expectativas que se originam de um ponto de vista assim e dos discursos altamente idealistas que cercam a Liga das Nações, Carl Schmitt, um professor de direito na Universidade de Bonn, publica um pequeno livro durante os dias de debate sobre o ingresso da Alemanha. Criticando a fusão em vigor entre a semântica da individualidade e a semântica da coletividade no conceito de nação [ver **Coletividade = Individualidade (Líder)**], bem como a redução dos interesses políticos conflitantes ao modelo de uma briga de família, Schmitt deseja distinguir o Estado, enquanto um sistema político, do povo ou da nação: "Na verdade, o termo Völkerbund se refere às relações entre os Estados e seus governos, e não entre os povos ou — apesar do nome francês 'Société des Nations' ou do nome inglês 'League of Nations' — entre as nações" (Schmitt, 4ss.). Conseqüentemente, a esfera da política, na qual os políticos negociam relações de poder, precisa ser separada do mundo como uma comunidade de nações. Com base em distinções semelhantes, Schmitt argumenta — contrariamente àqueles que exaltam a Liga das Nações como a realização de um ideal utópico — que o conhecimento de interesses políticos particulares, dos conflitos inevitáveis entre eles e mesmo de uma hierarquia no domínio do poder político é uma condição necessária para o sucesso da Liga: "Nós não podemos resolver o problema do Völkerbund com apelos à despolitização. Um Völkerbund só pode existir enquanto uma superpotência, pelo menos, tiver um interesse político nele. Um Völkerbund despolitizado não seria politicamente interessante nem traria qualquer contribuição à paz mundial" (6 ss.). Para o necessário conflito político existir, acredita Schmitt, os Estados independentes precisam ser definidos por suas fronteiras e pelos territórios sobre os quais têm jurisdição. Assim, a idéia programática de traduzir a ausência de limites da humanidade numa realidade política sem fronteiras territoriais claras [ver **Centro = Periferia (Infinitude)**] é, segundo Schmitt, um perigo imanente à Liga das Nações: "Sem fronteiras não existe jurisdição" (5).

A análise de Schmitt subentende que a política internacional atingiu um impasse, porque aqueles que desejam abrir e desenvolver esse espaço entendem que ele pode ser ocupado apenas por Estados territorialmente independentes, enquanto aqueles que promovem e protegem interesses políticos nacionais e fronteiras territoriais não estão dispostos a fazer a distinção necessária entre nações e Estados. Como, neste último grupo, o conceito de nação está em oposição ao reconhecimento de metas internacionais comuns, a Liga das Nações passa a sofrer ataques crescentes de diversos movimentos nacionais: "Genebra [tem] muitos inimigos, em toda parte do mundo, de Chicherin a Mussolini e todos os outros nacionalistas. Gargalhadas desdenhosas do inferno acolheriam o fracasso da democracia internacional" (*8 Uhr-Abendblatt*, 15 de março). Isto explica por que o general Erich von Ludendorff, um veterano da Grande Guerra que critica severamente o partido de Adolf Hitler pela brandura de seu anti-semitismo, elogia o "movimento popular" de resistência a uma conspiração internacional que ele atribui aos judeus, à Igreja católica, e a Maçonaria. "O desarmamento significa o triunfo da sua política, que corresponde inteiramente à ideologia judaica e maçônica. O povo está sendo enredado pela política judaica ou, como eles esperam, por um Estado católico de Deus. Já tendo sido derrotadas, as nações agora se rendem espiritualmente indefesas. Somente o movimento nacionalista ofereceu uma resistência séria" (von Ludendorff, 54ss.).

Quatro dias depois da suspensão do plenário da assembléia da Liga, o presidente alemão, Paul von Hindenburg, outro general veterano da Grande Guerra, chega a Colônia para celebrar a retirada das tropas francesas da Renânia, que estavam na área desde 1919 (*Chronik*, 32, 55). Hindenburg fala tanto às assembléias nacionalistas quanto aos seus adversários, que alegam representar o internacionalismo em nome de uma tradição democrática alemã. Ele se confronta assim com a impossível tarefa de afirmar tanto a posição daqueles que vêem a libertação da Renânia como uma vitória sobre a Liga das Nações quanto a reação daqueles que a exaltam como o resultado glorioso da política de paz da Liga: "Ao anoitecer, milhares de veteranos de guerra nacionalistas se reuniram na Platz der Republik para uma procissão à luz de tochas, criando uma imagem bela e colorida com suas centenas de bandeiras. No Neuer Markt, porém, não aconteceu nenhum comício republicano imponente" (*Berliner Tageblatt*, 21 de março).

Uma articulação diferente da tensão entre os defensores alemães e os inimigos alemães de "Genebra" aparece nas formas opostas como eles estruturam o tempo histórico. Os nacionalistas afirmam que enfrentar e atacar as obrigações originadas do Tratado de Versalhes é uma precondição necessária para o futuro da Alemanha como uma nação — e eles estão portanto ansiosos para manter acesa a humilhante lembrança de Versalhes como um recurso motivacional. Em contrapartida, Gustav Stresemann, que lidera a delegação alemã em Genebra, concebeu uma política externa segundo a qual o cumprimento meticuloso do Tratado de Versalhes fará, no fim das contas, todos se esquecerem dele — preparando, assim, o terreno para um futuro que estará dissociado do vergonhoso passado. [ver **Presente versus Passado**] Na sexta-feira, 10 de setembro, após meses de agitadas negociações nacionais e internacionais (*Chronik*, 150ss.), Stresemann finalmente saúda o ingresso da Alemanha na Liga das Nações com um discurso programático: "Longe de mim falar dos problemas do passado. Olhar para o futuro é uma tarefa da geração presente. Permitam-me enfatizar que, se longas deliberações antecederam o ingresso da Alemanha como um membro da Liga das Nações, isto pode ser uma garantia de estabilidade e fecundidade" (Stresemann, 303). Aristide Briand, o primeiro-ministro e secretário de Relações Exteriores francês, expressa o mesmo desejo de ruptura com o passado em sua promessa de combater qualquer apelo futuro para que se faça guerra: "Não há espírito de guerra aqui. Se eles nos provocarem uns contra os outros, se eles nos pressionarem, vamos escapar da tentação, porque este seria o caminho da guerra, o caminho do sangue, e não o nosso caminho" (*Années-mémoire*, 69).

No dia 17 de março, uma semana após o ingresso da Alemanha na Liga das Nações, Briand e Stresemann se encontram para um almoço de negócios num pequeno hotel na cidadezinha francesa de Thoiry, perto da fronteira com a Suíça. Os cartões postais e as incontáveis ilustrações de jornal que comemoram o seu encontro obedecem ao bem estabelecido padrão de mostrar deputados da Liga das Nações unidos ao redor de uma mesa. Ver os representantes de nações anteriormente inimigas se sentarem à mesma mesa para uma longa discussão, sem tradutores ou quaisquer outras testemunhas, parece realizar o sonho de uma política internacional que será semelhante às relações privadas de uma família — mesmo se o cardápio especial do encontro de Briand e Stresemann siga as regras nada privadas do teatro diplomático internacional: "Seleção de hors d'oeuvres/ Foie gras aspic/ Trout au bleu/ Galinha Henri IV/ Pato com trufas e Porto/ Ervilhas fermière/ Canapé de perdiz assado/ Prato de queijos/ Cesta de frutas/ Vacherin congelado" (*Années-mémoire*, 70). Menos de três meses depois, no dia 10 de dezembro, Gustav Stresemann e Aristide Briand recebem conjuntamente o prêmio Nobel da Paz. Mas, apesar deste reconhecimento público, a integração da Alemanha à Liga das Nações provavelmente terá deteriorado, mas do que terá elevado, a reputação daquela instituição. Embora os defensores da Liga ainda acreditem que ela levará a humanidade a um futuro de harmonia supranacional, eles já começam a admitir que, até ali, as complicações burocráticas foram maiores que a eficiência política da entidade: "Não se pode subestimar a importância da Liga das Nações. Mas não seria difícil mostrar que os decretos desta assembléia altamente respeitada existiram muito mais no papel do que na realidade política. A Liga fracassou em tentar extinguir os focos de crise política que surgiram ao redor do globo" (*8 Uhr-Abendblatt*, 15 de março). Esta incapacidade que os países têm de negociar um consenso estável e encontrar, coletivamente, soluções sólidas para os problemas internacionais já se tornou quase proverbial — tanto isso é verdade que um jornalista pode usá-la como uma metáfora ao criticar o campeão de boxe Jack Dempsey por evitar lutas com seus diversos desafiantes [ver **Boxe**]: "É mais difícil acertar uma luta com o sr. Dempsey do que ratificar um tratado entre nações" (Dempsey e Dempsey, 180).

Verbetes relacionados

Boxe, Individualidade versus Coletividade, Presente versus Passado, Ação = Impotência (Tragédia), Centro = Periferia (Infinitude), Individualidade = Coletividade (Líder)

Referências

8 Uhr-Abendblatt.
Les années-mémoire: 1926. Paris, 1988.
Berliner Tageblatt
Chronik, 1926: Tag für Tag in Wort und Bild. Dortmund, 1985.
Jack Dempsey e Barbara Piatelli Dempsey, *Dempsey.* Nova York, 1977.
William L. Langer, *An encyclopedia of world History.* Boston, 1980.
General Ludendorff, *Vom Feldherrn zum Weltrevolutionär und Wegbereiter Deutscher Volksschöpfung, II: Meine Lebenserinnerungen von 1926 bix 1933.* Stuttgart, 1951.
Carl Schmitt, *Die Kernfrage des Völkerbundes.* Berlim, 1926.
Gustav Stresemann, "Deutschlands Eintritt in den Völkerbund: Rede in der Völkerbundsversammlung in Genf, 10/9/1926". In Stresemann, *Reden und Schriften: Politik, Geschichte, Literatur, 1897-1926*, vol. 2. Dresden, 1926.
Miguel de Unamuno, *Epistolario inédito* (1926). Madri, 1991.

LINHAS DE MONTAGEM

❦

Inventadas por Frederick Taylor e usadas pela primeira vez no processo de produção industrial por Henry Ford em 1914, as linhas de montagem já não são mais uma inovação tecnológica excitante. Todos parecem estar familiarizados com a sua estrutura e o seu funcionamento — seja através da experiência profissional direta, seja através do uso ainda freqüente do conceito como uma metonímia de qualquer coisa percebida como nova (ou mesmo futurista) no mundo do trabalho. Uma linha de montagem consiste em uma corrente sem fim que se move lentamente ao longo de uma fábrica e na qual um grande número de um único produto é produzido através das operações padronizadas e repetidas de operários distribuídos ao longo da corrente. As linhas de montagem revolucionaram o envolvimento do corpo do trabalhador no processo da produção. Elas inverteram a relação tradicional entre os operários e o seu produto: o operário fica parado, enquanto o produto se movimenta ao longo da corrente, de forma que o seu desenvolvimento até ficar pronto é visível. O corpo de cada trabalhador executa, repetidas vezes, a mesma operação, e o ritmo desta repetição é determinado pelo movimento da corrente. Desta forma, o corpo do trabalhador se integra numa dupla estrutural com a corrente, tornando-se parte de um mecanismo técnico. Não apenas a velocidade dos movimentos do corpo depende da velocidade da corrente, como também a complementariedade entre as operações executadas pelos corpos dos trabalhadores transforma estes corpos, juntamente com a corrente, numa imensa e complexa máquina de produção. A linha de montagem é o emblema de uma dupla divisão do trabalho — entre trabalhadores e os seus corpos, de um lado, e um aparato mecânico, de outro. Durante o processo de produção, porém, esta máquina complexa exclui a mente do trabalhador. O operário não deve conversar com seus colegas (freqüentemente o barulho na fábrica e a distância entre os operários tornam esse tipo de comunicação fisicamente impossível). Quanto menos individualizados (isto é, quanto mais padronizados) forem os movimentos dos operários, melhor eles se encaixam no processo geral da produção, e mais eles contribuem para a sua eficiência. Nenhum trabalhador isolado — e nem mesmo o grupo total de trabalhadores na linha de montagem — pode afirmar ser o criador do produto fabricado.

Descrições estereotipadas da produção industrial costumam fazer duas associações recorrentes entre a linha de montagem e o seu ambiente. Os corpos que se integram à linha de montagem são exclusivamente masculinos, enquanto as mulheres aparecem sentadas em frente a mesas ou executando tarefas em casa (von Soden e Schmidt, 32 ss.). Contudo, e isso é interessante, as mulheres podem ser associadas aos produtos que são produzidos em série nas linhas de montagem. Um desenho animado alemão mostra atrizes de teatro de revista (as Tiller Girls eram o grupo mais famoso na Alemanha), saindo da linha de montagem de uma fábrica. O título deixa claro que o papel de produtor, usurpado dos operários, agora é ocupado por outro elemento masculino: "Ford assume a produção das Tiller Girls" (Jelavich, 182). [ver **Revistas**] Mais do que em qualquer outro ramo da produção, as linhas de montagem invadem a indústria automobilística — mesmo na França, onde a tecnologia industrial está apenas começando a se equiparar com os padrões americano, inglês e alemão (*Années-mémoire*, 174). Esta associação entre os carros e as linhas de montagem justifica a sua função discursiva como uma metonímia não apenas da mais avançada tecnologia industrial, mas também de um duplo paradoxo, muito debatido, no centro do capitalismo. Com uma racionalização da produção [ver **Sobriedade versus Exuberância**], a linha de montagem torna possível aumentar salários e, simultaneamente, reduzir os preços de mercado dos produtos. Vista deste primeiro e paradoxal ângulo — que é o ângulo mais freqüentemente citado por Henry Ford (Lethen, 20 ss.) — a alienação dos trabalhadores de seus produtos, tal como lhes é imposta por um novo modo de produção, parece aumentar as suas chances de adquirir um carro. [ver **Automóveis**] Um artigo no *Berliner Tageblatt* de 8 de agosto sobre o "Tempo de trabalho na América" desenha o que parece ser a conclusão lógica deste raciocínio: quanto mais eficientemente o mundo dos negócios e da indústria usar o trabalho, maiores serão as chances de a classe operária e a classe média baixa serem capazes de participar das bênçãos materiais da produção capitalista.

As opiniões sobre essas formas de "trabalho racionalizado" não estão divididas, nem sequer são ambivalentes: elas são majoritariamente positivas, em todo o espectro político e ideológico. Socialistas e industriais estão basicamente de acordo em seus esforços retóricos para minimizar os efeitos alienantes da linha de montagem, tais como a redução de cada trabalhador a uma única função dentro do processo da produção, ou a utilização do corpo do trabalhador para um único movimento: "Quando um operário olha para trás e para frente, de seu ponto de vista na linha de produção, ele se vê participando, através de seu papel de significado aparentemente limitado, de um trabalho coletivo colossal" (Gottl-Ottlilienfeld, 17). Como um autor politizado, orgulhoso de seu passado revolucionário, e um viajante até certo ponto excessivamente entusiasmado com a União Soviética, Ernst Toller fica inicialmente surpreso ao ver métodos similares serem aplicados de forma extrema pela autodeclarada sociedade comunista. Numa "fábrica experimental" em Moscou, os corpos dos trabalhadores são literalmente ligados às máquinas — tendo como objetivo óbvio a eliminação completa da mente, que seria um obstáculo potencial à padronização de seus movimentos: "Uma máquina ensina a posição correta para martelar. O braço do operário é amarrado a um martelo mecânico que prende a sua mão. O braço reproduz os movimentos do martelo por meia hora, até que ele esteja completamente adaptado a este ritmo mecânico" (Toller, 122). Embora o impulso inicial de Toller seja protestar contral tal "mecanização do homem", tal "sufocamento total da criatividade humana", ele aceita prontamente a explicação do diretor da fábrica experimental [ver **Engenheiros**] segundo a qual a racionalização radical do trabalho será uma condição necessária para uma maior produtividade e, acima de tudo, para um maior tempo dedicado ao lazer no futuro socialista. [ver **Presente = Passado (Eternidade)**] "Através de nossa pesquisa, esperamos assegurar que um trabalho específico, que anteriormente exigia do operário oito horas de trabalho para ser realizado, passe a exigir apenas duas ou três horas no futuro" (123).

Embora opiniões parecidas tenham sido canonizadas na União Soviética desde que Lenin formulou pela primeira vez o projeto de integrar a linha de montagem ao sistema socialista emergente (*Die wilden Zwanziger*, 162-163), alguns observadores continuam céticos. Após passar menos de um mês em Moscou — e apesar da sua vontade desesperada de ficar bem impressionado com a nova sociedade (um desejo que ele, aliás, compartilha com Ernst Toller) — Walter Benjamin expressa perplexidade diante da atitude predominantemente acrítica em relação à tecnologia na União Soviética: "Tudo o que é técnico é sacrossanto aqui; nada é levado mais a sério que a tecnologia" (Benjamin, 82). No discurso expressionista do poeta comunista Johannes R. Becher, homens ligados a máquinas fazem parte do cenário do mundo contemporâneo da produção, que ele constantemente pinta como um pesadelo: "Homens-máquina eu construo, doze por dia./ Sem cabeça e com troncos alados/ mil membros:/ Alicates, martelos; cortes no estômago relincham" (Becher, 132). Contudo, o nome do "eu" lírico por detrás desta fantasia é "Diretor S, da Steel Ltda". É uma questão a ser respondida se Becher aplicava as mesmas imagens aos corpos dos operários soviéticos conectados a máquinas soviéticas. Afinal a otimização do modo taylorista de produção industrial — dentro de uma ordem política comunista, e para o bem da sociedade socialista — aparece como uma visão viável da redenção futura de uma sociedade baseada numa só classe.

Verbetes relacionados:

Automóveis, Engenheiros, Revistas, Presente = Passado (Eternidade), Sobriedade versus Exuberância

Referências:

Les années-mémoire: 1926. Paris, 1988.
Johannes R. Becher, *Maschinenrhythmen.* Berlim, 1926.
Walter Benjamin, *Moskauer Tagebuch* (9 de dezembro de 1926 — 1 de fevereiro de 1927). Frankfurt, 1980.
Berliner Tageblatt.
Peter Jelavich, *Berlin Cabaret.* Cambridge, Mass., 1993.
Friedrich Gottl-Ottlilienfeld, Fordismus: *Über Industrie und tecnische Vernunft.* Jena, 1926.
Helmut Lethen, *Neue Sachlichkeit, 1924-1932: Studien zur Literatur des "Weissen Sozialismus".* Stuttgart, 1970.

Kristine von Soden e Maruta Schmidt, orgs., *Neue Frauen: Die zwanziger Jahre*. Berlim, 1988.

Ernst Toller, "Russische Reisebilder" (1926). In *Quer durch: Reisebilder und reden*. Heidelberg, 1978.

Die wilden Zwanziger: Weimar und die Welt, 1919-1933. Berlim, 1986.

MONTANHISMO

❦

Silêncio e eternidade: são estas as qualidades que Hart Crane associa à paisagem sublime evocada em seu poema "Labrador do Norte": "Uma terra coberta de gelo/ Abraçada pelas arcadas cinzentas do céu,/ Regala-se em silêncio/ Rumo à eternidade" (Crane, 21). [ver **Silêncio versus Barulho, Presente = Passado (Eternidade)**] A natureza nórdica, apesar do frio que inspira terror e indiferença, é apresentada como o objeto de um desejo erótico potencial — "potencial" porque nenhum ser humano jamais se expôs às suas tentações e porque, justamente por causa disto, nenhum olhar humano jamais despertou sua sexualidade: "Ninguém veio até aqui derrotar você/ nem a fez desmaiar, enrubescida/ caindo sobre os seus seios brilhantes?/ Você não tem memória, ó, Noiva Sombria?" As perguntas ficam sem resposta. Porque, embora o gelo e o silêncio estejam sujeitos às "mudanças do momento" como estruturas temporais elementares, eles não dão lugar a uma vida que possa transformar este ritmo constante na forma de uma história a ser lembrada. [ver **Presente versus Passado**] A sexualidade que Crane associa às montanhas geladas do Labrador do Norte só pode ser atribuída às próprias montanhas: "Caladas e frias, existem apenas as mudanças do momento/ Esta jornada em direção a nenhuma primavera —/ Nenhum nascimento, nenhuma morte, nenhum sol e nenhum tempo/ Como resposta."

Em sua edição de 6 de novembro, a revista de Buenos Aires *Caras y Caretas* publica um poema intitulado "Desde los Andes" ("Desde os Andes"), que é igualmente uma evocação lírica de uma montanha gelada, desta vez na paisagem sul-americana. Mas este poema difere do de Crane, porque ele encena e narra explicitamente a confrontação do homem com a natureza. Este confronto assume a forma de uma tensão entre um homem que carrega todos os traços convencionais do poeta romântico e a densidade impressionante das montanhas, nas quais o sujeito romântico pode sentir a presença da morte. [ver **Imanência = Transcendência (Morte)**] Nesta solidão orgulhosa e com o seu "cinismo satânico", o "eu" lírico inicialmente rivaliza com o frio da natureza circundante:

> Meu orgulho satânico exagerado
> finalmente encontrou, sob seus pés triunfantes,
> o ápice dos picos montanhosos, jamais percorridos,
> Nem mesmo por águias douradas (...)
> O céu lamenta a minha dor (...) e tudo
> Fica obliterado pela escuridão e se desfaz na lama,
> E acima do gelo do pico, elevando-se,
>
> Minha alma está tão gelada que não percebe,
> Rosnando em volta do cadáver de minha vida,
> Este urso negro gigante — a morte!

Se o poema de Crane não envolve uma subjetividade explícita, cuja imaginação poderia transformar as montanhas de Labrador do Norte num corpo erótico, a ameaça mortal das montanhas em "Desde los Andes" finalmente — e paradoxalmente — aquece os espaços gelados da alma do observador. A presença ameaçadora da natureza imbui a visão que o poeta-observador tem de sua própria existência, temperada por uma ansiedade penetrante que aumenta e intensifica o seu sentimento da vida:

> A escuridão se ampliou e se tornou mais densa,
> Quase palpável, como uma coisa viva;
> E uma angústia convulsiva sacudiu
> A paz gelada da imensa montanha (...)
>
> E houve o silêncio de uma dor pensativa
> Que, pensando, aumenta a própria dor (...)
> A vida se tornou mais sensível,
> E a emoção, mais profunda e mais intensa!

O gelo e a neve, as montanhas e o frio parecem despertar, regularmente e invariavelmente, essas associações com a morte e a sexualidade. Mesmo um soneto modesto, publicado na edição de janeiro da revista semanal de Madri *Blanco y Negro*, transmite esta dupla conotação à descrição de flores congeladas, um símbolo canônico da domesticação da natureza sublime: "Arcada branca e flores congeladas/ (...)/ Você é um véu de noiva? Você é um sudário? Um sepulcro branco? Um tabernáculo cor de pérola? Luz da morte ou brilho da lua?"

Mas as montanhas geladas, o perigo mortal e o desejo erótico não constituem apenas um padrão poético. Com a mesma regularidade dos textos líricos, as montanhas aparecem como uma paisagem de morte nos jornais diários: "Os dois estudantes de Munique que, como foi noticiado, estavam desaparecidos desde que escalaram as montanhas de Innsbruck, foram encontrados mortos no lado leste do 'Wilder Kaiser'" (*Berliner Morgenpost*, 25 de julho). [ver **Cremação**] O *New York Times* destaca uma "cruel tragédia no Norte" na primeira página da edição de 25 de setembro, sob uma manchete que, novamente, joga com o tema do gelo e da morte violenta: "Esquimó matou prof. Marvin (...); Confessado crime de 17 anos atrás no ártico; Vítima, supostamente afogada, recebeu um tiro." Seguem-se conjecturas complicadas, mas inconclusivas, sobre os motivos por que "dois garotos esquimós" assassinaram o jovem professor da universidade de Cornell Ross G. Marvin, numa expedição que ele fez ao Pólo Norte em 1909. [ver **Assassinato, Polaridades**] Mas a descrição de detalhes factuais tende a desaparecer atrás das poderosas imagens do "crime ártico", reiteradas em diversos jornais: "Kudlooktoo diz que o professor enlouqueceu e deixou outro esquimó morrer (...) Eles declaram que inventaram a história do afogamento com medo da ira do homem branco." Nem nas reportagens dos jornais, nem nos poemas, a associação entre as montanhas geladas e a morte necessita de uma explicação. O filósofo Theodor Lessing só consegue imaginar os alpinistas como pessoas que "pairam sobre o abismo" (Lessing, 142), e o poeta comunista Johannes Becher evoca a paisagem alpina de Davos como um lugar natural para as pessoas ricas morrerem: "Durante anos, contudo, alguns ficavam em espreguiçadeiras, com os pulmões expectorando; assim/ nós cuidamos de nós mesmos: bebendo muito" (Becher, 103). Apenas Egon Erwin Kisch, um jornalista, parece querer discutir a tensão entre a imagem clássica das montanhas como um cenário idílico e a sua função cênica, como um teatro da morte e do crime. Kisch começa o seu ensaio

"Verbrechen in den Hochalpen" (Crime nos Alpes) com uma evocação de todos os tradicionais lugares-comuns e expectativas positivas relacionadas com a paisagem alpina: "Nos pastos mais elevados, não existe pecado, muito menos crime, o que não seria inconcebível: a pequena ovelha pasta gentilmente, a mulher americana diz suavemente 'Que encanto', vacas de boa natureza olham os turistas, e o leiteiro pratica ioga" (106). Esta abertura irônica é seguida de uma longa lista de "cenas e lembranças de violência e homicídios", enriquecida com incontáveis e horripilantes detalhes: caçadores assassinando policiais, guias matando camponeses, amantes atirando em seus rivais, e numerosos cadáveres perfeitamente preservados, descobertos anos após sua morte, em desertos de neve e gelo. Kisch examina várias explicações racionais para este uso freqüente das paisagens das montanhas como um palco para a morte e a violência — apenas para rejeitá-las em seguida. Ele conclui afirmando simplesmente que tem consciência da forma como as montanhas podem se transformar misteriosamente em mundos idílicos: "Posso sair novamente para ver as florestas, as montanhas e as cabanas onde a paz e a civilidade estão em casa. O sol se põe, e tudo parece banhado por um brilho de felicidade. Mas eu não me iludo mais" (109).

Kisch está igualmente familiarizado com a associação complementar através da qual o cenário montanhoso se torna um lugar para dramáticas aventuras sexuais. Em seu drama histórico sobre o coronel Redl, líder do serviço de inteligência austríaco que vende segredos governamentais a chantagistas quando eles ameaçam revelar sua homossexualidade [ver **Gramofones**], Kisch faz o personagem convidar o seu amante para um passeio nas montanhas, com o objetivo de distanciá-lo das tentações heterossexuais: "Eu quero arrancar você das presas dessa mulher. Ela é uma bruxa, eu estou lhe dizendo. Venha comigo — faremos uma viagem esplêndida pelas montanhas. (...) Iremos de carro. Num carro esporte — eu comprarei para você um carro esporte" (40ss.). Com uma forte inspiração freudiana, Arthur Schnitzler, em sua *Traumnovelle* (História de um sonho), retrata as confusões de um casal quando os dois cônjuges se empenham em recuperar a tensão erótica e a harmonia dos primeiros dias de seu relacionamento. A lembrança da atração sexual original os leva a evocar as férias que passaram na parte sudoeste dos Alpes: "Era uma linda tarde de verão no lago Wörther, logo antes do nosso noivado, e um jovem muito bonito parou diante da minha janela, que dava para um vasto e espaçoso prado. Enquanto conversamos, pensei comigo mesma — escutem só isso: 'Que jovem encantador ele é! Ele só teria que dizer uma palavra — a palavra certa, é claro — e eu iria com ele para a floresta ou pradaria (...) e esta noite eu lhe daria tudo o que ele desejasse" (Schnitzler, 13-14). Se Schnitzler projeta o desejo erótico e as paisagens montanhosas no passado, G.W. Pabst, um cineasta austríaco que o próprio Freud admira profundamente, os projeta no futuro. Seu filme *Geheimnisse einer Seele* (Segredos de uma alma) conta a história de um químico chamado dr. Martin Fellmann. Perseguido por traumáticas lembranças da infância, e coagido a um casamento que ficou sem filhos durante muitos anos, ele ficou impotente e está obcecado com alucinações nas quais mata sua mulher. Uma cura freudiana proporciona ao dr. Fellmann a redenção de seu sofrimento e renova sua vitalidade sexual. As cenas finais do filme mostram o casal reconciliado, com seu bebê, desfrutando alegremente suas férias — num cenário alpino, naturalmente.

Mas como pode uma constelação que se assemelha tanto a um tema literário — paisagens montanhosas, morte e sexualidade — fazer parte do conhecimento comum armazenado por todos? E como é possível que, como um elemento complexo do conhecimento social, essa constelação chegue a se tornar uma realidade? Numerosas narrativas sobre montanhismo desenvolvem e ilustram os pressupostos que freqüentemente ligam as montanhas geladas ao desejo erótico e à morte violenta. No terceiro capítulo do romance de René Schickele *Maria Capponi*, Claus, o narrador-protagonista, e sua mulher, Doris, saem para percorrer uma perigosa trilha que atravessa uma geleira. Seu relacionamento apresenta sintomas semelhantes aos dos casais da *Traumnovelle*, de Schnitzler, e de *Geheimnisse einer Seele*, de Pabst. É por isso que Doris e Claus não apenas confiam no poder restaurador do ambiente alpino, como também acham importante fazer o passeio sem o auxílio de um guia. Portanto, é graças à sua própria ousadia que, após algumas horas de caminhadas e escaladas, eles caem numa fissura, ou melhor, deslizam lentamente para dentro de um abismo, à medida que a neve macia afunda sob o peso de seus corpos A lentidão de sua queda rumo aos espaços subterrâneos do platô da montanha parece anunciar que as horas de agonia que se seguem proporcionarão a Doris e Claus uma última experiência de um significado profundo e genuíno. [ver **Autenticidade versus Artificialidade**] Inicialmente, eles não se dão conta do perigo da sua situação. Mas quando finalmente eles percebem que ninguém irá resgatá-los por um longo período — porque ninguém sabe para onde eles foram — Doris é invadida por uma estranha euforia. Esta confrontação com a própria mortalidade intensifica o seu espírito vital [ver **Boxe, Tourada, Múmias**], restaurando a sua capacidade de estimular o desejo de Claus até o êxtase: "'Não, nós apenas queremos ver como uma pessoa se sente ao atravessar a macia ponte do arco-íris! Meu querido, você é um poeta, embora tenha servido na infantaria. Você sabe o que está experimentando agora? Sua mulher está congelando até a morte!' (...) Eu a peguei nos meus braços. O chão da fissura era muito estreito para que pudéssemos nos deitar lado a lado, mas isso não nos incomodou. Mergulhamos em carícias — nosso sangue, nossos ouvidos rangiam de desejo. 'Você nunca me amou desta maneira!', Doris exclamou subitamente, e gritou outra vez, seu coração batendo triunfantemente" (19). Entre este pico de realização sexual e o momento em que o casal finalmente cai no sono (um sono que trará a morte para Doris), eles passam as horas lembrando as oportunidades que perderam de se unirem num amor tão intenso. Muitas vezes as suas melhores intenções de "se entregarem um ao outro" se perdiam entre as distrações da vida cotidiana. Mas agora, na presença da morte, Claus e Doris entendem intuitivamente que a essência da existência está na determinação incondicional de experimentar a vida ao máximo. Perder a vida importa muito menos que realizar este potencial: "Desarraigada e isolada, vagando pelo tempo e pelo espaço, ela tomou conta de mim, e eu tinha medo. Ela, contudo, não sentia mais medo algum. Ela tinha esquecido o medo e tudo o mais — tudo menos a sua vitória. 'Você é meu finalmente, meu. Ninguém pode mais tirar você de mim. Oh, Claus, como eu o amo!'" (20). Não somente Schickele tenta convencer os seus leitores de que a iminência da morte provoca uma intensidade erótica maior, como também se empenha em mostrar que a realização sexual como uma completa abertura para o outro e a completa posse do outro leva a pensamentos sobre o limite final; a própria morte e a do ser amado. A morte como desafio torna possível o mais heróico grau de controle subjetivo, que consiste na posse de si mesmo e do outro. Mas, ao mesmo tempo, é também o limite mais radical de autodeterminação. [ver **Ação = Impotência (Tragédia)**]

Martin Heidegger, em sua correspondência com uma jovem professora chamada Elisabeth Blochmann, uma amiga de sua mulher, usa a palavra *Existenzfreudgkeit* ("afirmação da existência") para descrever o desejo e a capacidade de se concentrar no que ele considera as experiências autênticas da vida humana. Na quarta-feira, 10 de novembro, no começo do período letivo de inverno, ele mostra ter confiança em que o novo ambiente de trabalho de

Elisabeth em Berlim não irá distraí-la desta intensidade: "Como estão indo as coisas para você? O tumulto e o estranhamento irão deprimi-la apenas temporariamente — no final, eles a farão sentir-se mais livre. A cidade grande (...) não afetará a sua *Existenzfreudgkeit*" (Heidegger e Blochman, 18). Estas palavras de encorajamento filosófico-existencial são precedidas pelas lembranças de Heidegger de umas férias de verão compartilhadas, quando a paisagem montanhosa da Floresta Negra, muito longe da vida cotidiana da universidade e da metrópole, lhes proporcionou momentos preciosos de concentração interior: "Sua gentil carta que me saudou quando retornei a Marburg foi como um buquê de flores de outono na minha escrivaninha. Eu lhe agradeço por isso. Ela ainda estava brilhando para mim nos dias bonitos que passamos na Floresta Negra: a nossa primeira caminhada até a cabana, no crepúsculo; o prazer de estarmos juntos; a visão do prado e dos contornos pacíficos daquelas montanhas sombrias; as nossas brincadeiras com uma bola na clareira; a descida até o prado por uma trilha estreita" (17). Concluindo com uma citação do *Stundenbuch* (O livro das horas), de Rainer Maria Rilke, o texto de Heidegger sobe o conceito de *Existenzfreudgkeit* converge com a experiência central de Doris e Claus no romance de Schickele. A presença da morte na fissura e a majestade da paisagem montanhosa da Floresta Negra oferecem a certeza de que a chave da existência humana é possuir a si mesmo: "Quem quer que não seja rico, agora que o verão está passando/ terá que esperar para sempre e nunca possuirá a si mesmo."

A posse de si mesmo e a posse erótica são elementos importantes do filme *Der Heilige Berg* (A montanha sagrada), que estréia em Berlim no dia 17 de dezembro. Ele fala da escalada de uma montanha por dois amigos que, inicialmente, não percebem que estão apaixonados pela mesma mulher. À medida que eles se dão conta do conflito, a tensão aumenta, e a rivalidade entre os dois leva, quase que naturalmente, a um acidente no qual os dois morrem. Este drama ficcional encontra um paralelo num drama real, por trás das cenas: a jovem e bela Leni Riefenstahl, que faz o papel principal, observa com orgulho como o diretor, Arnold Fanck, e seu colega Luis Trenker disputam os seus favores sexuais: "Eu me aproximava cada vez mais do dr. Fanck, mas embora eu o respeitasse e o admirasse como um intelectual e um brilhante pioneiro do cinema, ele não causava nenhum efeito em mim como um amante potencial. Portanto eu estava em dúvida, ainda mais porque Fanck se apaixonava por mim cada dia mais" (Riefenstahl, 47). Certa noite, após filmarem algumas cenas na parte baixa dos Alpes, o diretor se depara com Leni Riefenstahl nos braços de Trenker. Fanck é "fulminado". Ele se atira num rio perto dali, mas é resgatado. A noite atinge seu ápice com uma luta entre os rivais. Riefenstahl consegue pôr um fim a esta batalha potencialmente mortal fingindo que está prestes a se matar: "Começou uma violenta troca de socos, cada vez mais bruta. Tentei separá-los, mas era inútil. Corri até a janela, a abri e subi no parapeito como se fosse me atirar. Minha interpretação funcionou. Os homens pararam de lutar" (49). Mas, em vez de ceder, a mistura de desejo e confusão cresce ainda mais. Quando chega o momento de filmar as cenas finais, de esqui, no majestoso cenário dos Alpes suíços, um novo drama se desenrola: Fanck, Riefenstahl e Trenker têm problemas para resolver como irão dormir numa pequena cabana. Este conflito psicológico (mais do que físico) também envolve o câmera, Schneeberger: "Como Fanck determinaria uma forma de dormirmos? Normalmente, seriam duas pessoas dormindo em cada cama, mas como Fanck insistiu em ficar com a parte de cima do beliche só para ele, Trenker, Schneeberger e eu tivemos que dividir a parte de baixo. O resultado é que a cabana se encheu de uma tensão nervosa que me impediu de dormir, e também a Trenker. Volta e meia, quando Fanck se mexia acima de nós, podíamos ouvir o rangido do estrado de madeira. A primeira pessoa a dormir foi Schneeberger, mas eu, deitada entre ele e Trenker, não ousava me mexer. Depois de ficar acordada por horas, eu fui enfim derrotada pela fadiga" (52ss.). Os problemas e tensões, acidentes e catástrofes continuam até que a equipe e os atores chegam em Berlim para a estréia do filme. A atmosfera da metrópole tem um efeito de cura e união entre os dois rivais e a mulher que é objeto de seu desejo. Mas esta nova solidariedade tem seu preço. O mundo de movimentos rápidos e superficiais de Berlim [ver **Dança, Cinemas de Luxo**] carece da intensidade existencial que surge tão naturalmente dos encontros com fissuras, um frio mortal e picos de montanhas.

Verbetes relacionados

Assassinato, Boxe, Cinemas de Luxo, Cremação, Dança, Gramofone, Tourada, Múmias, Polaridades, Autenticidade versus Artificialidade, Presente versus Passado, Silêncio versus Barulho, Ação = Impotência (Tragédia), Imanência = Transcendência (Eternidade), Presente = Passado (Eternidade)

Referências

Antología de Blanco y Negro, 1891-1936, vol. 9. Madri, 1986.
Johannes R. Becher, *Maschinenrhythmen*. Berlim, 1926.
Berliner Morgenpost.
Caras y Caretas.
Hart Crane, *White buildings*. Nova York, 1926.
Martin Heidegger e Elisabeth Blochmann, *Briefwechsel, 1918-1969*. Marbach, 1989.
Egon Erwin Kisch, *Die Hetzjagd: Eine Tragikomödie in fünf Akten des K.u.K. Generalstabs*. In Kisch, *Hetzjagd durch die Zeit*. Berlim, 1926.
Egon Erwin Kisch, "Verbrechen in den Hochalpen". In Kisch, *Hetzjagd durch die Zeit*. Berlim, 1926.
Theodor Lessing, "Psychologie des Rauchens" (1926). In *Ich warfe eine Flaschenpost ins Eismeer der Geschichte: Essays und Feuillettons, 1923-1933*. Neuwied, 1986.
New York Times.
Leni Riefenstahl, *A memoir*. Nova York, 1992.
René Shickele, *Maria Capponi*. Munique, 1926.
Arthur Schnitzler, *Traumnovelle*, Berlim, 1926.

MÚMIAS

❦

Logo no começo do ano, a pequena comunidade internacional de egiptólogos, milhões de leitores de jornais, o governo do Egito e até mesmo o rei George da Inglaterra se envolvem num longo debate sobre os restos do faraó Tutancâmon, que morreu por volta de 1337 a.C., com aproximadamente 18 anos (El Mallakh e Brackmann, 166ss.). Sua tumba, praticamente intocada por ladrões, foi descoberta em 1922. O arqueólogo britânico Howard Carter explorou pacientemente algumas de suas câmaras, classificou diversos artefatos e, em outubro de 1925, finalmente penetrou na pequena sala contendo o sarcófago de Tutancâmon. Depois de abrir sucessivamente quatro caixões fechados um dentro do outro, Carter achou o corpo embalsamado do jovem faraó, removendo seu envoltório de linho. Por si só, estes atos já geraram uma discussão acirrada sobre a legitimidade moral de perturbar os mortos sem que estes tenham dado o seu consentimento enquanto estavam vivos. [ver **Cremação**] Mas agora surge outra questão: o corpo de Tutancâmon deve ser devolvido ao seu sarcófago e ao seu lugar original de descanso ou deve ficar em exposição permanente num museu do Cairo, de Londres ou de Nova York? Carter contabiliza "mais de 12.300 visitantes à tumba e cerca de 270 grupos ao laboratório", entre janeiro e março (Carter, xx; El Mallakh e Brackmann, 144ss.), mas o governo egípcio espera que o esplendor funerário de Tutancâmon atraia um número ainda maior de turistas se ele for facilmente acessível ao público. Esta atitude por parte dos egípcios é fortalecida pelo seu desejo de fazer uma declaração nacionalista, ao resistir à opinião pública mundial, favorável a devolução do corpo do faraó ao lugar onde ele foi encontrado.

Como pode a tumba de um rei menino se tornar o centro de uma preocupação de âmbito mundial? Os objetos que ela contém não são mais belos que aqueles encontrados na maioria de outros sarcófagos reais no Egito; e os historiadores têm pouco a dizer sobre Tutancâmon, além do fato de que ele foi uma figura política e culturalmente sem importância durante o seu breve reinado. Em novembro, como escreve Howard Carter no segundo volume de seu estudo sobre a tumba, ele luta para entender a intensidade desta fascinação. Certamente ele não acredita nos poderes mágicos e nos espíritos do outro mundo que a imaginação européia associou durante muito tempo a essas tumbas: "Não é minha intenção repetir as histórias ridículas que foram inventadas sobre os riscos de cair numa armadilha que existiria na tumba para destruir o intruso. Histórias parecidas têm sido comuns na ficção por muitos anos; são em geral variações das histórias de fantasmas e podem ser aceitas como uma forma legítima de entretenimento literário" (xxv). Carter se aproxima da fonte de sua "estupefação" e da sua "emoção extraordinária e confusa" (vii) quando ele lembra que os objetos preciosos descobertos na antecâmara da tumba, mais que impressioná-lo por seu valor ou sua possível significação histórica, evocaram uma atmosfera de uma forma de privacidade há muito tempo perdida: "Uma miscelânea quase incongruente de objetos e móveis, porta-jóias e camas, cadeiras, banquinhos, carruagens e estátuas, entulhava a antecâmara. Eram elementos bastante heterogêneos mas mostravam, em muitos aspectos, uma arte suave, cheia de afeto doméstico, fazendo-nos imaginar se, ao procurarmos a tumba de um faraó, não teríamos encontrado a tumba de um menino" (ix). Mas a mediação com um mundo remoto através de seus artefatos se faz de forma misteriosamente instantânea, quando o arqueólogo finalmente olha o rosto de Tutancâmon e vê o passado se tornar presente:

> As experiências arrebatadoras (...) foram muitas, mas agora, olhando para trás, acho que foi quando a última das ataduras deterioradas foi removida e os traços do jovem rei foram finalmente revelados, que foi alcançado o auge das minhas emocionantes impressões. Finalmente o jovem faraó estava diante de nós: um soberano obscuro e efêmero, deixando de ser a mera sombra de um nome, havia reingressado, depois de mais de três mil anos, no mundo da realidade e da História! Ali estava o ápice das nossas longas pes-

quisas! A tumba nos tinha entregue o seu segredo; a mensagem do passado tinha atingido o presente, apesar do peso do tempo e da erosão de tantos anos. (xxiii)

A emoção de Carter não decorre da beleza ou do conhecimento histórico. O que direciona suas pesquisas é um desejo paralelo e complementar às aspirações daqueles que buscam ativamente o perigo mortal, para tornar a morte uma parte de suas vidas. [ver **Aviões, Boxe, Tourada, Resistência, Artistas da Fome, Montanhismo, Imanência =Transcendência (Morte)**] Enquanto os atletas e aviadores pressionam seus corpos até o limite onde a vida encontra a morte, o arqueólogo — e neste ponto ele se assemelha estranhamente ao gramofone — torna possível, através de seu trabalho lento e meticuloso, que a vida do passado cruze a fronteira da morte e "reingresse no mundo da realidade e da História, (...) apesar do peso do tempo e da erosão de tantos anos". O rosto do faraó Tutancâmon é o rosto do passado que sobrevive e, ao mesmo tempo, é o rosto da morte de um indivíduo tornada presente. [ver **Individualidade versus Coletividade**] É por isso que Carter intitula duas importantes seções de seu livro — a biografia do rei e as fotografias de sua caveira — com uma única palavra: o nome do faraó (11, 112). O objetivo final de Carter é proporcionar um encontro com o próprio "Tutancâmon".

O desnudamento do corpo de Tutancâmon não é mais que o ápice de uma vasta onda contemporânea de "egitomania". Mais do que qualquer outra coisa, o que fascina os leitores de Howard Carter — a capacidade de uma pessoa prever a sua própria morte [ver **Cremação**] — está sendo agora identificado, com crescente clareza, como o elemento constitutivo da antiga cultura egípcia. Mas esta revelação não pode explicar totalmente por que a egitomania está se transformando numa "tutmania" (El Mallakh e Brackmann, 120ss.). A indústria da moda adota os estilos, as cores e os ornamentos das roupas encontradas na tumba de Tutancâmon. Guarda-chuvas de Tutancâmon e bengalas de Tutancâmon são vendidas em toda parte. O Hotel Pennsylvania, em Nova York, anuncia o som da banda popular de Vicente López como "Tut-music", e centenas de novos produtos e marcas com a estampa "Tutancamon" são submetidos ao Instituto de Patentes dos Estados Unidos. Embora o rosto do faraó torne presente a alteridade de uma única morte, esses produtos e marcas se baseiam no apelo da alteridade cultural do antigo Egito em meio à moderna vida cotidiana (Clifford, 1-17). [ver **Centro versus Periferia**] É por isso que uma resenha de jornal escrita por Walter Benjamin condena, com uma ironia incomumente forte, um guia turístico que vê os antigos mitos do Egito da perspectiva da racionalidade do século XX: "'Quem quer que deseje se vingar dos mortos e expulsar alguém da serenidade do paraíso precisa apenas esculpir o nome do morto, e o pobre coitado perderá o direito à vida eterna. Estes eram os pensamentos infantis associados à idéia da imortalidade.' Não, senhor autor! Estes são os pressupostos infantis de uma viagem ao Egito!" (Benjamin, 34). A tensão entre a visão de Benjamin e a visão do livro que ele está resenhando sintetiza a distância que separa aqueles que enfatizam a alteridade das culturas remotas trazidas à vida e aqueles que tentam integrar estas culturas na genealogia histórica da sua própria tradição judaico-cristã. Com este espírito, um artigo publicado na edição de 2 de outubro da revista argentina *Caras y Caretas*, sob o título "Um rei da antiga Caldéia, cinco mil anos atrás, acumulou riquezas maiores que as de Tutancâmon", estabelece uma estranha competição entre os artefatos escavados no sítio arqueológico da cidade bíblica de Ur e a descoberta de Howard Carter: "Os detalhes das roupas e chapéus são de um realismo surpreendente. Os traços faciais parecem vibrantes e cheios de vida. (...) Muitas jóias foram encontradas, e, sem medo de exagerar, pode-se afirmar que os tesouros do rei Ur-Engur superam aqueles já famosos e muito divulgados de Tutancâmon." [ver **Centro = Periferia (Infinitude), Presente = Passado (Eternidade)**]

A edição de domingo do *Berliner Tageblatt* de 25 de março contém um longo ensaio sobre uma excursão à Floresta Spree, duas horas de trem a leste de Berlim. Se no começo ele se refere ironicamente à viagem como uma "expedição", o autor logo envereda por um discurso solene que, em seu *pathos*, compete com a descrição de Howard Carter do desnudamento do corpo de Tutancâmon. Ele decidiu visitar a floresta porque estava intrigado com a estranha aparição e comportamento de uma camponesa que regularmente ia a Berlim vender ovos, manteiga e aves: "Sua touca negra, que só deixa ver algumas mechas de cabelo encaracolados num estilo Gretchen, nada como um estranho pássaro aquático em meio à massa de chapéus da moda. Sua saia volumosa e engomada balança num ritmo que nos é estranho. Apesar de sua frieza nórdica, ela parece de certa forma exótica. Ela ainda não foi afetada pela tendência do mundo moderno de igualar tudo. Sente-se isso de uma forma ou de outra: diferente de você ou de mim, que mal 'acabamos de chegar', ela é uma nativa, alguém que possui algo estável, uma distinção clara e inata." A primeira camada de alteridade que o jornalista de Berlim descobre na próxima-mas-distante Floresta Spree é a banalidade que permeia a vida urbana em Kottbus, seu centro administrativo. Logo, porém, ele percebe formas culturais mais arcaicas, e um estranho sotaque lingüístico, ambos característicos de uma tribo eslava conhecida como os vênedos. No momento em que o passado, impossivelmente presente, se manifesta num encontro improvável com a alteridade cultural, o autor se depara com algumas múmias — no fundo de uma cripta da igreja local. Embora estas múmias tenham apenas 200 anos de idade e não tenham nada a ver com a cultura eslava, elas inspiram no observador o mesmo espanto que Carter sente diante da tumba de Tutancâmon. Condensando a distância histórica e esticando a fronteira da morte, elas trazem o passado à vida:

> Tutancâmon na Floresta Spree! A igreja tem uma cripta, com uma dúzia de caixões de madeira não lacrados. Ao abri-los, encontram-se múmias autênticas e surpreendentemente bem conservadas. Elas não são tão antigas quanto as múmias egípcias, mas, habilmente embalsamadas, sobreviveram ao ar e à umidade por 200 anos. Eis ali um oficial do tempo de Frederico Guilherme I, com uma caveira ressecada que lembra aquela de Ramsés II, no Museu do Cairo. As sedas que o cercam e o couro das suas botas de cano longo estão notavelmente preservados. Depois de 200 anos, seu chapéu de três bicos ainda está dobrado sob o seu braço murcho. Perto dele está uma jovem mulher com seu recém-nascido; e, mais adiante, outras múmias masculinas. Não é muito diferente de Sakkara.

A interpretação e o seu desejo inerente de profundidade levam a encontros assim. [ver **Autenticidade versus Artificialidade**] O corpo de Tutancâmon fica na câmara mais profunda de uma tumba, no mais profundo de quatro caixões. O processo de descobri-lo e desnudá-lo requer um enorme conhecimento histórico e habilidade técnica, culminando numa experiência impressionante — e, de certa forma, definitiva. Mas se isso é uma experiência de autenticidade, porque permite que relíquias concretas do passado ingressem na imediatez física do presente, é também uma experiência destinada a permanecer incompleta. Como o corpo de Tutancâmon, do qual os embalsamadores extraíram o cérebro e os órgãos internos, seu rosto nem "contém" nem "entrega" a essência de sua vida. Howard Carter dá uma boa explicação histórica do modo pelo qual os artefatos do antigo Egito resistem à interpretação e à reconstrução: "Muita coisa terá que permanecer obscura na vida dos antigos egípcios (...) porque a idéia principal por trás dos cultos, na forma como eles nos são revelados, era deixar claro aos vivos aquilo que acontecia após a morte" (Carter, xxiv). Em vez de apontarem para um significado, as múmias egípcias valem apenas por si mesmas — ao conferirem um tênue halo de presença às subjetividades mortas que representam. Se o corpo frágil de Tutancâmon é um véu atrás do qual nada pode ser descoberto — suas "condições tornavam impossível o uso de raio X" (xxii), o seu sarcófago dourado exterior é uma superfície reluzente que reflete (e rejeita) o olhar do arqueólogo. [ver **Dança, Gomina**] Realçando a distância cultural que separa os observadores modernos do mundo de sua imaginação histórica, esta superfície reluzente também fortalece a fascinação que gera a "tutmania". No fim das contas, esta só pode permanecer viva se o corpo morto do faraó for devolvido à sua distância original do presente. No domingo, 31 de outubro, Howard Carter volta a cobrir o corpo de Tutancâmon. Ele "permanecerá na sua tumba, fechado em seu sarcófago" (xxiii).

Verbetes relacionados

Artistas da Fome, Aviões, Boxe, Cremação, Gomina, Gramofones, Montanhismo, Resistência, Tourada, Autenticidade versus Artificialidade, Centro versus Periferia, Individualidade versus Coletividade, Centro = Periferia (Infinitude), Imanência = Transcendência (Morte), Presente = Passado (Eternidade)

Referências

Walter Benjamin, "Rezension von Hans Bethge, *Ägyptische Reise: Ein Tagebuch* (1926). In Benjamin, *Gesammelte Schriften*, vol. 3. Frankfurt, 1972.
Berliner Tageblatt.
Caras y Caretas.

Howard Carter, *The Tomb of Tut-ankh-Amen, Discovered by the Late Earl of Carnarvon and Howard Carter,* vol. 2. Londres, 1927.
James Clifford, "The Pure Products Go Crazy". In Clifford, *The predicament of culture.* Cambridge, Mass., 1988.
Kamal El Mallakh e Arnold C. Brackmann, *The Gold of Tutankhamen.* Nova York, 1978.

POLARIDADES

❦

Com a presença de Benito Mussolini, o dirigível *Norge*, fabricado na Itália, é entregue solenemente ao explorador norueguês Roald Amundsen num aeroporto de Roma, no sábado, 10 de abril. O *Norge* tem 82 metros de comprimento, um volume de 19.200 metros cúbicos e é movido por três motores alemães Maybach, com 260 cavalos de força cada um. Ele foi projetado e construído por Umberto Nobile [ver **Engenheiros**], e está prestes a fazer o primeiro vôo sobre o Pólo Norte, para o qual Amundsen conseguiu um generoso patrocínio nos Estados Unidos (*Années-mémoire*, 116-117; *Chronik*, 95). No dia 6 de abril de 1909, o americano Robert E. Peary se tornou o primeiro homem a alcançar o Pólo Norte por uma rota terrestre — e, menos de dois anos e meio depois, Amundsen liderou uma expedição ao Pólo Sul. Onze meses antes da partida do *Norge* de Roma, ele tinha feito uma tentativa fracassada de atingir o Pólo Norte num hidroplano (*Die wilden Zwanziger*, 153ss.). [ver **Aviões**]

Sobrevoando Pulham, Oslo e Leningrado, o *Norge* chega a um hangar especialmente construído para ele em Kings Bay, em Spitzbergen, na sexta-feira, 7 de maio. Mas, alguns dias depois, Amundsen e Nobile, que é o comandante do dirigível, recebem a notícia de que Richard Evelyn Byrd e Floyd Bennet, dois pilotos da Marinha americana, já alcançaram o Pólo — no dia 9 de maio, às 9h04 da manhã, a bordo de um Fokker de três motores. A viagem de volta a Kings Bay durou 16 horas. Corridas deste tipo, que buscam a quebra de recordes, despertam um interesse mundial por confirmarem a idéia do domínio completo do homem sobre o planeta [ver **Resistência, Transatlânti-**

cos, Centro = Periferia (Infinitude)], deixam aos perdedores o desafio de fixarem novas metas a serem alcançadas e novas fronteiras a serem ultrapassadas. Assim, após sobrevoar o Pólo Norte no dia 12 de maio, às 13h25, Amundsen e Nobile continuam sua viagem e conseguem fazer a primeira travessia da Calota Ártica. Aterrissam em Teller, no Alasca, perto da cidade de Nome, por volta das oito da manhã do dia 14 de maio.

A cobertura jornalística da aventura do *Norge* mostra como interesses e fascínios diversos convergem para os recordes de vôo. Soltando bandeiras americanas, italianas e norueguesas sobre o ponto da paisagem gelada que se acredita ser o Pólo Norte (os instrumentos de navegação não oferecem uma garantia definitiva), Byrd e Bennet, Amundsen e Nobile não querem apenas deixar provas de sua conquista para a posteridade; eles também — voluntariamente ou não — inscrevem as duas expedições no estágio final da busca do imperialismo ocidental por novas posses territoriais. Além disso, suas aventuras estão cercadas por uma aura de perigo de vida. [ver **Imanência = Transcendência (Morte)**] As condições climáticas são extremas (o *Norge* chega a ficar à deriva em meio a uma densa neblina e está coberto por uma tonelada de gelo no momento em que pousa), e a comunicação com o avião durante o vôo é limitada. [ver **Comunicação sem fios**] Depois de dois dias, durante os quais o *Norge* esteve fora de contato, espera-se ansiosamente uma transmissão do dirigível, em todo o mundo. Na primeira página de sua edição de sexta-feira, 14 de maio, o *Berliner Volks-Zeitung* traz boas notícias — mas ele tempera a reportagem sobre a aterrissagem do *Norge* com sinais de incerteza, que mantêm aceso o suspense do público: "Segundo o informe de uma Agência de Notícias de Seattle, o dirigível *Norge* era esperado às 11h, hora local, em Nome. Rumores que circularam por aqui davam conta de que a nave passou por Point Barrow, no Alasca, à uma hora da manhã." Dois dias depois, o *Berliner Lokal-Anzeiger* confirma definitivamente a chegada do dirigível ao Alasca, mas o artigo está escrito num estilo frágil, e remete a fontes estrangeiras não confirmadas: "Segundo o repórter de uma rádio de Bremerton às 6h25 da manhã, a estação de rádio de Saint-Paul ouviu o *Norge* se comunicar com a estação de rádio de Nome." O mesmo jornal publica o telegrama de Umberto Nobile para sua mulher, e assim convida os seus leitores a participarem da aventura de um ponto de vista íntimo: "Chegada feliz a Teller, Alasca. A viagem parece um sonho. Beijos, saudações afetuosas. Nobile."

Parte da cobertura no *Berliner Lokal-Anzeiger* consiste em um comentário do professor Albrecht Penck, que parece ter uma visão algo invejosa da expedição. Referindo-se aos perigos que o clima ártico representa para a vida humana, o autor concentra a sua atenção — ao mesmo tempo com evidente ciúme é admiração — ao talento de Amundsen para encenar e tirar vantagem dos seus empreendimentos:

> Durante vários dias, a situação da nave foi motivo de real preocupação em Nova York e Oslo. As pessoas discutiam em detalhe o que aconteceria se o clima continuasse ruim. Naturalmente, é fácil imaginar este cenário. Mas todas essas especulações são sem sentido. Preocupar-se com o clima era um equívoco; era simplesmente o resultado da esperteza de Amundsen. Quando ele se preparou para uma viagem ao Pólo Sul, ele disse ao mundo inteiro que também queria ir ao Pólo Norte, derrotando Scott por um nariz. No ano passado, quando ele tentou voar para o Pólo Norte, ele demorou 25 dias para voltar; quando um amigo me perguntou se eu estava preocupado com o destino de Amundsen, respondi secamente: "Espere mais três semanas e Amundsen se deixará ser resgatado" — e eu estava certo.

Esta crítica é transformada numa paródia por A.A. Milne no Capítulo 8 de *Winnie Ora-Bolas*: 8: "Quando o ursinho Ora-Bolas pergunta ao seu amigo, o menino Christopher Robin, por que ele propõe fazerem uma 'explodição' ao Pólo Norte (Ora-Bolas quer dizer 'expedição'), Christopher Robin responde com uma definição do Pólo Norte que coincide com as observações irônicas do professor Penck sobre as metas da viagem de Amundsen: 'Esta é uma coisa a descobrir', disse Christopher Robin, distraído, ele mesmo sem ter muita certeza disso" (105). A "explodição" que finalmente é realizada consiste em uma "longa fila de gente" (106); ela é motivada tanto pelo desejo guloso de Ora-Bolas de consumir todas as "provisões" quanto pela ambição de Christopher Robin de conquistar "lugares perigosos". Então Roo (o bebê canguru) cai num poço, proporcionando assim à "explodição" uma excelente oportunidade de se executar um resgate e, acidentalmente, encontrar um Pólo:*

> "Peguem alguma coisa ao longo da descida, algum de vocês, camaradas", gritou Rabbit. Mas Ora-Bolas já estava pegando algo. Abaixo de Roo, ele estava segurando uma vara com suas patas, e Kanga [a mãe de Roo] se apro-

---

*Em inglês, "pole" serve tanto para Pólo quanto para vara, daí o trocadilho, que não tem correspondente em português. (*N. do T.*)

ximou e pegou uma ponta dela, de forma que eles a esticaram sobre o poço; e Roo, ainda borbulhando com orgulho, "Olhem como eu nado!", se segurou nela e foi puxado para cima. (...) Mas Christopher Robin (...) olhava para Ora-Bolas. "Ora-Bolas", disse ele, "onde foi que você achou esta vara?" Ora-Bolas olhou para a vara nas suas mãos, "Eu a achei por aí", disse. "Pensei que poderia ser útil. Então eu a peguei." "Ora-Bolas", disse Christopher Robin num tom solene, "a Expedição acabou. Você encontrou o Pólo Norte." "Oh!", disse Ora-Bolas. (116-117)

Para o público internacional, o Pólo Norte e o Pólo Sul não são simplesmente "coisas a serem descobertas". Apesar dos talentos consideráveis de Amundsen e outros viajantes para a autopromoção e técnica de vendas, os pólos são muito mais do que marcos que motivam uma competição intensa e depois desaparecem do imaginário coletivo. Aqueles que acompanham as viagens dos autodenominados "exploradores" nos jornais diários são encorajados a imaginar as regiões polares como zonas onde a vida humana se torna objeto de forças estranhas e incontroláveis. Quando o *New York Times*, em 25 de setembro, publica um artigo intitulado "Crime ártico de 17 anos atrás", sobre o assassinato de Ross Marvin por dois esquimós, durante a expedição de Peary ao Pólo Norte, em 1909, ele enfatiza fortemente o comportamento não-natural que caracteriza o crime: "O nativo de pele escura do extremo norte tem algumas características infantis. Sob pressão das adversidades e da ansiedade, ele entra em pânico. (...) Sob tais circunstâncias, o esquimó se comporta de uma forma totalmente não-natural. Ele é capaz de roubar, amotinar-se ou fugir. E no entanto não há nada mais distante de seu caráter habitual que o roubo, a revolta ou a fuga." Essas influências são associadas com as condições geofísicas específicas das regiões polares. Depois de sobrevoarem o Pólo Norte, Byrd e Bennet descrevem em detalhe como conseguiram navegar sem bússolas magnéticas, que são inúteis naquela parte do planeta (*Années-mémoire*, 117). Paul Morand usa termos antropomórficos para descrever o simples fato de que a Terra pode ser circunavegada mais rapidamente nos pólos do que no equador: "Se alguém quiser dar várias voltas ao mundo em uma hora, deve ir ao Pólo e dar voltas estreitas ao redor dele. Se alguém prefere o turismo indolente e a ilusão do espaço, deve ir em direção à linha do equador. Lá, o globo de extremidades geladas esconde seus lombos fumegantes numa densa camada de vegetação. Seu estômago torra ao sol" (9). [ver **Transatlânticos**]

Em reflexões semelhantes, e nos empreendimentos e experiências que as provocam, o fato da circularidade da Terra — até agora conhecida apenas teoricamente — está se transformando numa dimensão da experiência cotidiana. Enquanto Byrd, Bennet e Morand desafiam, de formas diferentes, a premissa de que o mundo é um espaço fisicamente homogêneo [ver **Incerteza versus Realidade**], a viagem do *Norge* da Europa ao Alasca atravessando o Pólo Norte, e daí descendo para a Costa Oeste da América do Norte, confunde a relação entre centro e periferia no mapa mental do mundo. [ver **Centro versus Periferia, Centro = Periferia (Infinitude)**)] Como a forma e o movimento da Terra se tornam fatores relevantes nas atividades práticas diárias, os movimentos dos seres humanos surgem como algo mais complexo do que aqueles dos corpos que vão de um ponto a outro, dentro de um espaço intrinsecamente estável. Com o desaparecimento do reino transcendental outrora habitado por Deus, o movimento pode assumir um novo status, como uma das condições transcendentais para a vida humana. [ver **Imanência versus Transcendência**] "Percebo agora, no momento de pousar, que não gosto de viajar — gosto apenas do movimento. Ele é a única verdade, a única beleza. Nunca terei vergonha da minha vida enquanto estiver em trânsito. O único ponto fixo: a idéia de mudança. Minha arte imperfeita não é mais que a medição feita entre dois pontos em movimento" (Morand, 31-32).

Verbetes relacionados

Aviões, Engenheiros, Resistência, Comunicação sem fios, Transatlânticos, Centro versus Periferia, Incerteza versus Realidade, Centro = Periferia (Infinitude), Imanência = Transcendência (Morte)

Referências

Les années-mémoire: 1926. Paris, 1988.
Berliner Lokal-Anzeiger.
Berliner Volks-Zeitung.
Chronik, 1926: Tag für Tag in Wort und Bild. Dortmund, 1985.
A.A. Milne, *Winnie-the-Pooh* (1926). Nova York, 1957.
Paul Morand, *Rien que la terre: Voyage.* Paris, 1926.
New York Times.
Die wilden Zwanziger: Weimar und die Welt, 1919-1933. Berlim, 1986.

RELÓGIOS

❦

Todos os tipos de relógio estão invadindo o mundo da ficção. Na abertura do romance *O sol também se levanta*, de Hemingway, uma jovem francesa com um "sorriso maravilhoso" (mas dentes ruins) é convidada para tomar um drinque — e mais tarde jantar — por Jake Barnes, o narrador. [ver **Americanos em Paris**] Entre o drinque e o jantar, Jake e Georgette passeiam pelas ruas de Paris num táxi: "Acomodados naquele suave e lento fiacre, nós subimos a Avenue de l'Opéra, passamos pelas lojas fechadas mas com vitrines acesas, a Avenue ampla e reluzente e quase deserta. O táxi passou pela agência do *New York Herald*, com a vitrine cheia de relógios. 'Para que servem todos esses relógios?, ela perguntou. 'Eles mostram a hora em toda a América.' 'Não brinca!'" (Hemingway, 15).

Não fica claro se Georgette entendeu a explicação de Jake sobre os relógios na vitrine do *New York Herald*. Será que ela sabe que o globo é dividido em 24 fusos horários? Ela sabe que, no momento em que conversa com Jake, a hora em Paris é diferente da hora em cada um dos outros 23 fusos? [ver **Polaridades**] Em todo caso, a simultaneidade temporal não é uma forma de experiência que interesse a Georgette. A sua vida depende de encontros casuais nas ruas e cafés de Paris, e ela não precisa de outro horizonte além deste mundo limitado.

Existem poucos protagonistas literários que pensam sobre os fusos ou a relatividade do tempo, e são menos ainda aqueles que conseguem voltar da esfera da relatividade para parâmetros cronológicos individuais e fechados. O banqueiro John S.S., no conto "Curiosa metamorfosis de John" publicado na

Revista de Occidente, é um desses heróis cosmopolitas. Depois de comer, John saiu sem chapéu (...) para passear por Luxembourg Gardens. Era a hora do dia em que (...) os balconistas faziam os cilindros de suas máquinas registradoras girar como máquinas de jogo, e também a hora em que a taxa de câmbio do franco suíço em Constantinopla subia. Pensando nisso, John começou a rir. Porque esta hora do dia, quando a correspondência já tinha sido despachada e a Bolsa de Nova York já estava fechada, também era a hora do lanche das crianças, hora do chá com bolo" (*Revista de Occidente*, 10-11). Provavelmente por uma falta de experiência cotidiana adequada, o autor da história confunde a relação entre o horário padrão da Europa Oriental com o da Europa Central. O começo da tarde em Nova York corresponde à meia-noite em Paris, e não ao começo da tarde. Dentro da narrativa, porém, não importa se Nova York ou Paris está seis horas à frente. Mesmo que John precise levar em conta a pluralidade e a relatividade do fuso horário quanto estiver tomando decisões para o seu banco, ele precisa esquecê-las — aboli-las da sua realidade — se quiser apreciar a beleza de uma tarde em Paris. [ver **Incerteza versus Realidade**]

A análise do trabalho proporciona uma visão diferente da relatividade do tempo. Taxas crescentes de produtividade são freqüentemente descritas como uma extensão do tempo convencional (*Chronik*, 22). Capitalistas e socialistas compartilham esta fascinação porque, pelos menos teoricamente, estas "extensões do tempo" poderiam render lucros para os dois lados da luta de classes. [ver **Greves**] Um slogan oficial soviético recomenda que se atinja uma determinada meta produzindo incessantemente "como um cronômetro" no qual "o ímpeto da Revolução de Outubro" e "o pulso da vida americana" convergiriam idealmente (Lethen, 22). [ver **Presente versus Passado**] Na peça *Orphée*, de Jean Cocteau, mesmo a alegoria da morte é associada à atividade agitada e à pressão de tempo. Antes de Eurídice ser entregue a Hades, Madame Morte invade o espaço da vida humana [ver **Imanência = Transcendência (Morte)**], por meio de uma complicada máquina que produz níveis diferentes de velocidade e intensidade do tempo: "Morte: (...) nós temos uma onda sete e uma zona sete-doze. Ajustar tudo para quatro. Se eu me levantar, pode subir até cinco. Mas não passe de cinco sob nenhuma circunstância" (Cocteau, 58). Pouco antes de Madame Morte ser catapultada para o mundo dos vivos, seus assistentes percebem que, entre seus inúmeros instrumentos, esqueceram um relógio, que eles agora precisam pedir emprestado aos espectadores: "Senhoras e senhores, Madame Morte me instruiu para perguntar: alguém na platéia poderia fazer a gentileza de lhe emprestar um relógio?" (62) Enquanto no mundo real os operários da indústria precisam acelerar seus movimentos ou ajustar o seu ritmo à cadência das máquinas se quiserem "estender" a duração e a eficiência de seu trabalho [ver **Linhas de Montagem**], os assistentes da Morte em *Orphée* têm o privilégio imaginário de diminuir o ritmo do próprio tempo: "Morte: este é o trabalho de Azrael. Ele está mudando as nossas velocidades. Uma hora para mim deveria representar um minuto para [Orfeu]" (60).

Os trabalhadores que atingiram níveis mais altos de produtividade — mas também os capitalistas e os políticos que pagam juros sobre empréstimos de capital — sempre sentem que o tempo está passando depressa demais. Nesta perspectiva, no dia 27 de julho o primeiro-ministro Poincaré traça um quadro dramático das finanças de seu governo: "Se as metas que estamos requisitando não forem aprovadas, perderemos 11 mil francos por minuto, 660 mil francos por hora, 16 milhões de francos por dia" (*Années-mémoire*, 72). Ao apresentar um relógio cujo disco é dividido em dez horas, em vez de 12, e cujo ponteiro dos segundos avança numa velocidade incomum, Fritz Lang, na primeira seqüência de seu filme *Metrópolis*, simboliza duplamente esta sensação constante de pressão do tempo como um componente essencial da vida proletária: "No enorme mostrador do relógio da Nova Torre de Babel — o centro das máquinas de Metrópolis — os segundos tiquetaqueiam tão regularmente na ida quanto na volta. O relógio está dividido em apenas dez segmentos; os dois ponteiros principais estão numa posição quase vertical, enquanto o ponteiro dos segundos corre como um louco" (19). Freder, o salvador dos operários, tenta retardar o ritmo do ponteiro dos segundos. Invocando o Mestre de Metrópolis (seu pai, John Fredersen) e citando o *Novo Testamento*, ele encarna o desejo coletivo dos operários pela libertação do ritmo cada vez mais acelerado de trabalho: "Sua boca se abre, e ele grita agonizante. (...) Seus braços estão superesticados, segurando os gigantescos ponteiros do relógio como se estivesse pendurado neles, crucificado. Novamente ele grita em agonia: (...) 'Pai! Eu não sabia que dez horas poderiam ser esta tortura!'" (52).

Freqüentemente, visões do paraíso terrestre são relacionadas com estas metáforas de salvação dos ritmos tirânicos do tempo. Elas aparecem até na descrição que Jack Dempsey faz das fabulosas festas organizadas por seu amigo Billy Seeman, filho do dono do White Rose Tea: "O apartamento de Seeman, em cima do Pepper Pot do Village, era um popular ponto de encontro (e de bebedeiras) para desordeiros, contrabandistas de bebidas, gângsteres, coristas, modelos e a variedade habitual de jornalistas, políticos e vagabundos. Eles iam e vinham como se o relógio não tivesse ponteiros" (Dempsey e Dempsey, 180-181). [ver **Bares, Repórteres, Revistas**] Walter Benjamin está tão ansioso para conhecer Moscou e a sociedade soviética — supostamente livre das pressões do tempo — que ele ignora ativamente as exortações do Partido Comunista para acelerar o ritmo do trabalho: "Acredito que existem mais fabricantes de relógios em Moscou do que em qualquer outra cidade. Isto é ainda mais estranho porque, aqui, as pessoas se importam muito pouco com a hora. (...) Se você observar o modo como elas andam nas ruas, raramente verá alguém com pressa, exceto se estiver muito frio. Sempre casuais na sua atitude, eles caminham em ziguezague. Assim, é interessante que esteja afixado no prédio da Assembléia um cartaz afirmando: 'Lenin disse que tempo é dinheiro.' Para proclamar esta banalidade, eles precisam invocar a mais alta autoridade" (Benjamin, 1980, 70-71).

Mas o conceito de "ter tempo" é bem mais ambíguo do que Benjamin parece disposto a admitir. Se o aumento da produtividade significa lucros maiores para os proprietários, mas também um sofrimento mais intenso para os operários, a libertação dos ritmos despóticos do tempo tem uma contrapartida — isto é, a marginalização da vida cotidiana. No poema "Die Rumpf-Ruderer" (Os torsos dos remadores), de Johannes Becher, veteranos de guerra sem pernas são descartados da corrente da vida porque são incapazes de acompanhar com seus corpos o ritmo do tempo: "Eles me puseram numa esquina, contra o muro./ Um cobertor diante de mim. O relógio goteja as horas./ Seria bom coxear para a frente, perneta" (Becher, 9-10). Mas, se entregar o corpo a um ritmo coletivo é um pesadelo para Becher, ele também associa repetidas vezes a rapidez dos relógios com o despertar do poder redentor das revoluções, como no seguinte poema sobre as utopias revolucionárias:

> Os corpos
> Morrendo são retirados à meia-noite
> Das suas camas flutuantes, resmungando.
> Relógios rodopiando, rostos afogueados
> Perseguem o espaço destruído
> (Becher, 12; também 109)

Ao desejar uma revolta, Becher parece admitir que o ritmo das transformações revolucionárias leva, inevitavelmente, ao caos e a novos sofrimentos. A presença de relógios no meio dessa confusão — e mesmo a presença de relógios com o movimento acelerado — garante, pelo menos, alguma estrutura, continuidade e controle. Assim, no romance *Tirano Banderas*, de Ramón del Valle-Inclán, os sinos da catedral batem 12 vezes antes da deflagração da revolução que porá fim a uma ditadura sangrenta: "O relógio da catedral fez silêncio. As 12 badaladas ainda suspensas no ar. (...) Estampidos de pólvora. Ouvem-se clarins militares. Um grupo de freiras, sem chapéu e com os hábitos mais simples, veio até a porta do convento profanado, gritando e rezando" (Valle-Inclán, 266). Num poema de Federico García Lorca, quando a *guardia civil* paramilitar ataca um grupo de ciganos, todos os relógios param:

> A cidade, livre do medo,
> multiplicou os seus portões.
> Quarenta membros da guarda civil
> Passaram por eles para saquear.
> Os relógios pararam,
> e o conhaque nas suas garrafas
> se disfarçou de novembro.
> (García Lorca, 456)

Sentindo-se atingido pelo caos que resulta da abolição de todas as formas estruturadas de tempo histórico, o professor Cornelius, na novela de Thomas Mann *Unordnung und frühes Leid* (Desordem e tristeza precoce) torna-se um aliado improvável dos ciganos de García Lorca. Ele "odeia os costumes modernos, porque eles são desordenados, incoerentes e agressivos" (498), e, portanto, ele tem uma reação exagerada sempre que seu jovem criado Xaver Kleingütl arranca por engano mais de uma folha de seu calendário na escrivaninha: "Todas as manhãs, enquanto o professor está tomando o seu café da manhã, ele arranca uma folha do calendário de mesa — mas não faz o menor esforço para tirar o pó do escritório. O dr. Cornelius já lhe disse várias vezes para não tocar no calendário, já que ele costuma arrancar duas folhas de cada vez, e assim aumentar a confusão geral" (Mann, 512-513).

Mais e mais, parece que ter tempo é impedir o mundo de entrar em colapso. [ver **Presente = Passado (Eternidade)**] Durante o frenesi apocalíptico de uma batalha da Guerra Mundial, Ernst Jünger vê o seu relógio de pulso como "a única realidade": "Apenas o pequeno círculo feito pelo relógio no meu pulso permanece real. Podem aparecer fantasmas, ou o mundo pode acabar; nada pode me surpreender neste momento. Já não ouço mais os tiros — estou acima do estágio de percebê-los. E a minha percepção não registra mais o aparecimento de indivíduos. No clamor do excesso, os sentimentos já superaram muito as fronteiras dos valores humanos. Só permanece um confuso sistema de poder no qual as paisagens e as pessoas são incluídas como se estivessem numa zona diferente, sujeitas a leis diferentes. Às 9h40 tudo estará no lugar" (Jünger, 110-111). O ataque da artilharia começa às 5h05 da manhã. A simples presença de relógios oferece uma certa sensação de estrutura em meio ao caos da guerra. Para os soldados, eles oferecem uma "direção" existencial rumo ao futuro imediato, uma direção que dá forma e vitalidade às suas ações: "Estamos no meio de um deserto, no qual um ri enquanto os dentes do outro tremem, com os sentimentos incrivelmente aguçados, como se estivéssemos antes de um acontecimento grande e decisivo. Logo cedo converso pela última vez com o comandante do batalhão, e nós sincronizamos os nossos relógios até os segundos. Partimos após um firme aperto de mãos. De agora em diante, estamos completamente concentrados, cada um de nós acompanhando o movimento determinado do ponteiro de seu relógio. A cada cinco minutos, avisam a hora. Uma distância cada vez menor nos separa do momento, 5h05, em que deve começar o assalto da artilharia" (98-99). [ver **Ação versus Impotência**] Um ataque assim, na guerra moderna, é o modelo para a situação existencial que Martin Heidegger descreve metaforicamente como "correr rumo à morte" (Heidegger, 262ss.) — e que, sem uma medida de tempo, nunca pode assumir uma forma (252ss.).

Ganhar tempo requer a ação conjunta de muitos relógios, de forma que a sua mútua confirmação possa substituir a falta de uma base natural. É esta a descoberta que o jornalista Egon Erwin Kisch faz em sua visita ao Instituto Hidrográfico da Marinha Austríaca: "Existe a hora certa para se dar corda em cada relógio: à mesma hora, todos os dias, isto é feito numa ordem predeterminada. (...) A pergunta 'Por favor, que horas são?' pode ser feita facilmente, mas não é facilmente respondida pelo especialista" (Kisch, 198). O tempo que se ganha na forma de um ritmo constante precisa ser publicamente visível. Talvez Antoine, de 7 anos, no romance *Le voleur d'enfants* (O ladrão de crianças) não se perdesse nas movimentadas ruas de Paris se ele pudesse ver as horas no enorme relógio perto dele: "Durante uns bons cinco minutos ele ficou sozinho, sentindo uma espécie de vergonha ou medo, ele não sabia dizer qual. A noite cai. Paris começa a aproximar-se de Antoine. À sua direita há um relógio pneumático. Se ele ao menos soubesse ver as horas, talvez não se sentisse tão sozinho. Mas o mostrador branco com seus dois ponteiros teimosos é irreconhecível para ele e parece conter uma idéia à qual o garoto permanece estranho" (Supervielle, 11). Na Potsdamer Platz, no coração de Berlim, onde o tráfego é mais intenso do que em qualquer outra parte da Europa [ver **Automóveis**], um policial fica na plataforma de uma torre, com sinais de trânsito acima dele e um relógio abaixo (Boberg, Fichter e Gillen, 192; Schuette, 21). O ponto de encontro mais popular na capital da Alemanha é o assim chamado Normaluhr ("relógio padrão"), na estação de trem do Zoológico, um relógio com dois mostradores concêntricos, um numerado de um a 12, e o outro numerado de 13 a 24 (Boberg, Fichter e Gillen, 192). Seu nome serve como título de uma das reflexões de Walter Benjamin em *Einbahnstrasse* (Rua de mão única). Benjamin ataca o sentimento de segurança que decorre de poupar e guardar tempo de forma ostensiva. Descobertas e invenções verdadeiramente grandes, segundo ele, jamais serão associadas à medida do tempo: "Somente as pessoas fracas e distraídas extraem um prazer enorme de concluir alguma coisa e sentir que a vida lhes foi restaurada. Para o gênio, cada incidente, cada golpe do destino se adapta pacificamente ao trabalho que ele realiza" (Benjamin, 1972, 88).

Verbetes relacionados

Americanos em Paris, Automóveis, Bares, Greves, Linhas de Montagem, Polaridades, Repórteres, Revistas, Ação versus Impotência, Presente versus Passado, Incerteza versus Realidade, Imanência = Transcendência (Morte), Presente = Passado (Eternidade)

Referências

Les années-mémoire: 1926. Paris, 1988.
Johannes R. Becher, *Maschinenrhythmen*. Berlim, 1926.
Walter Benjamin, *Einbahnstrasse* (1926). In *Gesammelte Schriften*, vol. 4, parte 1. Frankfurt, 1972.

Walter Benjamin, *Moskauer Tagebuch* (9 de dezembro de 1926 — 1 de fevereiro de 1927). Frankfurt, 1980.

Jochen Boberg, Tilman Fichter e Eckhart Gillen, orgs., *Die Metropole: Industriekultur in berlin im 20. Jahrhundert*. Munique, 1986.

Chronik, 1926: Tag für Tag in Wort und Bild. Dortmund, 1985.

Jean Cocteau, *Orphée: Tragédie en un acte et un intervalle* (1926). Paris, 1927.

Jack Dempsey e Barbara Piatelli Dempsey, *Dempsey*. Nova York, 1977.

Federico García Lorca, *Romance de la Guardia Civil Española* (1926). In García Lorca, Madri, 1971.

Martin Heidegger, *Sein und Zeit* (escrito em 1926, publicado em 1927). Tübingen, 1984.

Ernest Hemingway, *The sun also rises*. Nova York, 1926.

Ernst Jünger, *Feuer und Blut: Ein kleiner Ausschnitt aus einer grossen Schlacht* (1926). Hamburgo, 1941.

Egon Erwin Kisch, "Mysterien des Hydrographischen Instituts". In Kisch, *Hetzjagd durch die Zeit*. Berlim, 1926.

Fritz Lang, *Metropolis* (1926). Nova York, 1973.

Helmut Lethen, *Neue Sachlichkeit, 1924-1932: Studien zur Literatur des "Weissen Sozialismus"*. Stuttgart, 1970.

Thomas Mann, "Unordnung und frühes Leid" (1926). In *Sämtliche Erzählungen*. Frankfurt, 1963.

Revista de Occidente.

Wolfgang U. Schuette, *"Mit Stacheln und Stichen": Beiträge zur Geschichte der berliner Brettl-Truppe "Die Wespen", 1919-1933*. Leipzig, 1987.

Jules Supervielle, *Le voleur d'enfants*. Paris, 1926.

Ramón del Valle-Inclán, *Tirano Banderas* (1926). Madri, 1978.

Michael Young, *The Metronomic Society: Natural Rythms and Human Timetables*. Cambridge, Mass., 1988.

REPÓRTERES

❦

Em sua edição de 26 de junho, a revista *Die literarische Welt* (O mundo literário) traz um debate sobre "reportagens e literatura". Ao lado de importantes autores nacionais, como Max Brod, Alfred Döblin, Leohnard Frank e Heinrich Mann, o jornalista Leo Lania analisa o impacto do jornalismo nos estilos e gêneros da literatura contemporânea. Lania se concentra na relação entre o que chama de "a voz penetrante do presente" e um estilo particular de pensamento: "A penetrante voz do presente não pode ser ignorada. Ela arrasta os mais românticos sonhadores de seus cantos reclusos para a impiedosa luz do dia. Lá, todas as coisas ganham novas formas e cores, e seu significado e existência se revelam apenas para aqueles que têm a coragem de medir seus contornos sem presunção. Olhar para elas, ouvi-las, experimentá-las novamente as aproxima da experiência vivida" (Lania, 322). Vindo no final de uma seqüência de verbos — "medir", "olhar", "ouvir" — que devem caracterizar a relação do repórter com o mundo — o conceito Erleben recebe uma ênfase específica no texto de Lania. Ele volta na forma altamente incomum do substantivo *der Erleber* ("o experimentador") numa série de citações de artigos e resenhas recentes, com as quais o editor de Berlim Erich Reiss Verlag anuncia a décima quinta edição do livro *Der rasende Reporter* (O repórter furioso), de Egon Erwin Kisch. Nos dois anos decorridos desde o seu lançamento, este volume de aproximadamente 30 textos, a maioria deles previamente publicado em jornais, consolidou a reputação nacional de Kisch como um extraordinário representante da "sobriedade literária" [ver **Sobriedade versus Exuberância**]: "Kisch é um tipo agradável de observador e farejador de fatos, um experimentador não-literário. Seu livro *Der rasende Reporter* supera muitos romances com seu material sensacional, o ritmo e o tempo de seu estilo, a plasticidade da sua forma, sua tragédia e seu humor, seu tom incisivo e sagaz" (Kisch, 361).

O que explica a insistência no *Erleben* nesta manifestação entusiástica sobre a obra de Kisch? Normalmente traduzido como "experiência vivida", a palavra Erleben está surgindo como um conceito-chave na filosofia fenomenológica, onde ela é diferenciada da *Erfahrung* (experiência) e também da *Wahrnehmung* (percepção). Enquanto a "percepção" se refere à mera apreensão do mundo pelos sentidos, a "experiência" abrange tanto o ato quanto o resultado da interpretação do mundo apreendido com base no conhecimento previamente adquirido. A *Erleben* está situada entre a "percepção" e a "experiência". Ela acrescenta à percepção o foco naquilo que está sendo percebido, mas não inclui a interpretação. *Erleben* é mais do que o mero contato sensorial com o ambiente — mas menos do que a transformação em conceitos do ambiente visto de perto. Esta definição filosófica explica por que o repórter considera a *Erleben* tão importante. Não se pode encontrar substitutos para a *Erleben* nos conceitos ou na transmissão do saber: ela exige que o observador esteja fisicamente próximo do objeto observado. O repórter precisa ser um observador-participante. [ver **Incerteza versus Realidade**] Esta concepção torna plausível a suposição geral de que o papel do repórter está ligado ao alto nível de mobilidade social na sociedade americana: "Na América, os estudantes trabalham durante as férias como lavradores, garçons, funcionários dos telégrafos; doutores trabalham na agricultura. Quase todo mundo trabalha numa dúzia de profissões diferentes, e as pessoas adquirem um entendimento claro da sua existência social — uma existência com a qual estão ligados desde a infância por centenas de fios" (Lania, 323). Um bom repórter está ativamente familiarizado com determinados setores da vida cotidiana — como é o caso, por exemplo, do famoso atleta francês Géo André, que passou a trabalhar como jornalista para as revistas *La Vie au Grand Air* e *Le Miroir des Sports* (*Années-mémoire*, 119).

Se, tradicionalmente, a afirmação da verdade depende de uma distância entre o observador e o mundo — um estilo de vida que Lania descreve como sendo de "segunda mão" (322) — o fato de que repórteres se preocupam com a experiência vivida significa que há uma ênfase no aspecto físico de sua imagem pública. Os repórteres estão estimulando constantemente os seus sentidos com cigarros (Kittler, 317), e um famoso retrato de Kisch mostra seu tronco coberto de tatuagens — inscrições do mundo que ele observa tão agudamente (Zimmerman, 143; Willet, 108). Para suportar a imediatez de múltiplas impressões e (como sugere a etimologia da palavra "repórter") "carregar" estas impressões para o público leitor, os repórteres precisam de "força", "energia" e "coragem" (Kisch, 361). Para eles, o contato superficial com os fenômenos não representa uma falta de profundidade, mas uma vantagem cognitiva: "Uma precondição para 'tirar a semente de sua casca' é a consciência de que as coisas e instituições são superficiais" (Lania, 323). Como em muitas outras maneiras de se mover através de superfícies [ver **Bares, Dança, Gomina**], a vida do "repórter furioso" é uma "corrida de obstáculos contra o tempo" (uma frase que servirá de título ao segundo livro de Kisch). Só a velocidade pode evitar que o repórter seja capturado pela profundidade da interpretação e da experiência. O processo de escrever suas impressões à mão pode consumir tempo demais para o repórter, e seu trabalho, portanto, depende freqüentemente da interface entre o datilógrafo e a máquina de escrever (Kittler, 317). [ver **Empregados**]

Os admiradores do repórter se dividem entre aqueles que apreciam o seu estilo como extremamente subjetivo e aqueles que o vêem como a síntese da "sobriedade" objetiva (Zimmerman, 149). As duas visões se baseiam na ambigüidade inerente à experiência vivida. Na medida em que o repórter se abstém de fazer interpretações e julgamentos, simplesmente "reportando" as impressões de seu contato direto com o mundo, ele é "objetivo". Mas estas impressões são sempre contingentes e dependem das circunstâncias aleatórias em que são formadas — e, portanto, não podem ser associadas a uma alegada objetividade com base na crença de que o acaso não existe — uma crença que decorre da reflexão e da interpretação. [ver **Autenticidade versus Artificialidade**] A falta de penetração conceitual no estilo cognitivo do repórter resulta das pressões de tempo de um mundo que parece estar se movendo rumo ao futuro numa velocidade cada vez maior. [ver **Relógios, Presente = Passado (Eternidade)**] Um mundo assim não funciona mais com base em idéias e valores: "Aqueles que conseguem se agarrar à realidade conseguem sobreviver ao desaparecimento de idéias e valores" (Kisch, 371). Como o repórter só pode viver no presente, ele não tem tempo para escolher os objetos de particular relevância para o seu trabalho, e portanto ele se deixa guiar pela intuição, ao abordar os (aparentemente insignificantes) temas de interesse da vida cotidiana.

Kisch escreve sobre caça submarina, comer presunto em Praga, um vôo de avião entre Praga e Paris, o quarto onde Lenin morou em Zurique, crimes nos Alpes superiores, monumentos históricos em Salzburgo. Mas mesmo nas reportagens com assuntos tão rigidamente circunscritos, Kisch escreve num estilo que muda ao longo do texto de cada reportagem, conforme o tema discutido em cada página. Ele enfatiza assim a rapidez de suas observações.

A vida incansável do repórter e a sua visão superficial do mundo estão ligadas ao medo coletivo — e freqüentemente reprimido — de que não existam mais verdades definitivas. Ao explorar as mais avançadas tecnologias da comunicação [ver **Telefones, Comunicação Sem Fios**] o repórter é capaz de suprir a necessidade de informação especializada em sociedades que estão crescendo e se diversificando rapidamente. Existem tantos repórteres europeus viajando pelos Estados Unidos e pela União Soviética [ver **Centro = Periferia (Infinitude)**] que começam a surgir algumas rotas padrão, específicas da profissão. Estes itinerários costumam incluir, no caso americano, visitas às fábricas da Ford em Detroit, as fazendas de Chicago e os estúdios de Hollywood (Zimmerman, 150). Visitantes na Rússia, como Benjamin, Kisch e Toller, jamais perdem uma oportunidade de observar as condições das novas fábricas, nem de escrever sobre as reações dos operários ao modo socialista de produção. Na biblioteca de uma fábrica de automóveis em Moscou, Ernst Toller descobre, entre os clássicos russos, livros de Johannes Becher e Egon Erwin Kisch, e ele fica tão impressionado com a sede de informações do proletariado soviético que registra esta impressão em termos ligeiramente moralizantes, para seus leitores alemães: "A sede de saber entre os operários continua. Noto que existe um mural coberto de perguntas. Os trabalhadores que querem um esclarecimento sobre alguma coisa escrevem suas questões num cartão. Quem souber a resposta, seja quem for, acrescenta um cartão com a resposta. Li as seguintes perguntas: 'O que significa polar?', 'O que significa contraditório?', 'O que é uma hipótese?', 'Quem sabe alguma coisa sobre Sinclair?', 'Quem sabe alguma coisa sobre Einstein?', 'Quem sabe alguma coisa sobre o México?'. Cada fábrica, cada prisão, cada escola, cada casa tem um mural semelhante" (Toller, 114). Num mundo onde a necessidade de rápida produção e circulação de saber se torna, ela própria, um elemento central do conhecimento, o mercado para publicações periódicas não pode deixar de crescer. Existem 3.812 jornais na Alemanha, dos quais 112 saem diariamente em Berlim (*Chronik*, 61). Em muitos países ocidentais, a indústria da informação se tornou uma parte importante da economia nacional, e o seu impacto no processo político pode ser decisivo.

Embora este desenvolvimento seja particularmente notável na Inglaterra, na França, na Alemanha e nos Estados Unidos, um avanço comparável também é evidente nos centros metropolitanos da América Latina. O *Jornal do Brasil*, um jornal diário do Rio de Janeiro, publica uma longa entrevista com o poeta italiano Filippo Marinetti. Apesar de suas óbvias restrições à ideologia política fascista de Marinetti, o entrevistador, um jovem jornalista chamado Sérgio Buarque de Holanda, apresenta as opiniões do visitante sem nenhum comentário crítico: "Preferimos ouvir o Marinetti político, porque para ele a política é uma forma pura de poesia. Na sua política e na sua poesia encontramos as mesmas contradições, incoerências e lampejos de beleza. Essas qualidades fazem dele um homem intrigante e extraordinário, em meio à confusão geral do século XX" (Buarque de Holanda, 76). São menos as opiniões de Marinetti do que as suas contradições que o tornam um assunto interessante para os jornais, e este interesse é uma boa razão para o *Jornal do Brasil* convidá-lo para uma segunda entrevista depois de sua visita a São Paulo, Montevidéu e Buenos Aires. Desta vez, Buarque de Holanda apresenta Marinetti como se o seu famoso convidado fosse ele próprio um repórter. Marinetti aparece como um viajante cuja percepção foi aguçada pelos países que visitou: "Voltei ao Brasil cheio de entusiasmo. O Rio de Janeiro, particularmente, me proporcionou experiências muito vivas e extremamente agradáveis. Esta cidade estimulou a minha sensibilidade física e intelectual da forma mais bela e festiva" (79).

As intervenções da censura, que são uma grande preocupação (e uma grande oportunidade para o surgimento de estilos pessoais) entre intelectuais e artistas [ver **Cinemas de Luxo**], podem ocasionalmente atrair o interesse dos repórteres, mas não chegam a atrapalhar a sua atividade jornalística. Afinal de contas, o repórter se empenha mais em encantar os leitores com a experiência vivida do que em persuadi-los sobre o valor de suas próprias opiniões. No romance *Tirano Banderas*, de Ramón del Valle-Inclán, há um trecho no qual um editor-chefe explica a um jovem jornalista que a sua reportagem sobre um comício político organizado pela oposição está favorável demais para ser publicada. O editor sugere trocar o tom discursivo do comentário político pelo tom da experiência vivida. Segundo ele, o governo se beneficiará se o comício for descrito como um espetáculo circense: "Eis aqui uma idéia que, se for bem desenvolvida, lhe assegurará o sucesso profissional: escreva o artigo como se estivesse descrevendo um número de circo, com papagaios treinados. Enfatize as suas arengas. Comece com uma saudação cortês à companhia dos Harris Brothers" (Valle-Inclán, 57). Longe de protestar contra esta estratégia de manipulação política, o jovem repórter responde num misto de bajulação e entusiasmo: "Que jornalista de primeira o senhor é!"

Verbetes relacionados

Bares, Cinemas de Luxo, Comunicação Sem Fios, Dança, Empregados, Gomina, Relógios, Telefones, Autenticidade versus Artificialidade, Sobriedade versus Exuberância, Incerteza versus Realidade, Centro = Periferia (Infinitude), Presente = Passado (Eternidade)

Referências

Les années-mémoire: 1926. Paris, 1988.
Sérgio Buarque de Holanda, "Marinetti, homem político" (1926). In Francisco de Assis Barbosa, org., *Raízes de Sérgio Buarque de Holanda.* Rio de Janeiro, 1989.
Chronik, 1926: Tag für Tag in Wort und Bild. Dortmund, 1985.
Egon Erwin Kisch, *Hetzjagd durch die Zeit.* Berlim, 1926.
Friedrich Kittler, *Grammophon, film, typewriter.* Berlim, 1986.
Leo Lania, *Reportage aus soziale Funktion* (1926). In Anton Kaes, org., *Weimarer Republik: Manifeste und Dokumente zur deutschen Literatur, 1918-1933.* Stuttgart, 1983.
Ernst Toller, "Russische Reisebilder" (1926). In *Quer durch: Reisebilder und reden.* Munique, 1978.
Ramon del Valle-Inclán, *Tirano Banderas* (1926). Madri, 1978.
John Willet, *Art and politics in the Weimar Period: The new sobriety, 1917-1933.* Nova York, 1978.
Peter Zimmerman, "Die Reportage". In Thomas Köbner, org., *Zwischen den Weltkriegen: Neues Handbuch der Literaturwissenschaft,* vol. 20. Wiesbaden, 1983.

RESISTÊNCIA

❧

No sábado, 7 de agosto, a americana Gertrude Ederle, de 19 anos, atravessa a nado o Canal da Mancha, entre Calais e Dover, em 14 horas e 32 minutos. Vencedora de uma medalha de ouro nas Olimpíadas de 1924 e detentora do recorde mundial nos 400 metros livres, ela tentou a travessia um ano atrás, mas desistiu, esgotada, a 16 quilômetros da costa britânica. Desta vez ela reduziu em quase duas horas o recorde, de 1923, do argentino Enrico Tiraboschi, tornando-se assim a única mulher a superar todos os homens entre os recordistas de competições atléticas (*Chronik*, 139). [ver **Macho versus Fêmea**] Esta conquista a transforma numa celebridade internacional. A cidade de Dover recebe Ederle com uma festa de gala na sua chegada, e seis semanas depois o *New York Times* a cita entre os espectadores mais famosos que vão assistir à luta pelo título mundial de pesos-pesados entre Jack Dempsey e Gene Tunney, na Filadélfia, isto numa lista que inclui Charlie Chaplin, William Randolph Hearst e a família Rockefeller. [ver **Boxe**]

Vinte e um dias depois da proeza de Ederle, outra americana, Clemington Cannon, se torna a segunda mulher a atravessar o Canal. Embora ela complete o percurso com meia hora a mais, Cannon também é recebida na Inglaterra com "ovações exacerbadas". Um correspondente especial do *Berliner Tageblatt* dedica um longo artigo à conquista: "Nas primeiras duas horas, a sra. Cannon cobriu a distância de quatro milhas inglesas. Pela manhã ela comeu um pouco de chocolate. Mais tarde, teve que enfrentar algumas correntezas. A sra. Cannon, uma americana nascida na Dinamarca, tem 27 anos e é mãe de duas crianças. Depois da sua chegada em Dover, ela declarou a um representante da imprensa: "Eu estava decidida a atravessar o Canal ou me afogar tentando. Tenho que ganhar dinheiro para sustentar os meus filhos." A sra. Cannon é uma nadadora profissional desde os 16 anos. Ela já ganhou diversas competições importantes na América" (29 de agosto; *Années-mémoire*, 46). No dia 28 de agosto, às 15h10, poucas horas depois da chegada de Cannon na costa britânica, três outros nadadores, entre eles mais uma mulher americana, fizeram tentativas independentes de atravessar o Canal: "Três nadadores estão tentando tirar partido das condições climáticas favoráveis para atravessar o Canal. O egípcio Helmi começou sua tentativa pouco depois das 23h de ontem, o inglês Frank Perks por volta das 23h20, e a americana Carson pouco depois da meia-noite. Helmi desistiu depois de apenas três horas, regressando a Boulogne no barco a vapor que estava monitorando a travessia. Julian Carson, que gastou 17 minutos mais do que Cannon e 57 mais que Ederle, torna-se por um curto período o terceiro nadador mais rápido do Canal na História." Apenas dois dias depois, porém, o recorde mundial volta para um homem, quando o alemão Ernst Vierkötter estabelece uma nova marca de 12 horas e 42 minutos. E este recorde será quebrado no dia 11 de setembro por Georges Michel, da França, com o tempo quase inacreditável de 11 horas e seis minutos.

O ato de atravessar a nado o Canal da Mancha coloca o corpo humano em luta contra os elementos. Como o desempenho de um atleta pressiona o corpo humano até os limites de sua resistência, as proezas atléticas podem ser muitas vezes vividas como confrontações com a morte. "Atravessar ou me afogar tentando" é o lema de todos os nadadores do Canal. [ver **Imanência = Transcendência (Morte)**] Apontando a necessidade de "ganhar dinheiro para sustentar os meus filhos", porém, as palavras de Clemington Cannon também mostram que a alternativa dramática entre a vida (sucesso) e a morte (afogamento) é mais do que uma simples alegoria das adversidades da existência humana em geral. Sob essa extrema pressão física e mental, a hierarquia tradicional entre os corpos de homens e mulheres tende a desaparecer. [ver **Dança, Macho = Fêmea (Questão de Gênero)**] No dia 5 de outubro, dois meses depois da primeira travessia bem-sucedida do Canal por uma atleta, Violet Pierceu, da França, se torna a primeira mulher a correr uma maratona completa (42 quilômetros) contra o relógio (*Chronik*, 175). Aqueles corpos humanos que enfrentam com sucesso os elementos e testam sua força até o limite são freqüentemente percebidos como superfícies brilhantes. De fato, os nadadores do Canal se protegem contra a fria água do mar cobrindo a sua pele com uma camada de graxa. [ver **Gomina**] Embora os nadadores se arrisquem a perder a consciência durante a travessia, aqueles que têm êxito dão um exemplo impressionante da forma como os homens podem dominar o corpo humano. Ao mesmo tempo, o domínio do corpo é uma forma de instrumentalização, porque os nadadores do Canal pertencem a uma vanguarda internacional de atletas que recebem recompensas financeiras consideráveis por seus desempenhos. [ver **Estrelas**]

Embora o público não espere necessariamente qualquer resultado prático de atos que testam os limites do corpo humano [ver **Ação versus Impotência**], os recordes são freqüentemente quebrados em função do esforço para transcender fronteiras espaciais ou superar obstáculos geográficos. Isto é verdade para os nadadores do Canal, para os pioneiros da aviação de longa distância, para os alpinistas e para os vencedores da Volta da França, que em muitos países da Europa desfrutam do status de heróis nacionais. [ver **Montanhismo, Polaridades**] Mesmo antes do ciclista Lucien Buysse, da Bélgica, vencer a Volta em 248 horas, 44 minutos e 25 segundos (*Années-mémoire*, 42), os organizadores do evento começam a planejar um novo e rigoroso regulamento, que, instituído em 1927, aumentará o número de competidores que despencarão da beira das estradas nos Alpes e nos Pirineus (Fassbender, 268ss.). Os participantes da Volta da França precisam superar uma competição composta por diversas provas diferentes, dividida em mais de 20 etapas. Essas corridas de bicicleta encontram o seu equivalente estrutural nas populares corridas de revezamento, que — em vez de consistirem em diversas etapas — requerem um certo número de atletas para cobrir uma longa distância em seqüência, freqüentemente competindo com membros de equipes opostas em várias tarefas especializadas. Cinco semanas antes de quebrar o recorde mundial de travessia do Canal a nado, Ernst Vierkötter vence uma corrida de revezamento no rio Spree, em Berlim: "Na corrida de revezamento, cada nadador é acompanhado por um barco a remo com assistentes. Nunca o Spree esteve mais movimentado do que neste sábado. Barcos a motor, barcos a remo, e entre eles as cabeças dos nadadores. (...) Ao longo da margem, estão arquibancadas improvisadas. Por volta das 17h30, muito antes da chegada dos nadadores, todos os ingressos já tinham sido vendidos. E outros milhares estão assistindo tudo do prédio do Parlamento, perto do rio. Às 18h, aparece o primeiro nadador. 'Vierkötter! Vierkötter!', grita a multidão. É ele o primeiro. Uma corrida dura, e uma batalha até o final com outro nadador. Vierkötter o derrota por apenas dois metros. Aplausos estrondosos" (*Berliner Tageblatt*, 25 de julho).

Uma assim chamada *Industriestaffel* ("corrida de revezamento industrial"), que acontece em Berlim no domingo, 29 de agosto, é um exemplo ainda mais complexo desta nova moda no mundo dos esportes:

> Os homens têm que cobrir uma distância total de 44 quilômetros. Doze corredores, quatro ciclistas, três nadadores e um remador formam uma equipe. Primeiro, dez dos corredores entram em ação, levando o bastão e atravessando Unter den Linden e Charlottenburger Chaussée, até Tiergarten. A partir desse ponto, dois ciclistas assumem. (...) Um corredor e um nadador passam o bastão para o remador, que deve manobrar o seu barco nos 15 quilômetros seguintes até chegar a Schildhorn. Ele passa o bastão para um corredor, que atravessa a mata e por sua vez o entrega a dois ciclistas. Eles correm até a estação de trem Kronprinzenufer. Os últimos dois nadadores, que devem nadar contra a corrente até o Reichstag, decidem o resultado. (*Berliner Tageblatt*, 29 de agosto)

A *Industriestaffel*, como o nome indica, mimetiza o novo estilo da produção industrial [ver **Linhas de Montagem**]: um sistema complexo, baseado no princípio da complementaridade, cumpre uma função específica numa velocidade e com uma eficiência que vão muito além dos limites físicos dos corpos individuais, mesmo dos mais fortes entre eles.

Múltiplas formas de casamento entre corpos humanos e motores de alto desempenho trazem uma expansão sem precedentes das experiências físicas e das conquistas práticas. [ver **Centro = Periferia (Infinitude)**, **Presente = Passado (Eternidade)**] A sua resistência aos elementos é posta à prova num novo tipo de competições técnico-esportivas que dividem elementos estruturais tanto na travessia do Canal quanto nos eventos como a Volta da França. O Reichsverkehrsministerium (Ministério dos Transportes) alemão e o Reichspostministerium (Ministério dos Correios) oferecem o impressionante prêmio de mais de 250 mil marcos para o vencedor de uma corrida de hidroplanos em várias etapas no Warnemünde, em julho. Uma série complexa e desanimadora de tarefas [ver **Aviões, Automóveis**], esta *Seeflugtag* testa num nível extremo a resistência tanto dos aviões quanto de seus pilotos: "O resultado das provas técnicas e dos vôos costeiros sempre pode ser derrubado pelos chamados testes do mar, nos quais cada avião precisa executar três decolagens, três aterrissagens e dois *loops* contra um vento forte" (*Berliner Tageblatt*, 25 de julho). Se, por um lado, eventos assim fundem corpos e motores numa unidade que é um equivalente funcional do corpo de um atleta, eles contribuem, por outro lado, para a emergência de novas formas de subjetividade, que são diferentes da subjetividade heróica dos atletas tradicionais. Nenhum outro esporte sintetiza tão perfeitamente esta forma mais tradicional — e mais "filosófica" — de subjetividade quanto a corrida de longa distância. [ver **Individualidade = Coletividade (Líder)**] Para os adolescentes de classe alta do filme *Metrópolis*, de Fritz Lang, que se encontram "muito acima" da cidade dos operários, no "Estádio Masterman, obra de John Masterman, o homem mais rico de Metrópolis", a corrida de longa distância é um sinal de distinção social, e a sua representação no filme evoca imagens estereotipadas da antiga cultura grega (Lang, 22ss.). Nos esportes, o melhor espírito tradicional de disciplina é encarnado pelo atleta finlandês Paavo Nurmi, que, até 11 de setembro, detém o recorde mundial de todas as provas entre 1.500 e 10.000 metros. Todos sabem que Nurmi corre com um cronômetro na mão. [ver **Relógios**] Sua marca registrada na competição é portanto uma batalha da vontade travada em dois níveis: primeiro, contra a dor em seu corpo e, segundo, contra o tempo fugaz que ele fica controlando. Enquanto os seus oponentes normalmente precisam diminuir o ritmo no final de uma corrida, Nurmi tende a acelerar ainda mais na reta final. Este circuito com dois níveis auto-referenciais, que o torna um herói, é a força incomparável de Nurmi — e a sua única fraqueza. No sábado, 11 de setembro, em Berlim, esta fraqueza faz Nurmi perder uma corrida, e o seu recorde mundial, na prova dos 1.500 metros, para Otto Peltzer, da Alemanha, que recentemente quebrara o recorde mundial dos 800 metros.

Em vez de buscar, como faz Nurmi, um controle total sobre o seu corpo através da concentração total em si mesmo, Peltzer observa a si próprio e aos oponentes "à distância", para então aproveitar as oportunidades que cada momento pode oferecer: "Uma hora antes da corrida, eu dei uma volta de aquecimento, e para minha surpresa senti minhas pernas bastante leves. A partir daquele momento, eu sabia que Nurmi não conseguiria escapar tão facilmente." Peltzer tira partido não apenas da leveza de seu próprio corpo, mas também da incapacidade de Nurmi reagir ao desafio de um oponente — uma incapacidade que é endêmica em sua personalidade como atleta. "Eu estava tão cheio de energia", disse Peltzer, "que podia fazer pequenos ataques sobre ele repetidamente, apenas para enervá-lo, de forma que em algum momento ele provavelmente não seria capaz de resistir ao ataque seguinte, mais sério, e teria que se deixar ultrapassar. Aos 1.300 metros, ele olhou para a esquerda e não percebeu que eu estava justamente ultrapassando-o pela direita. Quando ele se deu conta, já tinha perdido a corrida." Embora Nurmi não consiga responder ao ataque de Peltzer, este está disposto a admitir que o seu desempenho depende desse mecanismo de desafio e resposta: "Se Nurmi tivesse corrido um pouco mais rapidamente, certamente eu também teria corrido mais depressa. É por isso que eu fiquei surpreso quando vi que o resultado final era um recorde mundial. Isto certamente decorre do fato de que eu sempre corro bem quando persigo um bom corredor. Jamais poderia fazer isso sozinho" (*Chronik*, 161). Mais do que se engajar numa corrida contra si mesmo, Otto Peltzer se torna um indivíduo heróico em competição com outros indivíduos, e é talvez por isso que ele deseja triunfar "com autoconfiança, e como um representante da causa alemã".

Verbetes relacionados

Aviões, Automóveis, Boxe, Dança, Estrelas, Gomina, Linhas de Montagem, Montanhismo, Polaridades, Relógios, Ação versus Impotência, Macho versus Fêmea, Centro = Periferia (Infinitude), Imanência versus Transcendência (Morte), Individualidade = Coletividade (Líder), Macho = Fêmea (Questão de Gênero), Presente = Passado (Eternidade)

Referências

Les Années-mémoire: 1926. Paris, 1988.
Berliner Tageblatt.

Chronik 1926: Tag für Tag in Wort und Bild. Dortmund, 1985.
Heribert Fassbender, org., *Sporttagebuch des 20. Jahrenderts.* Düsseldorf, 1984.
Fritz Lang, *Metropolis.* Nova York, 1973.
New York Times.

REVISTAS

○┼○

Sempre que o escritor francês Paul Morand viaja pelo mundo, ele busca a atmosfera excitante dos grandes edifícios: "Conflagrações espasmódicas de publicidade. Arranha-céus flamejantes, os jardins suspensos do Plaza, do Majestic e do Carlton, os grandes hotéis e bordéis de Xangai pertencem aos espanhóis. Viúvas de oficiais ingleses dançam em clubes luxuriosos (...), além de juízes e refugiados russos" (Morand, 67). Mas o espetáculo de dança que vê no terraço de um arranha-céu no centro de Xangai provoca em Morand uma reação abruptamente negativa — e até mesmo sentimentos de autodepreciação cultural: "Entrada trágica de um número de teatro de variedades: seis mulheres, três vestidas de amarelo, como jóqueis, e três fantasiadas de cavalos cor-de-rosa. O que são as epidemias asiáticas comparadas a estes venenos ocidentais?" (67-68). [ver **Jardins Suspensos**] Por que Morand descreve este espetáculo como "trágico" e "venenoso" se, ao mesmo tempo, ele admira os anúncios espalhados por Xangai, o seu tráfego, sua arquitetura e seus bares, que também são produtos da colonização ocidental? [ver **Ação = Impotência (Tragédia)**] Acostumado aos espetáculos exibidos nos palcos das cidades americanas e européias, ele considera este espetáculo de Xangai uma imitação inferior — uma diversão pobre, com apenas seis dançarinas, que além do mais são completamente desprovidas de glamour em suas fantasias de cavalos e jóqueis. Diretores de revistas de Paris, Berlim e Nova York gastam facilmente um quarto de milhão de dólares em cenários e figurinos para uma única produção (Kloos e Reuter, 53). Eles empregam centenas de operários e usam um equipamento técnico ultramoderno — como alto-falantes poderosos, luzes coloridas, telefones e até mesmo grandes piscinas móveis (Schäffer, 3). [ver **Telefones**] Não é portanto surpreendente que em sua publicidade se enfatize puramente a quantidade, mais do que qualquer outra coisa: "Cinqüenta cenários enormes, cem modelos deliciosas, 200 mulheres encantadoras, mil idéias criativas, dois mil figurinos fantásticos" (Carlé e Martens, 60). Como são os números que importam, o dinheiro também importa; e como o dinheiro importa, os espetáculos de revista são típicos de cidades afluentes, nas quais os teatros podem ter suas caras poltronas lotadas, às vezes até duas vezes por dia (Jelavich, 165). Alguns dos maiores teatros tradicionais de Berlim, como a Komische Oper e o Grosses Schauspielhaus, que podem receber até três mil espectadores, estão agora exibindo revistas, enquanto outros estão sendo transformados em enormes cinemas de luxo. Como o jovem jornalista Siegfried Kracauer comenta laconicamente, "Não podemos esquecer que há quatro milhões de pessoas em Berlim" (313). [ver **Cinemas de Luxo**]

Um abismo econômico dramático separa esta indústria florescente das formas populares de entretenimento nas províncias e cidades coloniais. Onde quer que a cultura da revista encontre suficiente interesse e apoio financeiro, ela desenvolve verdadeiros sistemas de companhias e espetáculos rivais. Nove revistas estréiam em Berlim só na temporada de outono e inverno. Entre elas, o programa de James Klein na Komische Oper tem a reputação de ser o mais licencioso; o espetáculo de Erik Charell no Grosses Schauspielhaus apresenta o mais variado leque de artistas famosos; e o espetáculo de Hermann Haller no Admiralspalast gaba-se de ter os cenários mais sofisticados (ver Carlé e Martens, 66; Jelavich, 165ss.). Os anúncios da contracapa do *8 Uhr-Abendblatt* indicam o quanto estas revistas de sucesso dependem do equilíbro entre a imensa dimensão de suas produções e públicos suficientemente numerosos: "A única verdadeira sensação do teatro em Berlim! Grande revista, 200 artistas, preços populares" (Komische Oper, 29 de agosto). "Cento e cinqüenta garotas, 400 artistas! Domingo à tarde, 3h. Espetáculo a preços muito reduzidos" (Grosses Schauspielhaus, 19 de outubro). "Sempre imitado — nunca igualado! Dois espetáculos no domingo, 3h e 8h15. Espetáculos vespertinos pela metade do preço" (Admiralspalast, 22 de outubro). A edição de 22 de setembro do *New York Times* traz anúncios tanto das *Follies* de Florenz Ziegfield com o espetáculo "Exaltando a garota americana" (com duas matinês a "preços populares" na quarta-feira e no sábado), quanto das *Vanities*, de Earl Carroll, "O maior de todos" (com matinê às quintas-feiras e domingos). Em Paris, *Le*

Figaro de 17 de março anuncia o programa do recentemente reinaugurado Moulin Rouge, apresentando a dançarina Mistinguett e "as 18 Garotas de Hoffman". A concorrência inclui *La Folie du Jour* (um veículo para Josephine Baker) na Folies Bergères; Jacquy Fragsy no Concert Mayol; e o atual espetáculo do novo e particularmente elegante Champs-Elysées Music Hall (*Années-mémoire*, 86ss.). Como um sistema de entretenimento, as revistas se concentram em certas regiões. Em Paris, o boulevard Champs-Elysées está se transformando numa alternativa a Montmartre como o centro clássico de entretenimento; em Berlim, enquanto a Friedrichstrass, perto do rio Spree, já é notória há tempos por sua vida noturna (Carlé e Martens, 177), um novo centro está surgindo na parte oeste da cidade, perto de Kurfürstendamm. Todas essas companhias de revista na França, na Alemanha e nos Estados Unidos disputam as estrelas mais populares e os grupos da moda no mercado internacional. A Inglaterra parece participar apenas do lado da produção. Hermann Hailer contrata as Tiller Girls, sediadas em Londres, para as *Follies*, de Siegfield (Jelavich, 175). O Teatro Nelson, de Berlim, é derrotado pelas Folies-Bergères na intensa disputa por Josephine Baker. [ver **Dança**] Apesar do conteúdo freqüentemente excêntrico dos seus programas, as revistas se tornaram um elemento comum da vida cotidiana das grandes cidades. A insurreição popular no filme *Metrópolis*, de Fritz Lang, se dirige contra Yoshiwara, o "centro de prazer" da cidade, onde "grandes cortinas caem do teto" e a "juventude dourada de Metrópolis dança selvagemente" (117). E no romance *Le voleur d'enfants* (O ladrão de crianças), de Jules Supervielle, os teatros — como as estações de trem e as ruas lotadas — estão entre as cenas que incitam a imaginação criminosa do protagonista, o coronel Bigua, que forma uma família seqüestrando crianças: "No teatro de variedades, quando foi anunciada uma família de trapezistas, Bigua pensou, 'Talvez minha filha esteja prestes a entrar em cena'"(72).

Quais são os elementos que distinguem as revistas de outros espetáculos, como números de cabaré, operetas e formas mais tradicionais de teatro? Como este tipo de entretenimento atrai as multidões de espectadores ricos que são essenciais para a sua sobrevivência? O seu elemento mais importante — que também costuma figurar nas fantasias e desejos de seu público — é a exibição de corpos femininos seminus. Na Alemanha e na França, complicadas batalhas legais produziram um acordo que, ao mesmo tempo em que reconhece "valor artístico" na nudez de "quadros vivos" que reproduzem pinturas clássicas e cenas históricas, proíbe as dançarinas de mostrarem seus seios: "As dançarinas devem cobrir completamente suas regiões íntimas e o umbigo com tecidos opacos, de forma que durante a dança estas partes do corpo não apareçam" (Jelavich, 163; Klooss e Reuter, 47). A constante ameaça de intervenção policial para garantir a obediência a esta regra aumenta a fascinação do gênero, ainda mais intensificada por programas impressos abertamente pornográficos (Jelavich, 179; Klooss e Reuter, 51) e pelos títulos picantes das revistas: "Casas do amor", "Dentro e fora", "Berlim desabotoada". De um ponto de vista estritamente quantitativo, porém, o sexo é apenas um ingrediente menor destes espetáculos. Seu ritmo interno é pautado por esquetes curtos, que consistem em dez ou mais corpos femininos dançando numa sincronia perfeita com o compasso rápido da música. Esses esquetes são freqüentemente interpretados por público e crítica como um reflexo dos empregos médios desindividualizantes e des-subjetivantes que recentemente as mulheres passaram a ocupar; e, como estes empregos, eles têm um efeito des-sexualizante (Jelavich, 175-176). [ver **Linhas de Montagem, Empregados, Macho versus Fêmea, Macho = Fêmea (Questão de Gênero)**] O apelo sexual das dançarinas é reduzido, da mesma forma como o das secretárias diligentes. Se por um lado, os esquetes contrastam agudamente com a nudez dos "quadros vivos", por outro revelam uma dicotomia mais extensa — e intrínseca — entre o exercício de seus movimentos coordenados, como um elemento de sobriedade, e a generosa ornamentação que cerca a sua coreografia. Embora ligados como "cortinas vivas" (Klooss e Reuter, 60; Schäfer, 43) [ver **Sobriedade versus Exuberância**] ou arrumados em quadros de cenas históricas, os corpos ornamentados participam da dinâmica desindividualizante dos esquetes. Mas a ornamentação também pode produzir um contraste entre os diversos corpos anônimos das "garotas" no coro e os corpos centrais das estrelas das revistas, cuja importância é indicada por vistosos figurinos. A pena de avestruz que se tornou a marca registrada da estrela do Moulin Rouge Mistinguett pode se metamorfosear em gigantescas asas de borboleta (Schäfer, 52; *Années-mémoire*, 86). Como uma pérola brilhante [ver **Gomina**], Josephine Baker fica dentro de uma enorme concha artificial, que desce lentamente do teto até o palco; quando ela se abre, superfícies internas espelhadas mostram múltiplos reflexos de seu corpo negro (Schäfer, 49).

Quando Josephine Baker começa a dançar, ela encarna mais um aspecto da fascinação das revistas — qual seja, a projeção da autenticidade que vem das formas de cultura africanas e afro-americanas: "Ela é a coisa autêntica (*das Echteste*). Ela é negra na sua forma mais pura. (...) Ela transmite o ritmo que vem do seu sangue, que vem da selva. Ela nos leva de volta à infância, quando, visitando bairros negros, ficávamos excitados com o batuque dos tambores, com negros rezando em voz alta estranhas preces e movendo seus braços e pernas. É disso que trata a revista!" (*Berliner Börsen-Zeitung*, 3 de janeiro; ver Schrader e Schebera, 114-115). [ver **Autenticidade versus Artificialidade**] Diversas séries de estranhas associações sublinham o entusiasmo dos brancos pelos corpos negros. A alteridade destes corpos abre uma trilha de volta à fonte imaginada da identidade cultural (ou racial?) branca, e quando os espectadores se concentram nas percepções superficiais proporcionadas pelos dançarinos negros, eles têm a ilusão de estarem atingindo algum grau profundo de autenticidade. O jazz é a música apropriada para estas imagens, já que o seu ritmo acompanha a velocidade que caracteriza a encenação das revistas. [ver **Presente versus Passado**] Esta velocidade, por sua vez, faz parte de um esforço geral de condensação. Como a maioria dos teatros de revista não oferece espaço suficiente para as centenas de corpos em rápido movimento — o palco do Folies Bergères, por exemplo, só tem 9,3 metros de largura e 7,2 metros de profundidade (Schäfer, 38; Klooss e Reuter, 33) — as escadas se tornam um componente necessário dos cenários. Além de acomodarem um número maior de atores e dançarinos, as escadas dramatizam a aparição da estrela como um acontecimento colorido e gigante, que traz um corpo resplandecente e a sua aura para perto dos espectadores. [ver **Jazz, Estrelas, Centro = Periferia (Infinitude)**] A velocidade e a condensação, contudo, apenas contrabalançam a heterogeneidade essencial das revistas; elas nunca a neutralizam. À medida que os vários números são encenados, os efeitos visuais e acústicos se acumulam, mas não complementam uns aos outros numa estrutura abrangente. Embora as revistas sejam freqüentemente organizadas como uma série de quadros históricos ou paisagens exóticas (Jelavich, 3, 168; Schäfer, 34), nem os elementos compartilhados da alteridade temporal e espacial nem a seqüência de trocadilhos e piadas podem proporcionar uma impressão definitiva de unidade. Para Siegfried Kracauer, "o glamour superficial das estrelas, filmes, revistas e produções caras" está na capacidade de apresentar "de uma maneira precisa e aberta, a desordem da sociedade para milhares de olhos. É isto precisamente o que habilita estes espetáculos a evocarem e sustentarem a tensão que necessariamente antecede uma mudança inevitável e radical. Nas ruas de

Berlim, as pessoas se confrontam freqüentemente com a idéia de que um dia tudo isso vai acabar. O entretenimento que o público em geral se aglomera para ter também deve produzir o mesmo efeito" (315). As revistas refletem um mundo que está constantemente à beira da explosão. Ao mesmo tempo, elas evitam que esta explosão ocorra.

Entretanto, a revista, como um gênero, ocupa apenas um espaço marginal na análise de Kracauer, cujo principal ponto de referência é o cinema. Sendo um espetáculo ao vivo, a revista não pode competir financeiramente com a indústria do filme, que traz um retorno muito maior para o investidor; e, apesar das conquistas admiráveis dos produtores de revistas, diretores de cena, atores e dançarinos, o novo meio técnico de imagens em movimento tem um potencial muito maior de aumentar as fronteiras das impressões superficiais de velocidade e condensação. Se as revistas podem ter um sucesso temporário ao "interceptarem (...) o público que começa a se deslocar do palco para o cinema" (Jelavich, 168), o status transitório do gênero fica aparente pelo fato de que muitos dos antigos teatros onde se encenavam revistas durante anos estão agora sendo transformados em cinemas de luxo. Perto do final do ano, James Klein vai à bancarrota e deixa de ser o dono da Komische Oper, e Erik Charell começa a planejar um novo tipo de espetáculo, que ele chama de "revista-opereta" (Jelavich, 186).

Verbetes relacionados

Bares, Dança, Empregados, Estrelas, Gomina, Jazz, Cinemas de Luxo, Jardins Suspensos, Linhas de Montagem, Telefones, Autenticidade versus Artificialidade, Macho versus Fêmea, Presente versus Passado, Sobriedade versus Exuberância, Ação = Impotência (Tragédia), Centro = Periferia (Infinitude), Macho = Fêmea (Questão de Gênero)

Referências

8 Uhr-Abendblatt.
Les Années-mémoire: 1926. Paris, 1988.
Günther Berghaus: "Girlkultur: Feminism, americanism and popular entertainment in Weimar Germany". *Journal of Design History* 1 (1988): 193-219.
Berliner Börsen-Zeitung.

Claude Berton, "Réflexions sur le Music-hall". *La Revue de Paris* 6 (1929): 653-675.

Wolfgang Carlé e Heinrich Martens, *Kinder, wie die Zeit wergeeht: Eine Historie des Friedrichstadt-Palastes Berlin*. Berlim, 1987.

Marcel Denise, "Les merveilles des Music-hall vues de coulisses". *Lectures por tous* 8 (1926): 45-46.

Le Figaro.

Fritz Giese, *Girlkultur: Vergleiche zwischen amerikanischem und europäischem Rhythmus und Lebensgefühl*. Munique, 1925.

Atina Grossman, "Girlkultur, or thoroughly rationalized female: A new Woman in Weimar in German culture?" In Judith Friedlander et al., orgs., *Women in culture and politics: A century of change*. Bloomington, 1986.

Wolfgang Jansen, *Glanzrevuen der Zwanziger Jahre*. Berlim, 1987.

Peter Jelavich, *Berlin Cabaret*. Cambridge, Mass., 1993.

Reinhard Klooss e Thomas Reuter, *Körperbilder: Menschenornamente in Revuetheater und Revuefilm*. Frankfurt, 1980.

Franz-Peter Kothes, *Die theatralische Revue in Berlin und Wien, 1900-1938: Typen, Inhalte, Funktionen*. Wilhelmshaven, 1977.

Siegfried Kracauer, "Kult der Zerstreuung: Über die Berliner Lichtspielhäuser" (1926). In *Das Ornament der Masse*. Frankfurt, 1977.

Fritz Lang, *Metropolis* (1926). Nova York, 1973.

Paul Morand, *Rien que la terre: Voyage*. Paris, 1926.

New York Times.

Edgar Schäfer, "Körper und Inszenierung: Spektakel em Paris der zwanziger Jahre". Manuscrito não publicado, Siegen, 1987.

Bärbel Schrader e Jürgen Schebera, *Kunstmetropole Berlim 1918-1933: Die Kunststadt in der Novemberrevolution / Die "goldenen" Zwanziger / Die Kunststadt in der Krise*. Berlim, 1987.

Jules Supervielle, *Le voleur d'enfants*. Paris, 1926.

TELEFONES

❦

O anuário dos estudantes da Universidade de Stanford traz um anúncio de página inteira da Companhia Pacific de Telefones e Telégrafos. De forma nada surpreendente, ele apresenta o telefone como um meio que, ao tornar as viagens quase supérfluas, preenche em parte o sonho da humanidade de ser onipresente: "Faça uma viagem semanal para casa — através do telefone" (*1926 Quad*, 429). [ver **Aviões, Polaridades, Centro = Periferia (Infinitude)**] Um desenho abaixo deste slogan mostra dois jovens elegantemente vestidos, aparentando ser estudantes universitários, sentados em frente a uma janela que dá vista para os principais prédios da universidade. Os dois usam gravata. O estudante da direita usa terno e fuma um cachimbo; seu companheiro usa um suéter esportivo e está falando no bocal de um telefone, pressionado a parte receptora do aparelho contra a orelha. A legenda diz: "Passei nos exames finais, mamãe!"

A tecnologia do telefone torna possível para este estudante celebrar a graduação de uma forma inédita e dispersiva: suas emoções estão em casa, seu corpo em Stanford, e sua voz nos dois lugares. Estabelecendo uma "emocionante" contigüidade entre dois indivíduos (Kittler, 1985, 81ss.), a conexão telefônica, neste caso particular, é o equivalente funcional de um cordão umbilical: "Boas notícias para sua mãe ouvir. Ainda melhores (quase exultantes, pode-se dizer) para você contar! E a emoção está justamente em contá-las à sua mãe!" O pai só é mencionado no contexto da vida cotidiana na universidade — e mesmo assim, ele permanece em segundo plano (simbolizado por um desenho muito menor): "Descubra quanto prazer e estímulo você pode ganhar em conversas telefônicas semanais com sua mãe e seu pai." Claramente, os leitores-alvo deste texto são os estudantes universitários de famílias prósperas, para quem as chamadas de longa distância não são mais uma inovação sensacional, mas tampouco são um hábito normal. A orelha da mãe é o objeto de desejo através do qual a Companhia Pacific de Telefones e Telégrafos tenta atrair a atenção dos estudantes. E mesmo rotinas telefônicas menos excitantes, como descobrir as tarifas das chamadas de longa distância, os colocarão em contato com o ouvido e a voz de uma mulher, que encarna o papel de operadora: "Se a sua cidade não está na lista, a operadora de longa distância terá prazer em lhe informar as tarifas." Conversas com as operadoras estão quase se tornando um privilégio de usuários de chamadas de longa distância. Em Berlim, um sistema de discagem direta é inaugurado no dia 15 de agosto — e o *Vossische Zeitung* oferece aos leitores instruções meticulosas para usá-lo: "Como você se conecta? A 'face' do novo aparelho tem números como um relógio, indo de um a zero. O disco do telefone é rotativo, e cada número é associado a um buraco. Você põe o dedo no buraco adequado e gira o disco até que uma barra interrompa o movimento de seu dedo" (*Chronik*, 141).

Na novela de Thomas Mann *Unordnung und frühes Leid* (Desordem e tristeza precoce), embora a ação se passe antes do advento da discagem direta, os filhos do professor Cornelius têm no telefone o seu brinquedo favorito. Eles não apenas acham natural convidar seus amigos para uma festa dançante por telefone, como também usam esta tecnologia para passar trotes. O telefone permite que eles estejam ao mesmo tempo presentes e ausentes, tornando os seus corpos invisíveis e suas vozes infinitamente transportáveis: "Eles fazem chamadas para todas as partes do mundo. Afirmando serem balconistas ou o duque e a duquesa de Nabbsteufel, eles ligam para cantores de ópera, representantes do governo e da Igreja, e só com muita dificuldade eles se deixam convencer de que discaram o número errado" (495). Por mais agradáveis que estas brincadeiras possam parecer aos filhos do professor Cornelius, seus pais não pagariam as consideráveis tarifas pelo serviço telefônico se o aparelho se destinasse apenas a brincadeiras. A despesa só se justifica porque o telefone é usado para coisas mais sérias e, acima de tudo, porque ele é um símbolo de status: "Muitas pessoas tiveram que abrir mão dos seus telefones na última vez que aumentaram as tarifas, mas até aqui os Cornelius foram capazes de manter o seu — da mesma forma que mantiveram a sua mansão, construída antes da guerra — graças ao salário de um milhão de marcos que Cornelius recebe como professor de História.

Embora nos Estados Unidos, e entre os adolescentes europeus que adoram qualquer coisa que associem ao estilo americano de vida, o telefone possa ser usado para diversão e brincadeiras, nos outros lugares ele é basicamente uma ferramenta profissional para negócios e para o governo. [ver **Empregados**] Numa pequena narrativa de "Pedro" (Pierre) Girard intitulada *Curiosa metamorfosis de John*, traduzida do francês para o espanhol pela *Revista de Occidente*, o telefone aparece como uma metonímia de sistemas fechados [ver **Elevadores**] — sistemas que nunca entram em contato com o seu meio ambiente natural, embora a sua estrutura intrínseca não exclua esta possibilidade. No escritório mobiliado com couro e carvalho de John S.S., diretor do Banco John S.S. & Cia., não se pode dizer se é outono lá fora. Não há nenhuma folha de olmo no carpete. Da estação, só se sabia o que o jornal dizia. Sem dúvida, seria possível telefonar para qualquer pessoa, para perguntar se as árvores estavam mais amareladas (...), mas as janelas foscas o impediam de ver o céu" (*Revista de Occidente*, 1). Quando John chega ao seu escritório em Paris de manhã cedo, ele imediatamente pega o telefone para obter informações sobre as novidades nas bolsas de valores com diversos colegas de bancos estrangeiros. Suas conversas acontecem num mundo que carece de qualquer traço de distância geográfica, exceto talvez por alguns ruídos na ligação, que geralmente acompanham as chamadas de longa distância (Kittler, 1986, 89): "'Liguem-me com Amsterdã', ele disse, e após alguns minutos ouvia os ruídos feitos na casa do gerente do Banco Netherlands, em Amsterdã. Ruídos inexplicáveis, como marteladas num forno, ou um moedor de café" (2). Mais tarde, no mesmo dia, o banqueiro de coração frio se apaixona, e seu comportamento e suas emoções passam pela metamorfose notável mencionada no título da história: ele simplesmente se transforma num jovem cheio de sonhos românticos, e finalmente aprende a apreciar a beleza de Paris no outono. Só na cena final John recupera a sua mentalidade habitual, quando começa a pensar na sua amada Juliet em termos puramente econômicos. O seu retorno ao mundo fechado dos negócios e da burocracia é marcado por uma chamada telefônica: "Uma mulher! Ele teria uma mulher! Mil obrigações se impunham a ele: (...) reunir uma quantia como presente de casamento para ela; investir esta quantia em títulos do Crédit Lyonnais. Qual era a cotação atual do Crédit Lionnays? John correu para o telefone. 'Alô! Sim, sou eu — eu, o diretor. Bem. E você? (...) A quanto está operando o Crédit Lyonnais? Está parado? Por favor, tome nota: compre cem ações amanhã. Não, sem seguro. Em dinheiro, se for possível. Como está o mercado? Parado? Obrigado — estou bem agora. Sim, amanhã no meu escritório" (39-40).

Fora do mundo da burocracia e dos negócios, os telefones asseguram a presença e a acessibilidade do poder, e ao fazê-lo eles invariavelmente estabelecem relações hierárquicas. Em *Das Schloss* (O castelo), de Franz Kafka, K. acabou de chegar na pousada perto do castelo e se prepara para descansar após uma longa caminhada na neve, quando um jovem se aproxima dele e lhe pergunta se ele tem permissão formal para passar a noite no vilarejo. K. se recusa firmemente a levar a conversa adiante — até se dar conta de que há um telefone na parede, bem acima de sua cabeça: "Então havia um telefone na hospedaria? Era evidente que eles mantinham um padrão elevado. Isso, particularmente, surpreendeu K., mas era quase como se ele esperasse, de uma forma geral, essa situação. O telefone estava bem acima da sua cabeça, e em seu estado sonolento ele não o tinha visto. Se o jovem tivesse que telefonar, ele não poderia, nem que tivesse as melhores intenções, deixar de perturbar K." (8). "De uma forma geral", K. não se surpreende com a presença do telefone porque ele considera natural que o castelo detenha um poder sobre o vilarejo. Dentro dessa relação hierárquica, o mundo na ponta "superior" da linha telefônica é ele próprio hierarquicamente estruturado: "O castelão estava dormindo, mas o subcastelão, ou um dos subcastelães, (...) estava disponível." A primeira ligação feita do castelo confirma os piores receios de K.: ninguém esperava a sua chegada. "Mas o telefone tocou novamente — com especial insistência, pareceu a K. Lentamente, ele levantou sua cabeça [da cama]. Embora fosse improvável que esta ligação também dissesse respeito a K., todos se calaram, e [o jovem] atendeu novamente o telefone. Ele ficou ouvindo por um tempo razoavelmente longo, e então disse em voz baixa: 'Um erro, não é? Muito estranho, muito estranho. Como vou explicar tudo isso ao inspetor?'" (9). [ver **Silêncio versus Barulho**] Subitamente, K. se vê numa posição de superioridade em relação ao jovem que lhe fizera uma requisição formal — mas o papel de K. não é (e nunca será) o de controlar os outros.

Tendo perdido o primeiro dia de trabalho após sua chegada, K. finalmente planeja ir ao castelo com seus dois assistentes. Como agora já ficou óbvio para ele que precisará de permissão, ele faz os assistentes ligarem para o castelo mais uma vez: "O 'não' da resposta pôde ser ouvido até por K. em sua mesa. Mas a resposta continuou de forma ainda mais explícita. Foi assim: 'Nem amanhã nem nunca'" (20-21). Para surpresa dos hóspedes, K. decide ele próprio telefonar para o castelo. Mas sua ousada tentativa acaba em outra humilhação. Um ruído alto de estática na conexão mostra como ele está distante do castelo, e a voz na outra ponta da linha trai a violência inerente à relação de poder entre o castelo e o vilarejo: "O aparelho fez um zumbido parecido com o barulho de várias crianças gritando — mas não exatamente. Era mais parecido com o eco de vozes cantando de uma distância infinita, misturado a outro ruído, alto e ressonante, que vibrava no ouvido como se estivesse tentando penetrá-lo além da simples audição" (21). Num último esforço, num gesto instintivo de autoproteção, K. finge ser um de seus próprios assistentes. Mas ele não consegue nem enganar a burocracia do castelo nem escapar da violência da voz no outro lado da linha: "K. se distraiu com o ruído e quase deixou de ouvir a pergunta: 'O que você quer?' Ele sentia como se estivesse se rendendo ao aparelho. Ele já não esperava mais nada daquela conversa. Mas, pressionado, respondeu rapidamente: 'Quando meu patrão poderá entrar no castelo?' 'Nunca', foi a resposta. 'Muito bem', disse K., e desligou" (22).

Em seu trabalho como funcionário no Arbeiter-Unfall-Versicherungs-Anstalt (Companhia de Seguros de Acidentes de Trabalho), K. sabe de primeira mão como é lidar com uma autoridade do outro lado da linha telefônica (Wagenbach, 104). Esta figura, naturalmente, é sempre um homem, que, independente do sexo da outra pessoa na linha, designa a este um papel de passividade e resignação. [ver **Empregados, Macho versus Fêmea, Ação = Impotência (Tragédia)**] No romance de Jules Supervielle *Le voleur d'enfants* (O ladrão de crianças), uma próspera viúva recebe um telegrama a cabo dizendo que seu único filho foi seqüestrado: "Na manhã seguinte, às oito horas, Hélène recebeu pelo correio uma carta datilografada: 'Não há razão para se preocupar. Estou com Antoine. Ele está perfeitamente feliz e cercado de todo tipo de conforto. Se ele manifestar o desejo de voltar para a mãe, eu mesmo o levarei de volta'" (55). Essas palavras, como a linguagem da administração do castelo em *Das Schloss*, tornam a resistência impossível, ainda mais porque o novo meio enfatiza a tecnologia atual da maioria das conversas por telefone: as pessoas nas duas pontas opostas da linha estão fisicamente conectadas por um fio ou um cabo. Embora um serviço de telefone sem cabo unindo Nova York a Londres comece a funcionar em janeiro (Heimer, 100), a Dinamarca se une à rede telefônica européia dez meses depois com um sistema de cabos que atravessa o mar do Norte até chegar à cidade alemã de Warnemünde (*8 Uhr-Abendblatt*, 19 de outubro). [ver **Comunicação sem Fios**] Entre o correio a cabo e a comunicação sem fios, a clássica rede telefônica permanece assim o recurso tecnológico primário através do qual os Estados fazem com que seu poder seja sentido. Quando a mãe de Antoine e o coronel Bigua, o "homem que roubava crianças" no romance de Supervielle, chegam a um surpreendente acordo, Hélène manda a sua empregada, Rose, ligar para a polícia e avisar que as investigações não são mais necessárias, já que a criança foi encontrada. "'Onde?', perguntou com severidade uma voz grave do outro lado da linha. Mas, subitamente começando a tremer, Rose desligou o telefone, sem saber por quê. E a sua patroa aprovou o gesto" (118).

Apesar da sua já extraordinária autoridade, o Estado e a sua burocracia parecem aspirar a um grau ainda maior de vigilância — e um grau maior da presença do poder, sem a presença física. No filme *Metrópolis*, de Fritz Lang, esta visão é uma realidade para Fredersen, o "Mestre de Metrópolis". No auge da revolta dos operários, ele recebe uma mensagem por telex de Grot, o engenheiro responsável pela "fábrica central de energia". As circunstâncias tecnológicas do telefonema que Fredersen dá em resposta refletem três níveis diferentes de uma outra relação hierárquica de poder: "No escritório do Mestre de Metrópolis, vemos um grande aparelho de telex na parede, perto da porta. Fredersen se aproxima, verifica a máquina e começa a discar. Visto por trás, ele aciona outro disco. Os tipos 'HM2' aparecem numa tela iluminada, em frente a ele. Aparece então uma série de imagens da fábrica central de energia. Fredersen ajusta o painel de controle da máquina de forma a 'reter' a imagem de Grot, o engenheiro-chefe, que anda nervosamente para um lado e para o outro. Fredersen pega o telefone e aperta um botão" (Lang, 102). Confrontado com a ameaça dos operários de destruir a fábrica central de energia, o engenheiro entra em pânico. E o telefone com imagens torna impossível para ele esconder o seu nervosismo da visão do Mestre. [ver **Empregados**] Por fim, Grot recebe uma ordem definitiva de Fredersen, na outra ponta da linha, uma ordem feita para estabelecer eternamente o poder do Mestre sobre os operários: "Título: 'Se eles destruírem a fábrica de energia, inundaremos a cidade dos operários.' Os olhos of Fredersen se arregalam, quando ele subitamente grita, sacudindo o punho: 'Abram as comportas!'" [ver **Ação versus Impotência**]

O telefone ocupa um lugar elevado na lista dos emblemas de como os poderes se tornam cada vez mais brutalmente intrusivos nas esferas da natureza e da privacidade. [ver **Automóveis, Gramofones**] Como um empregado do Estado, o filósofo Theodor Lessing não se sente menos atingido pela violência eletronicamente transmitida do que todos aqueles personagens de romances e filmes que se encontram do lado subordinado de uma conexão telefônica: "Acabem com os 'símbolos culturais' de uma paisagem cuidadosamente controlada, cheia de anúncios e chaminés; talvez algum lugar permaneça sagrado e não corrompido. Num determinado momento, decidi roubar um relógio de bolso — com a esperança de ser preso. Na prisão, pelo menos terei algum descanso dos tapetes sendo batidos, dos pianos, das buzinas dos automóveis, dos gramofones e dos telefones" (Lessing, 401).

Mais ninguém renunciaria seriamente ao telefone e aos seus benefícios técnicos. Nos diários de guerra de Ernst Jünger, a descrição de um ataque de bombas e gás culmina com a destruição de uma estação telefônica: "Nuvens de bombardeiros invadiram as cidades do interior. Durante horas, as baterias abriram fogo nos campos mais longínquos. Cada rua estava sob fogo cerrado. As posições da artilharia foram cobertas com gás mostarda, e as estações telefônicas foram destruídas" (Jünger, 106). De forma não muito diferente da ligação entre uma mãe e seu filho, a relação de poder mediada pelo telefone produz situações que são ao mesmo tempo uma necessidade vital — e uma fonte de medo. Todos sofrem com a vigilância e a dependência que o telefone representa e impõe. Ao mesmo tempo, porém, as pessoas têm a impressão de que a vida seria impossível sem as intervenções estruturais do poder. [ver **Individualidade = Coletividade (Líder)**] É melhor estar conectado a uma voz violentamente autoritária do que a nenhuma voz.

Verbetes relacionados

Aviões, Automóveis, Comunicação sem Fios, Elevadores, Empregados, Gramofones, Polaridades, Ação versus Impotência, Individualidade versus Coletividade, Macho versus Fêmea, Silêncio versus Barulho, Ação = Impotência (Tragédia), Centro = Periferia (Infinitude), Individualidade = Coletividade (Líder)

Referências

8 Uhr-Abendblatt.
Associated Students of Stanford University, orgs., *The 1926 Quad*. Stanford, 1926.
Chronik, 1926: Tag für Tag in Wort und Bild. Dortmund, 1985.

Mel Heimer, *The long count*. Nova York, 1969.

Ernst Jünger, *Feuer und Blut: Ein kleiner Ausschnitt aus einer grossen Schlacht* (1926). Hamburgo, 1941.

Franz Kafka, *Das Schloss* (1926). Frankfurt, 1968.

Friedrich Kittler, *Aufschreibesysteme: 1800-1900*. Munique, 1985.

Friedrich Kittler, *Grammophon, film, typewriter*. Berlim, 1986.

Fritz Lang, *Metropolis* (1926). Nova York, 1973.

Theodor Lessing, "Die blauschwartze Rose" (1926). In *Ich warfe eine Flaschenpost ins Eismeer der Geschichte: Essays und Feuillettons, 1923-1933*. Neuwied, 1986.

Thomas Mann, "Unordnung und frühes Leid" (1926). In *Sämtliche Erzählungen*. Frankfurt, 1963.

Revista de Occidente.

Jules Supervielle, *Le voleur d'enfants*. Paris, 1926.

Klaus Wagenbach, *Kafka: Bilder aus seinem Leben*. Berlim, 1983.

TOURADA

"Tourada. Impressão repulsiva e mortal, apesar da diversidade de imagens grandiosas, selvagens e vivas. A carnificina de velhos cavalos decrépitos e indefesos, cujas entranhas são arrancadas de seus corpos e envoltas em trapos sangrentos é enfurecedora e vil. O belo touro, jovem e feroz entra, e depois de meia hora é arrastado como um pedaço de carne morta. Isto só conseguiu despertar em mim uma mistura de raiva e pena. (...) Sinto-me cada vez mais cansado e exausto. No fim, era como se eu tivesse sido golpeado com um machado: por dentro, eu me sentia completamente apático e desgostoso. A noite inteira transcorreu como se eu tivesse sido despertado repetidas vezes por um ruído intenso e ensurdecedor." É com estas palavras de indignação moral que Harry Graf Kessler, cuja visão da vida associa o mundo político da Alemanha de Weimar à alta cultura moderna, reage a uma tourada que vê em Barcelona, no dia 18 de abril. Mas as emoções de Kessler podem não ser tão inequívocas quanto sugerem as palavras de seu diário. Apenas duas semanas depois, no dia 2 de maio, ele assiste a outra corrida. Desta vez, Kessler se esforça para separar os aspectos positivos dos aspectos negativos de suas impressões: "Mais uma vez na tourada, à tarde. Um matador jovem e muito hábil, com um rosto de traços duros e bem definidos e pele marrom-amarelada, quase mongol: Agrabeno. Domínio completo, um dançarino diante do touro. Foi bonito, e valeu a pena ver, mas a maneira covarde e cruel como o cavalo foi entregue ao touro como um prêmio continua me parecendo chocante e assustadora. No fim das contas, é uma mostra de brutalidade extrema, porque as pessoas que transformam esta tortura nojenta de animais num espetáculo são os mesmos dançarinos graciosos e serenos de Sardanas." Apesar dos esforços de Kessler, a distinção entre a graça da "dança" dos movimentos do toureiro e a concretude da matança não elimina a sua ambivalência. Kessler acaba fazendo assim o que os intelectuais (ao menos os intelectuais alemães, desde a época de Hegel) fazem com freqüência, quando são perturbados por ambigüidades na sua percepção do mundo. Ele passa de um tom de julgamento estético e moral para um tom de especulação histórico-filosófica, com o qual tenta explicar como a crueldade e a beleza podem estar presentes ao mesmo tempo no espetáculo da tourada: "A desolação e a graça, a crueldade e a beleza estão firmemente unidas aqui, como na Grécia antiga. Tenho a impressão de que a alma espanhola está mais próxima, em sua estrutura, da alma grega que a de qualquer outro povo europeu, talvez porque essas duas almas tenham se formado em condições históricas e geográficas parecidas. Tanto os gregos quanto os espanhóis se tornaram, em séculos decisivos, povos fronteiriços, que protegiam uma cultura muito avançada cuja existência era ameaçada pelo Oriente". [ver **Centro versus Periferia**]

A "estrutura" da "alma espanhola", como Kessler a chama, fascina os artistas e o seu público em todo o mundo europeu e americano. Rodolfo Valentino se tornou uma estrela internacional com *Os quatro cavaleiros do apocalipse*, um filme baseado num romance do escritor espanhol Vicente Blasco Ibáñez e Greta Garbo, uma jovem atriz sueca, começaria sua carreira em Hollywood com *The torrent* e *The temptress*, dois filmes também baseados em livros de Blasco Ibáñez. Garbo recebe críticas entusiasmadas por seu desempenho em *The temptress*, no qual ela encena "a tragédia de uma mulher (...) que estava sendo perseguida por homens que desejavam o seu corpo mas não amavam o seu espírito" — mas o "desejo ardente pela vida" que ela encontra em John Gilbert, que trabalharia com ela nas produções seguintes, a inspira a alcançar um nível ainda maior de intensidade em seu trabalho subseqüente (Gronowicz, 205, 213). Um toque da Espanha é portanto inevitável no primeiro encontro amoroso da vida real daquele apaixonado casal: "Eu me sentei no carro esporte de Yackie [i.e., Gilbert], e nós passeamos lentamente por Hollywood. Yackie cantou algumas melodias espanholas, e eu contemplava os campos que brilhavam ao luar" (221). De Hollywood a Berlim, conceitos como "desejo pela vida" e "tragédia" invariavelmente se associam à Espanha, e as referências a eles terminam freqüentemente com evocações de touradas. Numa carta datada do dia 13 de maio, enviada de Hendaye, França, onde vive no exílio, o ensaísta e filósofo espanhol Miguel de Unamuno expressa o seu desprezo radical pelo governo ditatorial de Miguel Primo de Rivera, classificando a guerra em curso entre a Espanha e o Marrocos como "um jogo sangrento, ou uma tourada" (Unamuno, 193). A metáfora da tourada de Unamuno é imediatamente seguida por uma descrição da sua trágica situação política: "Eles podem ter a masculinidade dos machos, da qual se gabam, mas não têm a virilidade do humano, ou mesmo a humanidade dos homens. Numa hora trágica e solene da civilização européia cristã, eles são guiados pelos motivos perversos de ladrões e sacrificam os mais sagrados interesses morais e materiais da terra natal em troca de uma conquista de soldados brigões em seus quartéis." [ver **Macho versus Fêmea**]

O que esse "momento solene" da civilização européia cristã e a personagem-título de *The temptress* têm em comum para fazer com que eles pareçam "trágicos"? E o que a tragédia tem a ver com a tourada? Os dois conceitos se referem a situações que implicam um paradoxo específico. Na tragédia, como na tourada, a confrontação com oponentes extraordinariamente fortes torna os indivíduos conscientes de sua própria impotência — mas eles conseguem exibir força e dignidade através de uma presença particularmente intensa. [ver **Ação versus Impotência, Ação = Impotência (Tragédia)**] A tourada é associada à tragédia porque tanto o touro quanto o toureiro são encarnações da força potencialmente derrotada. O touro e o toureiro se impõem um ao outro numa confrontação com a morte, que é uma parte da vida, o destino inevitável da vida. [ver **Boxe, Imanência = Transcendência (Morte)**] O touro é um símbolo da força da vida [ver **Autenticidade = Artificialidade (Vida)**], da ameaça da morte, e do perigo mortal. No romance de Ricardo Güiraldes sobre o Pampa argentino, *Don Segundo Sombra*, estas três conotações aparecem numa descrição de um rebanho de touros: "Enquanto isso, o rebanho se apinhava até formar um grupo silencioso. Era realmente algo que merecia ser visto. (...) Parecia um único e imenso animal, guiado por seu próprio ímpeto numa direção fixa. Ouvimos o estrondo das milhares e milhares de patas, uma respiração ofegante. A própria carne parecia produzir um som profundo de exaustão e dor" (Güiraldes, 219).

Se o significado "trágico" do ritual da tourada nasce da simultaneidade da força e da impotência, é a representação de uma oscilação entre buscar a morte e evitar a morte que confere a estrutura de uma tragédia à corrida (Gumbrecht, 474ss.). De certa forma, a tourada mostra como a natureza, dominada pelo homem, pode se tornar uma ameaça mortal ao homem. Numa entrevista à revista *Blanco y Negro*, o famoso toureiro Rafael, conhecido como "El Gallo", afirma que ninguém é capaz de dominar completamente o touro, e que portanto mudanças súbitas na sorte são inevitáveis. Todo o seu conhecimento especializado sobre touros e touradas não foi capaz de salvar o irmão de Rafael, Joselito, que já está canonizado e é lembrado como o maior toureiro de todos os tempos, de uma chifrada fatal: "Você não sabe nada. É tudo uma questão de sorte. O meu irmão sabia mais do que qualquer um, e olhe para ele agora" (*Blanco y Negro*, 143). Por outro lado, o estágio final da tourada obriga o matador a provocar, por uma última vez, uma explosão da força potencialmente letal do touro — e é precisamente este movimento que se torna letal para o touro, porque permite ao toureiro cravar sua espada na nuca do animal. Romero, o jovem toureiro do romance *O sol também se levanta*, de Hemingway, encena com maestria essa oscilação entre buscar a morte e impor a morte: "Ele se perfilou bem em frente ao touro, tirou a espada da bainha e mirou ao longo da lâmina. O touro o olhava. Romero disse algo ao touro, batendo um pé no chão. O touro avançou, e Romero esperou pelo ataque, o pano vermelho abaixado cobrindo a lâmina, os pés bem firmes" (Hemingway, 229). Enfatizando ainda mais fortemente a natureza dupla do elemento morte — uma ameaça ao toureiro, que ele transforma na morte do animal — Henri de Montherlant descreve como Alban, o herói de *Les bestiaires*, se expõe ao perigo mortal com uma primeira estocada malsucedida, antes de aplicar com êxito o golpe final no corpo do touro:

> Por um momento ele viu um raio de luz: era a sua espada, entre a sua mão e as costas do touro, brilhando com sangue dourado, enquanto outro raio mais longo, vindo do sol, atingia o corpo de Mithras. O choque jogou o seu corpo sobre o flanco esquerdo do touro e machucou seu punho, fazendo-o pensar que o tinha quebrado. Ele rolou pelo chão e se levantou novamente, segurando o pulso. (...) A besta jogou a espada longe. Ele a recuperou sem hesitar, sabendo que aquilo tinha sido apenas um safanão, mas que a próxima arremetida seria decisiva. (...) Ele caiu sobre o animal como um falcão, e então se levantou, girando, com a mão no coração, que o estava sufocando. Ele parou diante da besta e buscou ar. A luta tinha terminado, agora. (Montherlant, 224)

Até o último gesto de uma corrida, o domínio do homem sobre a natureza deve incluir o perigo de transformá-lo numa vítima da natureza. Numa analogia interessante com o boxe, ilustrada pelas freqüentes metáforas da luta usadas nas descrições de touradas (e.g., Montherlant, 206), um artigo de jornal sobre a luta pelo título mundial de pesos-pesados entre Jack Dempsey e Gene Tunney [ver **Boxe**] compara Dempsey a um touro, cuja força potencialmente letal precisa ser controlada o tempo todo pela técnica apurada de seu oponente: "Tunney não apenas enfrentava sem medo as arremetidas de Dempsey, que lembravam as de um touro assassino; ele respondia a esses golpes e aplicava os seus com a perícia de um exímio atirador. (...) Ou, com movimentos de dançarino, apenas se desviava do homem enfurecido à sua frente (*New York Times*, 24 de setembro). Tanto o boxe quanto a tourada celebram a presença da morte, e é da presença da morte que vem o sentimento de que alguma coisa irredutivelmente "real" está em jogo nesses rituais. [ver **Autenticidade versus Artificialidade, Incerteza versus realidade**]

Os movimentos da corrida se dão numa contínua oscilação entre a imobilidade e a agressão. É por isso que, muitas vezes, a tourada se parece com a dança ou com um ritual rigorosamente coreografado (Montherlant, 217; Kracauer, 9). [ver **Dança**] Enquanto os momentos de imobilidade expõem o corpo do toureiro e o corpo do touro ao perigo de morte, os seus movimentos encarnam a ameaça de morte. É este contraste entre a imobilidade que desafia a morte e o movimento que a provoca que Montherlant tenta captar numa série de desenhos que mostram o corpo nu do toureiro Juan Belmonte exposto ao ataque furioso de um touro (Sipriott, 117ss.). Baseado na mesma convergência entre imobilidade e movimento, o momento final da corrida se aproxima da representação da morte como uma experiência presente. O golpe limpo e letal da espada do toureiro cria um contraste visível entre o último momento da vida do touro — e o momento seguinte, no qual o touro já está morto: "A besta cambaleou em suas pernas traseiras, tentou se endireitar e finalmente caiu de lado, realizando o seu destino. Por alguns segundos, seus olhos ainda piscaram, e podia-se perceber sua respiração. (...) Cerimoniosamente, ele chegou ao auge de um espasmo, como um homem no auge de seu prazer, e, como ele, ficou ali, imóvel" (Montherlant, 225). Tentar tornar a morte presente designando para ela um lugar na vida é uma questão crucial num mundo cuja crença nos conceitos religiosos tradicionais de transcendência já praticamente se dissipou (Heidegger, 246ss.).

Um elemento final na complexa cadeia de associações que caracterizam a experiência e o discurso da tourada é a busca de uma fusão impossível entre a destruição e a comunhão. Da perspectiva desta busca, a relação entre touro e toureiro se torna uma relação de desejo erótico: "Então, sem dar um passo sequer adiante, ele e o touro se tornaram um só" (Hemingway, 229). Ficando perto do corpo morto do touro que, um momento antes, era uma ameaça letal ao seu próprio corpo, o herói-toureiro de Montherlant experimenta um desejo indissociavelmente sexual e assassino: "Ele sabia agora que o tinha amado, o monstro, que toda a sua vida estivera centrada nisso, desde o momento em que largara a garota, e que todos os problemas que perturbavam a mente eram um só problema, que o seu terror e o seu ódio eram manifestações de seu amor" (Montherlant, 225). [ver **Montanhismo, Assassinato**] Como um embate sexual, a corrida causa deslocamentos contínuos nos papéis de gênero entre o touro e o toureiro. [ver **Macho = Fêmea (Questão de Gênero)**] Nos estágios iniciais da sua "dança ritual", segundo Siegfried Kracauer, o jovem toureiro se torna a fêmea, um objeto do desejo de macho do touro — uma "bonequinha", uma "fêmea enrubescida" (9). Mas em sua análise do momento final da destruição, o *Bewegungsstudie* ("estudo do movimento") de Kracauer está repleto de símbolos de masculinidade atribuídos ao toureiro: "O rapaz desenrola uma capa tão vermelha quanto a crista de um galo. A lâmina que ele esconde atrás desta cortina é tão longa que ele poderia usá-la para escalar o ar. (...) Com um único golpe brilhante e fugaz, ela pode penetrar numa parede" (10). [ver **Macho versus Fêmea**]

A tourada inspira o temor de um ritual religioso porque ela promete tornar presentes objetos de experiência transcendental. Espera-se que a morte e o desejo se tornem visíveis. Mas no fim das contas a tourada não pode cumprir essa promessa. O estágio final da corrida chega infinitesimalmente perto de tornar a morte presente, enquanto o momento da morte permanece aquele de uma transição imperceptível. Da mesma forma, o desejo que flutua entre o touro e o toureiro encontra uma articulação apenas indireta na desconstrução do binarismo de gêneros culturalmente construído. Essas múltiplas ambigüidades e oscilações nas touradas evocam um discurso interpretativo interminável entre os espectadores, um discurso que nunca consegue superar a resistência de seus objetos a quaisquer construções conceituais estáveis. No dia 16 de março, Henri de Montherlant organiza um evento público em Paris, no Velodrome d'Hiver, que é anunciado sob o título "Tauromachie (...) et Littérature". Diante de cinco mil espectadores, Montherlant inaugura o programa lendo um texto sobre "o culto ao touro através dos tempos". Mas, ansiosa pela presença da morte mais do que por uma analise fria, a platéia interrompe o poeta da forma mais rude possível: "Cale a boca! (...) Os touros! Os touros!" (Sipriot, 122s). Como alguns autores a exemplo de Montherlant parecem não entender que é a impossibilidade de sua realização o que torna os desejos implícitos na tourada tão intensos, é por isso que eles cedem à tentação de transformar a tourada numa religião. Eles retornam assim à velha dicotomia entre imanência e transcendência, cuja névoa torna a tourada tão fascinante. [ver **Imanência versus Transcendência**] *Les bestiaires* termina com a descrição de um futuro utópico no qual um antigo "culto ao touro" domina a sociedade. Montherlant chega a inventar hinos que homenageiam a antiga e futura divindade do touro: "Eu sou o touro que, da Ásia/ às florestas da Ligúria/ governou com Alegria, Arte e Sangue/ os povos do Mediterrâneo" (244).

No romance *A serpente emplumada*, de D.H. Lawrence, a primeira experiência de Kate numa tourada mexicana termina com a frustração da protagonista: "A última das ilusões de Kate sobre as touradas caiu por terra. Eram estes os favoritos da multidão? Eram estes os toureiros galantes? Galantes? Tão galantes quanto ajudantes de um açougue! Conquistadores? Argh!" (15). É, porém, este desapontamento com a tourada que predispõe Kate a aceitar a aviltante submissão sexual, mas intensamente realizadora, a seu marido Cipriano, fundador de uma religião de adoração ao touro que pode simbolizar o futuro revolucionário do México. Hemingway conduz o caso amoroso de Brett com o jovem toureiro Romero a uma conclusão muito diferente. Quanto mais os sentimentos de Romero correspondem à atração sexual poderosa que Brett experimenta, mais ela compreende que será impossível para ele tornar-se uma parte da sua vida, a vida de uma "geração perdida" [ver **Americanos em Paris**], sem perder a pureza do seu desejo: "Você sabe que eu teria vivido com Romero se não soubesse que isto seria ruim para ele. Nós nos dávamos incrivelmente bem. (...) Eu tenho 34 anos, sabe. Não vou me tornar uma dessas putas que destroem crianças" (254). Brett — e Hemingway — entendem que a tourada não é nem imanência nem transcendência: ela representa a impossibilidade de fazer a oscilação entre as duas chegar a um fim.

Verbetes relacionados

Americanos em Paris, Assassinato, Boxe, Dança, Montanhismo, Revistas, Ação versus Impotência, Autenticidade versus Artificialidade, Centro versus Periferia, Imanência versus Transcendência, Incerteza versus Realidade, Macho versus Fêmea, Ação = Impotência (Tragédia), Autenticidade = Artificialidade (Vida), Imanência = Transcendência (Morte), Macho = Fêmea (Questão de Gênero)

Referências

Antología de Blanco y Negro, 1891-1936, vol. 9. Madri, 1986
Ricardo Güiraldes, *Don Segundo Sombra* (1926). Buenos Aires, 1927.
Antoni Gronowicz, *Garbo*. Nova York, 1990.
Hans Ulrich Gumbrecht, "Inszenierte Zusammenbrueche, oder: Tragödie und Paradox". In Hans Ulrich Gumbrecht e K. Ludwig Pfeiffer, orgs., *Paradoxien, Dissonanzen, Zusammenbrueche: Situationen offener Epistemologie*. Frankfurt, 1991.
Martin Heidegger, *Sein und Zeit* (escrito em 1926, publicado em 1927). Tübingen, 1984.
Ernest Hemingway, *The sun also rises*. Nova York, 1926.
Harry Graf Kessler, *Tagebücher, 1918-1937*. Frankfurt, 1961.
Siegfried Kracauer, "Knabe uns Stier: Bewegungsstudie" (1926). In *Das Ornament der Masse: Essays*. Frankfurt, 1977.
D.H. Lawrence, *The plumed serpent*. Londres, 1926.
Henri de Montherlant, *Les bestiaires*. Paris, 1926.
New York Times.
Pierre Sipriot, org., *Album Montherlant*. Paris, 1979.
Miguel de Unamuno, *Epistolario inédito* (1926). Madri, 1991.

TRANSATLÂNTICOS

❦

No romance *O assassinato de Roger Ackroyd*, de Agatha Christie, o dr. James Sheppard não se limita a cometer o crime central, narrar a história na primeira pessoa e fazer o papel, específico ao gênero, de admirador e assistente do detetive Hercule Poirot; como médico, ele também está oficialmente encarregado da saúde da vítima. Criminoso verdadeiramente sofisticado, Sheppard se aproveita deste relacionamento para fabricar um álibi. Em seguida a um jantar na casa de Ackroyd, ele apunhala o seu paciente e volta para a sua própria casa, que ele divide com sua irmã Caroline. Lá ele recebe um telefonema e diz a Caroline que está com o mordomo de Ackroyd na linha: "Parker falando. (...) Acabaram de encontrar Roger Ackroyd assassinado" (49). Neste ponto, porém (como se tornará claro mais tarde), os empregados de Ackroyd ainda não encontraram o corpo de seu patrão. Desta forma, o telefonema dá ao assassino uma vantagem estratégica: ele pode ser o primeiro a chegar ao local do crime. Este detalhe é tão importante em seu plano que, quando o detetive finalmente o confronta com a reconstituição detalhada dos fatos, Sheppard fala dele, com fingida ironia, como o último recurso de sua defesa: "'E o telefonema?', eu perguntei, tentando me reanimar. 'Você também tem uma explicação plausível para isso, suponho'" (306). Não sem um certo grau de admiração profissional pela complexidade do plano de Sheppard [ver Assassinato] — e com um orgulho ainda maior da proeza de sua própria inteligência ao decifrá-lo — Poirot tem de fato uma resposta:

> Vou confessar a você que este era o meu maior obstáculo, desde o momento em que eu soube que um telefonema realmente tinha sido feito da estação

de King's Abott. Inicialmente pensei que você simplesmente tinha inventado a história. Foi uma idéia muito engenhosa, que (...) me fez ter uma vaga noção de como tudo tinha se passado, que tive quando fui visitar sua irmã no primeiro dia e a interroguei sobre os pacientes que você tinha atendido na manhã de sexta-feira. (...) Entre os seus pacientes daquela manhã, estava o comissário de um transatlântico americano. Quem seria mais adequado que ele para partir de trem rumo a Liverpool, à noite? E, depois disso, ele estaria em alto mar, muito longe. Eu descobri que o *Orion* zarpava no sábado e, tendo obtido o nome do comissário, telegrafei para ele uma mensagem, fazendo uma certa pergunta. Foi a resposta dele que você acabou de me ver receber.

É claro que o conteúdo do telefonema, que, sob um pretexto qualquer, Sheppard pede ao paciente americano que lhe faça, não tem nada a ver com o crime. Mas a sua função no romance de Christie revela as ambigüidades e limitações de se viajar de transatlântico. Passageiros de transatlânticos estão de fato "muito longe", fora do alcance da lei e de muitos outros limites da realidade cotidiana. O mundo dos transatlântico — um mundo sem um solo estável — é um mundo irreal. [ver **Incerteza versus Realidade**] É por isso que Sheppard pode esperar legitimamente que o comissário a bordo do *Orion* jamais testemunhará contra ele. Mas os passageiros dos navios só estão fora do mundo cotidiano por um período limitado de tempo, e, considerando-se os últimos avanços na tecnologia das comunicações [ver **Comunicação sem fios**], eles nunca estão totalmente fora de alcance. A troca de telegramas de Poirot com o comissário, que inadvertidamente estava desempenhando um papel importante no plano de Sheppard, leva à prisão do assassino.

As formas específicas de experiências associadas a esta situação ambígua de estar ao mesmo tempo no mundo e fora dele dependem, em grande medida, da localização do passageiro, se numa cabine do convés superior ou na pobreza do convés inferior — tanto isso é verdade que a vida num transatlântico se tornou uma alegoria da injustiça social. Em seu poema "Seefahrer" (Marinheiro), Johannes Becher joga com diversos aspectos do contraste entre estes dois grupos de passageiros:

> O navio gigante — turbinas zumbindo quietas;
> o oceano jorra quando ele clama.
> Uma quadra de tênis a bordo. Cabines de luxo.

> Linhas de telefone sussurrantes. Setenta canais.
> Um barco como este é como um animal: ele tem
> juntas, e estômago, e pulmões, olhos, e olhos.
> Homem passeando lá no alto, seus membros balançam alegremente —
> Não nos esqueça! Estamos profundamente enterrados nas tripas.
> (...) Como este mundo é maravilhoso para o homem de cima:
> Ele se deleita em sua espreguiçadeira, e uma sineta
> o chama para jantar.
> (...) Nós, um punhado de escravos abatidos —
> O que podemos fazer? Enrole suas mãos
> num trapo! (...) Não cobice
> os bens do próximo!
>
> (Becher, 124-125; também 102)

O contraste entre os passageiros ricos e pobres fica ainda mais aparente na transição da sua volta para o mundo cotidiano, que tende a rejeitar aqueles que, ao viajarem através do oceano, tentam escapar da miséria ou da perseguição: quando o navio chega a seu destino, eles são freqüentemente presos ou mandados de volta para o país de onde vieram. Este mesmo mundo cotidiano, porém, absorve ansiosamente os passageiros da primeira classe, que possuem, governam ou seduzem o mundo real. Jack Gales, o herói do romance *Das Tottenschiff* (O barco da morte), de B. Traven, um marinheiro americano que atracou sem o seu passaporte numa cidade costeira da Europa, aprende como é desesperadoramente ingênuo esperar que a lei ignore as diferenças entre os ricos e os pobres. De forma polida mas firme, o cônsul americano em Paris se recusa a dar a Gales um passaporte novo, embora o mesmo funcionário demonstre abertamente sua disposição de prestar exatamente o mesmo serviço à mulher vestida de forma opulenta, com um sotaque estrangeiro — que tem a sorte de ser a mulher de um banqueiro famoso. O cônsul não fica nem um pouco desconcertado com a indignação de Gales: "Como você pode afirmar que ela é uma cidadã americana? Ela não consegue sequer falar inglês corretamente (...)" "No caso dela, não preciso de prova alguma. O seu marido, o sr. Reuben Marcus, é um dos banqueiros mais importantes de Nova York. A sra. Marcus viajou no 'Majestic', ocupando o camarote particular mais caro — eu vi o nome dela na lista de passageiros." "Sim, entendo. Você foi claro, sr. cônsul. Eu viajei num navio de carga, como um taifeiro inferior. Percebo que isso faz toda a diferença.

(...) Um grande banco é a única prova necessária para se afirmar que um homem é um cidadão" (Traven, 49).

Da perspectiva de Becher e Traven, a individualidade é um privilégio dos ricos, e significa que eles estão dispensados da coação da lei. [ver **Individualidade versus Coletividade**] Os pobres, em contrapartida, são tratados como indivíduos apenas na esfera da conversa privada: "Eu já lhe disse que, nas atuais circunstâncias, não tenho condições de fazer nada por você. (...) Gostaria de lhe dar o documento de que você precisa, mas não posso. (...) Sinceramente, eu acredito na sua história. Ela parece verdadeira. (...) Mas serei igualmente sincero ao dizer: se a polícia francesa o trouxesse aqui um dia me pedindo para identificá-lo como cidadão americano, eu me negaria veementemente a reconhecer a sua cidadania" (Traven, 49).

Se a reintegração dos passageiros do convés superior e do inferior ao mundo cotidiano provoca uma divergência tão dramática, o contraste entre as esferas de irrealidade em que eles vivem durante a viagem não é menos impressionante. A própria sobrevivência a bordo é um enorme desafio para os pobres e os marginais. De fato, Bertolt Brecht tenta mostrar, num fragmento do romance *Lebenslauf des Boxers Samson-Körner* (Vida do boxeador Samson Körner), que as travessias transatlânticas proporcionam a melhor preparação possível para a carreira de um desafiante ao título. [ver **Boxe**] Em alguns episódios, Körner aparece morrendo de fome como um passageiro clandestino que se esconde da tripulação. [ver **Artistas da Fome**] Em outros, ele aparece no convés e precisa comprar a cumplicidade dos marinheiros, fazendo o trabalho deles e se submetendo às suas investidas sexuais. [ver **Macho = Fêmea (Questão de Gênero)**] O cozinheiro negro Jeremiah Brown chega a insistir em tornar pública a sua ligação erótica com Körner: "Ele organizava lutas de boxe no convés, supostamente para demonstrar a minha força, que tanto o impressionara. (...) Brown ficava sentado num banquinho, me olhando e sorrindo fascinado, e continuamente chamando a atenção de algum espectador para um dos meus truques, ou outra coisa qualquer. Ele também gostava de sentir meus músculos, e os elogiava como um *connoisseur*" (138). Outro protagonista, um negro americano chamado Kongo, é um boxeador profissional que tira férias dos rigores da profissão (e da Lei Seca) viajando através do oceano num estado de completa embriaguez. [ver **Bares**] O que torna o mundo irreal dos navios tão atraente para os passageiros clandestinos (como Körner) ou fugitivos (como Kongo) é a troca entre os dois aspectos de suas situações que se relacionam com a ausência da lei a bordo: clandestinos e fugitivos estão à mercê da tripulação, mas também estão fora do alcance de qualquer autoridade do Estado. Sua punição legal (por viajarem sem pagar a tarifa ou por crimes cometidos antes da partida) precisa ser adiada, e este adiamento lhes proporciona um tempo precioso, durante o qual eles podem tentar ganhar aliados, antes de reingressarem no mundo cotidiano.

Para os passageiros do convés superior, em contrapartida, o mundo irreal dos navios é o domínio do jogo. Enquanto os ricos e belos são impacientemente aguardados nos dois lados do oceano, como indicam as colunas sociais de jornais como o *New York Times* [ver **Americanos em Paris**], eles se permitem passar o tempo praticando esportes de classe, como o golfe ou o tênis — mas também em partidas de futebol e lutas de boxe, que eles dificilmente considerariam passatempos apropriados em suas vidas no mundo real (*Chronik*, 73). Em suas freqüentes viagens entre a Argentina e a Europa, o cantor de tango Carlos Gardel observa com prazer o ritual carnavalesco que marca a travessia do Equador. Ele termina longas noites de música e dança com refeições suntuosas e dá gorjetas generosas aos comissários e serventes (Collier, 74ss.). Mas mesmo os passageiros do convés superior se engajam num comércio — o oposto daquele que envolve os clandestinos e os fugitivos. Os ricos já estão acostumados a um estilo de vida transcontinental há muito tempo. Como os navios são o único meio de transporte disponível entre os continentes, os ricos e belos não podem evitar perder uma semana em suas várias esferas de atividade. Esta situação causa conflitos sérios para Rodolfo Valentino, que, no começo do ano se vê indo e voltando de Paris, onde ele está se divorciando de Natasha Rambova, e da Costa Oeste dos Estados Unidos, onde ele tem que cumprir obrigações contratuais com seu estúdio (Orbanz, 136; Morris, 176ss.). Para piorar as coisas, só existem dois navios por semana entre a França e os Estados Unidos. Segundo um quadro de horários publicado em *Le Figaro* na sexta-feira, 18 de março, o *Orléans* parte de Cherbourg no dia 19 de março, o *France* parte de Le Havre no dia 24 de março, o *Deutschland* parte de Boulogne no dia 27 de março, e o *Paris* parte de Le Havre no dia 31 de março.

Tentando descrever um possível efeito de cena para sua peça *Orphée*, Jean Cocteau faz alusão aos "aviões ou navios usados em fotografias *trompe-l'oeil* nas feiras do campo" (17). Esta breve instrução encena a brecha temporal entre a irrealidade imposta numa longa viagem pelo oceano e a irrealidade de um vôo transatlântico. [ver **Presente = Passado (Eternidade)**] Enquanto isso, o *New York Times* anuncia, no dia 22 de setembro, que a Companhia de Borracha Goodyear e o governo americano iniciaram negociações para estabelecer uma "rota de dirigíveis Nova York-Londres. (...) Um dirigível de 170 mil metros cúbicos seria capaz de sobrevoar o oceano Atlântico em dois dias e meio, ou não mais que três, e se mostraria assim um empreendimento comercial bem-sucedido nas viagens transatlânticas". Como resultado da demanda crescente por transporte transatlântico, bem como da crescente impaciência por parte dos passageiros, o mercado para os navios se tornou instável (*Chronik*, 73). Companhias como a Panama Pacific Line e a Munson Lines, de navios a vapor, reagem, mostrando em seus anúncios as vantagens da troca implícita envolvida numa viagem de navio (o prazer e um conforto de sonho versus um tempo maior): "Navios superiores — Tempo reduzido", ou "Os maiores e mais rápidos navios à disposição". Mas diante do ritmo acelerado da vida moderna [ver **Presente versus Passado**], os navios são muitas vezes vistos como relíquias teimosas do passado. Mesmo um viajante sem pressa, como a celebridade berlinense Harry Graf Kessler, não consegue deixar de ficar ligeiramente desapontado com sua viagem de Gênova a Barcelona a bordo do "Principessa Mafalda", um dos navios preferidos de Carlos Gardel para suas viagens entre a Argentina e a Espanha: "Pela manhã, fui à Navigazione Generale, ao Consulado Espanhol etc., numa correria maluca. Ao meio-dia, já estava a bordo do navio sul-americano, (...) o 'Principessa Mafalda'. Um adorável navio de dez mil toneladas, realmente agradável e até luxuoso (embora de um luxo algo desbotado), mobiliado num sóbrio estilo Luís XVI. Espaçoso, e com cabines brancas bem ventiladas. Excelente comida. Apenas alguns passageiros no salão da primeira classe" (470). Muito mais franco que Graf Kessler é o romancista francês Paul Morand, que, depois de uma viagem ao redor do mundo, fica obcecado pela idéia de que a superfície finita da Terra não guarda mais segredos a serem descobertos [ver **Polaridades, Centro = Periferia (Infinitude)**]: "À longa lista de coisas que tornam a nossa existência insuportável, acrescento o fato de que somos obrigados a viver amontoados num globo — do qual três quartos, aliás, estão cobertos de água (que poderia muito bem se encontrar no ar, ou sob o solo). No final iremos sucumbir; desperdiçaremos nossas vidas neste compartimento fechado, presos na classe econômica desta pequena esfera perdida no espaço. Porque a Terra é extraordinariamente pequena; apenas os barcos nos permitem duvidar disso, porque eles ainda se movem muito lentamente. Em breve, vamos nos dar conta de que as companhias de navegação nos enganaram" (11).

Nem mesmo a travessia do Pacífico parece excitar Morand: "Doze dias em meio à neblina branca, que se torna lilás ao entardecer — impenetrável, sem estrelas que marquem a nossa posição. (...) Uns poucos metros de mar de cada lado, e um abismo horizontal após o outro. Era impossível ver outro navio" (27). O que o impressiona, contudo, é a dimensão vertical, a profundidade do mar, que ele experimenta como uma ameaça constante — como se apenas ao se tocar o fundo do mar o mundo irreal do navio pudesse adquirir um solo existencialmente estável: "Abaixo de mim, a Fenda Kuril. Não tenho medo de ficar encalhado esta noite: o mar tem nove quilômetros de profundidade" (29). Qualquer movimento ao longo deste eixo vertical é mortal. Escrevendo um artigo sobre caça submarina, o jornalista Egon Erwin Kisch é levado a uma reflexão metafísica ao ver um tubarão que foi trazido à superfície pela rede de uma traineira: "Nós abrimos o animal. Seu fígado ocupava o balde maior. Em seu estômago havia uma mixórdia de linguados, bacalhaus e peixes de lugares distantes, alguns digeridos pela metade e outros completamente intactos. Uma massa de ovos, os maiores do tamanho de ovos de galinha, os menores difíceis de ver, enchia os ovários. Em duas bolsas estavam fetos, cerca de 14 dias antes do nascimento. Nós viemos aqui para impedi-los de nascerem?" (Kisch, 12). Esta questão, relativa aos direitos e deveres do homem como senhor de um planeta inteiramente conhecido — e inteiramente explorado — é crucial para uma cultura que está lutando para integrar seu horizonte evanescente de transcendência com a esfera da imanência. Se não existe Deus, uma das muitas questões a serem reexaminadas é a extensão do controle da natureza que a humanidade pode se permitir.

As profundidades do oceano conotam morte e eternidade, e assim oferecem um contraste em relação ao rápido fluxo do tempo na vida cotidiana, do qual os navios já não conseguem dar conta. Pode ser este elo que faz o pintor americano Edward Hopper usar as traineiras como um dos temas de seus quadros (Levin, 176ss.) [ver **Imanência = Transcendência (Morte)**] A associação é central no romance *Tottenschiff*, de Traven. Na cena final do romance, Jack Gales e seu companheiro Stanislaw estão à deriva no oceano, agarrados à última tábua que restou de um navio de carga, que os proprietários afundaram para receber o seguro. Quando Stanislaw se afoga, um Gales exausto e delirante vê esta "viagem às profundidades" como uma viagem rumo à eternidade, e portanto como uma viagem rumo à redenção que eles não conseguem encontrar na superfície da Terra:

> Ele pulou. Ele fez isso. Ele pulou. Não havia encosta no rio. Não havia porto. Não havia navio. Não havia litoral. Apenas o mar. Apenas as ondas rolando de horizonte a horizonte. (...) Ele ainda deu alguns golpes na água, sem direção definida. Então deixou seus braços caírem. Ele afundou. Num profundo silêncio. Eu olhei pelo buraco dentro do qual ele tinha afundado. Eu podia vê-lo por um longo tempo. Eu o via como se estivesse a uma grande distância.. (...) Ele embarcou numa longa viagem. Numa viagem muito longa. Eu não podia entender isso. Como ele pôde embarcar? Ele não tinha registro de marinheiro. Nenhum papel ou coisa parecida. Eles o chutariam para fora imediatamente. Mesmo assim ele não voltou à superfície. O Grande Capitão o tinha chamado. Ele o aceitou mesmo sem documentos. E o Grande Capitão disse a ele: "Venha, Stanislaw Koslowski, me dê a mão. Aperte! Bem vindo a bordo, marinheiro! Vou contratá-lo para a tripulação de um belo navio. Um navio honesto e decente. O melhor que nós temos. Não se preocupe com os documentos. Você não precisará de nenhum aqui. Este é um navio honesto. Vá para a sua cabine, Stanislaw. Você consegue ler o que está escrito acima do alojamento da tripulação? (...) "Aquele que entrar aqui estará livre da dor para sempre!" (216)

Verbetes relacionados

Americanos em Paris, Artistas da Fome, Assassinato, Bares, Boxe, Comunicação sem fios, Polaridades, Individualidade versus Coletividade, Presente versus Passado, Incerteza versus Realidade, Centro = Periferia (Infinitude), Imanência = Transcendência (Morte), Presente = Passado (Eternidade)

Referências

Johannes R. Becher, *Maschinenrhythmen*. Berlim, 1926.
Bertolt Brecht, *Der Lebenslauf des Boxers Sansom-Körner* (1926). In *Gesammelte Werke*, vol.11. Frankfurt, 1967.
Agatha Christie, *The murder of Roger Ackroyd*. Londres, 1926.
Chronik, 1926: Tag für Tag in Wort und Bild. Dortmund, 1985.
Jean Cocteau, *Orphée: Tragédie en un acte et un intervalle* (1926). Paris, 1927.

Simon Collier, *Carlos Gardel: Su vida, su música, su época*. Buenos Aires, 1986.
Le Figaro.
Harry Graf Kessler, *Tagebücher, 1918-1937*. Frankfurt, 1961.
Egon Erwin Kisch, *Hetzjagd durch die Zeit*. Berlim, 1926.
Gail Levin, *Edward Hopper: The art and the artist*. Nova York, 1980.
Paul Morand, *Rien que la terre: Voyage*. Paris, 1926.
Michael Morris: *Madame Valentino: The many lives of Natasha Rambova*. Nova York, 1991.
New York Times.
E. Orbanz, org., *There's a new star in heaven — Valentino: Biographie, Filmographie, Essays*. Berlim, 1979.
B. Traven, *Das Totenschiff* (1926). Hamburgo, 1954.

CÓDIGOS

AÇÃO VERSUS IMPOTÊNCIA

❦

No romance *O sol também se levanta*, de Hemingway, Jake Barnes, o narrador e seu amigo Bill Gorton, uma estrela em ascensão nos círculos literários de Nova York, vão pescar trutas no lado espanhol dos Pirineus Bascos. Faz frio no pequeno hotel onde eles passam a noite, e como Bill está convencido de que apenas vinho e licor não "vão nos manter permanentemente aquecidos", eles pedem um ponche quente de rum: "Saí e expliquei à mulher o que era um ponche e como prepará-lo. Poucos minutos depois, uma moça trouxe um jarro de pedra, soltando vapor, para o quarto. Bill deixou o piano e começamos a beber o ponche quente e a escutar o vento. 'Não botaram muito rum aqui.' Fui até o armário, peguei uma garrafa de rum e despejei um copo cheio no jarro. 'Ação direta', disse Bill. 'Isto derrota a legislação'" (114). Em que exatamente se baseia a piada de Bill? Por que é "ação direta" aumentar o conteúdo alcoólico de um ponche de rum? A resposta está nos vários contextos do seu gesto. Jake sequer perguntou a Bill se ele queria um bebida mais forte — sua própria certeza é razão suficiente para ele fazer a mudança, sem pronunciar uma palavra. Nas horas seguintes, esta Ação dará aos dois amigos um sentimento de calor num ambiente frio, onde as pessoas não sabem sequer preparar um ponche de rum. Entornar "um copo cheio [de rum] no jarro" supera de longe aquilo que se espera normalmente dos hóspedes de um pequeno hotel nos Pirineus espanhóis.

Uma Ação direta, portanto, é uma Ação que não deriva necessariamente das circunstâncias nas quais ela ocorre. É uma Ação que prende a atenção através da tensão que estabelece com seu ambiente. Quem quer que execute uma Ação direta parece afirmar explicitamente que ela é a coisa certa a fazer, independente de motivos geralmente aceitos, das expectativas e da legislação. Quando uma Ação assim é executada, sua mera existência como um episódio transgressivo parece sancionar a base subjetiva da qual ela nasceu, estimulando assim a repetição ou a continuidade. Muitos autores alemães usam a palavra *Tat* para "Ação direta", diferenciando-a portanto de *Handeln* e *Handlung* — formas de ação que, como parte daquilo que Heidegger chama de "cotidianidade média", são esperadas e não exigem decisões subjetivas particularmente fortes. Não é surpreendente, portanto, que *Tat* se torne um conceito-chave em *Feuer und Blut* (*Fogo e sangue*), um balanço da luta nas trincheiras durante a Grande Guerra: "Muitos homens fumam, apesar do ar ruim, e as piadas e gritos de encorajamento criam uma atmosfera de jovialidade. Os candidatos ao grande exame da História mundial estão febrilmente tensos, mas também otimistas. O quieto ranger dos dentes, o incrível estado de alerta dos sentidos, que precedem a grande e decisiva *Tat*, são perceptíveis em cada gargalhada" (98). Aqui, novamente, uma Ação — mais precisamente, a expectativa de uma Ação iminente — gera uma atmosfera de intensidade. Isso contrasta agudamente com o ambiente caótico das trincheiras. A intensidade e o estado de alerta vêm do futuro. Eles produzem uma ansiedade específica, que resulta da vaga proximidade entre a morte e a vitória no futuro. [ver **Boxe, Tourada, Montanhismo, Imanência = Transcendência (Morte)**]

Não existe Ação direta, não existe *Tat* sem esta tensão que vem do — e aponta para o — futuro. Não é coincidência que o jornal alemão *Die Tat* tenha como subtítulo *Monastschrift für die Zukunft deutscher Kultur* (Jornal mensal para o futuro da cultura alemã). Quando uma Ação já ocorreu e se transformou numa experiência para a qual se pode olhar em retrospectiva, ela imediatamente se torna um estímulo para outras Ações. É este componente motivacional que cerca a Ação com a aura de um objeto estético: "Sim, se não fosse pelo brilho dourado que acompanha a dureza das ações extraordinárias, e que o destino talvez produza apenas para nos tornar desejosos de cumprir seus planos, dando-nos a ilusão de construir uma grande felicidade, nós já teríamos desistido há muito tempo. Deixe os moradores das cidades nos chamarem de mercenários e aventureiros; nós sabemos quando o homem realiza o seu maior e mais natural dever com o maior grau de satisfação" (Jünger, 46).

Ações diretas são "duras" porque desprezam os sentimentos daquelas pessoas a quem podem ferir — e algumas vezes até as expectativas daqueles de quem elas dependem. As *Taten* não nascem de princípios de legitimação nem motivos geralmente aceitáveis. [ver **Incerteza versus Realidade**] A força daqueles que agem não está na racionalidade, mas na sua determinação de fazer o que quer que eles considerem, intuitivamente, como uma obrigação absoluta do destino. Quando eles tomam essas decisões eminentemente subjetivas — subjetividade dos agentes — paradoxalmente, é absorvida por um extraordinário fluxo de vitalidade: "Cada indivíduo é secretamente governado e orientado pela ação (*Tat*) — empurrado por uma corrente irresistível como a maior febre de sua vida" (Jünger, 116) [ver **Autenticidade = Artificialidade (Vida)**] Narrando episódios de um outro campo de batalha da Grande Guerra, T.E. Lawrence tem uma visão mais sombria da mesma situação existencial. O que Jünger descreve como um fluxo vitalizante de força física surge para Lawrence como o estado "escravizante" de ser possuído: "À medida que o tempo passava, nossa vontade de lutar por um ideal aumentava até chegar ao nível de uma possessão inquestionável, esmagando com suas esporas e rédeas nossas dúvidas. A contragosto, essa vontade se transformou numa fé. Nós nos vendemos a ela e nos submetemos à escravidão, nos reunimos como uma leva de acorrentados, curvando-nos para servir àquela coisa sagrada, com todas as nossas forças. (...) Por nossa própria vontade, abríamos mão de nossa moralidade, nossa vontade, nossa responsabilidade, como folhas mortas ao vento" (Lawrence, 29).

Se a Ação direta envolve uma tensão física e sensual radical, a sua contrapartida é uma indolência que freqüentemente conota Impotência sexual. Evocando um mundo de prostitutas, criminosos e suas vítimas, as letras dos tangos argentinos oscilam entre esses extremos, entre Ações diretas que "quebram as regras" e estados de exaustão que carecem de qualquer força física e calor emocional:

>Acordeão dos subúrbios,
>Velho e achatado,
>Eu o encontrei como uma criança
>abandonada pela mãe
>na porta do convento
>com paredes sem argamassa
>à luz da lanterna

> que lhe abre caminho na noite.
> (...) Levei-o para o meu quarto,
> Embalei você para dormir em meu peito frio.
> Eu, abandonado também,
> me encontrei neste bordel.
> Você quis me consolar
> com a sua voz rouca
> e suas observações dolorosas,
> aumentando a minha obsessão.
>
> (Reichardt, 210)

Não sem considerável dificuldade, o filósofo Theodor Lessing tenta transformar aranhas e moscas em símbolos que representam um contraste semelhante. Se ele exalta as aranhas como amantes apaixonadas, também acusa as moscas de uma "promiscuidade" que as leva a se entregarem cegamente às oportunidades de encontros casuais: "Enquanto as aranhas macho lutam por suas fêmeas e tentam seduzi-las com sua beleza, as moscas vivem numa promiscuidade cega, mudando incessantemente de parceiros em plena luz do dia" (Lessing, 253). Aqueles que são absorvidos e derrotados pelos ritmos do mundo cotidiano freqüentemente aparecem como massas de corpos entorpecidos e desindividualizados — como os proletários no filme *Metrópolis*, de Fritz Lang: "Homens, homens, homens. E todos eles tinham a mesma face. E todos pareciam ter um milhão de anos. Eles caminhavam com os braços pendurados, eles caminhavam com as cabeças baixas. Não — eles moviam os pés para frente, mas não caminhavam" (Lang, 21-22). E estados extremos de depressão às vezes se transformam em explosões de revolta, esses ataques súbitos não costumam ter um efeito duradouro. Eles são meras expressões de desespero.

No romance *El juguete rabioso* (O brinquedo furioso), de Roberto Arlt, Don Gaetano e Doña María, livreiros judeus donos da loja onde Silvio Astier (o protagonista) ganha um salário miserável, são uma alegoria da Impotência e da reação impotente contra ela. Doña María freqüentemente humilha o seu marido com explosões incontroláveis de raiva, na frente dos fregueses e empregados. Logo, porém, Silo Astier descobre que esses ataques decorrem da frustração causada pela Impotência de Don Gaetano: "'Mas por que eles estão brigando?' 'Eu não sei. (...) Eles não têm filhos. (...) Ele não é homem'" (56). Cada vez mais, é assim Doña María (e não Don Gaetano) que acaba ficando duplamente embaraçada — embaraçada pela Impotência de seu marido e por seu próprio comportamento. Ela tenta compensar isso com gestos de extrema generosidade para com os seus empregados: "Enfiando os braços nas dobras de um lenço, ela recuperou sua postura orgulhosa habitual. Nas suas bochechas pálidas, duas lágrimas brancas caíam devagar até o canto da sua boca. Tocado, murmurei, 'Madame...' Ela olhou para mim e, sem mudar de expressão, sorrindo um estranho sorriso, disse: 'Vá, e volte às cinco.'"

Todas essas conotações e contraconotações, que dão à idéia de Ação direta a complexidade de um mito cotidiano, convergem em *Mein Kampf*, de Adolf Hitler. Hitler acredita que "o princípio aristocrático na natureza" e "o privilégio da força e do poder" se opõem ao movimento das massas e à "doutrina judaica" do marxismo: "A doutrina judaica do marxismo rejeita o princípio aristocrático na natureza; em vez do privilégio eterno da força e do poder, ela valoriza a massa de números e seu peso morto. Ela nega, assim, o valor do individual no homem" (Hitler, 69). Tornando explícita a polaridade de gênero potencial deste discurso, Hitler faz derivar daí uma legitimidade sem limites para a violência física de um líder masculino: "A psique das massas não é receptiva a meias-medidas ou à fraqueza. Como a mulher — cujo estado psíquico é influenciado menos pelo raciocínio abstrato do que por um desejo indefinível e sentimental por uma força complementar, e que preferirá se submeter a um homem forte a dominar um fraco —, as massas amam o soberano e não o suplicante, e, no íntimo, ficam mais satisfeitas com uma doutrina que não tolera rivais do que com as concessões da liberdade liberal" (44). [ver **Macho versus Fêmea, Individualidade = Coletividade (Líder)**] Conseqüentemente, Hitler define a liderança como uma "responsabilidade social", tão profundamente convencido da superioridade dela que pode tratar as massas com "determinação impiedosa"; ele se refere a "um profundo sentimento de responsabilidade social rumo ao estabelecimento de melhores bases para o nosso desenvolvimento, combinadas com a determinação impiedosa de destruir tumores sociais incuráveis" (29). De fato, é somente quebrando as regras da legitimidade política que o líder pode dar às suas Ações o status de *Taten* — e emergir como um gênio. Hitler disfarça essa tese precária com uma série de perguntas retóricas: "A incapacidade de um líder é provada pelo fato de ele não conseguir conquistar o apoio da maioria de uma massa para uma determinada idéia — uma massa de pessoas que foram reunidas mais ou menos por acidente? Esta massa já foi capaz algum dia de compreender uma idéia antes que sua grandeza fosse confirmada pelo seu sucesso? Não é toda *Tat* engenhosa deste mundo o protesto visível do gênio contra a inércia das massas?" (Hitler, 86).

Se as filosofias políticas que advogam a Ação direta cobrem um espectro tão amplo que inclui do fascismo ao anarquismo, todos os seus defensores compartilham a tripla convicção de que o mundo de hoje [ver **Presente versus Passado**] é permeado por uma confusão medrosa, que ele precisa portanto retornar urgentemente a um estado de ordem, e que esta ordem só pode surgir da certeza específica de intuições individuais. Dentro desta visão de mundo carregada de emoção, o medo de perder o controle é ainda maior que o desejo de clareza. Se Henri de Montherlant exalta a arte do toureiro como o "domínio dos acontecimentos na guerra da vida cotidiana" (Montherlant, 115), ele está menos preocupado com a forma específica deste mistério do que com a capacidade de encontrar e manter uma forma qualquer — uma forma que conjure a ameaça de entropia representada, para Montherlant, pela força física do touro. Qualquer ação que exiba uma forma identificável deve ser preferível à hesitação e à falta de determinação. O que importa é menos o efeito da ação do que o seu status como uma forma perceptível. Isso explica por que o culto da *Tat* sempre enfatiza a sua visibilidade e, freqüentemente, até mesmo o seu brilho. A impressão subliminar de ser confrontado com uma alternativa dramática entre o caos iminente e uma escolha decisiva pela forma produz uma tensão entre, por um lado, a reflexão, o pensamento e a linguagem e, por outro, a Ação como uma afirmação implícita do que já existe. Citando a sua novela *Tod in Venedig* (*Morte em Veneza*), Thomas Mann transforma a habilidade "de deixar as coisas onde elas estão" num princípio estético, que ele volta contra a pretensão dos psicanalistas de proporcionarem orientação existencial às pessoas num mundo vertiginosamente complexo: "'Mas parece que, muitas vezes, mesmo uma mente nobre e ativa mostra-se impermeável ao desafio agudo e às vezes amargo do conhecimento. E é certo que a firmeza de propósitos da juventude, por mais dolorosamente conscienciosa que ela seja, era superficial se comparada à determinação madura do mestre de seu ofício, que faz uma meia-volta e vira as costas ao reino do conhecimento, passando por ele com olhos fechados, temendo modificar seu desejo ou vontade de ação [*die Tat*], paralisar seus sentimentos ou suas paixões, ou privar qualquer deles de sua convicção ou utilidade.' Isto foi escrito com um forte preconceito antianalítico e foi mal interpretado como um exemplo de alienação; mas a capacidade não-científica de deixar as coisas onde elas estão é de fato a origem daquela insolência sem a qual o artista não pode existir" (33). Escrevendo sobre a relação problemática entre a Ação direta e pensamentos ou palavras, Heinrich Mann concorda com o ceticismo de seu irmão em relação a todas as atitudes intelectuais: "Naturalmente, o mundo com suas *Taten* não se interessa pelas palavras que um jovem poeta cria secretamente para si mesmo, quaisquer que sejam elas. Ele acaso se poria em movimento segundo a vontade dessas palavras?" (279). [ver **Silêncio versus Barulho**] Depois de mais três páginas de pessimismo, vem uma modesta consolação: se alguma incompatibilidade separa as palavras das Ações, talvez as palavras possam ter algum impacto sobre as Ações futuras. "Mesmo quando o escritor não age ele próprio, ele serve como a consciência daqueles que o fazem. Mas, neste caso, ele não deveria agir? Talvez em nome dos futuros agentes? Os livros de hoje são as *Taten* de amanhã, porque o escritor carrega consigo uma imagem das gerações futuras" (282). A literatura e a filosofia encontram-se portanto presas numa posição paradoxal em relação ao mito da Ação direta. Com um investimento considerável de palavras e pensamentos, muitos autores se engajam no mundo das *Taten* — contribuindo assim para a crescente desvalorização de seu próprio mundo intelectual.

Por causa da — e não apesar da — ansiedade e do medo que isso implica, o acionismo se torna um modo de vida para algumas pessoas. Antonin Artaud, no projeto para o seu teatro Alfred Jarry, promete aos espectadores uma tensão emocional que será em cada detalhe tão real quanto aquela encontrada no mundo do lado de fora do teatro: "Assim é a angústia humana que o espectador sentirá como resultado da apresentação. Ele será sacudido e perturbado pelo dinamismo interno do espetáculo diante de seus olhos. E este dinamismo estará numa relação direta com a angústia e as preocupações da sua vida inteira. (...) O espectador que vier até nós saberá que está vindo se submeter a uma operação real na qual não apenas o seu espírito mas também os seus sentidos e sua carne estão em jogo. Se não estivéssemos certos de que iríamos feri-lo tão seriamente quanto possível, não estaríamos à altura da nossa tarefa mais essencial. Ele precisa ter certeza absoluta de que somos capazes de fazê-lo gritar" (Artaud, 19). Este acionismo torna possível a apreciação da própria dor, não menos que a da dor alheia. Isso explica por que as *Taten* freqüentemente aparecem como deveres dolorosos que o destino impõe àqueles que agem. Elas costumam dar aos indivíduos o sentimento orgulhoso — e masoquista — de que eles suportam uma carga excessiva de responsabilidade para o bem da humanidade, ou pelo menos para o bem de sua própria nação. [ver **Individualidade versus Coletividade**] O jornal *Die Tat* parece se especializar em apontar esses fardos existenciais: "É esta a culpa alemã, que só pode ser expiada através da *Tat* alemã. (...) Hoje o destino intima o homem alemão, não o povo alemão ou o Estado alemão, a agir decisivamente" (Bittner, 517-518). Quem quer que use o discurso, a mitologia e o tom emocional da Ação direta — Hemingway e Hitler, Artaud e Thomas Mann, Heinrich Mann e Montherlant — ajuda a transformar o sonho de uma nova aristocracia numa realidade que é ao mesmo tempo ameaçadora e sedutora. Esta realidade defende a crueldade sádica como um direito, derivado da indulgência em relação aos prazeres masoquistas. O romance geopolítico *Volk ohne Raum* (*Nação sem espaço*) reúne todos esses aspectos numa experiência de leitura que, no final das contas, é bastante confusa. [ver **Centro versus Periferia**] Como disse um crítico: "É necessário frisar que este é um livro masculino. Não no sentido de que as mulheres não o possam ler, ou não possam ser seduzidas por ele. Porque ser masculino não é uma questão de sexo, mas uma questão de caráter. Ser masculino é *Tat* em vez de conversa fiada, autocontrole em vez de reclamações. É masculino ter vergonha de mostrar os sentimentos mais íntimos — por uma mulher ou pela terra natal — em vez de torná-los públicos. Neste sentido, o livro de Grimm é um livro masculino. E neste sentido ainda existem muitas mulheres em nossos tempos confusos e em nossa nação conturbada — particularmente mulheres que aceitam sem queixas uma vida que se tornou muito difícil e severa — que lerão com carinho e reagirão com profundidade a este livro. (...) *Volk ohne Raum* não é literatura no sentido da arte verbal. É *Tat*" (Strauss e Torney, 555).

Verbetes relacionados

Boxe, Tourada, Montanhismo, Centro versus Periferia, Incerteza versus Realidade, Individualidade versus Coletividade, Macho versus Fêmea, Presente versus Passado, Silêncio versus Barulho, Autenticidade = Artificialidade (Vida), Imanência = Transcendência (Morte), Individualidade = Coletividade (Líder), Macho = Fêmea (Questão de Gênero)

Referências

Roberto Arlt, *El juguete rabioso*. Madri, 1985.
Antonin Artaud, "Théâtre Alfred Jarry: Première année — Saison 1926-1927". In Artaud, *Oeuvres complètes*, vol. 2. Paris, 1961.
Karl Gustav Bittner, "Werdet deutsche Menschen!" *Die Tat: Monatsschrift für die Zukunft deutscher Kultur* 18 (1926): 502-518.
Ernest Hemingway, *The sun also rises*. Nova York, 1926.
Adolf Hitler, *Mein Kampf* (1926). Munique, 1941.
Ernst Jünger, *Feuer und Blut: Ein kleiner Ausschnitt aus einer grossen Schlacht* (1926). Hamburgo, 1941.
Fritz Lang, *Metropolis* (1926). Nova York, 1973.
T.E. Lawrence, *The seven pillars of wisdom* (1926). Garden City, 1936.
Theodor Lessing, "Spinne und Fliege" (1926). In *Ich warfe eine Flaschenpost ins Eismeer der Geschichte: Essays und Feuillettons, 1923-1933*. Neuwied, 1986.
André Malraux, *La tentation de l'Occident*. Paris, 1926.
Heinrich Mann, *Sieben Jahre: Chronik der Gedanken und Vorgänge*. Berlim, 1929.
Thomas Mann, "Mein Verhältnis zur Psychoanalyse". In "Intenationaler Psychoanalytischer Verlag", Almanach für das Jahr 1926. Viena, 1926.
Henri de Montherlant, *Album Montherlant*, org. Pierre Sipriot. Paris, 1979.
Dieter Reichardt, org., *Tango: Verweigerung und Trauer, Kontexte und Texte*. Frankfurt, 1984.
Lula von Strauss und Torney, *Volk ohne Raum. Die Tat: Monatsschrift für die Zukunft deutscher Kultur* 18 (1926): 554-555.

AUTENTICIDADE VERSUS ARTIFICIALIDADE

※

As pessoas têm obsessão em enxergar as coisas como autênticas ou artificiais. Esta distinção absoluta parece originar-se de uma insegurança geral em relação ao status da natureza — não apenas a natureza como meio ambiente, mas também a natureza como uma norma para modos diferentes de vida humana. Mesmo um livro tão acadêmico quanto *Ciência e poesia*, de I.A. Richards, remete aos problemas que nascem desta insegurança: "A cada dia, nos últimos anos, o homem vem se sentindo cada vez mais fora do lugar na Natureza — na Natureza que seus antigos hábitos de pensamento criaram para ele. Ele ainda não sabe — e ainda não decidiu — para onde está indo. Como conseqüência, ele acha a vida cada vez mais desnorteadora, cada vez mais difícil de se viver coerentemente" (Richards, 18). Para Siegfried Kracauer, esta experiência é simbolizada pelos estúdios de cinema — pela reunião desordenada de objetos aleatórios e a confusão de cenários que produz. A desordem se torna assim um emblema do estado predominante da realidade contemporânea. A artificialidade, contudo, não é a desordem em si, mas a reconfiguração de seus elementos em histórias e tramas que não são percebidas como não-naturais: "Há muitos objetos cênicos, agrupados como as pedras de um mosaico. Em vez de nos afastarmos de um mundo neste estado fragmentado, somos puxados para dentro dele. No filme, estas peças são reordenadas, o seu isolamento é eliminado, e a sua estranheza desaparece. Eles saem do túmulo e despertam para uma aparência de vida" (Kracauer, 277-278). Uma forma mais convencional de descrever a mesma impressão é o tema do crescente isolamento da humanidade dentro da natureza — o assunto principal de Maurice Maeterlinck no romance científico-filosófico *La vie des termites*. A evolução da inteligência condenou os humanos a adotarem uma posição excêntrica: "É quase certo que nós costumávamos ser muito mais ligados do que somos hoje àquela alma universal com a qual o nosso inconsciente ainda se comunica. Nossa inteligência nos separou dela, e continua nos separando cada vez mais. Seria o nosso progresso igual a isolamento?" (Maeterlinck, 206). Richards, Kracauer e Maeterlinck não compartilham apenas a crença de que a vida humana perdeu a sua correspondência com a natureza, mas também a convicção de que, apesar desta perda, ainda precisa existir em algum lugar uma ordem natural das coisas. É por isso que o romancista francês Georges Bernanos pode postular "a necessidade de devolver às almas o gosto pelo autêntico" (Bernanos, 240). Explícita ou implicitamente, optar pela Autenticidade pressupõe uma crença na natureza enquanto cosmologia e, conseqüentemente, um respeito quase religioso por quaisquer formas ou estruturas tradicionais que se possa identificar.

Esta veneração ao que nos é dado contrasta agudamente com a necessidade de encontrar uma nova relação entre a humanidade e o seu meio ambiente, uma relação que não seja baseada em alguma lei natural e que, eventualmente, até precisará evitar visões ou perspectivas produzidas pela natureza ou mediadas pela tradição. Esta atitude ganha um elemento de Artificialidade através do ato de nadar contra a corrente da tradição ou da natureza. Mas a Artificialidade não nega a existência daqueles objetos que a linguagem cotidiana identifica como "naturais", nem sugere que se mantenha uma certa distância deles — ela simplesmente suspende a idéia de seu status normativo. A Artificialidade encoraja, assim, a invenção de novas — rigorosas, loucas, surrealistas — ordens nas quais as coisas e os seres humanos podem conviver. Ela desconhece limites, mesmo nas formas mais extremas da moda [ver **Gomina, Macho = Fêmea (Questão de Gênero)**] ou nos níveis mais fantásticos de desempenho atlético. [ver **Resistência**] Como a Artificialidade rejeita qualquer idéia de coerência da natureza, ela tende a fazer as coisas e os corpos parecerem desconectados, isolados, fragmentados e exclusivamente autoreferenciais. Pressionada a este extremo, ela pode estimular o projeto de se fabricar algo que costuma ser visto como a quintessência da natureza — por exemplo, uma família (Supervielle, 158, 211).

Por outro lado, a visão de mundo da Autenticidade pressupõe uma distinção já estabelecida entre a solidez de uma profundidade e a leveza de uma superfície — um binarismo que corresponde à distinção entre um significado (profundidade) e as formas de sua expressão (superfície). Esta semelhança se torna tão evidente nas especulações filosóficas quanto na astrologia ou na astrofísica: Podemos pensar numa estrela como dois corpos superpostos, um corpo material (átomos e elétrons) e um corpo etéreo (radiação). "O corpo material está em equilíbrio dinâmico, mas o corpo etéreo não; a gravidade impede que haja perda de matéria, mas existe um fluxo para o exterior de radiação" (Eddington, 20). O que quer que o homem perceba como algo que pertença ao nível da superfície — os significantes da linguagem humana, bem como a radiação da estrela — precisa ser decifrado como a expressão de um significado localizado a uma certa profundidade. O mundo cosmológico é um mundo a ser interpretado, lido e compreendido — e esta obrigação e necessidade de ler como a articulação de uma ordem oculta convergem com a necessidade obsessiva de experimentar este mundo como se ele fosse ontologicamente estruturado. Em outras palavras, a complementaridade da expressão e da interpretação funciona como um antídoto contra o acaso e a entropia. A expressão e a interpretação são facilitadas pela expectativa de um aumento de ordem e clareza: "A expressão põe um fim na opacidade e no caos das coisas em estado desconexo. O significado da criação espiritual que nós construímos com os elementos de nossas vidas (...) consiste nesta habilidade de tornar transparente o nosso mundo interior, e de nos tornarmos transparentes ao mundo que nos cerca — de forma que a vida e a consciência possam penetrar uma na outra, e um fluxo de vida carregado de sentido possa unir o que estiver separado" (Hartmann, 238). O grande debate sobre fascismo e cultura no jornal italiano *Critica Facista* eleva esta relação entre expressão, interpretação e ordem ao nível de um programa oficial. Se Massimo Bontempelli define o fascismo como "uma orientação total da vida, pública e privada — uma ordem completa e perfeita, que é ao mesmo tempo prática e teórica, intelectual e moral, aplicação e espírito", então espera-se que a arte da sociedade fascista identifique ao mesmo tempo e expresse esta "ordem completa e perfeita": "Porque a *arte* é o instrumento sensível que precisa ao mesmo tempo demarcar e promover, expressar e amadurecer, a fecundidade da terceira era da civilização: a Era Fascista" (Bontempelli, 248-249).

Se a Autenticidade postula e sugere invariavelmente uma ordem que transmita significado a todos os seus elementos, a Artificialidade rejeita esta idéia de um significado totalmente abrangente. Optando pelo não-autêntico, Ernst Jünger caracteriza ironicamente os humanos por sua necessidade de fazer "as perguntas erradas em relação ao significado autêntico" (Jünger, 5). Para o narrador de *Uno, nessuno e centomila* (Um, nenhum e cem mil), de Luigi Pirandello, a verdadeira paz da mente vem da força psíquica daqueles que não se entregam à necessidade neurótica de interpretar o mundo. Uma precondição para esta força está na supressão da tendência reflexiva habitual: "Digamos então que existe, dentro de nós, aquilo que chamamos paz. Vocês não acham? E vocês sabem de onde ela vem? Do simples fato de que não deixamos a cidade — isto é, deixamos um mundo construído: casas, ruas, igrejas, quarteirões. E construído não apenas neste sentido, mas também porque ninguém mais vive lá apenas pelo prazer de viver, como estas plantas, sem saber o que é a vida. Na verdade, eles vivem para algo que não existe e para o qual nós damos vida — para algo que dá sentido e valor à vida: um sentido, um valor que aqui, ao menos em parte, vocês conseguem abandonar, ou ao menos reconhecer a sua inquietante vaidade" (Pirandello, 49). Em contrapartida, a Artificialidade — uma esfera que não confia mais na existência de um sentido oculto — torna obsoletas a distinção e a relação complementar entre a superfície e a profundidade. A superfície não é mais sinônimo de materialidade da expressão, e a profundidade não é mais sinônimo da espiritualidade do sentido. A Artificialidade abre a possibilidade de perceber as coisas — e até mesmo as pessoas — como puramente espirituais ou puramente materiais. Assim, o herói de *Monsieur Godeau Intime*, de Marcel Jouhandeau, divide o seu tempo entre Véronique, uma mulher que é puro e intelecto e vontade, e Rose, que "tem o frescor, a saúde e, ao mesmo tempo, a fragilidade de uma rosa ou uma madressilva. Ela era apenas um corpo delicioso, sem alma talvez, uma mulher de Mohammed" (22). No final, a espiritualidade formidável de Véronique sai vitoriosa, bem como Godeau. Seu triunfo existencial consiste em cuidar de Godeau, que, vitimado por uma doença terrível, vê-se reduzido ao estado de matéria pura — e repulsiva: "Véronique viu M. Godeau definhar pouco a pouco diante de seus olhos, mas ela não empalideceu de desgosto (...). Ela própria estava protegida por um escudo de marfim, seu cabelo escondido por um turbante. Limpa e brilhante como uma estátua de diamante, ela tocou no pus como se fosse água. (...) Logo não restava mais nada de M. Godeau além de seu torso, e os tocos de seus braços e pernas. Uma espécie da cabeça sem olhos, nariz ou lábios, ficava em cima desse torso, quebrada por uma boca selvagem e sem dentes, da qual pendia uma baba de sangue, e que gaguejava ao crepúsculo, repousando nos joelhos de Véronique" (424-425). Essas visões do corpo humano como matéria pura — e, neste caso, malcheirosa — inspiram e legitimam as iniciativas populares a favor da cremação. Por outro lado, como os corpos, que são apenas matéria, não precisam mais de interpretação ou penetração espiritual, eles podem ser experimentados num nível de pura percepção sensual. [ver **Dança, Repórteres, Revistas**] Mas esta percepção sensual é muitas vezes estranhamente não-erótica. Corpos sem profundidade são percebidos, e percebem outros corpos, em movimentos e ritmos velozes; eles inspiram um desejo mimético; eles intoxicam os seus espectadores. Mas eles não seduzem outros corpos nem os arrastam para o abismo do vício ou da perversão. [ver **Bares**] Os mundos artificiais são acima de tudo mundos desprovidos de sexualidade. [ver **Estrelas**]

Genealogia, profecia e tempo histórico, posse e perda, reflexão, emancipação e vício são aliados da Autenticidade. É a dimensão do controle e da subjetividade que, ao interpretar, produz a crença naquela ordem cosmológica cuja existência é sempre pressuposta pelos pensamentos e ações do sujeito. Mesmo as ações fracassadas podem ter importância no mundo da Autenticidade, porque elas expressam o projeto de um agente, a coragem ou a capacidade de resistir à adversidade. [ver **Ação versus Impotência, Ação = Impotência (Tragédia)**] Razão e lógica são conceitos que articulam a expectativa de que essa subjetividade e esse controle atuem de acordo com uma ordem das coisas definitivamente transcendental — isto é, cosmológica. [ver **Imanência versus Transcendência**] Do lado da Artificialidade, porém, as leis e ritmos do que quer que aconteça são as leis e ritmos de sistemas particulares, sem qualquer status normativo. [ver **Ferrovias, Relógios**] As estruturas e procedimentos de cada sistema parecem inevitavelmente contingentes a partir da perspectiva de qualquer outros sistema. A funcionalização dos corpos dentro de sistemas pressupõe e provoca a sua fragmentação [ver **Empregados, Linhas de Montagem**] — uma fragmentação que acaba provocando uma neutralidade de gênero. A sobriedade é a apreciação desse funcionamento das partes dentro de um sistema e da sua submissão a determinadas leis. Mas mesmo aquelas forças ou agentes que mantêm vivo, orientam e inspiram um sistema nunca são totalmente independentes dele — e nunca podem observá-lo ou manipulá-lo inteiramente do lado de fora. [ver **Engenheiros**] No drama *Mann ist Mann* (Homem é homem), de Bertolt Brecht, o inocente empacotador chinês Galy Gay, que o exército colonial transforma numa "máquina de lutar humana", é um produto do sistema militar e obedece às leis deste sistema ao pé da letra. Por outro lado, o exército colonial como um sistema não poderia existir sem ser constantemente inflamado por essas máquinas de lutar produzidas em seu interior. Mal vence sua primeira luta, Galy Gay estimula a si mesmo e aos seus companheiros para a próxima batalha:

> E eu já sinto dentro de mim
> O desejo de cravar meus dentes
> No pescoço do inimigo,
> Um instinto para a gargalhada
> Famílias e provedores,
> Para cumprirem a tarefa
> Do conquistador.
> (Brecht, 376)

Tanto a Autenticidade quanto a Artificialidade carregam marcas claras, e freqüentemente recorrentes, de tempos e espaços particulares. Optar pela Autenticidade significa optar pela tradição e pelo passado (geralmente com entusiasmo nostálgico), enquanto optar pela Artificialidade significa optar pelo futuro (muitas vezes com a sensação de se render a um destino inevitável). O futuro da Artificialidade e o passado da Autenticidade geralmente são percebidos como se estivessem se movendo em direções opostas. O futuro sempre parece estar cada vez mais próximo do presente, enquanto o passado parece cada vez mais remoto. O passado e o futuro não se encontram mais em uma linha cronológica contínua, mas se oferecem como polaridades diametralmente opostas. A América do Norte — e às vezes as grandes cidades européias — simbolizam o mundo da Artificialidade e, para o bem ou para o mal, uma antecipação do futuro. A Autenticidade sobrevive na América Latina e na periferia geográfica da Europa, principalmente na Espanha, e em alguns pontos do continente africano. Esse mapeamento explica por que a Europa constitui um horizonte de desejo para tantos intelectuais americanos da Geração Perdida e por que, tendo chegado na Europa, muitos deles descobrem que as grandes cidades européias não oferecem (ou não oferecem mais?) a cobiçada Autenticidade. [ver **Americanos em Paris**] Por isso, muitos deles se mudam de Paris para Berlim ou para a Espanha, que eles vivenciam como uma nação, como um país determinado por sua História, como um país que definitivamente age e reage de forma emocional — como uma pessoa. Da mesma maneira, Ernest Hemingway tenta escapar da Artificialidade dos Estados Unidos, Jorge Luis Borges rejeita a complexa conotação de Autenticidade atribuída à Argentina. Mas, diferentemente de Hemingway, Borges evita a lógica binária que levaria um intelectual argentino a abraçar a Artificialidade: "Eu não desejo nem o progressismo nem o crioulismo, no sentido em que estas palavras são entendidas atualmente. A primeira é uma forma de nos submetermos a ser quase americanos ou quase europeus, um persistente quase-ser; a segunda, outrora um termo de ação (um insulto dos cavalarianos aos sul-americanos — do que andava basicamente a cavalo debochando daquele que andava a pé) é hoje um termo nostálgico (um desejo tímido pelo campo)" (Borges, 14).

Ao engendrar múltiplas distinções, o contraste entre Autenticidade e Artificialidade produz uma ordem social. Se Gene Tunney controla seus punhos e sua estratégia ao lutar boxe como um intelectual, confiando na reflexão (não é por coincidência que ele diz ler Shakespeare), a persona pública do fã de jazz Jack Dempsey — a de uma máquina de lutar — converge com a do personagem Galy Gay, artificialmente produzido por Bertolt Brecht. [ver **Boxe**] De forma similar, Heinrich Mann observa que a compreensão clássica da representação teatral como uma encarnação de conceitos abstratos sobre o personagem está sendo substituída por um estilo de representação muito mais orientado pelo corpo: "O corpo da diva precisa representar orgulho espiritual. A diva está desaparecendo, embora estejam surgindo outras formas muito diferentes, ou mesmo opostas, a ela. O que as poucas grandes atrizes remanescentes na Europa pensam da geração mais jovem, cuja representação é movida mais pelo movimento do que pelo caráter?" (Mann, 276). A distinção entre Autenticidade e Artificialidade corta ao meio o mundo da dança, separando radicalmente a *Ausdruckstanz* de Mary Wigman do grotesco desempenho da Varieté de Valeska Gert, de Josephine Baker e dos ritmos populares. [ver **Dança**] No pólo oposto da mesma lógica binária, Heinrich Mann vê as novas modas na dança de Berlim como uma libertação da profundidade e da expressão, e ele as associa ao colapso da hierarquia social: "Casais habilidosos executam passos bem calculados, como se estivessem jogando xadrez. Mas não existe nada por trás desses passos. (...) O que realmente importa é deixar os pensamentos de lado e estar em boa forma física. Essa disposição desenvolve a relação entre os sexos e até mesmo entre as classes sociais. Graças ao seu desempenho físico, filhos do povo agora podem se tornar socialmente importantes — mesmo aos olhos dos capitalistas" (306-307).

Jorge Luis Borges separa os tangos do passado dos tangos do presente, porque estes tentam reproduzir com muito esforço o que vinha naturalmente nos velhos tempos: "O tango atual, representado com detalhes pitorescos e um elaborado jargão do submundo, é uma coisa; o velho tango, executado com pura bravura, desavergonhice e orgulho vistoso, é outra muito diferente" (Borges, 29-30). Mas em vez de permanecer no nível da Artificialidade desesperada, que Borges considera de mau gosto, muitos novos tangos baseiam sua execução no palco no conhecimento da diferença qualitativa entre o presente e o passado, gerando assim uma profundidade temporal através da autodenúncia:

> Onde estão os rapazes daqueles dias?
> Os companheiros de outrora, onde estão?
> Só você e eu nos lembramos (...)
> Lembra-se daquelas mulheres,
> Fiéis e de bom coração,
> Que costumavam brigar nas danças de Laura,
> Cada uma defendendo o seu amor.
> (Reichardt, 370)

Essas tentativas de alcançar a Autenticidade do passado nascem de uma motivação paradoxal. Por exemplo, o desejo do arqueólogo Howard Carter de conversar com Tutancâmon decorre da maneira como a máscara de Tutancâmon parece resistir aos esforços de Carter para extrair dela os segredos do antigo mundo egípcio. [ver **Múmias**] Quanto mais difícil é descobrir um conteúdo que se esconde por trás ou por baixo do que é identificado como uma expressão, mais forte é a convicção de que este conteúdo oculto realmente existe. É por isso que os "olhos sem expressão" de um dignitário africano levam o zoólogo americano F.G. Carnochan "à revelação de antigos segredos tribais, (...) alguns dos quais [serão] futuramente de grande valor para a medicina. Foram necessárias duas expedições separadas à África e quase quatro anos para completar a jornada da África que qualquer um pode ver e daquela que poucos já viram. Mas valeu a pena o esforço" (Carnochan e Adamson, 18, 23).

Em última instância, a diferença entre Autenticidade e Artificialidade é mais uma questão de perspectiva do que contraste ontológico. A interpretação de Max Reinhardt da dança de Josephine Baker como a expressão de uma força cultural arcaica não está necessariamente errada só pelo fato de ser diferente da percepção da própria Baker. Essas oscilações entre perspectivas diferentes de fenômenos idênticos, contudo, marcam o ponto em que as distinções e as construções sociais da realidade podem entrar em colapso. Tentando diferenciar as duplas corpo-máquina nas fábricas soviéticas daquelas nas fábricas americanas, Ernst Toller introduz o (mais que precário) conceito de uma subjetividade proletária coletiva no lado soviético, que controla — em interesse próprio — o uso dos corpos proletários. Em contrapartida, as experiências no campo de batalha durante a Grande Guerra levam Ernst Jünger a acreditar que a matéria conseguiu dominar a humanidade: "Uma batalha nada mais é que uma forma terrível de aumentar a produção dos dois lados, e a vitória vai para o competidor que produzir mais, e mais rápido. Este é o reverso do nosso momento histórico, no qual o domínio da máquina sobre a humanidade, do servo sobre o mestre, finalmente se torna evidente" (Jünger, 23-24). Poucas páginas adiante, contudo, ele descreve como um jovem soldado, absolutamente certo da sua morte iminente, joga fora, às gargalhadas, uma garrafa de vinho pela metade. Jünger é tocado tão profundamente por este gesto que os seus sentimentos resultam em uma visão extremamente oposta: "O homem será superior à matéria enquanto ele puder olhá-la com uma atitude digna, enquanto ele for incapaz de imaginar um aspecto desses poderes externos que pudesse quebrar a resistência de um coração valente" (26). Como que de acordo com uma lógica subliminar, o livro de Jünger termina com a fusão da matéria e do homem: "Diante de nós está a nossa arma mais poderosa e nosso maior símbolo, o muro elevado de fogo e aço. Neste momento, ele é feito à nossa semelhança: uma unidade, mas uma unidade que consiste em átomos brilhantes. Sua respiração quente e ruidosa nos deseja e nos seduz num casamento de arma e corpo" (138).

Verbetes relacionados

Aviões, Americanos em Paris, Bares, Boxe, Cremação, Dança, Empregados, Ferrovias, Engenheiros, Gomina, Linhas de Montagem, Resistência, Repórteres, Revistas, Estrelas, Relógios, Ação versus Impotência, Imanência versus

Transcendência, Sobriedade versus Exuberância, Ação = Impotência (Tragédia), Macho = Fêmea (Questão de Gênero)

Referências

Georges Bernanos, *Sous le soleil de Satan* (1926). Paris, 1973.
Massimo Bontempelli, "Contributions to the great debate on fascism and culture in *Critica Fascista*'" (1926). *Stanford Italian Review 8* (1990): 248-250.
Jorge Luis Borges, *El tamaño de mi esperanza* (1926). Buenos Aires, 1993.
Bertolt Brecht, *Mann ist Mann* (1926). In Brecht, *Gesammelte Werke*, vol. 1. Frankfurt, 1967.
F.G. Carnochan e Hans Christian Adamson, *The empire of the Snakes*. Londres, 1935.
A.S. Eddington, *The Internal Constitution of the Stars*. Cambridge, 1926.
Otto Hartmann, "Zur Metaphysik des künstlerischen tanzes". *Die Tat* 18, 1 (abril-setembro 1926): 237-238.
Marcel Jouhandeau, *Monsieur Godeau Intime*. Paris, 1926.
Ernst Jünger, *Feuer und Blut: Ein kleiner Ausschnitt aus einer grossen Schlacht* (1926). Hamburgo, 1941.
Siegfried Kracauer, "Kaliko-Welt: Die Ufa-Stadt zu Neubabelsberg" (1926). In Kracauer, *Das Ornament der Masse: Essays*. Frankfurt, 1977.
Maurice Maetterlinck, *La vie des termites*. Paris, 1926.
Heinrich Mann: *Sieben Jahre: Chronik der Gedanken und Vorgänge*. Berlim, 1929.
Luigi Pirandello, *Uno, nessuno e centomila*. Milão, 1926.
Dieter Reichardt, ed., *Tango: Verweigerung und Trauer, Kontexte und Texte*. Frankfurt, 1984.
I.A. Richards, *Science and poetry* (1926). Nova York, 1970.
Jules Supervielle, *Le voleur d'enfants*. Paris, 1926.

CENTRO VERSUS PERIFERIA

⚜

Dificilmente alguém chega a discutir qual é o lugar reconhecido como Centro do mapa mundial. Quem quer que fale ou escreva sobre o mundo como um objeto espacial se refere explicitamente — e quase exclusivamente — à sua Periferia. É como se os vários continentes e países da Periferia representassem conceitos e qualidades específicos. [ver **Autenticidade versus Artificialidade**] Talvez este contraste entre Periferia e Centro resulte simplesmente da impressão de que todos os fenômenos, opiniões e perspectivas possíveis estão constantemente presentes no Centro, enquanto os vários espaços na Periferia carecem — ao menos temporariamente — de alguns deles. De onde quer que venha, o contraste entre o Centro não mencionado e a muito discutida Periferia é um pressuposto estável, na verdade estável o suficiente para representar a distância geográfica emtre as duas regiões. Ele constitui um mapeamento bidimensional — um mapeamento sem ilusões de perspectiva, enganos ou ambigüidades.

A Periferia ocidental e a Periferia oriental deste mapa estão ocupadas, respectivamente, pelos Estados Unidos e pela União Soviética. Por razões evidentemente diferentes, tanto a sociedade soviética quanto a sociedade americana costumam ser vistas como representantes do futuro — uma visão que as transforma numa ameaça para alguns povos e numa esperança para outros. O desejo de vislumbrar o futuro deve ser o motivo pelo qual tantos repórteres, intelectuais e poetas consideram importante e excitante visitar esses dois países e escrever sobre eles. Seja o que for, aquilo que os Estados Unidos encarnam como futuro potencial é extraordinariamente ruidoso, agressivo e orientado pela superfície. Este é o futuro da artificialidade. Sem representar necessariamente o oposto da artificialidade, o futuro associado à União Soviética é um sonho de coletividade, um sonho (ou um pesadelo) de metas e esperanças individuais resolvidas pelo consenso e em harmonia. [ver **Individualidade versus Coletividade**] Contrastando mais agudamente com os Estados Unidos do que com a União Soviética, os espaços da Periferia que ficam no sul do mapa são mundos de autenticidade nos quais se supõe que ainda exista uma ordem elementar e arcaica — uma ordem que garante que todos os fenômenos preservem os seus sentidos cosmológicos originais. Desta perspectiva, a América Latina e a África se tornam objetos de nostalgia. Mas se a função simbólica da África parece ser a manutenção no presente de algo muito remoto, arcaico e vago [ver **Múmias**], a autenticidade da América Latina é associada a uma vitalidade particular. Freqüentemente tem-se a impressão de que a América Latina desempenhará um papel de liderança no futuro. [ver **Americanos em Paris, Autenticidade = Artificialidade (Vida)**] Em contrapartida, a principal conotação da Ásia é a de uma cultura em decadência irreversível. Sempre associada a formas radicais de individualidade — que estabelecem um contraste potencial entre a Ásia e a União Soviética — as conquistas artísticas e intelectuais da Ásia são amplamente admiradas. Mas até mesmo André Malraux, cujo livro *A tentação do Ocidente* faz um esforço apaixonado para atrair a atenção dos intelectuais para o mundo asiático (e que parece acreditar que a cultura asiática superará a sua tendência ao declínio), apresenta W.Y. Ling, um de seus heróis, numa luz estranhamente decadente: "O sr. Ling é chinês e, como tal, revela uma sensibilidade e uma maneira de pensar chinesas, que não são suficientes para destruir os livros europeus" (Malraux, 11-12).

O Centro não marcado do mapa é ocupado pela Europa e Grã-Bretanha. Ele exclui a União Soviética e a Espanha. O entusiasmo mundial que a vida espanhola está despertando pode muito bem vir desta exclusão. Como a Espanha não é associada à Artificialidade da cultura contemporânea (Edschmid, *passim*), ela se torna o enclave europeu de uma Autenticidade que, embora careça do potencial orientado para o futuro da América Latina, está saturado de referências a uma História européia comum. Para muitos viajantes, atravessar a fronteira espanhola significa retornar a um mundo inalienado de valores tradicionais. O elogio a Espanha feito por Jake Barnes, protagonista de um romance de Hemingway, numa observação irônica sobre os garçons franceses, é típico deste sentimento: "Eu dei uma gorjeta grande demais [ao garçom francês]. Isso o deixou feliz. Era reconfortante estar num país onde fazer as pessoas felizes era tão simples. Você nunca pode dizer se um garçom espanhol lhe agradecerá. Na França, tudo funciona numa base claramente financeira. É o país mais simples para se viver. Ninguém complica as coisas [como na Espanha] tornando-se seu amigo por algum motivo obscuro" (Hemingway, 243). Durante um cruzeiro pelo Mediterrâneo no final de abril e começo da maio, Harry Graf Kessler, um rico e sofisticado defensor da cultura alemã, enche seu diário com longas descrições das cidades costeiras espanholas (Kessler, 476), enquanto as cidades francesas e italianas só são mencionadas brevemente, porque elas pertencem ao mesmo domínio cultural do Centro, com o qual Kessler já está familiarizado. Como uma reação ao status de excentricidade da Espanha, o diário de Kessler ajuda a entender por que a noção de Miguel de Unamuno sobre a "europeização da Espanha" e a "hispanização da Europa" despertam um interesse e uma aprovação internacionais tão grandes (Curtius, 226-227).

Em contrapartida com a Periferia do mapa, a França, a Inglaterra, a Alemanha, a Itália, os países do norte da Europa e da maior parte da Europa Oriental não são símbolos do futuro nem remanescentes do passado. Eles são Artificialidade e Autenticidade, individualismo e coletivismo. Eles são o presente e o Centro. A sua política recebe constantemente atenção mundial; e as suas culturas se tornaram uma norma para milhares de turistas americanos. Mas se o Centro é tudo, então nada de específico pode ser dito ou escrito sobre ele. Ele é neutro. Para muitos alemães, esta neutralidade está se tornando um ideal autêntico. Ela gera uma preocupação com a impressão que os turistas alemães podem deixar ao viajar pelo exterior: "Se as gargalhadas excessivas e o ruído desnecessário já são um embaraço em casa, eles se tornam uma grosseria ou mesmo uma preocupação no exterior. O viajante alemão pode não ser suficientemente cauteloso. Nada contribuiu mais para a imagem negativa dos alemães no exterior do que sua inclinação seja para depreciar os encantos do país estrangeiro em comparação com as vantagens da Alemanha, seja para exaltar acriticamente as virtudes do país que o hospeda" (Thierfelder, 523).

Centro e Periferia se fundem e se complementam quando confirmam a distância que os separa. Provavelmente os políticos franceses e espanhóis estão falando sério quando, por ocasião de um tratado bilateral assinado em julho, se referem ao seu governo militar no Marrocos como um "esplêndido trabalho civilizatório" (García-Nieto, 146). Ramón Franco baseia o seu vôo pioneiro de avião entre a Espanha e Buenos Aires em premissas muito parecidas, perpetuando assim, indiretamente, o papel colonial da Espanha *vis-à-vis* Argentina — uma atitude que, ele não parece perceber, é contraditória com a posição excêntrica da Espanha no contexto europeu. Ele explora "a possibilidade de realizar um *raid* [um vôo de longa distância] que faria a grandeza da aviação espanhola ser conhecida além-fronteiras e que [confirmaria] a glória indiscutível conquistada nos campos da África. Olhando um mapa do mundo e examinado as rotas possíveis para esse *raid* — que revelaria não apenas o mérito do piloto, mas também as conquistas da pesquisa científica, e que estabeleceria normas para a navegação aérea do futuro, de um continente a outro, atravessando mares e desertos — eu compreendi que o vôo até o Plata confirmava tudo isso com os perigos do oceano e da região equatorial, um grande incentivo para qualquer aviador. O empreendimento selaria assim a união entre a Espanha e as jovens nações de fala espanhola no continente descoberto por Colombo" (Franco, 5-6). [ver **Aviões**] Da mesma forma que Franco concebe o seu projeto com um mapeamento totalmente eurocêntrico, o escritor de livros de viagens francês Paul Morand não tem dúvida de que a costa do Pacífico da América representa o fim do mundo ocidental, a "Fronteira Final do Ocidente" (Morand, 23). No outro extremo do mapa, Morand descreve um teatro de revista chinês, mas o considera apenas uma "imitação tragicamente ruim do modelo europeu" (67ss.). [ver **Jardins Suspensos, Revistas**] Perpetuando tradições antigas de arrogância intelectual, esses autores não vêem ambivalência alguma no projeto de combater "sempre e definitivamente a desespiritualização americana" (Heinrich Mann, 309). Num tom ainda mais agressivo, o romancista fascista Mario Puccini defende os elementos "simples, caseiros, provincianos" da cultura italiana contra qualquer influência da Artificialidade americana (259).

Pouquíssimas vozes da Periferia contestam essa visão da Europa como o Centro subentendido. Surpreendente até certo ponto, os habitantes de Buenos Aires e os políticos argentinos aplaudem o vôo de Franco à América do Sul como um símbolo do renascimento de um distante passado colonial (Gumbrecht, 179ss.). Para o romancista uruguaio-francês Jules Supervielle e para o seu herói, nascido no Uruguai, coronel Bigua, que parece estar vivendo um exílio político em Paris, até mesmo a imagem mais romanticamente glorificada da Periferia ainda é a imagem de um espaço colonial: "A casa colonial, com seus antigos hábitos, esperava por eles sob o céu muito azul com estalidos. Ah! Ouvir las Delicias (...), passando por seu salão três vezes por semana, as galinhas vivas que o comerciante apertava com força sob os braços enquanto as levava para a cozinha" (Supervielle, 211). Ramón del Valle-Inclán certamente se aproxima mais da realidade política quando ele faz Banderas, ditador latino-americano fictício, justificar a política repressiva de seu governo com slogans imperialistas sobre a população indígena, adaptados da tradição colonial espanhola: "Apesar de humildes na aparência, eles são ingovernáveis! Os cientistas não se enganam quando nos dizem que a organização comunitária original dos nativos foi derrotada pelo individualismo espanhol, a fonte de nossa liderança" (Valle-Inclán, 211).

Se a Periferia é capaz de alguma agressão, ela se volta contra os Estados Unidos, e não contra o Centro europeu. O ditador de Valle-Inclán culpa o "industrialismo ianque" pela revolução que porá fim ao seu governo. E, indo além de uma mera semelhança irônica entre o ditador militar inventado e um comunista japonês real, o poema "Hotel imperial", de Nakano Shigeharu, identifica o colonialismo com o imperialismo americano:

> Este é o oeste
> Os cães falam inglês
>
> Este é o próprio oeste,
> Os cães me convidam para a Ópera Russa
>
> Este é o oeste: uma Exposição Ocidental
> O mercado japonês de quimonos gastos pelo uso
>
> E isto é uma prisão
> Os guardas balançam suas chaves
> (...)
> E então isto é uma espelunca barata
> O velho gordo rumina, bêbado
>
> E isto também é um bordel barato
> As mulheres andam nuas
>
> E isto é um buraco
> preto e fedido.
>
> (Silverberg, 119ss.)

Em casa, os intelectuais americanos parecem pouco preocupados com essas acusações. O programa especial de palestras do Mount Holyoke College, uma das instituições acadêmicas mais conservadoras dos Estados Unidos, aborda a Europa numa perspectiva nacionalista: "William Fletcher Russell, Ph.D., Nova York, NY: 'Educação e nacionalismo com referência especial às recentes reformas educacionais na Europa.'" A grande maioria dos temas do programa, contudo, refere-se a culturas não européias e é contextualizada pelo tema ainda mais orientado pelo futuro da internacionalização da política: "Dr. James B. Pratt, Williamstown: 'A natureza do budismo hoje.' Sr. Rabindra C. Nag, Calcutá, Índia: 'A filosofia social e política de Gandhi.' William R. Shepherd, Ph.D., Nova York, NY: 'A amizade entre as Américas.' Rev. Leyton Richards, Birmingham, Inglaterra: 'O alto preço da paz mundial'" (Mount Holyoke, 20-21).

Se a distinção entre Centro e Periferia é geralmente aceita nos dois lados, ela cria relações estáveis de distância geográfica no mapa e, como uma premissa da vida cotidiana, dá às pessoas a impressão de que elas habitam um espaço mundial homogêneo. [ver **Centro = Periferia (Infinitude)**] Este espaço homogêneo e geométrico é um espaço que não sofre mudanças quantitativas, nem chega a interferir com as ações e o comportamento humanos. É sob o pressuposto de que as pessoas vivem num espaço homogêneo que o crescimento da população mundial desperta sentimentos — em parte justificados e em parte fóbicos — de claustrofobia coletiva e caos iminente. Por exemplo, o prefeito de Berlim, que é politicamente responsável por uma das cidades de crescimento mais acelerado do mundo, está obcecado em estabelecer uma ordem espacial normativa, atribuindo funções discretas a cada zona diferente da cidade: "Problemas de importância vital exigem uma solução. (...) O que importa é uma nova divisão entre os setores residencial, industrial e comercial da cidade. O caos atual torna necessário superar a desordem com um novo mapeamento" (Schrader e Schebera, 140). Imensos projetos de urbanização que se tornam o sonho de todo arquiteto, arranha-céus que evoluem para sistemas virtualmente independentes, nova regulamentação do tráfego — estas são apenas algumas das diversas respostas práticas estimuladas por medos em relação ao futuro, de crescimento populacional, respostas elaboradas para se prevenir a catástrofe demográfica definitiva. [ver **Automóveis, Elevadores, Engenheiros, Ferrovias**]

A geopolítica é a resposta político-ideológica ao mesmo conjunto de perguntas e preocupações. Ela nasce no ponto em que uma concepção euclidiana do espaço mundial se une a uma noção fortemente mitológica da História [ver **Autenticidade versus Artificialidade**], ao lado da percepção de que o processo imperialista de conquista e distribuição chegou ao fim. Explicitamente consciente dessas três precondições estruturais, o governo italiano inicia a dragagem dos pantânos Pontine como uma forma de aumentar o território da nação (*Conquista della Terra*, 51). Adolf Hitler enfatiza o interesse na História e na Geografia na descrição de seus anos de colégio: "Meus maiores esforços eram em Geografia, e talvez fossem ainda maiores em História. Estas eram minhas duas matérias favoritas, nas quais eu era o melhor aluno da turma" (Hitler, 8) Em vez de tentar atenuar a contradição entre os seus esforços para assumir a liderança da nação alemã e o seu nascimento em Braunau, na fronteira da Áustria com a Alemanha, Hitler apresenta esta relação como um sinal da Providência de sua própria vocação histórica. Os geopolíticos conhecem apenas o contraste entre dentro e fora, neutralizando assim as ambivalências tipicamente encontradas em espaços de fronteira e transição: "Hoje considero uma sorte que o destino tenha designado Braunau como o local de meu nascimento. Pois esta pequena cidade está situada na fronteira entre dois Estados alemães, cuja reunificação parece, pelo menos para nós da geração mais jovem, uma tarefa a ser realizada por todos os meios possíveis, todos os dias de nossas vidas. (...) Sangue comum deve pertencer a um mesmo Reich" (Hitler, 1). O ideal de "viver dentro" vem acompanhado da moralização do espaço. Quem quer que careça de espaço, segundo Hitler, está condenado à doença física e mental: "Agora imaginemos a seguinte situação: num apartamento num porão, que consiste em dois cômodos abafados, mora a família de um operário, formada por sete pessoas. (...) Nessas circunstâncias, as pessoas não vivem umas com as outras, mas umas sobre as outras. (...) O pobre menino de seis anos experimenta coisas que fariam até um adulto estremecer. Moralmente infectado, subnutrido, sua cabecinha coberta de piolhos, o jovem cidadão se arrasta pela escola elementar. (...) O menino de seis anos se converte num adolescente de 15, que despreza toda autoridade. Familiarizado apenas com a sujeira e o vício, ele não conhece nada que possa despertar o seu entusiasmo por coisas mais elevadas" (32-33). Se a claustrofobia e o desejo obsessivo de ocupar um espaçoso Centro estão entre os temas-chave de *Mein Kampf*, de Hitler, eles constituam o assunto exclusivo do romance de 1.300 páginas de Hans Grimm, *Volk ohne Raum* (*Nação sem espaço*). Grimm compartilha com Hitler a crença de que a falta de espaço individual e coletivo está associada à doença. Os seus protagonistas odeiam "o insuportável confinamento alemão, dentro do qual os membros da comunidade se tornam necessariamente briguentos, bajuladores, desprezíveis e mal-formados" (671). Grimm enfatiza, porém, que conquistar novas colônias não resolveria o problema do espaço nacional. A única conclusão a que seu herói Cornelius Friebott consegue chegar após muitos anos no sudoeste da África é que ele precisa retornar à Alemanha e se engajar numa solução que é mencionada apenas casualmente em *Mein Kampf*: "Para a Alemanha, portanto, a única possibilidade de praticar uma política territorial sólida está na aquisição de novos solos na própria Europa. As colônias não servem a este propósito, porque elas não parecem adequadas para o estabelecimento de europeus em larga escala" (Hitler, 153). A Periferia não é boa o suficiente para resolver os problemas geopolíticos do Centro.

Embora os geopolíticos nacionalistas apareçam como os adversários mais passionais da Liga das Nações, os dois lados compartilham dois sentimentos certamente pré-ideológicos — quais sejam, a fobia das fronteiras como espaços ambíguos e o desejo de habitar um mundo homogêneo. Mas se a meta dos geopolíticos ao tornarem as fronteiras dos Centros nacionais invisíveis, empurrando-as cada vez mais em direção à Periferia, a tarefa definitiva — e oposta — da Liga das Nações, é transformar o mapa mundial num espaço de vida homogêneo para a humanidade, através da eliminação de todas as fronteiras existentes. Proferindo uma conferência pública no sábado, 16 de janeiro, Albert Einstein aponta uma divisão surpreendente entre os defensores de geopolíticas nacionais e os defensores da internacionalização: "Deve-se admitir que os cientistas e artistas, ao menos nos países com os quais eu estou familiarizado, são guiados por um nacionalismo estreito, numa medida muito maior do que são os homens públicos" (Clark, 438). De uma forma geral, o otimismo de Einstein em relação aos políticos e o seu pessimismo em relação aos intelectuais podem ser convenientes — especialmente para a Alemanha. *Volke ohne Raum*, de Hans Grimm, por exemplo, é resenhado com muito respeito — e freqüentemente com declarado entusiasmo — até mesmo por alguns órgão de esquerda da imprensa: "[Este livro] não é literatura, no sentido de uma arte verbal. É uma ação e um acontecimento espiritual. É um apelo para despertarmos" (von Strauss e Torney, 555). [ver **Ação versus Impotência**] Ao mesmo tempo, aqueles políticos bem intencionados que apóiam a Liga das

Nações se tornam crescentemente impopulares, porque praticar a política sem fronteiras territoriais é impossível. [ver **Liga das Nações**] A sua fraqueza é a força potencial dos geopolíticos nacionalistas.

Verbetes relacionados

Aviões, Americanos em Paris, Automóveis, Tourada, Elevadores, Engenheiros, Liga das Nações, Múmias, Ferrovias, Repórteres, Revistas, Jardins Suspensos, Ação versus Impotência, Autenticidade versus Artificialidade, Individualidade versus Coletividade, Autenticidade = Artificialidade (Vida), Centro = Periferia (Infinitude)

Referências

Ronald W. Clark, *Einstein: The life and times*. Nova York, 1971.
La conquista della terra: Rassegna nazionale dell'opera per I combatenti — Fascicolo especiale. Roma, 1932.
Ernst Robert Curtius, "Unamuno" (1926). In Curtius, *Kritische essays zur Europäischen Literatur.* Berna, 1950.
Kasimir Edschmid, *Basken, Stiere, Araber: Ein Buch über Spanien und Marokko* (1926). Berlim, 1927.
Ramón Franco, *De Palos al Plata*. Madri, 1926.
María Carmen García-Nieto, Javier M. Donézar e Luis Lopez Puerta, orgs., *La dictadura, 1923-1930: Bases documentales de la España contemporánea*" vol. 7. Madri, 1973.
Hans Grimm, *Volk ohne Raum*. Munique, 1926.
Hans Ulrich Gumbrecht, "Proyecciones argentino-hispanas, 1926". In *III Congreso Argentino de Hispanistas: España en América y América en España*, vol. 1. Buenos Aires, 1993.
Ernest Hemingway, *The sun also rises*. Nova York, 1926.
Adolf Hitler, *Mein Kampf* (1926). Munique, 1941.
Harry Graf Kessler, *Tagebücher, 1918-1937*. Frankfurt, 1961.
André Malraux, *La tentation de l'Occident*. Paris, 1926.
Heinrich Mann, *Sieben Jahre: Chronik der Gedanken und Vorgänge*. Berlim, 1929.
Paul Morand, *Rien que la terre: Voyage*. Paris, 1926.
Mount Holyoke College, *Catalogue, 1925-1926*. South Hadley, Mass., 1926.
Mario Puccini, "Contributions to the great debate on fascism and culture in 'Critica Fascista'" (1926). *Stanford Italian Review 8* (1990): 257-260.

Bärbel Schrader e Jürgen Schebera, orgs., *Kunstmetropole Berlin, 1918-1933: Die Kunststadt in der Novemberrevolution/ Die "goldenen" Zwanziger / Die Kunststadt in der Krise.* Berlim, 1987.

Miriam Silverberg, *Changing song: The marxist manifestos of Nakano Shigearu.* Princeton, 1990.

Jules Supervielle, *Le voleur d'enfants.* Paris, 1926.

Fritz Thierfelder, *Der deutsche Reisende im Auslande. Die Tat* 18, n. 1 (abril-setembro 1926): 518-526.

Ramón del Valle-Inclán, *Tirano Banderas* (1926). Madri, 1978.

Lulu von Strauss und Torney, *Volke ohne Raum. Die Tat* 18, n. 1 (abril-setembro 1926): 554-555.

IMANÊNCIA VERSUS TRANSCENDÊNCIA

❦

Freqüentemente, um escritor usará conceitos e metáforas de natureza tradicionalmente religiosa apenas para mostrar que os homens podem passar sem eles. Uma das maiores preocupações do momento entre os intelectuais é transformar elementos de Transcendência em elementos de Imanência. Parece que as idéias e imagens da Transcendência são evocadas apenas para serem imediatamente rejeitadas, quase com desprezo. A distinção entre os mundos cotidianos e os mundos transcendentes raramente é mantida. Os discursos de ideologia política são as exceções mais óbvias nesta tendência, mas nem sempre fica claro se os espaços transcendentes que eles denotam devem ser levados a sério ou se são puramente ornamentais. O dramaturgo italiano Ernesto Forzano, por exemplo, começa a sua peça *Rapsódia fascista* com um diálogo convencional, num estilo alegórico, entre o "Gênio de Roma" e "Italicus, o espírito em movimento do fascismo". À primeira vista, parece improvável que Forzano acredite no conteúdo potencialmente transcendental desta cena, porque o mecanismo de sacrifício ao qual ele alude permanece completamente invisível. A morte de centenas de milhares de jovens italianos é apresentada como o preço pago pelo renascimento (fascista) da nação: "(Italicus aparece. Sua capa cai, e sua camisa preta fica visível. Ele segura a tocha onipotente na mão direita e joga a cabeça para trás. Ele caminha com passos lentos, como se fosse atraído pela chama.) Italicus: (...) Exulte, Itália! (...) Espíritos, exultem/ em meio às centenas de milhares de mortos/ que deram as vidas no holocausto!/ O seu sacrifício não foi em vão! (...)/ Roma, insurja-se! (...)/ Por nós, irmãos, (...) por nós!" (16). A peça de Forzano se passa durante os anos entre o fim da

Grande Guerra e a tomada do poder pelos fascistas no outono de 1922. Seus três atos — intitulados "Primeiro sacrifício", "Segundo sacrifício" e "Holocausto" — correspondem a episódios da vida do herói, Orazio Romanis. Orazio deve renunciar ao pai comunista (primeiro sacrifício), terminar a relação com sua amante, Anna, que também é filha de um comunista (segundo sacrifício), e testemunhar a morte de seu tio Antonio, um veterano das guerras de libertação de Garibaldi, devido a uma bala perdida fascista (holocausto). Mas como nenhum dos diversos sacrifícios de Orazio tem qualquer impacto direto na revolução fascista, a trama de Forzano ganha um sentido transcendental apenas se aceitarmos a existência de um poder divino ao qual são feitos estes sacrifícios, e que possa ser influenciado favoravelmente por eles.

Tipicamente, as implicações religiosas do discurso político permanecem neste estranho nível intermediário. A distinção entre uma esfera imanente e uma esfera transcendente é tão vaga que os leitores podem, se quiserem, descartá-la como um efeito meramente retórico. Mas eles também podem resolver essas dicotomias fragilmente desenhadas entre Imanência e Transcendência com suas próprias crenças ideológicas ou religiosas. O mito da Redenção é tão importante para os poemas comunistas de Johannes Becher quanto o é para a peça fascista de Forzano. "Proletarisches Schlaflied" (Cantiga de ninar proletária) é de fato construído em torno de um sonho de redenção. "Durma, minha criança queirda./ Deixe os cavalinhos coloridos ninarem você!/ Crianças dançando a envolvem em júbilo, e você diz/ Palavras de redenção, que lhe foram reveladas pelo Criador da Luz" (Becher, 26; também 33, 43, 88, 96). O entendimento desta estrofe se articula fortemente com o status discursivo que o leitor quiser atribuir a "o Criador da Luz", que revelou à criança "palavras de redenção". Parente discursivo do *Weltgeist*, de Hegel, o "Criador da Luz" de Becher tanto pode ser compreendido como uma divindade (o que daria ao texto uma dimensão claramente religiosa) quanto pode ficar sem nenhuma referência personalizada. Uma alternativa semelhante ocorre em relação ao passado nacional mítico. [ver **Presente versus Passado**] Tornou-se comum em toda a Europa falar em "terras não redimidas" (muitas vezes usando-se a expressão italiana "terra irredente") — uma expressão que pode subentender uma pré-história, na qual a punição divina privou a nação de uma parte de seu território, ou pode ser apenas uma metáfora convencional para a situação política das minorias nacionais (Hinkepott, 772-775). [ver **Centro versus Periferia**] O romance geopolítico *Volk ohne Raum* (*Nação sem* *espaço*), de Hans Grimm, é um daqueles textos que excluem explicitamente a possibilidade de abrandar o mito da redenção até um status puramente metafórico. Grimm não oferece alternativa a uma visão de mundo baseada na religião. Os seus protagonistas, portanto, rejeitam todas as formas de pragmatismo como o principal perigo ao interesse nacional: "Ele identificou dois inimigos: o primeiro é aquele tipo de propriedade que só está interessada em sua própria preservação e que alternadamente aparece sob o disfarce de Economia e de *Realpolitik*. O segundo é o Partido Social Democrata" (Grimm, 662).

A relação de Adolf Hitler com a dimensão da Transcendência é muito mais complexa. Por um lado, nos trechos autobiográficos de *Mein Kampf*, ele usa, de vez em quando, palavras que tradicionalmente são religiosas; por outro lado, ele nunca elimina completamente a possibilidade de os ler como elementos meramente ornamentais. Conceitos como "destino" ou "providência" podem, assim, tanto ser metonímias de um ser divino quanto metáforas do acaso: "Pois este outro mundo é impensável. Irrefletidamente, ele permite que as coisas aconteçam segundo a sua vontade; carecendo de intuição, eles não percebem que mais cedo ou mais tarde o destino se vingará, se não for aplacado a tempo. Hoje sou muito grato à providência, que me fez vir a essa escola. Lá eu não poderia sabotar aquilo de que não gostava. Ela me educou rápida e cuidadosamente" (Hitler, 28-29). Uma das estratégias retóricas de Hitler consiste em justificar suas teorias racistas por meio de dois outros discursos: ele apresenta o racismo como uma realização da vontade de Deus e como uma designação das leis da natureza: "A Natureza Eterna inexoravelmente vinga-se das transgressões às suas leis. Portanto, hoje acredito estar agindo de acordo com os desejos do Criador Onipotente: ao afastar os judeus, eu estou realizando o trabalho de Deus" (Hitler, 70). A teologia e a ciência travam aqui uma relação particular. As ciências naturais contribuíram mais do que qualquer outro setor institucionalizado do conhecimento para redefinir os conceitos tradicionais de Transcendência sob a premissa da Imanência, bem como para produzir novos conceitos desse tipo. O racismo de Hitler pode, portanto, apelar simultaneamente aos leitores que acreditam numa visão de mundo baseada na biologia e àqueles que são tradicionalmente religiosos.

Natureza e ciência são os contextos dominantes ao se transformar os conceitos clássicos de Transcendência em conceitos de Imanência. Assim, o romance *La vie des termites*, de Maurice Malterlinck, esforça-se para reduzir os problemas da existência individual, da sociedade e da religião a uma dimensão puramente biológica. Já no final do livro, Maeterlinck define o limite desta experiência ao identificar o conhecimento total das leis da natureza com o status de divindade. Mas mesmo esta sabedoria divina não poderia garantir a felicidade perfeita entre os seres vivos: "Um homem assim chegou perto de se tornar Deus; e se o próprio Deus foi incapaz de fazer suas criaturas felizes, há razões para crer que isto era impossível" (185). Embora Maeterlinck cunhe a expressão, particularmente adequada, "absorção em Deus" (185) para a constituição dos conceitos transcendentais da observação da natureza, ele próprio pratica a absorção de Deus pela ciência popular — uma prática que atualmente permeia o cenário intelectual. Henri de Montherlant busca uma estratégia semelhante de oscilação entre Imanência e Transcendência: "Quanto mais íntimas se tornam as nossas relações com a natureza, mas perto nós chegamos do sobrenatural" (*Album Montherlant*, 107). Começando, muito convencionalmente, pela comparação de abelhas e vespas com diferentes tipos de vida social humana, o filósofo Theodor Lessing acaba descobrindo na natureza o que costumava ser definido como Transcendência: "Mas quando chega o outono, com o vento frio soprando nos campos e a comida ficando cada vez mais escassa, pelo menos algo místico acontece, algo tão estranho que toca verdadeiramente os maiores mistérios da redenção. Uma população inteira é exterminada. Só uma única vespa fértil arrasta-se entre raízes e outros esconderijos da terra, preservando para o novo ano a memória de um mundo de formas desaparecidas. Teria Buda descoberto o segredo do Nirvana na vida solitária destas vespas?" (Lessing, 256-257). Lessing não é o único intelectual a tentar combinar a teologia e a observação da natureza com o pensamento asiático. Em seu quarto ano, o influente *Deutsche Vierteljahrsschrift für Literaturwissenschaft uns Geistesgeschichte* (Periódico Alemão de Estudos Literários e História intelectual) publica um ensaio que tenta legitimar a ligação crescente entre a especulação transcendental e a ciência empírica ao equipará-la a uma relação semelhante na tradição intelectual indiana: "Neste sentido, o caráter do mundo espiritual da Índia é determinado pela relação íntima entre o ioga e a ciência empírica. (...) As ciências mediam o conhecimento prático sobre os tipos e efeitos das várias metamorfoses em que o divino se apresenta no mundo das aparências. O ioga, porém, é o único meio através do qual se pode alcançar a essência absoluta deste 'ser', além do véu de suas metamorfoses" (Zimmer, 56-57). [ver **Incerteza versus Realidade**]

A forma mais complexa, retoricamente, de absorver a Transcendência na

Imanência reside na projeção paradoxal de efeitos metafísicos sobre a realidade cotidiana. Alguns capítulos do romance *Le paysan de Paris* (O camponês de Paris), de Louis Aragon, lembram um manifesto pela diluição da fronteira entre Imanência e Transcendência: "Nascem novos mitos a cada um de nossos passos. Onde o homem viveu, onde ele vive, começa a lenda. (...) É uma ciência da vida, que só pertence aos inexperientes. É uma ciência viva, que se engendra e se mata. Ainda é possível para mim (já tenho 26 anos) participar deste milagre? Serei capaz de conservar este sentido de maravilhosidade do cotidiano?" (Aragon, 14). As divagações do narrador em "sua aldeia" (Paris) e a atenção que ele presta em cada detalhe material geram a revisão do conceito de — e um novo programa para a — metafísica: "A noção de conhecimento do concreto é, assim, o objeto da metafísica. O movimento do espírito tende a se tornar concretamente perceptível" (240). O jovem bibliotecário e filólogo amador Erich Auerbach compartilha o entusiasmo de Aragon pela concretude e, paradoxalmente, pela espiritualidade da vida cotidiana. Surpreendentemente para alguém que está fora da academia, ele ousa criticar a falta de detalhes concretos nos dramas da paixão de Racine: "Essa hipérbole da individualidade sensual é o mais difícil de compreender nos personagens [de Racine] (...) que carecem de uma existência concreta no mundo. Eles permanecem a uma distância irreal, fora do mundo. Eles são alegorias, vasos vazios de suas paixões e instintos autônomos" (Auerbach, 379-380).

A capacidade da esfera da Imanência de absorver conceitos e temas transcendentais é aparentemente ilimitada. Quando Jules Supervielle inventa um herói para o seu romance *Le voleur d'enfants* (O ladrão de crianças), que deseja "controlar os destinos como Deus" (60), quando Gerhart Hauptmann faz os protagonistas de sua peça *Dorothea Angermann* definirem o destino como "cotidiano comum" (73) e a providência como "acaso" (121), e quando Sigmund Freud anuncia em seu verbete "Psicanálise", na *Encyclopedia Britannica* que a disciplina que ele fundou se tornará cada vez mais uma "ciência do inconsciente" (265), é óbvio que o homem, o cotidiano e o inconsciente funcionam como substitutos de Deus, do destino e da Transcendência. Por outro lado, parece existir um limiar além do qual a Transcendência absorvida volta como um fantasma. Uma razão para este retorno da Transcendência é a impossibilidade de celebrar o desaparecimento da Transcendência antes que a sua presença anterior (ou que a crença em sua presença, que existia anteriormente) seja mencionada. Jean Cocteau usa este mecanismo — e se torna presa dele — ao reescrever o mito de Orfeu. Embora dificilmente exista outro mito cujas versões arcaicas estejam mais concentradas na fronteira entre Imanência e Transcendência, Cocteau multiplica as oportunidades para os seus protagonistas atravessarem esta fronteira. Além da morte de Eurídice e da descida de Orfeu ao Inferno, Cocteau encena duas complexas aparições da Madame Morte na Terra [ver **Relógios**], faz Orfeu se juntar a Eurídice no Inferno depois de sua segunda morte e até mesmo deixa o casal voltar para casa no final da peça. Este final feliz coincide com uma tendência geral rumo à absorção da Transcendência pela Imanência — já que Orfeu e Eurídice percebem que a sua casa terrena é o seu verdadeiro paraíso, e que o vidraceiro que costumava consertar as janelas que eles quebravam durante suas brigas matrimoniais estivera atuando como o seu anjo da guarda: "Orfeu: (...) Senhor, agradecemos por ter feito de nossa casa e de nosso lar o nosso único paraíso, e por nos ter aberto o seu paraíso. Agredecemos por nos ter enviado o vidraceiro, e lamentamos não ter reconhecido o seu anjo da guarda" (118-119).

Na terça-feira, 15 de junho, o milionário e patrono das artes alemão Harry Graf Kessler assiste à première de *Orphée* em Paris — e deixa o teatro profundamente desapontado com a intricada encenação com a qual formula uma tese filosófica simples:

> Os ingressos custam cem francos (o mesmo preço do Balé Russo). A platéia de sempre, internacional e elegante. Muitos americanos, ingleses, até japoneses. A peças, que muitos exaltaram como extraordinária, me desapontou. Ela não chega a um acordo com o seu tema — não é uma tragédia real, nem uma comédia real. E ainda por cima aparece aquele anjo engraçado, mas impossível e embaraçoso, no meio da peça, adulando o gosto católico, encarnado por um repulsivamente doce e excêntrico jovem que parecia saído de um cabeleireiro de quinta categoria. Este jovem doce acabou estragando a noite para mim. Mas também achei difícil suportar Madame Pitoeff, que mais uma vez subiu ao palco ostentando uma gravidez de oito meses — o que é especialmente grotesco para uma Eurídice. Eu fiquei tão irritado com Cocteau (...) que saí rapidamente após o espetáculo, sem cumprimentá-lo" (Kessler, 486-487).

Os anjos estão na moda, já que eles ao mesmo tempo negam e acentuam a fronteira entre Imanência e Transcendência [ver **Imanência = Transcendência (Morte)**] — tanto que, segundo Graf Kessler, o anjo da *tragédie* de Cocteau sai diretamente da vida do dramaturgo: depois de uma conversão religiosa no começo do ano, Cocteau acredita que ele próprio se transformou num ser angelical (Kessler, 447). Há anjos por toda parte. "Você mata como um anjo" (Montherlant, *Les bestiaires*, 230) é o melhor cumprimento que um toureiro experiente pode fazer a um colega. Em "Reyerta", um dos poemas de *Romancero gitano*, de Federico García Lorca, anjos negros com longas asas em forma de punhal pranteiam as vítimas de uma tourada:

> Uma carta de baralho áspera
> é descartada com verduras ácidas
> cavalos enlouquecidos
> e silhuetas de cabaleiros.
> Sob a copa da oliveira
> duas velhas choram.
> O touro da arena
> vai para cima do muro.
> Anjos negros carregam
> lenços e água de neve.
> Anjos com grandes asas
> como canivetes de Albacete
> (García Lorca, 428-429)

Nem sempre são necessários temas com evidentes conotações religiosas para recuperar os conceitos e metáforas da Transcendência. O que quer que pareça perigoso, excitante ou simplesmente novo pode ativar uma aura de palavras e atitudes quase religiosas. Bares e bebidas se tornam meios de acesso tanto ao céu quanto ao inferno. A "adoração dos elevadores" nasce de uma frase padrão entre aqueles que criticam o entusiasmo dos europeus pelo estilo americano de vida. A admiração pelos recém-criados aparelhos de comunicação sem fios parece despertar um novo interesse pela telepatia. Os gramofones são cada vez mais associados ao desejo de conversar com os mortos. A indústria do cinema inventa um novo paraíso de estrelas. [ver **Bares, Cinemas de luxo, Comunicação sem fios, Elevadores, Estrelas, Gramofones, Relógios, Tourada**] Mesmo onde esses discursos não se referem mais explicitamente a mundos acima — ou abaixo — da esfera da vida cotidiana, como é o caso das crônicas do jornalista brasileiro Antônio de Alcântara Machado, existe sempre uma nota de mito e excentricidade na descrição das inovações tecnológicas:

"A obsessão de hoje é o rádio. Não muito tempo atrás, as pessoas estavam apaixonadas pelo gramofone. Na verdade ele se tornou uma das torturas da humanidade. O rádio o substituiu. Ninguém consegue resistir à tentação de ouvir pelo menos uma vez sons que vêm de países exóticos e desconhecidos" (Alcântara Machado, 140). Não é surpreendente que o superalegórico filme *Metrópolis*, de Fritz Lang, mostre máquinas atuando como divindades: "Então, de seus tronos brilhantes, Baal e Moloch, Huitzilopochtli e Durgha, se levantaram. Todos os deuses-máquinas se ergueram, esticando seus membros com uma liberdade temerosa. Chamas famintas saíam dos ventres de Baal e Moloch, chicoteando seus papos" (Lang, 106; também 38).

Se a ambição intelectual predominante no momento é absorver a Transcedência na Imanência, e se esta meta — paradoxalmente, e por diversas razões — acaba multiplicando as referências a mundos transcendentes, uma reação igualmente notável à absorção da Transcendência consiste na crença de que o tempo está maduro para a invenção de novas mitologias, ou para reviver formas tradicionais do discurso religioso. Um exemplo particularmente extremo desta nova mitologia é encontrado no romance *A serpente emplumada*, de D.H. Lawrence. Lawrence compartilha a admiração de Fritz Lang pelas divindades astecas. Mas se, em *Metrópolis*, os aspectos transcendentes da trama nascem de problemas causados pela injustiça social, a religião fictícia de Lawrence é baseada no sexo agressivamente falocêntrico. "O aspecto sagrado do sexo", para usar a expressão de uma personagem feminina, não é de forma alguma uma metáfora: "Como o sexo pode ser maravilhoso, quando os homens respeitam seu lado sagrado e poderoso; ele preenche o mundo! Como a luz do sol que atravessa tudo" (Lawrence, 467). Da mesma forma, o discurso metafísico com que Lawrence descreve solenemente a experiência erótica, bem como sua referência ao amante masculino como um "deus-demônio", devem ser levados a sério: "Agora ela podia conceber seu casamento com Cipriano; a passividade suprema, como a terra sob o crepúsculo, consumam numa viva ausência de vida o simples e sólido mistério de um abandono". (...) Ela só conhecia sua face, a face do supremo deus-demônio; com as sobrancelhas arqueadas e os olhos levemente insinuantes, e o tufo louro de barba. O mestre. O eterno Pan" (467). Henri de Montherlant é, se isso for possível, igualmente solene em relação à religião que ele extrai da mística da morte das touradas. Seu romance *Les bestiaires* termina com um epílogo estranhamente utópico que celebra a volta aos rituais de uma adoração pré-cristã ao touro: "Eles dividiram o jantar, servindo-se, como numa comunhão mística de adoradores do touro. Eles quebraram um ramo de hortelã para dar sabor ao chá. (...) Eles viram, através da porta aberta, a noite cair lentamente. Eles ouviram, através da porta aberta, o som eterno da maré" (235). A extensão em que Montherlant se sente religiosa e politicamente ligado ao ritual da tourada fica evidente na sua carta aberta a Gatson Doumergue, presidente da república da França — uma carta publicada no início de *Les bestiaires*. Depois de agradecer a Doumergue por permitir que as touradas voltem a acontecer na França, e depois de cumprimentá-lo por ter nascido nas províncias do sul, "em meio à religião do touro", Montherlant, surpreendentemente, abstém-se de dedicar seu livro ao presidente. Ele teme que essa homenagem possa colocar em perigo a vida de Doumergue (7-8). Fora de sua própria visão de mundo, naturalmente, o gesto de Montherlant apenas mostra a forma grotesca como ele superestima o debate na França sobre a legitimidade moral e espiritual da tourada. Certamente existem ameaças maiores à vida do presidente do que aquelas que vêm dos opositores de Montherlant. Por outro lado, o seu engajamento apaixonado é um sintoma eloqüente da intensidade emocional que caracteriza a procura da religião, da mitologia e da Transcendência entre os intelectuais franceses.

Na França, o *renouveau catholique* ("renovação católica") — o desejo de um novo imediatismo na teologia católica e na prática religiosa — supera de longe o desejo de inventar novas mitologias. Um ensaio sobre a situação do catolicismo francês na revista alemã *Die Tat* descreve este movimento com uma admiração desconcertante: "Sem dúvida, o catolicismo está avançando; ele está (...) na posição de um conquistador. (...) seus seguidores declarados atingem mais de dez milhões, mas estes divulgam zelosamente suas crenças e acreditam estar realizando uma missão. Cada vez mais, o catolicismo está se tornando um movimento com sua própria arte, crenças econômicas e responsabilidades em relação ao mundo" (Hartmann, 886). Mesmo um romance que quebra tantos tabus morais como *Monsieur Godeau Intime*, de Jouhandeau, não dispensa pelo menos um protagonista que deseja santificar o mundo cotidiano através de atos de caridade cristã: "Eliane se devotava inteiramente a Deus e aos doentes. A comunidade e o asilo a viam como uma santa que a Igreja um dia beatificaria: ela amava Deus não como 'um ser' do qual se ouviu falar e em cuja existência se deve acreditar, mas como um ser que se encontrou na Terra, cuja face se viu e cuja voz foi ouvida na juventude, alguém com quem se brincou nas montanhas, na juventude, alguém de quem nunca se afastou, no fundo de seu coração" (Jouhandeau, 13). Como uma reativação dos conceitos tradicionais da Transcendência, o *renouveau catholique* dedica atenção especial a este tema da santificação do mundo. Ele promove a (re)transformação da Imanência em Transcendência. Esta forma de religiosidade explica por que os intelectuais franceses estão se interessando cada vez mais pela tradição mística do cristianismo, na qual a experiência de Deus é levada ao mais alto — e mais misterioso — grau de intimidade e intensidade subjetivas. Teólogos franceses iniciam um esforço para promover o místico e poeta São João da Cruz ao status de Doctor Ecclesiae Universalis (*Catholicisme*, 446), e o documento do Vaticano em que o papa Pio XI confirma a decisão favorável da Igreja em relação a São João na verdade enfatiza o tema da santificação do mundo: "Algumas de suas obras e epístolas, apesar da complexidade de seus argumentos, (...) se adaptam tão bem à compreensão do leitor que podem servir como uma orientação e uma escola para as almas crentes que desejam alcançar uma vida mais perfeita" (*Sanctus Ioannes*, 380). No contexto do *renouveau catholique*, o primeiro romance de Georges Bernanos, um agente de seguros com mais ardor religioso do que sutileza narrativa, representa um marco importante. Ele conta história de um pároco de aldeia, intelectualmente ingênuo e eticamente heróico, chamado Donissan, cujos esforços para salvar almas e corpos em nome do Senhor e diversas ações que pretendiam promover a santificação do mundo fracassam terrivelmente. Mas a vida de Donissan ganha significado e conteúdo a partir desta revelação — teologicamente problemática — de que a existência humana, sem o saber, faz parte de uma eterna batalha entre Deus e o diabo: "O mundo não é uma máquina bem azeitada. Deus nos sacode entre Satã e Ele próprio. É através de nós que, por séculos e séculos, o mesmo ódio vem tentando atingi-lo; é na pobre carne humana que o assassinato inefável é consumado. Ah, por mais alto e mais distante que a prece e o amor possam nos levar, nós levamos Satã conosco, ligados aos nossos corpos — uma companhia horrível, que se revela em acessos de riso!" (Bernanos, 190). Nenhuma das tentativas de Donissan de santificar o mundo parece ser bem-sucedida. O *renouveau catholique*, como todos os outros movimentos neo-religiosos da época, não se interessa realmente pela possibilidade de Deus, anjos ou santos intervirem e mudarem ativamente o curso dos acontecimentos do mundo. [ver **Ação = Impotência (Tragédia)**] Espera-se que a existência seja significativamente afetada pela religião, mas os mundos social e político permanecem fora de seu alcance. Pois se a absorção da Transcendência na Imanência significa, em última instância, devolver à Transcendência parte de sua importância anterior, isso acontece dentro dos moldes de uma "incomensurabilidade das ações terrenas e religiosas" — como descreve Max Brod, o editor de Kafka (Brod, 305). Como que buscando se tornar um emblema desta incomensurabilidade, o Vigésimo Sétimo Congreso Eucarístico Internacional se realiza em Chicago, a nova capital do crime organizado. [ver **Centro = Periferia (Infinitude)**] Estaria a cidade de Al Capone sendo santificada quando, na segunda-feira, 21 de junho, John Cardinal Bonzano, o arcebispo de Chicago, celebra uma missa no Soldiers Field Stadium, acompanhado por um coral de 60 mil crianças das escolas da paróquia?

Verbetes relacionados

Bares, Cinemas de luxo, Comunicação sem fios, Elevadores, Estrelas, Gramofones, Relógios, Tourada, Centro versus Periferia, Incerteza versus Realidade, Presente versus Pasado, Ação = Impotência (Tragédia), Centro = Periferia (Infinitude), Imanência = Transcendência (Morte)

Referências

Antônio de Alcântara Machado, "Ano de 1926". In Alcântara Machado, *Obras*, vol. 1: *Prosa preparatória: Cavaquinho e saxofone*. Rio de Janeiro, 1983.
Louis Aragon, *Le paysan de Paris*. Paris, 1926.
Erich Auerbach, "Racine und die Leidenschaften". *Germanisch-Romanische Monatsschrift* 14 (1926): 371-380.
Johannes R. Becher, *Maschinenrhythmen*. Berlim, 1926.
Georges Bernanos, *Sous le soleil de Satan* (1926). Paris, 1973.
Max Brod, "Nachwort zur ersten Ausgabe" (1926). In Franz Kafka, *Das Schloss* (1926). Frankfurt, 1968.
Catholicisme hier, aujourd'hui, demain, vol. 6. Paris, 1967.
Jean Cocteau, *Orphée: Tragédie en un acte et un intervalle* (1926). Paris, 1927.
Ernesto Fonzano, *Rapsodia fascista*. Gênova, 1926.
Sigmund Freud, "Psycho-Analysis" (1926). In *The Standard edition of the complete psychological works*, vol. 20. Londres, 1959.
Federico García Lorca, "Reyerta" (1926). In García Lorca, *Obras completas*. Madri, 1971.
Hans Grimm, *Volk ohne Raum*. Munique, 1926.

Hans Ulrich Gumbrecht, "I redentori della vittoria: Über den Ort Fiumes in der Genealogie des Faschismus". In Hans Ulrich Gumbrecht, Friedrich Kittler e Bernhard Siegert, orgs., *Der Dichter als Kommandant: D'Annunzio erobert Fiume*. Munique, 1996.
Hans Hartmann, "Vom Französischen Katholizismus". *Die Tat: Monatsschrift für die Zukunft deutscher Kultur* 17, n. 12 (março 1926):
881-890.
Gerhart Hauptmann, *Dorothea Angermann: Schauspiel*. Munique, 1926.
Hinkepott, "Die deutsche Irredenta". *Die Tat: Monatsschrift für die Zukunft deutscher Kultur* 17, nº 10 (Janeiro 1926): 772-775.
Adolf Hitler, *Mein Kampf* (1926). Munique, 1941.
Marcel Jouhandeau, *Monsieur Godeau Intime*. Paris, 1926.
Harry Graf Kessler, *Tagebücher, 1918-1937*. Frankfurt, 1961.
Fritz Lang, *Metropolis* (1926). Nova York, 1973.
D.H. Lawrence, *The plumed serpent*. Londres, 1926.
Theodor Lessing, "Biene und Wespe oder Bürgerlich und Romantisch" (1926). In *Ich warf eine Flaschenpost ins Eismeer der Geschichte: Essays und feuilletons, 1923-1933*. Neuwied, 1986.
Maurice Maetterlinck, *La vie des termites*. Paris, 1926.
Henri de Montherlant, *Les bestiaires*. Paris, 1926.
Henri de Montherlant, Pierre Sipriot, org., *Album Montherlant*. Paris, 1979.
"Sanctus Ioannes a Cruce confessor ex ordine Carmelitarum excalcatorum, Coctor Ecclesiae Universalis renuntiatur" (1926). *Acta Apostolicae Sedis, Annus XVIII*, vol. 18.
Jules Supervielle, *Le voleur d'enfants* Paris, 1926.
Heinrich Zimmer, "Zur Rolle des Yoga in der geistigen Welt Indiens". *Deutsche Vierteljahrsschrift für Literaturwissenschaft und Geistesgeschichte* 4 (1926): 21-57.

INCERTEZA VERSUS REALIDADE

❦

Existe o medo de que a verdade possa não ser (e nunca tenha sido) acessível. Como um ideal reverenciado, a verdade está fortemente presente. Mas, além disso, as pessoas querem perceber o mundo e os seus fenômenos "como eles são" — isto é, sem distorções de perspectiva. Elas não querem um saber e uma compreensão que estejam sujeitos à revisão e à mudança histórica. Eles ainda acreditam que a posse da verdade será um fator de aprimoramento das condições da existência humana. Mas, quanto mais forte são este desejo e esta esperança, menos realistas eles parecem. Essa situação afeta diretamente o trabalho da maioria dos intelectuais, e parece ter também um impacto sobre o comportamento daqueles que não se preocupam com questões filosóficas. Como reação a esta desintegração da verdade como critério último para o saber, surgem duas atitudes diferentes. Por um lado, alguns intelectuais se queixam de que um mundo sem verdade é um mundo caótico. Eles buscam as causas dessa crise e as formas de resolvê-la. Por outro lado, alguns pensadores, sem reprimir a consciência da inevitável Incerteza, tentam chegar a um acordo com ela. Eles puseram de lado, adiaram ou rejeitaram deliberadamente a questão de saber como o conhecimento humano pode atingir o nível definitivo da verdade, e tentam estabelecer o valor de qualquer tópico do conhecimento exclusivamente segundo as funções que ele pode executar para a vida humana. No lugar do clássico binarismo "verdadeiro versus falso" (Luhmann, 167ss.), surge a distinção entre "Incerteza" e "Realidade", e é ela que molda as reações disparatadas das pessoas ao desaparecimento do critério da verdade. Se elas não se queixam das conseqüências desta perda ("Incerteza"), elas insistem na necessidade prática de usar o conhecimento para orientar a vida humana, por mais provisório que possa ser este conhecimento ("Realidade").

A percepção do mundo presente como caótico se tornou um lugar-comum tão difundido — até mesmo internacionalmente — que pode ser citado como uma premissa para debates mais complexos sem maiores comentários. [ver **Presente versus Passado, Centro versus Periferia**] Aquilo que o jovem jornalista Sérgio Buarque de Holanda descreve como "a confusão geral que caracteriza o primeiro quarto de nosso século" (Buarque de Holanda, 76), a que se refere como pano de fundo contrastante para a "personalidade excepcional" de Filippo Marinetti, se torna "um momento de caos que está afetando a vida mundial em todos os níveis" para o crítico de arte espanhol Antonio Méndez Casal, que tenta identificar o lugar da pintura catalã no contexto internacional (*Blanco y Negro*, 53). O mesmo tema retorna como "confusão, ausência, deformação de todos os valores humanos — esta incerteza angustiante na qual estamos mergulhados", no programa de Antonin Artaud para o seu teatro Alfred Jarry (Artaud, 15). Todos esses autores atribuem a confusão e o caos ao mundo contemporâneo em si (e não às perspectivas que eles adotam como observadores deste mundo). E todos eles experimentam a desordem como um problema particularmente premente da existência moderna. Na primeira frase de seu discurso presidencial, proferido na Universidade de Berlim na terça-feira, 3 de agosto, Karl Holl contrasta "a década gloriosa de cem anos atrás" com "a situação urgente do nosso momento contemporâneo" (Holl, 1). Na terça-feira, 2 de novembro, durante um comício de apoio a Munique como "centro cultural", Thomas Mann classifica o presente como "um período particularmente exigente" (*Kampf*, 7).

As imagens do caos revelam uma afinidade com as metáforas — particularmente populares entre os intelectuais alemães — que descrevem o mundo como um solo instável. Embora a diferença de sentido entre a metáfora do caos e a metáfora da instabilidade seja mínima, ela proporciona associações que vão em direções opostas. Enquanto nas imagens do caos e da confusão a perda da ordem afeta, supostamente, apenas o mundo objetivo, não se pode imaginar um solo instável — muito menos um solo turbulento — que também não tivesse um impacto sobre a visão do observador. No conto "Unordnung und frühes Leid", a mulher do professor Cornelius se refere ao "tremor do solo sob meus pés, a natureza desordenada de todas as coisas" (494), como uma forma de descrever o impacto da inflação do pós-guerra na sua percepção do mundo. Um artigo de abertura, escrito fora da Alemanha e publicado no *8 Uhr-Abendblatt* no dia 4 de fevereiro, identifica um sentimento semelhante de insegurança existencial relacionado com a situação política da Alemanha, e questiona explicitamente o valor de sua própria análise, que depende desse solo instável: "Há uma compensação para se caminhar sob palmeiras. Quanto mais longe se está da Alemanha (como é meu privilégio nestes dias), mais se começa a perceber, em todos os níveis, a volatilidade da situação alemã. O que acontecerá dentro dos próximos dois ou três dias? O que terá acontecido antes que estas linhas apareçam aos olhos dos leitores?" Não chega a ser surpreendente, portanto — embora também não seja algo óbvio — que o romancista fascista Mario Puccini veja uma virtude masculina se manifestar em situações de estabilidade: "Pois, da mesma forma que, política e moralmente falando, poucas nações européias hoje nos acompanham, logo poderemos (...) dar ao mundo um notável exemplo de riqueza, de força moral, civil e intelectual. Mas apenas se quisermos. Outros povos perderam, pelo menos em grande parte, aquele senso de estabilidade viril e aquele contato com a realidade" (Puccini, 257). [ver **Macho versus Fêmea**] É no contexto de uma obsessão com a instabilidade que muitas letras de tango argentinas não apenas reanimam o topos da volubilidade feminina, como também insistem explicitamente no contraste entre a inconstância feminina e a confiabilidade e o altruísmo que o "eu" lírico masculino se atribui:

> Não se deixe enganar, meu coração,
> pelo desejo dela, por suas mentiras;
> não vá e esqueça
> que ela é uma mulher, e que desde o dia em que ela nasceu
> a falsidade é uma de suas características íntimas.
> Não acredite que isso é inveja ou rancor
> por todo o mal que ela me fez
> que me faz falar com você deste jeito (...)
> Você bem sabe que não existe inveja em meu peito,
> que eu sou como sempre fui.
>
> (Reichardt, 322ss.)

Existem algumas experiências cotidianas típicas — em parte novas, e em parte lembradas de tempos passados — que explicam por que o solo instável se tornou uma metáfora tão poderosa. Decisiva entre elas é a força com que os armamentos modernos podem transformar a natureza e a paisagem: "De um momento para o outro, vemos uma série de granadas de mão explodirem, criando uma linha de explosões. (...) Começamos a sentir aquele vago tremor balançando a terra sob nossos pés. O inimigo tenta forçar os soldados de nosso grupo que se esconderam lá a saírem do túnel" (Jünger, 134). Em cenas assim, a perda de um solo estável sob os pés dos soldados coincide literalmente com a perda total da segurança existencial: "Nós nos levantamos e percebemos como a segurança de nossas trincheiras estava desaparecendo" (95). Num nível menos dramático, este é um sentimento com que os marinheiros — e um número crescente de passageiros de transatlânticos — já estão familiarizados há tempos: "No final eu tinha vontade de sentir um chão sólido sob os meus pés. Eu queria ver as pessoas dando encontrões. Eu queria ter certeza de que o mundo continuava funcionando do jeito de sempre" (Traven, 9). [ver **Americanos em Paris, Transatlânticos**] As tecnologias de transporte em rápido desenvolvimento estão transformando a percepção que as pessoas têm da relação entre o corpo humano e a superfície da terra. [ver **Aviões, Automóveis, Elevadores, Ferrovias**], e as reações a esta transformação não são exclusivamente negativas. Como os agora populares "pisos iluminados para a dança" indicam, perder o solo sob os pés também pode trazer um êxtase de felicidade, uma euforia causada por uma fuga ilusória das adversidades da existência terrena. [ver **Dança, Imanência versus Transcendência**]

Nenhum outro acontecimento isolado, contudo, teve um impacto tão grande nas atitudes populares e acadêmicas em relação à produção de saber quanto a publicação da teoria da relatividade de Einstein. Embora seja difícil estabelecer quanto desta teoria se tornou acessível ao público leigo nas duas décadas passadas desde que foi iniciada a revolução teórica da física, e se o próprio Einstein repetiu insistentemente que o princípio físico da relatividade não tem nada a ver com o relativismo filosófico e ainda menos com o relativismo dos valores cotidianos (Graham, 109), não há dúvida de que as conotações da palavra "relatividade" estão gerando rapidamente um trauma coletivo: "A teoria da relatividade foi vista por muitos leigos como sendo a negação dos padrões e valores absolutos. Surgindo num momento em que o ambiente político e econômico do mundo estava cada vez mais instável, e num momento em que o sucesso da Revolução Soviética pôs em questão todo o conjunto de valores pressupostos sobre os quais se baseava a ordem européia, a nova física parecia ser mais uma ameaça aos padrões confiáveis tradicionais.

O fato de Einstein ser politicamente radical e judeu não ajudou muito a mitigar a apreensão daqueles que sentiam que a velha ordem — política e científica — estava sendo atacada" (Graham, 119). Pelo menos num nível pré-consciente, o próprio pensamento de Einstein parece ter sido influenciado pela proximidade metafórica entre a relatividade física e a instabilidade existencial. Isso é confirmado pelo fato de que os trens, que funcionam como uma metáfora da relação cambiante das pessoas com o — cada vez mais instável — solo sob seus pés são também a metáfora padrão que Einstein e seus alunos usam para explicar a relatividade (Salmon, 69ss.) [ver **Ferrovias**] A metáfora do trem, portanto, é um evidente denominador comum entre a pesquisa científica e uma nova experiência da condição humana, porque ela pode simbolizar, em níveis diferentes, a impressão de que a produção de saber depende do movimento do indivívuo que atua no processo de observar o mundo. No contexto da física, a relatividade leva, assim, à conclusão de que, como uma superfície (ou antes, um solo) no qual o saber é produzido, a Terra não é homogênea. Se Einstein redefine o espaço como "movimento relativo a um corpo de referência praticamente rígido", e se ele aponta para um trem e uma plataforma como exemplos desses corpos de referência, então fica claro que o seu mundo — pelo menos o seu mundo de relatividade especial — se estilhaçará numa variedade de espaços individuais (Einstein, 10-11). Um passageiro de um trem solta uma pedra da janela; a trajetória da pedra observada pelo passageiro parece muito diferente da trajetória observada por uma pessoa parada na plataforma.

O princípio da relatividade provoca uma reação tão ampla porque os seus esquemas básicos apresentam fortes semelhanças com algumas obsessões coletivas do momento. Entre os observadores da instabilidade epistemológica e prática em curso, Walter Benjamin é uma das pouquíssimas pessoas que consegue manter uma atitude analítica, em vez de se render à hipérbole dramática: "Uma situação estável não é necessariamente uma situação confortável, e mesmo antes da guerra existiam grupos sociais para quem a estabilidade significava a estabilização da miséria. A decadência da sociedade não é de forma alguma menos estável ou mais milagrosa do que a sua ascensão" (Benjamin, 94-95). A reflexão de Benjamin sintetiza duas das principais descobertas que decorrem da crise epistemológica. O saber é sempre contingente — e verdadeiro ou falso — em relação à posição do observador. Isso significa que a instabilidade econômica e social parecerá um pesadelo apenas para aqueles que têm muito a perder. Mas isso também significa que uma situação que diferentes observadores concordam ser instável quando a vêem de uma certa perspectiva pode se transformar na estabilidade da mudança quando ela é vista de um degrau acima. Intelectuais e escritores, contudo, ainda estão obcecados em encontrar a distância exatamente apropriada entre eles e o objeto de seu olhar. Na primeira cena do romance *Le voleur d'enfants* (O ladrão de crianças), de Jules Supervielle, um menino é seqüestrado nas movimentadas ruas de Paris porque ele é baixo demais para ver os rostos dos adultos: "Antoine (...) é pequeno e só consegue ver diante dos olhos calças e saias apressadas. Na rua, centenas de rodas, girando sem parar, ou só parando perto de um policial, inflexível como uma rocha" (9).

A impossibilidade de alguém se observar se tornou outro tema central do momento. Em *Uno, nessuno e centomila* (Um, nenhum e cem mil), Luigi Pirandello mostra que um espelho, em vez de legitimar um reflexo individual, pode agravar este problema. "Sempre que eu ficava em frente a um espelho", diz o narrador, "sentia uma espécie de paralisia. Toda a espontaneidade desaparecia; cada gesto meu parecia falso, ou uma imitação. Eu não conseguia me ver como um ser vivo" (16). No drama de Brecht *Mann ist Mann* (Homem é homem), o ex-empacotador Galy Gay, tendo se transformado numa "máquina de lutar" perfeita e terrível, sente falta de uma distância deste seu novo papel, que lhe permitiria integrá-lo com a sua vida pregressa [ver **Individualidade versus Coletividade**]:

> Como Galy Gay sabe que é ele
> Que é Galy Gay?
> Se o seu braço fosse arrancado
> E ele o encontrasse num buraco da parede,
> O olho de Galy Gay reconheceria o seu braço?
> (...)
> E se Galy Gay não fosse Galy Gay,
> Ele seria o filho beberrão de uma mãe que
> seria a mãe de outro, se ela não fosse
> A sua, e este filho também seria um beberrão.
> (Brecht, 360-361)

Transformando esta distância entre o corpo do indivíduo e suas ações em algo potencialmente heróico, Lawrence da Arábia enfatiza que nunca pretenderá ser um observador neutro, um narrador objetivo: "Como eu era companheiro [dos árabes], não farei sua apologia, nem serei seu advogado. Hoje, com minhas velhas roupas, eu posso bancar o espectador, obediente às sensibilidades do nosso teatro (...), mas será mais honesto registrar que essas idéias e ações ocorreram naturalmente, na época. O que hoje parece desenfreado ou sádico então parecia inevitável, ou simplesmente era visto como rotina sem importância" (Lawrence, 30-31). Uma outra variante do mesmo problema aparece na apresentação de Allen Tate à coletânea de poemas *White buildings* (Prédios brancos), de Hart Crane. Tate parte da premissa de que um elemento-chave na identidade do poeta moderno é a incapacidade do poeta — e talvez até mesmo a indisposição — "para [apreender] o seu mundo como uma Totalidade". Segundo Tate, são possíveis duas reações a esta situação. Os poetas podem registrar percepções do mundo isoladas e geralmente sensuais e transformá-las em poemas isolados, ou — e esté é o caso de Crane — eles podem conceber os seus textos como fragmentos de uma única visão de um mundo que eles não têm sequer a esperança de ver como uma totalidade, mas que eles nunca podem abandonar: "Uma série de poemas Imagísticos é uma série de mundos. [Mas] os poemas de Crane são facetas de uma única visão; eles se referem a uma imaginação central, um único poder de avaliação, que é ao mesmo tempo o motivo da poesia e a forma de sua realização" (Crane, xii). Walter Benjamin intervém mais uma vez com um comentário particularmente distanciado sobre a questão da distância cognitiva. Não fica claro se o seu tom é irônico ou nostálgico; mas Benjamin não deixa dúvidas de que a distância cognitiva, que já foi uma condição para a Autenticidade e profundidade do entendimento, não pode mais ser atingida. Ao mesmo tempo, contudo, ele identifica uma excitação positiva nesta perda da distância [ver **Cinemas de luxo, Autenticidade versus Artificialidade**]:

> Aqueles que lamentam a decadência da crítica são tolos. A sua hora já passou. Pois a crítica depende de uma distância apropriada. Ela pertencia a um mundo que consistia em perspectivas e expectativas, um mundo no qual ainda era possível adotar um ponto de vista. Enquanto isso, as coisas se aproximaram ameaçadoramente do corpo da sociedade humana. Hoje, falar de uma visão "neutra" e independente ou é uma mentira ou é uma expressão de incapacidade intelectual. A visão mais essencialista — e a mais mercantil — dirigida ao coração de todas as matérias é a visão da publicidade. Ela faz entrar

em colapso o jogo com a distância do observador e aproxima perigosamente as coisas de nossos rostos — como um carro que, crescendo em proporções gigantescas, parece sair da tela do cinema. E da mesma forma que o cinema nunca mostra mobílias ou fachadas como objetos de reflexão crítica, porque ele almeja exclusivamente o efeito sensacional da sua proximidade súbita, a boa publicidade aproxima as coisas de nós com a velocidade de um filme moderno. (Benjamin, 13-132)

Aqueles que tentam defender o conceito clássico e o valor da verdade recorrem com freqüência a tradições de pensamento e meditação exteriores à sua própria cultura ocidental. O ensaio *Zur Rolle des Yoga in der geistigen Welt Indiens* (Sobre o papel da yoga no mundo espiritual da Índia), do filósofo alemão Heinrich Zimmler, é um exemplo perfeito dessa tendência: "O ioga é o único caminho que permite ao homem atingir a essência absoluta do 'ser' por trás do véu de suas metamorfoses — aquele ser que está em todas as coisas mas que o homem só pode experimentar diretamente quando é apresentado a ele por trás desse véu, na sua própria esfera interior" (Zimmer, 57). Mais adequada do que a utopia filosófica de Zimmer é a alegoria assustadora de Siegfried Kracauer sobre o presente epistemológico: "Um júri se senta em cadeiras invisíveis em todos os lados de um espaço quadrangular. Este é o momento do julgamento — mas o veredicto jamais será pronunciado" (Kracauer, 13). O que o momento epistemológico parece exigir, apesar de sua desesperada sofisticação, é a coragem para adotar soluções simples. Um homem como o dr. Wilhelm Dieck, professor de matemática da faculdade da cidade provinciana de Sterkrade, no norte da Alemanha, publica um livro (em Sterkrade!) com o pomposo título de *Der Widerspruch im Richtigen: Gemeincerständliche mathematische Kritik der geltelden Logik* (A contradição no adequado: Uma crítica matemática altamente compreensível da lógica contemporânea), no qual ele propõe a tese de que todos os problemas da percepção do mundo e da produção de saber nascem de contradições simples, intrínsecas à mente humana — contradições que os homens jamais conseguirão superar. A mensagem final de Dieck é um apelo ingenuamente arrogante para a modéstia epistemológica: "Não posso me esquecer de enfatizar que o meu livro solapa definitivamente a crença no poder absoluto das idéias" (Dieck, 149). Por toda a sua pretensão, Dieck não seria um professor de uma faculdade alemã se ele não terminasse o seu argumento com um apelo à diligência e a paciência intelectuais — e com um poema: "O passado sofria de uma superapreciação do intelecto. Nós não corrigiremos realmente este erro se trocarmos a superapreciação pela subapreciação. Continua sendo nossa tarefa trabalhar com perseverança e paciência pelo aperfeiçoamento do conhecimento humano (...). Se um sonhador, cheio de tristeza/ lamentar a luz que se esvai no crepúsculo,/ olhos abertos e mentes abertas sempre saudarão/ a primeira luz da aurora, no leste" (151).

Entre aqueles que acreditam que deixaram o passado intelectual para trás, cresce um entusiasmo sem limites pela Realidade: "Nosso verdadeiro e frenético amor pela Realidade é sem precedentes. Nunca a Realidade pareceu tão atraente. Por si só, este fato prova o imenso progresso relizado em nossa época. Cada vez mais, a humanidade parece se dividir em dois grupos. E aqueles que não participarem, desaparecerão num anonimato sombrio" (von Wedderkop, 253). [ver **Presente versus Passado**] O mundo da nova Realidade está se dividindo num número infinito de mundos cotidianos, cada um dos quais precisa ser descoberto, ocupado e cultivado. Esses mundos são constituídos por diferentes formas de práxis; eles são modos de vida, como no mundo do judaísmo descrito por Siegfried Kracauer: "Estamos falando de uma forma de vida prática (...), nem um estado teórico da consciência nem uma atividade exclusivamente religiosa. Como o movimento litúrgico, por exemplo" (Kracauer, 174). Mesmo ocasiões isoladas de celebração e alegria agora são vistas como mundos independentes, que existem através de seu isolamento da, e não de sua integração com a, vida cotidiana: "As coisas que aconteceram só poderiam acontecer durante uma *fiesta*. No fim tudo era irreal, e parecia que nada teria conseqüências. Parecia fora de propósito pensar em conseqüências durante a *fiesta*. Durante toda a *fiesta* você tinha a sensação, mesmo quando tudo estava calmo, de que teria que gritar para ser ouvido. A mesma sensação precedia qualquer ação. Era uma *fiesta*, e ela durou sete dias" (Hemingway, 159). A experiência nova mais estranha e intrigante, contudo, é aquela das Realidades particulares que são criadas com intenções específicas e estratégias conscientes. No romance *Das Tottenschiff* (O barco da morte), de B. Traven, o herói e narrador termina num barco que é deliberadamente posto a pique — e ele se torna assim a vítima de uma trama que, ele percebe, é a Realidade convencional da fraude de seguros. Mas apesar de todas as mentiras e ficções nas quais se baseia a fraude, ela é tão real — e mortal — quanto qualquer Realidade natural ou institucional poderia ser: "Centenas de navios da morte [navegam] os sete mares. (...) Todas as nações têm os seus navios da morte. Nunca houve tantos mortos, desde o dia em que a Grande Guerra foi vencida em nome da verdadeira liberdade e da real democracia" (Traven, 138). Inicialmente, as pessoas parecem subestimar aquelas realidades que revelam ser baseadas em convenções ou estratégias. Mas muito antes de os filósofos profissionais se acostumarem a uma situação epistemológica na qual o critério da verdade está se desintegrando, um conhecimento tácito da natureza múltipla da realidade cotidiana se tornou parte da vida diária. É este o tema de *Traumnovelle* (História de um sonho), de Arthur Schnitzler. Um médico jovem e rico e sua bela mulher ficam irritados ao terem a impressão — correta — de que as obrigações diárias da profissão dele e as procupações domésticas dela estão sufocando os momentos de paixão do casamento: "A profissão de Fridolin o chamava para atender a seus pacientes logo cedo, e Albertina não podia ficar na cama até mais tarde por causa de seus deveres como mãe e dona de casa. Assim passavam as horas, de forma discreta e predeterminada, na rotina e no trabalho diários" (Schnitzler, 5). Nesta situação de desilusão, Albertine se deixa levar por fantasias sobre como poderia ter sido o seu passado amoroso ideal, enquanto Fridolin entra num mundo altamente erotizado, descrito de forma ambígua por Schnitzler — pode ser tanto um sonho quanto uma Realidade licenciosa. No final, quando Fridolin está prestes a fazer uma confissão sobre a sua vida erótica, que acabou se transformando num pesadelo, ele encontra uma Albertine inteiramente compreensiva. Baseada em sua própria experiência pessoal, ela já está familiarizada com a natureza dos sonhos do marido, e portanto ela pode persuadi-lo a parar de se preocupar em descobrir até que ponto eles são reais. Ela pode sentir que não existe uma verdade única e definitiva, que invalidaria todos os mundos e formas particulares — às vezes apaixonados, às vezes entediantes — de sua experiência compartilhada: "Eu estou certa de que a realidade de uma noite não constitui toda a verdade, muito menos a realidade de uma vida inteira" (Schnitzler, 135). Com esta revelação filosófica, Albertine e Fridolin aprendem mais uma vez a apreciar as pequenas alegrias da vida cotidiana: "Então eles se deitaram em silêncio, cochilando um pouco, sem sonhar, próximos um do outro — até que ouviram alguém bater na porta, como acontecia todos os dias, às sete. E — com os ruídos habituais da rua, um vitorioso raio de luz através das cortinas e a gargalhada de uma criança por trás da porta — um novo dia começou" (136). Schnitzler, contudo, admira o suficiente as idéias de Sigmund Freud para insinuar, como faz Louis Aragon em seu romance *Le paysan de Paris* (O camponês de Paris), que todas as esferas elevadas da existência e da transcendência humanas e toda mitologia nascem, definitivamente, da vida cotidiana: "Novos mitos nascem a cada um de nossos passos. Onde o homem viveu, onde ele vive, ali começa a lenda" (Aragon, 14). [ver **Imanência versus Transcendência**] Schnitzler e Aragon mostram duas tonalidades diferentes em suas maneiras de chegarem a um acordo com uma nova esperiência da Realidade.

Chegar a um acordo com, ou mesmo escolher, esta experiência da Realidade significa conhecer o mesmo sentimento de Incerteza que leva outras pessoas à reação oposta — isto é, recusar-se a abraçar a realidade com Sobriedade intelectual. [ver **Sobriedade versus Exuberância**] Longe de excluir a Incerteza, a realidade sempre a pressupõe e a contém. Se existe uma possibilidade de problematizar o contraste entre Incerteza e Realidade, ela vem das vozes individuais que, se percebem a necessidade de se adaptar à realidade, não desistiram completamente do sonho de atingir a verdade. Uma destas vozes é a de Adolf Hitler. Ele é guiado pelo duplo desejo de atribuir a si mesmo o papel de gênio detentor da verdade e profeta, e também de deixar claro que, se ele não conseguir ser aceito como gênio e profeta, ele ainda poderá acreditar que nada superará a sua atitude pragmática de político bem-sucedido: "Em meio à monotonia da vida cotidiana, até mesmo pessoas importantes freqüentemente parecem banais e não conseguem se destacar da mediocridade circundante. Mas assim que eles se deparam com uma situação na qual outros se desesperariam ou cometeriam enganos, a natureza do gênio se torna visível, bem acima da média. Não raramente, isso surpreende todos aqueles que tiveram a oportunidade de observar uma criança à medida que ela cresce confinada aos limites estreitos da vida burguesa. Como um resultado deste processo, um profeta raramente é reconhecido em seu próprio país" (Hitler, 321). Outros reservam à ciência a busca da verdade. Mas se a ciência, como sugere José Ortega y Gasset, pode se preocupar exclusivamente com a verdade, então ela se torna uma instituição que corre o risco de se alienar de questões práticas: "Do enorme bloco de conhecimento que constitui a ciência moderna, apenas uma pequena parte tem alguma aplicação útil. A ciência aplicada — a tecnologia — é simplesmente um apêndice do enorme volume representado pela ciência pura, a ciência que se acredita desprovida de um propósito e de metas utilitárias. A inteligência, assim, é uma função basicamente inútil, uma luxúria maravilhosa do organismo, uma superfluidade inexplicável. (...) Ela nos parece (...) uma atividade que é primariamente um passatempo, e apenas secundariamente ela é utilitária" (Ortega y Gasset, 122-123).

O jornalista brasileiro Antônio de Alcântara Machado associa a pesquisa científica, livre de qualquer valor ou aplicação práticos, aos Estados Unidos, já que os dois lhe parecem futuristas. [ver **Presente versus Passado, Centro versus Periferia**] Ele adota uma atitude psicológica familiar: julgar os Estados Unidos ridículos para assim poder reprimir a sua admiração pelo país: "Os jornais europeus ainda estão preocupados com um telegrama que receberam da Califórnia. Era um telegrama realmente horrível, que revelava que um astrônomo americano tinha descoberto um novo universo. É verdade: um novo universo, com estrelas, planetas, galáxias — tudo de que precisa um universo respeitável. Descobrir planetas se tornou algo trivial para os cientistas americanos. Agora eles vão além. (...) Assombroso! Você concordará que a nova descoberta é sensacional. Comparado a ela, tudo o que a imaginação americana já inventou até aqui parece irrisório. O único lado ruim é que esta nova descoberta não tem nenhum valor prático" (Alcântara Machado, 138-139). Enquanto um jornalista brasileiro acusa os Estados Unidos, e especialmente a Califórnia, de promover a ciência pura como mais um excesso do presente, Ray Lyman Wilbur, presidente da Universidade de Stanford, afirma que a ênfase na utilidade prática — na Realidade — sempre caracterizou a vida acadêmica na Costa Oeste: "A educação para a vida prática sempre foi um dos objetivos desta instituição. Preparar homens e mulheres sem destruir a sua personalidade nem sua iniciativa, preservar um senso de responsabilidade e liberdade pessoal, considerar o estudante um colega do professor, e apoiar esforços para se melhorar o mundo lá fora sempre foram importantes ideais nossos" (*1926 Quad*, 246).

Verbetes relacionados

Aviões, Americanos em Paris, Automóveis, Cinemas de Luxo, Dança, Elevadores, Ferrovias, Autenticidade versus Artificialidade, Centro versus Periferia, Imanência versus Transcendência, Individualidade versus Coletividade, Macho versus Fêmea, Presente versus Passado, Sobriedade versus Exuberância

Referências

8 Uhr-Abendblatt.
Antología de Blanco y Negro, 1891-1936, vol. 9. Madri, 1986.
Antônio de Alcântara Machado, *Ano de 1926*. In Alcântara Machado, *Obras*, vol.1: *Prosa preparatória: Cavaquinho e saxofone*. Rio de Janeiro, 1983.
Louis Aragon, *Le paysan de Paris*. Paris, 1926.
Antonin Artaud, "Théâtre Alfred Jarry: Première année — Saison 1926-1927". In Artaud, *Oeuvres Complètes*, vol. 2. Paris, 1961.
Associated Students of Stanford University, eds., "The 1926 Quad", Stanford, 1926.
Walter Benjamin, "EinbahnstraBe" (1926). In *Gesammelte Schriften*, vol. 4, parte 1. Frankfurt, 1972.
Bertolt Brecht, "Mann ist Mann" (1926). In "Gesammelte Werke", vol.1. Frankfurt, 1967.
Sérgio Buarque de Holanda, "Marinetti, homem político" (1926). In Francisco de Assis Barbosa, org., *Raízes de Sérgio Buarque de Holanda*. Rio de Janeiro, 1989.
Agatha Christie, *The murder of Roger Ackroyd*. Londres, 1926.
Hart Crane, *White buildings*. Nova York, 1926.
Wilhelm Dieck, *Der Widerspruch im Richtigen: Gemeniverständliche mathematische Kritik der geltender Logik*. Sterkrade, 1926.
Albert Einstein: *Relativity: The special and general theory* (1916). Nova York, 1961.
Loren R. Graham, "The reception of Einstein's ideas: Two examples from contrasting political cultures". In Gerald Holton e Yehuda Elkana, orgs., *Albert Einstein: Historical and cultural perspectives*. Princeton, 1982.
Ernest Hemingway, *The sun also rises*. Nova York, 1926.
Adolf Hitler, *Mein Kampf* (1926). Munique, 1941.
Karl Holl, "Über Begriff und Bedeutung der 'dämonischen Persönlichkeit'"(Conferência proferida em Berlim a 3 de agosto de 1925). *Deutsche Vierteljahrsschrift für Literaturwissenschaft und Geistesgeschichte 4* (1926): 1-19.
Kampf um München als Kulturzentrum: Sechs Vorträge. Munique, 1927.
Siegfried Kracauer, "Zwei Fläschen" (1926). In Kracauer, *Das Ornament der Masse: Essays*. Frankfurt, 1977.
T.E. Lawrence, *The seven pillars of wisdom* (1926). Garden City, 1936.
Niklas Luhmann, *Die Wissenschaft der Gesellschaft*. Frankfurt, 1990.
Thomas Mann, "Unordnung und frühes Leid" (1926). In *Sämtliche Erzählungen*. Frankfurt, 1963.
José Ortega y Gasset, "Parerga: Reforma de la inteligencia". *Revista de Occidente* 4 (1926): 119-129.
Luigi Pirandello, *Uno, nessuno e centomila*. Milão, 1926.
Mario Puccini, "Contributions to the great debate on fascism and culture in 'Critica Fascista'" (1926). *Stanford Italian Review 8* (1990): 257-260.

Dieter Reichardt, org., *Tango: Verweigerung und Trauer, Kontexte und Texte*. Frankfurt, 1984.
Wesley C. Salmon, *Space, time and motion: A philosophical introduction*. Encino, Calif., 1975.
Arthur Schnitzler, *Traumnovelle*. Berlim, 1926.
Jules Supervielle, *Le voleur d'enfants*. Paris, 1926.
Hermann von Wedderkop, *Wandlungen des Geschmacks* (1926). In Anton Kaes, org., Weimarer Republik: Manifeste und Dokumente zur deutschen Literatur, 1918-1933". Stuttgart, 1983.
Heinrich Zimmer, "Zur Rolle des Yoga in der geistigen Welt Indiens". *Deutsche Vierteljahrsschrift für Literaturwissenschaft und Geistesgeschichte* 4 (1926): 21-57.

INDIVIDUALIDADE VERSUS COLETIVIDADE

A individualidade, segundo uma opinião freqüentemente manifestada, não é suficientemente forte para preservar a sua independência contra uma sociedade hostil e assustadoramente poderosa. Aparentemente sem saber como esta impressão está difundida entre os intelectuais dos centros políticos e culturais do Ocidente [ver **Centro versus Periferia**], o jornalista Antônio de Alcântara Machado interpreta a incapacidade individual em cultivar uma esfera pessoal de pensamento e emoção como um sintoma de uma forma especificamente brasileira de provincianismo: "Nós ainda sofremos com um ambiente social muito estreito e ultrapassado, no qual todos se conhecem e todos se temem. É um mundo provinciano, que confunde verdade com atrevimento, e falta de tato com honestidade. Não é permitido ter segredos na esfera individual. A comunidade inteira vê cada movimento e entreouve cada palavra" (196).

Robert Musil faz uma associação oposta. Para ele, é a capacidade quase hiperbólica de desempenhar todos os papéis oferecidos pela sociedade moderna que proporciona a Ulrich, o herói de seu romance, a perspicácia de um personagem tipicamente urbano — mas este mesmo mundanismo impede que Ulrich desenvolva uma identidade individual. Ulrich "descobre que a sua existência é contingente, que ele pode enxergar — mas nunca alcançar — a sua essência. A existência não é nem nunca será completa. Mesmo que ela assuma todas as formas possíveis, ele jamais perderá a impressão de ser contingente" (Fontana, 382). A trama da peça *Mann ist Mann*, de Bertolt Brecht, é uma versão radical da mesma idéia. Alguns soldados coloniais transformam um modesto operário e chefe de família numa máquina de lutar, que combina a energia agressiva de um animal arcaico com a perfeição técnica de um míssil teleguiado:

> E eu já sinto dentro de mim
> O desejo de cravar os dentes
> No pescoço do inimigo,
> Um impulso parar massacrar
> Famílias e provedores,
> Realizar a tarefa
> Do conquistador.
> Entregue-me o seu passe de soldado.
> (Brecht, *Mann ist Mann*, 376)

Privar o conquistado de seu passe de soldado significa tirar até mesmo a identidade mínima que a sociedade normalmente põe à disposição de todo indivíduo. Carteiras de identidade de todo tipo se tornaram, assim, símbolos da tensa relação entre Coletividade e Individualidade. A liberdade do indivíduo é às vezes reduzida ao direito exclusivo (e ainda assim limitado) de se deslocar no espaço, e mesmo esta frágil independência precisa ser ratificada por um documento burocrático. A presença do indivíduo nunca pode valer como substituto para uma carteira de identidade: "'Sem carta de marinheiro?' Ele arregalou os olhos com sincera suspresa, como se tivesse visto um fantasma. O tom de sua voz carregava o mesmo estranhamento com que ele diria: 'O quê? Você não acredita que isso é água do mar?' Aparentemente, era incompreensível para ele que pudesse existir um ser humano sem um passaporte e sem uma carta de marinheiro" (Traven, 14). [ver **Transatlânticos**]

Esperanças de um futuro melhor se baseiam na invenção de novas estruturas sociais ou na emergência de movimentos coletivos, mais do que na ação individual. Mesmo as grandes conquistas individuais do passado, como a criação do novo Estado alemão por Bismarck, devem encontrar uma continuidade em atividades coletivas: "A Alemanha está viva. Os aristocratas abandonaram a nação quando ela mais precisava ser guiada; mas o povo, cujo caráter Bismarck não compreendeu até que fosse tarde demais, resistiu, resgatando assim o seu trabalho" (Ludwig, 683). As poucas formas de Individualidade que proporcionam uma relativa independência em relação à sociedade raramente chegam a contribuir para mudanças na esfera da Coletividade. Uma dessas formas — o silêncio — conquista a independência ao preço do isolamento. Nenhum dos diversos rituais amplamente admirados através dos quais os indivíduos conquistam a auto-afirmação ao enfrentar a morte ocupa uma função pragmática dentro da sociedade. Os pilotos, por exemplo, dominam seus aviões ou acabam se rendendo a eles, mas esta luta nunca oferece algum serviço concreto a terceiros. Muitas estrelas idolatradas e imitadas são incapazes de sustentar até mesmo uma vida familiar média. [ver **Aviões, Estrelas, Silêncio versus Barulho, Imanência = Transcendência (Morte)**] Somente aqueles protagonistas públicos que são não apenas inatingíveis, mas também impenetráveis, parecem estar a salvo das manipulações da sociedade. Estrelas com esta característica particular devolvem à sociedade, com desprezo, todas as adversidades que os indivíduos normais têm que suportar. É por isso que Heinrich Mann — entre muitos outros autores — considera Suzanne Lenglen muito mais do que uma mera campeã de tênis: "Pode-se achar Suzanne Lenglen feia, mas sua coragem faz com que ninguém perceba sua falta de graça. (...) seu olho é infalível, e seu corpo tem a leveza de uma gazela. É como se ela tivesse asas que a levassem a toda parte, a qualquer ponto da quadra e a qualquer ponto do mundo. Ela se mantém imperturbável diante do mundo que nos aflige — e é isto que a torna tão bonita" (Mann, 304). Como Heinrich Mann, Antônio de Alcântara Machado reverencia Suzanne Lenglen como um símbolo da liberdade absoluta — mesmo que ele sequer saiba soletrar o seu nome: "Vitoriosa em todos os campeonatos, Susanne Lenglen, a rainha do tênis, compartilha o destino de suas nobres irmãs. Freqüentemente os jornais escrevem sobre maridos potenciais, e chegam a anunciar as datas da cerimônia. (...) Na realidade, Susanne Lenglen continua solteira. Mas ela sequer se preocupa em desmentir os boatos que circulam em toda parte sobre a mudança de seu estado civil. E é esta a coisa certa a fazer. Em vez de se casar com um príncipe ou um duque, ela preserva sua liberdade absoluta" (Alcântara Machado, 138).

Em *La tentation de l'Occident* (A tentação do Ocidente), de André Malraux, um viajante chinês argumenta que, na Europa, a relação entre arte e sociedade é cheia de tensão, enquanto na Ásia as duas esferas interagem harmoniosamente. A causa desta diferença, segundo ele, é a obsessão européia em imaginar a sociedade como uma esfera de ação: "Para vocês, (...) a admiração resulta de uma ação. Para nós, ela é a simples consciência de existir da forma mais bela. Através das obras de arte que vocês chamam de sublimes, vocês expressam uma ação, não um estado. Este estado, que nós conhecemos apenas em virtude do que ele proporciona àqueles que o alcançaram, esta pureza, esta desintegração da alma no seio da luz eterna — os ocidentais nunca buscaram, nem tentaram expressar" (Malraux, 35). [ver **Ação versus Impotência**] De uma perspectiva americana, uma relação distante e mal resolvida entre o indivíduo e a sociedade pode se tornar um motivo de perplexidade — tanto no sentido da admiração quanto no da desaprovação. Esta ambigüidade permeia uma descrição da vida acadêmica parisiense por estudantes da Universidade de Stanford: "Quanto à vida acadêmica da Universidade de Paris, ela simplesmente não existe, no sentido americano do termo. Não existe campus. (...) Não existe um espírito universitário, nem equipes de atletas, nem debates entre universidades, nem mesmo um jornal acadêmico. (...) A Universidade de Paris não é um 'colegiado'. Ela não faz restrições paternalistas nem tem tradições de campus. Ela só é um lugar de estudo para o estudante dotado de real talento e ambição" (*1926 Quad*). Quando o medo da solidão é superado, porém, o isolamento individual extremo pode se tornar um objeto de desejo nada ambíguo. A idéia de "estar isolado de todas as relações humanas" faz Fridolin, o protagonista de *Traumnovelle* (História do sonho) se sentir ao mesmo tempo desconfortável e livre: "Embora essa idéia o fizesse tremer um pouco, ela também o tranqüilizava, porque parecia libertá-lo de toda responsabilidade e de todos os vínculos das relações humanas" (Schnitzler, 31). O romance *Uno, nessuno e centomila* (Um, nenhum e cem mil), de Luigi Pirandello, é um exercício altamente sofisticado — e radical — deste tipo de reflexão. A desilusão com a sociedade atira o protagonista num itinerário de deliberada alienação. Ele descobriu que a sua identidade, em vez de consistir em uma única persona pública, é diferente com cada um de seus amigos e parentes (daí o título do livro). Assim, ele quer não somente se distanciar da sociedade, como também reprimir a auto-observação que lhe provoca um angustiante sentimento de fragmentação. Ele quer deixar para trás sua identidade familiar. "Eu queria ficar sozinho. Sem eu mesmo. Quero dizer, sem aquele 'eu' que eu já conhecia, ou julgava conhecer. Sozinho com um certo estranho, de quem, como eu já tinha obscuramente pressentido, seria impossível me livrar e que era eu mesmo: o estranho inseparável de mim" (Pirandello, 15). A alienação definitiva da sociedade — e a forma mais sutil de vingança contra a sociedade — é alcançada no final do romance de Pirandello, quando o herói pode afirmar que ele abandonou e destruiu metodicamente todas as estruturas e hábitos (incluindo a propriedade e a linguagem) que normalmente fazem do indivíduo um membro de uma comunidade: "Não somente me alienei de mim e de tudo que chamava meu, mas sentia terror de que restasse qualquer outra pessoa, possuindo qualquer coisa. Sem desejar mais nada, eu sabia que não podia mais falar" (225).

Por mais longe que vá este cultivo da Individualidade, os papéis sociais que ele produz são formas desesperadamente heróicas de resistência — nada além de relíquias de um passado distante. [ver **Presente versus Passado**] O futuro, em contrapartida, está invariavelmente associado a idéias e ideais de Coletividade. A Coletividade se torna assim o lugar da experimentação, porque aqueles que a favorecem em detrimento da Individualidade não estão seguros em relação a que princípios deveriam — ou poderiam — servir como os fundamentos de uma nova sociedade. Quando Adolf Hitler postula que "o instinto de preservação da espécie é a primeira causa da formação de comunidades humanas, ele torna o Estado um organismo do povo, e não uma organização econômica" (Hitler, 165). "Povo" e "Estado" são sinônimos, referindo-se a um grupo biologicamente constituído. Para Carl Schmitt, em compensação, uma distinção clara entre povo e Estado é uma precondição elementar para qualquer situação legal. Ele reserva assim a esfera da política exclusivamente ao Estado (Schmitt, 4-5). Da mesma forma, as memórias de guerra de Ernst Jünger evocam o Estado — e não o povo ou a nação — como um ponto de referência quase transcendente para as ações militares que ele descreve: "O asustador trovão da batalha ainda ressoa. É como se ele quisesse explorar o seu potencial insano até a última gota. Dentro de um espaço limitado, o Estado que representamos constrói para os nossos sentidos a imagem de sua violência ilimitada, imprimindo em nossos corpos o seu direito ao poder e ao expansionismo" (Jünger, 107). Friedrich Panzer, historiador da linguagem e reitor da Universidade de Heidelberg, rejeita ao mesmo tempo a definição formal de "Coletividade" e a associação da Coletividade a um conceito biologicamente determinado de "povo". Depois de rejeitar, num tom de agressividade pouco usual, a legitimidade intelectual do conceito de "raça", ele propõe que cada linguagem individual seja vista como algo que abrange a unidade do povo, da nação e da cultura: "É este o fato decisivo. Em todos os tempos — e especialmente em nossa época moderna e altamente intelectualizada — uma nação extrai seus fundamentos essenciais da sua linguagem" (Panzer, 6). Somente em meio à esquerda política, a questão relativa ao princípio unificador dos grupos sociais encontra uma resposta unânime: A solidariedade virá com a igualdade social. É este o programa e a justificativa das dramáticas mudanças sociais na União Soviética, que os intelectuais acham tão fascinantes. Durante sua viagem a Moscou, Ernst Toller fica feliz ao ver que as pessoas usam roupas baratas, que todos recebem salários baixos (embora Toller fique surpreso ao constatar que algumas disparidades persistem), e que os professores e estudantes têm supostamente os mesmos direitos na sala de aula (Toller, 92, 113, 127, 185). As opiniões são divergentes, contudo, quando se abordam os direitos que uma Coletividade socialista deve ter em detrimento da Individualidade. Toller não consegue apoiar um sistema legal que sentencia uma jovem a dez anos de prisão porque não denunciou o marido, que era um espião a serviço do governo polonês: "'E por que você não denunciou seu marido? Por quê?', perguntou o supervisor que me acompanhava. 'Não vou trair meu próprio marido', ela respondeu. O supervisor, um comunista, balançou a cabeça. Para ele o coletivo precede o individual. Ele não hesitaria, como me disse depois, em assassinar o seu melhor amigo, se este amigo tivesse traído as metas do coletivo" (Toller, 142).

Um exemplo literário desta instabilidade considerável na relação entre Coletividade e Individualidade é o estilo heterogêneo da carta que K., em *Schloss*, de Franz Kafka, recebe da administração do castelo: "Não era uma carta coerente. Em parte ela reconhecia [K.] como um homem livre, cuja independência era respeitada. (...) Mas havia outros trechos em que ele era direta ou indiretamente tratado como um empregado subalterno, que mal era percebido pelos chefes de departamento" (23-24). Em seu livro *La vie des termites*, o ganhador do prêmio Nobel Maurice Maeterlinck trabalha para desenvolver um discurso científico, que se apresenta tão explicitamente como uma alegoria dos problemas sociológicos e suas diferentes interpretações políticas, que o leitor corre o risco de não perceber o conteúdo ideológico básico. É esta a caracterização geral que Maeterlinck faz da vida social dos térmitas: "Um novo tipo de destino — talvez o mais cruel destino social — foi acrescentado àqueles que já conhecíamos e que até agora nos eram suficientes. Nenhum descanso, exceto no sono final; é probido ficar doente; e qualquer fraqueza pode acarretar uma pena de morte. O comunismo se tornou canibalismo, e então cropofagia, já que sob o comunismo as pessoas se alimentam, por assim dizer, de excrementos. É um inferno que lembra a multidão alada de uma colmeia" (Materlinck, 155-156). Ninguém descreve mais claramente a situação da qual nascem todos esses problemas e discursos do que o crítico literário I.A. Richards. Como a maioria dos intelectuais, ele começa postulando uma relação hierárquica entre Coletividade e Individualidade: "Nós precisamos reconhecer que o homem é um ser social, e que só o vemos como indivíduo por meio de uma ficção desumanizadora." O que torna incomum a tese de Richards, contudo, é o seu desejo de admitir que um modelo convincente de uma nova ordem social não é visível na situação atual: "A tradição está perdendo vigor. As autoridades morais já não contam com o apoio das mesmas crenças que no passado; suas sanções são cada vez menos fortes. Nós estamos precisando de algo que ocupe o lugar da velha ordem" (Richards, 40-41).

Como não existem ideais ou metas de aceitação generalizada, os interesses privados dominam facilmente a cena. Mas uma vez que o colapso da esfera coletiva é uma hipótese muito temida, os instintos agressivos e brutais de massa se voltam contra aqueles que ousam deflagrar este medo. É este o mecanismo por trás do caso de Theodor Lessing, de 54 anos, professor assistente de filosofia na Universidade Técnica de Hannover. Em maio e junho, centenas de estudantes nacionalistas armados com clavas de carvalho ocupam a sala onde Lessing está escalado para dar uma aula. Eles o perseguem e o ameaçam fisicamente quando ele sai da universidade e vai para casa; e, por fim, milhares de estudantes anunciam que irão se transferir para a vizinha Universidade Técnica de Braunschweig se Lessing não for demitido (Marwedel, 289ss.) No ano anterior, Lessing provocara duas vezes a instável psique coletiva. Ele publicou um artigo de jornal sobre o recém-eleito Reichspräsident, Paul von Hindenburg, em que elogiava ironicamente este herói de guerra como a encarnação do estilo autenticamente alemão de estupidez. E, na cobertura da imprensa do julgamento do assassino Haarmann, Lessing não apenas discutiu a relação entre crime e sociedade como também revelou uma perturbadora colaboração entre Haarmann e as autoridades legais de Hannover, que o tinham contratado como um espião da polícia. [ver **Assassinato**] O ponto de convergência das intervenções de Lessing é evidente: abordando duas situações sociais muito diferentes, ele mostra como estão tensas as relações entre Individualidade e Coletividade em ambas. Mas é somente pela conjunção com o fato de ser judeu que os textos de Lessing incitam a direita nacional e seus órgãos de imprensa. Como em tantas outras perseguições de indivíduos, este ato de agressão contra um estrangeiro serve para compensar a inexistência de uma unidade "nacional". Em meados de junho, em Berlim, o ministro da Cultura decide que a função de Lessing na universidade deve ser reduzida a um contrato de pesquisa remunerada.

Os únicos papéis sociais que se encaixam facilmente na esfera coletiva são aqueles desprovidos de qualquer controle. É por isso que o status dos empregados está entre as fórmulas de maior sucesso do momento; é por isso que as linhas de montagem se tornaram um objeto de orgulho e um tema de debate intelectual; e é o abandono da independência que torna as "intoxicantes" novas formas de dança tão populares. Em contrapartida, afirmar a importância dos instrumentos e músicos torna precário o trabalho coletivo das orquestras de jazz. [ver **Linhas de Montagem, Dança, Empregados, Jazz**] Mais do que experimentar este difícil equilíbrio, a maioria das pessoas quer saber como é sentir-se "irresistivelmente" atraído a "fazer parte de uma força maior" (Jünger, 102-103). Mas ninguém sabe como evitar que esta atração irresistível se torne potencialmente perigosa. A manipulação das massas por indivíduos se torna assim um tema de preocupação pública. Se os intelectuais espanhóis geralmente admiram Miguel de Unamuno por sua ação como "excitator Hispaniae" (Curtius, 245-246), eles também parecem bastantes aliviados com o fato de Unamuno fazer suas exortações no exílio, além da fronteira francesa. A *Revista de Occidente* publica um artigo satírico sobre o teatro do futuro, no qual os assim chamados moduladores calculam cada reação da platéia: "O propósito de um drama (...) era sugerir um estado existencial simples ou complexo, e o modulador, informado sobre o grau de intensidade desejado, era incumbido de produzir a emoção necessária" (172). [ver **Engenheiros**]

Siegfried Kracauer, que suspeita até da arquitetura de manipular ilegitimamente a população (*Zwei Flächen*, 12), não vê problema em saudar Martin Buber como um "líder dos jovens judeus, especialmente dos sionistas" (*Die Bibel auf Deutsch*, 173). [ver **Individualidade = Coletividade (Líder)**] O que a princípio parece uma contradição em termos é justamente um sintoma da convergência das duas tensões que fascinam os intelectuais. Investe-se muita esperança numa Coletividade moralmente justificável do futuro, mas não há sinais de que a sociedade conseguirá alcançar uma estrutura assim. Existe um desejo vago por um líder que, saindo da Coletividade, proverá orientação, mas este desejo é contido por uma reação quase fóbica contra quem quer que ouse tomar uma iniciativa individual que possa ter conseqüências para outras pessoas. Uma suave ironia é a atitude que os personagens aristocráticos do romance *Maria Capponi*, de René Schickele, adotam diante do problema: "'De fato', disse o duque, 'tudo o que podemos esperar é a revolução. De cima ou de baixo, ou, se necessário, dos dois ao mesmo tempo. Estamos paralisados. Nada funciona. Algo precisa acontecer logo, para o bem da humanidade.' (...) 'Aí vêm eles', ele disse, apontando um grupo de pescadores que acabava de entrar na sala. 'Eles serão nossos novos senhores.' (...) 'Deus os acompanhe, camaradas — todos nós tivemos que começar de algum lugar'" (Schickele, 250). Bertolt Brecht, que está prestes a encontrar sua identidade política como comunista, também escolhe um tom irônico para falar de seu próprio desejo por um líder: "A única coisa ruim sobre os grandes homens (porque grandes homens são de fato uma coisa ruim) é que existe um número suficiente deles" (Brecht, *Auz Nptizbüchern*, 16). Por sua vez, Karl Holl, diretor da Universidade Humboldt de Berlim, cita Hegel, o filósofo de Estado da Prússia, quando fala — sem ironia, mas também sem tautologia evidente — sobre grandes indivíduos: "Os grandes protagonistas da História mundial são aqueles que, em vez de se concentrarem em idéias e opiniões subjetivas, buscaram e atingiram o que era necessário e adequado — aqueles que sabem o que é oportuno e necessário, porque o viram com o seu próprio olho interior" (Holl, 19).

Verbetes relacionados

Aviões, Assassinato, Dança, Empregados, Engenheiros, Estrelas, Linhas de Montagem, Transatlânticos, Ação versus Impotência, Centro versus Periferia, Presente versus Passado, Silêncio versus Barulho, Individualidade = Coletividade (Líder), Imaginação = Transcendência (Morte)

Referências

Antônio de Alcântara Machado, "Ano de 1926". In Alcântara Machado, *Obras, vol. 1: Prosa preparatória: Cavaquinho e saxofone*. Rio de Janeiro, 1983.
Associated Students of Stanford University, orgs., *The 1926 Quad,*. Stanford, 1926.
Bertolt Brecht, "Mann ist Mann" (1926). In Brecht, *Gesammelte Werke*, vol. 1. Frankfurt, 1967.
Bertolt Brecht, "Aus Notizbüchern, 1919-1926". In Brecht, *Gesammelte Werke*, vol.20. Frankfurt, 1967.

Ernst Robert Curtius, "Unamuno" (1926). In Curtius, *Kritische essays zur Europäischen Literatur*. Berna, 1950.

Oskar Maurus Fontana, "Was arbeiten Sie? Gespräch mit Robert Musil" (1926). In Anton Kaes, org., *Weimarer Republik: Manifeste und Dokumente zur deutschen Literatur, 1918-1933*. Stuttgart, 1983.

Adolf Hitler, *Mein Kampf* (1926). Munique, 1941.

Karl Holl, *Über Begriff und Bedeutung der 'dämonischen Persönlichkeit'* (Conferência proferida em Berlim a 3 de agosto de 1925). *Deutsche Vierteljahrsschrift für Literaturwissenschaft und Geistesgeschichte* 4 (1926): 1-19.

Ernst Jünger, *Feuer und Blut: Ein kleiner Ausschnitt aus einer grossen Schlacht* (1926). Hamburgo, 1941.

Franz Kafka, *Das Schloss* (1926). Frankfurt, 1968.

Siegfried Kracauer, "Die Bibel auf Deutsch". In Kracauer, *Das Ornament der Masse: Essays*. Frankfurt, 1977.

Siegfried Kracauer, "Zwei Fläschen" (1926). In Kracauer, *Das Ornament der Masse: Essays*. Frankfurt, 1977.

Emil Ludwig, *Bismarck: Geschichte eines Kämpfers*, Berlim, 1926.

Maurice Maetterlinck, *La vie des termites*. Paris, 1926.

André Malraux, *La tentation de l'Occident*. Paris, 1926.

Heinrich Mann, *Sieben Jahre: Chronik der Gedanken und Vorgänge*. Berlim, 1929.

Rainer Marwedel, *Theodor Lessing, 1872-1933: Eine Biographie*. Neuwied, 1987.

Friedrich Panzer, *Volkstum und Sprache*. Conferência proferida na Universidade de Heidelberg, 22 de novembro. Frankfurt, 1926.

Luigi Pirandello, *Uno, nessuno e centomila*. Milão, 1926.

Revista de Occidente.

I.A. Richards, *Science and poetry* (1926). Nova York, 1970.

René Shickele, *Maria Capponi*, Munique, 1926.

Carl Schmitt, *Die Kernfrage des Völkerbundes*. Berlim, 1926.

Arthur Schnitzler, *Traumnovelle*. Berlim, 1926.

Ernst Toller, "Russische Reisebilder" (1926). In Toller, *Quer durch: Reisebilder und Reden*. Munique, 1978.

MACHO VERSUS FÊMEA

※

Heinrich Mann gosta da moda do cabelo curto: "Todo mundo sabe que o cabelo curto não é apenas atraente, mas também prático" (Mann, 300). Se pelo menos ela não tivesse sido inventada na América! [ver **Centro versus Periferia, Americanos em Paris**] A associação entre o cabelo curto e a imagem da "garota americana" desperta temores de decadência cultural, que os intelectuais europeus combatem com bravas tentativas de autopersuasão: "Ainda não ficou perfeitamente claro se nós europeus estamos destinados a seguir a desordem americana. Nós temos velhos hábitos que podem ser revigorados. A geração mais jovem, porém, não apenas tem o direito de enfatizar os aspectos físicos da vida como realiza, ao fazê-lo, a mais elevada missão de nossa época — e isto é verdade sobretudo para as mulheres. Ao jogarem tênis, elas ajudam a revigorar — como deveriam — um continente anteriormente dominante. A tarefa das mulheres é essencialmente romântica, perfeitamente digna delas" (Mann, 309). Mulheres em dia com a moda usam cabelo curto e saias curtas, porque — pelo menos segundo a interpretação corrente — elas passaram a compartilhar com os homens a carga do trabalho físico e a alegria do exercício físico. [ver **Presente versus Passado**] As garotas quase se parecem com os rapazes — mas isso dificilmente chega a criar obstáculos para se fazer a distinção. Para o bem ou para o mal, a nova proximidade entre os sexos reduz, em vez de aumentar, a tensão entre eles. Nessa atmosfera, a atração sexual não está mais garantida, e na verdade ela é freqüentemente substituída pela amizade. "Essas moças se vestem como rapazes; seu cabelo é igualmente curto. Como elas também se movimentam e pensam da mesma maneira, em pouco tempo os dois sexos terão a mesma cara, e os seus corpos só diferirão nos aspectos mais elementares. O que acontecerá se, além disso, eles se apaixonarem um pelo outro? Eles não farão isso com a intenção de criar problemas. Eles o farão porque não lhes restou nenhum outro amigo na Terra. Ainda tão jovens, eles já precisam consolar uns aos outros. Eles confundem camaradagem com amizade" (309-310) [ver **Dança**] Na visão de Mann, o único aspecto positivo da convergência entre os sexos — e do declínio da tensão erótica — é o desaparecimento da agressão mútua: "Nós esperamos que a batalha entre homens e mulheres se intensifique numa era não mais familiarizada com o humanismo — uma era que acaba de perceber que é uma necessidade dolorosa preservar o humanismo. Contudo, por estranho que pareça, os sexos se dão melhor hoje do que em outros períodos da História" (305).

Ainda mais surpreendente, este deslocamento rumo a um tom amistoso entre os sexos ocorre quando os homens e as mulheres estão se envolvendo pela primeira vez numa competição séria — por determinados tipos de emprego e por recordes atléticos. [ver **Resistência**] A seção de classificados do *Berliner Tageblatt* mostra que as mulheres estão prestes a conquistar um território considerável em níveis médios e altos de administração. Embora a Gebrucht Knopf, de Karlsruhe, só aceite candidatos homens para o posto de diretor de seu departamento financeiro, a fábrica Noth German Rubber-Coat, que está oferecendo uma vaga semelhante, considerará currículos de homens e mulheres. As descrições de empregos de secretariado, agora tipicamente ocupados por mulheres [ver **Empregados**] freqüentemente exigem um nível de competência que vai muito além das tarefas de datilografar e receber visitantes: "Empresa nova no ramo procura estenógrafo experiente e bem preparado para um posto de secretário. Só serão consideradas as candidatas mulheres com experiência no ramo comercial e um bom nível de educação." Na Argentina, um debate parlamentar em curso sobre os direitos civis e o sexo feminino inspira a revista *Caras y Caretas* a publicar uma reportagem fotográfica sobre mulheres com empregos incomuns: elas aparecem como representantes do governo, pedreiras, agentes da polícia, motoristas de táxi, condutoras de trem, marinheiras e jóqueis. De uma forma não muito sutil, contudo, os leitores são informados de que essa diversidade está longe de refletir a realidade social. Uma nota introdutória expressa a gratidão de *Caras y Caretas* a três atrizes por sua colaboração, e os comentários que acompanham as fotografias de seus belos corpos — em disfarces profissionais — traem a mais antiquada forma de condescendência masculina: "Aquelas que não quiserem mergulhar na burocracia podem optar por profissões manuais como a de pedreira, que também podem ser edificantes." Determinadas profissões que adotam uma nova imagem feminina o fazem porque eliminam rigorosamente o controle sobre o trabalho não-físico — e porque as funções sem controle do trabalho físico são invariavelmente ocupadas por mulheres. A linguagem e o comportamento dos assistentes de K. em *Schloss*, de Kafka, por exemplo, ilustram esse fato. Da mesma maneira, o ar de depravação moral que cerca a figura do gigolô (von Soden e Schmidt, 13) mostra que a igualdade dos gêneros continua sendo algo puramente utópico.

Previsivelmente, as poucas inovações autênticas na relação entre os sexos encontram diversas formas de resistência dentro de um grupo de valores básicos e estruturas sociais imutáveis. Esta inércia é representada principalmente pela instituição da família, para a qual a igualdade entre os gêneros é vista como uma fonte de instabilidade. Não é por acaso que tenha se tornado uma convenção literária mostrar o casamento como o resultado de encontros casuais [ver **Ferrovias**]: um alto nível de insegurança, que se manifesta em taxas sempre crescentes de divórcios, e a desilusão com conceitos como *Kameradschaftsehe*, ou "casamento de camaradagem" (*Die wilden Zwanziger*, 112, 114) parecem ser um preço inevitável da igualdade dos gêneros. Tanto o marido quanto a mulher na *Traumnovelle* (História do sonho), de Schnitzler, decidem considerar as aventuras extraconjugais como sonhos, para alcançarem uma precária reconciliação. Principalmente na Alemanha, um apaixonado debate público sobre a legalização do aborto surge como uma metonímia desta crise. Opiniões, livros e filmes representando um largo espectro de opiniões políticas (von Soden e Schmidt, 105) parecem concordar que uma vida de casal já não implica paternidade como uma conseqüência "natural" e obrigatória. Para outros, é a experiência da Grande Guerra — mais do que os problemas intrínsecos entre os parceiros — que importa para essa mudança básica nos padrões de paternidade. Aqueles que são favoráveis a legalizar a opção do aborto argumentam que o status de mãe solteira (e a sua marginalização social) acarreta uma situação assimétrica intolerável para as mulheres: "Quando as pessoas afirmam que o aborto é um crime, pode-se objetar que na maioria dos casos ele é motivado por vergonha, medo, fraqueza, conflito moral e, muitas vezes, preconceito contra as mulheres 'perdidas'. A atitude negativa em relação à vida que surgiu com a guerra diminuiu o desejo de se ter filhos. Devemos gerar novas vítimas para a mania do extermínio?" (Gerloff, 795).

Na mídia, prevalece o sentimento de que homens e mulheres devem ter os mesmos direitos, inclusive o de escolher a sua situação social e profissional, independente do sexo. Não são objeções ideologicamente motivadas, mas questões de conduta e a inércia institucional que impedem que este ideal se torne uma realidade. Por exemplo, a constituição de Mount Holyoke, um colégio para moças em Massachussetts, define os "objetivos" da escola sem fazer restrições específicas ao gênero: "A meta da comunidade do Colégio Mount Hoyoke é oferecer uma instituição abrangente. (...) Suprir essas condições será a melhor contribuição para o bem-estar espiritual, intelectual e físico de seus membros; promover um interesse inteligentepor todas as fases da cidadania acadêmica; e manter uma administração tão próxima quanto possível do mundo exterior, para preparar seus membros para os deveres de cidadania ativa em suas respectivas comunidades políticas" (*Handbook*, 7). Nenhuma outra conquista das estudantes do Mount Holyoke é citada com tanto orgulho quanto aquelas no — predominantemente masculino — mundo das ciências. A antitoxina que controlou a difusão do tétano entre os nossos soldados no exterior foi preparada no laboratório Mulford por 13 cientistas treinadas no Mount Holyoke. "Era uma época em que 13 era um número de sorte no exército. (...) Uma bacteriologista formada no Mount Hoyoke participou da expedição ao Oriente Próximo. (...) Cientistas graduadas no Munt Hoyoke participam das pesquisas de laboratório das principais indústrias americanas" (*Catalogue*, passim). Apesar deste compromisso com a igualdade de gêneros, a vida estudantil é regulada com uma severidade que seria ridícula em qualquer faculdade para homens. Há regras complexas sobre as condições em que as jovens podem passear de carro [ver **Automóveis**], ou mesmo caminhar nas vizinhanças da faculdade ("As estudantes não devem caminhar à noite além de Upper Lake, em grupos de menos de seis, nem acompanhadas de homens, a menos que haja pelo menos dois casais" (*Handbook*, 28). Até mesmo os pais das estudantes são atingidos pelo rigor dessas regras: "Uma estudante que queira levar o pai até seu quarto pode fazê-lo, pedindo autorização ao superintendente da casa" (40). A ambivalência institucional que fica evidente na maneira como o Mount Hoyoke organiza a vida estudantil (num regime em parte baseado em princípios religiosos) não é muito diferente da ambivalência individual com que o jornalista e ex-revolucionário alemão Ernst Toler reage ao novo estilo de vida das mulheres na União Soviética. Ao abordar princípios ideológicos gerais, Toller, é claro, está ansioso para defender com entusiasmo a igualdade de direitos entre os sexos. Mas quando ele discute situações específicas, aparece uma voz masculina, disfarçada na voz da razão. Elas considera excessivamente severas as novas leis soviéticas contra o estupro (Toller, 135). Como convidado de um comício político das mulheres revolucionárias, ele admira acima de tudo o "charme natural" das oradoras (109). E ele observa com evidente satisfação que uma tendência rumo à promiscuidade sexual nos anos seguintes à Revolução de Outubro foi recentemente contida por um retorno a formas mais convencionais de sedução: "Durante os primeiros anos, a reação contra as proibições da hipocrisia burguesa foi extremamente forte. As pessoas estavam em busca da 'experiência total da vida'. Ela consideravam a ternura um elemento complicador desnecessário, e as declarações românticas eram vistas meramente como um verniz que cobria processos biomecânicos. (...) Mas agora os sexos voltaram a um grau maior de respeito mútuo; eles se tratam com mais carinho; eles são menos promíscuos. Eles até mesmo voltaram a escrever cartas de amor. (...) Os casamentos entre pessoas muito jovens são freqüentes, e o número de divórcios está diminuindo" (146-147).

A peça *Dorothea Angermann*, de Gehart Hauptmann, contém uma forte dose de comentários abertamente chauvinistas em relação às mulheres, mas eles são todos atribuídos aos piores personagens masculinos. Quando o pastor Angermann — que continuamente invoca as normas repressivas da moralidade protestante, embora nunca consiga controlar os seus próprios apetites sexuais — ouve de sua segunda mulher que Dorothea (filha dele e enteada dela) ficou grávida, ele reage com a mais arcaica autoridade masculina: "Fracassei em manter a disciplina doméstica — não apenas com Dorothea, mas também com você, e com todas as mulheres" (Hauptmann, 47). O jovem acadêmico Herbert Pfannschmidt insiste nobremente em propor casamento a Dorothea, mas não consegue dissuadi-la de se juntar ao bruto Mario, pai da criança. E Mario trata Herbert com desprezo: "Eu venci — e eu não poderia dar menos importância à sua ironia. Você precisa aprender mais sobre as mulheres" (114). Naturalmente, não se pode culpar Hauptmann pelas visões de seus personagens mais polêmicos. Por outro lado, porém, a trama lhes dá razão. Dorothea se rende às investidas de Mario e se torna a agente de sua própria destruição ao ficar com ele — apesar das (ou talvez por causa das) humilhações que ele lhe inflige. A peça parece portanto sugerir que as mulheres são instintivamente incapazes de aceitar a igualdade que a própria lei lhes garante.

Numa carta ao poeta Kurt Schwitters, o designer da Bauhaus Marcel Breuer brinca com essa situação na qual o ideal — ou a ameaça — de uma nova identidade feminina começa a transformar os estereótipos tradicionais de gênero num objeto de intenso e nostálgico desejo. A paródia de Breuer descreve, num alemão estranhamente fragmentado, o tamanho incomum de uma mulher [ver **Sobriedade versus Exuberância**] que oferece ao parceiro um tipo de proteção que uma relação entre duas pessoas independentes não comporta. No pesadelo de Breuer, o ideal de mulher (que, ele sugere, as novas exigências de igualdade entre os gêneros implicam) parece convergir com o sonho arcaico da mãe-terra: "E agora estou à procura de uma mulher. Sem traços de um bigode, que saiba cozinha e costurar. Sem cabelo curto. De preferência usando um vestido vermelho, com os olhos sempre voltados para o companheiro, e acima de tudo saudável. Cabelo preto com fios grisalhos, seios grandes. As mãos principalmente devem ser grandes e gordurosas. (...) O nome só pode ser um: Maria. Ela deve ter acima de tudo uma alma nobre, ser sensível e compreensiva de forma que eu possa me consolar das minhas dores em seu peito. (...) Deve gostar de arrumar malas e sempre carregar uma bolsa nas caminhadas" (*Wechselwirkungen*, 331). A intuição de Breuer está certa: nenhuma das figuras maternas cujas imagens são associadas à nova instituição do Dia das Mães (von Soden e Schmidt, 97) tem cabelo curto. Se não existissem mães ideais, Adolf Hitler não se lembraria dos dias entre a morte de seu "respeitado" pai e a morte de sua "amada" mãe com um carinho tão intenso: "Aqueles foram os dias mais felizes de minha vida; eles me pareciam um sonho, e na verdade o eram. Dois anos depois, a morte de minha mãe pôs um súbito fim aos meus maravilhosos planos. Aconteceu após uma longa e dolorosa doença que logo nos primeiros dias já parecia fatal. Mesmo assim, foi um choque terrível para mim. Eu respeitava mau pai, mas amava minha mãe" (Hitler, 16).

Certamente Hitler não é o único escritor que idolatra a sua mãe e só consegue atribuir às mulheres mais um papel — o de prostitutas. As prostitutas, para ele, são "garotas" que são incapazes de se tornarem mães porque elas tiveram contato com judeus. "Em nenhuma outra cidade da Europa Ocidental pode-se estudar melhor a relação entre o judaísmo e a prostituição, e até mesmo o tráfico de escravas brancas. Com a possível exceção dos portos marítimos do sul da França. Caminhando à noite pelas ruas e becos de Leopoldsstadt, pode-se testemunhar a cada passo coisas que são desconhecidas para a maior parte da nação alemã" (Hitler, 63). A trama do filme *Metrópolis*, de Fritz Lang, depende dessa mesma distinção binária. De um lado está Maria, a protetora maternal dos filhos dos trabalhadores, cercada de símbolos que enfatizam a sua adoração à Virgem Maria: "A líder era uma jovem com o semblante austero da Virgem, e o semblante doce de uma mãe. Ela levava duas crianças magras pela mão" (Lang, 27). A versão feminina do mal é representada não apenas pelas dançarinas seminuas no "Clube dos Filhos" [ver **Gomina**], mas acima de tudo pelo duplo de Maria, e sua antagonista, um robô programado para incitar as massas proletárias à revolução — e à autodestruição. Uma verdadeira prostituta da era da máquina, a Maria mecânica está inteiramente à disposição dos mestres de Metrópolis, que financiaram a sua fabricação, e ela lança um feitiço do mal a todos aqueles que a ouvem. Uma estrutura semelhante define o status das protagonistas femininas do *Schloss*, de Kafka. Como sublinha a interpretação de Max Brod, "as mulheres têm (na linguagem deste romance) 'relações com o castelo' — e a importância das mulheres decorre destas relações, embora isso cause uma enorme confusão para indivíduos de ambos os sexos" (Kafka, 303). Frieda foi amante de um dos administradores do castelo e, portanto, para K., um relacionamento erótico com ela — da mesma forma como um relacionamento erótico com a própria mãe — implica tanto um compromisso de proteção quanto uma ameaça de vingança. A imagem dual da mulher como mãe e como prostituta não é apenas um conceito literário. Em novembro, o governo Fascista da Itália impõe novos padrões de higiene nos bordéis administrados pelo Estado, bem como "uma multa para punir o celibato masculino" (de Grazia, 43-44). Certamente, essas medidas institucionais são pelo menos em parte inspiradas pelo medo provocado pela nova igualdade entre os gêneros, e o governo se esforça para estimular relacionamentos heterossexuais ao ampliar tanto quanto possível a assimetria tradicional entre o macho e a fêmea de um casal. A virilidade se torna uma regra geral da vida e da arte fascistas. A bifurcação da identidade feminina — ou mãe ou prostituta — é oficialmente reduzida ao seu pólo positivo e não-oficialmente confirmada: "O modelo de masculinidade e seriedade tem um grande poder sobre os jovens, e quando eles são estimulados pelo fantasma da arte, nunca cantarão músicas com entonações femininas, nem conversarão sobre as velhas aventuras amorosas com garotas e criadas, nem perderão mais tempo com as mesmas ninharias" (Puccini, 259). [ver **Silêncio versus Barulho**] Um decreto de 21 de maio estabelece que as mulheres devem considerar as questões de família e os atos de caridade como seus campos naturais de ação, ficando assim excluídas do mundo político italiano, já que elas eram proibidas de usar a camisa preta do Partido fascista (*Chronik*, 94). Não é surpreendente que Anna, a única personagem feminina da peça "Rapsodia fascista", de Ernesto Forzano, espere que o seu amante, o jovem fascista Orazio, troque prontamente suas convicções ideológicas pelo seu amor e por uma cadeira no parlamento, que o pai dela, socialista, pode lhe conseguir: "Anna: Meu Orazio um membro do parlamento! (...) Que lindo! (...) Mulher de um deputado! (...) Como sou feliz! (...) Orazio: Não me torture, Anna! Chega! Chega! (...) Você está cavando um buraco na minha alma com suas palavras. (...) Cavando um buraco (...) cada vez mais fundo (...) e mais doloroso (...) do que a arma do inimigo fez (...) na minha carne!" (Forzano, 67-68).

No romance *A serpente emplumada*, de D.H. Lawrence, a assimetria entre o assustadoramente forte general Cipriano e sua mulher, Kate, que vive num estado permanente de rendição incondicional, é exaltada como a forma mais perfeita de casamento. Nem mesmo a alegria momentânea de um orgasmo é concedida a Kate: "Deitada em silêncio, experimentando o poder que ele exercia sobre ela, Kate se sentia sucumbir, submissa. Mais uma vez ele era o velho macho dominante, sombrio, intangível, parecendo subitamente grande, a ponto de cobrir o céu e criar uma escuridão que era ele próprio, e nada mais que ele, o macho Pan. E ela desfaleceu, de bruços, perfeita em sua entrega. Era o antigo mistério fálico, o antigo deus-diabo do macho Pan. (...) Ah! E que submissão misteriosa por parte dela, aquela rígida ereção implicava! Submissão total, como a da Terra sob o céu, sob um arco abrangente e absoluto. Ah! Que casamento! Como era terrível! Como era completo!" (Lawrence, 323-333). O general Cipriano literário se torna o modelo segundo o qual a mulher de Lawrence, Frieda, escolhe o seu amante, Angelo Ravagli, um tenente do exército italiano (Maddox, 388-389). Se Frieda, uma mulher de peso e estatura consideráveis, desempenhou durante muito tempo o papel de mãe protetora para o doentio romancista, ela agora dá a ele a oportunidade de ao mesmo tempo desprezá-la e desejá-la no papel de prostituta.

Verbetes relacionados

Americanos em Paris, Automóveis, Dança, Empregados, Gomina, Ferrovias, Centro versus Periferia, Presente versus Passado, Sobriedade versus Exuberância, Silêncio versus Barulho, Macho = Fêmea (Questão de Gênero)

Referências

Berliner Tageblatt.
Max Brod, "Nachwort zur ersten Ausgabe" (1926). In Franz Kafka, *Das Schloss* (1926). Frankfurt, 1968.
Caras y Caretas.
Chronik 1926: Tag für Tag in Wort und Bild. Dortmund, 1985.
Victoria de Grazia, *How Fascism ruled women: Italy, 1922-1945.* Berkeley, 1992.
Ernesto Forzano, *Rapsodia fascista.* Gênova, 1926.
Meta Gerloff, "Der Frauenville in der sozial-hygienischen und Kulturgesetzgebung". *Die Tat* 17, nº 10 (janeiro de 1926): 793-797.
Gerhart Hauptmann, *Dorothea Angermann: Schauspiel.* Munique, 1926.
Adolf Hitler, *Mein Kampf* (1926). Munique, 1941.
Franz Kafka, *Das Schloss* (1926). Frankfurt, 1968.
Fritz Lang, *Metropolis* (1926). Nova York, 1973.
D.H. Lawrence, *The plumed serpent.* Londres, 1926.
Brenda Maddox, *D.H. Lawrence: The story of a marriage.* Nova York, 1994.
Heinrich Mann, "1926". In Mann, *Sieben Jahre: Chronik der Gedanken und Vorgänge.* Berlim, 1929.
Mount Holyoke College, *Catalogue, 1925-1926.* South Hadley, Mass., 1926.
Mount Holyoke College, *Students'handbook of information.* South Hadley, Mass., 1926.
Mario Puccini, "From the great debate on fascism and culture: *Critica Fascista*" (1926). In *Stanford Italian Review* (1990): 257-260.
Arthur Schnitzler, *Traumnovelle*, Berlim, 1926.
Ernst Toller, "Russische Reisebilder" (1926). In Toller, *Quer Durch.* Munique, 1978.
Kristine von Soden e Maruta Schmidt, orgs., *Neue Frauen: Die zwanziger Jahre.* Berlim, 1988.
Wechselwirkungen: Ungarische Avantgarde in der Weimarer Republike. Marburgo, 1986.
Die wilden Zwanziger: Weimar und die Welt, 1919-1933. Berlim, 1986.

PRESENTE VERSUS PASSADO

❧

O futuro ocupa uma posição subordinada em relação ao passado e ao presente. Existe pouco otimismo prático (e ainda menos filosófico) em relação à possibilidade de se prever o futuro. Na opinião de muitas pessoas, as mudanças estão ocorrendo tão rapidamente que é impossível fazer qualquer tipo de prognóstico: "Nos últimos cinco anos, o filme do mundo passou num ritmo tão rápido que torna as previsões perigosas, já que ele provavelmente superará mesmo a nossa mais tresloucada imaginação. O filme nunca fica parado. O que foi inventado ontem, hoje já parece fora de moda" (Lang, 222). Nessas circunstâncias, o estilo clássico de especulação histórico-filosófica e suas aplicações marxistas perdem rapidamente o seu apelo. Por exemplo: viajando pela União Soviética, o comunista alemão Ernst Toller se depara com uma frustração geral entre os seus anfitriões porque a longamente aguardada revolução alemã ainda não aconteceu — e porque o próprio Toller já não está tão otimista a ponto de garantir que essa expectativa será satisfeita (Toller, 115). Ele sente que determinadas concessões políticas feitas pelo governo soviético — entre elas, sancionar o culto oficial ao corpo embalsamado de Lenin — comprometem a possibilidade de transformar a utopia comunista numa realidade: "Existem cálculos que simplesmente não funcionam a longo prazo. Por um curto período, eles produzem um bom resultado — mas um belo dia fica claro que eles não atingiram suas metas. Não se deve sacrificar o futuro fazendo concessões no presente" (107). Os argumentos teleológicos que vêm da direita política e prevêem um declínio dramático, em vez da felicidade geral da sociedade, não parecem mais convincentes do que as excessivamente otimistas profecias dos comunistas. Robert Musil — ao comparar seu próprio romance em progresso, *Der Mann ohne Eigenschaften* (O homem sem qualidades) ao livro de Oswald Spengler *Untergang des Abendlandes* (O declínio do Ocidente) — admite com ironia: "Eu rio (...) de todos esses declínios do Ocidente e seus profetas" (Musil, 382-383).

Vistos da Europa — centro tradicional do mundo ocidental — os Estados Unidos e a União Soviética podem parecer duas versões diferentes do futuro. [ver **Centro versus Periferia**] Mas, cronologicamente falando, estas versões do futuro são realidades do Presente. Por parecer tão surpreendente e complexo, este Presente atrai muita energia emocional e uma quantidade incomum de intelectuais. Na Alemanha, principalmente o Presente é objeto de intensa reflexão filosófica. Muitos intelectuais acreditam que as condições de vida no Presente são tais que não faz sentido voltar a atenção para qualquer outro período de tempo. "Nossa época não conta com uma posteridade remota. Seus produtos espirituais são feitos para serem consumidos, como os produtos de qualquer tipo de trabalho. Mesmo as pessoas com a maiores rendas não acumulam capital — e ninguém pode passá-lo à próxima geração. Com uma certa serenidade, podemos nos concentrar em atender às exigências de nossa era e viver nela, na medida em que conseguimos compreendê-la" (Heinrich Mann, 272). Existem até descrições alegóricas deste sentimento: "É impossível ignorar a voz penetrante do presente; ela expõe o sonho mais romântico à impiedosa luz do dia, onde todos os objetos ganham novas formas e novas cores. A sua essência e o seu significado se tornam acessíveis àqueles que ousam tocar seus contornos, visualizá-los, ouvi-los — transformá-los em experiência vivida" (Lania, 322). [ver **Repórteres**]

Numa entrevista com Thomas Mann sobre o Presente como um lugar de tensão entre as gerações, um jovem jornalista sugere que aquilo que é considerado humano, e portanto simplesmente tem que ser aceito, se sobrepõe àquilo que é legitimamente demonstrável segundo determinados critérios éticos: "Muitas vezes — na verdade, com bastante freqüência — nós não somos capazes de olhar determinadas coisas que foram claramente ruins para a geração mais velha e considerá-las 'más' ou 'ilícitas'. Em outras palavras, nós estamos mais relaxados e com a mente mais aberta quando se trata de distingüir o humano do moralmente responsável" (W.E.S., 192). Comparado ao Presente, até mesmo o Passado-não-muito-remoto parece um mundo no qual as pessoas eram freqüentemente arrebatadas por suas emoções e opiniões, enquanto agora as pessoas têm uma atitude mais pragmática e serena em relação à vida. [ver **Sobriedade versus Exuberância**] Em *A serpente emplumada*, D.H. Lawrence descreve o mesmo contraste, através das reações disparatadas de um homem de 40 anos e outro de 20 à atmosfera de uma tourada: "'Não é emocionante?', gritou Owen, cujo entusiasmo era quase uma mania. 'Você não acha, Bud?' 'Por quê? Sim, talvez seja', disse Villiers, sem se comprometer. Mas Villiers era jovem, mal tinha 20 anos, enquanto Owen tinha mais de 40. A geração mais jovem media a sua 'felicidade' de uma forma mais próxima à de um negócio. Villiers estava atrás de emoções, mas ele não diria que as tinha encontrado até ter certeza" (Lawrence, 9). [ver **Tourada**] Os emblemas mais populares do hedonismo sereno da nova geração são corpos em forma e rituais atléticos. De forma nada surpreendente, Thomas Mann interpreta essa "esportificação da nossa juventude" como um retorno a certos ideais da Antiguidade clássica e, conseqüentemente, como um sintoma da morte iminente da era cristã (W.E.S., 193). Longe de fazer associações tão radicais, Ulrich Wilamovitz-Möllendorf, um célebre professor de filologia clássica na Universidade de Berlim, não vê na moda dos esportes nada além de um sintoma de uma séria crise pedagógica: "O perigo não está na falta de habilidade ou intenção — mas existe de fato um perigo. Ele tem a ver, acima de tudo, com a falta de cultura geral. Nenhum programa pedagógico — e muito menos os esportes— pode ocupar o seu lugar" (*Deutsche Zukunft*, 219). Mas para Wilhelm Wien, um físico experimental da Universidade de Munique, os esportes são uma característica da vitalidade invejável da geração mais jovem: "Tendo se recuperado do caos do pós-guerra, a nova geração alemã está totalmente empenhada na sua tarefa. Definitivamente, não observei nenhuma crise ou declínio no desempenho escolar. Uma novidade particularmente bem-vinda é a nova ênfase na educação física" (*Deutsche Zukunft*, 218).

Normalmente, a identidade do Presente não decorre de uma comparação com mundos historicamente remotos. Se a cultura do antigo Egito e das civilizações mediterrâneas pré-cristãs são evocadas com freqüência, é porque elas representam uma ordem cosmológica e uma autenticidade cujas representações lançam uma luz pessimista — mais do que elucidativa — sobre o Presente. [ver **Autenticidade versus Artificialidade**] A compreensão do Passado, a descrição do Presente e a periodização do tempo em geral tendem portanto a envolver estruturas identificadoras e padrões específicos da passagem do tempo [ver **Relógios**] e não a comparar períodos históricos diferentes: "No fluxo do tempo, neste devir perpétuo que nos cerca, há momentos em que fazemos uma pausa — apenas para descobrirmos subitamente que algo se materializou. Começamos então a compreender como é insignificante a nossa presença no mundo, como as coisas acontecem longe da profundidade e entram no domínio do ser, onde permanecem um pouco — apenas para desaparecerem novamente" (Jünger, 5). Mas como podem os "objetos-tempo adequados" (Hüsserl, 3-93) — algo, por definição, em fluxo contínuo — adquirir forma ou textura? A resposta geral, e historicamente específica, para esta pergunta está no conceito de ritmo. "Ritmo" significa, aqui, a maneira como os objetos-tempo adquirem forma: ao passarem repetidamente por padrões recorrentes, num processo de mudança contínua (Gumbrecht, 170-182). Portanto, os esforços intensos para descrever e analisar o fenômeno do ritmo — esforços que se manifestam em livros como *A influência da música no comportamento*, de Charles Diserens (Golston, 9), ou *Le jazz*, de André Coeuroy e André Schäffner, que discute temas como "ritmo e percussão" e "ritmo entre os negros" — são o reverso de uma relutância geral a descrever e analisar o Presente através de grandes comparações histórico-filosóficas. Quando um padrão rítmico é identificado, ele pode sevir para caracterizar momentos específicos no fluxo do tempo. É assim que o fascínio pelo ritmo se torna uma parte da autoreferência do Presente. O jazz e os modernos estilos de dança, mas também o trabalho no escritório e os operários nas fábricas, funcionam num ritmo frenético (Lang, *Metropolis*, 30). [ver **Dança, Empregados, Gramofones, Jazz, Linhas de Montagem**] O ritmo não é apenas Autenticidade e Artificialidade; ele também torna possivel a formação de duplas de sistemas com sistemas ou de pessoas com sistemas. [ver **Elevadores, Autenticidade = Artificialidade (Vida)**] William Butler Yeats usa o contraste entre ritmo e conteúdo para distinguir as culturas de diferentes gerações: "Os realistas transformam nossas palavras em cascalho, mas os músicos e os cantores as transformam em mel. (...) De qualquer maneira você não pode simpatizar com uma geração horrível, que na infância sugou Ibsen da higiênica garrafa de [William] Archer. (...) 'Considero meus pais detestáveis', disse a jovem, 'mas gosto de meus avós'" (Yeats, 34-35).

Ao associar o conceito de "ritmo" ao conceito de "geração", Yeats concilia duas respostas dominantes à crise da filosofia da História. O ato de definir o Presente como uma geração envolve inevitavelmente comparações com um Passado muito próximo; mas ele também se sobrepõe à idéia de ritmo de pelo menos três maneiras. Primeiro, ele raramente regride a um Passado remoto; segundo, ele permite a repetição e a recorrência; e, terceiro, ele normalmente não desenvolve modelos de longo prazo com implicações teleológicas. Usar o conceito de geração para distinguir o Presente do Passado é uma forma de minimalismo histórico-filosófico. Não é supreendente, portanto, que os eruditos freqüentemente expliquem a sua preferência por este conceito com argumentos negativos. Para o historiador da arte Wilhelm Pinder, que declara não acreditar em "sistemas intelectuais rígidos", a geração como forma temporal é recomedável por sua "praticidade" (Pinder, xvii). Ao separar o conceito de geração do conceito de sociedade, o crítico literário Julius Petersen espera minimizar o nível de abstração de sua descrição dos Românticos alemães — como uma geração (Petersen, 123, 140). Walter Benjamin interpreta o atual interesse pelo conceito de geração como o resultado de um estilo teológico de pensamento (Benjamin, 281). E os formalistas russos Boris Eikhenbaum e Jurij Tynjanov usam o conceito para mediar a relação entre a análise baseada na lingüística e a interpretação histórica dos textos literários (Eisen, 9).

Um dos mais animados debates intelectuais na Alemanha gira em torno do conflito de gerações. Ele começa com um ensaio de Klaus Mann intitulado *Die neu Eltern* (Os novos pais); continua com uma entrevista em que seu pai, Thomas Mann, define *die neuen Kinder (os novos filhos)*, respondendo perguntas de um jornalista (W.E.S., 190-193). E termina com uma tréplica furiosa do dramaturgo Bertolt Brecht, uma estrela ascendente entre os jovens escritores alemães, dirigida ao pai e ao filho (Brecht, 40ss.). Embora a discussão se concentre inevitavelmente no contraste entre a geração do filho e a geração do pai, tanto Klaus Mann quanto Thomas Mann insistem que uma das características mais marcantes do Presente é a indiferença dos jovens quando chega a hora de eles se definirem em oposição aos seus pais. Isso significa o abandono do único, e mínimo, elemento histórico-filosófico inerente ao conceito de geração — qual seja, a autodefinição de cada nova geração através do gesto de negação da geração precedente. Quanto menos as novas gerações se importam em ser diferentes, mais difícil é defini-las — e perceber a identidade do presente: "Nós consideramos importante não destruir as pontes entre as gerações, não ironizar as nossas tradições de forma arrogante e superior, não desprezar as suas formas" (W.E.S., 190). É claro que o pai de Klaus Mann está inteiramente de acordo: "Mais do que discutir os 'novos pais', deveríamos talvez pensar nos 'novos filhos, que ficaram mais maduros e compreensivos e que, simplesmente por terem amadurecido, são agora capazes de olhar seus pais com mais justiça" (W.E.S., 191). Bertolt Brecht, que neste momento está exercendo o seu papel público de *enfant terrible* do marxismo, protesta fortemente contra essa falta de energia revolucionária: "estatisticamente, pode ser verdade que o número de pais que foram assassinados recentemente sofreu uma ligeira queda. E mesmo estes assassinatos podem ser atribuídos apenas ao fato de que eles ajudam a manter os punhos flexíveis. Ainda assim, essa queda não deve encorajar a geração mais velha a se sentir mais segura. (...) O sr. Thomas Mann sugere que os filhos amadureceram (querendo dizer que estão mais compreensivos). Nesta formulação, é evidente que os filhos são tão desinteressantes quanto os filhos compreensivos costumam ser. 'Mais interessante significa novo, e novo significa mais velho' — é isto, precisamente, o que satisfaz o gosto de Thomas Mann!" (Brecht, 41).

Ao mesmo tempo, o conceito de geração aproxima a visão distanciada que o historiador tem do Passado e do Presente de formas mais subjetivas (ou mesmo mais pessoais) de se experimentar a passagem do tempo. *Geistesgeschichte*, a florescente versão alemã da história intelectual, quer conciliar a dimensão subjetiva e os registros menos pessoaiss do Passado: "É nesta relação recíproca e indissolúvel, nesta interdependência entre a aparição subjetiva (psicológica) e a objetiva (fenomenológica) dos problemas vitais do espírito, que a *Geistesgeschichte* encontra o seu significado e a sua essência" (Unger, 191). Essa ênfase na dimensão existencial do tempo origina-se da impressão de que é cada vez mais difícil ganhar tempo como um fenômeno social. Um quadro de Edward Hopper intitulado *Eleven a.m.* (*Onze da manhã*) mostra uma mulher nua de longos cabelos castanhos sentada numa espreguiçadeira e olhando através da grande janela de um apartamento bem mobiliado (Levin, 274). Da perspectiva do mundo social cotidiano, onze da manhã é uma hora imprópria para não se estar vestido. Essa mulher está esperando seu amante, que pode ou não aparecer? O que quer que Hopper tenha em mente, o estado temporal dessa mulher não está coordenado como o tempo "objetivo", social. Ele a pinta existindo num tempo subjetivo — um tempo que não pode ser representado por nenhum relógio, um tempo em relação ao qual "onze da manhã" não é mais do que um número aleatório. [ver **Relógios**]

As diversas dificuldades que surgem ao se delinear a forma do Presente enfatizam tanto a fragilidade das estruturas objetivas do tempo quanto a necessidade de confiar no tempo como uma dimensão da experiência subjetiva.

Sein und Zeit, de Martin Heidegger, faz parte dessa situação filosófica. O capítulo *Der existenziale Ursprung der Historie aus der Geschichtlichkeit des Daseins* (A fonte existencial da historiologia na historicidade do Dasein) argumenta que aquilo que costumava ser visto como o nível objetivo da História é na verdade baseado no nível — num certo sentido — subjetivo (419-420) do tempo de existência: "Seja ou não realizada, de fato, a revelação historiológica da História, a sua estrutura lógica é tal que essa revelação em si tem suas raízes na historicidade do Dasein. É esta a conexão que temos em mente quando falamos da historicidade do Dasein como a fonte existencial da historiologia" (392-393). Mas se a existência humana é portanto descrita como "essencialmente orientada rumo ao futuro", este futuro não assegura nada além da morte do indivíduo. [ver **Individualidade versus Coletividade, Imanência = Transcendência (Morte)**] O Passado, por sua vez, é destino, materializado na História — coletiva — de uma nação, ou Volk (384ss.). Ao definir a História de um ponto de vista existencial, Heidegger traz o futuro de volta ao quadro. Mas isso apenas confirma a indisponibilidade de qualquer futuro que não seja meramente subjetivo.

Verbetes relacionados

Dança, Elevadores, Empregados, Gramofones, Jazz, Linhas de Montagem, Repórteres, Relógios, Tourada, Autenticidade versus Artificialidade, centro versus Periferia, Individualidade versus Coletividade, Sobriedade versus Exuberância, Autenticidade = Artificialidade (Vida), Imanência = Transcendência (Morte)

Referências

Walter Benjamin, "J.P. Hebel: Ein Bilderrätzel zum 100. Todestage des Dichters" (1926). In Benjamin, *Gesammelte Schriften*, vol. 2, parte 1. Frankfurt, 1977.
Bertolt Brecht, "Wenn der Vater mit dem Sohne mit dem Uhu..." (1926). In Brecht, *Gesammelte Werke*, vol. 18. Frankfurt, 1967.
André Coeuroy e André Schaffner, *Le jazz*. Paris, 1926.
"Deutsche Zukunft". *Süddeutsche Monatshefte 24* (1926): 215-219.
Charles Diserens, *The influence of music on behavior*. Princeton, 1926.
Sam Eisen, Politics, poetics and profession: Viktor Shklovsky, Boris Eikhenbaum and the understanding of literature, 1919-1936". Dissertação, Stanford University, 1994.

Oskar Maurus Fontana, "Was arbeiten Sie? Gespräch mit Robert Musil" (1926). In Anton Kaes, org., *Weimarer Republik: Manifeste und Dokumente zur deutschen Literatur, 1918-1933*. Stuttgart, 1983.

Michael Golston, "Im Anfang war der Rhythmus: Rhythmic incubations in discourses of mind, body and race, 1850-1944". *Stanford Humanities Review 5*, supl. (1996): 1-24.

Hans Ulrich Gumbrecht, "Rhythm and meaning". In Hans Ulrich Gumbrecht e K. Ludwig Pfeiffer, orgs. *Materialities of communication*. Stanford, 1994.

Martin Heidegger, *Sein und Zeit* (escrito em 1926, publicado em 1927). Tübingen, 1984.

Edmund Husserl, "Die Vorlesungen über das innere Zeitbewusstsein aus dem Jahre 1905". In Husserl, *Zur Phänomenologie des inneren Zeitbewusstseins, 1893-1917*. Hague, 1977.

Ernst Jünger, *Feuer und Blut: Ein kleiner Ausschnitt aus einer grossen Sclacht* (1926). Hamburgo, 1941.

Fritz Lang, *Metropolis* (1926). Nova York, 1973.

Fritz Lang, "Wege des grossen Spielfilms in Deutschland" (1926). In Anton Kaes, org., *Weimarer Republik: Manifeste und Dokumente zur deutschen Literatur, 1918-1933*. Stuttgart, 1983.

Leo Lania, "Reportage aus soziale Funktion" (1926). In Anton Kaes, org., *Weimarer Republik: Manifeste und Dokumente zur deutschen Literatur, 1918-1933*. Stuttgart, 1983.

D.H. Lawrence, *The plumed serpent*. Londres, 1926.

Gail Levin, *Edward Hopper: The art and the artist*. Nova York, 1980.

Heinrich Mann, *Sieben Jahre: Chronik der Gedanken und Vorgänge*. Berlim, 1929.

Julius Petersen, *Die Wesensbestimmung der deutschen Romantik* (1926). Heidelberg, 1968.

Wilhelm Pinder, *Das Problem der Generation in der Kunstgeschichte Europas* (1926). Berlim, 1928.

Ernst Toller, "Russische Reisebilder" (1926). In Toller, *Quer Durch: Reisebilder und Reden*. Heidelberg, 1978.

Rudolf Unger, "Literaturgeschichte und Geistesgeschichte", *Deutsche Vierteljahrschrift für Literaturwissenschaft und Geistesgeschichte 4* (1926): 177-193.

W.E.S., "Die neuen Kinder: Ein Gespräch mit Thomas Mann". *Uhu: Das Monats-Magazin* (agosto de 1926): 190-193.

William Butler Yeats, *A vision* (1926). Nova York, 1961.

SILÊNCIO VERSUS BARULHO

❧

Existe um entusiasmo pelo Silêncio que muitas vezes atinge a unidimensionalidade apaixonada de uma obsessão. O barulho se torna uma referência de fundo freqüentemente evocada, ainda que de forma vaga. Em vista da definição da espécie humana por sua capacidade de falar, é surpreendente que esta obsessão pelo Silêncio renda diversas sugestões em relação à formação e as funções da subjetividade. Elas nascem de um ambiente intelectual e político no qual a independência individual e a autodeterminação não são vistas como alternativas livremente disponíveis, nem são exaltadas unanimemente como valores positivos. Se, neste contexto, o Silêncio define a subjetividade, "de-finir" (do latim *finis*, "fronteira" ou "fim") na verdade significa impor limites à subjetividade. Assim o sujeito é definido através de duas perspectivas fundamentais: O Silêncio pode expressar o medo com que os indivíduos são levados (ou mesmo forçados) a se aproximarem — freqüentemente numa atitude de abnegação — do que quer que seja considerado categoricamente mais forte do que a sua subjetividade. [ver **Imanência versus Transcendência**] Mas o Silêncio também pode representar autocontrole e auto-refreamento, atitudes através das quais a subjetividade ganha forma se furtando permanentemente aos ambientes que a cercam.

 O romance *A serpente emplumada*, de D.H. Lawrence, explora o Silêncio como um componente da subjetividade que — paradoxalmente — pressupõe a anulação do sujeito. A heroína, Kate, se envolve sexualmente com um homem chamado Cipriano, um revolucionário mexicano e (como o narrador sugere enfaticamente) um semideus. Através deste relacionamento, Kate adquire a crença de que a verdadeira realização sexual não vem de compartilhar satisfação física com seu parceiro masculino, mas, ao contrário, de ver sistematicamente negado o momento culminante de seu próprio prazer sexual. Lawrence associa o desejo e a "boa" aceitação desta anulação do sujeito do lado da mulher com "o silêncio dos homens" (Lawrence, 349). [ver **Macho versus Fêmea**] A insistência (vista como ruim) do desejo feminino e do orgasmo feminino é marcada pelo grito da mulher quando atinge o êxtase: "Quando, ao fazerem amor, aquilo voltava a acontecer, o êxtase quente e elétrico, os espamos delirantes, [Cipriano] se afastava dela. Era o que ela costumava chamar de sua 'satisfação'. Ela amara [o seu primeiro marido] por isso, porque ele podia lhe dar, de novo, de novo e de novo, a sua 'satisfação' orgiástica, em espasmos que a faziam gritar. (...) [Cipriano], com seu silêncio quente e sombrio, a trazia de volta a um fluxo novo, macio e pesado, quando ela parecia uma fonte jorrando em silêncio, mas com uma suavidade urgente que vinha de suas profundezas vulcânicas. Então ela ficava aberta para ele, quente e macia, ainda jorrando com um poder suave e silencioso" (451-452).

O que aqui aparece idealizado como uma forma hiperbólica de subjetividade e apresentado com uma aura de Silêncio é nada menos que uma cumplicidade com a violência física que sequer chega a reconhecer a vítima como um sujeito. Se, numa relação sexual, o consentimento de um parceiro em ter sua individualidade anulada pode às vezes resultar numa forma peculiar de subjetividade, o procedimento militar faz uso desta mesma recusa ao reconhecer a individualidade do outro, para tornar mais fácil a sua extinção. Num dos poucos episódios onde o narrador em primeira pessoa de *Feuer und Blut*, de Ernst Jünger, faz uma autocrítica, ele avalia o seu próprio comportamento seguindo exatamente esse padrão. Ele conversou com um inimigo em vez de matá-lo em silêncio. Ele fracassou em confrontar a si mesmo e ao inimigo com algo mais forte que a subjetividade — isto é, com a morte: "Cuidadosamente, eu saco minha pistola e miro no soldado inglês abaixo de mim. Então eu grito: 'Venha cá, mãos ao alto!' Ele leva um susto, me olha como se eu fosse um fantasma e desaparece com um salto, dentro da entrada escura do túnel. Fico irritado comigo mesmo. Deveria simplesmente ter atirado nele, em vez de falar bobagem" (Jünger, 149). [ver **Imanência = Transcendência (Morte)**] Do lado do agressor, o Silêncio se torna a condição para o uso incondicional da violência. Em contrapartida, do lado da vítima a fala é reprimida pelo medo. Em *Romance de la guardia civil española* (Balada da guarda civil espanhola), de

Federico García Lorca, o Silêncio do agressor converge com o Silêncio da vítima nos momentos que precedem um ataque violento da polícia a uma aldeia cigana — e estes Silêncios formam um "túnel de Silêncio", quando a polícia deixa o local do massacre:

> Criaturas corcundas da noite,
> Quando aparecem, impõem
> Um silêncio de borracha escura
> E um medo de areia fina.
> Eles entram onde querem,
> Ocultando em suas cabeças uma astronomia vaga
> De pistolas sem substância.
> (...) Oh, aldeia dos ciganos!
> A Guarda Civil parte
> Através de um túnel de silêncio
> Enquanto as labaredas queimam à sua volta
> (453-457)

Apenas corpos que sobrevivem mutilados quebram o encantamento do silêncio. Mas, ao quebrarem este encantamento, eles não falam — eles suspiram. Pois quando as palavras não se dirigem a um sujeito, não se pode responder a elas como um sujeito (Lyotard, 130ss.)

> Rosa dos Camborios
> Senta-se em frente à sua casa, chorando –
> Seus dois peitos cortados
> e postos numa travessa.
> (456-457)

Em contrapartida, sempre que o Silêncio é uma recusa da fala por parte de um sujeito a quem se dirigiu como um sujeito, ele se torna uma arma e um sinal de força. Este tipo de silêncio é o oposto da forma desenfreada como um sujeito, abrindo mão de sua fronteira com o ambiente, se rende a ele. Como lembra Greta Garbo, o Silêncio é um recurso constitutivo da subjetividade, que só pode ser obtido a um alto preço: "Tudo o que conquistei veio do meu talento e de trabalho duro. Até o fim dos meus dias, defenderei as minhas conquistas contra todos os que tentarem minimizar os meus esforços e me destruir. Para defender o que alcancei, escolhi como arma o completo silêncio. Você pode usar esta arma com suceso, se tiver dinheiro suficiente para conservar uma privacidade absoluta. Eu uso o silêncio e o dinheiro para me proteger daqueles que tentam me diminuir e me destruir. Não é fácil, porque preciso sempre estar sozinha" (Gronowicz, 209). O comportamento de Garbo corresponde a um ideal que Adolf Hitler julga faltar no atual sistema de ensino alemão. Embora ele tente explicar a sua apreciação do Silêncio como uma "virtude masculina" por causa de suas funções especificamente militares, parece que o que Hitler realmente admira é o sentido mais geral do Silêncio como autocontrole e como a preservação de uma certa distância em relação ao ambiente: "Quantas vezes se lamentou, durante a guerra, que o nosso povo sabia tão pouco sobre ficar em silêncio! Isso tornava difícil até mesmo ocultar importantes segredos do inimigo! Mas devemos nos perguntar: antes da guerra, o que o sistema de ensino alemão fazia para treinar o indivíduo para a discrição? Mesmo na escola, infelizmente, não se preferia o pequeno tagarela ao seu colega mais discreto? Ser falastrão não era — não é — considerado um honrado sinal de franqueza, e a discrição um sinal de obstinação envergonhada? Alguém se empenhou para mostrar que a discrição é uma virtude masculina valiosa? (...) Mas, em caso de guerra, esta inclinação a falar demais pode até mesmo levar à perda de batalhas e assim contribuir substancialmente para o resultado desfavorável de um conflito" (Hitler, 460-461). Se a reserva, portanto, tem um valor positivo inquestionável, a verbosidade é muitas vezes percebida como falta de tato — e às vezes até como uma patologia social. Os alcoólatras tendem a falar demais. [ver **Bares**] Em suas rápidas viagens pela Europa, os turistas americanos irritam os habitantes locais, filosoficamente voltados para a busca silenciosa da autenticidade. [ver **Americanos em Paris**] Até criminosos sofisticados, como o narrador de *O assassinato de Roger Ackroyd*, odeia pessoas tagarelas, porque elas representam um risco potencial à sua segurança: "'Eu sei', disse minha irmã. 'Como você sabe?' 'Annie me disse'. Annie é a governanta da casa. Uma moça bonita, mas uma tagarela inveterada" (Christie, 3).

No nível culto — e portanto esperável — de comportamento social, o silêncio pode ser um sinal de elegância. Na metrópole de Fritz Lang, os filhos dos Mestres de Metrópolis participam de competições esportivas usando não somente uniformes de seda, mas também calçados macios e flexíveis, "com solas que não fazem ruído" (Lang, 22). Carros caros têm motores silenciosos.

Os "modelos Nash totalmente novos", que custam de três a seis vezes mais que um carro médio (que é vendido por 360 dólares), são "equipados com o potente motor Nash-7 — o modelo mais suave do mundo" (*Pages of Time*). [ver **Automóveis**] Mas, por maior que seja o seu valor como símbolo de status, o Silêncio é sobretudo uma virtude social. Ele indica o desejo de respeitar a privacidade alheia — um desejo que pode ajudar os outros a desenvolver as suas subjetividades. É por isso que o filósofo Theodor Lessing reclama amargamente do barulho das ruas e dos automóveis, telefones e gramofones, sirenes de fábricas e até sinos de igreja (Lessing, 398ss.). [ver **Gramofones**] Seu colega Martin Heidegger se sente obrigado a pedir desculpas por não ser capaz de pensar e escrever fora de sua cabana na Floresta Negra, cercado pelo Silêncio da natureza: "Seria adequado que esta carta viesse da cabana; ela seria escrita enquanto a lenha estala na lareira e uma fina camada de neve cobre o telhado. Em vez disso, aqui estou eu [em Marburgo] trabalhando no capítulo de transição" (Heidegger, 18-19). Procurar e preservar o Silêncio são sinais de uma concentração total numa determinada tarefa. Essa regra se aplica tanto para a obra filosófica de Lessinge e Heidegger quanto para o vôo transatlântico de Ramón Franco e seus companheiros. [ver **Aviões**] Durante a etapa decisiva da viagem, os aviadores não conversam. Eles esquecem o Barulho dos motores e, durante duas horas, eles estão longe demais tanto da costa européia quanto da costa americana para receberem sinais de rádio: "Alda e Rada iam com freqüência ao compartimento para fumantes, enquanto Franco permanecia imóvel, pensando talvez nas horas que tinha pela frente. Nenhum de nós falava, e o vôo parecia seguir em silêncio, já que o barulho dos motores se torna imperceptível depois de algumas horas, e você só escuta variações no som, como quando o motor rateia — um som muito desagradável, que felizmente não escutamos em nenhum momento na viagem. Das dez horas ao meio-dia reinou o mais completo silêncio, até mesmo no rádio. Alda não conseguia captar nenhuma estação" (Franco, 143). Embora o Silêncio dos pilotos seja basicamente um gesto de harmonia com o meio ambiente, ele também pode ser interpretado — e na verdade espera-se que seja — por este ambiente como um sinal de total alerta físico e intelectual. Ainda mais "eloqüente" é o Silêncio com que os pilotos "respondem", sem nenhuma modéstia nem embaraço, à extraordinária acolhida que encontram nas ruas de Buenos Aires: "A grandeza da celebração na Argentina, a enorme recepção e a parada triunfante pelas ruas da capital nos fizeram tremer de emoção. O silêncio que tomou conta de nós era mais eloqüente do que qualquer coisa que pudéssemos dizer com palavras" (246).

O Silêncio tende a se tornar eloqüente, e as palavras tendem a se tornar supérfluas, sempre que o mundo é visto da perspectiva da Autenticidade — isto é, sempre que se considerar que os fenômenos, as atitudes e as pessoas têm significados internos, dentro de uma ordem cosmológica. [ver **Autenticidade versus Artificialidade**] Os pilotos espanhóis numa missão para a sua pátria pertencem a esse mundo de autenticidade, tanto quanto os *gauchos* do Pampa argentino que transmitem em silêncio até mesmo a ordem de ficar em silêncio: "Nós nos cumprimentamos, como sempre. Juntos percorremos um quilômetro da forma usual. Não falamos. Por que não? Sob o toque da sua mão áspera, recebi um comando de silêncio. A tristeza nos deixava reticentes. Voltamo-nos um para o outro, sorrindo, e desejando boa sorte. O cavalo de Don Segundo esbarrou no meu, e me dei conta, naquela curva, de tudo o que iria separar os nossos destinos" (Güiraldes, 360). Num mundo onde os mais ligeiros movimentos corporais são imediatamente interpretados como expressões, a desgraça imerecida não precisa de palavras para chamar a atenção e despertar a piedade que merece. No filme *Metrópolis*, de Lang, os filhos dos operários aparecem em silêncio no Clube dos Filhos com sua protetora, Maria: "Uma procissão de crianças atravessou a porta. Todas estavam de mãos dadas. Elas tinham rostos de anões, envelhecidas e enrugadas. Eram como fantasmas, pequenos esqueletos vestidos com trapos. Seus olhos e seus cabelos não tinham cor. Elas caminhavam descalças e tinham os pés emaciados. Em silêncio seguiam a sua líder" (Lang, 26; também 60). Apesar de todas as diferenças ideológicas, as aparições silenciosas de Maria são semelhantes às aparições de uma jovem viúva no romance nacionalista de Hans Grimm *Volk ohne Raum* (Nação sem espaço). "Grimm se levantou. Se ele a moça ficaram em silêncio por algum tempo, pode ter sido porque os dois estavam se lembrando do homem que não estava mais fisicamente perto, mas que mesmo assim estava ao lado dela. (...) Ela sequer mencionou o homem. Ela nem usava o figurino preto de uma viúva. Mas havia uma dupla referência em seus olhos" (Grimm, II, 666-667). A vontade de ser eloqüente no silêncio não se limita àqueles que são ideologicamente e filosoficamente conservadores. Também Walter Benjamin gosta da idéia de honrar alguém que se admira através do — respeitoso — Silêncio: "Karl Kraus. Não há ninguém mais embaraçoso do que aqueles que o imitam; nenguém mais desesperado que seus inimigos.

Nenhum nome mais adequado que o seu para ser honrado com o silêncio" (Benjamin, 121).

Dentro do mundo da Autenticidade, onde o sentido é sempre dado previamente e portanto não precisa da linguagem para se tornar acessível, o Silêncio eloqüente — e o "silêncio como uma possibilidade essencial de fala", de Martin Heidegger (Heidegger, 164; também Wohlfart e Kreuzer) — não são mais paradoxos. A subjetividade é aqui constituída pela identificação de uma ordem significativa das coisas e pela supressão das palavras que a excedam. Em contrapartida, só se permite que sejam pronunciados — às vezes em tom muito alto — os sons e palavras produzidos em nome de uma causa coletiva; do contrário, eles são considerados ilegítimos. [ver **Individualidade versus Coletividade**] Descrevendo os seus primeiros dias como soldado na Grande Guerra, Adolf Hitler contrapõe a quietude do Reno, cuja importância nacional simbólica dispensa palavras, ao som de um hino cantado em conjunto, que é quase rápido demais para o fôlego de um soldado: "Finalmente chegou o dia em que deixamos Munique para começarmos a realizar nosso dever. Agora pela primeira vez eu via o Reno — o rio dos rios alemães — enquanto avançávamos para o oeste ao longo da margem de suas águas calmas, para protegê-lo da cobiça do nosso velho inimigo. Quando, através do delicado véu da neblina, ao amanhecer, suaves raios de sol iluminaram o Monumento Niederwald, que brilhou diante de nossos olhos, o hino *O relógio do Reno* subiu aos céus de um interminável trem de carga, e eu senti como se meu peito fosse explodir" (Hitler, 180). Hans Grimm quer que todos os sinos da Alemanha toquem em prol da causa geopolítica que ele defende em *Volke ohne Raum*. Mais eficaz do que Hitler ao passar uma impressão de Autenticidade, Grimm, através da metáfora dos sinos, mostra o povo alemão numa atitude de silêncio eloqüente: "Os sinos deveriam ter tocado no começo deste livro, começando pela torre da capela do monastério de Lipposberg, onde estou escrevendo. (...) Mas isso seria apenas o começo — todos os sinos da Alemanha estão convidados a tocar. (...) E uma vez que todas essas vozes de metal, do rio Maas ao rio Memel, entre Königsau e Etsch e a África meridional, estejam tocando e badalando, (...) então todos os alemães deverão levantar seus braços. Eles avançarão cheios de si e em silêncio, de forma que o silêncio de milhões de pessoas silencie a música do céu, obrigando Deus a olhar suas almas. E deus conhecerá o destino afrontoso dessas pessoas, que elas próprias são ainda incapazes de conceber, de articular e de formular, aos gritos" (Grimm, I, 9-

10). Na descrição que Jünger faz de um ataque na Grande Guerra, os soldados matam em silêncio, mas o som ritmado dos motores e armas enfatiza a importância deste momento para a História e o destino da humanidade: "E agora são cinco da manhã! Uma luz bruxuleante invade a boca do túnel, seguida de uma gritaria ensurdecedora, em uníssono, que aumenta cada vez mais, como um motor gigantesco cujas diferentes vibrações já não podem ser diferenciadas. (...) Cada segundo parece querer engolir o segundo anterior com sua garganta fervente, embora seja impossível que a tensão aumente ainda mais. Comparado a essa explosão de raiva, todas as batalhas anteriores passam a parecer brincadeiras de criança. (...) Aqui, a única maneira de sobreviver é abandonar e se deixar levar pela mão do espírito do mundo. Aqui, nós experimentamos a História num ponto focal" (Jünger, 101ss.). A fórmula de Jünger de "se deixar levar pela mão do espírito do mundo" é apenas mais um exemplo de definição do sujeito através da imposição de limites à subjetividade. Nenhuma voz poderá ser ouvida em meio ao barulho da guerra moderna. Da mesma forma, nenhuma voz pode ser identificada em meio aos barulhentos espectadores de uma luta de boxe. É por isso que o Silêncio da enorme multidão que acompanha a luta entre Dempsey e Tuney pelo título mundial dos pesos pesados é tão eloqüente. Ele anuncia que algo importante está para acontecer — algo além da vitória individual, ou da derrota individual. [ver **Boxe**] Quando a luta termina, e os mais de 144 mil espectadores começam a gritar o nome de Jack Dempsey, o ex-campeão derrotado, eles homenageiam um lutador que, por ter sido tão castigado pelo oponente, olhou a cara da morte. [ver **Imanência = Transcendência (Morte)**] O Silêncio eloqüente e as vozes coletivas poderosas sempre surgem de uma perspectiva de Autenticidade; eles sempre confirmam a crença na existência de uma ordem cosmológica.

Como antítese ao Silêncio expressivo, pode-se citar os suspiros das vítimas de *Romance de la Guardia Civil española*, de Lorca; o som do jazz; um gramofone tocando numa trinchera da Grande guerra; o sempre esperado, mas sempre perturbador ruído do telefone em *Schloss*, de Kafka; os estranhos sons no aparelho receptor que sempre precedem cada conversa por telefone e cada transmissão radiofônica; as "agulhas fortes", que amplificam a música gravada que se toca nas festas dançantes. [ver **Comunicação sem Fios, Dança, Jazz, Telefones**] Todo Barulho que acontece sem motivo particular se opõe ao Silêncio e à expressão. Ele é provocante sem ser eloqüente. Pois enquanto o Silêncio pode facilmente coincidir com o sentido, o Silêncio e o Barulho nunca andam juntos — com uma possível exceção. A maioria dos muitos quadros que Joan Miró termina durante o verão não tem título. Mas entre aqueles poucos que têm título, estão *O grito* e *Cão latindo para a lua* (Dupin, 498-499).

Verbetes relacionados

Aviões, Americanos em Paris, Automóveis, Bares, Boxe, Dança, Gramofones, Jazz, Telefones, Comunicação sem fios, Autenticidade versus Artificialidade, Imanência versus Transcendência, Individualidade versus Coletividade, Macho versus Fêmea, Imanência = Transcendência (Morte)

Referências

Walter Benjamin, "Einbahnstrasse" (1926). In *Gesammelte Schriften,* vol. 4, parte 1. Frankfurt, 1972.
Agatha Christie, *The murder of Roger Ackroyd*. Londres, 1926.
Jacques Dupin, *Joan Miró: Leben und Werke*. Colônia, 1961.
Ramón Franco, *De Palos al Plata*. Madri, 1926.
Federico García Lorca, *Romance de la Guardia Civil Española* (1926). In García Lorca, *Obras completas*. Madri, 1971.
Hans Grimm, *Volk ohne Raum*, 2 vols. Munique, 1926.
Antoni Gronowicz, *Garbo: her story*. Nova York, 1990.
Ricardo Güiraldes, *Don Segundo Sombra* (1926). Buenos Aires, 1927.
Martin Heidegger, *Sein und Zeit* (escrito em 1926, publicado em 1927). Tübingen, 1984.
Martin Heidegger e Elisabeth Blochmann, *Briefwechsel, 1918-1969*. Marbach, 1989.
Adolf Hitler, *Mein Kampf* (1926). Munique, 1941.
Ernst Jünger, *Feuer und Blut: Ein kleiner Ausschnitt aus einer grossen Sclacht* (1926). Hamburgo, 1941.
Fritz Lang, *Metropolis* (1926). Nova York, 1973.
D.H. Lawrence, *The plumed serpent*. Londres, 1926.
Theodor Lessing, "Die blauschwartze Rose" (1926). In *Ich warfe eine Flaschenpost ins Eismeer der Geschichte: Essays und Feuillettons, 1923-1933*. Neuwied, 1986.
Jean-François Lyotard, *Le différend*. Paris, 1983.
Pages of time: 1926. Goodletsville, Tenn., s.d.
G. Wohlfart e J. Kreuzer, "Schweigen, Stille". In Joachim Ritter e Karlfried Gründer, orgs., *Historisches Wörterbuch der Philosophie*, vol. 8. Basel, 1992.

SOBRIEDADE VERSUS EXUBERÂNCIA

❦

Certezas e acordos filosóficos baseados no consenso amplo parecem estar fora de alcance. Intelectuais, políticos e homens de negócios se concentram nas suas realidades pragmáticas de todos os dias, em vez de tentarem basear suas ações em verdades últimas. [ver **Incerteza versus Realidade**] Essa cotidianidade não têm nada a ver com um contexto de transcendência religiosa que poderia gerar sentidos ou visões orientadas por metas. Uma busca constante por normas e modelos que tornem possível acessar e moldar a realidade substituiu as antigas cosmologias. Essa busca é conduzida no espírito da Sobriedade, uma atitude adotada por aqueles que abandonaram a esperança de alcançar algum tipo de revelação, conhecimento superior ou sabedoria. Nas palavras dramáticas do pintor Oskar Schlemmer, que leciona na Bauhaus [ver **Engenheiros**], o desejo de normas imanentes ao mundo é uma forma de resistir à ameaça do caos iminente: "Se as artes de hoje amam a máquina, a tecnologia e a organização, se elas aspiram à precisão e rejeitam tudo o que for vago e onírico, isso implica um repúdio instintivo ao caos e o desejo de encontrar a forma adequada aos nossos tempos" (Willet, 117).

Neue Sachlichkeit (Nova Sobriedade), o termo alemão para este movimento, destaca a sua tendência a se concentrar nas "coisas" — mais precisamente, nas coisas calculáveis do cotidiano. Espera-se que as coisas imanentes ao mundo forneçam normas e orientação. O reino da indústria é importante para essa nova atitude, porque ele mede a eficiência em dinheiro e unidades de trabalho, e porque o planejamento industrial constantemente inventa novos sistemas de organização e novos papéis profissionais. É um ponto de referência comum para artistas, filósofos e até para o Partido Social-Democrata alemão. [ver **Empregados, Elevadores, Ferrovias, Greves, Linhas de Montagem**] Isso explica por que a administração social-democrata da cidade de Dassau, um centro de indústria química e de fabricação de aviões ao sul de Berlim, com apenas 89 mil habitantes, oferece uma sede para a Bauhaus, depois que as negociações da escola com o governo alemão sobre a expensão das suas atividades em Weimar fracassaram (Galison, 715). Num campus com prédios elegantemente sóbrios, a maioria deles projetada por professores da Bauhaus, a faculdade inaugura um programa de estudos que tenta canalizar a imaginação artística para a execução de tarefas práticas. Atendendo às necessidades da produção industrial, o currículo consiste em marcenaria, metalurgia, tecelagem, escultura, teatro, pintura de painéis, publicidade e tipografia, além de um "curso básico", ministrado pelo designer húngaro László Moholy-Nagy, que associa a matemática contemporânea à filosofia (Willet, 120; *Wechselwirkungen*, 275-276).

Intelectuais tradicionalmente de esquerda nem sempre acham fácil chegar a um acordo em relação a sua crescente admiração pelos métodos industriais. Eugen Diesel, cujo pai desenvolveu o motor a diesel, publica um livro intitulado *Der Weg durch das Wirrsal* (O caminho para a confusão), no qual interpreta esta fascinação como uma reação equivocada a uma situação política e cultural muito mais complexa. Apesar de suas intenções, contudo, as descrições de Diesel freqüentemente terminam exaltando os líderes dos negócios e da indústria. Por exemplo, nada poderia ser mais lisonjeiro para o magnata do aço Hugo Stinnes do que ser comparado a Alexandre, o Grande: "Alexandre conquista o Oriente, pondo a seus pés suas mulheres, deuses, vinhos e festivais. Stinnes faz o mesmo com indústrias, fábricas de cigarros, hotéis Carlton e títulos e ações. (...) Um é louro, sensual e cheio de vida, e gostaria de ser o filho de Júpiter. O outro tem cabelo preto, odeia as artes e tem recusado todos os títulos honorários" (Diesel, 135). Um ensaio intitulado *Die Neue Sachlichkeit in der Schule* (A Nova Sobriedade na educação), publicado pela influente revista *Die Tat*, usa a definição corrente de Sobriedade (uma luta contra o caos) para legitimar as mudanças curriculares mais recentes na educação do segundo grau. A Sobriedade surge para estimular a educação voltada para a coletividade, parecendo distanciar-se do capitalismo: "Nossa época se caracteriza pela ausência de normas, e nossa cultura está provavelmente apenas começando a existir, bem como a nova sociedade apenas começou a surgir. A nova tendência na educação abre mão assim de qualquer conteúdo específico e tenta atingir a meta da sobriedade apenas através de seus métodos e técnicas de trabalho. (...) O resultado é um distanciamento do ensino centrado no instrutor e a introdução de hábitos de trabalho cooperativos e orientados para a prática. Os dois aspectos marcam a adoção de uma nova sobriedade no ensino" (Ehrentreich, 235). [ver **Individualidade versus Coletividade**]

Tanto na opinião de seus partidários quanto na de seus oponentes, a Sobriedade é um elemento essencial na definição do presente. [ver **Presente versus Passado**] É por isso que o conceito dificilmente é citado sem o epíteto "novo". A ornamentação se torna assim um objeto de nostalgia estética, mas não chega a ser vigorosamente rejeitada como oposta à Sobriedade. A descrição que Walter Benjamin faz do Palácio de Alcazar em Sevilha exemplifica esta perspectiva: "Um tipo de arquitetura que segue o primeiro impulso da fantasia. Ela não é perturbada por qualquer consideração prática. Seus cômodos espaçosos estão abertos apenas para os sonhos e celebrações — isto é, para a realização de sonhos. Aqui, a dança e o silêncio se tornam o *leitmotif*, porque todo movimento humano é absorvido pelo calmo desassossego da ornamentação" (Benjamin, 123). [ver **Silêncio versus Barulho**] Onde quer que se possa pôr de lado as preocupações práticas, como é o caso da música e da dança, a ornamentação não parece mais ser antitética à função, e a sua pureza pode até convergir com o valor da Sobriedade: "Pois o que nos impressiona na música 'pura' de um Stravinski, um Prokofiev, um Poulenc ou um Auric, tanto quanto na música de Mozart, é que as seqüências tonais, cujo poder sugestivo serve a outros fins em outros lugares, aqui são esvaziadas de seu sentido original, como se perdessem sua concretude e fossem apresentadas como simples fórmulas ornamentais" (Coeuroy e Schäffner, 11-12). Se esta reflexão sobre o ornamento na música leva ao elogio do jazz como um gênero orientado pela forma e, portanto, à recuperação do ornamento pela arte contemporânea, a "Oda a Salvador Dalí", de Federico García Lorca, descreve o modo como a pintura surrealista deseja secretamente descobrir proporções naturais:

> Um desejo por formas e limites nos derrota.
> Aqui vem o homem que enxerga com sua régua amarela.
> Vênus é uma suave natureza morta
> E os colecionadores de borboletas fogem. (...)
> Alma higiênica, você vive em mármore novo

Você se esconde da floresta negra de formas incríveis.
Seu poder não vai mais longe que sua compreensão.
(García Lorca, 619)

Em vez de ornamentos em formas não funcionais, os contraprincípios da Sobriedade são Exuberância, proliferação e ecletismo. É quase lógico, portanto, que o historicismo artístico do final do século XIX seja considerado a síntese do mau gosto: "São Paulo é uma salada arquitetônica. Todos os estilos, possíveis e impossíveis, estão representados ali. E todos eles estão em conflito com o ambiente natural. Tanto os prédios públicos quanto os privados se chocam com o contexto no qual estão construídos. A cidade, portanto, tem um sabor de Feira Mundial" (Alcântara Machado, 171). A Sobriedade se tornou tão aceita internacionalmente que ela cria um encadeamento entre o polêmico discurso do jornalista brasileiro Antônio de Alcântara Machado e uma conferência acadêmica do historiador de arte Karl Holl. Mas Holl vai um passo além de Alcântara Machado: ele vê a Exuberância estética e econômica da geração precedente como um dos principais motivos da crise atual: "Os volumes de poesia intimista encadernados em couro marcam o ponto mais baixo de um período monótono que chafurdava na lama do conteúdo e tentava esconder o seu vazio moral e intelectual por trás de figurinos coloridos do passado. Nós nos confrontamos com um momento da História alemã que foi inflado como um balão pelas vitórias militares e pelos fluxos subseqüentes de capital — até que ele finalmente estourou, fazendo um barulho tremendo" (Holl, 549).

Fora do domínio da experiência estética, as formas e funções dos objetos cotidianos se tornam pontos de referência para a domesticação de uma plenitude não-estruturada. Os burocratas e os intelectuais procuram evitar discursos vazios e tautologias — estabelecendo e conservando uma relação referencial entre discursos, idéias e o mundo das coisas. Esta preocupação é tão central para o governo espanhol, que se orgulha de rejeitar "tradições convolutas de filosofia" (García-Nieto, 149), quanto para os filósofos do Círculo de Viena, que procuram estabelecer um intercâmbio intelectual com a Bauhaus (Galison, 715ss.). Ludwig Wittgenstein diz cordialmente que a casa de campo que ele projetou para a sua irmã é *hausgewordene Logik*, ou "lógica-tornada-casa" (Galison, 727). Os estilistas de moda querem acompanhar as necessidades funcionais dos novos papéis profissionais abertos para as mulheres, enquanto roupas desenhadas geometricamente e cabelos curtos (Bubikopf) contribuem para a diluição das distinções de gênero binárias (von Soden e Schmidt, 18ss.). [ver **Empregados, Macho = Fêmea (Questão de Gênero)**] O medo de idéias e formas que não tenham referência ou função se torna um verdadeiro *horror vacui*. Os discursos jornalísticos se tornam um modelo para a literatura, já que se espera que eles resistam à transformação da experiência primária em interpretação. [ver **Repórteres**] Por outro lado, a avaliação de formas abstratas de reflexão depende da sua interpenetração com a vida cotidiana. Pelo menos é esta a premissa central de um artigo comemorando o octagésimo aniversário do filósofo Rudolf Eucken: "Devemos resistir a sermos absorvidos por uma 'cultura pragmática', bem como a ficarmos presos num 'culto romântico da alma'. O que está em jogo aqui é a penetração intelectual e a estruturação do mundo pragmático" (*Berliner Börser-Zeitung*, 3 de janeiro).

Mas se os intelectuais são fascinados por esses conceitos de formalismo e funcionalismo, os aspectos enganosos implícitos em seus programas começam a aparecer. Tentando construir um teatro esférico, o designer da Bauhaus Andor Weininger percebe que as formas mais elementares não são necessariamente as mais funcionais (*Wechselwirkungen*, 438ss.). Uma discussão sobre os últimos experimentos arquitetônicos em Amsterdã, num artigo publicado pelo *Berliner Tageblatt* do dia 5 de agosto, cita o desejo dos habitantes por uma ornamentação não-funcional — um desejo que certamente não pode ser satisfeito por um estilo puramente geométrico: "É por isso que os projetistas urbanos devem começar a levar em conta os desejos e opiniões dos moradores. Mas se é economicamente necessário espremer as pessoas em grandes conjuntos habitacionais, pelo menos se deveria, por piedade cristã, permitir que elas conservem seus pequenos ornamentos sobre as portas e janelas. Felizmente, os arquitetos holandeses perceberam que as residências não podem ser construídas segundo dogmas estritos, e que a cultura moderna da Sobriedade contradiz os impulsos brincalhões da natureza humana. 'O arquiteto como pedagogo' é um conceito maravilhoso, mas, como qualquer outro educador, ele também precisa ser um psicólogo." Da mesma forma, apesar de sua irrefutável racionalidade ambiental, a cremação fracassa em satisfazer o desejo por um corpo junto ao qual se possa chorar a morte de um ente querido. [ver **Cremação**] Por fim, renunciando a todos os elementos visionários em prol da *Realpolitik*, os social-democratas alemães parecem estimular o desejo de ideologias entre seus adversários: "Devemos rachar o Partido Social-Democrata

— de forma que o faminto possa saber qual é o seu objeto, de forma que o povo alemão possa finalmente aprender a desejar o seu próprio desejo" (Grimm, 662). No fim das contas, a busca de formas e funções normativas ameaça gerar o que mais se teme: o caos, decorrente do desejo por Exuberância e proliferação.

Se o aspecto da Sobriedade que está representado pelo conceito alemão de *Sachlichkeit* (o foco nas coisas e funções) carrega consigo o seu oposto (a ânsia por Exuberância e intoxicação), outro aspecto da Sobriedade — o seu intenso estado de alerta — freqüentemente também acarreta os mesmos resultados. Alerta é o estado da mente no qual os grandes atletas competem: seus sentidos estão totalmente abertos para o mundo, mas eles não se fundem com o mundo. [ver **Boxe**] É isso que Theodor Lessing tem em mente quando ele fala de um princípio que evita "a completa dispersão do Eros divino, a funcionalização e a trivialização da sexualidade" (Lessing, 245). Da mesma forma, a velocidade na direção ajuda os indivíduos a superar a perda de identidade no álcool. [ver Bares] Para o jovem pintor Joan Miró, concentrar-se no tema da deslumbrante luz do sol se torna uma maneira de combater a dispersão e a perda de um foco. (Dupin, 160). Ernst Jünger vê esse alerta intenso como uma recompensa para a intoxicação da conquista: "O homem (...) se formou inicialmente no fogo da batalha; agora ele mostra uma face nova e terrível, e os intrumentos de combate. As tropas de hoje não consistem mais naqueles jovens entusiasmados cujos sonhos inebriantes eram sacrificados ao poder das máquinas. Endurecidos pelas chamas eles se mantêm firmes e sóbrios num mundo impiedoso" (Jünger, 36). A atitude de Jünger sugere auto-sacrifício, bem como o desejo de destruir. Como a Sobriedade, a aridez pode ser o oposto da Exuberância. E mesmo a Sobriedade nem sempre precisa ser construtiva.

Verbetes relacionados

Bares, Boxe, Cremação, Empregados, Elevadores, Engenheiros, Ferrovias, Linhas de Montagem, Repórteres, Greves, Individualidade versus Coletividade, Presente versus Passado, Silêncio versus Barulho, Incerteza versus Realidade, Macho = Fêmea (Questão de Gênero), Transcendência = Imanência (Morte)

Referências

Antônio de Alcântara Machado, "Ano 1926". In Alcântara Machado, "Obras", vol. 1: *Prosa preparatória: Cavaquinho e saxofone*. Rio de Janeiro, 1983.
Walter Benjamin, "Einbahnstrasse" (1926). In *Gesammelte Schriften*, vol. 4, parte 1. Frankfurt, 1972.
Berliner Börsen-Zeitung.
Berliner Tageblatt.
André Coeuroy e André Schaffner, *Le jazz*. Paris, 1926.
Eugen Diesel, *Der Weg durch das Wirrsal*. Sttutgart, 1926.
Jacques Dupin, *Joan Miró: Leben und Werke*. Colônia, 1961.
Alfred Ehrentreich, "Die neue Sachlichkeit in der Schule". *Die Tat* 18 (junho de 1926): 234-235.
Peter Galison, "Aufbau/Bauhaus: Logical positivism and architectural modernism". *Critical Inquiry 16* (1990): 709-752.
Federico García Lorca: "Oda a Salvador Dalí". In García Lorca, *Obras completas*. Madri, 1971.
María Carmen García-Nieto, Javier M. Donézar e Luis Lopez Puerta, orgs., *La dictadura, 1923-1930: Bases documentales de la España contemporánea*, vol. 7. Madri, 1973.
Hans Grimm, *Volk ohne Raum*. Munique, 1926.
Karl Holl, "Der Wandel des deutschen Lebensgefühls im Spiegel der deutschen Kuns seit der Reichsgründung". *Deutsche Vierteljahrsschrift für Literaturwissenschaft und Geistesgeschichte 4* (1926): 548-563.
Ernst Jünger, *Feuer und Blut: Ein kleiner Ausschnitt aus einer grossen Sclacht* (1926). Hamburgo, 1941.
Theodor Lessing, "Der Hühnerhof" (1926). In *Ich warfe eine Flaschenpost ins Eismeer der Geschichte: Essays und Feuillettons, 1923-1933*. Neuwied, 1986.
Helmut Lethen, *Neue Sachlichkeit, 1924-1932: Studien zur Literatur des 'Weissen Sozialismus*. Stuttgart, 1970.
Kristine von Soden e Maruta Schmidt, orgs.. *Neue Frauen: Die Zwanziger Jahre*. Berlim, 1988.
Wechselwirkungen: Ungarische Avantgarde in der Weimarer Republike. Marburgo, 1986.
John Willet, *Art and politics in the Weimar Period: The new sobriety, 1917-1933*. Nova York, 1978.

CÓDIGOS EM COLAPSO

AÇÃO = IMPOTÊNCIA (TRAGÉDIA)

❦

Para o jovem jornalista Siegfried Kracauer, "Tragédia" pertence a um conjunto de conceitos cujas conotações de profundidade comprometem a honestidade intelectual de uma era que acredita na exterioridade e nas superfícies. [ver **Cinemas de Luxo, Estrelas, Gomina**] "A verdade só é ameaçada pela afirmação ingênua de valores culturais que se tornaram irreais e pelo uso negligente de conceitos como 'personalidade', 'interioridade', 'tragédia' e assim por diante — termos que se referem certamente a idéias elevadas mas que perderam muito de seu alcance, bem como seus fundamentos básicos, devido a mudanças sociais. Além disso, muitos desses conceitos adquiriram um ressaibo ruim, por refletirem, sem justificativa, uma atenção irregular aos prejuízos exteriores causados pela sociedade sobre a vida do indivíduo" (Kracauer, 314). Kracauer adere a uma posição ética que, ao pressupor que os indivíduos são amplamente determinados pelo ambiente social, nega que eles possam ser responsabilizados por suas Ações. [ver **Assassinato, Individualidade versus Coletividade**] Como ele parece sugerir, essa perspectiva é de fato incompatível com o conceito clássico de Tragédia, que lida com indivíduos emaranhados nas exigências conflitantes de diferentes sistemas de valor. Agentes trágicos podem escolher um sistema de valor, mas eles serão sempre culpados em relação ao outro — e é precisamente este estado de culpa individual (e freqüentemente inescapável) que Kracauer não está mais disposto a aceitar.

Mesmo aqueles intelectuais a quem Ernst Robert Curtius se refere como "respirando avidamente o ar da tragédia" (Curtius, 231) provavelmente concordariam com a tese de Kracauer de que o significado canônico do termo se tornou inaceitável. Pois uma das premissas-chave da vida intelectual contemporânea é que as bases das normas éticas e das certezas cognitivas desapareceram [ver **Presente versus Passado, Incerteza versus Realidade**], enquanto a Tragédia geralmente envolve conflitos entre sistemas normativos intrinsecamente estáveis. Em situações de incerteza generalizada, porém, quando todas as normas foram abolidas, e quando as pessoas não podem ser responsabilizadas pelas conseqüências de suas Ações, o único gesto que conta é situar a Ação, como uma forma de resistência ao caos, em oposição à ameaça de desordem. [ver **Ação versus Impotência**] Uma vez que o conceito de Ação é portanto definido tanto de uma perspectiva estética quanto de uma perspectiva pragmática, mesmo as Ações que falham podem ser valiosas e belas — pelo menos do ponto de vista dos agentes — como Ações que podem acabar se revelando pragmaticamente bem-sucedidas. As ações que falham, porém, correm um risco muito maior de cair no esquecimento, e é por isso que o fracasso pode comprometer até mesmo a sua existência como forma. É através dessa convergência paradoxal entre a beleza das Ações e a ameaça de sua aniquilação que surge uma noção nova e nada clássica de Tragédia. Chamar uma Ação de "trágica" significa proteger a sua presença como uma forma bela.

Mas por que a imprensa de Berlim descreveria como trágico o caso de um delinqüente de 19 anos que teve todos os privilégios de uma educação de classe alta? Se o jovem foi longe demais em seu empenho para se tornar independente do estilo de vida austero que lhe era imposto pela sua família, ele agora exagera a sua boa vontade como réu, confessando mais crimes do que ele poderia ter cometido. As duas reações lhe garantem a simpatia do público, já que as duas excedem de forma quase comovente o que seria necessário para se traçar um perfil individual:

> Ontem um júri popular de Berlim teve que lidar com a tragédia de uma vida jovem. O acusado era um rapaz de 19 anos, cujo rosto demonstrava claramente uma inteligência superior, e cujo comportamento como um todo só poderia ser o produto de uma excelente educação. De fato, logo se confirmou que ele pertencia a uma família respeitada e muito religiosa. Até a guerra, o seu desenvolvimento foi normal, mas então ele começou a ficar confuso. Quando seu pai voltou da guerra, ele foi provavelmente muito severo com o garoto — o que o pai hoje lamenta profundamente, porque isso pode ter sido a origem da desventura de seu filho. (...) Logo em seu primei-

ro depoimento à polícia, o jovem confessou 14 casos de assalto. Em cinco desses casos, porém, a polícia não conseguiu localizar nenhuma prova substancial (*Berliner Tageblatt*, 8 de agosto).

Segundo as convenções éticas e até legais, este caso torna a atribuição de responsabilidade e culpa particularmente fácil, já que o delinquente cresceu sob circunstâncias que deveriam tê-lo preparado para levar uma vida ordenada. Considerar esta vida "trágica", portanto, parece não expressar nada além de uma indisposição elementar de discutir a culpa ou a responsabilidade. Num sentido grotescamente semelhante, o filósofo Theodor Lessing descreve como "trágicos" os esforços de um avestruz para voar, já que o seu fracasso certamente não pode ser interpretado como uma incompetência individual (Lessing, 233). Quando o assassinato de um jovem cientista americano por dois esquimós durante uma expedição polar é descoberto 17 anos depois de ocorrido, o *New York Times* (25 de setembro) apresenta o caso como uma tragédia, porque abster-se da atribuição de culpa confere à história um sabor mais enigmático [ver **Polaridades**] e ajuda a desencorajar pré-julgamentos legalmente problemáticos. Quando Greta Garbo classifica a rescisão do contrato de John Gilbert com os estúdios MGM como uma Tragédia, a palavra a dispensa de ter que se fazer uma desconfortável pergunta: se ela poderia ter usado a sua crescente influência para ajudar o seu ex-amante (Gronowicz, 201). Entre aqueles que são adeptos do conceito de Tragédia, Adolf Hitler vai especialmente longe ao enfatizar o grau em que ele rejeita qualquer atribuição de culpa ou responsabilidade. Ao descrever as condições de vida miseráveis dos operários em Viena na virada do século, ele une a palavra "trágico" à sua interpretação da condição de vítimas desses operários: "Eu testemunhei isso pessoalmente em centenas de ocasiões, inicialmente com tristeza e indignação. Mas mais tarde eu comecei a compreender o lado trágico e os sentidos profundos da miséria daquelas vítimas infelizes de condições sociais pobres" (Hitler, 28). Hitler teme que, se as pessoas começarem a se enxergar como culpadas, isso paralisará a sua capacidade de agir politicamente em seu próprio interesse: "Essa incerteza está profundamente enraizada no sentimento de ser o culpado dessas tragédias e desmoralizações. Ele paralisa qualquer decisão sincera e firme, e as pessoas se tornam desanimadas e indiferentes mesmo quando medidas urgentes de autopreservação são tomadas. Somente quando uma raça deixa de ser oprimida pela consciência de sua própria culpa ela encontrará a paz interior e a força exterior para cortar deliberada e brutalmente os brotos e sementes" (30).

Deve ser o uso ubíquo da palavra "Tragédia" o que encoraja esforços protofilosóficos para redefini-la. O campo discursivo mais amplo em que ocorrem essas definições associa as metas da Ação ao lado espiritual da vida humana, enquanto a materialidade da vida (isto é, a sua base biológica) deve bastar para explicar as limitações e possíveis fracassos da Ação. Em seu tratado poético-científico sobre os térmitas, Maurice Maeterlinck transforma esta configuração conceitual numa imagem do que ele chama de "situação trágica" da existência humana: "A situação do homem é trágica. O seu principal e talvez único inimigo (todas as religiões percebem isso e estão de acordo, já que elas sempre lidaram com ele, sob o nome de 'mal' ou 'pecado') é a matéria. Por outro lado, nele próprio tudo é matéria, começando pela parte dele próprio que despreza, condena e gostaria de escapar de qualquer maneira da matéria". (Maeterlinck, 209-210). Durante 13 anos, os incontáveis leitores do best-seller filosófico de Miguel de Unamuno *Del sentimiento trágico de la vida* (Do sentimento trágico da vida) ficam impressionados com um contraste similar entre a vida espiritual e a vida física. Referindo-se à recém-publicada tradução alemã do livro de Unamuno, Ernst Robert Curtius apresenta essa polaridade como um elemento decisivo: "A obra filosófica mais importante de Unamuno é o seu livro sobre o sentido trágico da vida. Mas é um pouco problemático classificar o livro como filosófico. Pois por "filosofia" Unamuno entende não o trabalho com conceitos, mas sim o desenvolvimento de uma visão de mundo a partir de um sentimento da vida. Para ele, vida e razão são opostos. O que quer que seja vital é anti-racional; o que quer que seja racional é antivital" (Curtius, 236). Nenhuma outra nação se associa tão intimamente ao lado trágico da vida humana, em relação a sua base biológica, quanto a Espanha [ver **Tourada, Autenticidade versus Artificialidade**] — um fato que pelo menos entre os intelectuais pode se dever, em parte, à popularidade internacional de Unamuno. Na análise que Kasimir Edschmid faz da cultura espanhola, esta associação é emblematizada pelas brigas de galo, porque elas representam um ritual feroz de assassinato que é livre de qualquer idéia abstrata: "Os movimentos da batalha entre animais cujo único sentimento é o da aniquilação provocam a mais horrível impressão que qualquer batalha à sombra da morte pode produzir. Esses gestos nos lembram a tragédia de Édipo, que, com os olhos vendados, volta a face em direção aos deuses. Mas a tragédia dessas aves é ainda mais intensa, porque não implica idéia alguma. Ela simplesmente mostra um assassinato furioso na sua forma mais enlouquecida" (Edschmid, 12). [ver **Imanência = Transcendência (Morte)**] Uma vez iniciada uma briga de galo, é impossível interrompê-la antes que um dos animais tenha morrido. Assim, as brigas de galo são vistas como a encarnação de uma nova experiência da guerra, que mostra que o componente biológico no conceito contemporâneo de tragédia se apóia em fatos e, quaisquer que sejam as condições concretas da Ação, escapam ao controle da vontade humana. Por esta razão, o jovem crítico literário Erich Auerbach acusa as tragédias de Jean Racine de fracassarem ao representar a "esfera da vida cotidiana" tal como ela existia em seu momento histórico (Auerbach, 386), ao mesmo tempo em que exalta o relativamente obscuro autor francês Jean-Paul Courier, uma testemunha ocular das guerras napoleônicas, pelo "sentido trágico" dos detalhes e circunstâncias históricas que ele evoca tão meticulosamente (520). Nos livros de Courier, "o mundo dos fatos, o extraordinário acúmulo de episódios pragmáticos, sufoca toda e qualquer teoria" (Auerbach, 514; também Gumbrecht, 104ss.).

O conceito de Tragédia se tornou suficientemente popular para reviver a velha questão de como os leitores e espectadores de teatro podem tirar prazer de coisas desagradáveis e "trágicas". A resposta histórica específica a esta questão é óbvia. Por um lado, o conceito de Tragédia enfatiza aquelas condições da existência humana que escapam ao controle das Ações humanas; por outro lado, a Tragédia proporciona uma perspectiva da qual as Ações humanas podem ser exaltadas mesmo se falharem em atingir suas metas específicas. Contudo, este tipo de estetização, que é uma despragmatização das ações que se prolongam em seus contextos cotidianos, é diferente da associação tradicional entre estetização e ficcionalidade, que é mais estritamente confinada à literatura e sua recepção. Uma vez que os textos literários e as representações teatrais normalmente são não-referenciais, os leitores e espectadores podem pôr de lado qualquer aspecto desagradável de seu conteúdo. É assim que os especialistas ainda analisam o problema: "Onde começa a verdadeira grande obra de arte, já não se pensa mais em tramas e pessoas do mundo real, e neste nível absoluto de concentração, no qual o artista e a platéia devem se encontrar, nós apreciamos o trágico de forma bastante natural" (Wolff, 397). O novo conceito de tragédia, em contrapartida, reúne a Ação e sua ineficiência potencial, ao lado de uma ambigüidade básica na reação emocional ao sucesso ou ao fracasso das Ações: "Nós somos incapazes de estruturar nossos afetos de uma forma significativa com base em binarismos simples, como 'alegria/dor'" (Dieck, 148). Desta forma, a modalidade de experiência estética que corresponde ao novo conceito de tragédia depende do conhecimento das limitações que os fatos e o destino impõem à vontade humana. Apenas ao se levar em conta esses limites é possível apreciar a beleza e o valor existencial das ações, independente de sua efetividade.

Apesar dessas sofisticadas discussões, o uso freqüente das palavras "Tragédia" e "trágico" implica de fato a trivialização mencionada por Siegfried Kracauer. Freqüentemente, esses termos não são mais que fórmulas grandiloqüentes com que alguns autores tentam proteger temas individuais e coletivos de qualquer alegação de culpa. Quando Unamuno evoca "a tragédia que está se intensificando na minha pobre Espanha" (Unamuno, 188), ele quer apenas se assegurar de que ninguém além dos membros do atual governo será responsabilizado pela crise política em seu país. Quando os críticos da peça *Le dictateur*, de Jules Romains, a exaltam como "a tragédia de um líder na democracia moderna" (Romains, 31), eles entenderam que o autor deseja representar a ditadura como uma solução política viável, pondo de lado seus aspectos negativos. Este uso apologético do conceito de "Tragédia" é tão comum que alguns textos literários o empregam com evidente ironia. Logo no começo de *O assassinato de Roger Ackroyd*, de Agatha Christie, o narrador em primeira pessoa descreve como uma "tragédia" o caso no qual ele próprio mais tarde aparecerá como culpado (Christie, 10). Até mesmo o brutal ditador do romance *Tirano Banderas*, de Ramón del Valle-Inclán, não hesita em mencionar sua própria "tragédia de político" (Valle-Inclán, 245). Adolf Hitler, porém, não é nem um pouco irônico quando se refere à "tragédia" da monarquia dos Habsburgo (Hitler, 79, 175) — porque a palavra o ajuda a ignorar a impossibilidade de conciliar o seu próprio programa político com uma visão nostálgica da História.

Verbetes relacionados

Tourada, Gomina, Cinemas de luxo, Assassinato, Polaridades, Estrelas, Ação versus Impotência, Autenticidade versus Artificialidade, Presente versus Passado, Incerteza versus Realidade, Autenticidade = Artificialidade (Vida), Imanência = Transcendência (Morte)

Referências

Erich Auerbach, "Paul-Louis Courier", *Deutsche Vierteljahrsschrift für Literaturwissenschaft und Geistesgeschichte 4* (1926): 514-547.

Erich Auerbach, "Racine und die Leidenschaften". *Germanisch-Romanische Monatsschrift 14* (1926): 371-380.

Berliner Tageblatt.

Agatha Christie, *The murder of Roger Ackroyd.* Londres, 1926.

Ernst Robert Curtius, "Unamuno" (1926). In Curtius, *Kritische essays zur Europäischen Literatur.* Berna, 1950.

Wilhelm Dieck, *Der Widerspruch im Richtigen: Gemeniverständliche mathematische Kritik der geltender Logik.* Sterkrade, 1926.

Kasimir Edschmid, *Basken, Stiere, Araber: Ein Buch über Spanien und Marokko.* Berlim, 1926.

Antoni Gronowicz, *Garbo: Her story.* Nova York, 1990.

Hans Ulrich Gumbrecht, "Pathos of the earthly progress: Erich Auerbach's everydays". In Seth Lerer, org., *Literary History and the challenge of philology: The legacy of Erich Auerbach.* Stanford, 1996.

Adolf Hitler, *Mein Kampf* (1926). Munique, 1941.

Siegfried Kracauer, "Kult der Zerstreuung: Über die Berliner Liechstspielhäuser" (1926). In Kracauer, *Das Ornament der Masse: Essays.* Frankfurt, 1977.

Theodor Lessing, "Die Häher" (1926). In Lessing, *Ich warfe eine Flaschenpost ins Eismeer der Geschichte: Essays und Feuillettons, 1923-1933.* Neuwied, 1986.

Maurice Maeterlinck, *La vie des termites.* Paris, 1926.

New York Times.

Jules Romains, "Le dictateur: Pièce en quatre actes". In *La Petite Illustration: Révue hebdomadaire,* 23 de outubro de 1926.

Miguel de Unamuno, *Epistolario inédito* (1926). Madri, 1991.

Ramon del Valle-Inclán, *Tirano Banderas* (1926). Madri, 1978.

Max J. Wolff, "Die Freude am Tragischen". *Germanisch-Romanische Monatsschrift* 14 (1926): 390-397.

AUTENTICIDADE = ARTIFICIALIDADE (VIDA)

❦

No conto de Thomas Mann "Unordnung und frühes Leid", o professor Cornelius fica fascinado com um dos convidados de uma festa dançante organizada por seus filhos adolescentes. [ver **Gomina**] A aparição deste jovem, um ator chamado Herzl, oscila entre o mundo da Autenticidade e o mundo da Artificialidade. Cornelius ouviu falar que Herzl é um especialista em "papéis de caráter" — papéis que incorporam determinados aspectos da psique humana. Ao mesmo tempo, o comportamento de Herzl é claramente orientado para comunicar uma impressão de melancolia profunda. Mas se a melancolia e os papéis de caráter liga Herzl à Autenticidade, Cornelius observa que aquele jovem, "com seus olhos enormes, apaixonados e profundamente melancólicos" usou maquiagem no rosto: "aqueles tolos realces carmim em suas bochechas só podem ser maquiagem" (Mann, 506). Potencialmente ocultando — e não expressando — os seus sentimentos autênticos, o ruge na pele de Herzl o transforma num ícone da Artificialidade: "Estranho", reflete o professor. "Costuma-se pensar que um homem deve ser uma coisa ou outra — não um melancólico e um usuário de cosméticos ao mesmo tempo."

Essa diluição da fronteira entre Autenticidade e Artificialidade freqüentemente proporciona prazer estético. Filippo Marinetti, numa entrevista concedida ao *Jornal do Brasil*, explica a sua preferência pelo Rio de Janeiro em relação a São Paulo (que ele descreve como uma "metrópole artificial, erigida graças a um esforço titânico incessante") enfatizando repetidamente a conjunção de natureza exuberante e tecnologia moderna: "O Rio de Janeiro me impressiona por uma combinação de fenômenos que é única no mundo. Contra o pano de fundo de sua exuberância tropical, ele exibe todo o magnífico dinamismo da vida contemporânea. Para alguém que adora o movimento e a velocidade tanto quanto eu, o alvoroço intenso e ruidoso do tráfego e das massas incansáveis e feéricas é uma alegria incomparável. Especialmente quando eu posso apreciar esse espetáculo numa cidade como o Rio, que consiste numa variedade de pequenas vizinhanças, separadas por jardins encantadores. Em síntese, um mundo que parece sugerir uma calma meditação filosófica, mais do que a rotina sufocante da vida moderna" (Buarque de Holanda, 80-81). Analogamente, a esse respeito, para uma cidade como o Rio de Janeiro a moda arquitetônica dos terraços satisfaz o desejo por uma mistura de Autenticidade e Artificialidade. Os terraços são, por assim dizer, o espaço onde os arranha-céus — as mais ambiciosas construções da mente humana — se unem à natureza que os cerca. E, dentro de seus limites, as plantas florescem num solo artificial.

A mesma ambivalência freqüentemente é vista pelos brancos como paixão, quando ela é encarnada pela cultura afro-americana. Vindas dos Estados Unidos, a música e a dança negra são geralmente percebidas como Artificialidade. Mas suas raízes africanas lhe dão uma conotação igualmente forte de Autenticidade. [ver **Autenticidade versus Artificialidade**] Para muitos de seus admiradores brancos, os músicos e dançarinos negros são representantes da pré-História: "Vem do sangue, da selva. E [nos] leva de volta à infância" (*Berliner Börsen-Zeitung*, 3 de janeiro). Para outros, contudo, eles são o presente da América e o futuro da Europa, às vezes até um futuro que traz a promessa de uma redenção da decadência: "Definitivamente, eles não são da selva — não devemos nos enganar. Eles são, porém, uma raça nova e intocada. A sua dança vem do seu sangue, da sua vida. (...) O fator principal é o sangue negro. Gotas deste sangue estão caindo na Europa. Uma terra há muito tempo seca, que quase deixou de respirar. É esta a nuvem que parece tão negra no horizonte? Uma trêmula corrente de fertilidade?" (Goll, 257-258). Em última instância, a música e a dança negra se tornam emblemas da simultaneidade entre um futuro misterioso mas atraente e um passado arcaico: "Aqui se juntam origem e declínio. (...) Aqui nós vemos um amálgama entre a arte mais nova e a mais antiga" (Goll, 257-258). Mas se o status ambíguo da cultura afro-americana, entre a Autenticidade e a Artificialidade, explica por que ela é tão fascinante para o público europeu, a mesma ambigüidade torna esta cultura particularmente difícil de descrever. Na sua análise do jazz contemporâneo, os musicólogos franceses André Coeuroy e André Schäffner começam abordando a idéia de uma "música pura" e afirmando que o jazz tem uma capacidade expressiva que é única. Se aparentemente isto coloca o jazz do lado da Autenticidade, os autores enfatizam que os objetos de referência dessas "expressões musicais" estão limitados a emoções — com toda a sua imprecisão — e que, comparada à linguagem, a música sempre se caracteriza por uma distância específica e por uma frouxidão na relação entre significante e significado: "Como as palavras, mas num grau infinitamente maior, [as expressões musicais] são capazes de escapar de seu sentido primitivo para assumir outro sentido, ou para não ter sentido algum, ou para esperar que o contexto, seja ele som ou palavra, especifique o sentido exato no qual elas devem ser entendidas em cada caso particular. Entre elas e o seu significado, há espaço suficiente para que elas traduzam, com igual indiferença, um estado particular e, em seguida, outro, diametralmente oposto. (...) Sempre se poderá observar esta falta de sentimento por parte dos termos sonoros em relação aos sentidos que eles adotam" (Coeuroy e Schäffner, 10-11). Incapazes de resolver a contradição conceitual que é inerente à sua argumentação (a música é expressão, mas ao mesmo tempo não é realmente expressão), os autores simplesmente acabam definindo o jazz por sua relação conotativa com a etnia negra: "Lá a idéia de expressão não buscam mais o caráter da coisa expressada, mas sim o tom étnico mais amplo no qual duas coisas bastante diferentes podem ser ditas" (108). Mas, por mais intelectualmente estimulantes que esses problemas possam parecer, eles mostram que a distinção entre Autenticidade e Artificialidade é limitada em suas aplicações. Em vez de chegarem a uma descrição elucidativa, Coeuroy e Schäffner concluem afirmando que o jazz é coextensivo à vida: "Em vão taparemos nossos ouvidos ao jazz. Ele é vida. Ele é arte. Ele é intoxicação de sons e barulhos. É a alegria animal de movimentos flexíveis. É a melancolia das paixões. Somos nós mesmos, hoje" (145). [ver **Silêncio versus Barulho**] Se "ser vida" significa ser tudo, esta declaração final não constitui uma tentativa de definição, mas uma admissão indireta de que o fenômeno do jazz escapa a qualquer conceitualização.

A Vida tem a força do que quer que seja autêntico — sem ser profundo e sem ser, com base nesta profundidade, a expressão de qualquer coisa. Mas a Vida também tem a unidimensionalidade, a qualidade de uma superfície intoxicante, da Artificialidade — sem, naturalmente, ser artificial. Nada é tão concreto e real quanto a Vida, ainda que a Vida escape a toda ordem e planejamento subjetivos. [ver **Imanência versus Transcendência**] Desta forma, a vida se torna um valor que é quase obsessivamente atribuído a tudo que pareça irresistível e sublime, a tudo que escapa ao alcance dos conceitos e das distinções conceituais (Fellmann, 142ss.): "As danças espanholas só podem ser comparadas aos símbolos mais elementares e eminentes da vida, pois elas parecem simples, como tudo o que é verdadeiramente sublime" (Edschmid, 79). Nenhum outro fenômeno cultural é tão íntima e freqüentemente associado à noção de Vida — e com a facticidade da morte — quanto a tourada. A tourada representa a oscilação entre o triunfo da cultura sobre a natureza e a ameaça sem fim que a natureza traz à cultura. Trata-se de um ritual baseado numa superfície de cores e movimentos mas também na evocação de significados profundos e, muitas vezes, estranhamente existencialistas. D.H. Lawrence brinca com essa associação proverbial quando descreve um turista americano que assiste a uma tourada no México: "Ele estava vendo a VIDA, e o que mais um americano pode querer?" (Lawrence, 20).

A Vida supera a racionalidade de todos os diferentes mundos cotidianos e, portanto, adquire um status transcendental. É por isso que, ao afirmar que a religião é superior à razão, Georges Bernanos pode dizer: "O catolicismo não é simplesmente uma regra imposta de fora. Ele é a regra da vida — ele é a própria vida" (Bernanos, 240). É por isso que Antonin Artaud, ao afirmar que a sua forma de teatro está mais próxima da Vida do que qualquer outra, apenas reafirma o velho topos da vocação divina da arte: "Com este teatro, nós restabelecemos o nosso vínculo com a vida, em vez de nos separarmos dela" (Artaud, 18). Também é por isso que Silvio Astier, o jovem herói do romance *El juguete rabioso* (O brinquedo furioso), de Roberto Arlt, exalta liricamente a Vida depois de tentar incendiar a livraria na qual ele leva uma existência frustrante: "Um calor tão refrescante quanto uma pequena taça de vinho me fez sentir simpatia pelo mundo inteiro durante aquelas horas de alerta. (...) Eu disse: Vida, vida, como você é bela, vida. Vida (...) como é bela. (...) Meu deus, como você é belo! (...) (Arlt, 68). E, perto do final da peça *Uno, nessuno, centomila* ("Um, nenhum, cem mil"), de Pirandello, o herói acha que a Vida — a união com as coisas e a natureza — o libertou de todas as restrições impostas pelo tempo, pela linguagem e pela sociedade: "Eu estou vivo, e ainda não terminei. A vida não termina. A vida ignora os nomes. Esta árvore, com o vento balançando suas folhas — eu sou esta árvore. Árvore, nuvem. Amanhã, livro ou vento: o livro que eu lerei, o vento que eu beberei" (Pirandello, 227).

Se este monólogo registra o que se pode chamar de nível ambientalista da vida mística — o nível que se relaciona com o mundo como contexto — os protagonistas do romance *Maria Capponi*, de René Schickele, repetidamente se opõem a esta visão existencialista. Eles vêem a vida e o amor como um destino irresistível: "'Você está tão certa, Maria', eu disse. 'É como se um maremoto de vida tivesse subitamente nos afogado um no outro, e não soubéssemos o que fazer.' Talvez eu estivesse esperando que ela gritasse com desespero, 'Eu não entendo você!' Em vez disso ela disse: 'Claus, eu sei o que você quer dizer!' Eu fiquei paralisado. Ela se pendurou no meu pescoço. E embora o trem sacolejasse naquele momento, ela me beijou lentamente, bem na boca. Então ela me beijou novamente, de forma cada vez mais quente. 'Isto!', ela murmurou selvagem entre dois beijos. 'Isto! Isto! Você entende agora? Está claro para você? Claro como o sol? Ou apenas claro como a lua? Era isto o que devíamos fazer um com o outro? Isto e nada mais?'" (Schickele, 393) Mesmo o cenário deste momento de excitação erótica, uma cidadezinha no sul da França, é "repleto de vida. E esta vida se mostrava incessantemente nas ruas. As portas das casas ficavam abertas, e como apenas pequenas soleiras separavam as ruas das salas, nós víamos as pessoas trabalhando, dormindo, lutando, amando" (347). Mas, diferentemente de sua amante italiana Maria, Claus, o narrador, não pode deixar de associar este fermento da Vida com um lampejo da Morte: "Eu pensava na 'mancha doente' em mim, sobre a mórbida fraqueza que volta e meia me afligia e me tirava toda a força para viver. Isso me fazia desejar os cuidados de um doente, numa espreguiçadeira à beira da morte" (348). [ver Imanência = Transcendência (Morte em Vida)]

O entusiasmo pela impressionante força da Vida que emerge do colapso da distinção entre Autenticidade e Artificialidade é quase sempre acompanhado de um certo desprezo pelo pensamento — ou de sua pura ausência. Esta relação se torna evidente na fórmula que Jorge Luis Borges usa para descrever a realidade de Buenos Aires: "Nossa realidade-vida é magnífica, e nossa realidade-pensamento é indigente" (Borges, 13). O filósofo Martin Heidegger tenta questionar a superioridade das capacidades intelectuais do homem sobre realidades existenciais não-intelectuais. Pode ser por isso que, na correspondência com sua amiga Elisabeth Blochmann, Heidegger usa com freqüência a noção de *Existenzfreudigkeit* (existência-afirmação) como uma versão atenuada dos conceitos mais extáticos da Vida. *Existenzfreudigkeit* promove a ação e o pensamento — mas esta é uma inspiração que só pode ser recebida com gratidão, nunca sendo produzida ou iniciada pela vontade humana: "Nestes dias, imagino que você está com o mesmo humor que eu sempre sinto no começo do semestre. Ele libera a paixão que é necessária para o nosso trabalho. Somente novas oportunidades tornam possível a produtividade através da qual nós, indivíduos, nos tornamos o que somos. Sua forma feminina de ser (...) está explorando novos terrenos — e isto não é meramente uma conseqüência de você ter uma profissão. Isto certamente lhe proporciona aquela *Existenzfreudigkeit* que, em vez de resultar do sucesso, é a sua inspiração primária" (7 de outubro; Heidegger e Blochmann, 17).

Verbetes relacionados

Boxe, Dança, Gomina, Jazz, Jardins Suspensos, Revistas, Tourada, Autenticidade versus Artificialidade, Imanência versus Transcendência, Silêncio versus Barulho, Imanência = Transcendência (Morte)

Referências

Roberto Arlt, *El juguete rabioso*. Madri, 1985.
Antonin Artaud, "Théâtre Alfred Jarry: Première année — Saison 1926-1927". In Artaud, *Oeuvres Complètes*, vol. 2. Paris, 1961.
Berliner Börsen-Zeitung.
Georges Bernanos, *Sous le soleil de Satan* (1926). Paris, 1973.
Jorge Luis Borges, *El tamaño de mi esperanza* (1926). Buenos Aires, 1993.
Sérgio Buarque de Holanda, "Marinetti novamente no Rio: As suas impressões do continente sul-americano relatadas durante uma visita a *O Jornal*". In Francisco de Assis Barbosa, org., *Raízes de Sérgio Buarque de Holanda*. Rio de Janeiro, 1989.
André Coeuroy e André Schaffner, *Le jazz*. Paris, 1926.
Kasimir Edschmid, *Basken, Stiere, Araber: Ein Buch über Spanien und Marokko* (1926). Berlim, 1927.
Ferdinand Fellmann, *Lebensphilosophie: Elemente einer Theorie der Selbsterfahrung*. Hamburgo, 1993.
Yvan Goll, "Die Neger erobern Europa" (1926). In Anton Kaes, org., *Weimarer Republik: Manifeste und Dokumente zur deutschen Literatur, 1918-1933*. Stuttgart, 1983.

Martin Heidegger e Elisabeth Blochmann, *Briefwechsel, 1918-1969*. Marbach, 1989.
D.H. Lawrence, *The plumed serpent*. Londres, 1926.
Thomas Mann, "Unordnung und frühes Leid" (1926). In *Sämtliche Erzählungen*. Frankfurt, 1963.
Luigi Pirandello, *Uno, nessuno e centomila*. Milão, 1926.
René Shickele, *Maria Capponi*. Munique, 1926.

CENTRO = PERIFERIA (INFINITUDE)

❦

A emergência de novos Centros políticos, econômicos e culturais fora da Europa, além do tradicionalmente despercebido Centro em relação ao qual o resto do mundo foi definido como Periferia [ver **Centro versus Periferia**], transforma os parâmetros da percepção espacial. A outra fonte de uma mudança dramática neste nível de experiência é o vasto leque de novos recursos em transportes e comunicação, que estão aproximando cada vez mais pontos distantes do globo. [ver **Aviões, Automóveis, Comunicação sem Fios, Elevadores, Ferrovias, Telefones, Transatlânticos**] Martin Heidegger estabelece, em *Sein und Zeit* (Ser e tempo) uma relação explícita entre as novas possibilidades tecnológicas de atravessar distâncias e suas próprias análises do espaço como uma condição estrutural para a existência humana (Heidegger, 102ss.). Através de uma daquelas hifenações que são características de seu estilo como um filósofo e escritor, Heidegger transforma *Entfernung* (distância) em seu oposto, *Ent-fernung* (encurtamento da distância). Este jogo de palavras leva Heidegger à tese — análoga e derivada da prioridade que ele dá à *Zuhandenheit* (pronto para o manuseio) sobre o *Vorhandenheit* (presente às mãos) — de que, de um ponto de vista existencial, a proximidade (o resultado do encurtamento da distância) tem prioridade sobre a distância. Contudo, essa tese obriga Heidegger a reconhecer — não sem hesitação — que as novas tecnologias de velocidade e transmissão podem muito bem convergir com a prioridade existencial de se eliminar a distância: "No Dasein existe uma tendência essencial em direção à proximidade. Todos os meios pelos quais nós aceleramos as coisas, mais ou menos como somos compelidos a fazer hoje, nos empurram rumo à conquista do que é remoto [*Entferntheit*]. Com o 'rádio', por exemplo, o Dasein estendeu o ambiente cotidiano que ele tinha alcançado através de um des-distanciamento [*Ent-fernung*] do 'mundo' — um des-distanciamento cujas implicações para o sentido do Dasein ainda não podem ser visualizadas" (Heidegger, 105).

Este tema do colapso da distância também está aparente numa variedade de discursos não-filosóficos. Ninguém gera mais variantes disso do que o escritor francês Paul Morand:

> Nossos pais eram sedentários. Nossos filhos o serão ainda mais, porque não sobrará sobre a Terra nenhum lugar para onde eles possam viajar. Partir para compreender a dimensão do mundo ainda tem algum interesse para nós — mas e depois de nós? (...) Estamos caminhando rumo à volta ao mundo por 80 francos. Tudo o que foi dito sobre a pobreza do homem não terá sido realizado até o dia em que esta tarifa for alcançada. À longa lista das coisas que tornam a existência insuportável, eu acrescento o fato de que somos forçados a viver aglomerados num globo do qual três quartos já estão ocupados, aliás, pela água (que poderia muito bem ser encontrada no ar, ou no subsolo). Nós sucumbiremos no fim; gastaremos nossas vidas neste compartimento fechado, presos na classe econômica desta pequena esfera perdida no espaço. Pois a Terra é assombrosamente pequena; somente os barcos nos fazem duvidar disso, porque eles ainda são muito lentos (Morand, 10-11).

Como recursos pertencentes a um espaço dominado pela tecnologia, os telefones e os telegramas sugerem que a velha fórmula epistolar através da qual as pessoas prometem estar "presentes em espírito" está se transformando numa realidade palpável, na qual a ausência se aproxima da presença. É precisamente isso o que faz Benito Mussolini quando ele envia cumprimentos a uma convocação dos futuristas para uma homenagem ao poeta Marinetti. Ele faz do meio de transmissão do telegrama a sua mensagem: "Considerem-me presente na assembléia futurista que sintetiza 20 anos de grandes batalhas políticas e artísticas, freqüentemente consagradas com sangue. O Congresso deve ser um ponto de partida, e não de chegada" (*Il Futurismo*, 2).

Apenas um pequeno passo separa essas declarações de presença baseadas na tecnologia da nova fascinação diante das possibilidades da telepatia como penetração interespiritual — uma fascinação em relação à qual Sigmund Freud se sente obrigado a reagir. [ver **Comunicação sem fios**] Mas as formas de proximidade existencial não são certamente os únicos — nem os mais importantes — efeitos da diluição da distinção entre Centro e Periferia. Sem esta distinção, o espaço não pode ser medido nem dominado, porque ele pode oscilar entre a expansão infinita e a contração infinita. Desta forma, o detalhe mais ironicamente ultrajante em *Schloss*, de Franz Kafka, é o fato de que K. é um agrimensor (*Landvermesser*, literalmente "medidor de terra"). Pois o espaço parece estar constantemente se expandindo e se contraindo à sua volta. Um exemplo dessa instabilidade espacial é o trecho que exlica por que K. nunca alcança o castelo: "Pois a rua em que ele estava, a principal rua do vilarejo, não o levava para o morro onde ficava o castelo. Ela apenas apontava para ele e então, como que deliberadamente, fazia uma curva; e, ainda que não se afastasse do castelo, também não se aproximava. (...) Ele também estava perplexo com o tamanho do vilarejo, que parecia não ter fim" (Kafka, 14). Às vezes, Kafka introduz imagens que tornam parcialmente plausíveis essas distorções do espaço, mas ele nunca volta a um contexto euclidiano. Os pais de Barnabás, colega de K., por exemplo, fazem tremendos esforços para se aproximarem de K., apesar de misteriosos impedimentos espaciais: "O velho pai entrevado (...) avançava mais em função da ajuda de suas mãos tateantes que de suas pernas emperradas, e a mãe, com as mãos cruzadas no peito, era igualmente incapaz de dar passos maiores, devido à sua corpulência. Os dois, pai e mãe, caminhavam de seu canto em direção a K. desde que ele tinha chegado, e ainda estavam um bocado distantes dele" (29). Um espaço no qual a distinção entre Centro e Periferia entrou em colapso, um espaço de Infinitude, é um espaço no qual se tornou problemático (ou mesmo impossível) medir distâncias e velocidades. Esta dificuldade corresponde a um problema que os pilotos enfrentam com freqüência quando voam sobre paisagens desertas: "Você não tem uma idéia clara da velocidade na qual o avião está voando. (...) Não existem pontos de referência pelos quais você possa calcular a velocidade, porque você não está passando por nada além de ar" (*Berliner Tageblatt*, 8 de abril). [ver **Aviões**]

Espaços incalculáveis não podem ser condições estruturais neutras para as ações e o comportamento humanos. Ao contrário dos espaços estáveis que se baseiam na distinção entre centro e Periferia, eles às vezes exercem uma influência mágica. Esta é uma implicação da descrição que Siegfried Kracauer faz de uma praça em Marselha: "Veja o que está acontecendo no meio da praça vazia: o poder do quadrado pressiona o prisioneiro rumo ao centro. Ele está ao mesmo tempo sozinho e acompanhado. Ele não pode ver outros observadores, mas o olhar destes penetra pelas paredes e portas. Grupos deles atravessam a praça e se cruzam no centro. Um medo nu — de ser exposto a eles. (...) No meio desta condensação de imagens, ninguém nota o quadrado. Após cuidadosa reflexão, o espaço deveria ser classificado como mediano. Mas quando os observadores ocupam os seus lugares, ele começa a se expandir e se torna um quadrado impiedoso, esmagando as partes amenas dos sonhos" (Kracauer, 13). A associação da mágica com um espaço euclidiano em colapso é recorrente. Freqüentemente as paisagens montanhosas inspiram o desejo sexual, e às vezes espera-se até que elas estimulem a fertilidade. [ver **Montanhismo**] Da mesma forma, o medo mortal de dois marinheiros perdidos no meio do oceano após um naufrágio transforma a aparente Infinitude do espaço ao seu redor num ambiente quase agradável: "As vastas distâncias em direção ao horizonte e a imensidão do mar se retraíram quando a neblina caiu sobre nós. O mar se tornava menor a cada minuto, até que tivemos a ilusão de flutuarmos num pequeno lago. À medida que o tempo passava, até mesmo este lago se estreitava mais e mais. Agora nos sentíamos como se estivéssemos descendo um rio. Tínhamos a sensação de que poderíamos tocar as margens com nossas mãos" (Traven, 212-213). Os espaços exercem e reagem a influências sobrenaturais — mas estas forças nunca são representadas por uma entidade. [ver **Imanência = Transcendência**] Embora os soldados constantemente se percam no espaço da guerra, eles sempre acham uma direção para seu movimento: "Nós somos os únicos que penetramos até este ponto, e é certo que tudo o que acontece aqui, apesar da aparente confusão, é claramente orientado" (Jünger, 130). Até mesmo após momentos de caos completo, este sentido de orientação volta como um instinto que é mais forte que a racionalidade e o cálculo humanos: "À primeira vista tudo parece estranho e caótico, como uma paisagem de sonho cujos detalhes e improbabilidades capturam e deslumbram os sentidos. Ficamos paralisados por um momento, tentando compreender o que está acontecendo. Então acordamos — apenas para ficarmos novamente confusos em meio a este mundo de fogo, cujas inúmeras camadas se conectam de uma maneira estranha, e que a vontade do sangue ainda pode penetrar como quiser, com segurança instintiva" (136).

Quando a Periferia deixa de ser distinta do Centro, a região fronteiriça periférica não é mais periférica — e pode se tornar um um lugar de residência. Esta transformação acontece em tantos níveis diferentes que ela assume a forma de uma experiência emblemática. Os subúrbios estão começando a aparecer como um tema central na literatura argentina: "Os arredores, os subúrbios, são espaços que realmente existem na topografia real da cidade, embora ao mesmo tempo eles possam entrar na literatura apenas quando são pensados como espaços culturais, quando a forma que lhes damos não se baseia apenas em qualidades estéticas, mas também ideológicas. Percebe-se, então, um triplo movimento: o reconhecimento de uma referência urbana, a sua ligação com valores e a sua construção como uma referência literária. Essas operações tornam possível não apenas conceber uma visão 'realista' do subúrbio, mas também uma perspectiva da qual se observa o espaço suburbano" (Sarló, 180). Ao mesmo tempo, o Centro do poder do crime organizado nos Estados Unidos se muda de Nova York para Chicago — a antiga Periferia. Esta mudança geográfica é resultado do famoso "Massacre do Clube Adonis", no dia de Natal, em 1925, em Nova York, onde Al Capone, vindo de Chicago, eliminou sozinho os rivais irlandeses de seu antigo chefe Frankie Yale. Sem nunca tentar controlar Nova York, Capone consegue reduzir o Centro tradicional a um status periférico. E mesmo em Chicago, o novo Centro, a base do poder de Capone está primeiramente nas áreas periféricas da cidade (Bergreen, 157ss.)

Transformações semelhantes da Periferia estão acontecendo no mundo da política internacional. Em vez de simplesmente facilitar a separação, as fronteiras nacionais são agora cada vez mais definidas como espaços de interação: "O mundo encolheu depois que foi cercado de trilhos e fios elétricos. Ele se tornou pequeno demais para conservar zonas de influência econômica nacional (...) e outras 'muralhas da China'. Hoje, os destinos de todos os Estados e nações estão íntima e inevitavelmente interligados" (Bittner, 516). Paul Morand considera que este desenvolvimento começou cedo demais para promover um verdadeiro entendimento entre as nações: "A horrível beleza de nossa época é que as raças se misturaram umas com as outras sem qualquer compreensão mútua, sem terem tempo para se familiarizarem e aprenderem a se tolerar. Nós conseguimos construir locomotivas que viajam mais depressa do que as nossas idéias" (Morand, 13). Por um lado, viver em espaços fronteiriços significa viver sem aquele medo de "estar integrado", que é o ideal da geopolítica. [ver **Centro versus Periferia**] Por outro lado, viver em espaços fronteiriços torna impossível ver de fora uma cultura, um país ou qualquer tipo de sistema. Como uma situação existencial, esta experiência com a descrição-padrão de empregos para arquitetos e engenheiros: eles constroem sistemas dos quais são parte integrante, e dos quais, portanto, jamais podem se dissociar nem se distanciar. [ver **Engenheiros**] No rascunho de um de seus últimos poemas, escrito entre 12 e 18 de junho, Rainer Maria Rilke celebra a janela como um emblema da centralidade do espaço-entre-espaços e como uma nova e importante metáfora na poesia. As janelas são parte da casa, mas também são parte do mundo ao redor da casa. Elas contêm a promessa, a ilusão nunca-realizada, de um panorama que se estende além delas. Desta forma, dentro do mundo poético de Rilke, o observador nunca pode superar o limiar representado pela janela:

> Distante da vida, abaixo do sol,
> A janela que celebra é real;
> Depois das harpas e cisnes
> Imagem lentamente canonizada.
>
> Ainda precisamos de você, forma
> Que se insinua nas casas,
> Prometendo uma abertura.
> Mesmo a janela mais abandonada da Terra muitas vezes
> Serviu para a transfiguração divina.

As fronteiras se tornam espaços — às vezes até mesmo espaços centrais — através dos contínuos movimentos de vai-e-vem, através dos limiares que elas unem. O ritmo desta oscilação engendra assim uma forma. Esta perspectiva da emergência do espaço como uma forma se aproxima da nova definição do espaço formulada por Einstein: "Em primeiro lugar, nós evitamos totalmente a palavra vaga 'espaço', da qual, devemos reconhecer honestamente, não podemos formar um conceito, e a substituímos por 'movimento relativo a um corpo de referência praticamente rígido'" (Einstein, 9). A imagem favorita de Einstein para o "corpo de referência rígido" é o vagão de trem. A ferrovia não é mais concebida como atravessando a distância entre dois pontos, e sim vista como algo que contribui para a emergência do espaço. Num sentido fenomenológico, mais do que científico, isso também é verdade para muitas competições atléticas. Naturalmente, a distância coberta pelos participantes de uma corrida de bicicleta de seis dias é importante (mas não exclusivamente decisivo) para a vitória e a derrota. Vista de um ângulo diferente, contudo, a principal função do movimento contínuo dos atletas em volta do oval infinito da pista é constituir uma área intrinsecamente complexa para o entretenimento do público [ver **Corridas de Seis Dias**], um espaço no qual nem os atletas nem os espectadores podem ser periféricos.

Durante muito mais que seis dias — na verdade, durante o ano inteiro (dezembro de 1925 a fevereiro de 1927) — centenas de soldados do exército brasileiro liderados pelo tentente Luís Carlos Prestes marcharam através do interior de seu enorme país (Drummond, 47). [ver **Individualidade = Coletividade (Líder)**] O que começou como uma tentativa de golpe militar logo se transforma numa ação cujas principais metas permanecem enigmáticas: "A já superficial ação política da Coluna Prestes foi enfraquecida por sua obsessão com a mobilidade — e finalmente foi derrotada pela rejeição geral por parte da população" (Drummond, 64). Se alguma coisa fica clara nas próprias declarações de Prestes, é a ausência de objetivos estratégicos além da continuidade potencialmente infinita do movimento: "Uma guerra no Brasil será uma guerra de movimento — seja qual for a cidade em que ela ocorra. Para nós, revolucionários, movimento é vitória" (6). Não restam dúvidas, porém, de que este "movimento vitorioso" reconstitui — e portanto reafirma — o espaço do território nacional brasileiro.

Verbetes relacionados

Aviões, Automóveis, Elevadores, Engenheiros, Ferrovias, Montanhismo, Polaridades, Transatlânticos, Corridas de Seis Dias, Telefones, Comunicação sem fios, Centro versus Periferia, Imanência versus Transcendência, Individualidade = Coletividade (Líder)

Referências

Laurence Bergreen, *Capone: The man and the era*. Nova York, 1994.
Berliner Tageblatt.
Karl Gustav Bittner, "Werdet deutsche Menschen!". *Die Tat* nº 1 (abril-setembro de 1926): 503-518.
José Augusto Drummond, *A Coluna Prestes: Rebeldes errantes*. São Paulo, 1991.
Albert Einstein: *Relativity: The special and general theory* (1916). Nova York, 1961.

Il Futurismo: Rivista Sintetica Illustrata 11 (11 de janeiro de 1926).
Martin Heidegger, *Sein und Zeit* (escrito em 1926, publicado em 1927). Tübingen, 1984.
Ernst Jünger, *Feuer und Blut: Ein kleiner Ausschnitt aus einer grossen Schlacht* (1926). Hamburgo, 1941.
Franz Kafka, *Das Schloss* (1926). Frankfurt, 1968.
Siegfried Kracauer, "Zwei Fläschen" (1926). In Kracauer, *Das Ornament der Masse: Essays*. Frankfurt, 1977.
Paul Morand, *Rien que la terre: Voyage*. Paris, 1926.
Rainer Maria Rilke, "Werke in drei Bänden", vol. 2: *Gedichte und Übertragungen*. Frankfurt, 1966.
Beatriz Sarló, *Una modernidad periférica: Buenos Aires 1920 y 1930*. Buenos Aires, 1988.
B. Traven, *Das Totenschiff* (1926). Hamburgo, 1954.

IMANÊNCIA = TRANSCENDÊNCIA (MORTE)

❦

O relato sobre uma corrida de cavalos no hipódromo de Grunewald publicado pelo *Berliner-Volkszeitung* do dia 14 de maio contém um parágrafo estranhamente filosófico. Sob o título "Triunfo de Morte e Vida", ele traz a seguinte descrição da corrida de obstáculos Alemanni, a mais importante competição do dia: "Bellac e Eulogist se alternavam na liderança, na frente de Rhineland e Hermes. Morte e Vida vinha em último. Ao passar pela tribuna de honra, Morte e Vida galopava em quarto lugar. Ele ficou nesta posição até eles chegarem na área dos estábulos, quando parecia que Eulogist começava a perder fôlego. Na reta final, Morte e Vida deu uma arrancada e, ao saltar o último obstáculo estava ao lado de Rhineland, que vinha liderando até então. Ele cruzou a linha de chegada em primeiro lugar, na frente de Péricles, que nos últimos metros tinha ultrapassado Rhineland." Se já é bastante notável ver Péricles competindo com Eulogist, o nome "Morte e Vida" ("Tod und Leben") é bastante incomum no contexto das corridas de cavalo, a ponto de merecer uma reflexão especial. De que forma conceitos como "Morte" e "Vida" podem se tornar tão populares, e tão distantes de despertarem medo, a tal ponto que são usados para batizar um cavalo de corrida? Uma resposta possível a esta pergunta apontaria para uma mudança em curso nas relações entre Imanência e Transcendência, que ocupa as mentes até mesmo daqueles que nuncam pensaram em filosofia ou teologia. Ela poderia ser descrita como a absorção da Transcendência pela Imanência, e a reemergência simultânea da Transcendência no contexto de uma nova fascinação pela religião. Mas sendo tradicionalmente definida como o limiar entre a Imanência e a Transcendência, a Morte também marca o único momento no qual é impossível distingüir o mundo daquilo que pode se ocultar por trás dele. Portanto a Morte representa a simultaneidade paradoxal que pode existir entre a Imanência e a Transcendência; e quanto menos a Imanência está separada da Transcendência, mais as pessoas pensam e falam sobre a morte. Este conceito intrinsecamente paradoxal da Morte é freqüentemente associado a um conceito da Vida que em si representa a unidade paradoxal da Autenticidade e da Artificialidade (e a impossibilidade de diferenciá-las). Um paradoxo potencial em si, a fórmula "Morte e Vida" é portanto um ponto de convergência de duas das mais populares e vivas preocupações do momento. [ver **Transcendência versus Imanência, Autenticidade versus Artificialidade (Vida)**]

O que permanece difícil de explicar é a associação particularmente forte entre Morte e Vida. Em *La tentation de l'Occident* (A tentação do Ocidente), André Malraux tenta resolver este problema: "Para destruir Deus, e depois de destruí-lo, o espírito europeu removeu tudo o que pudese colocá-lo em oposição ao homem. Tendo atingido o ápice de seus esforços, (...) não resta mais nada além da morte" (Malraux, 203). A absorção da Transcendência na Imanência seria um efeito colateral do antropocentrismo obsessivo que caracteriza a modernidade ocidental. A única coisa que sobra para produzir um contraste através do qual a existência humana pode ser definida — e ganhar uma forma — é a Morte. Além disso, a necessidade de definir a existência humana só parece crescer num mundo onde os seus sentidos não são mais garantidos por uma cosmologia transcendental. Essa necessidade de experimentar os limites, e através deles o sentido da existência humana, poderia muito bem ser o motivo dos numerosos rituais e competições que capacitam as pessoas a olharem outras pessoas enfrentarem a Morte — atividades como o boxe, os vôos de avião, a corrida de longa distância, a travessia do Canal a nado, a tourada e o alpinismo. [ver **Aviões, Boxe, Montanhismo, Resistência, Tourada**] Já que os esforços para se escalar o pico mais alto do mundo já custaram a vida de 13 pessoas — sem que se obtivesse um sucesso definitivo — uma questão retórica feita por Sir Francis Younghusband, o primeiro presidente do Comitê Monte Everest da Sociedade Geográfica Real e do Clube Alpino, adota uma seriedade que provavelmentenão era intencional: "Por que não deixá-lo neste ponto? Com o conhecimento já adquirido, as necessidades da ciência já foram atendidas. Novos esforços não deveriam ser abandonados?"

(Younghusband, 309). Com sua resposta, ele sugere que o alpinismo proporciona a oportunidade para medir forças com os limites da Morte: "O homem deseja *escalar* o Monte Everest — escalá-lo com seus próprios pés. Esta é a questão. Só assim ele obtém o orgulho por realizar uma proeza, que é uma satisfação tão grande para a sua alma. A vida seria um caso triste se nós sempre confiássemos na máquina. Já estamos inquietos demais para confiar completamente na ciência e na mecânica, em vez de exercitarmos os nossos próprios corpos e espíritos. De outra maneira, nós perdemos muito da alegria de viver que o desempenho total de nossas capacidades traz consigo" (18ss.).

Se a Morte é o único e último horizonte em que se circunscreve a existência humana, e se não existe um mundo "além" dela, então a Morte, mais do que ser o limiar de uma esfera transcendental, ou um elemento desta esfera, se torna uma parte da existência humana. Num poema sobre o corpo de um soldado morto em ação, Fernando Pessoa se concentra neste aspecto particular da diluição da distinção entre Transcendência e Imanência:

> Raia-lhe a farda o sangue
> De braços estendidos,
> Alvo, louro, exangue,
> Fita com olhar langue
> E cego os céus perdidos.

O paraíso desapareceu para o jovem soldado precisamente no momento em que ele esperava que ele se tornasse um lar para a sua alma — isto é, no momento de sua Morte física. A ausência de uma esfera transcendental leva Pessoa a uma comparação irônica entre o corpo do soldado e sua cigarreira:

> Caiu-lhe da algibeira
> A cigarreira breve.
> Dera-lhe a mãe. Está inteira
> E boa a cigarreira.
> Ele é que já não serve.
> (Pessoa, 31)

O último rascunho de um poema de Rainer Maria Rilke, escrito poucos dias antes de sua morte no dia 29 de dezembro, leva esta experiência ainda mais longe. Mesmo antes do fim da vida do corpo, a Morte está presente na dor física aguda — e nenhum futuro existencial se esconde detrás daquela fronteira:

> Venha, companheira final que saberei reconhecer,
> Dor sem alívio em todas as fibras de meu corpo:
> Da mesma forma o meu espírito ardia, veja, estou queimando
> Em você. Longamente a madeira resistiu,
> Sem responder às chamas que você lançava.
> Mas agora eu a alimento, à medida que queimo em você.
> (...)
> Puro, sem planos e livre de um futuro,
> Eu escalei a pira da dor
> Certo de não poder ganhar tempo
> Para este coração calado de exaustão.
>
> (Rilke, 266)

Existem duas respostas precisas, diametralmente opostas, à ausência de Transcendência e à presença da Morte na vida humana. A reação óbvia (e obviamente ingênua) é o impulso de escapar da Morte — ou de esquecê-la ativamente. No romance *Tirano Banderas*, de Ramón del Valle-Inclán, um dos personagens incorpora a segunda atitude em toda a sua trivialidade: "[Reconhecer] que um ato em particular é inevitável não nos prepara para a sua iminência. A Morte é inevitável, e ainda assim nós construímos toda a nossa vida no empenho de distanciá-la de nós" (Valle-Inclán, 250). Contudo, o desejo de escapar da morte assume formas diferentes, dependendo de se concentrar no medo elementar que se sente diante da idéia de que a vida tem um fim, ou no desejo de ser lembrado pela posteridade. Entre os intelectuais espanhóis, a morte do grande arquiteto catalão Antonio Gaudí inspira a segunda dessas obsessões. Na sexta-feira, 10 de junho, enquanto faz sua caminhada diária do lugar onde está sendo construída a Igreja da Sagrada Família para a missa da tarde na mesma vizinhança, Gaudí, aos 74 anos, é atropelado por um bonde. Ele morre antes de receber qualquer auxílio médico, porque ninguém o reconhece: o famoso artista é um homem velho sem nada notável que o caracterize (Gumbrecht, 847-848). Esta cena lembra um pesadelo que, supostamente, desempenha um papel crucial nos textos literários e filosóficos de Miguel de Unamuno. Ele é obcecado pelo medo de que será esquecido após sua Morte, e sente um desejo incontrolável pela imortalidade e pela eternidade. [ver **Pre-**

sente = **Passado (Eternidade)**] O crítico alemão Ernst Robert Curtius considera Unamuno um dos mais importantes filósofos do seu tempo — precisamente porque Unamuno se mantém à parte do ritmo cada vez mais acelerado das mudanças e do tempo histórico [ver **Passado versus Presente**]:

> O elemento autêntico, forte e impressionante da religiosidade de Unamuno é o seu desejo de eternidade. Se esta eterna necessidade de sua alma encontrou uma nova expressão numa época que caiu numa "relatividade temporal", nós devemos isso a Unamuno. Muitos de nós não sentem essa necessidade. Mas outros associarão um sentimento de libertação a voz de Unamuno, que, na nossa Europa esclarecida, cética e sofisticada, permanece alheia às críticas do senso comum e aos cautelosos gestos de erudição. Entre os intelectuais europeus, não é considerado polido falar sobre a morte e a eternidade. Mas não é esta repressão a causa de muitos dos nossos sofrimentos? Em essência, a fome de Unamuno (...) pela imortalidade não é mais do que o instinto de sobrevivência. Ele não quer morrer (Curtius, 239-240).

A outra reação à ausência de Transcendência e à presença da Morte na existência humana é a decisão de enfrentar deliberadamente a morte. É esta a atitude que T.E. Lawrence aprende a adotar durante a guerra na Arábia: "Sempre havia sangue em nossas mãos. Nós tínhamos permissão para isso. Ferir e matar pareciam dores efêmeras, tão breve e penosa nos parecia a vida. Com uma tristeza de viver tão grande, a tristeza da punição precisa ser impiedosa. Nós vivíamos para o dia e morríamos por ele. (...) Os caminhos dos beduínos eram duros até para aqueles mais experientes, e para os estranhos era terrível: a morte em vida" (T.E. Lawrence, 31). Existem formas menos dramáticas e mais "classe média" de tornar a Morte uma parte da Vida. Pode-se, por exemplo, compôr instruções meticulosas sobre a disposição do próprio cadáver (Crane, 11-12). [ver **Cremação**] Ou pode-se criar um grupo de estudos voltado à Morte, como fazem os amigos de Jack Dempsey, Grantland Rice, Ring Lardner e Gene Fowler: "O exclusivo Clube Morticians (...) se reunia diversas vezes por semana para discutir os aspectos intrigantes da morte e a vida no além. Rice era o supremo fatalista; ele se sentava perto de Lardner e Fowler para gracejar da morte. A alta incidência de mortes lentas e dolorosas em decorrência da bebida lhes dava alimento abundante para o pensamento quando eles se sentavam para beber" (Dempsey e Dempsey, 185). A ansiedade para enfrentar a Morte — uma obsessão entre os americanos prósperos — leva Martin Heidegger a uma das mais complexas passagens de *Sein und Zeit* (Ser e tempo). Tentando argumentar que a Morte é de fato uma parte da vida humana, Heidegger chega ao ponto de afirmar que a morte e a existência humana são co-extensivas da perspectiva de sua duração: "Na verdade, o Dasein está morrendo através de sua existência" (Heidegger, 251). Este é o pensamento que deveria estimular a confrontação com a morte, a antecipação da própria Morte na imaginação; é também o pensamento que deveria estimular a aceitação da possibilidade da não-existência, bem como a aceitação da facticidade da própria Morte. É este complexo salto existencial rumo ao futuro que Heidegger descreve com a metáfora *Vorlaufen in den Tod*, ou "correndo à frente da morte" (267).

Ainda mais freqüentes que os temas complementares de fugir e enfrentar a Morte são as associações entre a Morte (ou a ameaça da Morte) e a realização sexual. As paisagens montanhosas parecem ser o cenário padrão para estas associações. O herói e narrador do romance *Maria Capponi*, de René Schickele, por exemplo, nunca soube como sua esposa podia estar apaixonada — até o dia de inverno em que um acidente numa escalada os prende numa cratera. Aqui, nada resta além da expectativa da Morte e a presença mutuamente aconchegante de seus corpos. [ver **Montanhismo**] Leni Riefenstahl afirma ter desencorajado as investidas sexuais tanto do ator principal quanto do diretor do filme *A montanha sagrada* (e evitou que eles se matassem um ao outro por causa da frustração e do ciúme) —, mas ela certamente aprecia o efeito erótico que os perigos do alpinismo exercem sobre o trio. Em contrapartida, o poema de Bertolt Brecht "Entdeckung an einer jungen Frau" (Descoberta em nome de uma jovem mulher) é uma variação particularmente séria do mesmo tema:

> Uma sóbria despedida pela manhã, uma mulher
> De pé, sem emoção na soleira, vista sem emoção.
> Então notei uma listra cinza em seu cabelo,
> E eu não conseguia me decidir a ir embora.
>
> Sem palavras eu toquei seu peito, e quando ela perguntou
> Por que eu, convidado por uma noite, não queria
> Ir embora na manhã seguinte (pois este era o acordo)
> Eu a olhei diretamente nos olhos e disse:

> É apenas mais uma noite, eu gostaria de ficar.
> Mas faça bom proveito do tempo
> Que você está passando aqui na soleira
>
> Vamos falar mais depressa,
> Pois quase esquecemos que você é mortal.
> E o silêncio calou minha voz.
>
> (Brecht, 160ss.)

Talvez a força deste poema — bem como a daquelas cenas de tourada de Hemingway, Montherlant e Kracauer [ver **Tourada**] — resulte do fato de que os autores não tentam explicar a conexão entre a morte e a realização sexual. Eles simplesmente descrevem, às vezes com detalhes meticulosos, como a percepção da proximidade da Morte dispara o desejo sexual. Por outro lado, esforços para entender este fenômeno têm resultados que vão de inconvincentes a verdadeiramente embaraçosos. A tese de Theodor Lessing de que uma lei geral une a Morte ao prazer erótico, por exemplo, dificilmente encontra sustentação no fato de que as abelhas morrem após perderem o seu ferrão — já que o ferrão não tem nenhuma função reprodutiva (ou sexual): "A natureza só parece cruel aos olhos humanos porque une a morte à sexualidade. (...) De cada dez mil [abelhas-macho], apenas uma é admitida ao paraíso do amor, e isso acontece apenas quando ela perde o ferrão. Neste momento, ela experimenta a já conhecida conexão entre amor e morte" (Lessing, *Biene und Wespe*, 252, 255). Sem qualquer explicação adicional, D.H. Lawrence faz a personagem feminina principal de seu romance *A serpente emplumada* atribuir a "finalidade da morte" a um casamento que é baseado na inquestionável dominação sexual do macho: "Ah! E que submissão misteriosa, da parte dela, aquela enorme ereção implicaria! Algo quase absoluto. Ah! Que casamento! Que terrível! E que completo! Com a finalidade da morte, e ainda mais que a morte" (332-333). [ver **Macho versus Fêmea**] Walter Benjamin propõe uma tese particularmente alusiva ao elo entre a satisfação sexual e Morte: "A realização sexual liberta o homem de seu segredo, que consiste não na sexualidade, mas na sua realização — e que pode talvez se soltar dele (mas nunca ser resolvido) apenas nesta realização. É algo que pode ser comparado aos grilhões que o prendem à vida. A mulher os atravessa, e o homem se torna livre para morrer, já que perdeu o seu segredo. Isto lhe permite renascer. E da mesma forma que a sua amante o liberta do encantamento da mãe, assim a mulher literalmente o liberta da mãe-terra. A mulher é a parteira que corta o cordão umbilical formado pelo segredo da natureza" (Benjamin, 140-145). A reflexão de Benjamin soa tão pretensiosa quanto obscura (Ritter). Pois qual poderia ser o segredo do qual os homens se libertam através da realização sexual? E por que essa liberdade recém-conquistada os libertaria da Morte? E por que a liberdade da Morte seria uma condição necessária para o nascimento de uma nova vida?

É mais ou menos consensual que a proximidade da Morte acentua a intensidade da vida. Os autores se referem a esta experiência como um fato que dispensa maiores explicações: "A tourada — um objeto às vezes de desdém, às vezes de exaltação hiperbólica que a considera um símbolo nacional, como um hino ou uma bandeira — deve a sua reputração à emoção, porque a morte está presente nela" (*Blanco y Negro*, 80). No épico da guerra de trincheiras de Ernst Jünger, o mesmo tema é desenvolvido retoricamente sob a influência óbvia do discurso de Nietzsche sobre a intoxicação dionisíaca: "Todos estão bêbados sem vinho, cada um vivendo num mundo diferente e fabuloso. Todas as leis habituais parecem ter sido suspensas [*aufgehoben*], e nós nos vemos num sonho fervilhante de realidade intensificada — num outro círculo da lei, num outro círculo da humanidade, que está ele próprio num outro círculo da natureza. Feixes de linhas sombrias atravessam o ar. A atmosfera, marcada pela forte pressão de ar causada por uma explosão, faz os objetos em nosso raio de visão tremerem e dançarem como imagens de um filme bruxuleante" (Jünger, 108). A descrição que Adolf Hilter faz dos mesmos campos de batalha da Grande Guerra vai além do dionisíaco. Ele se depara com uma situação na qual a intensificação da Vida através da Morte se transforma em medo, e por sua vez o medo da Morte produz um estado supremo de Sobriedade: "Mas o romance da batalha tinha ficado horrível. O entusiasmo declinava gradualmente, e a alegria exuberante foi substituída pelo medo da morte. Chegou uma hora em que todos se sentiam divididos entre o instinto de autopreservação e a voz do dever. (...) Para mim, esta luta já tinha sido decidida durante o inverno de 1915-1916. Finalmente minha vontade se tornava soberana. Se no início eu tinha sido capaz de me unir à tempestade de forma exuberante e risonha, agora eu estava quieto e determinado" (Hitler, 181). [ver **Sobriedade versus Exuberância**]

A determinação quieta pode ser o nível mais radical do entusiasmo. Ela nasce do encontro entre Vida e Morte, mas ela distancia o "eu" da Vida e da

Morte: "Hoje a nossa droga será o vinho; amanhã será o poder. Amanhã nos tornaremos juízes severos da vida e da morte. Ter a vida e a morte nas mãos deixa qualquer um orgulhoso" (Jünger, 49). [ver **Macho versus Fêmea**] Neste trecho, Jünger fala sobre o poder de controle sobre a Vida e a Morte de outras pessoas; mas determinar a própria vida e a própria Morte inspira o mesmo respeito e gera o mesmo sentimento de intensidade sóbria. Em *O assassinato de Roger Ackroyd*, de Agatha Christie, o traiçoeiro narrador chega ao cúmulo de contentamento e auto-respeito quando ele decide cometer suicídio para poupar sua irmã Caroline da cruel desilusão de descobrir que ele é um assassino: "Bem, ela nunca saberá a verdade. Existe (...) uma saída. (...) Eu não gostaria que Caroline soubesse. Ela gosta de mim, chega a ter orgulho. (...) Minha morte representará uma dor para ela, mas a dor passa" (Christie, 311-312). Dificilmente um político comunista é tão tolerante em relação a um contra-revolucionário quanto Leon Trotski é em relação a Sergei Iessenin, num ensaio escrito pouco depois do suicídio de Iessenin: "A severidade da realidade o derrotou. No dia 25 de dezembro de 1925, ele admitiu a sua inferioridade, sem provocação ou queixa. (...) O nosso tempo é amargo, talvez o mais amargo da História da assim chamada civilização. Nascido nesta década, o revolucionário é possuído por um patriotismo fanático. Esenin não era revolucionário. O autor de *Pugachov* e *A balada de 26* era o mais intimista e lírico dos poetas. E a nossa época não é uma época lírica. Esta é a principal razão pela qual Sergei Iessenin, voluntariamente e antes da hora, nos abandonou e abandonou seu tempo" (Toller, 163,164). Tentando descobrir analogias entre a vida humana e a vida animal, Theodor Lessing quer oferecer legitimidade ética ao suicídio. Mais uma vez, porém, as analogias se revelam bastante problemáticas: "'Qui potest mori, non potest cogi.' 'Invencível é quem sabe como morrer. (...) A autodestruição e o suicídio (...) também existem na natureza. A raposa arranca o seu próprio membro para escapar da armadilha. Se for necessário, o escorpião inoculará em si mesmo o seu próprio veneno" (Lessing, 257).

Em comparação, os psicanalistas parecem pouco preocupados com todos esses esforços para desemaranhar os conceitos de Imanência e Transcendência, Autenticidade e Artificialidade, Morte e Vida. Referindo-se a um ensaio de Sigmund Freud intitulado *Zeitgemässes über Krieg und Tod* (Reflexões contemporâneas sobre a guerra e a morte), o psiquiatra holandês August Staerke explica como algumas religiões, ao tentarem lidar com o medo da Morte, afirmaram uma identidade entre a Morte e a vida, exatamente como fazem algumas visões modernas: "Mesmo sociedades civilizadas, nas quais o fenômeno da religião é muito mais complexo, compartilham algumas das abordagens das sociedades primitivas ao lidarem com o medo da morte. Estas abordagens se preocupam, sobretudo, com o fato físico da morte. Como uma compensação, as sociedades civilizadas estabelecem e tornam plausíveis determinados tabus de higiene e limpeza. A adesão a estas prescrições substitui o medo da morte. Uma abordagem alternativa é definir a morte como vida eterna — e portanto essencial" (Staerke, 101). Instigado por Sigmund Freud, o ensaio de Staerke, com sua interpretação funcional do paradoxo da Morte-e-vida, recebe um prêmio dedicado à pesquisa e a prática psicanalíticas (*Almanach*, 93). Isto é bastante surpreendente, porque, simultaneamente, o próprio Freud começa a escrever um ensaio sobre a Morte, a Vida e a sexualidade no qual — em fez de fazer uma abordagem funcional — ele promove de fato uma remitologização. "A psicanálise", ele afirma, "deduz todos os processos mentais (à parte da recepção de estímulos externos) do interjogo de forças, que ajudam ou inibem umas às outras, combinam-se, engajam-se em compromissos entre si etc. Todas estas forças estão originalmente na natureza dos instintos. (...) A especulação teórica leva à suspeita de que existem dois instintos fundamentais, que ficam ocultos por trás dos manifestos instintos do ego e dos instintos de objeto, quais sejam: (a) Eros, o instinto rumo uma união mais íntima, e (b) o instinto de destruição, que leva à dissolução de tudo o que vive. Na psicanálise, dá-se o nome de 'libido' à manifestação das forças de Eros" (Freud, 265).

Verbetes relacionados

Aviões, Boxe, Cremação, Montanhismo, Resistência, Tourada, Autenticidade versus Artificialidade, Imanência versus Transcendência, Macho versus Fêmea, Presente versus Pasado, Sobriedade versus Exuberância, Autenticidade = Artificialidade (Vida), Presente = Passado (Eternidade)

Referências

Antología de Blanco y Negro, 1891-1936, vol. 9. Madri, 1986.
Walter Benjamin, "Einbahnstrasse" (1926). In *Gesammelte Schriften, vol. 4*, parte 1. Frankfurt, 1972.

Berliner Volks-Zeitung.
Bertolt Brecht, "Entdeckung an einer jungen Frau". In *Gesammelte Werke*, vol. 8. Frankfurt, 1967.
Agatha Christie, *The murder of Roger Ackroyd*. Londres, 1926.
Hart Crane, *White Buildings*. Nova York, 1926.
Ernst Robert Curtius, "Unamuno" (1926). In Curtius, *Kritische essays zur Europäischen Literatur*. Berna, 1950.
Jack Dempsey e Barbara Piatelli Dempsey, *Dempsey*. Nova York, 1977.
Sigmund Freud, "Psycho-Analisys"(1926). In Freud, *Standard Edition of the Complete Psychological Works*, vol. 20. Londres, 1959.
Hans Ulrich Gumbrecht, *Eine Geschichte der Spanischen Literatur*. Frankfurt, 1990.
Martin Heidegger, *Sein und Zeit* (escrito em 1926, publicado em 1927). Tübingen, 1984
Adolf Hitler, *Mein Kampf* (1926). Munique, 1941.
"Internationaler Psychoanaytischer Verlag, *Almanach für das Jahr 1926*. Viena, 1926.
Ernst Jünger, *Feuer und Blut: Ein kleiner Ausschnitt aus einer grossen Schlacht* (1926) Hamburgo, 1941.
D.H. Lawrence, *The Plumed serpent*. Londres, 1926.
T.E. Lawrence, *The seven Pillars of wisdom* (1926). Nova York, 1936.
Theodor Lessing, "Spinne und Fliege" (1926), "Biene und Wespe oder Bürgerlich und Romantisch" (1926). In *Ich warfe eine Flaschenpost ins Eismeer der Geschichte: Essays und Feuillettons, 1923-1933*. Neuwied, 1986.
Henri de Montherlant, *Les bestiaires*. Paris, 1926.
Fernando Pessoa, "O menino de sua mãe" (1926). In Pessoa, *Poesia*. Rio
de Janeiro, 1959.
Rainer Maria Rilke, *Werke in drei Bänden*, vol. 2. Frankfurt, 1966.
Henning Ritter, "Thinking incognito: On Walter Benjamin". *New Literary History* 27, nº 4 (outono de 1996): 595-604.
René Shickele, *Maria Capponi*. Munique, 1926.
August Staerke, "Geisteskrankheit und Gesellschaft". In Internationaler Psychoanalytischer Verlag, *Almanach für das Jahr 1926*. Viena, 1926.
Ernst Toller, "Russische Reisebilder" (1926). In *Quer durch: Reisebilder und reden*. Munique, 1978.
Ramon del Valle-Inclán, *Tirano Banderas* (1926). Madri, 1978.
Francis Younghusband, *The Epic of Mount Everest*. Londres, 1926.

INDIVIDUALIDADE = COLETIVIDADE
(LÍDER)

❦

Aqueles que escrevem sobre liderança freqüentemente se enredam em paradoxos. Às vezes eles até parecem tirar prazer disso. Segundo o senso comum, o verdadeiro Líder precisa incorporar a Coletividade da qual ele sai. Ele não pode ser um líder sem essas raízes — mas, ao mesmo tempo, ele está mais sozinho e mais distante das massas do que qualquer outro indivíduo. A sua solidão faz o Líder sobressair, e esse isolamento é uma condição para o carisma através do qual ele atrai a atenção e a confiança de um corpo coletivo. Mas, idealmente, o Líder também tenta acompanhar o corpo coletivo que ele lidera. Idealmente, Individualidade e Coletividade se tornam inseparáveis no corpo do Líder. Idealmente, o corpo do Líder é um corpo mítico.

Enquanto a vida do filósofo judeu Theodor Lessing está sendo ameaçada por centenas de estudantes que transformaram num programa político a sua procura por um líder da raça alemã [ver **Individualidade versus Coletividade**], ele publica um ensaio no qual o corpo da abelha-rainha serve como metáfora da liderança, e no qual uma citação de Bismarck empresta uma conotação positiva a este papel: "Como o reitor da Universidade de Göttingen, a abelha-rainha é substituída a cada quatro anos. Durante este período, ela precisa depositar um milhão de ovos, após experimentar a alegria do amor apenas uma vez. Definitivamente, ela é uma prisioneira de seu povo e pode dizer, como Bismarck: "Eu sou o seu líder, mas também preciso segui-las" (Lessing, 256). Numa entrevista para o *Jornal do Brasil*, Filippo Marinetti descreve a relação entre Mussolini e a nação italiana de um ângulo ligeiramente diferente, enquanto mantém o paradoxo da mútua subordinação. Em vez de seguir aqueles que lidera, o Líder é guiado por aqueles que guia: "Mussolini é um homem que é guiado pelas forças que ele guia, e estou certo de que se um dia ele decidisse ficar parado, o jovem povo italiano o obrigaria a marchar" (Buarque de Holanda, 77). Mas a liderança também faz parte da aura utópica que envolve o conceito de democracia. Falando diante de uma enorme assembléia de estudantes na terça-feira, 6 de julho, Gustav Stresemann, o secretário de Relações Exteriores da Alemanha, começa enfatizando esta implicação: "Vocês sabem que freqüentemente classificamos a época em que vivemos como a 'era da democracia'. Numa era assim, o problema do líder e das massas é muito mais importante do que em outros tempos" (Stresemann, 262). A Liderança só pode ser associada à esperança na democracia quando se renuncia à superioridade hierárquica preestabelecida. Na União Soviética, os professores não têm mais direitos sobre os estudantes do que o corpo estudantil coletivo tem sobre os professores:

> As regras que ao alunos elaboraram para eles proíbem o uso de chapéus no prédio. No pátio um professor encontra um aluno que está de chapéu, e o professor o arranca com um gesto peremptório. O garoto olha para ele resoluto: "O que você está fazendo? Eu não sou seu criado. Você me ofendeu." Ele leva o caso a uma corte que consiste no conselho estudantil. Testemunhas são ouvidas, e a sentença seguinte é formulada: o garoto estava errado por usar chapéu; ele é repreendido por isso. Mas o comportamento do professor também foi errado: ele não tinha o direito de arrancar o chapéu da cabeça do aluno sem uma explicação. Este exemplo mostra como as escolas estão tentando promover o livre desenvolvimento da vida individual e coletiva (Toller, 184-185).

Esse entusiasmo nada ambíguo pelo ideal de uma convergência paradoxal entre a Individualidade e a Coletividade se choca agudamente com um discurso pragmático que tenta estimar, com ostensiva Sobriedade, as conquistas dos diversos políticos que, durante alguns anos, incorporaram o novo princípio da liderança. Referindo-se a Benito Mussolini na Itália, Kemal Pasha na Turquia, Theodore Pangalos na Grécia e Miguel Primo de Rivera na Espanha, um ensaio publicado pelo *Berliner Tageblatt* no dia 29 de julho identifica um problema central na prática cotidiana desses Líderes: Se eles quiserem manter o seu prestígio, eles precisam continuar a impressionar os seus seguidores com conquistas assombrosas (Gumbrecht). "Aqueles cavalheiros que em diversos estados abraçaram a profissão de ditador — com ou sem o pretexto de um controle parlamentar — precisam se valer de estratégias complexas para assegurar a afeição de seu povo. O ditador que não aparece sempre em público, que não fornece evidências diárias de seu poder superior, que não legitima continuamente o seu status através de conquistas impressionantes será expulso de cena pelas massas frustradas." De qualquer forma, o número de sociedades cujos sistemas políticos são dominados por Líderes está crescendo rapidamente. No dia 8 de janeiro, Ibn Saud é proclamado rei de Hijaz e sultão de Nejd. Em maio, revoltas militares elevam o general Pilsudski à presidência da Polônia e dão ao general Gomes da Costa um papel equivalente em Portugal. Em julho, quando Gomes da Costa é exilado nos Açores e Stalin começa a contestar o papel de Trotski, Zinoviev, Radek e seus seguidores no Partido Bolchevique, o Parlamento da Bélgica confere poderes ditatoriais ao rei para facilitar a solução de uma crise financeira. No dia 17 de dezembro, Antanas Smetona prende os membros do governo lituano, suspende a Constituição, dissolve o Parlamento e se proclama presidente (Langer, 986-1041). A violência geral causada por todas essas revoltas não parece perturbar o tom descansado, quase literário do debate em curso sobre os princípios da liderança. Dois dias depois do Natal, Walter Benjamin registra, com detalhes apaixonados, uma reflexão feita por sua amiga Asja Lacis durante a sua estada num sanatório de Moscou: "As horas que, nestes últimos dias, ela passou numa espreguiçadeira ao ar livre certamente melhoraram o seu estado de saúde. Ela fica feliz quando pode ouvir os gritos dos corvos ao ar livre. Além do mais, ela acredita que os pássaros estabeleceram uma organização eficaz, e que o seu líder lhes diz o que devem fazer. Ela acha que determinados gritos seguidos de um longo silêncio são ordens a que todos devem obedecer" (Benjamin, 66). Heinrich Mann não abriu mão de seu sonho de um mundo no qual os escritores — e não os militares ou os corvos — dariam as ordens a que todos obedeceriam: "O escritor é sempre o líder da democracia, mesmo em suas formas falhas. Sem a sua influência, a esfera pública estaria à mercê dos interesses particulares. Ele é indispensável. Quanto mais alto for o grau de liberdade de uma nação, maior será o prestígio do escritor" (Mann, 298). No romance *Tirano Banderas*, de Valle-Inclán, a convicção de que a liderança é essencial e de que os Líderes são insubstituíveis reaparece numa irônica tautologia: "Homens de grande visão não podem ser substituídos, a não ser por homens de grande visão!" (Valle-Inclán, 21).

O escritor francês Jules Romains oferece outro ângulo sobre o problema da liderança. Sua peça *O ditador*, encenada pela primeira vez na terça-feira, 5 de outurbo, na Comédie des Champs-Elysées, apresenta o dilema de um homem que assume poderes ditatoriais num período de crise política e portanto afirma estar prestando um serviço à sua nação — mas que também é obrigado a destruir a carreira política do seu melhor amigo, já que este amigo representa a ala radical da oposição parlamentar. Em nenhum momento, Dennis, o ditador benevolente de Romains, aprecia o poder ou abusa dele. Ele mantém, com um esforço determinado e sobre-humano, a ordem no dia-a-dia e, através dela, a sobrevivência individual e coletiva: "Atos de sabotagem, bondes virados, brigas, mortes? A cada momento um despacho na minha mesa, uma pilha de despachos, uma torrente violenta de notícias ruins, um conflito a mais, uma avaria a mais? Tudo em ruínas? Bem, aqui estou eu, tentando com todas as minhas forças evitar que tudo entre em colapso, manter tudo funcionando, empenhando-me cada vez mais para fazer as coisas durarem" (Romains, 29). Como um heróico piloto que, sozinho num avião que constantemente ameaça a sua vida, consegue evitar sua queda, o ditador resiste a todos os ataques de uma sociedade que ele está determinado a resgatar. Ele se engaja na tarefa impossível de preservar a estrutura esfacelada que ele habita. [ver **Aviões, Engenheiros, Resistência**] Não é surpreendente que a imprensa francesa compare quase obsessivamente a peça de Romains às tragédias clássicas de Corneille, já que ambos se concentram menos no sucesso de uma ação do que em sua forma e beleza. [ver **Ação versus Impotência**] A liderança, portanto, é discutida de uma perspectiva existencial, mais do que como um problema de estratégia política. É por isso que alusões vagas aos "fracassos" do parlamentarismo, como no seguinte parágrafo de um manifesto de 5 de setembro do ditador espanhol Miguel Primo de Rivera, parecem suficientes para legitimar a ditadura: "Agora que o sistema parlamentar fracassou na sua forma atual, e sua ineficácia foi finalmente comprovada em dois países semelhantes ao nosso, (...) nenhuma pessoa em sã consciência pensaria em restabelecê-lo na Espanha, onde seus três anos de suspensão não comprometeram qualquer ação decisiva no campos internacional e econômico. Ao contrário, neste período estas ações foram facilitadas, porque foram silenciadas as vozes atrevidas, egoístas ou intrometidas que produziam a música discordante daquele sistema" (García-Nieto, 148).

Para Adolf Hitler, a crise política é menos um problema a ser resolvido através da liderança do que uma oportunidade para o Líder potencial descobrir e provar seu gênio. Em sua descrição de como um Líder encontra o seu caminho para o poder, ele não dá atenção a estratégias: "Quase sempre, este ímpeto é necessário para convocar o gênio à ação. O martelar do destino, que lança uma pessoa ao chão, subitamente encontra aço na outra, e embora a concha da vida cotidiana esteja quebrada, seu núcleo permanece aberto aos olhos do mundo perplexo. A sociedade agora resiste, não querendo acreditar que uma pessoa aparentemente 'idêntica' se transformou subitamente num ser 'diferente' — um processo que se repete com todo indivíduo eminente" (Hitler, 321). A tarefa mais importante do Líder é "colocar as massas em movimento" (118), e para isso ele está pronto a sacrificar todos os interesses pessoais (167). Mas em contrapartida com a noção amplamente aceita de Liderança, na qual o Líder é guiado pelas massas mesmo quando ele as inspira, o conceito de Hitler nega esta reciprocidade. Para ele, a política se caracteriza por uma polaridade quase hostil entre o gênio do Líder e a inércia das massas. Como ele não vê necessidade de aprovação coletiva para as decisões do líder, ele abomina a idéia de uma relação não-hierárquica entre o Líder e a população. "A tarefa do líder não deveria ser conceber uma idéia ouplano criativo, mais do que tornar a engenhosidade deste plano compreensível para um rebanho de ovelhas e cabeças-duras, com o propósito de implorar o seu consentimento? (...) Seriam as massas capazes de assimilar uma idéia antes que a sua grandeza tenha sido proclamada pelo seu sucesso? Toda ação engenhosa neste mundo não seria o protesto visível do gênio contra a inércia das massas?" (86).

Dificilmente alguém pergunta aonde um Líder está levando seus seguidores, depois que ele os colocou em movimento, e depois que a crise original que o levou ao poder foi resolvida. A preocupação em manter as coisas em movimento substitui a necessidade de conhecer a direção do movimento? Tendo surgido de uma revolta militar no Rio Grande do Sul, o estado mais meridional do Brasil, e tendo atravessado o país inteiro, a Coluna Prestes, um grupo de várias centenas de soldados liderados pelo capitão Luis Carlos Prestes chega ao estado do Maranhão, no norte, em janeiro. [ver **Centro = Periferia (Infinitude)**] No final do ano, Prestes e seus homens já percorreram quase 24 mil quilômetros e planejam pedir asilo político na Bolívia (Drummond, 26-47; Werneck Sodré, 29ss.). A marcha da Coluna Prestes começou como uma manobra estratégica equivocada durante uma guerra civil. Agora ela se tornou um símbolo da resistência política, e até mesmo uma missão para educar o povo brasileiro (Drummond, 57). A única evidência desta função ao longo do ano é o movimento dos soldados, ziguezagueando e dando voltas ao longo do mapa do Brasil, quase como numa dança ou numa corrida de seis dias. Mas enquanto Prestes mantiver os seus seguidores em movimento, eles não perguntarão aonde ele os está levando.

Verbetes relacionados

Aviões, Corridas de Seis Dias, Dança, Engenheiros, Resistência, Individualidade versus Coletividade, Ação versus Impotência, Centro versus Periferia (Infinitude)

Referências

Walter Benjamin, *Moskauer Tagebuch* (1926). Frankfurt, 1980.
Berliner Tageblatt.
Sérgio Buarque de Holanda, "Marinetti, homem político" (1926). In Francisco de Assis Barbosa, org., *Raízes de Sérgio Buarque de Holanda*. Rio de Janeiro, 1989.
José Augusto Drummond, *A Coluna Prestes: Rebeldes errantes*. São Paulo, 1991.
María Carmen García-Nieto, Javier M. Donézar e Luis Lopez Puerta, orgs., *La dictadura, 1923-1930: Bases documentales de la España contemporánea*, vol. 7. Madri, 1973.
Hans Ulrich Gumbrecht, "I redentori della vittoria: Über den Ort Fiumes in der Genealogie des Faschismus". In Hans Ulrich Gumbrecht, Friedrich Kittler e Bernhard Siegert, orgs., *Der Dichter als Kommandant: D'Annunzio erobert Fiume*. Munique, 1996.
Adolf Hitler, *Mein Kampf* (1926). Munique, 1941.
William L. Langer, *An Encyclopedia of World History*. Boston, 1980.
Theodor Lessing, "Spinne und Fliege" (1926), "Biene und Wespe oder Bürgerlich und Romantisch" (1926). *In Ich warfe eine Flaschenpost ins Eismeer der Geschichte: Essays und Feuillettons, 1923-1933*. Neuwied, 1986.
Heinrich Mann, "1926". In Mann, *Sieben Jahre: Chronik der Gedanken und Vorgänge*. Berlim, 1929.
Jules Romains, "Le dictateur: Pièce en quatre actes". In *La Petite Illustration: Révue hebdomadaire*, 23 de outubro de 1926.
Gustav Stresemann, "Student und Staat: Rede vor dem Verein Deutscher Studenten" (Berlim, 7 de julho de 1926). In Stresemann, *Reden und Schriften: Politik, Geschichte, Literatur, 1897-1926*, vol. 2. Dresden, 1926.

Ernst Toller, "Russische Reisebilder" (1926). In Toller, *Quer durch: Reisebilder und Reden*. Munique, 1978.
Ramon del Valle-Inclán, *Tirano Banderas* (1926). Madri, 1978.
Nelson Werneck Sodré, *A Coluna Prestes: Análise e depoimentos*. São Paulo, 1975.

MACHO = FÊMEA (QUESTÃO DE GÊNERO)

A licença para falar sobre práticas sexuais que divergem da necessidade biológica de reprodução depende de uma certa perspectiva, da qual elas parecem anomalias. Como a homossexualidade masculina se torna um tópico crescentemente popular, a premissa implícita na discussão sustenta que o amor entre homens dilui a distinção entre Macho e Fêmea, que é vista como natural. Um emblema favorito para as formas masculinas da Questão de Gênero é o toureiro, cuja confrontação com as forças indômitas da natureza conjuga paradoxalmente o valor tradicionalmente masculino da proeza e o atributo tradicionalmente feminino da inferioridade física. [ver **Tourada, Macho versus Fêmea**] Apesar da complexidade deste emblema, a imaginação popular representa os homens homossexuais de formas estereotipada — e obsessiva — como efeminados. No romance *Tirano Banderas*, de Ramón del Valle-Inclán, um personagem homossexual — o embaixador da Espanha numa pequena república latino-americana — é construído através da lógica simples de substituir atributos supostamente masculinos por seus correspondentes femininos: "O excelente Señor Don Mariano Isabel Cristino Queralt y Roca de Togores, barão de Benicarlés e grão-mestre de Ronda, tinha a voz de uma prostituta e o andar de uma bailarina. Fascinante, grande, incomum, altamente habilidoso em fofocas e intrigas, ele era naturalmente melífluo. Ele falava pelo nariz, como um francês, e por baixo de suas pálpebras carnudas, havia um toque de perversa literatura. Ele era uma figura inútil e pomposa, um esnobe literário, um diletante em círculos literários decadentes, celebrando os rituais e glórias do verso francês" (Valle-Inclán, 29). [ver **Dança, Autenticidade versus Artificialidade, Silêncio versus Barulho**] A mesma lógica binária de substituição fica aparente na descrição do amante do embaixador (um jovem toureiro, é claro), que é caracterizado através dos diversos itens que os agentes de polícia encontram na sua casa: "Um pacote de cartas. Dois retratos com dedicatórias. Uma bengala com punho dourado e monograma. Uma cigarreira com um monograma e uma diadema. Um colar, duas pulseiras. Uma peruca loura, mas escura. Um estojo de maquiagem. Roupas íntimas de seda, com lacinhos" (69). Outro aspecto da discussão sobre a homossexualidade é a restrição narrativa segundo a qual apenas um membro do casal pode aparecer como "verdadeiramente homossexual", enquanto o outro é apresentado como alguém que está atrás de um interesse não-sexual em seu relacionamento. Supõe-se não somente que o parceiro heterossexual "original" tire alguma vantagem econômica considerável de seu consentimento; ele também usa regularmente a ilegalidade da homossexualidade e a desonra social para chantagear o seu amante. Quando o jovem toureiro fala ao embaixador espanhol sobre a batida de polícia em sua casa, em que encontraram evidências de seu relacionamento, o diplomata imediatamente pensa que seu amante quer estorquir mais dinheiro dele: "Meu querido Francis, você é um canalha! Tudo não passa de um truque seu para me arrancar algum dinheiro — você está me atormentando." "Pequena Isabel, está vendo este crucifixo? Eu juro por tudo o que é mais sagrado: estou dizendo a verdade." O barão repete, cheio de medo e desconfiança: "Você é um canalha!" (219).

Os romancistas e os sistemas legais baseiam suas análises da homossexualidade masculina na premissa de que existem múltiplas assimetrias entre os parceiros. No julgamento do assassino serial Friedrich Haarmann, os juízes simplesmente não conseguem imaginar que Haarman deu as roupas de suas vítimas de presente ao seu amigo Hans Grans, espontaneamente, e que Grans não o pressionou de nenhuma maneira, com ameaças diretas ou indiretas. [ver **Assassinato**] Em *Lebenslaud des Boxers Samson-Körner* (Vida do boxeador Samson-Körner), o cozinheiro homossexual Jeremiah Brown força um passageiro clandestino de um navio a pagar por seu silêncio e cumplicidade com favores sexuais diários. [ver **Transatlânticos**] Mesmo naqueles casos raros em que os relacionamentos homossexuais aparecem como (ao menos temporariamente) baseados na afeição mútua, existe sempre um dramático momento de decisão no qual um dos parceiros descobre — ou admite — a sua "verdadeira" orientação heterossexual. Na peça *Die Hetzjagd* (A caçada) de Egon Erwin Kisch, Alfred Redl, o diretor do serviço de inteligência austro-húngaro, deixa a cidade por um longo período, durante o qual o seu amante Stefan Hromadka concebe o projeto de se casar com uma jovem professora chamada Franzi Mittringer. Embora Kisch descreva Stefan e Franzi como surpreendentemente simpáticos aos sentimentos de Redl, o casal "legítimo" sugere bastante naturalmente — e bastante cruelmente — que Redl pague as taxas legais do casamento deles. A trama subseqüente confirma a imagem geralmente aceita do amor homossexual, mesmo que Kisch acabe apresentando Redl como um herói trágico. Prometendo a Stafan presentes generosos e promoções militares secretas, Redl consegue comprar de volta a afeição de seu amante, por um curto período. [ver **Automóveis**] Enquanto isso, porém, fica claro que o serviço secreto russo, ciente da homossexualidade de Redl, obrigou-o a assumir o papel de agente duplo. Quando a polícia austríaca o confronta com evidências de sua traição, Redl comete suicídio, deixando livre o caminho para o casamento de Franzi e Stefan.

Nenhum tratamento da homossexualidade masculina chega a questionar o pressuposto de que ela é uma "anomalia" que, de uma forma ou de outra, precisa ser reprimida para o bem da sociedade. Tendo chegado ao fundo da hierarquia social em Buenos Aires, o protagonista de 16 anos do romance *El juguete rabioso* (O brinquedo furioso), de Roberto Arlt, divide um quarto num asilo com um sujeito obsceno de idade indefinida que confessa ser atormentado pelo desejo de ser uma mulher. De forma auto-indulgente, ele explica que veio de uma família rica, mas que foi "pervertido" para o homossexualismo por um professor particular. A dupla mensagem do romancista é clara: os homossexuais são efeminados, e ninguém nasce homossexual. Quando Silvio Astier estabelece uma relação hierárquica com seu novo conhecido provando a sua força física superior, ele pode se consentir adotar um tom de voz menos agressivo em suas conversas: "Por que você não vai a um médico, (...) um especialista em desequilíbrios nervosos?" (Arlt, 93). Essas recomendações condescendentes para um tratamento médico ou psicológico são as reações mais "tolerantes" que os homossexuais podem esperar receber da camada mais esclarecida da sociedade. Em seu *Almanach* do ano 1926 — ao lado de ensaios de Sigmund Freud, Thomas Mann, Hermann Hesse, Stefan Zweig e outros — a Internationaler Psychoanalytischer Verlag publica um artigo do dr. Oskar Fischer, um pastor de Zurique, que oferece instruções detalhadas para a educação sexual de uma perspectiva que é surpreendentemente semelhante àquela de Silvio Astier no romance de Arlt: "Muitos pais não têm uma idéia clara de quanta infelicidade o desvio sexual produz. Se eles apenas conhecessem os sofrimentos de tantos homossexuais, sadistas, masoquistas, fetichistas e outros pervertidos sexuais, e se eles entendessem como o desejo sexual patológico e a incapacidade de amar um parceiro apropriado se relacionam fortemente com as assim chamadas doenças nervosas e psíquicas severas, eles ficariam chocados com a sua própria falta de interesse neste campo enormemente importante. O desenvolvimento de uma sexualidade adequada, por um lado, aos mais elevados padrões éticos e, por outro, às funções biológicas da humanidade precisa estar entre os principais objetivos da nossa educação" (Fischer, 105-106).

Com sua certeza confiante, esta afirmação da "normalidade" relaciona a reprodução biológica e a "normalidade" sexual com o bem-estar do indivíduo, a excelência moral e intelectual e, através da mediação do amor de Deus, até mesmo com uma cosmologia de base religiosa. Mas os retratos de amor homossexual que parecem vir de uma perspectiva interior (retratos que são sempre indiretos) são em geral acompanhados da suspensão da certeza cognitiva e de complicados episódios de introspecção. Na novela *Unordnung und frühes Leid* (Desordem e tristeza precoce), de Thomas Mann, o dr. Cornelius, um professor de História, sente uma afeição quase edipiana por Lorchen, sua filha de cinco anos: "Ela inegavelmente lhe pertence. Ela se aquece conscientemente na ternura profunda com que ele abraça o seu pequeno corpo (uma ternura que, como todos os sentimentos profundos, esconde uma certa tristeza) e no amor que brilha em seus olhos quando ele beija sua mãozinha de fada ou sua querida testa, com suas intricadas e finas veias azuis" (Mann, 496). De uma forma vaga, porém, Cornelius sabe que este amor por sua filha compromete o seu rigor intelectual como historiador. Pois se a História registra as mudanças constantes que constituem a vida humana em toda a sua complexidade, o amor incondicional do professor por Lorchen é um sentimento que permanece imune a estas transformações em curso: "Neste amor por sua jovem filha, a sua natureza conservadora, o seu senso de eternidade, encontrou um refúgio da dolorosa época moderna. O amor de um pai, um bebê no peito da mãe — isto não seria atemporal, e portanto supremamente sagrado e belo? Ainda assim Cornelius, refletindo na escuridão, vislumbra algo que não está correto no seu amor. De um ponto de vista teórico, para o bem da ciência, ele admite isso em silêncio. Há um motivo que sublinha o seu amor, inerente à sua própria natureza. O motivo é a animosidade: em relação à História do momento presente, que ainda está tomando forma, e portanto ainda não é História nenhuma; e em nome da História verdadeira que sempre já ocorreu — isto é, a morte" (498). [ver **Presente = Passado (Eternidade)**] Mann nunca deixa as reflexões de Cornelius excederem os limites de seu monólogo interior altamente acadêmico. Mas existiria mais por trás da afeição paternal do professor do que uma resistência à mudança histórica? A narrativa sugere que Cornelius se interessa por homens jovens e atraentes, particularmente por seu criado Xaver Kleinsgütl — descrito como "ele não usa chapéu, seja qual for o clima, e veste uma longa camisa elegantemente adornada e um cinto de couro" (491) [ver **Estrelas**] — e num estudante de engenharia chamado Max Hergesell, a quem os filhos adolescentes do professor convidaram para uma festa dançante: "Um jovem esportivo usando uma camisa branca e uma pequena gravata-borboleta. (...) Belo como um quadro, com seu cabelo escuro e suas bochechas rosadas — barbeadas, naturalmente, mas mostrando uma insinuação de pêlos" (p. 505). [ver **Engenheiros, Gramofones**] Enquanto o professor faz uma caminhada para escapar do barulho da casa e planejar sua próxima conferência, Hergesell, tentando agradar a seus anfitriões, dança com a pequena Lorchen. No momento em que Cornelius volta, ela já está tão infantilmente apaixonada pelo rapaz que, embora sua hora de dormir já tenha passado há muito tempo, ela não consegue pregar o olho; ela soluça no travesseiro, com duas amas-secas tentando inutilmente ajudá-la. Apenas Kleinsgütl entende a situação. Ele pede a Hergesell para ver as amas-secas, e o narrador observa que o pai está quase tão impressionado com a aparência do jovem quanto sua filha: "Max Hergesell se agacha na cabeceira da cama de Lorchen, usando seu paletó da tarde, com seus pêlos insinuantes e seus encantadores olhos escuros, evidentemente feliz por desempenhar o papel de cisne e de príncipe de conto de fadas, como se estivesse dizendo: 'Aqui estou eu! Agora todos os seus desejos serão realizados e todas as lágrimas cessarão!' Cornelius se emociona quase tanto quanto a própria Lorchen" (520). Sem saber, ele se sente ao mesmo tempo duplamente enciumado e duplamente satisfeito: enciumado da paixão infantil de Lorchen por Hergesell e do gesto amigável de Hergesell para Lorchen; satisfeito com a bela aparência de Hergesell e com a sua influência calmante sobre a criança aflita. O professor se vê tomado, brevemente, por uma estranha ambivalência: "O jovem Hergesell se inclina apoiado nas barras da cama e fala sem parar, mais para o ouvido do pai do que o da criança, mas Lorchen não sabe disso — e os sentimentos que o pai tem por ele são uma mistura extraordinária de gratidão, embaraço e ódio" (521). Momentos depois, o mundo retorna à sua frágil ordem habitual. Cornelius se persuadiu de que a distância que Lorchen, ao dormir, está tomando de Hergesell, é comparável à sua própria distância do rapaz: "Que boa coisa", ele diz a si mesmo, "e que ela mergulhe num sono mais profundo a cada inspiração! Pois para as crianças a noite que separa um dia do outro é como um abismo! Amanhã, certamente, o jovem Hergesell não será mais que um sonho, incapaz de afetar seu pequeno coração" (522).

Esta convergência de atração homossexual implícita com o tema da perda e recuperação de uma precária certeza intelectual não é de forma alguma exclusiva à história de Mann. Tendo passado o verão anterior com Salvador Dalí e sentindo um desejo físico crescente por ele, Federico García Lorca publica uma longa e complexa ode ao seu amigo na edição de abril da *Revista de Occidente* (Etherington-Smith, 62ss.). Ela não contém nenhuma referência clara aos desejos homossexuais do poeta, mas desde o início ela está repleta de imagens de geometria, medida e ordem transparente: "Uma rosa no jardim alto que você deseja./ Um círculo na sintaxe pura do aço" (García Lorca, 618). Gradualmente o leitor percebe que este motivo pontua alguma coisa perdida, da qual se necessita urgentemente:

> Um desejo por formas e limites nos derrota.
> Aqui vem o homem que enxerga com a sua régua amarela.
> Vênus é uma natureza-morta branca
> E os colecionadores de borboletas fogem.
>
> (García Lorca, 619)

A admiração de Lorca pelo pintor Dalí — e pelo amado Dalí que não corresponde ao seu amor, embora também não o rejeite — se manifesta como a exaltação de um artista que, em vez de fingir que encontrou a certeza, nunca desiste de sua busca por pontos de referência e limites, e que continua plenamente consciente da natureza infinita desta busca:

> Ó, Salvador Dalí, da voz da oliveira!
> Eu não exalto o seu pincel adolescente e imperfeito

CÓDIGOS EM COLAPSO 445

> Ou sua paleta, que persegue a cor do seu tempo
> Mas exalto o seu desejo pela sua imperfeição.
> (...)
> Eu canto a sua busca pela luz catalã,
> Seu amor por algo que não pode ser explicado.
> Eu canto o seu coração terno e astronômico.
> (García Lorca, 619, 621)

De um ponto de vista temático, nenhum texto poderia ser mais diferente de *Unordnung und frühes Leid*, de Thomas Mann, e "Oda a Salvador Dalí", de García Lorca, do que *Os sete pilares da sabedoria*, de T.E. Lawrence, um volumoso balanço dos efeitos da Grande Guerra na Arábia. Contudo, o tema do desejo sexual proibido, acompanhado de uma crise de certeza cognitiva, oferece uma estrutura interpretativa para este texto — uma moldura que vai além da esfera de suas densas referências históricas. [ver **Incerteza versus Realidade**] O livro é dedicado a uma pessoa amada, para quem Lawrence queria conquistar a liberdade, mas que morreu:

> Eu amava você,
> então arrastei essas marés de homens em minhas mãos
> e escrevi minha vontade nas estrelas, através do céu
> para merecer sua Liberdade, a valiosa casa de sete pilares,
> para que seus olhos pudessem brilhar para mim
> quando chegássemos.
> (...)
> Já cansado, o amor tateava seu corpo, nossa breve recompensa
> nossa, por um momento
> antes que a mão suave da terra explorasse a sua forma,
> e os vermes cegos engordassem
> com a sua substância.
> (Lawrence, 5)

Esta alusão nunca fica completamente esclarecida nas centenas de páginas da narrativa de Lawrence. Somente o primeiro parágrafo do breve epílogo pode fechar o parêntese aberto: "Damasco não parecia uma bainha para a minha espada, quando cheguei na Arábia. Mas a sua captura revelou à exaustão as minhas principais fontes de ação. O motivo mais forte acabou sendo da natureza pessoal, não mencionado aqui, mas presente em mim, creio, todas as horas desses dois anos. Dores e alegrias podem desaparecer como torres com o passar do tempo; mas, transparente como o ar, aquela necessidade oculta retornava para ser o elemento persistente da vida, quase até o final. Ela estava morta, antes de alcançarmos Damasco" (661).

Num nível menos intimista, Lawrence escreve explicitamente sobre práticas homossexuais. Ele o faz, porém, sob a licença do entendimento convencional de que, numa situação específica de guerra, estas práticas são um substituto inevitável para contatos heterossexuais:

> O corpo era tosco demais para sentir até o limite as nossas tristezas e as nossas alegrias. Por isso, nós o abandonamos como algo sem valor. Nós o deixamos para trás e prosseguimos, num simulacro de respiração, num nível próprio e involuntário, sujeito a influências que, em dias normais, teriam feito o nosso desejo desaparecer. Os homens eram jovens e robustos; inconscientemente, o sangue e a carne quente exigiam seus direitos dentro deles, atormentando seus estômagos com estranhos desejos. Os perigos e privações pelos quais tínhamos passado insuflavam esse calor viril, numa atmosfera que não podia ser mais torturante. Nós não tínhamos privacidade em lugar algum, nem roupas grossas que escondessem a nossa natureza. Os homens vivem de forma franca. (..) Mais tarde, alguns (...) juraram que amigos rolavam juntos pela areia, com os membros quentes envolvidos num abraço supremo, encontrando, oculto na escuridão, um correspondente sensual da paixão mental que unia as nossas almas e espíritos num mesmo esforço flamejante (30).

Além do que se expressa abertamente nessas sentenças, é o esforço do narrador para se distanciar do conteúdo que confere ao texto uma forte tensão sexual. Esta distância encontra o seu complemento e a sua confirmação na incapacidade de se envolver naquilo que ele enxerga como o "absolutismo" e a "superficialidade" dos contatos corporais (uma incapacidade que não caracteriza os corpos masculinos): "Colocar a minha mão em algo vivo era como cair num desfiladeiro; e eles me faziam tremer se me tocavam, ou se se interessavam muito depressa por mim. Era uma repulsa atômica, como o percurso intacto de uma bola de neve. Eu teria feito a escolha oposta, se a minha cabeça não fosse uma tirana. Eu desejava o absolutismo das mulheres e dos animais e me sentia triste quando via um soldado com uma garota, ou um homem fazendo afagos num cachorro, porque o meu desejo devia ser aperfeiçoado e superficial" (563). Seja qual for a causa desta inibição, ela gera um desejo por segurança e certeza: "Eu precisava ser admirado — e isto me deixava tão nervoso e endurecido que eu nunca conseguia me abrir amigavelmente para outra pessoa. O medo de fracassar num empenho tão importante me fazia desistir de tentar; além disso, existiam as convenções; e a intimidade parecia de fato algo vergonhoso, a não ser que o outro pudesse reagir perfeitamente, na mesma linguagem, segundo o mesmo método, pela mesma razão" (563). Todas essas reminiscências correspondem a uma paixão altamente sofisticada que intensifica, em vez de satisfazer, o desejo: o narrador sente prazer em se ver refletido em outra mente, cuja curiosidade ainda não foi despertada. "Havia uma atração especial, por começos que me levava a um esforço incansável para libertar minha personalidade da vontade de crescer e projetá-la em algo novo, e minha necessidade de desnudar esta novidade precisava ser satisfeita. O 'eu' invisível parecia se refletir mais claramente na água parada na mente ainda indiferente de outro homem." (566).

Em contrapartida com essas complexidades psicológicas e discursivas, a homossexualidade feminina tem a luminosidade de um fenômeno que tem autorização para existir, pelo menos enquanto ele não exigir uma publicidade explícita, e que pode até mesmo ser conhecido, desde que ele se apresente como transitório ou episódico. Por exemplo, os homens que admiram Josephine Baker não ficam realmente chocados ao vê-la intimamente abraçada por belas mulheres e usando smoking (Kessler, 456). Qualquer um pode obter informações detalhadas sobre a localização de bares lésbicos e locais de encontro para lésbicas em cidades como Berlim ou Paris (von Soden e Schmidt, 160ss.). Os elementos picturais de alguns anúncios de jornal não são nada ambíguos [ver **Bares**], e tratados pedagógicos progressistas recomendam tolerância a relacionamentos sexuais entre jovens mulheres — já que estes relacionamentos são apenas caminhos paralelos em seu percurso "natural" rumo à heterossexualidade: "Devemos falar abertamente sobre o tipo de amizade que é tão importante para as jovens dessa idade. E não devemos fingir que tudo não passa de uma troca de segredos inofensivos. Essas garotas sabem muito bem o que está acontecendo; elas só não entendem o seu significado. É nosso dever explicar a elas que isso não é nem um crime medonho, nem um vício interessante. Isso não é mais do que um desvio" (Kaus, 361).

Verbetes relacionados

Automóveis, Assassinato, Dança, Engenheiros, Gramofones, Estrelas, Tourada, Autenticidade versus Artificialidade, Incerteza versus realidade, Macho versus Fêmea, Silêncio versus Barulho, Sobriedade versus Exuberância, Presente = Passado (Eternidade)

Referências

Roberto Arlt, *El juguete rabioso*. Madri, 1985.
Bertolt Brecht, "Der Lebenslauf des Boxers Sansom-Körner" (1926). In *Gesammelte Werke*, vol. 11. Frankfurt, 1967.
Judith Butler, *Gender trouble: Feminism and the subversion of identity*. Nova York, 1990.
Meredith Etherington-Smith, *The persistence of memory: A biography of Dalí*. Nova York, 1992.
Oskar Fischer, "Elternfehler in der Erzieehung der Sexualität und Liebe". In "Internationaler Psychoanaytischer Verlag, *Almanach für das Jahr 1926*. Viena, 1926.
Federico García Lorca: "Oda a Salvador Dalí". In García Lorca, *Obras completas*. Madri, 1971.
Gina Kaus, "Wie ein Mädchenbuch aussehen sollte" (1926). In Anton Kaes, org., *Weimarer Republik: Manifeste und Dokumente zur deutschen Literatur, 1918-1933*. Stuttgart, 1983.
Harry Graf Kessler, *Tagebücher, 1918-1937*. Frankfurt, 1961.
Egon Erwin Kisch, "Die Hetzjagd: Eine Tragikomödie in fünf Akten des K.u.K. Generalstabs. In Kisch, *Hetzjagd durch die Zeit*. Berlim, 1926.
T.E. Lawrence, *The Seven Pillars of Wisdom* (1926). Garden City, 1936.
Thomas Mann, "Unordnung und frühes Leid" (1926). In *Sämtliche Erzählungen*. Frankfurt, 1963.
Ramon del Valle-Inclán, *Tirano Banderas* (1926). Madri, 1978.
Kristine von Soden e Maruta Schmidt, orgs., *Neue Frauen: Die zwanziger Jahre*. Berlim, 1988.

PRESENTE = PASSADO (ETERNIDADE)

❦

Freqüentemente o Futuro é absorvido num Presente que parece estar à frente de si próprio. Mas este não é o único deslocamento que está ocorrendo nas estruturas temporais do cotidiano. [ver **Presente versus Passado**] Da mesma maneira, a distinção entre o Passado e o Presente corre o risco de desaparecer, porque o processo no qual cada Passado é substituído por um novo Presente parece ter-se acelerado tão dramaticamente que formas individuais de pensamento e estilos coletivos de vida já não conseguem mais se adaptar: "As perspectivas do homem no presente não são tão boas que ele possa abrir mão de aprimorá-las. Recentemente ocorreram diversas mudanças no modo de vestir e no estilo de vida, algumas intencionais, outras acidentais. Estas mudanças acarretam novas mudanças, tão amplas que parecem estar prestes a provocar, num futuro próximo, a completa reorganização de nossas vidas, tanto em seus aspectos públicos quanto privados. O próprio homem está mudando, junto com as suas circunstâncias; ele também mudou no passado, é verdade, mas talvez nunca tão depressa. Até onde se saiba, nunca ocorreram antes tantas mudanças, nem mudanças tão velozes, nas circunstâncias da vida humana, e estas mudanças implicam riscos psicológicos, econômicos, sociais e políticos. Esta rapidez nos ameaça" (Richards, 15). A mudança acelerada causa dor e algumas vezes leva a situações nas quais o Passado, em vez de ser deixado para trás, persegue o Presente. As pessoas se referem à rapidez e à profundidade dessa transformação com palavras que normalmente são reservadas para acontecimentos importantes. Mas a mudança histórica permanece um quase-evento, porque, paradoxalmente, o seu ritmo acelerado impede que ela seja contextualizada e interpretada — pelo menos segundo as fórmulas e gêneros artísticos tradicionais: "Levará 30 anos ou mais para que esta transformação assustadora de nossos valores morais e intelectuais tenha sido absorvida pela moeda corrente das interações cotidianas" (Blei, 402).

Só existem alguns tipos de comportamento e papéis profissionais que estão sincronizados com esse novo ritmo: os repórteres, que substituem a interpretação pela pura percepção superficial; os corretores, que nunca possuem o objeto de sua mediação; o movimento rápido e perpétuo de um bar para outro — um movimento que, quando é prolongado, previne a estagnação e o alcoolismo. Todas estas atividades, trabalhando em conjunto, parecem empurrar a vida para o nível de uma superfície colorida. [ver **Bares, Repórteres, Autenticidade versus Artificialidade**] Apenas neste nível, e talvez nem mesmo nele, pode-se esperar acompanhar o ritmo das mudanças amplas e ininterruptas. Mas, mesmo que isto seja possível, inevitavelmente o ritmo acelerado afeta os modos como o tempo é experimentado. Esta mudança secundária — aquela que resulta de uma aceleração das mudanças — deixa traços sísmicos nos textos do poeta Johannes Becher. Como um marxista, Becher conserva algumas expectativas em relação às formas como o Passado, o Presente e o futuro devem se relacionar. Talvez seja por isso que ele registra com tanta precisão um processo no qual essas três divisões temporais se sobrepõem cada vez mais, a ponto de tornar impossível, no fim das contas, mantê-las separadas (e muito menos deduzir "leis de mudança"). A palavra favorita de Becher para descrever esse colapso é *Ineinander-Geschehen* (fusão de acontecimentos):

> Afundar, mundos que afundam
> como golpes de martelo um trovão pesado ecoa
> a boca de um cantor de sonho, o som saindo dos
> lábios, lábios que se conectam
> aos lábios (...) Raios de luz
> sussurrando. Ó, fusão de acontecimentos de todos os mundos!
> (Becher, 46-47; também 57ss.)

Um repertório alternativo de imagens representa a mesma crise vista de um ângulo oposto. Em vez de enfatizar a diluição da fronteira entre o Passado e o Presente, essas imagens mostram a fronteira como um intervalo muitas vezes perigoso. Para Becher, essas metáforas de descontinuidade têm a virtude de oferecer um elo de associação com a noção comunista de revolução:

> Agitem as bandeiras vermelho-sangue
> cantando a vitória que seus esquadrões cortam na noite
> como brechas no fogo. Uma luz
> escarlate arrebenta.
> Lancem faíscas e reprimam
> a dança de horror do mundo.
>
> (Becher, 116)

A precariedade que leva a uma perda definitiva da estrutura temporal: esta é a experiência-chave associada à impressão de mudança acelerada. O tempo não-estruturado, porém — o tempo como matéria (ou substância de tempo), pode-se dizer —, parece oferecer a si mesmo como um meio pronto para ser inscrito, estruturado e manipulado (Luhman, 45-69). Esta situação facilita as imagens de expansão ou contração do tempo através de novas formas de organização do trabalho. Embora todas essas diferentes imagens apontem para o mesmo tipo de processo — qual seja, para um ganho na eficiência do trabalho desempenhado — ele aparece como uma extensão do tempo, da perspectiva da produtividade, e como uma redução do tempo, da perspectiva da agenda dos trabalhadores. [ver **Linhas de Montagem, Relógios**] Uma oscilação semelhante pode ser atribuída ao fascínio do público pelo desempenho dos atletas. Um atleta que quebra o recorde de um predecessor pode ter percorrido uma distância maior no mesmo período de tempo, ou pode ter percorrido a mesma distância em menos tempo. [ver **Corridas de Seis Dias, Resistência**] A câmera lenta e as fotografias instantâneas enfatizam a impressão de que o tempo pode ser retardado ou acelerado segundo diferentes necessidades econômicas, técnicas ou científicas. Esta impressão forma a base de um conceito popular de relatividade que, embora seja diferente da teoria de Einstein, é usado com propósitos didáticos até mesmo por acadêmicos eminentes, como o astrônomo A.S. Eddington: "Os movimentos dos elétrons são tão harmoniosos quanto os das estrelas, mas numa diferente escala de espaço e tempo, como se a música das esferas estivesse sendo tocada 50 oitavas acima num teclado. Para descobrirmos esta elegância, precisamos retardar a ação, ou então acelerar a nossa própria perspicácia, da mesma forma como o filme em câmera lenta transforma os duros golpes de um boxeador em movimentos extremamente graciosos e insípidos (Eddington, 20). Como essas analogias confirmam a crença de que é possível ganhar, perder, gastar ou economizar tempo, elas geram um discurso no qual o tempo aparece como uma mercadoria. Se o slogan "Tempo é dinheiro" meramente conceitualiza esta perspectiva, reflexões mais sofisticadas tentam — séria ou ironicamente — avaliar o valor de mercado do tempo: "Todas as pessoas no mundo, burocrata ou patrão, costumam acreditar que as pessoas do nosso tipo dispõem de um tempo infinito para gastar. Com as pessoas que têm dinheiro é diferente. Elas podem conseguir tudo com dinheiro e, portanto, nunca precisam esperar. Nós, que não podemos pagar à vista, pagamos com o nosso tempo" (Traven, 41).

O tempo é uma mercadoria, o que pressupõe que o tempo é experimentado como um agente de mudança. A especificidade histórica do presente reside no desaparecimento de metas rumo às quais espera-se que as mudanças levem. Desprovido de estruturas e metas internas, porém, o tempo não sugere nada além de movimento contínuo, sem qualquer descanso ou realização: "O que a nossa época descobriu é que, no momento em que uma pessoa está mudando, ela se sente melhor. É impossível ir tão longe que se sinta o desejo de voltar para casa. Agora percebo, no momento de desembarcar, que não gosto de viajar — que eu só gosto do movimento. Ele é a única verdade, a única beleza. Eu não terei vergonha da minha vida enquanto ela for móvel. O único ponto fixo: a idéia de mudança" (Morand, 31-32). O movimento contínuo é apenas um dos conceitos que nascem de uma cronologia sem estrutura, de uma cronologia na qual o Passado, o Presente e o futuro não podem mais ser separados. Outro conceito é a Eternidade. Pois o tempo sem estrutura é mudança contínua, mudança sem começo nem fim. Na verdade, a cadeia de associações entre a experiência da mudança acelerada, a perda de estruturas temporais e o conceito de Eternidade é tão óbvia e freqüente que se podem distinguir diferentes versões da Eternidade.

Na primeira versão, a Eternidade simplesmente decorre da ausência de estruturas temporais imanentes: "Não há progresso nem regresso. Não há começo nem fim. Não existem eras, e não existe História." Começando com esta tese radical, o filósofo Theodor Lessing tenta explicar a impressão predominante de que as estruturas temporais só existem como projeções da consciência humana. Isso o leva à conclusão de que "o homem gira em torno da eternidade num trem chamado 'consciência'" (Lessing, 384-385). Discutindo o conceito de "evolução histórica", o historiador Kurt Riezler postula que a influência recíproca entre "destino" e "liberdade" não pode ser reduzida a padrões previsíveis de mudança. Se, porém, infinitas variedades dessa influência recíproca geram diversos fenômenos historicamente diferentes, o simples fato da influência recíproca entre destino e liberdade é eterno: "A influência recíproca entre liberdade e fatalidade é imutável — apesar da mutabilidade de suas formas e graus. Toda liberdade contém alguma dose de fatalidade; e mesmo a forma mais cega de fatalidade contém alguma dose de liberdade" (Riezler, 225).

A segunda versão do conceito de Eternidade apresenta um aspecto existencial, e até mesmo heróico. Ela funciona como um consolo para o sentimento de insegurança e desenraizamento que nasce da impressão de que a mudança histórica está ocorrendo cada vez mais depressa. O *Berliner Börsen-Zeitung* apresenta o conceito heróico de Eternidade aos leitores de sua edição de Ano-Novo: "O que precisamos acima de tudo, numa época como a nossa, é um coração firme. Mas somente um coração no qual habite o pensamento da eternidade pode ser firme. (...) Lembre o que você é, por quanto tempo continuará a sê-lo — e em quê você se transformará um dia! Então suas tristezas parecerão banais, suas lutas e sofrimentos diários parecerão sem importância, e tudo isso desaparecerá por fim no oceano vasto e profundo da eternidade." Com evidente ironia, Thomas Mann, na sua novela *Unordnung und frühes Leid* (Desordem e tristeza precoce) atribui um pensamento semelhante ao professor de História Cornelius, que vive numa sociedade cheia de tensões entre o Passado e o Presente: "Quando faz seu passeio habitual à margem do rio antes do jantar, o pofessor mergulha em pensamentos. A natureza da ausência de tempo e da eternidade, ele diz a si mesmo, é parecida com a do passado. E é muito mais compatível com o sistema nervoso de um professor de História do que são os excessos do presente. O passado está imortalizado, o que significa que ele está morto. E a morte é a fonte de toda piedade e de todo sentido duradouro" (Mann, 498). [ver **Imanência = Transcendência (Morte)**]

A terceira versão está ligada à mitologia e atrai principalmente os intelectuais que vivem em áreas culturalmente periféricas que são associadas ao futuro. [ver **Autenticidade versus Artificialidade, Centro versus Periferia**] Este conceito de Eternidade expressa a resistência à mudança, que se torna a base de uma dignidade quase transcendental. Deve ser por causa do desejo por esta dignidade que o catálogo estudantil da Universidade de Stanford contém, ao lado de ensaios sobre as universidades de Oxford, Paris e Tóquio, uma descrição da Universidade do Cairo. Esta instituição inspira respeito precisamente porque ela priva os seus estudantes de todos os elementos da vida moderna de que desfruta um estudante de Stanford: "O pai muçulmano deseja para o seu filho uma educação que lhe assegure um lugar honrado entre as pessoas cultas de sua própria comunidade, mais do que uma educação que lhe proporcione sucesso em profissões modernas ou na vida oficial. A falta de interesse científico entre os acadêmicos muçulmanos atrasou enormemente o progresso econômico de seu povo. O mesmo arado de madeira e o mesmo nível primitivo que se encontram registrados nas tumbas dos reis egípcios podem ser vistos hoje nas mãos dos trabalhadores do Cairo. Contudo, [a universidade] tem uma grande influência socializadora" (*1926 Quad*, 98). Se, com referência a uma instituição, a Eternidade é uma forma de continuidade que se baseia num Passado imemorial, o conceito é freqüentemente projetado num lapso de tempo ainda mais amplo quando ele se refere à paisagem e à natureza. É o caso do retrato mitologizante que Hart Crane faz de Labrador do Norte:

> Uma terra de gelo fino
> Abraçada pelo arco de gesso cinza do céu,
> Lança-se silenciosamente
> Dentro da Eternidade (...)
> No silêncio frio só existe o deslocamento dos momentos
> Daquela viagem rumo a nenhuma primavera —
> Nenhum nascimento, nenhuma morte, sem tempo nem sol
> Como resposta.
>
> (Crane, 21)

À primeira vista, Jorge Luis Borges parece muito menos sério do que Crane quando, num de seus poemas, ele escreve sobre a "fundação mitológica de Buenos Aires". Começando com as estrofes de abertura, as cenas do Passado que ele evoca estão cheias de lugares-comuns, evidentemente extraídos de livros de História e mapas históricos:

> E foi por este rio de sonolência e lama
> Que chegaram os navios para fundar minha pátria?
> Os pequenos barcos pintados que destruímos
> Entre as algas marinhas e as correntes traiçoeiras?

> Pensando nisso com cuidado, devemos supôr que o rio
> era então azulado, como se tivesse vindo do céu,
> com uma pequena estrela vermelha marcando o lugar
> onde Juan Díaz correu e onde os índios comeram.
>
> (Borges, 95)

Mas quanto mais Borges desenvolve esta mitologia livresca, mais claro fica que ele não está disposto a separar o Passado do momento da fundação do Presente de Buenos Aires e da moderna topografia da cidade, incluindo os nomes de seus bairros e ruas, políticos e músicos:

> Eles levantaram algumas cabanas frágeis na costa
> E dormiram, à distância. Disseram que em Riachuelo,
> porém, conspirações eclodiam na margem do rio
> Em quarteirão inteiro na minha vizinhança: em Palermo.
>
> Mas era um quarteirão inteiro no meio de um campo
> exposto às auroras, às chuvas e aos ventos.
> O quarteirão parece existir ainda na minha vizinhança:
> Guatemala, Serrano, Paraguay, Gurruchaga.
>
> (...)
> Os bairros já optaram por "Yrigoyen".
> Alguns pianos tocavam os tangos de Saborido.
>
> (Borges, 95-96)

E, nos seis versos finais, esta sobreposição do Passado e do Presente da cidade, esta perda de estrutura temporal, torna Buenos Aires tão eterna quanto a natureza.

> Um estojo de charutos perfumava o deserto
> como uma rosa. A tarde tinha afundado em dias anteriores.
> Os homens dividiam um passado ilusório.
> Só faltava uma coisa: o outro lado da calçada.
>
> Acho que é ilusão pensar que Buenos Aires teve um começo.
> Eu a vejo eterna como a água e o ar.

Verbetes relacionados

Bares, Corridas de Seis Dias, Greves, Linhas de Montagem, Relógios, Resistência, Repórteres, Autenticidade versus Artificialidade, Centro versus Periferia, Presente versus Passado, Imanência = Transcendência (Morte)

Referências

Associated Students of Stanford University, orgs., *The 1926 Quad*, Stanford, 1926.
Johannes R. Becher, *Maschinenrhythmen*. Berlim, 1926.
Berliner Börsen-Zeitung.
Franz Blei, "Bemerkungen zum Theater" (1926). In Anton Kaes, org., *Weimarer Republik: Manifeste und Dokumente zur deutschen Literatur, 1918-1933*. Stuttgart, 1983.
Jorge Luis Borges, "Fundación mítica de Buenos Aires" (1926). In Borges, *Obra poética, 1923-1977*. Buenos Aires, 1977.
Hart Crane, *White buildings*. Nova York, 1926.
A.S. Eddington, *The internal constitution of the stars*. Cambridge, 1926.
Fritz Heider, "Ding und Medium". *Symposium 1* (1926): 109-157.
Theodor Lessing, "Es ist nur ein Übergang" (1926). In *Ich warfe eine Flaschenpost ins Eismeer der Geschichte: Essays und Feuillettons, 1923-1933*. Darmstadt, 1986.
Niklas Luhmann, "Zeichen als Form". In Dirk Baecker, org., *Probleme der Form*. Frankfurt, 1993.
Thomas Mann, "Unordnung und frühes Leid" (1926). In *Sämtliche Erzählungen*. Frankfurt, 1963.
Paul Morand, *Rien que la terre: Voyage*. Paris, 1926.
I.A. Richards, "Science and poetry" (1926). In Richards, *Poetries and science*. Nova York, 1970.
Kurt Riezler, "Der Begriff der historischen Entwicklung". *Deutsche Vierteljahrsschrift für Literaturwissenschaft und Geistesgeschichte 4* (1926): 193-225.
B. Traven, *Das Totenschiff* (1926). Hamburgo, 1954.

ESTRUTURAS

DEPOIS DE APRENDER COM A HISTÓRIA

Já está na hora, ao menos para os historiadores profissonais, de enfrentar seriamente uma situação na qual a tese de que "se pode aprender com a História" perdeu o seu poder de persuasão. Uma resposta *séria* — e não simplesmente a repetição de discursos e gestos apologéticos — certamente teria que abordar o paradoxo de que os livros sobre o passado continuam a atrair um número crescente de leitores, e a História como um tema e uma disciplina permanece intocável na maioria dos sistemas educacionais do Ocidente, ao passo que professores, dirigentes acadêmicos e todos que de alguma forma estão envolvidos com o ensino sentem que de alguma maneira os discursos legitimadores sobre as funções da História degeneraram em rituais mumificados. Talvez sentíssemos falta de seu *pathos* decorativo se eles desaparecessem dos livros de História e dos discursos de formatura; talvez ficássemos tristes se o passado deixasse de ser um tema em programas de conhecimentos gerais e um ponto de referência na retórica de alguns políticos. Mas ninguém mais confia no conhecimento histórico em situações práticas. Nos derradeiros anos do século XX, as pessoas já não consideram a História uma base sólida para decisões cotidianas sobre investimentos financeiros ou a administração de crises ambientais, sobre a moral sexual ou sobre as preferências na moda. Responder *seriamente* a esta mudança significaria que os historiadores profissionais (da política, da cultura, da literatura e assim por diante) teriam que começar a pensar nas suas conseqüências — sem serem apologéticos, e sem se sentirem obrigados a provar que estavam errados aqueles que, por nunca terem esperado aprender nada com a História, não fazem uso de todo o conhecimento sobre o passado que preservamos, publicamos e ensinamos. É verdade, porém, que algumas vezes esses contemporâneos gostam de ler o que escrevemos. Seriam "aprender" e "usar" apenas palavras erradas admitir isso talvez capacitasse os historiadores a obterem uma maior liberdade intelectual e maior imaginação em vez de terem perdas?

Em todo caso, existe uma longa genealogia ocidental de reações cada vez mais complexas ao medo (ou à esperança) de que não se pode aprender nada com a História, mesmo que se faça uso das mais complicadas técnicas intelectuais. Aquilo que chamamos retrospectivamente de "aprender com os exemplos" era a convicção de que existia uma correlação estável entre determinadas ações e seus resultados positivos ou negativos. Identificar estas correlações, transpô-las para diferentes contextos e aplicá-las como receitas em situações do dia-a-dia eram as formas básicas como as sociedades medievais usavam o conhecimento sobre o passado.[1] A prática de aprender com exemplos sobreviveu muitos séculos sem ser questionada, porque a crença de que o tempo é um agente natural e inevitável de mudança no mundo cotidiano não estava institucionalizada até o início da era moderna. Esta crença se tornou o elemento central numa construção do tempo que hoje chamamos de "consciência histórica", e que tendemos a interpretar equivocadamente como uma condição imutável da vida humana. Depois de 1500, a concepção do tempo como um agente necessário da mudança começou a solapar a validade dos "exemplos" históricos, cuja famosa aplicabilidade tinha dependido da premissa (geralmente não formulada) de que as implicações, estruturas e funções do comportamento e das ações humanas só foram levemente influenciados, se é que o foram, por seus contextos específicos.[2]

A Querela dos Antigos e dos Modernos, que abarcou o final do século XVII e o começo do século XVIII, foi canonizada como o acontecimento intelectual que, no final das contas, invalidou (para nossa mente não histórica) a construção medieval da História.[3] Pela primeira vez, períodos e culturas diferentes eram vistos como incomensuráveis, e as pessoas começaram a perguntar se era possível aprender qualquer coisa com a História. A resposta a esta pergunta — a saída para a primeira crise moderna do aprendizado histórico — foi o que nós ainda chamamos de "filosofia da História". Ela transformou as estruturas do conhecimento sobre o passado, de uma coleção de histórias isoladas (ou "exemplos") para a imagem totalizante da História como um movimento que transformaria continuamente as condições estruturais da ação humana. Portanto, aprender com a História não poderia mais se basear na permanência destas estruturas, nem poderia mais consistir na mera transposição de padrões de comportamento do passado para o presente. Pelo contrário, o conhecimento histórico começou a se definir como a possibilidade de prever as direções que a História, como um movimento progressivo e abrangente de mudança, tomaria no futuro. Em outras palavras, a "filosofia da História" afirmava estreitar o horizonte da alteridade através da qual se esperava que o futuro se tornaria diferente do passado. Se esta complexidade crescente das técnicas de aprendizado com a História gerou um senso agudo da alteridade inevitável de cada futuro e de cada passado — uma alteridade que caracterizou particularmente a cena intelectual na Europa durante o século XIX (como "consciência histórica" e como "cultura histórica") — também é verdade que, apesar de uma florescente retórica que saudava a importância do conhecimento histórico, o impacto deste conhecimento nas formas concretas da prática cotidiana já começou a diminuir.

Até recentemente, esta despragmatização do conhecimento histórico era obscurecida pelo fato de que nenhuma outra invenção da história intelectual do Ocidente tinha obtido uma chance melhor de provar sua validade do que a "filosofia da História", especificamente dentro do mundo comunista. Pelo menos num nível superficial de auto-referência, a vida cotidiana de mais da metade da população mundial se tornou dependente da tese de que era possível extrapolar as "leis" da mudança futura a partir da observação sistemática das mudanças do passado — e que, a longo prazo, sistemas sociais baseados neste tipo de extrapolação necessariamente prevaleceriam sobre aqueles nos quais a "filosofia da História" estava confinada a um estilo específico de pensamento acadêmico. Quando o comunismo europeu entrou em colapso após 1989, este experimento — que era único, meramente em função de suas proporções — demonstrou mais uma vez a sua unicidade ao se tornar o mais caro fracasso de todos os experimentos intelectuais já levados a cabo.[4] Certamente pode-se argumentar que a queda dos Estados comunistas não invalidou — nem invalidará jamais — os padrões e as metas éticas explícitas do marxismo. Mas a cegueira aparentemente deliberada com que muitos intelectuais europeus e americanos se recusaram a aceitar as conseqüências do colapso do comunismo para o status e o valor prático do conhecimento histórico só pode ser explicada pelo medo que eles tinham de pôr em risco o seu papel social tradicional como aqueles "que sabem mais" sobre o futuro do que os políticos, os economistas ou os cientistas (um papel altamente compensador, ainda que eles não sejam geralmente bem pagos). Ao mesmo tempo, as sociedades contemporâneas se caracterizam por uma necessidade de prever o futuro — uma necessidade que hoje talvez seja mais imperiosa do que nunca. Mas esta necessidade vem acompanhada de uma prática, especialmente na política e na economia, por meio da qual os esforços para descrever o futuro através da "indução" histórica do passado e do presente são crescentemente substituídos pelo cálculo de riscos — uma atividade cujo primeiro princípio é a imprevisibilidade do futuro.[5]

Aqueles que consideram este quadro dramático ou pessimista demais (mas por que ele deveria ser visto como exclusivamente pessimista?) podem encontrar consolo em leituras mais conciliatórias da nossa situação. Até aqui, minha postura provocativa pretendia exercer uma função heurística: somente se cortarmos definitivamente as possibilidades de voltarmos aos velhos e gastos padrões de "aprendizado com a História" seremos obrigados a pensar seriamente sobre maneiras diferentes de usarmos o nosso conhecimento histórico. De fato, muito antes dos acontecimentos políticos de 1989, e independente do impacto decrescente do conhecimento histórico na vida prática, havia sintomas claros de um descontentamento intelectual com as premissas e implicações daquele estilo de pensamento que, justificadamente ou não, se tornou associado ao nome de Hegel. Nos anos 30, Alexandre Kojève chegou à conclusão de que a humanidade, tendo satisfeito todas as suas necessidades materiais, tinha alcançado o fim da História.[6] Depois do fim da História como mudança contínua, porém, esperava-se que a necessidade de prever o futuro desapareceria — e com ela a aplicação "filosófico-histórica" do nosso conhecimento sobre o passado. Nos anos 60, Michel Foucault começou a usar o conceito de "genealogia" de Nietzsche para sublinhar a tese de que as suas próprias reconstruções de sistemas discursivos do passado e suas transformações não pressupunham a existência de leis que governassem esta mudança e, portanto, não pretendiam ter qualquer função de prognóstico[7] (embora muitos dos seguidores de Foucault pareçam ter voltado ao papel de filósofos da História). Quando Hayden White e outros começaram a problematizar a distinção tradicional entre os textos ficcionais (especialmente os romances) e a historiografia,[8] eles o fizeram com base na observação de que a escrita dos historiadores era orientada não somente (e, talvez, não principalmente) por estruturas do mundo real, mas, numa larga medida, por problemas intrínsecos da organização e da composição discursivas, estilísticas e poéticas. À questão "ontológica" de saber se os movimentos da História ainda eram governados — se é que um dia o foram — por "leis" indefiníveis, essas reflexões acrescentaram a questão (típica de uma cultura intelectual na qual o construtivismo se tornou uma poderosa alternativa filosófica) de saber se os textos eram em alguma medida capazes de representar a "realidade" histórica. Embora sem a segurança da referência do mundo real como uma possibilidade cognitiva e uma base para a argumentação, a maioria das teses relativas às funções da historiografia e do conhecimento histórico era insustentável. Assim, alguns acadêmicos — e provavelmente a maioria dos estudantes de graduação — abandonaram o passado como um campo intelectual sério (embora, em geral, sem reconhecer que a concentração no mundo contemporâneo não elimina de forma alguma os problemas da referência discursiva).[9] Aqueles que são enamorados do passado reagem ou com desprezo estóico por essa falta de "consciência histórica" ou com uma insistência desesperada no repertório herdado de argumentos a favor de seu valor didático. Ainda que estas atitudes apologéticas possam ser agressivas, os historiadores modernos, em comparação com seus predecessores do século XIX, se sentem derrotados.

❧

O "Novo Historicismo" americano conseguiu transformar algumas dessas perdas aparentes em virtudes pós-modernas. É bem verdade que, de forma ainda mais clara que no caso de outros modismos acadêmicos (e não há nada errado com os modismos), o Novo Historicismo não pode ser definido através de um conjunto coerente de opções filosóficas e regras discursivas.[10] Trata-se, antes, de um gesto estilístico (no sentido mais amplo deste conceito) que reúne num conjunto vago mas, certamente, muito impressionante, diferentes correntes da mesma atmosfera intelectual. O ingrediente principal do Novo Historicismo é uma forte (se não violenta) leitura da prática historiográfica de Michel Foucault, segundo a qual a realidade é constituída por discursos. O conceito de "discurso" é raramente definido e, portanto, permanece confortavelmente situado entre o que os historiadores da literatura costumavam chamar de "gêneros literários" e aquilo a que alguns sociólogos se referem como "conhecimento social". Mais importante, contudo, é a questão ainda aberta de saber se podemos e devemos pressupor a existência de uma "realidade além" do nível fenomenológico do discurso. Tendo ou não em mente esta "realidade" discursiva, os Novos Historiadores restringem o campo da sua pesquisa, e o campo daquilo que é possível saber sobre o passado, ao mundo dos discursos. Esta limitação auto-imposta se sobrepõe a uma segunda opção filosófica (citada acima como "construtivista") que afirma que aquilo que normalmente chamamos de "realidades" não é mais que discursos ou estruturas de conhecimento social — e que, portanto, essas realidades precisam ser compreendidas como "construções sociais".[11] Provavelmente foi esta visão das realidades como algo socialmente construído que provocou o hábito neo-histórico (estranho, mas hoje comum) de se referir a fenômenos ou instituições culturais como "invenções", e de reconstruir as suas transformações e confluências como "negociações". Se os neo-historiadores usam esta metáfora para caracterizar a sua visão de seu tema, eles nunca se esquecem de enfatizar que esta visão converge com a "inventividade" de sua própria escrita historiográfica. Esta noção não poderia ser mais diferente da visão tradicional de que escrever História não é senão representar (no sentido de descrever) realidades históricas. Os Novos Historiadores pregam uma liberdade semelhante à dos escritores de ficção: eles querem contar "boas histórias" e gostam de discutir a "poética" da historiografia. Algumas vezes (especialmente entre aqueles "antropólogos reflexivos" que compartilham os gestos literários dos neo-historiadores), estas louváveis intenções geram estruturas narrativas sobre como um autor chegou a escrever uma determinada "história" ("story") — narrativas que acabam sendo maiores do que os próprios textos historiográficos ou antropológicos.

Apenas poucas décadas atrás, tudo isso teria provocado um escândalo no campo da História, e, felizmente para o sucesso público dos Novos Historiadores, ainda consegue escandalizar alguns "historiadores convencionais" contemporâneos. O potencial de causar querelas dentro da profissão naturalmente não serve como argumento contra o Novo Historicismo, e ainda menos numa situação onde os modelos clássicos de se escrever História parecem exauridos. O que me incomoda na prática da Nova História é a impressão de que ela se tornou uma presa das metáforas que criou em seu empenho construtivista, e que estas metáforas levaram a uma situação na qual o velho paradigma de escrever História como uma precondição para "aprender com a História" foi substituído pela implicação supremamente pretensiosa de que escrever História significa "fazer História". Num primeiro (e comparativamente inofensivo) nível, frases como "a invenção da sociedade de classes" ou "a negociação dos interesses de classe" parecem ter estimulado a crença de que estas realidades são de fato produtos da intencionalidade humana, e de ações humanas. O que piora as coisas, porém, é a freqüente (e, mais uma vez, implícita) fusão entre a monumental posição de sujeito pressuposta por esta linguagem e a subjetividade "poética" que os neo-historiadores atribuem a si próprios como escritores de historiografia. Sempre que ocorre esta fusão, ela gera uma ilusão que pode se expressar nas seguintes equações: escrever História = inventar realidade histórica; inventar realidade histórica = fazer realidade histórica. Deve ser por isso que as discussões sobre a "política" de determinados discursos acadêmicos são freqüentemente conduzidas com uma paixão e uma seriedade que fariam um observador neutro pensar que o destino de nações inteiras e classes sociais está em jogo, e que na verdade a questão não é mais como se pode aprender com a História, mas como os historiadores podem tornar a História real!

Sempre que o Novo Historicismo atribui a si mesmo esta importância, ele fracassa em oferecer respostas convincentes a questões sobre o que os historiadores deveriam fazer "depois de aprender com a História". Na verdade, isto parece um novo tipo de compensação, engendrado pelo sentimento de intelectuais maduros de que eles estão muito mais distantes de uma posição de influência política do que merecem. Mas se a pretensão de ocupar um lugar de influência no sistema político não tem consequências realmente negativas enquanto a distância (ao mesmo tempo frustrante e saudável) que separa o mundo acadêmico do mundo da política for mantida, a confusão entre a inevitável subjetividade dos historiadores e o caráter de "invenção" da realidade histórica continua problemática. Não, claro, porque a "transformação da historiografia em literatura" pode levar alguns historiadores a se tornarem mais ambiciosos em relação à sua escrita. O problema sério começa quando a insistência na subjetividade dos historiadores leva à eliminação da premissa de que existe uma realidade para além desta subjetividade — e à eliminação do desejo (impossível de satisfázer, como qualquer outro desejo) de alcançar esta realidade. Quando o Novo Historicismo se priva deste desejo, ele já não difere da ficção e, portanto, não pode se tornar um substituto para o discurso historiográfico tradicional que era baseado na pretensão de uma referência ao mundo real. Mas, então, até mesmo Stephen Greenblatt, o mais eminente Novo

Historiador, confessa que o seu trabalho é orientado pelo desejo de alcançar realidades passadas, pelo "desejo de falar com os mortos".[12]

❧

Já que o paradigma filosófico-histórico perdeu muito da sua credibilidade na situação contemporânea, e como o Novo Historicismo — que, pelo menos brevemente nos Estados Unidos, parecia capaz de tomar o seu lugar — se entregou às tentações da subjetividade poético-heróica, permanece a questão de saber o que podemos e devemos fazer com o nosso conhecimento sobre o passado. Na busca por uma resposta, pode-se muito bem começar eliminando-se o aspecto normativo e pedagógico desta questão ("O que devemos fazer?"), para se concentrar simplesmente no fato de que este conhecimento exerce um enorme fascínio. Em outras palavras, proponho que o foco (tanto do ponto de vista da pesquisa histórica concreta quanto do ponto de vista da teoria da História) deve estar no desejo básico de "realidade histórica", que parece sublinhar todas as cambiantes racionalizações e legitimações da historiografia e da História como uma disciplina. Um passo como este nos distanciará de discussões e discursos velhos — um distanciamento que pode estimular o surgimento de novos conceitos sobre os usos do conhecimento histórico. Pelo menos segundo estas reflexões iniciais, a questão séria, portanto, não é saber o que podemos fazer com o nosso conhecimento histórico, mas sim o que nos leva a Realidades passadas — independente de possíveis objetivos práticos.

Para achar uma resposta, recorrerei a um argumento que data de uma época em que era muito menos problemático falar das funções práticas do conhecimento histórico — um argumento cuja precariedade filosófica eu sequer me esforço para negar.[13] Ele é baseado numa interpretação sociológica do conceito transcendental de Husserl de *Lebenswelt* ("mundo da vida"),[14] que precisa ser diferenciada do uso predominante deste termo com referência a meios históricos e culturais específicos. Para enfatizar esta distinção, chamarei estes meios de "mundos cotidianos".[15] Em seu sentido clássico tradicional, o termo "mundo da vida" compreende a totalidade das formas possíveis de comportamento que nós — ou, mais precisamente, as tradições da cultura ocidental — atribuímos aos seres humanos. Cada cultura particular, cada mundo cotidiano pode portanto ser visto como uma concretização específica e uma seleção de possibilidades contidas no mundo da vida. De forma algo paradoxal, contudo, o mundo da vida inclui a capacidade humana de imaginar ações e formas de comportamento que ele explicitamente exclui do âmbito das possibilidades humanas. Estes produtos da imaginação podem ser ilustrados pelos atributos que diferentes culturas inventaram para os seus deuses — como "eternidade", "onipresença", "onisciência" e "onipotência". Como estas capacidades podem ser imaginadas (embora o conceito de mundo da vida os exclua da realidade da vida humana), eles inevitavelmente se transformam em objetos do desejo. É portanto possível argumentar que muitas das ações executadas e muitos dos artefatos produzidos dentro dos limites do mundo da vida recebem o seu impulso inicial — e tiram sua energia — do desejo de alcançar aquilo que a imaginação humana projeta para além destes limites. Esta reflexão leva à suposição de que, por exemplo, muitos dos avanços mais recentes na tecnologia das comunicações foram orientados por um desejo de onipresença; que a enorme capacidade de memória dos computadores (que geralmente excedem em muito as necessidades de seus usuários) nasce de um desejo de onisciência; e que, por fim, o desejo de superar os limites que o nascimento e a morte impõem à experiência tem a ver com o desejo humano de eternidade. É este desejo de eternidade que fundamenta os discursos históricos e utópicos.

Mas estes desejos "irracionais" são quase regularmente encobertos de funções e motivações explícitas, adaptadas às várias racionalidades intrínsecas de mundos cotidianos específicos. Em nosso próprio ambiente social e econômico, existem de fato razões suficientemente boas para a existência de computadores, aparelhos de fax e métodos de prognósticos — além de sua possível fundamentação no desejo de onipresença. Mas ainda sentimos falta de racionalizações igualmente convincentes em relação ao nosso conhecimento sobre o passado. Esta falta torna fácil perceber que aquilo que nos orienta especificamente em direção ao passado é o desejo de atravessar o limite que separa as nossas vidas do tempo anterior ao nosso nascimento. Queremos conhecer os mundos que existiam antes que tivéssemos nascido, e ter deles uma experiência direta. Esta "experiência direta do passado" deveria incluir a possibilidade de tocar, cheirar e provar estes mundos através dos objetos que os constituíram.[16] O conceito enfatiza um longamente subestimado (ou mesmo reprimido) aspecto sensual da experiência histórica — sem constituir necessariamente uma problemática "estetização do passado". Pois um passado tocado, cheirado e provado não se torna necessariamente belo ou sublime. Algumas práticas e meios de nossa cultura histórica contemporânea parecem ter reatado com este desejo de experiência sensual. Seria difícil por exemplo, explicar o recente entusiasmo pela pesquisa de arquivos pela mera necessidade de acumular cada vez mais documentos históricos. Tocar o manuscrito original de um texto cujas palavras exatas seriam mais facilmente acessíveis numa edição crítica parece fazer uma enorme diferença para muitos estudiosos. Edições filológicas em hipertexto reinserem o leitor na simultaneidade de ambientes discursivos há muito tempo esquecidos. Ao mesmo tempo, os cineastas prestam mais atenção do que nunca às reconstruções meticulosas de detalhes históricos, em todos os níveis — de forma que em filmes como *O nome da rosa*, *Amadeus* ou *Mephisto* tornou-se mais importante proporcionar aos espectadores a ilusão de viverem num monastério medieval, na Viena do final do século XVIII ou na Berlim de 1935 do que envolvê-los em tramas ou histórias específicas. Em nenhuma parte este deslocamento no estilo da cultura histórica é mais evidente do que nos museus. Eles abandonaram há muito tempo o princípio taxonômico que tradicionalmente estruturava as suas exposições, e agora tendem a organizá-las como uma reconfiguração de ambientes históricos — de paisagens pré-históricas a feiras livres medievais e drogarias de 1950 — nos quais os visitantes podem literalmente imergir.[17]

❧

Existe uma convergência interessante entre essas práticas de uma nova cultura histórica e alguns debates filosóficos em curso. Se os filmes e os museus passaram a se concentrar mais nas ambientações do que nas narrativas, a nossa concepção de tempo histórico como uma seqüência também foi historicizada. Baseada no conceito de tempo como um agente de mudança necessário, a noção de tempo histórico pressupunha a assimetria entre o passado, como um espaço circunscrito de experiência, e o futuro, um horizonte aberto de expectativas.[18] Entre um passado circunscrito e um futuro aberto, o presente aparecia como o momento transitório — às vezes imperceptivelmente breve[19] — no qual as ações humanas aconteciam como seleções entre diferentes roteiros possíveis para o futuro. Em outras palavras, o presente era experimentado como um movimento constante que se afastava do passado e avançava rumo ao futuro.[20] Desde os anos 70, porém, aquilo que percebemos como "o presente" foi consideravelmente ampliado — transformando-se num espaço de simultaneidade.[21] A origem deste "presente mais amplo" está numa relutância crescente a atravessar a fronteira entre o presente e o futuro (ou, alternativamente, a impressão de que esta fronteira se tornou uma linha que se afasta cada vez mais).[22] Pois uma vez que o otimismo em relação ao conceito de progresso foi frustrado, o futuro voltou a se tornar ameaçador: ele é agora habitado por imagens da catástrofe nuclear e poluição de nosso meio ambiente, de superpopulação e eclosão de epidemias. E mesmo aqueles que resistem a este pessimismo têm dificuldade para conceber um cenário positivo (muito menos utópico). Do outro lado do nosso presente amplo, novos métodos de reproduzir mundos passados (de registros sonoros à culinária e as edições em fac-símile) nos inundam com seus produtos. Estas transformações do nosso futuro e do nosso passado produziram um presente no qual as imagens do futuro e as reminiscências do passado se superpõem em graus crescentes de complexidade — em geral desestruturada.

Como um sintoma da incompatibilidade geral entre simultaneidade e subjetividade, podemos observar uma coincidência temporal entre, de um lado, a emergência de um presente complexo e, de outro, diversas problematizações filosóficas da figura da subjetividade.[23] Niklas Luhmann tentou explicar esta correlação. Ele descreve o "tempo histórico" como um espaço de operação que surgiu para ajustar um sujeito a suas ações. Se "ação", pelo menos na tradição sociológica inaugurada por Max Weber, pode ser definida como um comportamento presente orientado pela imaginação de uma situação futura para cuja materialização um sujeito quer contribuir com base na sua experiência do passado, então é de fato a ação do sujeito o que liga o passado, o presente e o futuro numa seqüência temporal. Retrospectivamente, a ação no presente (passado) e a experiência prévia na qual ela se baseou surgem como as "causas" do futuro (agora presente) — e esta visão retrospectiva une sujeito, ação e tempo histórico numa imagem da humanidade como "criadora de mundos". Isso significa que, fora da seqüencialidade do tempo histórico, situações ou artefatos não podem aparecer como sendo criados pela ação humana. Inversamente, na ausência de um sujeito e suas ações, a seqüencialidade do tempo histórico se torna um espaço de simultaneidade que não admite qualquer relação de causa e efeito. Um mundo de simultaneidade é um mundo que não pode se apresentar como um mundo provocado, porque ele não estabelece uma relação de prioridade temporal. Daí a resistência do paradigma histórico-filosófico a situações e modelos de simultaneidade, incluindo a necessidade de dissolver a simultaneidade ("meramente cronológica") numa não-simultaneidade ("filosófica" ou "tipológica").[24] Luhmann enfatiza a necessidade de desenvolver este conceito de simultaneidade como uma "teoria do presente". O recente interesse pelo paradoxo — isto é, pela simultaneidade de dois conceitos ou posições incompatíveis — pode ser visto como um primeiro passo nesta direção.[25] Em contrapartida, a "filosofia da História" de Hegel se baseia no princípio de que é possível desfazer paradoxos transformando em narrativa a simultaneidade entre tese e antítese.

O desejo de uma experiência imediata do passado surgiu dentro da nova e ampla dimensão do presente. Este novo presente é uma moldura para a experiência da simultaneidade, e a simultaneidade pode ser associada a uma crise na categoria do "sujeito". Da mesma forma, a crise desta categoria implica uma problematização do conceito de "compreensão". Compreender e interpretar sempre se relacionaram (mais ou menos explicitamente) com uma topologia na qual uma "superfície" precisava ser penetrada para se alcançar uma "profundidade" — que seria supostamente um aspecto da Verdade.[26] Este modelo se ligava ao pressuposto de que tudo o que pudesse se tornar objeto de uma interpretação era expressão de um sujeito cujas intenções ou pensamentos íntimos resultavam de um ato de compreensão. O que transformava a interpretação numa espécie de obrigação moral era a implicação complementar de que o sujeito ou poderia tentar ocultar esta esfera interior ou, apesar das melhores intenções do sujeito, a esfera interior não conseguiria encontrar uma articulação adequada em qualquer superfície textual. Em seu nível mais pretensioso, a interpretação (e a "hermenêutica" como teoria da interpretação) afirmava que o seu poder de revelação era superior à percepção do sujeito.

Em contraste com a interpretação e a hermenêutica, o desejo pela experiência direta de mundos passados se dirige às características sensuais das superfícies, e não à profundidade espiritual. Desenvolvendo um tema dos primeiros livros de Jacques Derrida e argumentando contra a tradição hermenêutica, David Wellbery discute o fato de que nós podemos ver uma página escrita como pura "exterioridade" (isto é, uma exterioridade sem qualquer "profundidade"), assim que nós deixamos de lado a necessidade de associá-la a um sujeito.[27] A noção de "exterioridade" marca três diferentes formas de distanciamento em relação à topologia hermenêutica: nós não mais buscamos uma profundidade oculta por uma superfície; nós não mais vemos os sinais (ou os traços) de uma página como uma seqüência, mas aprendemos a percebê-los como uma simultaneidade; nós deixamos de supor que estas seqüências são governadas por uma causalidade baseada na subjetividade e na ação, para adotarmos a premissa do acaso. Mas como podemos ser responsáveis pela sobrevivência da impressão de que nós "interpretamos" e "compreendemos o outro" se optamos por uma teoria do discurso que se recusa a oferecer um espaço para o sujeito e para uma distinção constitutiva entre um nível superficial e um nível profundo? Uma crítica sistêmica da hermenêutica teria que começar com a reformulação da psique humana ("sistemas psíquicos") e das sociedades humanas ("sistemas sociais") como "sistemas autopoiéticos".[28] Os sistemas autopoiéticos se mantêm pela produção e reprodução intrínsecas de todos os seus elementos constitutivos, e eles o fazem num equilíbrio permanentemente instável com os seus ambientes. Sistemas autopoiéticos reagem intrinsecamente a "perturbações" que vêm destes ambientes, mas eles não as "vêem" — e portanto não podem ter uma visão clara da esfera interior de qualquer outro sistema de seu mesmo ambiente. Segundo a teoria dos sistemas, a nossa impressão de que esta visão da psique de outra pessoa é possível decorre de uma distinção intrinsecamente produzida entre a auto-referência do sistema de observação e a sua referência externa. Esta distinção pode ser redefinida por uma diferenciação maior entre a referência externa (intrinsecamente produzida) numa auto-referência e numa referência externa. Em outras palavras, nós imaginamos a psique das pessoas que julgamos observar.

A auto-referência da referência externa é o que o Eu observador confunde com a auto-reflexividade do Outro e a referência externa da referência externa contém o que o Eu considera a imagem que o Outro tem do Eu. O que chamamos de "compreensão" ou interpretação" é, segundo esta formulação, a oscilação de um sistema entre a sua própria referência interna e a referência interna que ele atribui a um sistema que é parte da sua referência externa. Se a compreensão então aparece como um processo-de-sistema-intrínseco — e não mais como uma "(inter)penetração" ou uma "ponte" entre sujeitos, já não existe mais a possibilidade de se avaliar esta compreensão com base na sua "adequação". Aquilo que apenas imaginamos não tem o status de uma realidade externa da qual poderíamos ter qualquer percepção. Dado o interesse histórico que pode surgir do desejo de uma "experiência direta" de mundos passados, a crítica de Luhmann ao conceito de "compreensão" tem duas conseqüências. A primeira destas duas conseqüências nos leva de volta a uma proximidade algo desconfortável do construtivismo: não existe maneira de nós — como "sistemas psíquicos" — nos desviarmos da necessidade de criar esses mundos passados que desejamos experimentar como alteridade. A segunda conseqüência produz uma nova fórmula para uma possível função (ou mesmo racionalização) de nosso desejo de História — e portanto vai mais longe do que pretendemos com este argumento e com este livro inteiro. A compreensão, como um componente intrínseco da Alteridade dentro de um sistema de observação, aumenta a complexidade deste sistema — e portanto o grau de flexibilidade com que ele pode reagir a perturbações de seu ambiente.

Buscar essas relações entre o desejo de uma experiência não mediada do passado e as transformações contemporâneas de conceitos como "simultaneidade", "subjetividade" e "compreensão" não nos levou muito longe (na verdade, só nos levou de volta ao construtivismo), mas por outro lado nos levou longe demais (a hipótese relativa às funções possíveis da cultura histórica). Não muito longe e longe demais ao mesmo tempo, porque a nossa discussão vem adiando um comentário que deveria ser feito desde a primeira aparição neste texto das palavras "realidade" e "experiência direta". Como alguém pode usar palavras assim sem ingenuidade nem embaraço numa atmosfera filosófica cujas autodescrições predominantes são baseadas na suplementariedade e na ausência? Em vez de oferecer uma resposta — inevitavelmente apologética —, talvez seja melhor responder com outra pergunta. Qual seria a razão de tanta insistência na suplementariedade e na ausência (condições epistemológicas que o sistema ocidental vem confrontando há mais de um século), se esta insistência não fosse o sintoma de um desejo irreprimível da presença? E qual seria o motivo de tanta insistência na distância insuperável que nos separa de mundos passados se não fosse o motivo de re-presentar — fazer presente novamente — esses mundos passados? A cultura histórica não pode deixar de viver entre esse esforço para satisfazer seu desejo de presença e a consciência de que esta é uma tarefa impossível. Portanto, a cultura histórica — se quiser preservar a sua identidade como uma forma de experiência diferente da experiência da ficção — precisa tentar "conjurar" a realidade dos mundos passados, sem indulgência com ingênuas analogias com a magia, mas reconhecendo a subjetividade inabitável de cada construção de alteridade histórica. Mesmo assim, logo que a cultura histórica opta abertamente por este desejo de re-presentação (que não é dado), ela também não pode deixar de ser irônica, já que então re-presenta o passado como uma "realidade", embora saiba que todas as re-presentações são simulacros.[29]

Ou seria uma concessão grande demais ao espírito da suplementariedade classificar esta situação como "irônica"? Afinal de contas, nós podemos tocar (e cheirar!) jornais velhos, visitar catedrais medievais e olhar os rostos de múmias. Estes objetos fazem parte do mundo que nós experimentamos sensualmente. Eles estão espacialmente próximos e "prontos para pegar",[30] para satisfazer o nosso desejo de imediação histórico. Mais do que buscar exclusivamente as condições que tornam esta imediação possível, nós devemos deixar que ela aconteça. Depois de uma experiência inicial de imediação, uma atitude mais acadêmica predominará, lembrando-nos o lapso de tempo que separa o nosso presente daqueles objetos. Especialistas sugerem que o passado precisa se tornar "presente à disposição", que ele só poderá ser visto "objetivamente" se purificarmos nossa relação com ele ao eliminarmos o nosso desejo de imediação. Este esforço para estabelecer uma distância cognitiva como uma condição para a experiência histórica "objetiva" pode nos tornar cegos para o nosso desejo por uma experiência direta do passado — que fica mais fácil quando não buscamos essa distância.

Ao escrever este livro, eu consultava continuamente jornais velhos e livros poeirentos, que ninguém lia há décadas. Eu nunca dirigia meu carro sem ouvir discos de jazz gravados em 1926, e assistia repetidas vezes a filmes mudos feitos nesse ano. O maior desafio para o meu texto era portanto evitar uma indulgência com essa imediação histórica, essa disponibilidade, evitar me render ao "presente disponível" de distância histórica e "objetividade". Até onde um livro pode ir em oferecer, ou em manter (a ilusão de) uma experiência direta do passado? Com que velocidade um livro pode satisfazer um desejo a que outros meios conseguiram atender com sucesso em anos recentes? O que acontece se, ao escrever História, alguém simplesmente seguir este desejo em vez de sobrecarregá-lo com uma miríade de coações filosóficas e tarefas pedagógicas? Foi precisamente o interesse em explorar este potencial do texto de História e do meio que chamamos de "livro" que me persuadiu a não incluir fotografias ou outros documentos visuais aqui. Pois eles produzem um efeito de imediação que facilmente esmaga o que quer que possa ser oferecido pelo texto. Minha esperança é que, na ausência de imagens, as palavras do passado que eu cito abundantemente proporcionarão um efeito semelhante — mas fenomenológica e psicologicamente diferente.

❦

Como um "ensaio sobre a simultaneidade histórica", meu livro é uma resposta prática à questão de saber até onde um texto pode ir no sentido de proporcionar a ilusão de uma experiência direta do passado. Não faço nenhum esforço para transformar esta resposta num "método", pois sempre tive a convicção de que pretender o rigor de um "método" é uma concessão através da qual os humanistas buscam uma fuga fácil de seu complexo de inferioridade tradicional em relação aos cientistas. Tudo o que posso fazer, através de um comentário pessoal, é lançar uma luz retrospectiva sobre as mais importantes decisões e linhas de orientação que surgiram durante o processo de composição. Em vez de tentar dignificar este comentário com o status epistemológico de um "método", vou apresentá-lo simplesmente como *seis maneiras práticas de proceder ao escrever História, depois de aprender com a História*. Estas regras se superpõem, já que todas apontam para a (impossível) possibilidade de uma certa prática historiográfica, da qual o meu próprio texto, espero, algumas vezes se aproxima:

1

Se nós nos distanciarmos do desejo de "aprender com a História" e de "compreender" o passado, *então nos libertamos da obrigação de começar textos historiográficos legitimando a relevância específica dos momentos do passado sobre os quais escolhemos escrever*. O que a tradição alemã costumava chamar de "anos do limiar", por exemplo, não existe dentro de um discurso que enfatiza a simultaneidade histórica, porque este discurso tenta isolar e tornar presente um passado,[31] em vez de estabelecer uma continuidade entre o passado e o presente. Na vizinhança intelectual da hermenêutica e da filosofia do sujeito, os anos do limiar eram vistos como momentos de transição (freqüentemente marcados por "acontecimentos" de grande significado simbólico) entre diferentes molduras institucionais para a ação humana. Esperava-se que a interpretação dos anos do limiar trouxesse revelações particularmente importantes a respeito das "leis" da mudança histórica. Mas se é verdade que esta moldura hegeliana de pressupostos começou a retroceder, nós não podemos mais ser obrigados a subordinar arquivos e narrativas à economia desta legitimação histórico-filosófica. Logo que admitimos que a escolha entre tópicos possíveis para a nossa pesquisa não precisa obedecer a estes critérios de relevância, a velha obsessão intelectual de "remar contra a maré" se torna igualmente obsoleta — no sentido em que os historiadores não mais são obrigados, entre outras coisas, a promover "anos e acontecimentos até aqui subestimados". Em compensação, o interesse público flutuante por determinados segmentos do passado pode passar a ser considerado uma orientação boa o bastante para seguir. Por exemplo, a enorme atenção que em décadas passadas era tão freqüentemente gerada pelos "anos comemorativos" certamente estimula o desejo de incontáveis leitores potenciais de experimentar diretamente mundos como os de 1789 ou 1492 — mesmo se estes anos foram inicialmente escolhidos como comemorativos com base na sua reputação de limiares históricos.

Em relação ao ano de 1926, quero enfatizar que ele não atende ao requisito clássico de ser um ano de limiar nem antecipa qualquer aniversário público. Inicialmente, eu o escolhi como um emblema do acaso,[32] porque ele parece ser um dos poucos anos do século XX para os quais nenhum historiador jamais atribuiu uma relevância hermenêutica específica. Mais tarde, percebi que a minha escolha provavelmente tinha sido pré-conscientemente orientada por uma construção de História familiar. Eu acreditava que dois de meus avós tinham morrido em 1926: Theresa Bender, em Dortmund-Hörde, de septicemia provocada por um parto prematuro, e Vinzenz Schraut, em Würsburg, em conseqüência de um ferimento sofrido quando ele era soldado, na Primeira Guerra.[33] O desejo impossível de ouvir as vozes de meus avós (pois é verdade que vozes são particularmente fortes ao se criar uma ilusão de presença), de saber o que ocupava as suas mentes e de ver os seus mundos com os seus olhos foi responsável por meu fascínio por documentos dos anos de suas vidas adultas.[34]

Eu deveria então chegar à conclusão mais geral de que, se o ano escolhido deveria antecipar o meu próprio nascimento (em 1948), ele também deveria ser suficientemente recente para proporcionar uma associação com pessoas que posso identificar como meus parentes? Eu poderia ter escolhido o ano 926, em vez de 1926?[35] Sem menosprezar todos os problemas que haveria com a disponibilidade e a cronologia precisa de fontes da Idade Média, tendo a pensar que se poderia de fato escrever um livro semelhante sobre o ano 926. Pois embora apenas um sentimento inicial de proximidade dispare o desejo de uma experiência direta do passado, esta proximidade não precisa ser a proximidade da história familiar. Estou escrevendo estas linhas durante uma estada em Charlottesville, Virginia — e bastante naturalmente a minha proximidade com muitos prédios planejados e projetados por Thomas Jefferson desperta o meu desejo de saber mais sobre — "de chegar mais perto da" — História da independência americana.[36] Da mesma forma, por toda a minha formação acadêmica como um "Romanista", eu sequer tinha começado a me interessar pela História da cultura argentina até visitar Buenos Aires pela primeira vez — para não falar do impacto que vestígios de construções medievais em minha cidade natal devem ter tido na minha escolha de um tema de dissertação.[37] Mas se eu assim admito alegremente que nenhuma relevância histórica pode ser atribuída ao ano de 1926, eu espero e acredito que a subjetividade deliberada da escolha não torna este livro menos útil para leitores que estudam a década de 1920 de ângulos diferentes (e provavelmente "mais relevantes"). É por isso que, no capítulo final, eu tento mostrar a produtividade mais geral da minha abordagem através de uma análise paradigmática do livro *Sein und Zeit* (Ser e tempo), de Martin Heidegger, que foi escrito em 1926 — uma análise baseada na reconstrução sincrônica dos mundos cotidianos daquele ano.

2

A perspectiva da simultaneidade histórica não depende da escolha do período de um ano — desnecessário dizer. Qualquer decisão questionável sobre o lapso de tempo a ser tratado depende inicialmente da proporção entre as fontes disponíveis e a extensão projetada do livro (ou, se for o caso, as dimensões projetadas de uma exposição). Se seria tecnicamente difícil tocar um projeto semelhante sobre um único ano do, digamos, século VII a.C., podia-se encontrar facilmente centenas de páginas com referências a cada mês, a cada semana e, provavelmente, até mesmo a cada dia do ano de 1926. Uma vantagem estratégica do período de um ano vem do fato de que anos (e décadas, e séculos) freqüentemente trazem certas conotações para leitores potenciais — conotações que podem despertar e orientar o seu interesse. Além disso, anos (mas não meses, nem dias) são usados em classificações padrão de materiais impressos (bem como de outros artefatos, ou mesmo de "eventos") — uma circunstância que simplesmente torna as coisas mais fáceis para o historiador da simultaneidade.

Muito mais importante que o período de tempo escolhido, porém, é a decisão de me abstrair (tanto quanto possível) da seqüencialidade e da causalidade dentro da reconstrução historiográfica de um ano escolhido (ou década, ou mês).[38] Esta decisão não se relaciona diretamente com a minha meta inicial de me aproximar o mais possível dos acontecimentos e estruturas de experiência reais que constituíram o ano de 1926. A suspensão da seqüencialidade surge, isto sim, da escolha de um ângulo específico de representação histórica. Neste caso, é o foco num ano como um ambiente, como um mundo dentro do qual as pessoas viviam. Embora, é claro, se possa observar retrospectivamente transformações e mudanças nos mundos cotidianos como ambientes ao longo de um ano, acredito que, como regra geral, estas mudanças dificilmente são percebidas pelas pessoas que vivem nesses mundos. O imperativo auto-imposto de suspender a seqüencialidade nos obriga a minimizar o recurso ao conceito, centrado no sujeito, de causalidade, e ao gênero da narrativa histórica. Portanto, devemos perguntar que discursos e conceitos podemos elaborar para estabelecer relações não-causais entre os textos e os artefatos a que nos referimos. Uma resposta é mais difícil de se encontrar na medida em que precisamos nos expor à inevitável seqüencialidade do texto como um meio. Se pudermos sugerir qualquer solução, esta será uma contribuição à já mencionada "teoria do presente", da qual precisamos, mas da qual ainda não dispomos.

3

Que textos e artefatos "pertencem" ao ano de 1926? De acordo com a nossa meta de nos aproximarmos tanto quanto possível do mundo deste período de tempo, o leque de materiais pertinentes compreende potencialmente os traços de todas as experiências que possam ter acontecido em 1926. Se esta fórmula for levada a sério, ela implica a obrigação de lidar com a massa quase infinita destes traços que vêm de períodos e culturas anteriores a 1926 — mas que estavam disponíveis em 1926. Para atenuar esta complexidade esmagadora, eu comecei me concentrando em livros, objetos e acontecimentos que atraíram um certo nível de atenção pública durante o ano em questão. Entre eles, não faz diferença se um texto, digamos, foi realmente publicado pela primeira vez em 1926, se ele foi reeditado com sucesso ou se, mesmo sem uma nova edição, ele simplesmente se tornou um tema de ampla discussão durante o ano. Estabelecido desta forma o primeiro repertório de materiais, pode-se incluir objetos que foram produzidos em 1926 mas só entraram mais tarde na esfera pública. Estas inclusões se baseiam na impressão de que assuntos e preocupações de particular ressonância pública durante aquele ano tiveram um impacto importante sobre os objetos a serem analisados. Uma certa dose de arbitrariedade interpretativa é naturalmente o preço que precisa ser pago por se trabalhar com hipóteses desse tipo. Entre os livros que foram escritos (não publicados) em 1926, só escolhi portanto *Sein und Zeit*, de Heidegger — uma decisão que fui estimulado a tomar por alguns dados históricos recentemente revelados que datam o processo de escrita do livro de abril a dezembro de 1926. Em geral, porém, eu resisti à tentação de usar estas evidências, pois estava interessado em explorar os desafios do acaso cronológico. Fontes sem uma clara inscrição em 1926 simplesmente foram desconsideradas, mesmo que em alguns casos elas pudessem ter contribuído para o refinamento, a ilustração e a confirmação de algumas de minhas teses.

Mas mesmo o acaso é relativo. Acostumados a uma enorme amplitude cronológica na escolha de fontes para as suas narrativas, muitos observadores ignoram o fato de que aquilo que eles rejeitam como "acaso cronológico" é aleatório apenas em relação a uma pretensão metafísica segundo a qual o passado está estruturado por um princípio de causalidade latente. E ainda existe uma outra regra sobre a seleção e o status das fontes: se o critério principal para a inclusão de textos é o seu status como traços de experiências acontecidas em 1926, então a distinção entre textos ficcionais e não-ficcionais reside na observação — algo inesperada — de que, na média, os textos ficcionais apresentam uma densidade muito maior em relação àquelas preocupações e perspectivas que eu identifiquei como específicas do ano de 1926.

4

Não lembro exatamente com que tipo de documentos eu comecei, mas sei que, num estágio muito inicial, abandonei todos os critérios não-cronológicos de seleção. Quaisquer fontes, artefatos ou acontecimentos que datassem de 1926 eram potencialmente relevantes. Com esta abertura, eu naturalmente desisti da expectativa de chegar a um nível de exaustão. Embora não fosse particularmente difícil abandonar esta pretensão, que de qualquer forma era impossível, eu então encarei a questão mais prática de saber quando eu deveria considerar completa a minha pesquisa das fontes disponíveis. A resposta óbvia — óbvia pelo menos para qualquer tipo de pesquisa histórica relativa a um período histórico recente — aponta para um nível de densidade documental no qual a análise de fontes adicionais não renderá novas revelações. Em toda investigação histórica existe um momento no qual a recorrência de determinados tipos de material e conclusões se torna vazia — ou (para usar uma metáfora contrastante) um momento no qual a nossa imagem do passado atinge um nível de saturação. Se, é claro, não se pode teorizar sobre a questão de quando, exatamente, a busca de fontes e materiais do passado chega a um fim tão "natural", é óbvio que qualquer texto historiográfico só pode citar (e usar) uma quantidade limitada de material documental. Visto desta perspectiva, o meu estilo de trabalho foi cuidadosamente indutivo. Eu queria deixar minha leitura e meu texto serem guiados por aquilo que se tornasse visível como estruturas predominantes de 1926 (em vez de seguir o padrão da Nova História de "inventar" estas estruturas), e tentei minimizar os comentários interpretativos na apresentação de meus resultados. Naturalmente, eu sei que um historiador não pode deixar de "inventar" mundos passados — mas eu ainda espero que a minha "construção" se aproxime tanto quanto possível das visões de mundo de dentro de 1926. Assim, a questão crítica que estou pronto para responder não é se existem acontecimentos, obras de arte ou livros que eu "esqueci" na minha reconstrução de 1926, mas se a sua inclusão teria modificado de uma forma importante a minha descrição e a minha simulação daquelas visões de um mundo passado.

A observação empírica da recorrência — em contraste com a totalização — teve um outro uso importante como princípio de trabalho em meu projeto. Ela me ajudou a identificar múltiplos temas e interesses que atraíram atenção em 1926. Isto significava, antes de tudo, que eu podia me abster de qualquer especulação sobre níveis de "profundidade" pré-consciente sublinhando as manifestações culturais com que trabalhei. Mas a decisão de me concentrar na superfície dos fenômenos e resistir a uma interpretação profunda também motivou o meu empenho em descrevê-las da forma mais sucinta e impessoal possível, e o uso predominante dos verbos no presente é um sinal desta ambição. Pode-se dizer — se deixarmos de lado, pelo menos por um momento, todos os problemas filosóficos que decorrem desta fórmula da poética do modernismo literário — que os fenômenos superficiais que descrevi "significam" o que eles "são". Usando uma distinção conceitual que pertence a uma tradição fenomenológica, também se pode dizer que eles se referem no nível da "experiência vivida" (*Erleben*) e não no nível da "experiência" (*Erfahrung*), porque *Erfahrung* sempre pressupõe que uma perspectiva interpretativa já foi aplicada à *Erleben*. Em vez de usar o termo "historemas" (que Wlad Godzich me propôs numa conversa), eu me referiria aos fenômenos superficiais que descrevo como "configurações". Pois a palavra "configurações" (ou, como provavelmente teria dito Norbert Elias, "figurações") enfatiza o aspecto da forma e da percepção, enquanto o neologismo "historemas" soa como "narremas", um conceito que costumava ser aplicado quando se lidava com o "nível profundo" dos textos narrativos.[39]

5

Que tipo de "realidade histórica" surge de uma reconstrução que — contra todos os obstáculos — tenta realizar o desejo de uma experiência direta do passado? Em alguns momentos eu tive a ilusão (e, levando em conta os materiais históricos com que estava trabalhando, pode-se dizer que não era apenas uma ilusão) de estar cercado por mundos cotidianos de 1926. Essas lembranças dos momentos mais excitantes dos anos em que trabalhei neste projeto acabou inspirando o título do livro, Em 1926, que, baseado no prazer de ter os materiais históricos disponíveis, não nega uma proximidade pelo menos metonímica do conceito de Heidegger de "estar-no-mundo". Querer estar-no-mundo de 1926 através deste livro teve diversas conseqüências práticas. O mundo que precisava encontrar e reconstruir era um mundo cotidiano, um mundo de normalidade (Heidegger diz que sua análise existencial exigia a concentração no "cotidiano médio" e não da "facticidade"). Correspondendo ao desejo de estar-em-1926, este mundo cotidiano precisa ser um ambiente, um domínio imaginário, que reúne diferentes fenômenos e configurações num espaço de simultaneidade (daí minha insistência nesta perspectiva na seção 2, acima). Mas, ao chamar o mundo cotidiano de 1926 de um "espaço de simultaneidade", quero fazer mais que simplesmente apontar sua dimensão temporal. Com o significado não metafórico da palavra "espaço", também me refiro ao desejo de trazer fenômenos e configurações a uma posição (ilusória ou não) de proximidade espacial. Somente esta proximidade nos capacitaria de fato a tocar, cheirar e ouvir o passado.⁴⁰ Como um aspecto do tempo, porém, a simultaneidade permite relações paradoxais entre os fenômenos re-presentados. Pois se o que chamamos de paradoxo é a presença simultânea de dois termos contraditórios, decorre logicamente daí que uma perspectiva historiográfica da simultaneidade engendra múltiplos paradoxos.

Escolher a simultaneidade como a condição estrutural deste livro não exigiu apenas uma tolerância em relação aos paradoxos. Também excluiu, independente de quaisquer preferências filosóficas, a possibilidade de tratar sujeitos como agentes, porque só se pode creditar controle a uma ação numa narrativa, e a narrativa requer seqüencialidade. Portanto, o mundo de 1926 aparece aqui como um palco sem atores. É claro que isto não significa que "não estou interessado em pessoas", mas é uma conseqüência da forma que eu escolhi para a re-presentação de um ano do passado. Ao renunciar à seqüencialidade de uma trama narrativa, eu também me abstenho do critério mais "natural" de seleção dos materiais históricos. Quais são os limites da minha pesquisa, e das re-presentações baseadas nesta pesquisa, se não estou buscando nem construindo uma linha narrativa? Certamente não são as fronteiras de qualquer "cultura nacional", e nem mesmo (pelo menos não através de qualquer dedução ou indução lógica) os limites da cultura ocidental. A única razão pela qual as minhas imagens de 1926 estão de fato confinadas à cultura ocidental reside no fato (altamente contingente e deplorável) de que todos os materiais acessíveis à minha competência lingüística e semiótica vêm do Ocidente. Se as várias imagens que apresento realmente resultam num panorama amplo da cultura ocidental é outra questão empírica. Os materiais parecem apontar para uma rede razoavelmente coerente de fenômenos cotidianos, com idiossincrasias nacionais e sugestões de incursões em mundos não-ocidentais. De forma algo paradoxal, as mais abrangentes imagens do mundo que surgiram dentro desta moldura são aquelas que pertencem aos elementos mais idiossincráticos. Elas constituem um segundo nível de referência para o conceito de "mundo", um nível ocupado por idéias múltiplas e geralmente bem circunscritas — como algo oposto àquilo que chamo de "o mundo de 1926", que constitui, em última instância, o inatingível objeto de re-presentação deste livro. Dentro de cada cultura nacional ou regional, as imagens do mundo abrangentes geralmente não são experimentadas como "específicas" em qualquer sentido (nem "negras", nem "ocidentais", nem "classe-média", nem italianas"). Mas é fácil delinear os seus perfis individuais identificando as inclusões e as exclusões através das quais elas são definidas. O que poderíamos chamar de "cultura centro-européia de 1926", por exemplo, reflete a obsessão de estabelecer um contraste entre a União Soviética e os Estados Unidos; ela inclui uma imagem da Ásia, mas exclui a maior parte da África, mesmo como entidade geográfica. Ao mesmo tempo, a cultura centro-européia deseja descobrir e admirar formas de expressão afro-americanas. O que esta imagem do mundo claramente descarta (exceto, talvez, no caso da França) é a existência de um horizonte transcendental (o conceito de "mundo" está prestes a se tornar puramente imanente). De uma perspectiva latino-americana, em contrapartida, a imagem do mundo inclui os Estados Unidos e a Europa, mas não parece dar atenção à União Soviética. Dentro destas contigüidades, lapsos e diferenças entre múltiplos mundos cotidianos, a minha reconstrução não privilegia — pelo menos não intencionalmente — qualquer perspectiva ou ponto de vista particular. Se muitas das configurações individuais que eu descrevo parecem centrar-se em referências às culturas metropolitanas de Berlim, Nova York e Buenos Aires (mais do que, digamos, à cultura parisiense), este foco reflete, espero, o efeito de condensação e de respostas mútuas entre as estruturas predominantes de relevância em 1926. Este livro tenta situar-se identificando os lugares "onde estava a ação".

Por fim, como se pode encontrar um substituto para o conceito de "acontecimento" no contexto de um "ensaio sobre a simultaneidade histórica"? Esta substituição é inevitável, porque o uso tradicional deste conceito pressupõe uma estrutura narrativa (dentro da qual o "acontecimento" marca uma virada). Ao mesmo tempo, contudo, os acontecimentos apontam a interferência da contingência, tudo aquilo que resiste à integração total à lógica interna de uma trama. Para encontrar um equivalente para o conceito de "acontecimento" dentro de uma reconstrução de simultaneidade, devemos nos concentrar neste segundo componente semântico. Um "acontecimento" seria então qualquer coisa que ameaçasse as estruturas dos mundos cotidianos existentes, sem ser acessível à interpretação e à formulação dentro deles. Neste sentido, poderíamos especular sobre o impacto incontrolável da tecnologia (ou da tecnologia na medida em que ela interage com os meios ambientes naturais dos mundos cotidianos) como um estímulo potencial para os acontecimentos. Acontecimentos poderiam surgir dos efeitos acumulados de diferentes códigos culturais quando eles convergem ou divergem. Acontecimentos poderiam ser o resultado de uniões externas através das quais os mundos cotidianos se ligam a outros mundos cotidianos no mesmo ambiente (pense, por exemplo, na união entre a física teórica moderna e as forças armadas — dois mundos cotidianos que compartilham um ambiente).

No nível da escrita histórica — que, como eu já disse se transformou num nível de experiência empírica em meu trabalho — os fenômenos e configurações mais freqüentemente observados no ano de 1926 parecem se dividir em três categorias. Existem certos artefatos, papéis e atividades (por exemplo, Aviões, Engenheiros, Dança) que exigem que os corpos humanos entrem em relações espaciais e funcionais específicas com os mundos cotidianos que eles habitam. Pegando emprestada uma palavra inicialmente usada no contexto da pesquisa histórica por Michel Foucault,[41] eu chamo estas relações — os modos pelos quais artefatos, papéis e atividades influenciam os corpos — *dispositifs*, ou *dispositivos*. Coexistindo e se sobrepondo num espaço de simultaneidade, grupos de dispositivos são freqüentemente zonas confusas de convergência e tendem, portanto, a gerar discursos que transformam esta confusão na — antiparadoxal — forma de opções alternativas (digamos, Centro versus Periferia, ou Individualidade versus Coletividade, ou Autenticidade versus Artificialidade). Na medida em que identificar os códigos binários nos quais se baseiam estes discursos acaba se revelando ser surpreendentemente fácil, e como eles proporcionam princípios de ordenação dentro da simultaneidade não-estruturada dos mundos cotidianos, pode-se reservar o conceito de "cultura" para o conjunto destes códigos.[42] Esta seria uma alternativa a uma tendência recente a se usar o conceito de "cultura" como extensivo aos "mundos cotidianos" — um uso no qual o conceito se torna amplo demais para permitir quaisquer distinções.

Há motivos para crer, porém, que os códigos individuais não estão integrados dentro de sistemas globais, e que estes códigos às vezes sequer conseguem exercer sua função antiparadoxal (em 1926 este parece ser o caso, por exemplo, da distinção binária de gêneros, ou da oposição entre Transcendência e Imanência). Estes códigos em colapso são particularmente visíveis porque, como áreas de desfunção ou entropia, eles atraem uma atenção discursiva específica e, freqüentemente, uma energia emocional específica. De um ponto de vista teórico, códigos em colapso devem se localizar na fronteira entre a esfera interior dos mundos cotidianos e aquela zona "além" dos mundos cotidianos a que nos referimos como um possível substituto para o conceito de "acontecimento". Códigos em colapso pertencem a mundos cotidianos, na medida em que eles se baseiam nos códigos binários que proporcionam a ordem através da eliminação dos paradoxos. Mas assim que os códigos fracassam nesta função antiparadoxo, eles se deslocam para além daquilo que pode ser expressado e conceitualmente controlado. É por isso que, no sentido da nossa definição de "acontecimento", o colapso dos códigos implica um potencial de mudança, e seria equivocado ver este colapso exclusivamente da perspectiva da perda e do mau funcionamento.

6

Dispositivos, códigos e quebras de códigos são os três níveis nos quais eu apresento os diferentes objetos e configurações que pareceram centrais dentro dos mundos cotidianos de 1926. *Mas é possível integrar estes diversos objetos e configurações dentro de um discurso historiográfico?* Embora eu tenha desenvolvido algumas hipóteses elementares sobre as relações que conectam estes três níveis de fenômenos, a natureza da sua inter-relação ainda não é evidente a ponto de sugerir uma nova forma de escrita histórica. Ressalvas semelhantes valem para os três níveis individuais. É improvável que diferentes dispositivos e diferentes códigos (muito menos códigos em colapso) que pertençam a um mesmo momento temporal entrem numa relação de natureza sistêmica. E mesmo se fosse este o caso, nós — na posição de testemunhas históricas imediatas — definitivamente não experimentamos os mundos cotidianos como sistemas.

Da mesma forma, permanece sem resposta a questão de saber que forma discursiva promoveria com mais sucesso a ilusão de estar-num-mundo-passado. Eu optei pela estrutura enciclopédica de múltiplas entradas, usando a palavra "verbetes" para me referir aos textos individuais que constituem uma enciclopédia ou um dicionário, mas também como uma forma de enfatizar que os mundos cotidianos não possuem nem simetria nem centro e, portanto, podem ser abordados por muitos caminhos diferentes.[43] Cada entrada leva a um encontro com um elemento de realidade histórica concreta, e cada um destes elementos está conectado a outros elementos através de uma miríade de trilhas labirínticas de contigüidade, associação e implicação. A arbitrariedade da ordem alfabética na qual as entradas são apresentadas e o recurso enciclopédico de referências cruzadas mimetizam a natureza não-sistemática da nossa experiência cotidiana e sugere que os leitores constituam o mundo de 1926 como uma rede assimétrica,[44] como um rizoma mais do que como uma totalidade.[45]

O *Dictionnaire des idées reçues* (*Dicionário de idéias fixas*),[46] de Gustave Flaubert é um modelo — certamente inatingível — para a re-presentação dos mundos cotidianos do passado através de uma rede de entradas. Sendo um simples bloco de anotações no qual Flaubert reunia os lugares-comuns mais freqüentemente empregados na sociedade francesa contemporânea, o *Dictionnaire* não pode ser tomado como um modelo de estratégia historiográfica, porque ele não se confrontava com a tarefa de tornar presente um mundo passado. Mas não conheço qualquer outro texto que proporcione aos leitores de hoje uma ilusão tão poderosa de experimentar por dentro um mundo cotidiano do passado. Além da arbitrariedade descentralizadora da ordem alfabética, dois aspectos adicionais contribuem fortemente para este efeito. Flaubert trata como citações os lugares-comuns que compilou, como fragmentos de uma realidade histórica — e não como uma descrição desta realidade. Eles aparecem como citações (embora não estejam encerrados entre aspas) porque não existe voz ou discurso autoral que os comente ou os coloque numa perspectiva histórica. Esta falta, porém, cria uma ironia predominante. Ao lermos Flaubert, tendemos a atribuir esta ironia a um autor que destrói o lugares-comuns limitando-se estritamente à sua reiteração. A ironia que sublinha o meu livro, em contrapartida, talvez pudesse ser mais bem caracterizada como a ironia de um projeto que tenta re-presentar a realidade de um mundo passado apesar da (ou por causa da) sua consciência fundamental de que esta re-presentação é impossível. Conhecendo a impossibilidade de sua realização, o desejo de imediação não deveria degenerar-se na ilusão da imediação.

ESTAR-NOS-MUNDOS DE 1926
Martin Heidegger, Hans Friedrich Blunck, Carl Van Vechten

❦

Um ano nada bom

De uma perspectiva profissional, 1926 não foi um bom ano para o filósofo Martin Heidegger. Em 1923, ele tinha deixado a Universidade de Freiburg e seu amado retiro em Todtnauberg, na Floresta Negra (onde sua mulher tinha mandado construir uma cabana para a família no ano anterior)[1] para aceitar um convite longamente aguardado da Universidade de Marburg. Mas este novo cargo era apenas um *Extraordinariat*, que, como o posto de professor-assistente no mundo acadêmico americano, deixava pelo menos mais um passo a ser dado na escada de sua carreira. Foi provavelmente por isso — embora a nova função desse a ele e à sua família estabilidade financeira nos tempos difíceis na Alemanha do pós-guerra, e embora a sua relativamente curta lista de publicações o tornasse academicamente vulnerável — que Heidegger nunca ficou satisfeito com seu emprego em Marburg. Mesmo em sua carta de confirmação ao reitor da Faculdade de Filosofia (18 de junho de 1923), ele parecia usar uma tática de protelação com a sua nova universidade, ao não fornecer os títulos e temas dos cursos que ele daria:

À Sua Spektabilität:[2]
Humildemente confirmo que recebi hoje uma oferta de sua universidade a

respeito de um *Extraordinariat* em filosofia, com os direitos e o status de um *Ordentlicher Professor*. Aceitarei este convite. Ao mesmo tempo, peço humildemente à Sua *Spektabilität* o favor de transmitir à venerável faculdade a minha mais profunda gratidão pela confiança depositada em mim. Vou tomar a liberdade de enviar pelo correio as descrições dos meus cursos futuros tão logo receba esta requisição dos meus colegas do Departamento de Filosofia. Com a expressão de meu mais sincero respeito, e me colocando à disposição de Sua *Spektabilität*,

Dr. Martin Heidegger

Nos anos seguintes, a falta de entusiasmo de Heidegger por Marburg cresceu até se tornar um sentimento geral de alienação daquilo que ele provocativamente começou a chamar de "filosofia acadêmica". Ele anunciava aos seus colegas e estudantes que passava cada dia de férias longe deles, na cabana da Floresta Negra. Tendo desfrutado, durante seus anos em Freiburg, de uma enorme reputação como carismático e promissor professor de filosofia,[3] Heidegger logo ficou tão frustrado em Marburg que chegou a considerar um convite para passar três anos como um bolsista de pesquisa muito bem pago no Japão — embora ele detestasse viajar.[4]

Em 1925, Heidegger foi nomeado por seus colegas de Marburg professor titular (*Ordinariat*), aos 36 anos[5] — o que não era incomum pelos padrões acadêmicos médios. Mas, embora o seu mentor, Edmund Hüsserl, que era amplamente respeitado na comunidade acadêmica alemã, o tenha elogiado em sua carta de recomendação como um "filósofo em grande estilo" e (ironicamente) como um "líder (*Führer*) potencial em meio à confusão e às fraquezas do presente",[6] o Ministério de Ciência, Arte e Educação Nacional, em Berlim, estava relutante em seguir suas sugestões — sem dúvida porque o candidato ainda não tinha produzido uma monografia substancial. Em sua correspondência com o Ministério, portanto, os colegas de Heidegger repetidamente faziam alusão a um trabalho não publicado sobre Aristóteles (que nunca viria à luz) e, num estágio posterior, a um manuscrito que acabou sendo publicado na primavera de 1927 como a primeira parte de *Sein und Zeit* — e que, apesar de sua importância como marco de uma época, permaneceria para sempre sem uma seqüência. Embora Heidegger, desde os seus primeiros anos em Marburg e até o fim de sua vida, tenha alimentado a impressão de que este manuscrito já tinha sido concluído mas ficara guardado em segredo,⁷ a escrita real de *Sein und Zeit* deve ter ocorrido entre fevereiro e dezembro de 1926.⁸

Numa carta de 27 de janeiro de 1926, o Ministério informou ao comitê para o *Ordinariat* em Filosofia que, "apesar de todo o reconhecimento do sucesso do método de ensino do Professor Martin Heidegger, parece inadmissível (...) indicá-lo para um posto com a estatura histórica da cátedra [de Marburg]".⁹ Esta resposta inequivocamente negativa deve ter encorajado os colegas de Heidegger a cobrar diretamente dele o extenso manuscrito que ninguém ainda tinha visto. Estas são as palavras das minutas de uma reunião do comitê no dia 25 de fevereiro, assinadas pelo reitor, Max Deutschbein, um professor de inglês: "O comitê decidiu unanimemente solicitar a Martin Heidegger que datilografasse e imprimir alguns exemplares de seu texto manuscrito *Sein und Zeit*, para entregá-los ao reitor. O comitê também concluiu que seria desejável dispor do texto em seus arquivos. Algumas cópias seriam então enviadas, para avaliação, a diversos acadêmicos, cujos nomes ainda serão escolhidos".¹⁰ A observação sem data com a qual o reitor Deutschbein suplementou estas minutas deixa claro, acima de qualquer dúvida, que o manuscrito em questão não existia, ou pelo menos estava muito longe do fim: "Heidegger declara que ele estará preparado para mandar imprimir o manuscrito citado acima no dia 1º de abril, e que manterá o reitor informado sobre o progresso da impressão".¹¹ Nas primeiras semanas de 1926, Heidegger provavelmente só tinha dois projetos sobre a sua mesa: a revisão incompleta de um manuscrito de 75 páginas sobre o tema que, em 1924, tinha sido rejeitado pela *Deutsche Vierteljahrsschrift für Literaturwissenschaft und Geistesgeschichte* (Revista quadriestral alemã de estudos literários e história intelectual", então o mais avançado periódico sobre humanidades na Alemanha); e um texto datilografado preparado por seu estudante Simon Moser em um curso intitulado *Geschichte des Zeitbegriffs* (História do conceito de tempo), que Heidegger tinha dado durante o semestre de verão de 1925.¹² Portanto, virtualmente toda a primeira parte do livro deve ter sido escrita entre 26 de fevereiro (o último dia do semestre de inverno) e 1º de abril de 1926, quando Heidegger enviou pelo correio as primeiras 175 páginas de *Sein und Zeit* (até o parágrafo 38) para Max Niemeyer Verlag. No dia 2 de abril — em termos muito gerais, e sem mencionar que o manuscrito estava longe de chegar ao fim — Heidegger informou Deutschbein sobre o seu progresso com a obra. O que ele ofereceu como "um molho de papel decorado com belas flores"¹³ a

Edmund Husserl por ocasião de seu 67º aniversário no dia 8 de abril não podia, portanto, ser o "texto quase completo", como Heidegger lembraria mais tarde.

Husserl e alguns outros filósofos, a maioria jovens, ajudaram Heidegger a corrigir as provas tipográficas, que ele começou a receber no dia 14 de abril.[14] Quando Deutschbein enviou as primeiras 175 páginas de *Sein und Zeit* a Berlim, no dia 18 de junho, solicitando novamente uma entrevista com Heidegger, ele adotou a estratégia do próprio candidato de simplesmente não mencionar o estado fragmentário do texto: "A faculdade acredita ser justificada esta requisição, já que Heidegger, neste ínterim, fez imprimir a sua obra sobre o ser e o tempo".[15] A verdade, contudo, era que, após mandar de volta outras 55 páginas de correções ao tipógrafo no começo de junho, Heidegger tinha parado de trabalhar em *Sein und Zeit* devido às suas ocupações na universidade, como ele escreveu numa carta ao seu amigo Karl Jaspers no dia 31 de julho (o último dia do semestre de verão). Passaria algum tempo antes que ele pudesse enviar melhores notícias — como de hábito, de sua cabana na Floresta Negra. Estas notícias só viriam em outubro, quando, em cartas a Jaspers e ao teólogo de Marburg Rudolf Butmann, Heidegger anunciava que a "pausa na revisão e na impressão" tinha rendido resultados positivos, já que estava habilitado a enviar um exemplar revisto da segunda seção do livro por volta do dia 1º de novembro. Mas ele perdeu a coragem de enfrentar as requisições da burocracia de Berlim. No dia 25 de novembro, o reitor Deutschbein recebeu a segunda — e agora definitiva — recusa à nomeação para a faculdade: "Quero comunicar que o ministro, após reexaminar todos os pontos de vista representados, não pode atender à recomendação de conceder ao Professor Dr. Heidegger a titularidade da cátedra."[16]

Compreensivelmente, nas semanas seguintes Heidegger buscou consolo e apoio na correspondência com seus amigos filósofos. Ninguém lhe enviou palavras de solidariedade e apreço mais fortes que Edmund Husserl: "[estou feliz em ver] que você está se dedicando à obra através da qual você se tornará quem você é, e com a qual (como você bem sabe), você já começou a realizar o seu próprio ser como um filósofo. (...) Ninguém acredita em você mais firmemente do que eu, e também estou convencido de que, no final, nenhum ressentimento que você porventura sentir será capaz de desviá-lo de seu caminho. Nada poderá distraí-lo da importância de fazer o que só você pode fazer".[17] As palavras apaixonadas de Husserl pretendiam persuadir Heidegger de que, embora ele tivesse fracassado em atingir a meta profissional concreta de um *Ordinariat*, ainda havia um grande sentido filosófico, e mesmo existencial, em concluir *Sein und Zeit*. Como Heidegger não estava mais sofrendo nenhuma pressão de tempo, parece que, pelo menos durante algumas semanas, ele gostou da idéia de completar o livro inteiro tal como ele era anunciado no final do capítulo introdutório. Mas o texto publicado representa apenas cerca de dois terços da primeira parte.[18]

Mais do que nunca — e mais compreensivelmente do que nunca — Heidegger estava agora inclinado a se afastar do mundo acadêmico de Marburg e a idealizar a solidão da sua cabana. Numa carta de 22 de dezembro a Elisabeth Blochmann, uma amiga da família, ele manifesta esta intenção e seu significado para aquilo que ele ainda considera um manuscrito incompleto:

> Seria adequado que esta carta viesse da cabana; ela seria escrita enquanto a lenha estala na lareira e uma fina camada de neve cobre o telhado, e a solidão quieta das montanhas é intensificada pela paisagem coberta de neve. Em vez disso, aqui estou eu [em Marburg] trabalhando no capítulo de transição. Os deveres habituais do semestre me privaram da necessária concentração. Estas férias farão com que eu termine o projeto antes do final do ano. (...) No dia 1º de janeiro, irei a Heidelberg, onde ficarei com Jaspers até o dia 10. Estou querendo filosofar, não apenas em solilóquios e em contato com a História, mas cara a cara com ele.[19]

Não fica perfeitamente claro a que parte do manuscrito Heidegger estava se referindo como "capítulo de transição".[20] O parágrafo final da versão publicada já tinha ido para a tipografia no início de novembro. Provavelmente ele estava trabalhando numa introdução a um trecho intitulado "Tempo e ser",[21] que ele via como a terceira seção da primeira parte do livro. Que ele não avançasse imediatamente — e na verdade nunca — além da segunda seção foi resultado das discussões com Jaspers, que Heidegger menciona na sua carta de Natal a Elisabeth Blochmann.[22] Estas discussões foram encobertas por um acontecimento triste no final de 1926: "A decisão de não dar continuidade à publicação ganhou forma no dia em que recebemos a notícia da morte de Rilke."[23] *Sein und Zeit* finalmente apareceu em abril de 1927 — e de fato se tornou imediatamente o extraordinário sucesso que os colegas de Heidegger em Marburg e, mais ainda, Edmund Husserl, tinham previsto. O ano de 1927 foi portanto bom para Heidegger, trazendo-lhe recompensas tardias mas importantes. Em outubro, ele foi indicado para a cátedra em Marburg, mas esta promoção ao grau de *Ordinariust* não mudou o seu preconceito contra a cidade e sua universidade. O mal já tinha sido feito. Ele tinha se irritado com o lugar. Menos de 12 meses depois ele recebeu um convite de Freiburg para suceder Husserl, e no semestre de inverno de 1928-1929 ele estava lecionando novamente na sua *alma mater*.

O ano no livro

Não pode portanto haver dúvida de que o texto completo publicado de *Sein und Zeit* data do ano de 1926. Theodore Kiesel mostrou que Heidegger chegou a inventar alguns dos conceitos centrais do livro, como "abandono", "existencial" (*Existential*), "iluminação" e "repetição" durante os difíceis meses finais do processo da escrita.[24] Naturalmente, estes fatos históricos recentemente estabelecidos não diminuem nem aumentam a importância filosófica de *Sein und Zeit*. Mas eles justificam o meu uso do livro de Heidegger em meu empenho para tornar presentes os mundos de 1926. Embora a evocação desta presença histórica seja a meta explícita do meu experimento, é claro que se pode perguntar legitimamente se os resultados deste experimento podem ser usados de uma forma relacionada com os padrões da História como uma disciplina. Este capítulo final se dedica portanto a buscar uma compreensão histórica de *Sein und Zeit* com base na minha re-presentação do ano de 1926 e na comparação com dois romances contemporâneos, um de Hans Friedrich Blunck e outro de Carl Van Vechten.

"Compreender", neste contexto não significa primariamente tentar reconstruir as intenções e visões subjetivas de Heidegger enquanto ele escrevia seu manuscrito.[25] E como eu não tenho competência na área, não posso afirmar que a leitura seguinte de *Sein und Zeit*, diante do pano de fundo de tantas interpretações brilhantes da obra mais famosa de Heidegger, resultará em novas descobertas filosóficas. O que eu quero é demonstrar que algumas das principais questões filosóficas de seu livro, alguns dos elementos decisivos na estrutura de sua argumentação e, talvez, toda a contribuição de Heidegger à filosofia ocidental[26] podem ser lidos como tendo se originado de uma reação ao ambiente emocional, intelectual e político de 1926.[27] Este aspecto de *Sein und Zeit* se torna visível quando se relê o livro da perspectiva da simultaneidade histórica. Para ser mais específico, tenho a impressão de que os códigos culturais que descrevi como típicos de 1926, especificamente aqueles ameaçados de um possível colapso, foram os elementos orientadores por trás do pensamento de Heidegger. Ocasionalmente, até mesmo alguns dos "dispositivos" mais concretos que ocupam o nível primário de minha reconstrução de 1926 podem aparecer como elementos de descontinuidade dentro do discurso filosófico altamente abstrato de *Sein und Zeit*. A minha tese mais ambiciosa, porém, é que Heidegger — ao empregar alguns de seus argumentos no livro sem maiores explicações (isto é, sem eliminar explicitamente alternativas potenciais) — seguiu a orientação de um conjunto específico de códigos culturais dominantes. Esta constelação de códigos tem tudo a ver com o fenômeno intelectual que Hugo von Hofmannsthal, em 1927, chamou de *konservative Revolution*.[28] Tanto esta contextualização quanto as comparações que eu farei entre o texto de Heidegger e os romances de Blunck e Van Vechten estão dentro dos limites do meu experimento em simultaneidade histórica. Mesmo assim, não podemos — e não devemos — evitar a questão clássica (com toda a sua dimensão diacrônica) de saber se a posição de Heidegger em 1926 o predestinava a assumir um papel específico durante o primeiro ano do regime nazista. Minha leitura confirmará, pelo menos indiretamente, aquilo que se tornou de conhecimento geral desde o debate provocado pelo livro de Victor Farias:[29] a tentativa de Heidegger, em 1933 e 1934, de influenciar a política cultural e educacional nazista, bem como o seu empenho grotesco em se tornar *ein Führer des Führers* ("um líder dos líderes"),[30] se baseavam em determinados temas que a sua filosofia compartilhava com a ideologia do Partido Nacional Socialista. Embora eu em princípio concorde com aqueles estudiosos que afirmam que esta contaminação não compromete a importância filosófica do pensamento de Heidegger (porque a estrutura na qual Heidegger reúne estes temas é mais complexa do que a — e intrinsecamente diferente da — ideologia nazista),[31] eu não posso deixar de ficar perturbado, para dizer o mínimo, com esta contiguidade.

Estes sentimentos contraditórios podem muito bem ter surgido da falta de experiência de lidar com perspectivas de simultaneidade, o que é endêmico nas nossas formas de ver e usar a História. *Sein und Zeit* não pode, é claro, ser identificado com a ideologia nazista — embora a obra compartilhe múltiplos motivos e interesses com um romance de 1926 de Hans Friedrich Blunck, que em 1933 seria indicado presidente do *Reichsschrifttumskammer* (Comissão Nacional de Literatura). Por outro lado, o argumento central de Heidegger mostra uma afinidade muito mais surpreendente, mas igualmente clara, com uma narrativa tão remota culturalmente quando *Nigger heaven*, uma das mais simpáticas e populares descrições literárias do Renascimento do Harlem. O problema que me intriga aqui, portanto, não é tanto o de observar e identificar fenômenos que, pelo menos na cultura ocidental, conferem homogeneidade ao ano de 1926. O verdadeiro desafio é saber a que conclusões posso chegar a partir da abundância destas observações.

Perdas epistemológicas e compensações ontológicas

A principal preocupação de Heidegger ao escrever *Sein und Zeit* era, eu acredito, preservar aquelas funções que a distinção clássica sujeito-objeto tinha realizado na filosofia ocidental — e atingir isto com plena consciência de um ambiente epistemológico que excluía a possibilidade de optar seriamente pelo paradigma sujeito-objeto. [ver **Incerteza versus Realidade**] O elemento-chave deste paradigma, um elemento que normalmente consideramos assegurado em nosso comportamento cotidiano, é a convicção de que, se um sujeito ocupa uma posição exterior, distanciada e "excêntrica", isto acentuará a validade de todos os julgamentos e observações do sujeito relativos ao mundo dos objetos. Costumava ser função desta premissa (e, portanto, a função do paradigma sujeito-objeto) dignificar determinadas observações como "definitivas", "substantivas" ou "objetivas", de forma que elas pudessem constituir um solo inquestionável para decisões, ações e atribuições de valor.

Como um dos diversos pontos de partida do paradigma sujeito-objeto que ocorreram na filosofia européia desde o final do século XIX, a fenomenologia de Husserl começou problematizando a "atitude natural da mente" (*natürlich Geistehaltung*) inerente ao paradigma sujeito-objeto — com o que Husserl queria dizer a posição mutuamente excêntrica atribuída na tradição epistemológica aos "objetos exteriores" e à "consciência humana" em suas inter-relações.[32] Tendo se engajado, a partir de 1918, num intenso intercâmbio de idéias com Husserl e tendo até mesmo lecionado regularmente[33] em cursos introdutórios sobre a filosofia fenomenológica, Heidegger desempenhou, tanto intelectual quanto institucionalmente, um papel ativo (embora limitado) na ruptura com o paradigma sujeito-objeto. Pelo menos até a publicação de *Sein und Zeit*, foi principalmente este papel que determinou a sua identidade como filósofo no mundo acadêmico.³⁴ Mas a perda de uma posição excêntrica — ou transcendental — que garantisse a "objetividade" de qualquer observação não estava limitada à filosofia. As estruturas narrativas de romances de sucesso como *O assassinato de Roger Ackroyd*, de Agatha Christie, ou *Traumnovelle* (História de um sonho), de Arthur Schnitzler, e ainda do filme *O inquilino*, de Alfred Hitchcock, eram todas baseadas na impressão de que não existia mais uma posição exterior da qual a realidade pudesse ser objetivamente observada, julgada e dominada. [ver **Incerteza versus Realidade**] Esta mudança disparou uma série de substituições conceituais e epistemológicas; além disso, ela intensificou um desejo coletivo pela objetividade e por valores que não pudessem ser relativizados. Freqüentemente desligada de qualquer compreensão da teoria à qual ela se refere, a palavra "relatividade" se tornou um objeto de fascinação e medo nesse ambiente. De fato, ela pode ter contribuído para a emergência daquele forte desejo por um solo cognitivo estável que se tornou o foco da Revolução Conservadora. Motivado por um sentimento de que o mundo perdeu a orientação, a moralidade e o sentido existencial, este desejo fez mais do que simplesmente confirmar a ampla desilusão com a política e a ideologia liberal; a atmosfera da Revolução Conservadora também afetou aqueles intelectuais que sabiam ser impossível retornar a uma epistemologia mais estável e a valores não-ambíguos. Parte do brilho misterioso que nos impressiona nos trabalhos de alguns Revolucionários Conservadores é precisamente um resultado da tensão entre o pensamento de vanguarda e um desejo simultâneo — mas primariamente extra filosófico — de estabilidade existencial.³⁵

Compensações ontológicas e negociações conceituais

Através da preocupação de Heidegger com os conceitos e valores de "substância" e "substancialidade", *Sein und Zeit* oferece uma reflexão quase não-mediada deste desejo por estabilidade existencial. Ela parece quase não-mediada porque o seu compromisso com a substância, mais do que ser uma parte constitutiva de sua linha de argumentação, parece realizar a sua função produzindo um sentimento geral de segurança nos primeiros capítulos do livro. [ver **Imanência versus Transcendência**] Num parágrafo dedicado a definir a experiência-do-mundo como um "contexto de escolhas" (*Verweisungszusa-*

menhang), por exemplo, Heidegger insiste que esta definição não implica a dissolução de qualquer experiência de substância em pura funcionalidade:

> Este "sistema de relações", como algo constitutivo do mundo, está tão longe de volatilizar o Ser do estar-aqui dentro-do-mundo que o fato de o mundo ser mundo provê a base na qual estas entidades podem pela primeira vez ser descobertas como são "substancialmente", "em si mesmas". E somente se entidades dentro-do-mundo podem ser encontradas, é possível, no campo destas entidades, tornar acessível o que é apenas presente e nada mais. Por causa do Ser-só-presente-e-nada-mais, estas últimas entidades podem ter suas "propriedades" definidas matematicamente em "conceitos funcionais". Ontologicamente, estes conceitos são possíveis apenas em relação com entidades cujo Ser tem o caráter de pura substancialidade. Conceitos funcionais só são possíveis como conceitos substanciais formalizados.[36]

Se ele assim enfatiza a substancialidade do que costumava ser o lado do objeto dentro do paradigma cognitivo tradicional, Heidegger desafia o conceito clássico de sujeito com palavras que parecem fazer eco às primeiras obras de Husserl: "O problema [reside em] como este sujeito que sabe sai da sua 'esfera' interior para outra, na qual é 'outro e exterior', como o saber pode ter um objeto, e como se deve pensar no próprio objeto de forma que o sujeito saiba disso sem precisar se aventurar dando um salto para outra esfera".[37] Numa passagem posterior, Heidegger se afasta explicitamente do interesse de Kant, na *Crítica da razão pura*, em provar a existência de um "mundo real" fora da mente do sujeito — uma comprovação que Heidegger considera desnecessária.[38] Ao inferirem exclusivamente esta ressubstancialização da "realidade", porém, algumas interpretações de *Sein und Zeit*[39] ignoram o outro lado de uma "oscilação" contínua, na qual Heidegger rejeita o paradigma sujeito-objeto e simultaneamente afirma preservar a mesma certeza cognitiva que ele tinha proporcionado.[40] A sua abordagem condensa a contradição de uma cultura intelectual que já não oferece mais uma perspectiva exterior de suas descrições e autodescrições, ao mesmo tempo em que pretende, mais do que nunca, que as suas descobertas científicas sejam imparciais e que as suas inovações tecnológicas sejam não-arbitrárias. [ver **Sobriedade versus Exuberância**]

Como conseqüência desta ambigüidade, não fica claro como se deve entender a definição pragmática que Heidegger dá à "fenomenologia" no capítulo introdutório de *Sein und Zeit*: "Portanto, o termo 'fenomenologia' expressa uma máxima que pode ser formulada assim: 'Às próprias coisas!' Ela se opõe a quaisquer construções livres e descobertas aleatórias; ela se opõe a reconhecer conceitos que ainda não foram inteiramente demonstrados; ela se opõe àquelas pseudo-questões que se apresentam a si mesmas como 'problemas', freqüentemente ao longo de gerações."[41] Se existe algo consistentemente inequívoco nas várias interpretações destas palavras, é a impressão de que, de uma perspectiva retórica, elas funcionam como um encantamento (daí o ponto de exclamação) contra quaisquer considerações epistemológicas — e talvez até contra quaisquer medos práticos — da incerteza. Mas poderia Heidegger querer seriamente negligenciar todos os argumentos que, nas décadas que precederam *Sein und Zeit*, foram acumulados pelos filósofos para prevenir qualquer retorno problemático "às coisas em si"? Ou ele queria sugerir que o conceito emergente de Husserl, do mundo constituído pelo sujeito transcendental, era o novo sentido do velho desejo de atingir "as coisas em si"? A resposta de Heidegger a esta questão não faz uma coisa nem outra.

Em diversos níveis, *Sein und Zeit* se refere, reformulando-os, aos conceitos e teses da epistemologia que Heidegger queria superar. Embora já tenha sido corretamente observado que os conceitos derivados de sua análise do *Dasein* ("existência humana") são implicitamente trans-históricos,[42] ele cuidadosamente evita aquelas afirmações abstratas e explicitamente generalizantes que se tornaram características da filosofia da subjetividade e que atendiam a um desejo de certeza cognitiva entre tantos de seus contemporâneos. Ao insistir, em vez disso, na "cotidianidade média"[43] dos fenômenos em questão, Heidegger produz uma impressão de concretude e substancialidade no nível referencial de seu próprio discurso, embora continue a afirmar que está lidando com condições generalizáveis do *Dasein*.[44] O elemento mais importante em sua renegociação do paradigma sujeito-objeto, porém, é a complexa noção de "estar-no-mundo". Ele a introduz numa descrição da condição básica do *Dasein*:

> A entidade à qual o ser (...) pertence é aquela que caracterizamos como uma entidade que em cada caso eu mesmo sou (*bin*). A expressão *bin* está conectada com *bei*, e assim *ich bin* ("eu sou") significa por sua vez "eu resido" ou "habito" no mundo, no sentido em que ele me é familiar desta e daquela maneira. "Ser" (*Sein*) como o infinitivo de *ich bin* (isto é, quando ele é entendido como um *existentiale*) significa "residir no", "estar familiari-

zado com". *"Estar em" é portanto a expressão existencial formal para o Ser do* Dasein, *cujo estado essencial é Ser-no-mundo.*[45]

Deixando de lado, no contexto de nossa leitura, as especulações etimológicas sempre problemáticas de Heidegger (mas ele nunca pretendeu ser um lingüista!), nós mais uma vez encontramos aqui a estratégia do compromisso conceitual. Ao deixar o mundo cercar o *Dasein* — e subseqüentemente ao atribuir uma posição de centralidade ao *Dasein* — Heidegger inverte a relação de excentricidade e distância que tinha definido anteriormente a posição do sujeito em relação ao mundo. Mas se, à primeira vista, este movimento parece implicar uma redução radical da distância entre o *Dasein* e o mundo, a metáfora de "habitar" mantém a sugestão de um lapso residual entre eles.

Contra esta leitura, pode-se argumentar que Heidegger problematiza (embora não sem uma certa contra-relativização) a situação do Estar-no-mundo como uma situação espacial direta: "O termo 'Estar-em' [não significa] 'em-uma-alteridade' espacial das coisas presentes, não mais do que a palavra 'em' significa primordialmente uma relação especial deste tipo."[46] Ainda assim, é realmente possível imaginar uma situação de "familiaridade" entre o *Dasein* e o mundo, tal como Heidegger a evoca, sem que o *Dasein* e o mundo estejam relacionados — e separados — por algum tipo de configuração espacial. Em última instância, a idéia de uma certa distância, embora mínima, entre o *Dasein* e o mundo não é eliminada. Num nível diferente de argumentação, é interessante observar que a tendência geral de Heidegger a reduzir a importância da dimensão espacial[47] pode não depender da negação de uma negação espacial entre o mundo e o *Dasein*. Antes, poderia ser um dos temas de *Sein und Zeit* que mostram o impacto direto da cultura contemporânea no pensamento de Heidegger. Nós vimos como, em 1926, as diversas reações das pessoas às novas tecnologias de transporte e comunicação convergiram na impressão de implosão e perda de espaço, e como esta experiência disparou um "re-pensamento" ativo das estruturas temporais, em diferentes níveis. [ver **Centro versus Periferia, Presente versus Passado, Centro = Periferia**] O esforço de Heidegger para eliminar as conotações espaciais de suas metáforas e conceitos pode portanto ser apenas o reverso daquela experiência particular que, na segunda parte de *Sein und Zeit*, o levou a enfatizar o "tempo" como o sentido do *Dasein*.

Depois de substituir a cotidianidade pela abstração, e o "Estar-no-mundo" pela observação distanciada, Heidegger — no terceiro estágio da sua revisão do paradigma sujeito-objeto — se agarra ao conceito de "ação", que, para a filosofia contemporânea e a disciplina nascente da sociologia, era a referência padrão ao se discutir a correspondência entre o sujeito e os seus ambientes. *Sein und Zeit* substitui a ação pelo conceito de "zelo" (*Sorge*).[48] A noção de zelo de Heidegger é semelhante em dois aspectos ao então influente conceito de ação de Max Weber. Em primeiro lugar, a noção de zelo é orientada em direção ao futuro; em segundo, ela se baseia num conceito de "eu" (como o equivalente funcional daquilo que a sociologia chama de *Handlungs-Subjekt*).[49] A questão, então, é saber por que, apesar destas sobreposições, Heidegger evita o conceito de ação — e esta questão leva a uma dupla resposta. A ação atribuiria ao *Dasein* as implicações da independência e do controle — mantendo a força do conceito de sujeito — que Heidegger tenta excluir da reformulação da relação sujeito-objeto. Este desejo de desvalorizar o sujeito certamente corresponde ao difundido ceticismo contemporâneo sobre a eficácia das ações do sujeito. [ver **Ação = Impotência (Tragédia)**] Mas também existe uma preferência estética (ou estilística) que pode ter desempenhado um papel nesta substituição. Em contraste com a palavra "zelo", que, pelo menos no inglês contemporâneo (*care*), tem conotações fortemente femininas, a palavra alemã *Sorge* e seu equivalente latino, cura, poderia ter evocado uma compreensão arcaica ("pré-ontológica")[50] da existência, para Heidegger e a primeira geração de seus leitores. [ver **Autenticidade versus Artificialidade**]

Apesar destas sutis negociações conceituais, é óbvio que a cotidianidade, o estar-no-mundo e *Sorge* não podem satisfazer aquele desejo de certeza cognitiva que tinha sido realizado pelo paradigma sujeito-objeto antes da sua crise. Mas os leitores de *Sein und Zeit* não devem se preocupar com esta questão, porque Heidegger, através de duas definições, faz da garantia desta certeza o ponto de partida para o seu livro. Ele distingue *Sein* ("Ser") — a categoria mais fundamental, o solo e a plenitude da realidade — de *Seiendes* ("seres", "entidades"), que representa a aparência do *Sein*, a pura superfície, a dimensão primária da experiência humana. Nesta base, o *Dasein* (existência humana) é descrito como uma das formas do ser (*des Seienden*), que tem o potencial de se tornar consciente de seu Ser (*sein Sein*):

> O *Dasein* é uma entidade que não ocorre simplesmente entre outras entidades. Ele se distingue ontologicamente pelo fato de que, no próprio Ser, o ser

é uma questão para ele. Mas, neste caso, trata-se de um estado constitutivo do Ser do Dasein, e isto implica que o *Dasein*, em seu Ser, tem uma relação com aquele Ser — uma relação que é em si uma de Ser. E isto significa também que existe alguma forma pela qual o *Dasein* compreende a si mesmo no seu Ser e o faz, em certa medida, explicitamente. É peculiar a esta entidade que, ao lado e através do seu Ser, este Ser é revelado a ele. *A compreensão do Ser é em si própria uma característica definitiva do Ser do* Dasein. O que distingue onticamente o *Dasein* é que ele é ontológico.⁵¹

Heidegger não oferece argumentos sobre este ponto, que é decisivo para o seu livro, visto que ele implica os dois componentes que são indispensáveis para uma análise ontológica da existência humana. O leitor precisa aceitar que existe um Ser, e que o *Dasein* — e somente o *Dasein* — tem o privilégio de compreendê-lo. Heidegger podia supor com segurança que o desejo de seus leitores por uma certeza ontológica era forte o suficiente para aceitar qualquer sugestão complexa deste tipo. *Sein und Zeit* começa com uma citação do *Sofista*, de Platão, que aponta para a dificuldade de compreender o significado da palavra "ser" (*seiend*). Heidegger vai além, afirmando que os significados das palavras "ser" (*seiend*) e "Ser" (*Sein*) foram perdidos, e que, além disso, todas as questões relativas a estes significados se dissolveram. Assim, ao pressupor o "estado de esquecimento" do Ser (*Seinsvergessenheit*), ele substitui possíveis argumentos por esta premissa de que o Ser existe.

Em vez da Verdade

As definições de Heidegger de *Sein* e *Dasein* ainda não contêm nem prefiguram a sua resposta a respeito do significado (*Sinn*) do *Dasein*. Só na segunda parte de *Sein und Zeit* ele desenvolverá um novo conceito de tempo, que constitui o significado de *Dasein* (e portanto explica o título do livro). Em contrapartida, longas passagens da primeira parte do livro⁵² se dedicam a problemas de reajuste conceitual que derivam, direta ou indiretamente, das definições introdutórias de *Dasein* e *Sein*. Se podemos dizer, por exemplo, que a compreensão que o *Dasein* tem do Ser, na filosofia de Heidegger, ocupa o lugar que a noção de "verdade" ocupava tradicionalmente, como podemos então pensar a relação entre o Ser e a verdade? Heidegger afirma que a verdade é uma condição do *Dasein*, que o *Dasein* é sempre "ser na verdade".⁵³ Ao mesmo tempo, "ser na verdade" é uma condição para a possibilidade da "inverdade",[54] o que só pode significar que o *Dasein* implica um potencial — e não uma promessa — de se atingir a verdade. Mas isto não explica como a verdade seria diferente do Ser. Heidegger não dá uma resposta definitiva a esta questão. O que se torna evidente, contudo, é a sua (talvez não intencional) tendência a relativizar o valor da noção de "verdade" — que, historicamente, pertence ao repertório conceitual do paradigma sujeito-objeto. Tendo afirmado que "o Ser e a verdade 'são' equiprimordiais" em sua relação com o *Dasein*, ele adia qualquer esclarecimento adicional sobre como o ser e a verdade se relacionam, planejando voltar ao tópico em sua discussão sobre o significado do Ser.[55] Este livro, porém, não voltará ao problema. Ele termina com a resposta de Heidegger à questão sobre o significado do *Dasein*: o significado do Ser permanece sem ser resolvido.

Como uma conseqüência da sua reformulação do conceito de verdade e das noções de ação e sujeito, Heidegger não pode apresentar o "desvelamento" do Ser como um ato do sujeito. Esta atribuição entraria em contradição com a sua complexa estratégia de ir além do paradigma sujeito-objeto. O heróico papel padrão do sujeito moderno como aquele que descobre a verdade é portanto suplantado pela capacidade do Ser de se ocultar:

> O que está para ser demonstrado é unicamente o Ser-descoberto (...) da entidade em si — *aquela entidade* no "como" do seu desvelamento. Este desvelamento é confirmado quando aquilo que é posto à frente da assertiva (isto é, a própria entidade) se mostra *como exatamente a mesma coisa*. "*Confirmação*" significa a *revelação da entidade mostrando-se em sua receptibilidade*. A confirmação é levada a cabo com base na revelação da própria entidade. Isto somente é possível de uma forma em que o saber que afirma e que é confirmado é ele próprio, em seu significado ontológico, *um ser tornado* entidades Reais, e um Ser que *se descobre*.[56]

Na topologia do paradigma sujeito-objeto que Heidegger quer tanto substituir, isto significaria que a atividade, no processo da cognição, se desloca do pólo do sujeito para o pólo do objeto. Na construção conceitual de *Sein und Zeit*, o tema do autodesvelamento do Ser tem a importante conseqüência de que a verdade (a aparência do Ser) não pode ser produzida ou desejada. Ela só pode ser esperada, e tudo o que o *Dasein* pode fazer para contribuir é ficar aberto.

Mais uma vez fica evidente como um elemento estruturalmente importante do discurso de Heidegger espelha atitudes extrafilosóficas, em particular o desejo da Revolução Conservadora por um discurso profético. [ver **Imanência versus Transcendência**] Como o tom de Heidegger é sereno, às vezes quase academicamente desapaixonado, torna-se ainda mais surpreendente encontrar sentenças de ruidosa agressividade quando ele argumenta a favor do que mais tarde chama de "devoção do pensamento" (*die Frömmigkeit des Denkens*), e contra o ceticismo. Embora desde o início o gesto filosófico de *Sein und Zeit* seja absolutamente incompatível com qualquer atitude cética, isto não pode explicar completamente o ódio com que Heidegger conduz a auto-imunização de sua posição: "Não se pode refutar um cético, mais do que se pode 'provar' a verdade do Ser. E se qualquer cético do tipo que nega a verdade factualmente é, ele não precisa sequer ser refutado. Se ele é e entendeu a si mesmo em seu Ser, ele obliterou o *Dasein* em seu desespero de suicida; e, ao fazê-lo, ele também obliterou a verdade".[57] A associação entre renunciar a uma posição de transcendência e escolher o suicídio está se tornando freqüente em 1926. [ver **Imanência = Transcendência (Morte)**] O que é único — e às vezes duro de aceitar — na posição filosófica de Heidegger é a simultaneidade (potencialmente paradoxal) entre a ausência de uma transcendência de base religiosa e a certeza cognitiva cujo gesto invariavelmente nos remete a visões de mundo baseadas na religião.

Optando pela autenticidade

Um dos problemas mais complexos na revisão que Heidegger faz do paradigma sujeito-objeto deriva de uma dupla determinação do ser-na-verdade como uma condição do *Dasein*. Por um lado, isto significa que a verdade não é senão uma possibilidade do *Dasein*. Por outro lado, porém, isto implica que o *Dasein* nem sempre realizará voluntariamente o seu potencial. Conseqüentemente, se Heidegger não nos oferece qualquer resposta para a questão de como o *Dasein* poderia ser, no fim das contas, persuadido ou forçado a escolher a sua possibilidade de plenitude existencial,[58] ele pinta um quadro filosófico particularmente colorido do contraste entre a "autenticidade" do *Dasein* (*Eigentlichkeit*) e a sua "inautenticidade". [ver **Autenticidade versus Artificialidade**] Mais do que qualquer outro tema de *Sein und Zeit*, é este contraste que atrai e reúne códigos, valores e metáforas de diversos discursos contemporâneos.⁵⁹ As associações de valores mais essenciais neste contexto são aquela entre a "autenticidade" e (o conceito heideggeriano de) individualidade (*Jemeinigkeit*), e aquela entre a "inautenticidade" e (diversos conceitos negativos relacionados com) a esfera pública. [ver **Individualidade versus Coletividade**]

> E como o *Dasein* é em cada caso a sua própria possibilidade, ele pode, em seu próprio Ser, "escolher" a si mesmo e ganhar a si mesmo; ele também pode perder a si mesmo e nunca se ganhar; ou ele pode apenas "parecer" fazê-lo. Mas somente enquanto ele for essencialmente algo que pode ser autêntico — isto é, algo dele próprio — ele poderá se perder e ainda não se ganhar. Como formas de Ser, a autenticidade e a inautenticidade (estas expressões foram terminologicamente escolhidas num sentido estrito) são ambas baseadas no fato de que qualquer *Dasein* é caracterizado por sua potencialidade. Mas a inautenticidade do *Dasein* não significa que haja "menos" Ser, ou um grau "mais baixo" de Ser. O fato é que mesmo em sua total concretude, o *Dasein* pode ser caracterizado por sua inautenticidade — quando ocupado, quando excitado, quando interessado, quando pronto para se divertir.⁶⁰

Na forma da inautenticidade, o *Dasein* "cai" na "publicidade do 'eles'" (*der Öffentlichkeit des Man*), tornando-se uma parte sua inidentificável.⁶¹ O jogo de palavras que Bertolt Brecht faz com a palavra *mann* no título de sua peça de 1926 *Mann ist Mann* se refere a uma trama que narra um caso específico desta "queda na publicidade do 'eles'" — mais precisamente, a perda da individualidade de um homem no processo de sua integração na coletividade anônima da ação militar. O que dá uma conotação especificamente conservadora ao uso que Heidegger faz desses conceitos, especialmente em comparação com Brecht, é a fusão do "eles" com a esfera pública tal como ela se expressa na frase "a publicidade do 'eles'". Se fossem necessárias evidências adicionais para provar o preconceito de Heidegger contra a esfera pública, elas estariam na superposição de um terceiro código ao grupo constituído por autenticidade/inautenticidade e individualidade/coletividade. Inautenticidade e coletividade, os valores negativos, são associados com "conversa mole" (*Gerede*), enquanto a autenticidade e a individualidade se ligam ao silêncio. [ver **Silêncio versus Barulho**] Ao incluir explicitamente certos modos de leitura e escrita no conceito de "conversa mole", Heidegger o transforma num elemento-chave de sua posição notoriamente antiintelectual e antiacadêmica.

> E de fato esta conversa mole não se confina aos boatos vocais, mas se espalha naquilo que escrevemos, onde ela assume a forma de "garatujas" (...) Neste último caso, o mexerico não se baseia muito no que se ouve dizer. Ele se alimenta de leituras superficiais. (...) A compreensão média dos leitores jamais será capaz de decidir quanto foi retirado de fontes primárias após um esforço e quanto é puro mexerico. Além disso, a compreensão média não quererá fazer esta distinção, e nem precisa, porque ela naturalmente entende tudo. A falta de base da conversa mole não constitui obstáculo para que se torne pública; ao contrário, isto a encoraja.[62]

Mais exigente do que a descrição da inautenticidade através de conceitos como "o 'eles'" ou "conversa mole" é, ao menos para Heidegger, a caracterização da autenticidade — já que ele quer que a autenticidade seja a ausência de toda forma supérflua de comportamento. [ver **Sobriedade versus Exuberância**] A simples dificuldade de não dispor de qualquer ponto de referência claro para descrever a autenticidade pode ter persuadido Heidegger a se concentrar principalmente no silêncio, nos trechos relativos a este tópico. Mas como o silêncio poderia ser confundido com a mudez, ele precisou insistir que apenas aqueles que têm algo a dizer podem "ficar calados". Nesta condição, o silêncio surge como um autêntico — e paradoxal — "modo de discurso" (*Modus des Redens*), e, o que é ainda mais importante, uma genuína potencialidade para ouvir (*das echte Hörenkönnen*).[63] A seguinte evocação aleatória das coisas que se deve ouvir antes de se passar para a atitude existencialmente mais profunda de " escutar" (*horchen*) constitui uma das mais notáveis irrupções da cotidianidade contemporânea no discurso filosófico de *Sein und Zeit*. Sem introduzir qualquer distinção sistemática, Heidegger faz alusão a dois registros diferentes das coisas a serem ouvidas, uma delas produzida pela tecnologia, e a outra (por assim dizer) fortemente autêntica: "O que nós ouvimos 'primeiro' nunca são barulhos ou complexos sonoros, mas o rugido do vagão, a motocicleta. Ouvimos o regimento em marcha, o vento do norte, o pica-pau, o fogo crepitando."[64]

Mas a forma culminante da autenticidade, a atitude que o silêncio e a escuta facilitam, a posição, enfim, que realiza a "potencialidade e pode redimir o *Dasein* da sua "queda no 'eles'", é a resolução (*Entschlossenheit*).[65] A resolução é a disposição para se projetar no mundo, a disposição para agir (embora, como já notamos, Heidegger evite cuidadosamente a palavra *handeln*) — uma disposição, porém, que é permeada por uma completa consciência da nulidade do *Dasein* (*Nichtigkeit*) e da sua culpa primordial (*Schuld*). A resolução parece ser o desejo de agir em situações de indecisão; é o desejo de aceitar a nulidade e a tragédia da existência humana — e de agir, apesar delas. O *pathos* que Heidegger investe na noção de resolução remete ao halo estético com que a Revolução Conservadora cercou o conceito de *Tat*. [ver **Ação versus Impotência, Ação = Impotência (Tragédia)**] Para os leitores dos anos 20, associações adicionais com as diferentes conexões e extensões conceituais do binarismo heideggeriano autenticidade/inautenticidade provavelmente se faziam aos montes. Além disso, o próprio filósofo não poupou esforços para fazer sua própria vida parecer uma ilustração de sua noção de *Eigentlichkeit*. Durante os anos em Marburg, ele achava que "caminhadas silenciosas pelas florestas" com seu famoso colega Paul Natorp eram a única forma de contato social importante.[66] Se os passeios silenciosos destes pensadores podiam ser vistos como elitistas, "elite" definitivamente não significava "intelectuais" ou "acadêmicos" para Heidegger. Ao contrário, ele aproveitava qualquer oportunidade de expressar a sua admiração pelos operários e camponeses da Floresta Negra.[67] Em sua vida profissional, portanto, a meta de Heidegger de se tornar um *Ordinarius* (e, assim, parte da elite acadêmica estabelecida) nem sempre foi fácil de conciliar com a ambição ressentida de ser — e parecer — diferente. Com mais diversão do que protesto, a esposa de seu colega Ernst Cassirer (que Heidegger devia ver como a encarnação daquela ausência de palavras que ele descreveu) observou o seu empenho em parecer "autêntico" entre as pessoas que ele certamente julgava serem a elite dos mexeriqueiros, reunidos por ocasião de um jantar acadêmico.

> Todos os convidados tinham chegado, as mulheres em vestido de noite, os homens de terno. Num momento em que o jantar tinha sido interrompido por algum tempo por causa de discursos aparentemente sem fim, a porta se abriu e um homenzinho inconspícuo entrou na sala, parecendo tão esquisito quanto um camponês que tivesse entrado por acidente num palácio real. Ele tinha cabelos pretos e olhos escuros e penetrantes, como alguns operários do sul da Itália ou da Baviera; uma impressão que logo foi confirmada por seu sotaque regional. Ele estava usando um velho terno fora de moda.

(...) Para mim, o que parecia mais preocupante era a sua seriedade mortal e a sua total falta de senso de humor.⁶⁸

Ainda que cuidadosamente pensado, como era, o modo como Heidegger se apresentava provavelmente refletia o seu discurso filosófico. Pode ser que "estar-em-casa", como uma concretização de "estar-no-mundo", fosse um importante conceito sistemático para Heidegger, que gostava de ficar em casa. Como ele nem sempre tinha essa sorte, porém, estar-em-casa parece parte da inautenticidade do "eles", e uma razão para a sua "segurança serena".⁶⁹ O *Dasein* autêntico, em contrapartida, se expõe ao "mistério" do mundo, ao seu *Umheim-lichkeit* — da mesma forma que o nacionalismo obsessivo que estava então florescendo em longínquos espaços coloniais. [ver **Centro versus Periferia**] O mistério e a busca da autenticidade finalmente se reúnem naquilo que constitui a dimensão social mais imediata na obra de Heidegger — isto é, a sua linguagem. Esta linguagem se baseia no entusiasmo por significados históricos (muitas vezes simplesmente inventados) e na paixão por especulações etimológicas que faz até mesmo palavras recentemente criadas parecerem arcaicas. Naturalmente, não existe uma razão lingüística para acreditar que elementos selecionados de antigos estratos de uma linguagem nacional contenham mais revelações ou apresentem uma precisão terminológica maior que os seus equivalentes mais jovens. O estilo de Heidegger como escritor simplesmente confere autenticidade ao passado e ao não-familiar. [ver **Presente versus Passado, Autenticidade versus Artificialidade**]

Apesar de todo o maciço investimento retórico através do qual *Sein und Zeit* refina e ilustra o contraste entre autenticidade e inautenticidade, Heidegger não oferece uma solução para a questão de saber como o *Dasein* pode ser motivado para optar pela autenticidade. Há motivos para especular⁷⁰ que Heidegger não estava sequer interessado em abrir a sua filosofia para este tipo de problema, porque então ele teria que discutir uma dimensão ética. Por outro lado, a autenticidade era um valor tão elevado da obra de Heidegger — e na cultura contemporânea — que ele não poderia simplesmente abandonar esta escolha ao discernimento individual. É aqui que a topologia tradicionalmente religiosa do "apelo da consciência" (*Gewissensruf*)⁷¹ entra em cena; é uma motivação que se desvia da esfera social como a dimensão para decisões éticas, ativando a capacidade hermenêutica de escutar o Ser. Mas o apelo da consciência existencialmente reciclado de Heidegger não oferece qualquer orientação específica para o *Dasein*. O apelo da consciência apenas lembra o *Dasein* de que "ele deve algo"— lembra o *Dasein* de seu *Schuld*:

> Desejar ter uma consciência é (...) a premissa existencial mais primordial para a possibilidade de vir a dever algo factualmente. Ao compreender o chamado, o *Dasein* deixa o seu próprio o seu próprio eu agir por si próprio (...) nos termos que sua potencialidade-para-Ser tiver escolhido. Somente assim ele pode ser respondível. (...) Factualmente, contudo, qualquer ação é necessariamente "desprovida de consciência", não apenas porque ela pode falhar ao evitar qualquer dívida moral factual, mas também porque, na base nula da sua projeção nula, ela já se tornou, ao Ser com Outros, culpada em relação a eles. Assim, o querer-ter-uma-consciência se torna o assumir-o-controle daquela fala de consciência essencial na qual reside e subsiste a única possibilidade de ser "bom".[72]

Não é por coincidência que a palavra *Schuld*, que desempenha um papel tão importante nesta parte do livro de Heidegger, é traduzida variadamente como "dívida", "reconhecimento" e "culpa". Somente o último destes significados, porém, nos ajuda a compreender o provocativo paradoxo — (a-)ético — de Heidegger, segundo o qual a "falta de consciência" é o único meio possível de "ser 'bom'". Se, quando nós usamos a palavra "consciência, normalmente queremos nos referir a um tipo de comportamento que tende a evitar qualquer tipo de detrimento ao outro, e se, na ausência de uma dimensão transcendental, a nulidade da existência humana não oferece qualquer base segura para esperarmos evitar causar detrimento aos outros, então a "falta de consciência" (e ser culpado dela) se torna uma condição inevitável para agir (ou deveríamos dizer "para zelar"?) — e portanto é um componente necessário para qualquer situação na qual se tenha ao menos uma chance de ser "bom". [ver **Imanência = Transcendência (Morte)**]

Para muitos leitores de Heidegger do final dos anos 20, a questão de saber se (e por quê) a autenticidade era necessária pode ter sido muito menos importante do que ela nos parece. Para eles, o conceito de autenticidade — e as suas ilustrações: individualismo e resolução, silêncio e sobriedade — estava tão fortemente carregado de valor que eclipsava, puramente por seu apelo estético, o que quer que fosse evocado como inautêntico. Além disso, optar pela autenticidade parece ter sido uma das poucas formas de comportamento que Heidegger associava ao gênero — talvez o único código cultural importante de 1926 ao qual *Sein und Zeit* não faz nenhuma referência explícita. A convergência do código de gênero com o código de autenticidade é marcada pelo conceito de "afirmação da existência" (*Existenzfreudigkeit*), que Heidegger usa em sua correspondência com Elisabeth Blochmann, uma professora de pedagogia. Amiga de Elfride Heidegger, Blochmann passou vários dias do verão de 1926 na cabana de Heidegger em Todtnauberg. Numa carta de 7 de outubro, o filósofo lembra a visita com prazer:

> Que me seja permitido compartilhar a sua amizade com Elfride é para mim uma riqueza e um dever. Durante o nosso breve convívio na montanha ensolarada, antes que você descesse para o vale, eu me dei conta de que você está conduzindo sua existência com firmeza. Na sua primeira visita à cabana, você deu tanto quanto recebeu. Nestes dias, eu imagino que você esteja com o mesmo humor que me acomete no começo do semestre. Ele liberta a paixão que é necessária para o nosso trabalho. Somente novas oportunidades tornam possível a produtividade através da qual nós, como indivíduos, nos tornamos o que somos. A sua forma feminina de ser, cujo significado Elfride me explicou nos últimos anos, está explorando novas trilhas — e isto não é apenas conseqüência de você ter uma profissão. Isto certamente lhe proporciona aquela *Existenzfreudigkeit* que, em vez de resultar do sucesso, é a sua inspiração primária.[73]

Tentando claramente demonstrar respeito pela auto-imagem de Blochmann como uma moderna mulher "profissional", Heidegger todavia parte da visão comum de que uma vida profissional neutraliza a diferença entre os gêneros. [ver **Macho = Fêmea (Questão de Gênero)**] Ele também encoraja Blochmann a compreender a sua "forma de ser" e o seu sucesso como conseqüências da sua feminilidade. Como mostra a referência a Elfride, Heidegger está convencido de que o valor desta feminilidade não é neutralizado por uma vida profissional e é até mesmo independente dela. Para ele, aceitar e afirmar o que ele percebe como uma diferença primária de gêneros é uma forma de afirmar (e, como sugere o sentido mais comum da palavra alemã *Existenzfreudigkeit*, o de deleitar-se) a sua existência autêntica. [ver **Macho versus Fêmea**] Dadas as várias associações que envolvem o valor da autenticidade no pensamento de Heidegger, não é surpreendente que, apenas um mês depois, numa outra carta a Blochmann, ele oponha a *Existenzfreudigkeit* à inautenticidade do mundo metropolitano de Berlim, para onde ela acaba de ser designada numa nova função: "Como estão as coisas? O tumulto e a estranheza só a deixarão deprimida temporariamente — no final, eles tornarão a sua mente mais livre. A cidade grande, cujos mistérios você já percebeu, não será capaz de afetar a sua *Existenzfreudigkeit*."[74] Se a afirmação da existência, no ambiente da cidade grande, não pode mais se limitar à afirmação do autêntico, ela ainda pode prevalecer como uma afirmação da vida em geral. [ver **Autenticidade = Artificialidade (Vida)**]

Por que tempo?

Enquanto a primeira parte de *Sein und Zeit* ("Análise preparatória fundamental do *Dasein*") oferece uma análise ontológica do *Dasein*, a segunda parte ("*Dasein* e temporalidade") explora o significado da existência humana. "Significado" (*Sinn*) é definido como "aquilo dentro da compreensibilidade (...) de algo que é mantido — mesmo que não seja visível explícita ou tematicamente".)[75] O tratamento de Heidegger a esta questão se tornou tão famoso que hoje é difícil não pensar automaticamente que *Dasein* significa "tempo". Mas por que, por exemplo, ele não aponta o ser-em-verdade, em vez do tempo? Por que não seria convincente definir o *dasein* referindo-se ao privilégio de ter o seu Ser desvelado? Novamente, Heidegger não discute (nem elimina) respostas alternativas a uma questão-chave de seu livro; e novamente esta falta de alternativas nos leva a especular sobre o efeito inconsciente que a cultura contemporânea pode ter tido no seu pensamento.

Sabemos que, já no outono de 1922, Heidegger concebeu a idéia de um livro sobre Aristóteles que discutiria a viabilidade de uma ontologia sob as condições epistemológicas de seu próprio momento histórico.[76] [ver **Incerteza versus Realidade**] O seu interesse no tempo como uma questão filosófica veio depois e, provavelmente não por coincidência, em conexão com duas conferências publicas e um projeto de publicação para um recentemente fundado e particularmente bem-sucedido jornal acadêmico, o *Deutsche Vierteljahrsschrift für Literaturwissenschaft und Gestesgeschichte*.[77] O tempo era um tema filosófico ubíquo, tanto no mundo acadêmico quanto entre o público intelectualmente interessado, porque apenas recentemente ele tinha emergido na História do pensamento ocidental como uma condição para a vida humana que, em vez de ser um dado, teria que ser constituída. A discussão do tempo tinha se bifurcado: um ramo se interessava pela percepção individual do tempo e sua morfologia, e o outro — no qual uma nova relação entre passado, presente e futuro estava em jogo — se interessava pela filosofia da História. [ver **Presente = Passado (Eternidade), Presente versus Passado**] A conferência de Heidegger no dia 25 de julho de 1924, para a Sociedade Teológica de Marburg (uma conferência que Heidegger considerava a primeira versão de *Sein und Zeit*) parece ter se concentrado principalmente na importância do tempo para a existência individual. Em contrapartida, "a série semipopular de dez conferências em Kassel, dadas em pares ao longo de cinco tardes", entre 16 de abril e 21 de abril de 1925, tratava de questões relacionadas com a filosofia da História, como indicava o título: "O trabalho de pesquisa de Wilhelm Dilthey e a luta presente por uma visão de mundo histórica."[78] Apesar desta ênfase temática, foi nas conferências de Kassel, diante de uma platéia de não-especialistas, que Heidegger reuniu pela primeira vez os níveis individual e coletivo do fenômeno do tempo, bem como a questão, hoje identificada como ontológica, do significado do *Dasein*. Segundo Heidegger, o principal desafio que tornava necessário discutir o *Dasein* em relação ao tempo estava nas recentes "crises" epistemológicas e "revoluções" nas ciências.

Por mais plausível que possa ter parecido este casamento de uma ontologia do *Dasein* com o tema do tempo, dentro do ambiente cultural de 1926, Heidegger não podia deixar de identificar e elaborar um conceito que poderia servir como denominador comum para as duas partes de seu livro. Este lugar estruturalmente importante em *Sein und Zeit* é ocupado pela noção de *Sorge* ("zelo"). Ao perguntar "O que torna possível a totalidade do conjunto estrutural articulado de *Sorge* na unidade da sua articulação, tal como a desenvolvemos?",[79] Heidegger cria a oportunidade de apresentar este componente central de sua "análise fundamental do *Dasein*" como intrinsecamente constituído pelas dimensões do tempo. Se, como já vimos, o conceito de *Sorge* evoca particularmente uma intensa discussão sobre a ação e o tempo entre os filósofos e os sociólogos contemporâneos, a contribuição que *Sein und Zeit* traz a esta discussão não é certamente a parte mais elegante ou mais convincente do livro. Associando três conceitos diferentes da análise do *Dasein* com as três divisões clássicas do tempo,[80] Heidegger evidentemente quer mostrar como homogêneo o que talvez o elemento mais arbitrário — e mais ousado — de seu livro. O futuro é ligado a "compreensão", o presente a "decadência", e o passado a "estado da mente" ou "humor" (*Befindlichkeit, Stimmung*). Heidegger dedica pouco esforço a explicar estes elos. Mas a passagem sobre o humor apresenta uma distinção entre "medo"e "ansiedade" (*Furcht e Angst*)[81] que é crucial para a segunda parte do livro.

Morte fascinante

O contraste entre medo e ansiedade é paralelo àquele entre "estar-em-casa" e "o misterioso". O medo tira sua "orientação daquilo que encontramos na imanência do dentro-do-mundo".[82] Por causa desta dependência de encontros dentro-do-mundo, o medo faz o *Dasein* "esquecer e voltar atrás em face de uma potencialidade-para-Ser factual".[83] Mas o que o medo realmente esquece só fica claro através de seu contraste com a "ansiedade", que Heidegger classifica como "o mais básico estado da mente".[84]

> A ansiedade revela uma insignificância do mundo; e esta insignificância revela a nulidade daquilo com que nos preocupamos — em outras palavras, a impossibilidade de se projetar rumo a uma potencialidade-para-ser que pertence à existência e que se encontra primariamente em nossos objetos de preocupação. A revelação desta impossibilidade, contudo, significa que não se está permitindo a possibilidade de uma autêntica potencialidade-para-Ser ser iluminada. Qual é o significado temporal desta revelação? A ansiedade é ansiosa em relação à nudez do *Dasein* como algo que foi atirado no mistério."[85]

O mistério do *Dasein*, que tanto o estar-em-casa quanto o medo gostariam de esquecer, tem a mesma causa da "impossibilidade de se projetar rumo a uma potencialidade-para-ser que pertence à existência". Esta causa é a morte, o horizonte inevitável que limita o *Dasein* em todos os seus projetos e tentativas de ser significativo. Mas também é o horizonte do *Dasein*, que, segundo Heidegger, contribui mais do que qualquer outra coisa para a beleza da autenticidade e da resolução, e das ações levadas a cabo com este espírito.[86] [ver **Ação versus Impotência, Autenticidade versus Artificialidade**] "A ansiedade nasce de um Estar-no-mundo como se fosse atirado. (...) Mas a ansiedade só pode se fixar autenticamente num *Dasein* que é resoluto. Aquele que é resoluto não conhece o medo; mas ele entende a possibilidade da ansiedade como a possibilidade daquele estado de humor que nunca o inibe, nem o confunde. A ansiedade o libera de possibilidades que 'não servem para nada', (...) e o deixa tornar-se livre para aquelas possibilidades que são autênticas."[87] Apesar da influência (geralmente reconhecida) da filosofia de Kierkegaard nestas passagens, é evidente que a fascinação de Heidegger pela ansiedade e pela morte espelha diversas variações do mesmo tópico na literatura de 1926 (de *O sol também se levanta*, de Hemingway, e *A serpente emplumada*, de D.H. Lawrence, a *Les bestiaires*, de Montherlant), novas atividades de lazer e novos interesses pelo exótico [ver **Bares, Gramofones, Múmias**], e uma miríade de desafios e espetáculos atléticos inovadores — e perigosos. [ver **Boxe, Tourada, Resistência, Artistas da Fome, Montanhismo, Corridas de Seis Dias**] Todos estes fenômenos constituem uma reação complexa ao desaparecimento de uma esfera de transcendência que costumava ser aceita como "real" [ver **Cremação, Transcendência = Imanência (Morte)**] — e *Sein und Zeit* participa desta reação. Eliminando a questão (não a possibilidade) de uma "vida após a morte,"[88] e esperando que seus leitores continuem vendo a morte como oposta à vida (ou pelo menos, que eles conservem a idéia da morte como uma transição para uma forma diferente de existência), o próprio Heidegger se esforça para definir a morte como uma parte do ser-no-mundo: "O *Dasein* não tem, geralmente, qualquer conhecimento explícito ou mesmo teórico do fato de que ele foi entregue à sua morte, e que portanto a morte faz parte do Ser-no-mundo. Ser arremessado na morte se revela ao *Dasein* de uma maneira mais impressionante e primordial no estado da mente que nós chamamos de 'ansiedade'."[89] Ao mesmo tempo, a morte é vista como baseada numa "posse"[90] — ou seja, como uma dimensão pura e exclusivamente individual da experiência. Heidegger explica esta posse, bem como a associação proposta entre a morte e a resolução, através do fato de que a morte confronta o *Dasein* individual com a nulidade, com a possibilidade de sua própria impossibilidade.[91] É a confrontação com a sua própria impossibilidade que, segundo Heidegger, pode persuadir o *Dasein* a optar pela resolução — isto é, pela possibilidade de seu Ser autêntico.

Emergindo no presente

Enquanto a conceitualização da ansiedade acontece num capítulo intitulado "Temporalidade e cotidianidade", a segunda parte de *Sein und Zeit* culmina com a revelação de um novo conceito filosófico para a relação entre a temporalidade e a "historicidade" (*Geschichtlichkeit*). A dupla abordagem que Heidegger faz do fenômeno do tempo reflete assim tanto a gênese de seu livro quanto, o que é mais importante, as duas diferentes perspectivas nas quais o fenômeno do tempo se tornou problemático para os seus contemporâneos. Reagindo aos desafios que surgem sobretudo da institucionalização de novas tecnologias, os filósofos estavam interessados na criação de novos padrões de coordenação do tempo na esfera cotidiana, mas também estavam lutando para encontrar uma nova coordenação filosófica entre passado, presente e futuro. [ver **Presente = Passado (Infinitude), Presente versus Passado**]

A idéia de Heidegger de inverter a relação clássica entre o tempo histórico e o tempo existencial, ao derivar a historicidade do caráter essencialmente temporal do *Dasein* (em vez de subordinar o tempo existencial ao tempo histórico) tornou-se um dos temas mais influentes de seu livro: "Ao analisar a historicidade do *Dasein*, tentaremos mostrar que esta entidade é 'temporal' não porque ela 'resiste à História', mas ao contrário, ela existe historicamente e só pode existir porque é temporal na própria base de seu Ser."[92] Como exatamente se supõe que a historicidade nasça da temporalidade do *Dasein* está descrito numa passagem densa, que reúne diversos dos conceitos-chave previamente desenvolvidos e que, ao mesmo tempo, faz eco a muitos discursos não-filosóficos de 1926. Na primeira parte, este texto se concentra no futuro e no passado:

> Se o *Dasein*, por antecipação, deixa a morte tornar-se poderosa em si, então, como que livre para a morte, o *Dasein* se entende em seu próprio *poder superior*, o poder da sua liberdade finita, de forma que nesta liberdade, que só "é" na medida em que escolhe ter feito esta escolha, ela pode assumir o controle da ausência de poder de abandonar-se a ponto de tê-la feito, e pode portanto, chegar a ter uma visão clara dos acidentes da Situação que foi revelada. Mas se o *Dasein* profético, como Ser-no-mundo existe essencialmente em Ser-com-outros, a sua historicização é uma co-historicização, sendo determinante para o seu *destino*. É assim que nós designamos a historicização de uma comunidade, de um povo. O destino, aqui, não é algo que nasce na

união de destinos individuais, ao menos não mais do que Ser-com-um-ou-
tro pode ser concebido como a ocorrência simultânea de vários Sujeitos.⁹³

Em vez de associar o futuro com a compreensão e o passado com diferentes
estados da mente, como tinha sugerido no contesto de sua análise estrutural
de *Sorge*, a visão de Heidegger da historicidade designa a morte (a experiência
mais individual) ao futuro, enquanto o destino, enquanto materializado na
coletividade de um povo (*Volk*), está ligado ao passado. [ver **Individualidade
versus Coletividade**] Neste jogo de influências recíprocas, os agora redefinidos
futuro e passado desconstroem a direcionalidade tecnológica que caracteriza
a versão clássica do tempo histórico. A morte, como uma possibilidade que
reside no futuro, é a experiência primária do *Dasein*. Atravessando todos os
projetos e projeções da atividade humana, ele leva de volta ao passado como
a determinação coletiva inescapável do *Dasein* individual. Depois de atravessar o futuro e o passado, o *Dasein* se encontra num presente cujo status não é
mais aquele de um momento de transição.

> Somente uma entidade que, em seu Ser, é essencialmente futural, de forma
> que seja livre para a sua morte e possa se deixar ser jogada de volta ao seu
> "lá" factual ao compartilhar a si mesma com a morte — quero dizer, somen-
> te uma entidade que enquanto futural, está equiprimordialmente no pro-
> cesso de ter sido — pode, ao assumir para si a possibilidade que herdou,
> assumir o controle desta sua situação de ser jogada e estar no momento da
> visão para o "seu tempo". Somente uma temporalidade autêntica, que seja
> ao mesmo tempo finita, torna possível a existência de algo como o destino
> — isto é, uma autêntica historicidade.⁹⁴

Esta concentração no presente, que permeia o último estágio da argumentação de *Sein und Zeit*, converge com a impressão — então prevalecente no
ambiente cultural de 1926 — de que, dado o número de desafios urgentes
que vêm do presente, não se pode mais dedicar muita atenção ao passado ou
ao futuro. [ver **Presente versus Passado**] A ênfase no presente promove uma
visão estética da ação, como já observamos com relação à noção heideggeriana
de resolução e com alguns conceitos populares de ação.⁹⁵ [ver **Ação versus
Impotência**] O que distingue as reflexões de Heidegger sobre o tempo do
conhecimento social contemporâneo é a forma como ele conecta individualidade e coletividade com as três divisões do tempo. Anteriormente, a coletivi-

dade era vista como uma promessa (ou ameaça) central do futuro; a individualidade aparecia como um valor e um modo de vida relacionados ao passado. [ver **Individualidade versus Coletividade**] Em contrapartida, a historicidade de Heidegger, que deriva do tempo existencial, apresenta o passado como destino, como uma herança que pertence a um povo. Para ele, o futuro não assegura nada além da experiência individual da nulidade do *Dasein*. Mas, apesar desta diferença entre o conceito heideggeriano e a forma vaga de tempo no conhecimento social contemporâneo, continua sendo verdade que, nos dois casos, o presente é o lugar cronológico onde convergem a individualidade e a coletividade — e onde pode se esperar, portanto, o surgimento de um líder.[96] [ver **Individualidade = Coletividade (Líder)**]

Uma opção diferente para o mesmo

Comparado a Heidegger, Hans Friedrich Blunck não tinha motivos para se queixar de 1926. Tendo trabalhado por algum tempo como consultor jurídico da Secretaria da Fazenda da cidade de Hamburgo, ele agora foi promovido ao altamente visível e influente posto de *Syndikus* (superintendente) da Universidade de Hamburgo. Antes de assumir suas novas atribuições, Blunck tirou férias. Ele e sua mulher viajaram como convidados da linha Hamburgo-América do Sul, de Hamburgo ao Rio de Janeiro, na recentemente inaugurada classe turística.[97] [ver **Transatlânticos**] Assim, para dois membros da mesma geração, da mesma nacionalidade e níveis semelhantes de educação, Heidegger e Blunck não poderiam ter experimentado o ano de 1926 de formas mais diferentes. Contudo, os conceitos e valores que eles aplicaram às suas próprias vidas e à existência humana em geral eram bastante semelhantes. Sempre que Blunck pensava sobre os seus deveres e projetos futuros como administrador-chefe da Universidade de Hamburgo, o seu conceito favorito era *Sorge*.[98] Como Heidegger, ele queria evitar qualquer uso supérfluo das palavras — desenvolvendo assim um preconceito contra as formas parlamentares da política: "Apesar de minhas fortes preocupações sociais, eu não me encaixo nos partidos de esquerda. Talvez seja porque eu sou um alemão do norte e sei que este ruidoso Internacionalismo — como o barulho de alguns grupos que se introduziram em nossos partidos nos últimos sete anos — é um erro tático."[99] Em vista desta forma distanciada e suspeita de ver o mundo da política, não é surpreendente que Blunck tenha expressado tanta aversão quanto Heidegger pela moderna vida urbana, especialmente a de Berlim: "Eu aprendi a desprezar Berlim. (...) Eu odeio a liberdade do lodo. As coisas que se vêem aqui! Publicidade para todo tipo de perversão, jornais para sádicos, imagens da mais repugnante sexualidade — e tudo em nome da liberdade!"[100]

Embora seja provável que Blunck e Heidegger tenham ouvido falar um do outro, não há motivos para acreditar em qualquer influência mútua. Mesmo assim, as suas vidas têm tantos episódios e características em comum que a biografia de Blunck lembra uma versão alemã do norte da biografia de Heidegger.[101] Blunck nasceu em Heideburg-Altona no dia 3 de setembro de 1888, um ano e 23 dias antes de Heidegger. Ele menciona excursões pela paisagem do norte da Alemanha com a sua família e com a organização *Wandervogel* (um grupo nacional de escaladas de orientação direitista) como experiências decisivas de sua infância e adolescência. Blunck estudou direito em Heidelberg e em Kiel, completando o doutorado em 1910 (três anos antes de Heidegger). De forma atípica para a época pré-guerra (mas como Heidegger), Blunck nunca participou entusiasticamente dos movimentos estudantis que eram então uma força particularmente dinâmica dentro do nacionalismo alemão. Também como Heidegger, ele exerceu basicamente funções burocráticas durante a Grande Guerra e portanto não assistiu a nenhuma ação militar que pudesse se tornar tema de retrospectivas heróicas. Pouco depois da guerra, Blunck se tornou um consultor jurídico do Estado. Sem qualquer problema particular nem, ao que parece, nenhuma grande conquista, ele subiu na carreira da forma padrão, culminando em sua indicação como *Syndikus* da Universidade de Hamburgo em 1926. Dois anos depois, quando Heidegger, depois de ser nomeado *Ordinarius*, pôde finalmente se distanciar da filosofia acadêmica, Blunck decidiu abandonar a carreira de funcionário público para se dedicar exclusivamente à sua obra literária, que tinha começado nos anos pré-guerra. Ele se tornou um romancista, contista e poeta em tempo integral, publicando também ocasionalmente ensaios jornalísticos sobre política cultural.

Em 1919, três anos antes de a família Heidegger passar férias na cabana de Todtnauberg, Blunck comprou uma fazenda na parte mais ao norte da Alemanha, onde, apesar de seus deveres profissionais em Hamburgo, ele e sua mulher tentaram se estabelecer como camponeses amadores. Mais tarde, eles deixariam jovens entusiastas da obra de Blunck compartilharem esta vida com eles, motivados por preocupações pedagógicas semelhantes àquelas que inspiraram os "campos acadêmicos" (*Wissenschaftslager*) que Heidegger organizou em 1933.[102] Menos de seis meses depois da "tomada do poder" pelo Partido Nacional Socialista, Blunck foi nomeado para a Academia de Poesia na Academia Prussiana de Artes.[103] No mesmo ano, no dia 15 de novembro, Joseph Göbbels nomeou Hans Friedrich Blunck como primeiro presidente do recém-fundado *Reichsschrifttumskammer*. Embora seja difícil precisar os motivos desta nomeação, não há dúvidas de que a estrela (semi)política de Blunck já tinha começado a cair na primavera de 1934, mais ou menos na época em que Heidegger se demitiu da Universidade de Freiburg, depois de apenas um ano em serviço. No dia 3 de outubro de 1935, numa cerimônia descrita pela imprensa como "sóbria e modesta, mas calorosa e pessoal",[104] o orador do partido Hanns Johst se tornou o sucessor de Blunck. Isto não foi uma surpresa.[105] Blunck provavelmente subestimara o poder da hierarquia do partido sobre o que ele tentou trazer à cena — isto é, méritos artísticos e ideológicos individuais.[106] Como Heidegger, Blunck nunca caiu em desgraça dentro do partido nazista. Ele ganhou a medalha Goethe em 1938, e no mesmo ano o governo lhe atribuiu uma missão cultural relativa à anexação da Áustria.[107]

Em 1926, com alguma consagração pública mas aparentemente sem qualquer recompensa financeira,[108] Blunck publicou o seu romance *Kampf des Gestirne* (Batalha das estrelas). Seria a segunda parte de uma trilogia intitulada *Die Urväter-Saga* (Saga dos antepassados), no qual ele tentou expressar "uma visão de mundo baseada na História do povo alemão, indo além da visão do Estado e das divisões entre as classes sociais".[109] Apesar de sua forma em prosa, *Kampf der Gestirne* usa elementos de poema épico: o tom, o vocabulário arcaico, as expressões e a técnica de contraste temático. Como Heidegger, Blunck parece associar estes arcaísmos discursivos (artificialmente produzidos) à autenticidade e a um valor de verdade particular. Mas é ainda mais interessante observar que Blunck estrutura o seu romance como uma alegoria do contraste entre a autenticidade e a inautenticidade (*Eigentlichkeit* e *Uneigentlichkeit*), tal como ele é elaborado, com muito mais complexidade, em *Sein und Zeit*. Este contraste é central em *Kampf der Gestirne*, porque os protagonistas de Blunck da Idade da Pedra (os ancestrais ficcionais do *Volk* alemão) se dividem em dois reinos, o Império do Dia/Sol ("autenticidade") e o Império da Noite/Lua ("inautenticidade"). Embora não haja uma razão lógica para os leitores optarem pelo Império do Sol, as atribuições de valor de

Blunck deixam tão poucas dúvidas a respeito de qual partido ele toma quanto os argumentos paralelos de Heidegger.

A convergência léxica mais impressionante entre *Kampf der Gestirne* e *Sein und Zeit* está no papel dominante que os dois livros atribuem ao binarismo *Sorge* versus *Furcht* ("zelo" versus "medo"). Isto aparece pela primeira vez na terceira página do romance de Blunck, na caracterização de Lärmer ("aquele que faz barulho"), um conquistador que pertence ao Império da Lua. Lärmer quer obter a confiança dos povos conquistados ao reinstituir os rituais mágicos que tinham sido abandonados por seu predecessor derrotado, Elk, o "inovador".[110] Ao fazê-lo, Lärmer se rende ao medo (*Furcht*) que ele e seus companheiros sentem à noite. Dentro da lógica binária impecável de Blunck, isto o torna negligente com o planejamento e a execução de suas ações (*Sorge*) durante o dia. "Pois Lärmer se rendeu ao medo onírico dos homens; ele restabeleceu os antigos rituais e danças de devoção às estrelas das trevas. O seu medo [*Furcht*] durante a noite era maior do que o seu zelo [*Sorge*] durante o dia."[111] Como Heidegger, Blunck dá à palavra *Sorge* conotações diferentes das convencionais ("cuidado", "preocupação", "aflição"). Só desta maneira *Sorge* pode ser tornar o oposto de *Furcht*. *Sorge* abrange qualquer tipo de ação orientada pelo futuro, com a meta de suplantar o velho mundo da mágica e da bruxaria. Diferentemente de Heidegger, contudo, Blunck usa as palavras *Furcht* e *Angst* como sinônimos; para a trama de *Kampf der Gestirne*, as distinções já existentes na linguagem cotidiana são suficientes. A única outra maneira pela qual a construção que Blunck faz do contraste entre autenticidade e inautenticidade difere da de Heidegger tem a ver com o gênero. Se o medo e a ansiedade permeiam todo o Império da Noite como um feitiço, no Império do Dia somente as mulheres são afetadas pelo encantamento destas emoções. Portanto, Blunck apresenta a autenticidade como um modo de vida predominantemente masculino, uma tentação a que Heidegger (como vimos na sua correspondência com Elisabeth Blochmann) consegue resistir. Indiretamente, porém, a *Angst* das mulheres freqüentemente produz efeitos positivos, porque pelo menos no Império do Dia, leva os homens a intensificarem o seu *Sorge*:

> Os barcos estavam se enchendo de água, e as garotas e filhas de Birres estavam terrivelmente assustadas [*hatten Angst*] com o dilúvio escuro que invadia o casco. Pela primeira vez, os heróis tiveram que tomar conta [*hatten Sorge*] de suas cativas. Mas eles tinham se apaixonado há tão pouco tempo

que estavam dispostos a suportar tudo aquilo em silêncio. Mesmo assim, quando eles remaram até a terra, primeiro amarraram suas mãos livres às mãos das garotas, porque julgavam perigoso deixar aquelas jovens sozinhas no escuro.[112]

Mas *Furcht* e *Angst* evocam mais do que "noite" e "feminilidade". Também conotam o que Heidegger chama de "conversa mole". É por isso que um personagem cujo nome é Lärmer precisa pertencer ao Império da Lua. Os heróis do Império do Sol, em contrapartida, agem e reagem em silêncio — como se fossem camponeses da Floresta Negra de Heidegger. Mesmo os episódios mais ameaçadores à vida só servem para torná-los ainda mais pensativos: "Devo perguntar ao Sol, ou você irá pedir o conselho de Lady Flode? Ull fica em silêncio, mas as circunstâncias não o deixarão em paz. Mais uma vez, este será o solo de seu pensamento."[113] Estas atitudes masculinas impositivas forçam os protagonistas mais fracos — particularmente as mulheres — a se retirarem, e às vezes até a reprimirem a sua conversa mole: "Grande e poderoso, o velho homem se perfila antes de entrar na corte real, e imediatamente as mulheres fofoqueiras desaparecem em seus quartos."[114]

Apesar destes contrastes semânticos infalíveis, nem sempre é fácil para os protagonistas fazer a escolha acertada. Mesmo Ull, o mais forte e taciturno dos guerreiros que servem ao Império do Sol, precisa de exortações ocasionais para aderir à autenticidade. Como o *Dasein* em *Sein und Zeit*, a existência de Ull é freqüentemente marcada pelo chamado de vozes (*Rufe*), cuja origem parece oscilar entre a imanência e a transcendência:

> Hor grita durante o seu sono. Ull se levanta, mas primeiro olha para a chama vermelha — buscando o tronco onde sua roupa está pendurada. E quando ele olha diretamente para o fogo, um pedaço de lenha se curva e estala. O fogo cresce, e uma labareda atinge suas pestanas. "É meu dever", diz Bra, colocando o braço entre o rei e o fogo. Os gritos de alerta continuam, mas agora numa voz diferente da de Hor. Ull desperta de seus pensamentos: o vento sopra com força contra a terra. Seu cachorro salta e presta atenção. Então o ruído pára. Alguém chamou? Ull está novamente sozinho com as palavras calmas de Bra e o deixa falar sobre Hilboe, sobre o seu irmão Hill, do leste, e sobre sua irmã Flode, do oeste. E o rei fala sobre o dia em que o sol queria atravessar a montanha à frente dele, e pede que interpretem isso.[115]

Mesmo o mais corajoso dos heróis de Blunck vêm algo misterioso (*unheimlich*) nestes momentos, quando eles estão indefesos contra os poderes da noite e a magia destes poderes.[116] Mas para Blunck, como para Heidegger, o mistério só traz conotações positivas. Aqueles que são capazes de suportar a ansiedade e o mistério sem começar a rezar contra o feitiço da noite, aqueles em cujas vidas a morte está constantemente presente irão alcançar as maiores proezas (em silêncio, é claro).

Ull precisa matar a sua amada esposa, Solmund, porque ela se entregou ao feitiço da lua e das estrelas. Para vingar sua morte, o irmão de Solmund, o feiticeiro Borr, desafia Ull:

> "Ouça-me, Ull", gritou Borr, chorando com raiva. "Onde está minha irmã, que você roubou de mim? Onde está ela, que eu amava como a luz dos meus olhos? Onde está ela, que você levou embora?"
>
> Mas o rei permanecia em silêncio.
>
> "Ouça-me, beberrão! Por que você veio aqui? Oh, por que, miserável, você conversou com os homens sobre o sol, embora você não fosse mais do que minha querida esposa? Por que você roubou a criança que protegia as minhas noites, e porque você achou que ela era iluminada? Por que você pensou que eu estava criando uma menina normal?"
>
> Enquanto ele falava, e quanto mais palavras falsas ele falava, mais rápidos seus passos se tornavam, e se formava espuma na sua boca.[117]

Ull não é mais forte que Borr. Sua superioridade na batalha decorre, como a resolução descrita por Heidegger, tanto da coragem com que Ull encara a própria morte quanto de seu desejo de participar do destino coletivo de um povo: "Somente a fé do rei era maior, (...) e sua compaixão pelo povo, que não tinha um líder, era mais poderosa do que a força que Borr extraía da noite e do luar."[118] Optando silenciosamente por aquilo que Blunck apresenta como a autenticidade da existência, situado entre o destino coletivo e a facticidade individual da morte, Ull se torna o aguardado líder do seu povo quando destrói seu inimigo ao nascer da aurora: "Ull pegou Borr pelo pescoço e o atirou alto no ar, deixando-o cair diante de seu corpo. Então ele o estrangulou, quando a primeira luz do dia surgiu avermelhada no leste."[119]

Vida significa não optar

Apesar de toda a fascinação de Blunck pela autenticidade, a cultura africana, que se tornou o símbolo padrão deste valor no cânone modernista, não combinava com seu gosto. Em sua viagem ao Rio de Janeiro, Blunck ficou chocado ao ver um funcionário da alfândega negro examinar os bens pessoais que ele e sua mulher levavam nas malas: "O coração de minha mulher teve um sobressalto quando o funcionário da alfândega negro tocou nossa roupa de cama branca com seus dedos. Mas era tocante ver como ele colocava tudo de volta, em ordem."[120] Passeando pela cidade num bonde, os viajantes alemães encontram consolo no fato de que, mesmo nas vizinhanças de população predominantemente negra, o Rio de Janeiro tem vistas espetaculares a oferecer: "Parecíamos correr um perigo mortal passeando naquele bonde, cujo percurso atravessava bairros do subúrbio e vizinhanças negras — mas sempre com lindas vistas da cidade."[121] Parece seguro concluir que Emmes Hans Friedrich Blunck (e, neste caso, Elfride e Martin Heidegger) dificilmente teriam apreciado a efervescente cultura afro-americana do Harlem contemporâneo, que já tinha sido tão bem descrita pelo escritor branco Carl Van Hechten em seu popular romance *Nigger heaven*, lançado pela editora Alfred A. Knopf em 1926.[122] Pois a vida no Harlem era o verdadeiro modelo, o original de tudo aquilo que fazia os intelectuais alemães conservadores, como Heidegger e Blunck, odiarem intensamente a sua cópia, ou seja, Berlim. O Harlem, para eles, significava salões de dança, o jazz e o charleston, álcool e cocaína, prostituição, sexualidades transgressivas e (diametralmente oposta ao silêncio) uma exuberante cultura urbana de verbalização contínua. Os filósofos e poetas europeus que sonhavam morar em cabanas na montanha ou em fazendas perto do mar, temiam Nova York — especialmente o Harlem — que eles viam como sinônimo daquela mesma artificialidade e superficialidade na qual o futuro ameaçava dissolver seus valores de autenticidade profunda. [ver **Autenticidade versus Artificialidade**]

Esta visão exterior da vida metropolitana não seria digna de menção se, de uma perspectiva interior (que, talvez surpreendentemente, Van Vachten foi capaz de oferecer), a cultura do Harlem não representasse um fenômeno muito mais ambíguo, e portanto muito mais complexo. Mary Love, a personagem principal de *Nigger heaven*, é uma jovem negra que aprendeu com os pais a se orgulhar de sua raça e que está portanto livre para apreciar a cultura branca, em seus cânones clássicos e contemporâneos. Em seu trabalho como bibliotecária e na sua vida privada, Mary Love cultiva o gosto moderno pela sobriedade, e a preferência por este estilo de vida a faz diferente de sua boa amiga Olive Hamilton, que divide com ela um apartamento modesto. [ver **Sobriedade versus Exuberância**]

> As paredes estavam repletas de reproduções emolduradas de pinturas de Bellini e Carpaccio, que Mary colecionara numa viagem à Itália. O gosto pessoal de Olive se inclinava ao luxurioso. A sua penteadeira era forrada de cetim rosa, e sua cama era coberta por uma colcha do mesmo tecido. Na penteadeira ficava um estojo de marfim entalhado, uma extravagância que lhe tinha custado boa parte de suas economias. Perto do estojo, havia uma garrafa de Narcisse Noir. Emolduradas, numa mesa e nas paredes, várias fotografias de amigos. Uma boneca francesa de lã estava largada num canto. O gosto de Mary era mais sóbrio. Só havia um quadro no seu quarto, uma reprodução da Mona Lisa. A colcha de sua cama era toda branca; sua penteadeira era austera e geralmente sem muitos objetos, além do pente da escova e do espelho.[123]

Sendo um valor intelectual, mais do que uma percepção sensual, esta sobriedade, ao lado do gosto de Mary Love pela arte do passado, torna plausível que ela optasse pela autenticidade, e não pela artificialidade e pela sensualidade, mesmo levando-se em conta a sua própria cultura afro-americana. Sem muito estímulo de amigos ou profissionais superiores, Mary está organizando uma exposição de esculturas e desenhos africanos "primitivos". O que ela encontra na cultura antiga não é apenas um legado coletivo, mas também uma aproximação da verdade inerente às formas elementares.

> Ela estava ocupada basicamente em pedir emprestadas de coleções particulares peças da cultura africana primitiva, e ela teve um sucesso surpreendente — sorte, ela dizia — ao localizar obras valiosas, que representavam a capacidade criativa de tribos de diversas localidades da África. Além disso, muitas delas eram realmente antigas. Uma cabeça estranhamente bela tinha sido esculpida no século X, ou mesmo antes, e uma caixa requintada na proporção e no design era datada do século XIV. Mary estava começando a reconhecer o sentimento das obras mais antigas, a textura suave e macia das porcelanas e obras em madeira chinesas, tão diferente da das peças toscas mais recentes. Ela também já conhecia algo sobre o design mais primitivo, e

na sua concepção mais admirável, porque era mais honesto do que os traçados mais elaborados criados mais tarde, sob a influência portuguesa.[124]

A configuração dos valores e escolhas que fazem Mary Love, uma personagem ficcional, a organizar uma exposição de arte arcaica africana é semelhante à motivação que faz Hans Friedrich Blunck, um advogado e poeta, escrever romances sobre a vida das tribos alemãs pré-históricas. Mas duas coisas os diferenciam. Primeiro, a preferência de Mary pela autenticidade é algo excêntrico entre as pessoas negras, enquanto a de Blunck é típica da corrente intelectual alemã dominante. Segundo, a cultura africana ocupa uma posição excêntrica dentro do mapeamento cultural que vigora no Ocidente, que é dominado pela cultura européia da qual o livro de Blunck faz parte. Mesmo assim, tanto a Mary Love ficcional quanto o Hans Friedrich Blunck real escolhem a autenticidade, que, segundo Heidegger, é decisiva para qualquer forma de *Dasein*. Eles parecem fazer isso porque — de forma mais ou menos vaga — eles vêem a autenticidade como algo relacionado com a promessa de que uma essência será revelada. Isto significa porém que, apesar de todos os contrastes evidentes, optar pela autenticidade, algo que constitui o centro do mundo de Heidegger e Blunck, também está disponível como uma opção existencial no mundo do Harlem de Carl Van Vechten.

Diferentemente de Heidegger, Blunck, e possivelmente mesmo Van Vechten, não parecem ter optado pela autenticidade — ou por aqueles sons artificiais e superfícies brilhantes que, especialmente na primeira parte de *Nigger heaven*, ocupam claramente o primeiro plano do mundo imaginado. Outro protagonista negro, o amante de Mary, Byron Kasson, um jovem e talentoso escritor, fracassa em suas aspirações profissionais e perde o amor de Mary precisamente porque ele se entrega à tentação dos sentidos. A trama de *Nigger heaven* culmina num clube noturno chamado (alegoricamente) Black Venus, onde Byron é preso por engano, suspeito de assassinato:

> Tudo se tornou uma confusão na mente de Byron, uma confusão de frases sem sentido acompanhadas da batida dura, insistente e regular da bateria, do gemido do saxofone, do guincho agudo do clarinete, das gargalhadas dos clientes e ocasionalmente do eco do refrão "Baby, won't you come home today?" Uma confusão sem sentido. Como a vida. Como a vida dos negros. Chutado de cima, agarrado por baixo. A alegria da dança e da bebida e o pó da felicidade. (...) Sobrancelhas douradas. Vinho, mulheres, música. Gim,

blues e neve. Como quer que você olhasse aquilo. Como quer que você chamasse aquilo.[125]

Van Vechten sugere que esta vivacidade superficial da "vida dos negros" não passa de uma ilusão da verdadeira vitalidade. Em contrapartida, a escolha de Mary Love pela autenticidade faz ela parecer estranhamente inibida — tão inibida que ela, tanto quanto Byron, fracassa em encontrar uma estrutura viável para o seu amor. O que torna as coisas ainda piores para Mary é a sua aguda consciência desta falta — uma falta que ela é incapaz de superar. Mary sabe que ela própria jamais sentirá a intensidade que ela observa na relação entre Olive e Howard, o futuro marido de Olive: "Ela viu que Howard era o homem de Olive, e que ela era a mulher dele. Era mais do que um casamento; era uma consagração primitiva. Ela viu que os dois lutariam — matariam, se necessário — para conservar aquele amor. Esta percepção fez com que ela sentisse a sua própria carência mais ardentemente do que nunca. Como tinha ela perdido, ao longo dos anos, o seu instinto vital?"[126] Diferentemente de Byron, Howard e Olive conseguem participar da superficialidade vibrante da "vida dos negros", sem se tornarem vítimas dela. E, diferentemente de Mary Love, Olive e Howard não sentem necessidade de se dedicarem aos vales profundos da autenticidade, embora sejam bastante capazes de apreciá-los. O que Van Vechten parece advogar (aquilo a que ele se refere como "instinto vital") é um estilo de vida que evita a escolha entre a autenticidade e o artifício dos mundos superficiais. Este estilo de vida torna simultaneamente presentes o autêntico e o artificial. Uma vida digna, pelo menos segundo o entendimento de Van Vechten, é alcançada ao se optar por não optar entre os dois valores. [ver **Autenticidade = Artificialidade (Vida)**]

Podemos deduzir que muitos intelectuais americanos contemporâneos compartilhavam esta atitude, especialmente aqueles cuja busca pela "verdadeira" autenticidade foi frustrada por suas viagens pela Europa. Lá, "optar por não optar" entre a autenticidade e a artificialidade era provavelmente uma atitude muito menos popular. Ocasionalmente, porém, em textos escritos por autores europeus, não-optar é uma atitude que vigora sob circunstâncias específicas: como um ideal inatingível em *Maria Capponi*, de René Schickele, por exemplo, e como uma estratégia de sobrevivência nas condições de vida impostas pela cidade grande, no conceito de *Existenzfreudigkeit* que Martin Heidegger recomenda à sua amiga Elisabeth Blochmann.

Fazendo do presente um campo

Os textos e os mundos de Martin Heidegger, Hans Friedrich Blunck e Carl Van Vechten nos levaram de volta, talvez surpreendentemente, a uma preocupação clássica na escrita da História. Eles nos levaram de volta às questões da totalidade histórica e da totalização historiográfica. Na minha análise de *Sein und Zeit*, eu tentei mostrar (ao mesmo tempo desejando e temendo violar as premissas subjacentes a este livro) que Heidegger tinha reunido e inserido numa estrutura complexa um leque impressionante e abrangente de códigos culturais dos mundos de 1926 — tão abrangente, de fato, que acabou incluindo todos os códigos individuais que eu identifiquei em minha pesquisa histórica. Enfatizar esta experiência não é, naturalmente, afirmar que o objeto daquilo que descrevo como o ano de 1926 constitui uma unidade ou uma totalidade independente de qualquer perspectiva ou posição particular. Mas implica, porém, afirmar que, de dentro daquele ano, é possível ver os mundos de 1926 como uma totalidade. Ao tentar mostrar, em seguida, que textos tão diferentes em sua complexidade, status e origem como *Sein und Zeit*, *Kampf der Gestirne* e *Nigger heaven* compartilham determinados temas e perspectivas-chave, eu não apenas lidei com a totalidade como um fenômeno intrínseco ao meu campo de referência histórico, como me vi confrontado — num nível prático (ou retórico), mais do que filosófico — com a tentação de buscar uma totalização historiográfica. Na verdade eu estava tentando inventar aspectos e formas de representação que proporcionariam a visão dos diferentes mundos de 1926 como uma unidade.

Por outro lado, é verdade que a totalidade e a totalização só se tornaram problemas porque eu expus o meu projeto (de tornar presente um ano do passado) à questão de saber se seria possível chegar a algum resultado proveitoso — ainda que de um ponto de vista menos excêntrico. Quero enfatizar, portanto, que a possibilidade (ou a impossibilidade) de uma totalidade histórica e os problemas da totalização historiográfica não têm nada a ver com o desejo primário, e talvez cru, por trás deste livro — isto é, o desejo de me aproximar tanto quanto possível de tornar presente um momento do passado, de torná-lo "presente" no sentido mais completo da palavra. Suponho que estes efeitos de presença são mais fáceis de atingir através de referências a detalhes históricos concretos do que através de visões abstratas e "totalizantes". De qualquer forma, basta dizer que os efeitos de presença não dependem sistematicamente da totalidade ou da totalização. Para mim, o experimento detalhado neste livro alcançou uma realização bem-sucedida e precoce nos poucos — mas reais — momentos da composição em que consegui (talvez por acaso) esquecer que eu não estava vivendo em 1926. E suponho que, por parte do leitor, não haverá outra maneira de atestar o fracasso ou o sucesso daquilo que apresentei, na introdução deste livro, como a minha aposta intelectual.

Sobre a relação entre (o valor clássico da) totalidade histórica e o (mais recente?) desejo por um passado tornado presente, pode-se talvez avançar mais um passo. Os efeitos de presença não apenas são independentes da totalidade e da totalização, como na verdade pode-se afirmar (como eu já fiz no capítulo anterior, ainda que de um ângulo diferente) que o desaparecimento da nossa crença na totalidade histórica e o interesse declinante pela totalização historiográfica são pré-condições importantes — ou mesmo necessárias — para as mudanças mais recentes em nossa fascinação pelo passado. Neste ponto, podemos novamente levantar a questão de saber por que estes ideais se atenuaram tanto em anos recentes. A resposta nos levaria à famosa (e infame) crise da subjetividade e do controle e à forma como a subjetividade e o controle se relacionam com aquilo que a cultura ocidental chamou, desde o final do século XVIII, de "tempo histórico". Mas vou interromper o que ameaça se tornar uma regressão infinita (e obsessiva). O que importa é que mesmo aqueles que, como eu, não acreditam mais em aprender com a História ou no controle histórico (e que portanto relutam em continuar escrevendo narrativas históricas) ainda precisam de formas textuais específicas sempre que quiserem falar e escrever sobre o passado. O que precisamos, mais especificamente, são gêneros capazes de se tornarem formas de *Anschauung*. Talvez estes gêneros não possam deixar de produzir efeitos de totalização — mas recentemente chegamos a entender que eles pelo menos não precisam assumir a forma de narrativas.

Este distanciamento em relação à forma da narrativa histórica abriu o caminho para dois tipos básicos de experimentos. Pode-se tentar, como fez Fernand Braudel em seu livro sobre o mundo Mediterrâneo, escrever a História de um espaço. Num discurso assim, a possibilidade de atribuir todos os pontos de referência a um espaço determinado permite perceber uma unidade entre os efeitos diversificantes do tempo. Ou pode-se tentar, como eu fiz neste livro (um experimento que parece ter mais antecedentes literários que históricos — pense em *Ulisses*) escrever a História de um curto período de tempo, uma História na qual a possibilidade de atribuir todos os pontos de referência a este lapso de tempo permite perceber uma unidade entre os efeitos diversificantes da distância espacial. O mundo Mediterrâneo é considerado uma unidade, embora saibamos que o Mediterrâneo do século XII não era o mesmo Mediterrâneo do século XVI. O ano de 1926 é considerado uma unidade, embora saibamos que 1926 em Berlim não foi o mesmo 1926 de Paris. A *Anschauungsform* que nasce deste último experimento — em particular, da discussão sobre a autenticidade em *Sein und Zeit*, de Heidegger, *Kamps der Gestirne*, de Blunck, e *Nigger heaven*, de Van Vechten — pode talvez ser mais bem caracterizada como um "campo" (e é claro que eu uso "campo" em seu sentido disciplinar, e não no sentido da agricultura). Antes de tudo, um campo é um espaço que compreende um número de possibilidades disponíveis dentro de seus limites. Isto corresponde à minha tese de que todos os dispositivos, códigos culturais e colapsos dos códigos que eu descrevi (e outros além destes) estavam potencialmente disponíveis em todo o mundo cultural ocidental em 1926. Em segundo lugar, a posicionalidade é crucial dentro de qualquer campo — apesar da disponibilidade geral das diversas opções que lhe conferem sua homogeneidade. Por exemplo, nós vimos que era bastante natural para os escritores alemães, em 1926, optar pela autenticidade, enquanto optar pela simultaneidade entre a autenticidade e a artificialidade (isto é, "vida") era uma escolha preferida pelos (e associada aos) intelectuais americanos. A posicionalidade produz expectativas específicas da posição, e (o que é mais importante, e apesar destas expectativas), a possibilidade de entendimento mútuo, porque, dentro de um campo, pode-se sempre pelo menos imaginar aquelas opções que, devido a uma determinada posicionalidade específica, é improvável que se escolham. A posicionalidade dentro de um campo, portanto, tem a ver com as probabilidades de escolha e atribuição. Ela nunca se impõe como um limite absoluto. Desta forma, Heidegger podia desenvolver e cultivar, como uma visão do horror, as suas idéias sobre a vida na cidade grande, enquanto Carl Van Vechten provavelmente não teria ficado surpreso ao saber que alguns filósofos na Alemanha pregavam uma crença quase religiosa na autenticidade do estilo de vida dos camponeses. Terceiro, e como uma conseqüência do fato de a posicionalidade ser uma questão de probabilidade, as fronteiras dos campos históricos são vagas. Por exemplo, mesmo excluindo Xangai da cultura ocidental de 1926, havia fortes laços culturais e de comunicação entre Xangai e o mundo de Nova York. Paris, em contrapartida, era o centro do mapa mental do Ocidente que então prevalecia — mas a sua cultura era, se podemos falar assim, "menos central" e mais limitada em opções do que aquelas de Nova York e Berlim.

Por fim, eu gostaria de enfatizar mais uma vez que, embora a posicionalidade gere perfis de escolhas prováveis e crie fronteiras vagas, o conjunto completo de opções que define um campo está potencialmente disponível em todos os pontos deste campo. Para as pessoas que viviam em 1926, estas opções estavam, como diz Heidegger, "disponíveis", querendo dizer que elas estavam sempre em uso — e apenas raramente objetos de reflexão. Por exemplo, algumas pessoas teriam considerado a autenticidade o valor mais elevado da existência humana, enquanto outros teriam detestado a autenticidade — mas dificilmente alguém teria falado sobre a autenticidade e a artificialidade como uma oposição binária de um código cultural. A capacidade de perceber e conceitualizar estas oposições e códigos vem com a distância: ela pertence àquele "estar-no-mundo" que Heidegger chama de "disponíveis". Eu tentei, neste livro, tornar novamente disponíveis os dispositivos, códigos e as rupturas de códigos de 1926, de forma que estes elementos, especialmente ao evocarem a idéia ou mesmo o desejo pelo "disponível", pudessem sugerir a ilusão de se estar vivendo em 1926. Ainda assim estava excluída a possibilidade de realmente se usar o que estava intelectualmente disponível. Assim, se eu certamente não posso evitar que meus leitores desejem optar pela autenticidade, como Heidegger e Blunck, ou que eles desejem rejeitar, por exemplo, o conceito da vida de Van Vechten (que se baseia na simultaneidade do autêntico e do artificial), é claro que o meu livro não advoga qualquer atitude particular em relação à autenticidade — ou em relação a qualquer outro valor.

É com esta dose de auto-elucidação que quero concluir meu ensaio sobre a simultaneidade histórica. O trabalho evocou, pelo menos para mim, efeitos de presença agradáveis e algumas vezes misteriosos. Ainda assim estes efeitos pertencem inevitavelmente a um presente que estava então disponível, e portanto não podem criar a ilusão de que se poderia ou se deveria viver novamente em 1926.

NOTAS

Depois de aprender com a História

1. Ver Hans Ulrich Gumbrecht, Ursula Link-Heer e Peter-Michael Spangenberg, "Zwischen neuen Einsichten und neue Fragen: Zur Gestalt der romanischen Historiographie des Mittelalters", in Gumbrecht, Link-Heer e Spangenberg, orgs., *La littérature historiographique des origines à 1500*, in *Grundriss der romanischen Literaturen des Mittelalters*, vol. 11, parte 1 (Heidelberg, 1986), pgs. 1133-1152.
2. Ver a brilhante interpretação de Montaigne em Karlheinz Stierle, "Geschichte als Exemplum — Exemplum als Geschichte: Zur Pragmatik und Poetik narrativer Texte", in Stierle, *Text als Handlung* (Munique, 1975), pgs. 14-48, esp. pgs. 37ss.; e o clássico ensaio de Reinhardt Koselleck, "Historia Magistra Vitae: Über die Auflösung des Topos im Horizont neuzelitch bewegter Geschichte", in Koselleck, *Vergangene Zukunft: Zur Semantik geschichtlicher Zeiten* (Frankfurt, 1979), pgs. 38-66.
3. Sobre a discussão, a referência básica é Hans Robert Jauss, "Aestetische Normen und geschichtliche Reflexion in der 'Querelle des anciens et des modernes'", introdução a Charles Perrault, *Parellèle des anciens et des modernes en ce qui regarde les arts et les sciences* (Munique, 1964), pgs. 8-64. Sobre o impacto da *Querelle* nos discursos historiográficos do Iluminismo europeu, ver Hans Ulrich Gumbrecht, "Modern. Moderne, Modernismus", in Otto Brunner, Werner Conze e Reinhardt Koselleck, orgs., *Geschichtliche Grundbegriffe: Historisches Lexikon zur politisch-sozialen Sprache in Deutschland*, vol. 4 (Stuttgart, 1978), pgs. 93-131, esp. pgs. 99ss. Uma tradução para o inglês pode ser encontrada em Gumbrecht, *Making sense in life and literature* (Mineapolis, 1992), pgs. 79-110.
4. Sobre a reação a esta situação de uma perspectiva epistemológica, ver os ensaios de Niklas Luhmann, *Beobachtungen der Moderne* (Opladen, 1992).
5. Niklas Luhmann, "Die Beschreibung der Zukunft", ibid., pgs. 129-148.
6. As conferências de Kojève sobre a *Fenomenologia do espírito*, de Hegel, apare-

cem em inglês em Raymond Queneau, Allan Bloom e James H. Nichols, Jr, orgs., *Introduction do the reading of Hegel: Lectures on "The phenomenology of spirit"* (Ithaca, 1980).
7. Michel Foucault, "Nietzsche, la génealogie, l'histoire", in Suzanne Bachelard et al., orgs., *Hommage à Jean Hyppolite* (Paris, 1971), pgs. 145-172. Sobre as reflexões de Foucault sobre os usos da História, algumas de suas mais variadas posições aparecem em entrevistas; ver, por exemplo, Paul Rabinow, org., *The Foucault reader* (Nova York, 1984), pgs. 373ss.
8. Ver Hayden White, *Metahistory: The historical imagination in nineteenth-century Europe* (Baltimore, 1973); e Reinhard Koselleck, H. Lutz e Jörn Rüsen, orgs., *Formen der Geschichtsschreibung: Theorie der Geschichte*, vol. 4 (Munique, 1982).
9. De fato, Luhmann argumenta que, quando se concentra no presente, estes problemas se tornam mais agudos. Ver *Beobachtungen der Moderne*, pgs. 11-50, 129-148.
10. Ver H. Aram Veese, "Introduction", in Veeser, org., *The New Historicism* (Nova York, 1989), pgs. ixss.
11. A frase se tornou popular em Peter L. Berger e Thomas Luckmann, *The social construct of reality* (Garden City, Nova York, 1966).
12. Stephen Greenblatt, *Shakespearian negotiations: The circulation of social energy in Renaissance England* (Berkeley, 1988), pg. 1.
13. Para uma discussão mais detalhada desta abordagem, ver Gumbrecht, *Making Sense in Life and Literature*, pgs. 33-75.
14. Ver Alfred Schütz e Thomas Luckmann, *Strukturen der Lebenswelt* (Neuwied, 1975).
15. Sobre o contexto histórico desta decisão terminológica, ver Hans Ulrich Gumbrecht, "'Everyday-world' and 'Life-world' as philosophical concepts: A Genealogical approach", *New Literary History* 24 (1993-1994): 745-761.
16. Inicialmente fui estimulado a discutir este desejo não-acadêmico num contexto acadêmico por certos trechos e frases de *Jenseits von Gut und Böse*, de Nietzsche. Ver Hans Ulrich Gumbrecht, "Wie sinnlich kann Geschmack (in der Literatur) sein? Über den historischen Ort von Marcel Prousts Recherche", in Volker Kapp, org., *Marcel Proust: Geschmack und Neigung* (Tübingen, 1989), pgs 107-126, esp. pgs. 155ss. Uma discussão muito mais sofisticada e ousada do que eu vejo como o mesmo problema está em Michael Taussig, *Mimesis and Alterity: A Particular History of the Senses* (Nova York, 1993).
17. Sobre a pré-história deste "estilo", ver Timothy Lenoir e Cheryl Lynn Ross, "The Naturalized History Museum", manuscrito inédito, Stanford, 1993. Anos atrás, eu costumava visitar, quase semanalmente, o Ruhrland Museum (Essen),

especificamente sua exposição sobre a história social e cultural da industrialização na Alemanha. Lá, os visitantes do museu podiam usar equipamentos esportivos (como halteres) dos primórdios do século XX e, sentado num bar dos anos 20, ouvir a gravação de uma das primeiras transmissões de uma partida de futebol transmitida na Europa.

18. Ver Reihardt Koselleck, "'Erfahrungsraum' und 'Erwartungshorizont: Zwei historische Kategorien", in Koselleck, *Vergangene Zukunft*, pgs. 349-375.
19. Esta maneira de experimentar o presente conforma a famosa definição de Baudelaire, em *Peintre da la vie moderne*, da modernidade como "le transitoire, le fugitif, le contingent".
20. Alguns dos conceitos centrais na fenomenologia do tempo de Edmund Husserl (como *Bewusstseinsstrom, Protention* e *Retention*) tentam descrever esta experiência. Ver Husserl, "Zur Phänomenologie des inneren Zeitbewusstseins (1893-1917)", *Husserliana*, vol. 10 (Haia, 1966).
21. Pode-se ilustrar esta mudança apontando-se para o fato de que uma definição do "presente" que é freqüentemente aceita por acadêmicos da minha geração (i.e., o período entre a "revolução estudantil" do final dos anos 60 e os atuais anos 90) passou a incluir mais anos do que o período entre o final da Primeira Guerra e o final da Segunda Guerra Mundial.
22. A metáfora da "linha que recua" é um *leitmotif* do capítulo introdutório de Jacques Derrida, *De la grammatologie* (Paris, 1967). Para uma aplicação desta idéia da "presente" situação epistemológica, ver Hans Ulrich Gumbrecht, "Ende des Theorie-Jenseits?", in Rudolf Maresch, org., *Zukunft oder Ender: Standpunkte, Analysen, Entwürfe* (Munique, 1993), pgs. 40-46.
23. Ver Niklas Luhmann, "Gleichzeitigkeit und Synchronisation", in Luhmann, *Soziologische Aufklärung*, vol. 5: *Konstruktivistische Perspektiven* (Opladen, 1990), pgs. 95-130.
24. "Ungleichzeitigkeit des Gleichzeitigen" é outro conceito central do pensamento de Rainhardt Koselleck. Ver, em particular, "'Neuzeit': Zur Semantik moderner Bewegungsbegriffe", in Koselleck, *Vergangene Zukunft*, pgs. 300-348.
25. Um exemplo escolhido (não tão) aleatoriamente é Hans Ulrich Gumbrecht e K. Ludwig Pfeiffer, orgs., *Paradoxien, Dissonanzen, Zusammenbrüche: Situationen offener Epistemologie* (Frankfurt, 1991).
26. A história desta topologia (i.e, a topologia do "campo hermenêutico") é retraçada em Hans Ulrich Gumbrecht, *The non-hermeneutic* (Stanford, 1998).
27. David Wellbery, "The exteriority of writing", *Stanford Literature Review* (1991-1992): 11-24.
28. Para esta (re)construção de uma noção sistêmica de "entendimento", ver Hans

Ulrich Gumbrecht, "'Interpretation' versus 'Understanding Systems'", *Cardozo Law Review*, edição especial (1992): 283-300.

29. Significativamente, eu não teria percebido esta "ironia" em meu próprio projeto e no meu texto sem os comentários de Richard Roberts em diversas discussões no centro de Humanidades de Stanford, durante o ano acadêmico de 1993-1994.

30. É claro que eu me refiro à formulação deste conceito em *Sein und Zeit*, de Heidegger, embora eu não veja (nem afirme) nenhuma conexão entre o meu próprio projeto e a teoria da História que Heidegger desenvolve em seu livro. Para uma "aplicação" do pensamento heideggeriano às discussões de hoje em dia, ver Reihard Koselleck, *Hermeneutik und Historik: Sitzungsberichte der Heidelberger Akademie der Wissenschaften (Philosophisch-historische Klasse)*, Relatório 1 para 1987 (Heidelberg, 1987). O meu próprio uso (epistemologicamente orientado) dos conceitos heideggerianos de "disponível" e "presente-à-mão" remete a uma discussão com Francisco Varela durante um colóquio intitulado "Além do dualismo: Convergências epistemológicas entre as ciências e as humanidades", Stanford University, março de 1994.

31. Eu me refiro à famosa metáfora de Benjamin do "salto da pantera para dentro da História", que tento usar sem as (ambiciosas) conotações políticas inerentes à sua versão original.

32. "O ano de 1926" foi o tema de um seminário que eu organizei com Ursula Link-Heer na Universidade de Siegen (Alemanha) durante o semestre de inverno de 1987-1988.

33. Ao longo do trabalho, descobri que nenhum destes dois avós morreu realmente em 1926. Mas o meu erro só serviu para tornar mais "aleatória" a escolha do ano de 1926 — significando uma adequação maior ao meu experimento.

34. Sobre este aspecto de nossa relação com o passado, ver meu ensaio "Narrating the Past as If It Were Your Own Time", em Gumbrecht, *Making Sense in Life and Literature*, pgs. 60ss.

35. Bliss Carnochan foi quem primeiro me apresentou esta questão.

36. Um exemplo particularmente impressionante de re-presentação histórica é Jay Fliegelman, *Declaring Independence: Jefferson, National Language and the Culture of Performance* (Stanford, 1993).

37. Hans Ulrich Gumbrecht, *Funktionswandel und Rezeption: Studien zur Hyperbolik in literarischen Texten des romanischen Mittelalters*, Diss., Universidade de Konstanz, 1971 (Munique, 1972).

38. Com esta "abstração da seqüencialidade", o meu livro diverge de outros ensaios sobre a simultaneidade histórica — poe exemplo, Jean Starobinski, *1789: Les*

Emblèmes de la raison (Paris, 1979); ou Jürgen Kuczynski, *1903: Ein normales Jahr im imperialistischen Deutschland* (Berlim, 1988).
39. "Figuração" era um conceito-chave na prática historiográfica de Norber Elias. Ver Peter R. Gleichmann, Johan Gouldsblom e Herman Korte, ogrs., *Human figurations: Essays for Norbert Elias* (Amsterdã, 1977).
40. Novamente em referência a Nietzsche. Ver nota 16, acima.
41. Ver, por exemplo, Michel Foucault, *Dispositive der Macht: Uber Sexualität, Wissen und Wahreit* (Berlim, 1978), pgs. 119ss.
42. Pego emprestada de Niklas Luhmann a idéia de que diferentes sistemas sociais se baseiam em diferentes códigos bináros. Ver, entre outros ensaios de Luhmann, "Ist Kunst codierbar?", em Luhmann, *Soziologische Aufklärung*, vol. 3 (Opladen, 1981), pgs. 245-266. Ver também Hans Ulrich Gumbrecht, "Pathologies in the system of literature", in Gumbrecht, *Making sense in life and literature*, pgs. 247-271. Foi também Luhmann quem primeiro sugeriu associar o conceito de "cultura" à função anti-paradoxal dos "códigos binários" ("Ökologie des Nichtwissens", in Luhmann, *Beobachtungen der Moderne*, pg. 201).
43. Neste sentido, a seqüência de textos curtos que constitui *1789: Les emblèmes de la raison* podem ser lidos como uma estrutura similarmente "descentralizante" de "entradas" — embora não seja apresentada em ordem alfabética.
44. Curiosamente, a metáfora da "rede" só foi usada no título inglês (*Discourse networks*) da análise duplamente sincrônica de Friedrich Kittler, *Aufschreibesysteme 1800/1900* (Munique, 1985).
45. Ver Gilles Deleuze e Félix Guattari, *Rhizom* (Berlim, 1977).
46. As notas de Flaubert, encontradas numa pasta chamada "Dictionnaire des idées reçues" só foram publicadas em 1961. Mas próximos do ano de 1926, dois romances de ruptura, *Ulisses*, de James Joyce (1922), e *Berlin Alexanderplatz*, de Alfred Döblin (1929) obersaram o mesmo princifpio de constituir mundos (semi)ficcionais com base em lugares-comuns e perspectivas cotidianas.

Estar-nos-mundos de 1926

1. Ver Martin Heidegger e Elisabeth Blochmann, *Briefwechsel, 1918-1969*, org. Joachim W. Storck (Marbach, 1989), pag. 138. A nota de Storck diz: "*Todtnauberg*: vilarejo na parte meridonal da Floresta Negra. Foi aqui que Elfride Heidegger construiu a solitária cabana [*Hütte*] para Martin Heidegger, que a partir dali se tornaria o lugar de férias favorito do pensador".
2. *Spektabilität* é o título alemão tradicional para um diretor ou reitor universitário. A carta (Hessisches Staatsarchiv Marburg, Best. 307d, Acc. 1966/10) diz:

"Eurer Spektabilität teile ich ergenbenst mit, dass ich heute einen Ruf für das dortige Extraordinariat für Philosophie mit Rechten und Stellung eines ordenatlichen Professors erhalten habe. Ich werde den Ruf annehmen. Zugleich bitte ich Eure Spektabilität ergebenst, einer hohen philosophischen Fakultät meinen aufrichtgsten Dan für das in mich gesetzte Vertrauen übermitteln zu wollen. Die Ankündigung der Vorlesungen und Übungen erlaube ich mir, sofort nach Rükfrage bei den Hern Fachvertretern einzusenden. Mit dem Ausdruck aufrichtigster Hochachtung bin ich Eurer Spaktabilität sehr ergebener Dr. Martin Heidegger."

3. Hans Georg Gadamer, um de seus primeiros alunos, atesta isso. Ver Gadamer, *Philosophische Lehrjahre: Eine Rückschau* (Frankfurt, 1977), pgs. 28-45, 210-221; e idem, "Hermeneutik im Rückblick", in Gadamer, *Gesammelte Werke*, vol. 10 (Tübingen, 1995), pgs. 3-13.
4. Extraio este detalhe do bem pesquisado livro de Hugo Ott, *Martin Heidegger: Unterwegs zu seiner Biographie* (Frankfurt, 1988), pgs. 123ss.
5. Numa carta de 5 de agosto de 1925 ao ministro da Ciência, Arte e Educação Nacional em Berlim (a decisão de levar adiante esta proposta foi tomada numa reunião de comitê no dia 24 de junho). Ver Theodore Kisiel, *The genesis of Heidegger's 'Being and time'* (Berkeley, 1993), pg. 479.
6. Ver Ott, *Martin Heidegger*, pg. 125.
7. Ver Heidegger *Zur Sache des denkens* (Tübingen, 1969), pgs. 80-81 (citado de Kisiel, *Genesis*, pg. 481). "'Professor Heidegger, o senhor precisa publicar algo agora. Dispõe de um manuscrito apresentável?' Com estas palavras, o reitor da Faculdade de Filosofia de Marburg entrou um dia no meu escritório durante o semestre de inverno de 1925-1926. 'Certamente', eu respondi, e o reitor replicou: 'Mas precisa ser impresso rapidamente'(...) Assim, tornou-se necessário submeter ao público uma obra que eu vinha guardando há muito tempo comigo. Através da mediação de Hüsserl, a editora de Max Niemeyer concordou em publicar imediatamente as primeiras 15 provas da obra" (*"Herr Kollege Heidegger: Jetzt müssen Sie etwas veröffentlichen. Haben Sie ein geeignetes Manuskript?' Mit diesen Worten betrat der Dekan der Marburger Philosophischen Fakultät eines Tages im WS 1925/1926. 'Gewiss', antwortete ich. Worauf der Dekan entgegnete: 'Aber es muss rasch gedruckt werden'(...) Nun galt es, lang gehütete Arbeit der Öffentlichkeit zu übergeben. Der Max Niemeyer Verlag war durch Husserls Vermittlung bereit, sofort die ersten 15 Bogen der Arbeit zu drucken"*).
8. A reconstrução seguinte do processo de escrita que levou a versão de 1927 de *Sein und Zeit* se baseia em Kisiel, *Genesis*, pgs. 477-489, bem como em minha própria pesquisa no Hessische Staatsarchiv.
9. *"Bei aller Anerkennung der Lehrerfolge des Professors Heidegger erscheint es mir*

doch nicht angängig, ihm eine etatmässige ordentliche Professor von der historischen Bedeutung des dortigen Lehrstuhls füs Philosophie zu übertragen".

10. *"Die Komission beschließt einsimmig, Herrn Heidegger nahezulegen, die von ihm in Ms. Niedergelegte Schrift über 'Sein und Zeit' in einer gewissen Anzahl von Masch. Ex. Herstellen zu lassen und dem Dekan zu überreichen. Weiterhin erklärt die Kom. Es für dringend erachtenswert, außerdem die Schrift in Druckfahnen zu erhalten. Die Komission wird dann die ex. Einer Anzahl noch zu bestimmender Gelehrten zur Begutachtung vorlegen"* (Este texto diverge ligeiramente da transcrição de Kisiel do mesmo documento).

11. *"Herr Heidegger erklärt sich bereit, das Fragliche Ms. Ab 1 April in Druck zu geben, fernehin den Dekan über den Stand des Druckes zu orientieren".*

12. Ver Kisiel, *Genesis*, pgs. 478, 488-489.

13. Reminiscência oral de Malvine Husserl; ver Kisiel, *Genesis*, pgs. 483, 563. Ver a reprodução da dedicatória manuscrita de Heidegger a Husserl em Hans Rainer Sepp, org., *Edmund Husserl und die phänomenologische Bewegung: Zeugnisse ir Text und Bild* (Freiburg, 1988), pg. 334.

14. Uma entrada sem data e incompleta de Deitschmann no arquivo de Heidegger (não mencionada por Kisiel) deve ter sido escrita durante esses dias: "Heidegger entregou as provas (...) ao Ministério".

15. *"Die Fakultät glaubt sich zu dieser Bitte berechtigt, da Herr Heidegger in der Zwischenzeit seine Arbeit über 'Sein und Zeit' in den Druck gebracht hat".*

16. *"[Teile] ich mit, dass der Herr Minister dem Vorschlag, dem Professor Dr. Heidegger die Planmäßige ordentliche Professur zur übertragen, auf Grund erneuter Überprüfung aller nur dargelegten Gesichtspunkte nicht zu folgen vermag".*

17. *"(...) das grosse Glück, dass Sie im Druck des Werker stehen, an dem Sie zu dem erwachsen, der Sie sind und mit dem Sie, wie Sie wohl wissen, Ihr[em] eigene[n] Sein als Philosoph eine erste Verwirklichung gegeben haben. (...) Niemand hat eine größeren Glauben an Sie als ich, uns alch den, dass schließlich nichts an Ressentiment Sie verwirren und Sie von dem ablenken wird, was reine Auswirkung des Ihnen Anvertrauten (...) ist"* (citado segundo Ott, "Martin heidegger", pg. 126)

18. *Sein und Zeit*, 15ª edição (Tübingen, 1984), pgs. 39-40.

19. Heidegger e Blochmann, *Briefwechsel*, pgs. 18-19. *Eigentlich müßte der brief von der Hütte kommen; geschrieben sein, wenn die Buchenklötze knistern u. die Hütte eine ganz dicke Schneehaube hat, u. die Stille und Einsamkeit der Berge in der verschneiten Landschaft noch unmittelbarer da ist. Statt dessen sitze ich hier — am Übergangskapitel. Die Semesterarbeit nahm mir die rechte Konzentration. Die Ferientage sollen im alten Jahr de Abschluss bringen. (...) Am 1. Januar fahre ich bis zum 10. Nach Heidelberg zu Jaspers. Ich freue mich darauf, nicht nur im*

Selbstgespräch und im Verkehr mit der Geschichte sondern in der gegenwärtigen Kommunikation philosophieren zu dürfen".
20. Ver Kisiel, *Genesis*, pgs. 485, 564.
21. Ver *Sein und Zeit*, pg. 39.
22. Ver Kisiel, *Genesis*, pgs. 485-486.
23. Heidegger, citado em Kisiel, pg. 486: *Der EntscluB zum Abbruch der Veröffentlichung, wurde gefasst an dem tage, als uns die Nachricht vom Tode R.M. Rilkes traf*".
24. ver "Genealogical glossary of Heidegger's basic terms, 1915-1927", de Kisiel, em Kisiel, *Genesis*, pgs. 490-511.
25. Segundo Jürgen Habermas, foi a distância que Heidegger tentou tomar dos detalhes concretos de seu ambiente histórico e social que tornou a sua obra tão aberta a influências "não-filtradas": "Esta abstração das complexidades da vida social explica o uso não-filtrado de Heidegger de correntes populares na interpretação daquele momento histórico. Quanto mais a História real desaparecia por trás da 'historicidade', mais Heidegger estava propenso a fazer referências ingênuas e pretensiosas a esses diagnósticos." Ver "Martin Heidegger: Werk und Weltanschauung", in Habermas, *Texte und Kontexte* (Frankfurt, 1991), pg. 52.
26. Esta avaliação generalizante do status de *Sein und Zeit* — e, subseqüentemente, da contribuição que uma leitura histórica poderia trazer — depende, naturalmente, de quão seriamente se considera a *Kehre* ("mudança") que, segundo Heidegger, modificou a trajetória de seu pensamento a partir de meados da década de 1930. Para uma sinopse das diferentes posições relativas à Kehre, ver Ernst Behler, *Confrontations; Derrida, Heidegger, Nietzsche* (Stanford, 1991), pgs. 40ss.
27. Um projeto semelhante foi realizado, com bastante suceso, por Pierre Bourdieu em *The political ontology of Martin Heidegger* (Stanford, 1991). Diferentemente dele, eu limitarei minha demonstração àqueles temas que podem ser especificamente associados ao ano de 1926. E, enquanto Bourdieu identificou apenas elementos individuais de *Sein and Zeit* como estando enraizados em seu ambiente histórico, eu me concentrarei na estrutura da argumentação do livro.
28. Ver Bourdieu, *Political ontology*, pg. 115. Para a (pré-)história deste conceito, ver Ferdinand Fellmann, *Gelebte Philosophie in Deutschland: Denkformen der Lebensweltphänomenologie und der kritischen Theorie* (Freiburg, 1983), pgs. 98-109.
29. A versão francesa original de *Heidegger et le nazisme* foi publicada por Editions Verdier (lagrasse, 1987).

30. Ver Habermas, *Martin Heidegger*, pgs. 67ss.
31. Ver ibid., pg. 53; Behr, pgs. 40ss; e os ensaios de Hans Georg Gadamer, Philippe Lacoue-Labarthe e Jacques Derrida em *Critical Inquiry* (Inverno de 1989). Em contrapartida, Jean-François Lyotard, em *Heidegger et les "juifs"* (Paris, 1988), pg. 109, é mais relutante em estabelecer esta relação entre a obra de Heidegger e as suas atividades políticas posteriores: "*Je répète que toute déduction, même très médiatisée, du 'nazisme' heideggerien à partir du texte de 'Sein und Zeit' est impossible*" ("Repito que toda dedução, mesmo muito mediatizada, do 'nazismo' de Heidegger a partir do texto de *Ser e tempo* é impossível"). Lyotard, porém, é muito mais sério do que outros comentadores em sua condenação do silêncio de Heidegger sobre o tema do holocausto depois de 1945.
32. Ver, por exemplo, Edmund Husserl, *Die Idee der Phänomenologie: Fünf Vorlesungen*, org. Walter Biemel, 2ª edição (Haia, 1973), pg. 17.
33. Ver Ott, *Martin Heidegger*, pgs. 102, 114.
34. Assim, quando Heidegger, como observamos acima, dedicou um manuscrito contendo os capítulos de abertura de seu primeiro grande livro aos seu mentor nos 67 anos deste último ("Para Edmund Husserl, com veneração e amizade"), ele não estava — pelo menos não primariamente — sendo oportunista. Sobre a crescente alienação filosófica de Heidegger, em seguida à volta deste para Freiburg em 1928, e sobre a hostilidade de Heidegger em relação ao seu colega mais velho judeu depois de 1933 (incluindo a eliminação da dedicatória na quinta edição de *Sein und Zeit*, publicada em 1941), ver Ott, *Martin Heidegger*, pgs. 167ss.
35. Isto vale até mesmo para estágios posteriores da obra de Husserl, embora ele não possa ser incluído entre os intelectuais da Revolução Conservadora. Ver Ferdinand Fellmann, *Gelebte philosophie*, pgs. 80-98.
36. Citado de *Being and time*, tradução de John Macquarrie e Edward Robinson (San Francisco, 1962), pg. 122. A versão alemã está na página 88 de *Sein und Zeit*, 15ª edição (Tübingen, 1984). "*Dieses 'Relationssystem' als Konstitutivum der Weltlichkeit verflüchtigt das Sein des innerweltlich Zuhandenen so wenig, daB auf dem Grunde von Weltlichkeit der Welt dieses Seiende in seinem 'substantiellen' 'An-sich' allererst entdeckbar ist. Und erst wenn innerweltliches Seiendes überhaupt begegnen kann, behstet die Möglichkeit, imfelde dieses Seienden das nur noch Vorhandene zugänglich zu machen. Diese Seiende kann auf Grund seines Nurnoch-Vorhandenseins hinsitchlich seiner 'Eigenschaften' mathematisch in 'Funkktionsbegriffen' bestimmt werden. Funktionsbegriffe dieser Art sind ontologisch überhaupt nur möglich mit Bezubg auf Seiendes, dessen Sein den Character reiner Substazialität hat. Funktionsbegriffe sind immer nur als formalisierte Subs-*

tanzbegriffe möglich". Heidegger defende uma tese semelhante em relação à "substancialidade" em sua crítica do *Cogito* de Descartes. Ver *Sein und Zeit*, pgs. 92-93.

37. *Being and time*, pg. 87; *Sein und Zeit*, pg. 60. "*Wie kommt dieses erkennende Subjekt aus seiner inneren 'Sphäre' hinaus in eine 'andere und äusBere', wie kann das Erkennen überhaupt einen Gegenstand Haben, wie muss der Gegenstand selbst gedarcht werden, damit am Ende das Subjekt ihn erkennt, ohne daß es den Sprung in eine andere Sphäre zu wagen braucht?*"

38. *Sein und Zeit*, pgs. 202-208.

39. Ver, por exemplo, Walter Biemel, *Martin Heidegger: Mit Selbstzeugnissen und Bilddokumenten* (Hamburgo, 1973), pgs. 46. 64.

40. Ver Ralph Kray e Thomas Studer, "Kognitives Oszillieren: Philosophische Adiaphora in der Daseins-Analyse Martin Heideggers", in Hans Ulrich Gumbrecht e K. Ludwig Pfeiffer, orgs. *Paradoxien, Dissonanzen, Zusammenbrüche: Situationen offener Epistemologie* (Frankfurt, 1991), pgs, 143-158. Ver também Behler, *Confrontations*, pg. 32.

41. *Being and time*, pg. 50; *Sein und Zeit*, pgs. 27-28. "*Der Titel 'Phänomenologie' drückt eine Maxime aus, die also formuliert werden kann: 'zu den Sachen selbst!' — entgegen allen freischwebeden Konstruktionen, zufälligen Funden, entgegen der Übernahme von nur scheinbar ausgewiesenen Brgriffen, entgegen den Scheinfragen, die sich oft Generationen hindurch als 'Probleme' breitmachen*". Ver os céticos comentários manuscritos de Husserl em seu exemplar particular de *Sein und Zeit*, sobre o uso que Heidegger faz do conceito "fenomenologia", em Sepp, org., *Edmund Husserl*, pg. 335. Segundo as recentemente publicadas anotações de trabalho de Heidegger (*Heidegger Studien* 11 [1995]), as suas reservas em relação à compreensão de Husserl desta máxima se referia ao papel de prioridade dado à consciência no pensamento deste último.

42. Ver Habermas, "Martin Heidegger", pg. 61.

43. "Durchschnittliche Alltäglichkeit; ver *Sein und Zeit*, pgs. 16-17, 43. Sobre a história do conceito de "cotidianidade", que desempenhou um papel crucial nas mudanças epistemológicas que ocorreram por volta de 1900, ver Hans Ulrich Gumbrecht, "Everyday-World and Life-World as Philosophical Concepts: A Genealogical Approach", *New Literary History* 24 (1993-1994): 745-761.

44. Além de ser um substituto para a abstratividade, a noção de cotidianidade contribui para o tom antiintelectual na retórica de Heidegger. Ver Bourdieu, *Political ontology*, pgs 13, 50-51.

45. *Being and time*, pg. 80; *Sein und Zeit*, pg. 54. "*Dieses Seiende, dem das In-sein*

in dieser Bedeutung zugehört, kennzeichneten wir als das Seiende, das ich je selbst bin. Der Ausdruck 'bin' hängt zusammen mit 'bei'; 'ich bin' besagt wiederum: ich wohne, halte mich auf bei (...) der Welt, als dem so und so Vertrauten. Sein als als Infinitiv des 'ich bin', d.h. als Existential verstanden, bedeutet wohnen bei (...) vertraut sein mit (...) In-sein ist demnach der formale existenziale Ausdruck des Seins des Daseins, das die wesenhafte Verfassung des In-der-Welt-seins hat".

46. *"Das In-Sein meint so wenig ein räumliches 'Ineinabder' Vorhandener, als 'in' ursprünglich gar nicht eine räumliche Beziehung der genannten Art bedeutet".*
47. Ver, em particular, *Sein und Zeit*, pgs. 110ss.
48. Que *Sorge* de fato substitui *Handlung* fica explícito somente na segunda parte de *Sein und Zeit* (ver pgs. 300-301).
49. Ver *Sein und Zeit*, pgs. 191-200.
50. *Sein und Zeit*, pg. 197 (ver, em particular, a nota de rodapé 1). Hans Blumenberg fornece uma leitura da leitura de Heidegger de uma "antiga fábula latina" relativa à cura; ver Blumenberg, *Die Sorge geht über den Fluβ* (Frankfurt, 1987), pgs. 197-200.
51. *Being and time*, pg. 32; *Sein und Zeit*, pg. 12. *"Das Dasein is ein Seiendes, das nicht nur unter anderem Seienden vorkommt. Es ist vielmehr dadurch ontisch ausgezeichnet, daβ es diesem Seienden in seinem Sein um dieses Sein selbst geht. Zu dieser Seinsverfassung des Daseins gehört aber dann, dass es in seinemSein zu diesem Sein ein Seinsverhältnis hat. Und dies wiederum besagt: Dasein versteht sich in irgendeiner Weise und Ausdrücklichkeit in seinem Sein. Diesem Seienden eignet, dass mit und durch sein Sein dieses ihm selbst erschlossen ist. Seinsverständnis ist selbst eine Seinsbestimmtheit des Daseins. Die ontische Auszeichnung des Daseins liegt darin, daβ es ontologisch ist".*
52. Aqui e nas páginas seguintes, é claro que me refiro à versão publicada de *Sein und Zeit* — não ao esboço (incompleto) que Heidegger fez do projeto inteiro.
53. *Sein und Zeit*, pg. 227.
54. Ibid., pg. 222.
55. Ibid., pg. 230.
56. *Being and time*, pg. 261; *Sein und Zeit*, pg. 218. *"Zur Ausweizung steht einzig das Entdeckt-sein des Seienden selbst, es im Wie seiner Entceckheit. Diese bewährt sich darin, Daβ sich das Ausgesagte, das ist das Seiende selbst, als dasselbe seigt. Bewährung bedeutet: sich zeigen des Seienden in Selbgkeit. Die Bewährung vollzieht sich auf dem Grunde eines Sichzeigens des Seienden. Das ist nur so möglich, daβ das Aussagende und sich bewährende Erkennen seinem ontologischen Sinne nach ein entdeckendes Sein zum realen Seienden selbst ist".*
57. *Sein und Zeit*, pg. 229. *Ein Skeptiker kann nicht widerlegt werden, so wenig wie*

das Sein der Wahreit 'bewiesen' werden kann. Der Skeptiker, wenn er faktisch ist, in der Weise der Negation der Wahrheit, braucht auch nicht widerlegt zu werden. Sofern er ist und sich in diesem Sein verstanden hat, hat erin der Verzweiflung des Selbstmords das Dasein und damit die Wahreit ausgelöscht".

58. Ver Lyotard, *Heidegger et les 'juifs'*, pg. 109.
59. Bourdieu, *Political ontology*, esp. pgs. 79ss., faz a mesma observação.
60. *Being and time*, pg. 68; *Sein und Zeit*, pgs. 42-43. *"Und weil Dasein wesenhaft je seine Möglichkeit ist, kann dieses Seiende in seinem Sein sich selbst 'wählen', gewinnen, es kann sich verlieren, bzw. Nie und nur 'scheinbar' gewinnen. Verloren haben kann es sich nur und noch gewonnen haben kann es nur, sofern es seinem Wesen nach mögliches Eigentliches, das heißt sich zueigen ist. Die beiden Seinsmodi der Eigentlichkeit und Uneigentlichkeit — diese Ausdrücke sind im strengen Wortsinne terminologisch gewählt — gründen darin, daß dasein überhaupt durch Jemeinigkeit bestimmt ist. Die Uneigentlichkeit des Daseiins bedeutet aber nicht etwa ei 'weniger' Sein oder einen 'niedrigeren' Seinsgrad. Die Uneigentlichkeit kann vielmehr das dasein nach seiner volsten Konkretion bestimmen in seiner Geshäftigkeit, Angeregtheit, Interessiertheit, Genußfähigkeit".*
61. *Sein und Zeit*, pg. 175. Sobre "eles" (*Man*), ver também pg. 268.
62. *Being ant time*, pgs. 212-213, *Sein und Zeit*, pgs. 168-169. *"Und zwar bleibt dieses [Gerede] nicht eingeschränkt auf das lautliche Nachreden, sondern breitet sich aus im Geschrieben als das 'Geschreibe'. Das Nachreden gründet hier nicht so sehr in einem Hörensagen. Es speist sich aus dem Angelesenen. Das durchschnittliche Verständnisdes Lesers wird nie entscheiden können, was unsprünglich geschöpft und errungen und was nachgeredet ist. Noch mehr durchschnittliches Verständnis wird ein solches Unterscheiden gar nicht wollen, seiner nicht bedürfen, weil es ja alles versteht. Die Bodenlosigkeit des geredes verspett ihm nicht den Eingang in die Öffentlichkeit, sondern begünstigt ihn".*
63. *Sein und Zeit*, pg 165.
64. *Being and time*, pg. 207, *Sein und Zeit*, pg 163. *"Zunächst Hören wir nie und nimmer Geräusche und Lauptkomplexe, sondern den knarrenden Wagen, das Motorrad. Man hört die Kolonne auf dem Marsch, den Nordwind, den klopfenden Specht, das knisternde Feuer".*
65. Ver *Sein und Zeit*, pgs. 297-301.
66. Biemel, *Martin Heidegger*, pg. 33. Ver também Bourdieu, *Political Ontology*, pgs. 19-20.
67. Na primavera de 1930, por exemplo, quando Heidegger, tendo adquirido uma reputação nacional após a publicação de *Sein und Zeit*, rejeitou a proposta da Universidade de Berlim, ele alegou que sua decisão tinha sido sugerida por "um

amigo, um camponês de 75 anos da Floresta Negra". Vendo este parceiro de conversas como uma metonímia do autêntico Dasein, Heidegger enfatizou que o camponês não tinha precisado falar nada para convencê-lo. A anedota é recontada em Bourdieu, pg. 51. Sobre os detalhes da proposta de Berlim, ver Victor Farías, *Heidegger und der Nationalsozialismus* (Frankfurt, 1989), pgs. 124ss.

68. Citado de Bourdieu, pg. 48. Como sempre, este retrato revela tanto sobre o seu autor quanto sobre a pessoa descrita. O sotaque regional de Heidegger era suábio e, portanto, somente lembraria a Bavária a uma mulher do norte, como Frau Cassirer. Também é surpreendente que ela compare o seu próprio meio com o de uma "corte real". Por fim, a roupa de Heidegger estava longe de ser simplesmente "fora de moda". Ela tinha sido feita segundo as teorias do pintor neo-romântico Otto Ubelohde, que pregava o retorno às roupas folclóricas. Ver P. Hühnerfeld, *In Sachen Heideger: Versuch über ein deutsches Genie* (Munique, 1961), pg. 55.

69. *Sein und Zeit*, pg. 188. Sobre Unheimlichkeit, ver pg. 189.

70. Um exemplo é a relutância de Heidegger em tornar (ou dificuldade de tornar?) o seu conceito de "estar-em" compatível com a alteridade e a esfera social; *Sein und Zeit*, pgs. 117ss. Ver também o seu conceito de "culpa" (nota de rodapé 72).

71. E a então ainda excitante topologia tecnológica do telefone — se acreditarmos em Avital Ronell, *The telephone book: Technology, Schizophrenia, Electric Speech* (Lincoln, 1989).

72. *Being and time*, pg. 334, *Sein und Zeit*, pg. 288. Provavelmente por causa desta semelhança com um discurso tradicional de moralidade, este é um dos raros trechos de *Sein und Zeit* que contêm o verbo *handeln*. "*Das Gewwisen-haben-wollen ist (...) die ursprünglichste existentielle Voraussetzung für die Möglichkeit des faktischen Schuldigwerdens. Rufverstehend läßt das Dasein das eigenste Selbst aus seinem gewählten Seinkönnen in sich handeln. Nur so kann es verantworlich sein. Jedes handeln aber ist faktisch notwendig 'gewissenlos', nicht nur weil es faktische moralische Verschuldung nicht vermeidet, sondern weil es auf dem nichtigen Grunde seines nichtigen Entwerfens je schon im Mitsein mit Anderen an ihnen schuldig geworden ist. So wird das Gewissen-haben-wollen zur Übernahme der wesenhaften Gewissenlosigkeit, innerhalb der allein die existentielle Möglichkeit besteht, 'gut' zu sein*".

73. Heidegger e Blochmann, *Briefwechsel*, pg. 17. "*Daß ich an Elfridens Freundschaft teilnehmen darf, ist mir Bglückung und Verpflichtung zugleich. Die kurze Rast am sonnigen Hang vor Ihrer Fahrt ins Tal, sagte mir, daß Sie Ihre Existenz fest im Griff haben. Ihr erster Hüttenaufenthalt aber hat nicht weniger geschenkt als er*

empfangen. Jetzt denke ich Sie mir in der Stimmung, die mich zu Semesterbeginn überkommt u. die rechte Leidenschaft der Arbeit löst: neue Möglichkeiten des Wirkens scgaffen erst die Produktivität, durch die der Einzelne erst wird, war er ist. Ihr frauliches Wirken, dessen Sinn mir Elfride seit Jahren mehr u. mehr erschließt, geht auf neuenWegen u. ist keine bloße Auswirking eines Berufs. Das muß Ihnen eine eigene 'Existenzfreudigkeit" geben, die nicht nachträglich aus faktischen Erfolgen einem zufällt, die sie vielmehr allererst wirkt".

74. Ibid, pg. 18 (carta de 10 denovembro de 1926). *"Wie es Ihnen wohl gehen mag? Das Fremde ind Vielerlai wird Sie nur zeitweilig bedrücken, um Sie freier zu machen. Und die grosse Stadt, daren Rätsel Sie wohl schon gespürt haben, wird Ihrer 'Existenzfreudigkeit' gleichwohlnichts anhaben können".*
75. *Being and time,* pgs. 370-371, *Sein und Zeit,* pg 324. *"Sinn [ist] das, worin sich die Verstehbarkeit von etwas hält, ohne daß es selbst ausdrücklich und thematisch in den Blick kommt".*
76. Ver Kisiel, *Genesis,* pg. 311.
77. Ibid., pgs. 477-479.
78. Ibid., pgs. 315, 357-358. Ver também Hans-Georg Gadamer, "Heidegger und die Marburgerm Theologie", in Gadamer, *Kleine Schriften,* vol. 1 (Tübingen, 1967), pgs. 82-92.
79. *Being and time,* pg. 371, *Sein und Zeit,* pg 324. *"Was ermöglicht die Ganzheit des gegliederten Strukturganzen der Sorge in der Einheit ihrer ausgefalteten Gliederung?"*
80. ver *Sein und Zeit,* pgs. 336-349.
81. Ibid., pgs. 341ss. Ver também as "análises preparatórias", pgs. 140ss, 237ss., e o uso que Heidegger faz do conceito de *Stimmung* (com referência ao Natal e à Floresta Negra) em suas cartas a Elisabeth Blochmann de 10 de novembro de 1926 e 22 de dezembro de 1926.
82. *Being and time,* pg. 392, *Sein und Zeit,* pg. 342. *"Orientierung auf das innerweltlich Begegnende".*
83. Ibid. *"Vergessende[s] Ausrücken vor einem faktischen, entschlossenen Seinkönnen".*
84. Ibid. *"Grundbefindlichkeit".*
85. *Being and time,* pgs. 393-394, *Sein und Zeit,* pg. 343. *"Die in der Angst erschlossene Unbedeutsamkeitder Welt enthült di Nichtigkeit des Besorgbaren, das heiBt die Unmöglichkeit des Sichentwerfens auf ein primär im Besorgten fundiertes Seinkönnen der Existenz. Das Enthüllen dieser Unmöglichkeit bedeutet aber ein Auflechten-lassen der Möglichkeit eines eigentlichen Seinkönnens. Welchen zeitlichen Sinn hat dieses Entüllen? Die Agst ängstet sich um das nackte Dasein als in die Umheimlichkeit Geworfenes".*

86. Que a consciência da morte intensifica a experiência da vida era um tópico central na retórica dos rituais fascistas durante as décadas de 1920 e 1930. Ver, por exemplo, Hans Ulrich Gumbrecht, *Eine Geschichte der spanischen Literatur* (Frankfurt, 1990), pgs. 862-865 (episódio relativo a Miguel de Unamuno).
87. *Being and time*, pg. 395, *Sein und Zeit*, pg. 344. *"Die Angst erhebt sich aus dem In-der-Welt-sein als geworfenem Sein zum Tode. (...) Eigentlich aber kann die Angst nur aufsteigen in einem entschlossenen Dasein. Der Entschlossene kennt keine Furcht, versteht aber gerade die Möglichkeit der Angst als der Stimmung, die ihn nicht hemmt und verwirrt. Sie befreit von 'nichtigen' Möglichkeiten und läßt freiwerden für eigentliche".*
88. *Sein und Zeit*, pg. 248.
89. *Being and time*, pg. 295, *Sein und Zeit*, pg. 251. *"Daß es seinem Tod überantwortet ist und dieser somit zum In-der-Welt-sein gehört, davon hat das Dasein zunächst und zumeist kein ausdrückliches oder gar theoretische Wissen. Die Geworfenheit in den Tod enthüllt sich ihm ursprünglicher und eindringlicher in der Befindlichkeit der Angst".*
90. Ver *Sein und Zeit*, pg. 240.
91. *Sein und Zeit*, pg. 262.
92. *Being and time*, pg. 428, *Sein und Zeit*, pg. 376. *"Die Analyse der Geschichtlichkeit des Daseins versucht zu zeigen, daß dieses Seiende nicht 'zeitlich' ist, weil es 'in der Geschichte steht', sondern dass es ungekehrt geschichtlich nur existiert und existieren kann, weil es im Grunde seines Seins zeitlich ist".*
93. *Being and time*, pg. 436, *Sein und Zeit*, pg. 384. *"Wenn das Dasein vorlaufend den Tod in sich mächtig werden läßt, versteht es sich, frei für ihn, in der eigenen Übermacht seiner endlichen Freiheit, umin dieser, die je nur 'ist' im Gewäjltaben der Wahl, die Ohnmacht der Überlassenheit an es selbst zu übernehmen und für die Zufälle der erschlosenen Situation hellsichtig zu werden. Wenn aber das schicksalhafte Dasein als In-der-Welt-sein wesenhaft im Mitsein mit Anderen existiert, ist sein Geschehen ein Mitgeschehen und bestimmt als Gechick. Damit Bezeichnen wir das Geschehen der Gemeinschaft, des Volkes. Das Geschik setzt sich nicht aus einzelnen Schicksalen zusammen, sowenig als das Miteinandersein als ei Zusammenvorkommen mehrerer Subjekte begriffen werden kann".*
94. *Being and time*, pg. 437, *Sein und Zeit*, pg. 385. *"Nur Seiendes, das wesenhaft in seinem Sein zukünftig ist, so daß es frei für seinen Tod an ihm zerschellend auf sein faktische Da sich zuückwerfen lassen kann, das heißt nur Seiendes, das als zukünftiges gleichursprünglich gewesend ist, kann, sich selbst die ererbte Möglichkeit überliefernd, die eigene Geworfenheit übernehmen ind augenblicklich sein für 'seine Zeit'. Nur eigentliche Zeitlichkeit, die zugleich endlich ist, macht so etwas wie*

Schicksal, das heißt eigentliche Gesghichtichkeit möglich". Macquarrie e Robinson traduzem *augenblichkeit sein* como "ser no momento da visão", um termo que não tem as conotações de velocidade e imediação que caracterizam o advérbio alemão *augenblichkeit*.

95. Ver *Sein und Zeit*, pg. 410.
96. Sobre os esforços de Heidegger para assumir um papel de liderança (e não apenas na esfera intelectual), ver Ott, *Martin Heidegger*, pgs. 148, 220.
97. Ver Hans Friedrich Blunck, *Licht aud den Zügeln*, vol. 1 de *Lebensbericht* (Mannheim, 1953), pgs. 391, 406-408.
98. Ibid, pgs. 408, 457. "Além disso, tínhamos que cuidar bem da universidade. Material de relações públicas, livros e relatórios eram necessários. O novo comitê de apoio também (...) recebeu uma verba adicional e novas tarefas, que implicavam uma grande responsabilidade" (*"Daneben die gute Sorge um die Universität. Druckschriften, Bücher und Berichte waren notwendig. Auch der schon bestehende Wohlfahrtsausschuß, (...) erhielt neue Mittel und Aufgaben, die eine grosse Verantwortung bedeuteten"*).
99. Ibid., pg. 479. *"Ich paße aber auch, obwohl stark sozialveranlagt, nicht in die Linksparteien, schon deshalb nicht, weil ichviel zu stark Niederdeutscher bin, um einen lärmenden Internationalismus nicht für taktisch vekehrt zu halten — Lärm bestimmter Gruppen, sie haften indes den Parteien seit zieben Jahren an"*.
100. Ibid., pg. 467. Blunck faz um membro francês do Pen Club pronunciar estas palavras, que claramente refletem o seu próprio julgamento. *"Ich habe gelernt, Berlin zu verabscheuen. (...) Ich haBe die Freiheit des Pfuhls. Was ich hier beobachte, die Reklame für das Pervertierte, die Zeitschriften des Sadismus, Bilder der widrigsten Sexualität — und alles in namen der Freiheit!"*.
101. Extraio os detalhes seguintes do livro de Christian Jenssen, entusiasmado em demasia e abertamente tendencioso do ponto de vista político, *Hans Friedrich Blunck: Leben und Werk* (Berlim, 1935), que ele parece ter escrito com a íntima colaboração do próprio Blunck.
102. Ver Ott, *Martin Heidegger*, pgs. 214, 223.
103. Ver os dpcumentos em Joseph Wulf, org., *Literatur und Dichtung im Dritten Reich: Eine Dokumentation* (Munique, 1966), pgs. 36ss.
104. Ibid., pg. 197.
105. Ver Jenssen, *Hans Friedrich Blunck*, pg. 22 — um comentário escrito antes do fim oficial do mandato de Blunck como presidente do *Reichschrifttumskammer*. "A indicação de Hans Friedrich Blunck para liderar a literatura alemã [é] uma indicação que, devido às outras atividades do escritor — isto é, seus deveres em relação à sua obra — será sem dúvida temporária." (*"Die Berufung hans Fr.*

Blunck's zur Fuhrung des deutschen Schrifttums [ist] eine Berufung, dir mit Rücksicht auf die andere Verplichtung des Dichters — nämlich die zu seinem Werk — wohl nur eine zeitweilige sein kann.")

106. Wilhelm Baur (membro do Partido Nacional Socialista desde 1920) se queixou oficialmente do apoio negligente no conflito de Baur com Hainz Wismann (membro do partido desde 1932). Ver Wulf, *Literatur und Dichtung*, pgs. 317-318.
107. Ver os documentos em Wulf, pgs. 221-222, 305.
108. Ver Blunck, *Licht auf den Zügeln*, pgs. 446-447.
109. Jenssen, *Hans Friedrich Blunck*, pg. 112. Em sua retrospectiva autobiográfica de 1953 (*Licht auf den Zügeln*, pgs. 409-410), Blunck tenta apresentar a trilogia como um apelo a uma visão supranacional da pré-história européia.
110. Ver Blunck, *Kampf der Gestirne* (Jena, 1926), pg. 2. "Elk pertencia aos inovadores de seu país" (*"Elk gehörte zu den Neuerern im Land"*).
111. Ibid., pg. 3. *"Denn Lärmer gab der Traumfurcht der Menschen nach, er stellte die alten Gebräuche und die Tänze vor den Gestirnen des Dunkels wieder her, seine Furcht in der Nacht war stärker als die Sorge am Tag"*.
112. Ibid., pg. 85. *"Die Boote nahmen Wasser und die Mägde und Töchter Birres hatten eine entsetzliche Angst vor der dunklen Flut, die in die Kähne schlug. Die Helden hatten die erste Sorge mit der Beute. Sie waren Indeß noch zu jung verliebt, um das nicht willig und ohne Murren zu ertragen. Aber wenn sie die Bote über Land schleppten, banden sie erst die freie Hand an ihre Mädchen, es schien ihnen doch nicht ohne Gefahr, solch junges Volk allein im Dunkeln zu lassen"*.
113. Ibid., pg. 79. *"'Soll ich die Sonne fragen oder willst du zu Frau Flode fahren, um Rat zu holen?' Ull schweigt, aber die Dinge lassen ihn nicht. Es wird ihm zum andernmal der Grund seines Denkens"*.
114. Ibid., pg. 209. *"Gross, gewaltig tritt der Greis vor des Königshofs Tor, und im gleichen Augenblick verschwinden die schwartzenden Weiber in ihren Hütten"*. Ver também pg. 179: "Os mensageiros reunidos das nações estão bebendo e conversando, e eles elogiam a noite — alguns, porém, permanecem calados, com medo" (*"Der Völker Boten sind versammelt und trinken und schwatzen schon und loben seine Kraft, oder schweigen zum Lobe"*).
115. Ibid., pg. 78. *"Hor ruft im Schlaf, Ull erhebt sich, er Muß der Flamme noch einmal in das rote Hirn sehen, sucht den Kern, der irgendwo ihr Kleid umspann. Wie er jedoch steil in den roten Kübel start, krümmt sich ein Holz und zerspringt. Eine Stichflamme springt auf und sengt die Wimpern. 'Mein Amt', sagt Bra und hält die hand zwischen den könig und das feuer. Es ruft warnend, aber anders als Hors Stimme. Ull fährt aus seinen gedanken hoch, der Wind klopft und trommelt gegen*

di dumpfe Erde. Sein Hund springt auf und spitzt die Ohren, dann geht es vorüber. Rief jemand? Ull ist wieder mit Bras leisen Worten allein und läßt sich von Hilboe, von ihrem Bruder Hill im Osten ind ihrer Schwester Flode in Westen berichten. Und der König erzählt, wie einst die Sonne vor ihm aus dem felsen springen wollte und läbt sich's deuten".

116. Ver, por exemplo, ibid., pg. 51. "Borr lhes parecia misterioso. Eles o chamavam de 'espião Borr', porque ele tinha um olhar maldoso" (*"Unheimlich war ihnen Borr, den sie Borrglotzer nannten, weil er den bösen Blick an sich heute"*).
117. Ibid., pgs. 188-189. "*'Hör Ull', schrie Borr da und heulte vor Zorn, 'wo ist meine Schwester, die du mir raubtest? Wo ist, was mir lieb war wie mein Augapfel, das du fandest und nahmest?' Aber der König schwieg. 'Höre, du Trunkener, wozu bist du ausgezogen? Ach, was hast du Erbärmlicher die Menschen von der Sonne beschwatzt und warst doch nur meiner Liebsten Gemahl? Was raubtest du mir das Kindlein, das meine Nächte schirmte, und meinstet, vom Licht zu nehmen und wuBtest nicht, daß ich mirein einfältig Dirnlein zog?' Wie er so sprach und auch unwahr sprach, schritt der König schneller, und der Schaum stand ihm vor dem Lippen*".
118. Ibid., pg. 190. *"Nur der Glaube war grösser bei (...) dem König, und das Mitleid mit seinen führerlosen Völkern war stärker als Borrs Kraft aus der mondhellen Nacht"*.
119. Ibid. *"Da packte Ull ihn am Nacken, schleuderte ihn hoch und warfihn unter sich. Und er enwürgte ihnm als das erste Frührot im Osten stand"*.
120. Blunck, *Licht auf den Zügeln*, pg. 415. *"Als der russchwarze Zollbeamte mit seinen Fingern die weisse Wäsche unserer Kofer durchwühlte — [stand] meiner Frau das Herz still, aber er ordnete und strich alles mit rührender Vorsicht wieder glatt"*.
121. Ibid. *"Eine (...) lebensgefährlich anmutende Strassenbahn, die (...) durch Gatenvorote und Negerquartiere, aber immer mit schönen Aussichten auf die in der Tiefe ruhende Stadt (...) niedereilt"*.
122. Cito a partir da décima quarta impressão, de janeiro de 1928. Sobre as origens de *Nigger heaven* e sua recepção, especialmente entre os intelectuais negros, ver Bruce Kellner, *Carl Van Vechten and the irreverent decades* (Norman, Okhla., 1968), esp. pgs 195-223. Nenhum dos críticos do livro parece ter questionado o conhecimento de Van Vechten sobre a vida no Harlem. Mas alguns escritores negros influentes, sobretudo W.E.B. Du Bois, consideraram o título do romance uma ofensa. Van Vechten pretendia que o título fosse parte do discurso negro que ele tentou imitar (em geral, com notável sucesso).
123. *Nigger heaven*, pgs. 41-42.
124. Ibid., pgs. 55-56.

125. Ibid., pg. 278.
126. Ibid., pgs. 91-92. "Ela alimentava uma fé quase fanática em sua raça, um amor pelo seu povo e uma forte crença nas suas potencialidades. Ela admirava todas as características dos negros e desejava honestamente possuí-las. Mas algumas lhe faltavam, não por culpa dela. Seria porque ela estava destinada a se tornar uma velha solteirona? (...) selvagens! Selvagens no coração. E ela tinha perdido o seu direito de primogenitura, aquele direito primitivo que era tão importante e valioso, um dirito a que todas as raças civilizadas estavam tentando retornar — este fato explicava a arte de Picasso ou Stravinsky. Certamente ela também sentia aquela batida africana — que a tocava completamente — mas ela estava consciente de senti-la. O amor pela percussão, por ritmos excitantes, o gosto ingênuo por cores brilhantes — cores que só existem em climas tropicais e ensolarados — aquele calor, a emoção sexual, tudo lhe pertencia, mas através de uma compreensão mental. Em Olive estas características eram instintivas."

AGRADECIMENTOS

❦

AGRADEÇO a Ulla Link-Heer por lecionar comigo naquele mal preparado seminário em Siegen no frio inverno de 1987-1988 (e por gostar dos resultados que ela viu saírem dali); a Maria Ascher por mais generosidade do que eu merecia, e por seu bom gosto intelectual; a Friedrich Balke por sua oferta de tradução; a Kerstin Behnke por muito mais citações do que se poderia usar; a John Bender por inventar o título; a Günter Blamberger por passar suas férias de verão ocupado com um livro que não era seu; a Karl Heinz Bohrer por me tratar como um autor americano; a Steven Brown, por ser um heideggeriano; a Judith Butler, por lições muito necessárias; a Bliss Carnochan, por duvidar da história sobre os avós; a Regina Casper por compartilhar um texto favorito; a Patricia de Castries por fabulosas lembranças; a João Cezar de Castro Rocha, por mais de um gole de cachaça; a Christopher, por amar as múmias nos museus; a Wanda Corn, por uma idéia sobre a tragédia; a Luiz Costa Lima por 26 anos de amizade e desafio intelectual; a Bill Eggington, por não ser muito duro com meu texto; a Josh Feinstein por rir em Kaleidoskop Weimar; a Wlad Codzeich, por ver coisas que eu não conseguia ver; a Melissa Goldman, por gostar dos outros verbetes; a Carlo Ginzburg, por fotografias desejadas; a Stephen Greenblatt, por rir de tantos números; a Max Grosse, por me lembrar da literatura; a Hanni, por falar sobre seu caixão; a Robert Harrison, por provar que eu estava errado; a Thomas Harrison, por uma bela alternativa; a Fritz Hochrein, por me deixar falar em seu aniversário; a Yasushi Ishii, pelas fitas de jazz; a Charlie Junkerman, por um ano iluminado; a Alice Kaplan, por estar por perto durante o ano seguinte; a Friedrich Kittler, por aquilo que seu cérebro conquistou e por ser um *Freund*; a Reinhardt Koselleck, por me ensinar História; a Laura, por gostar dos velhos tempos; a Tim Lenoir, por tentar me ensinar Einstein; a Pericles Lewis, por traduções insuperáveis; a Henry Lowood, por comprar jornais velhos de que ele não precisava; a Niklas Luhmann, por citar este livro antes de ele ser escrito; a Jean-François Lyotard, por me dizer para gastar o tempo necessário, e por inventar o "dossiê de leitura" ("Manual do Usuário"); a Marco, por me perguntar como eu conseguia dedicar tanto tempo a alguém que se parecia tanto com Hitler; a Karl Maurer, por me dizer que o verbete "Assassinato" não estava funcionando; a Eric Mechoulan, pela honra de falar no Kings College; a Winfried Menninghaus, por uma leitura discreta (mas nada limitada); a María Menocal, por gostar da ordem alfabética; a Walter Moser, por ser cético; a Brad Prager, por me fazer reescrever traduções do alemão; a Christopher Prendergast, por exercer pressão de tempo; a Richard Roberts, por ficar ingenuamente escandalizado; a Henning Ritter, por não querer Blunck; a Kathrin Rosenfield, por Prestes; a Paul Rottman, por ter nascido em 1926; a Jörn Rüsen, por amar e odiar este projeto; a Sara, por se reunir a mim 56 anos depois; a Frank Schirrmacher, por querer que eu dê aulas sobre 1926; a Jeffrey Schnapp; por me ajudar a ser um falso italianista; a Ulrich Schulz-Buschhaus, por sua leitura generosa; a Marielou Smitten por me apoiar além das convenções da vida acadêmica; a Donna Soave, por ser tão organizada; a Susan Stephens, por achar que eu precisava de um ano sabático; a Helen Tartar, por ficar zangada (por um dia ou dois); a Berhard Teuber, por me conectar com o Vaticano; a Thea, por evitar cemitérios; a Margaret Thompkins, por sofrer comigo; a Johanne Villeneuve, pela autenticidade; a Benno Walter, por não desistir de mim; a Lidsay Waters, pela resistência produtiva; a David Wellbery, por me convidar para uma conversa de trabalho; a Bret Wells, por dominar o paradoxo de uma leitura simpática de provas; a Hayden White, por imaginar Viena durante aquele ano; a Paul Zumthor, pelo encorajamento muito necessário; *acima de tudo, a Ricky, por gostar do manuscrito (e, espero, do autor): nada seria a mesma coisa sem ela, e é por isso que este livro é seu.*

ÍNDICE

A

Alcântara Machado, Antônio de, 327, 328, 331, 344, 345, 355, 357, 359, 388, 391
Amundsen, Roald, 57, 227, 228, 229, 230
Aragon, Louis, 325, 343, 345
Arlt, Roberto, 58, 61, 83, 93, 99, 143, 294, 299, 406, 408, 441, 442, 448
Armstrong, Louis, 194
Artaud, Antonin, 297, 298, 299, 334, 345, 406, 408
Astier, Silvio, 58, 83, 294, 406, 441, 442
Auerbach, Erich, 325, 331, 399, 401
Azorín. *Veja* Martínez Ruiz, José

B

Baird, John Logie, 92
Baker, Josephine, 111, 113, 114, 115, 116, 117, 118, 119, 145, 154, 164, 165, 168, 257, 317, 329, 447
Barbakoff, Katjana, 118
Barton, Ralph, 19, 20, 25, 26
Baudelaire, Charles, 139, 531
Becher, Johannes R., 29, 30, 31, 33, 39, 40, 43, 71, 72, 112, 113, 117, 123, 127, 128, 160, 162, 173, 175, 192, 196, 206, 210, 213, 220, 244, 282, 328, 329, 338, 450, 451, 456
Benjamin, Walter, 22, 26, 49, 50, 51, 66, 69, 129, 133, 135, 136, 137, 139, 142, 206, 222, 224, 236, 239, 244, 337, 339, 340, 345, 371, 379, 382, 383, 387, 391, 425, 426, 428, 433, 436, 532
Bennet, Floyd, 227, 228, 230, 231
Bernanos, Georges, 302, 310, 330, 331, 406, 408
Beulagnet, Marie-Louise, 37
Blasco Ibáñez, Vicente, 272
Blochmann, Elisabeth, 214, 217, 383, 407, 408, 409, 491, 495, 512, 523, 534, 535, 544
Blumenberg, Hans, 539
Blunck, Hans Friedrich, 13, 513, 518, 519, 540, 541, 542, 543, 544, 545, 546
Bohr, Niels, 132

Bontempelli, Massimo, 303, 310
Borges, Jorge Luis, 68, 69, 71, 81, 171, 175, 307, 308, 310, 454, 455, 456
Bourdieu, Pierre, 536, 538, 540, 541
Bragaglia, Anton Giulio, 86, 89
Braudel, Fernand, 526
Brecht, Bertolt, 64, 68, 69, 74, 75, 78, 81, 141, 160, 161, 162, 165, 192, 196, 282, 286, 305, 306, 307, 310, 338, 345, 347, 348, 355, 371, 372, 373, 424, 425, 429, 448, 503
Breuer, Marcel, 362
Briand, Aristide, 200, 201
Buarque de Holanda, Sérgio, 49, 51, 245, 246, 334, 345, 432, 436
Buñuel, Luis, 173, 175
Byrd, Richard Evelyn, 57, 227, 228, 230, 231

C

Canela, Rosario, 187
Cannon, Clemington, 247, 248
Capone, Al, 69, 331, 415
Carnochan, F.G. 308, 310, 532
Carter, Howard, 219, 220, 221, 222, 223, 224, 225, 308
Casal, Antonio Méndez, 334
Chaplin, Charlie, 76, 85, 148, 149, 150, 151, 152, 153, 257
Christie, Agatha, 38, 43, 279, 280, 286, 345, 378, 383, 427, 429, 495
Churchill, Winston, 178, 179
Cocteau, Jean, 22, 26, 55, 61, 72, 81, 234, 240, 283, 286, 325, 326, 327, 331

Coeuroy, André, 370, 373
Crane, Hart, 209, 210, 217, 339, 345, 423, 429, 454, 456
Curtius, Ernst Robert, 313, 319, 354, 356, 422, 423, 429

D

Dalí, Salvador, 139, 140, 444, 445
Dempsey, Jack, 19, 50, 54, 55, 71, 73, 74, 75, 76, 77, 78, 79, 81, 148, 149, 150, 151, 152, 153, 188, 191, 192, 201, 202, 235, 236, 240, 247, 275, 307, 382, 423
Derrida, Jacques, 470, 531, 536, 537
"Desde los Andes", 209, 210
Dieck, Wilhelm, 340, 345
Diserens, Charles, 370, 373
Döblin, Alfred, 241, 533
Dobrée, Bonamy, 59
Du Bois, W.E.B., 546

E

Eddington, A.S., 72, 73, 303, 310
Ederle, Gertrud, 247, 248
Edschmid, Kasimir, 312, 319
Eikhenbaum, Boris, 371, 373
Einstein, Albert, 151, 161, 162, 244, 318, 319, 336, 337, 345, 416, 417, 451
Eisenstein, Sergei, 87
Elias, Norbert, 480, 540

F

Fanck, Arnold, 215, 216
Farías, Victor, 541
Fischer, Oskar, 441, 442, 448

Flaubert, Gustave, 485, 533
Flessa, Fräulein, 35, 36, 37
Ford, Henry, 203, 204
Ford Motor Company, 49
Forzano, Ernesto, 321, 322, 364, 365
Foucault, Michel, 462, 463, 482, 530, 533
Franco, Ramón, 56, 57, 58, 61, 313, 314, 319, 379, 383
Freud, Sigmund, 40, 97, 98, 99, 213, 325, 331, 343, 412, 427, 428, 429, 441

G
Garbo, Greta, 147, 151, 272, 377, 378, 397
García Lorca, Federico, 139, 140, 142, 237, 240, 327, 331, 377, 383, 387, 388, 391, 444, 445, 448
Gardel, Carlos, 21, 163, 164, 165, 171, 283, 284
Gaudí, Antonio, 422
Gert, Valeska, 115, 307
Gilbert, John, 178, 179, 272, 397
Girard, Pierre, 265
Godzich, Wlad, 480
Grans, Hans, 39, 40, 440
Greenblatt, Stephen, 465, 530
Grey, Lita, 149
Grimm, Hans, 298, 317, 318, 319, 323, 331, 380, 381, 383, 390, 391
Gropius, Walter, 138
Güiraldes, Ricardo, 273, 278, 380, 383
Guyot, Charles, 37

H
Haarmann, Friedrich, 39, 40, 353, 440
Habermas, Jürgen, 536, 537, 538

Hauptmann, Gerhart, 24, 26, 68, 69, 95, 99, 325, 332, 361, 365
Hays, Will, 85
Hegel, Georg Wilhelm Friedrich von, 272, 322, 355, 462, 470, 529
Heidegger, Elfride, 508, 521, 533
Heidegger, Martin, 8, 10, 13, 45, 50, 51, 80, 82, 109, 110, 214, 215, 217, 238, 240, 275, 278, 292, 372, 373, 374, 379, 381, 383, 407, 408, 409, 411, 412, 418, 423, 424, 429, 476, 478, 480, 487, 488, 489, 490, 491, 492, 493, 494, 495, 496, 497, 498, 499, 500, 501, 502, 503, 504, 505, 506, 507, 508, 509, 510, 511, 512, 513, 514, 515, 516, 517, 518, 519, 520, 521, 523, 524, 525, 527, 528, 532, 533, 534, 535, 536, 537, 538, 539, 540, 541, 542, 544
Heisenberg, Werner, 132
Hemingway, Ernest, 18, 19, 20, 26, 70, 79, 80, 81, 82, 158, 162, 233, 240, 274, 276, 277, 278, 291, 298, 299, 306, 307, 312, 313, 319, 341, 345, 425, 512
Hindemith, Paul, 195
Hindenburg, Paul von, 21, 40, 199, 353
Hitchcock, Alfred, 38, 495
Hitler, Adolf, 42, 43, 89, 122, 125, 132, 133, 167, 168, 181, 182, 183, 199, 295, 296, 298, 299, 317, 318, 319, 323, 332, 343, 345, 351, 356, 362, 363, 365, 378, 381, 383, 397, 400, 401, 426, 429, 434, 435, 436, 550
Hofmannsthal, Hugo von, 493

Holl, Karl, 334, 388
Hopper, Edward, 160, 187, 285, 372
Husserl, Edmund, 374, 466, 490, 491, 492, 494, 496, 497, 531, 534, 535, 537, 538

J
Jones, Casey, 54
Jouhandeau, Marcel, 304, 310, 329, 332
Joyce, James, 533
Jünger, Ernst, 55, 61, 169, 175, 238, 240, 269, 270, 299, 303, 309, 310, 351, 356, 374, 376, 383, 390, 391, 418, 426, 429

K
Kafka, Franz, 31, 32, 33, 41, 43, 128, 131, 133, 266, 270, 331, 352, 356, 359, 363, 365, 382, 413, 418
Kant, Immanuel, 496
Kessler, Harry Graf, 447, 448
Keynes, John Maynard, 182, 183
Kierkegaard, Sören, 512
Kisch, Egon Erwin, 102, 103, 104, 160, 162, 170, 175, 211, 212, 217, 238, 240, 241, 242, 243, 244, 246, 285, 287, 441, 448
Kisiel, Theodore, 534, 535, 536, 542
Kojève, Alexandre, 462, 529
Kracauer, Siegfried, 84, 85, 86, 87, 90, 256, 259, 260, 261, 275, 276, 278, 301, 302, 310, 340, 341, 345, 354, 356, 395, 400, 401, 413, 414, 418, 425

L
Lacis, Asja, 433
Lang, Fritz, 47, 51, 59, 61, 86, 90, 123, 125, 133, 168, 186, 189, 235, 240, 251, 253, 257, 261, 268, 270, 294, 299, 328, 332, 363, 365, 374, 378, 383
Lania, Leo, 104, 241, 242, 243, 246, 368, 374
Laval, Jacques, 24
Lawrence, D.H. 20, 130, 133, 277, 278, 328, 332, 364, 365, 369, 374, 375, 383, 406, 409, 425, 429, 512
Lawrence, T.E. 293, 299, 345, 423, 429, 445, 448
Le Corbusier, 187
Lenglen, Susanne, 150, 151, 152, 164, 349
Lenin, Vladimir, 205, 236, 244, 367
Lessing, Theodor, 39, 40, 43, 161, 162, 174, 175, 195, 196, 211, 217, 269, 270, 294, 299, 324, 332, 353, 354, 356, 379, 383
Loos, Adolf, 138
Ludendorff, Erich von, 199, 202
Luhmann, Niklas, 12, 122, 125, 333, 345, 456, 469, 471, 529, 530, 531, 533, 549
Luther, Hans, 24
Lyotard, Jean-François, 12, 377, 383, 537, 540, 549

M
Macready, John A., 53
Maeterlinck, Maurice, 302, 324, 352, 398, 401

Malraux, André, 299, 312, 319, 349, 350, 356, 420
Mann, Heinrich, 146, 151, 154, 241, 297, 298, 299, 307, 310, 314, 319, 349, 356, 357, 365, 368, 374, 433, 436
Mann, Klaus, 371
Mann, Thomas, 46, 48, 51, 73, 82, 88, 90, 115, 119, 140, 142, 147, 153, 154, 157, 162, 166, 168, 173, 175, 195, 196, 237, 240, 264, 270, 296, 298, 299, 334, 345, 368, 369, 371, 372, 374, 403, 409, 441, 442, 445, 448, 453, 456
Marinetti, Filippo, 49, 51, 245, 334, 345, 403, 408, 412, 431, 436
Martínez Ruiz, José (pseud. Azorín), 155, 156
Marvin, Ross G., 38, 211, 240
Meier, Federico Ernesto, 54
Mesmin, Marie, 39
Milne, A.A., 61, 229, 231
Miró, Joan, 71, 383, 390, 391
Moholy-Nagy, László, 386
Montherlant, Henri de, 274, 275, 276, 277, 278, 296, 298, 299, 324, 327, 328, 329, 332, 425, 429, 512
Morand, Paul, 25, 26, 66, 70, 104, 185, 186, 187, 189, 230, 231, 255, 261, 284, 285, 287, 314, 319, 412, 415, 418, 452, 456
Morton, Jelly Roll, 194
Morton, Wade, 54
Murnau, F.W., 85, 86, 87
Musil, Robert, 71, 81, 347, 356, 368, 373
Mussolini, Benito, 199, 227, 412, 431, 432

N
Nakano, Shigeharu, 315, 319
Naldi, Nita, 165
Nobile, Umberto, 57, 227, 228
Nurmi, Paarvo, 251, 252

O
Oliver, Joe "King", 194
O'Neill, Buck, 74
Ortega y Gasset, José, 59, 141, 343, 344, 345

P
Pabst, G.W. 158, 213
Panzer, Friedrich, 351, 352, 356
Pavlov, Ivan Petrovich, 136
Peary, Robert E., 227, 230
Pelissier, Charles, 164
Peltzer, Otto, 251, 252
Penck, Albrecht, 229
Pessoa, Fernando, 421, 429
Petersen, Julius, 371, 374
Pinder, Wilhelm, 371, 374
Pirandello, Luigi, 406, 407, 409
Prestes, Luís Carlos, 417, 435, 436
Primo de Rivera, Miguel, 131, 132, 133, 139, 197, 198, 273, 432, 434
Puccini, Mario, 115, 119, 314, 319, 335, 345, 364, 365

R
Rambova, Natasha, 82, 149, 154, 164, 165, 168, 283,
Rank, Otto, 25
Ray, Carlos A., 37

Reinhardt, Max, 12, 111, 112, 113, 114, 309
Richards, I.A., 301, 302, 310, 316, 353, 356, 449, 456
Rickard, Tex, 55, 76, 77, 97
Riefenstahl, Leni, 118, 119, 215, 216, 217, 424
Riezler, Kurt, 452, 453, 456
Rilke, Rainer Maria, 174, 215, 416, 418, 421, 422, 429, 491, 536
Romains, Jules, 400, 401, 434, 436
Ruth, Babe, 63, 64, 65, 76, 145, 147, 148, 149, 150, 151, 152

S
Sánchez, Manuel, 47
Schäffner, André, 370, 387, 405
Schickele, René, 23, 46, 52, 95, 127, 133, 174, 213, 214, 215, 355, 407, 424, 524
Schlemmer, Oskar, 385
Schmitt, Carl, 198, 199, 202, 351, 356
Schnitzler, Arthur, 212, 213, 217, 342, 343, 346, 350, 356, 359, 365, 495
Seeman, Billy, 235
Seitz, Dr., 35, 36
Shaw, George Bernard, 71, 108
Shklovsky, Victor, 71, 72, 82, 373
Sieburg, Friedrich, 124, 125, 141, 142
Spruch, Johannes, 38
Staerke, August, 427, 428, 429
Stiller, Mauritz, 148
Stravinsky, Igor, 547
Stresemann, Gustav, 87, 140, 141, 143, 180, 181, 182, 184, 200, 201, 202, 432, 436

Supervielle, Jules, 21, 22, 27, 48, 52, 157, 158, 162, 239, 240, 257, 261, 267, 268, 270, 302, 310, 314, 319, 325, 332, 338, 346

T
Tate, Allen, 293, 295, 297, 339
Taylor, Estelle, 148, 203
Toller, Ernst, 136, 143, 205, 206, 244, 246, 309, 352, 356, 361, 365, 367, 374, 427, 429, 432, 437
Traven. B., 67, 70, 137, 143, 158, 162, 281, 282, 285, 287, 336, 341, 342, 348, 414, 418, 452, 456
Trenker, Luis, 215, 216
Trotski, Leon, 179, 427, 433
Tunney, Gene, 19, 50, 54, 55, 73, 75, 76, 77, 78, 79, 81, 92, 97, 121, 150, 191, 192, 247, 275, 307
Tutancâmon, 219, 220, 221 222, 223, 224, 308
Tynjanov, Jurij, 371

U
Unamuno, Miguel de, 88, 90, 197, 198, 202, 273, 278, 313, 319, 354, 356, 398, 400, 401, 422, 423, 429, 543
Uzcudún, Paulino, 73, 74, 97

V
Valentin, Karl, 68, 70
Valentino, Rodolfo, 55, 74, 82, 145, 146, 148, 149, 150, 151, 154, 164, 165, 168, 188, 189, 272, 283
Valle-Inclán, Ramón Maria del, 65, 68, 70, 94, 99, 237, 240, 245, 246, 314,

315, 320, 400, 401, 422, 429, 433, 437, 439, 440, 448
Van Vechten, Carl, 8, 13, 487, 492, 493, 523, 524, 525, 527, 546
Vierkötter, Ernst, 248, 249, 250
Viertel, Berthold, 85, 374
Vollmüller, Karl Gustav, 111, 112, 113

W

Weber, Max, 469, 499
Weininger, Andor, 389
Wellbery, David, 470, 531, 550
Westmore, Mont, 165

White, Hayden, 13, 462, 530, 550
Wien, Wilhelm, 369
Wigman, Mary, 307
Wilamovitz-Möllendorf, Ulrich, 369
Wilbur, Ray Lyman, 344
Wills, Harry, 76
Wittgenstein, Ludwig, 138, 139, 142, 143, 388

Y

Yeats, William Butler, 114, 119, 370, 374
Younghusband, Sir Francis, 420, 429